行走的历史 1800—1914

Walking Histories
1800-1914

[美] 查德·布莱恩特 Chad Bryant
[英] 亚瑟·伯恩斯 Arthur Burns
[英] 保罗·里德曼 Paul Readman 编
张源 译

上海社会科学院出版社
SHANGHAI ACADEMY OF SOCIAL SCIENCES PRESS

致谢

听起来可能美好得不太真实，但这本书的灵感确实是在行走时萌发的。在授课、收发邮件、写推荐信、开会及最后的公开讨论中度过了忙碌的一天后，我们漫步在教堂山的富兰克林街头，朝卡勃罗附近的一家酒吧走去。我们谈论的内容转成了关于未来会议的许多想法——全都难以令人信服——之后又轻松地变成我们共同的爱好——散步，是沿着北卡罗来纳平缓的山路走呢，还是穿过伦敦令人惊艳的城市风光？在骗子角落餐厅和终点酒吧站之间的某个地方，我们突然想到举办一场关于行走的历史的讨论会，抬起一只脚放在另一只脚前面这个动作如此简单，却与人类的存在息息相关，但却鲜有历史学家关注。

一年后，我们联合辛西娅·瑞丁举办了一场名为“现代行走：1800—1914 年漫长的 19 世纪中的人类运动”的讨论会，会议于

2013年9月在教堂山举行。我们非常感谢另一位步行爱好者亚瑟·伯恩斯的贡献，因为有他，讨论会才得以成功。本书的创意也是在此时成型的。查德和保罗坚持要将亚瑟列为合编者（辛西娅由于其他事情未能进一步参与项目）。鉴于本书的主题，邀请亚瑟加入的邮件在一个偶然的时间发送到他的邮箱。当时他人在中国，在回信中，他说自己刚刚“在武当山上痛快地走了一天”，“以像极了疯狗且英国的方式”超过当地人，所以也就无需多言了。

从最初的闲逛到最后的校订，我们在这个项目中尝试了各种合作形式，在此谨荣幸地感谢为本书做出贡献的每一个人。令我们获益最多的是伦敦国王学院与北卡罗来纳大学的战略合作，该项目始于2005年，现在已经发展为包括各知识团体成员间的学生交流、联合博士学位委员会、学生主导的工作室、共同研究项目、会议、合作出版及其他合作。北卡-国王学院联合基金、伦敦国王学院合作基金及国王学院和教堂山的历史系均为会议提供了慷慨支持。在北卡罗来纳大学教堂山分校，人文艺术学院、欧洲研究中心及斯拉夫、欧亚和东欧研究中心也提供了大力支持。克里斯汀·库珀和艾利森·索莫吉在组织会议方面提供了强有力的帮助。

在图书整合过程中，大西洋两岸的同行都给予了卓有见解、激发思考的评价。布莱恩·赫维茨花费了大量时间阅读并评论会议论文。辛西娅·瑞丁除了在会议中作为小组讨论者，还在我们开始着手出书时提供了宝贵意见。凯伦·奥尔巴赫、吉姆·比约克、路易丝·麦克雷诺兹、丹尼尔·J. 谢尔曼提供的见解大大改进了前言部分。在关键的创作早期阶段，许多无名读者提供了周到的评论和建议。麦克米伦出版社的珍妮·麦考尔、克莱尔·曼斯、彼得·卡里及安哈蕾德·毕肖普提供了大力支持。菲利普·施瓦茨贝里巧妙地绘制了地图，这些地图出现在本书的两个章节里，克里斯汀·库珀在编纂索引的过程中提供了非常宝贵的帮助。

最后，我们想要感谢为本书撰文的作者们。他们热情地接受我们让他们书写未知领域的挑战，包容地接纳我们的编辑意见和交稿要求。向这些富有创意的学者学习是一件无上快乐的事，我们相信你也一定会有同感。

查德·布莱恩特、保罗·里德曼

教堂山和伦敦

2016年1月

作 者 简 介

查德·布莱恩特，2002 年获得加州大学伯克利分校历史学博士学位，现为北卡罗来纳大学教堂山分校副教授，其首部著作《黑暗中的布拉格：纳粹统治和捷克民族主义》（*Prague in Black: Nazi Rule and Czech Nationalism*, 2007）研究的是波希米亚和摩拉维亚保护国的民族政治与民族模糊性。该书的捷克语版（*Praha v černém: Nacistická vláda a český nacionalismus*）于 2013 年出版。他与辛西娅·瑞丁、保罗·里德曼合编了名为《世界历史的边界，1700—1914 年》（*Borderlands in World History, 1700–1914*, Palgrave Macmillan, 2014）的论文集。他目前正专注研究布拉格的现代历史。他的研究兴趣包括城市体验、城市地理及城市中政治与日常生活的交集。

亚瑟·伯恩斯，伦敦国王学院英国现代史教授兼艺术人文学院副院长（教育）及皇家历史学会副主席（教育政策）、英国国教现代制度历史方面的领头历史学者、通过英国国教神职人员数据库（theclergydatabase.org.uk）推广公共数字历史的先锋，对登山史一直兴趣浓厚，出版了多部作品，包括与乔安娜·英尼斯合编的《改革时代的反思：1780—1850 年的英国》(*Rethinking of the Age of Reform: Britain 1780－1850*，2003)、与德里克·基恩合编的《圣保罗：604—2004 年的伦敦大教堂》(*St Paul's: The Cathedral Church of London* 604－2004，2004)，目前正致力于研究埃塞克斯撒克斯特德的基督教社会主义传统。

罗伯特·W. 格雷，温彻斯特大学环境史讲师，曾就职于伦敦国王学院和基尔大学，主要研究环境史、社会史与历史地理学的交叉领域，尤其是中东欧地区及历史气候学，曾就 1848 年革命中农民的作用、19 世纪初民族自由改革运动中的土地问题以及解放前农民的法律地位发表文章，目前正致力于自己的首部专题著作《习俗、社区和景观：中欧农村社会的转型》(*Custom，Community and Landscape: The Transformation of Rural Society in Central Europe*)。

克莱尔·V. J. 格里菲思，卡迪夫大学现代史教授，著有《劳工和农村：1918—1939 的英国乡村政治》(*Labour and the Countryside: The Politics of Rural Britain，1918－1939*，2007)，并合编有《阶级、文化和政治：罗斯·麦基宾英国历史散文集》(*Classes，Cultures and Politics: Essays on British History for Ross McKibbin*，2011)。她曾发表关于现代英国政治文化、农业、土地使用及乡村代表等多个方面的文章，她对于高尔夫场地史的研究是对现代景观物理及其富有想象力的转变的更广泛兴趣的一部分。她还撰写过关于视觉艺术的文章，目前正在研究木雕艺术家克莱尔·雷顿。

朱莉·希普森，2016 年获得伦敦国王学院博士学位，研究的是 1919—2015 年左右女性在兽医培训和工作中的经验。除女性史和医学史外，她的研究兴趣还有环境史。她的文章《都来吧，带上你的黑桃：1880—1914 年的英国和植树节》(*Come All and*

Bring Your Spades: England and Arbor Day，1880 –1914）发表在《乡村历史》（*Rural History*，2012）上。2014年，她的作品《职业企业家：英国两战期间作为小企业主的女兽医》（"Professional Entrepreneurs：Women Veterinary Surgeons as Small Business Owners in Interwar Britain"）为她赢得了英国医学社会史学会颁发的罗伊·波特奖。

保罗·里德曼，伦敦国王学院英国现代史教授及艺术与人文学院副院长（研究），著有《1880—1914年英国的土地和民族：爱国主义、民族认同和土地政治》（*Land and Nation in England: Patriotism，National Identity and the Politics of Land 1880 –1914*，2008）。其他作品还包括与马修·克拉格合编的《1750—1950年的英国土地问题》（*The Land Question in Britain，1750 –1950*，Palgrave Macmillan，2010），与T. G. 奥特合编的《1832—1914年英国政治中的特别选举》（*By-elections in British Politics，1832 –1914*，2013），以及与查德·布赖恩特和辛西娅·瑞丁合编的《世界历史的边界，1750—1914年》。他是艺术与人文科学研究委员会一个主要项目"对过往的修正：1905—2016年英国历史剧"（The Redress of the Past：Historical Pageants in Britain，1905 – 2016，www.historicalpageants.ac.uk）的首席研究员。目前，他的研究主要集中在历史剧和现代英国过去的地点，以及英国1750年至1950年左右的景观意义上。

伊克巴尔·西瓦，北卡罗来纳大学教堂山分校历史系助理教授，牛津大学博士。他的作品包括《穆罕默德·伊克巴尔的政治哲学：印度殖民后期的伊斯兰教和民族主义》（*The Political Philosophy of Muhammad Iqbal: Islam and Nationalism in Late Colonial India*，2012）。目前，他正在完成一本名为《现代南亚伊斯兰政治思想》（*Islamic Political Thought in Modern*

South Asia，即将出版，2016）的书，并在旁遮普省研究那里的故事叙述者和宗教人物。

安格利克·席利，2005年获得塞萨利大学建筑专业文凭，2008年获得雅典国立技术大学建筑理论专业硕士学位。2005年至2009年间，她曾担任建筑师，以及小型物品和书籍的设计师。2015年，她获得蒙特利尔麦吉尔大学建筑史和建筑理论博士学位。她的理论研究致力于寻求20世纪初欧洲城市公共领域的建筑与文学之间的联系，重点关注城市环境中的身体空间感知。她曾在专业和跨学科会议以及建筑出版物上发表作品，在工作室任教并在麦吉尔大学教授历史课程。目前，她是墨西哥普埃布拉蒙特雷技术学院和高等教育学院建筑系的全职研究教授。

西蒙·斯莱特，伦敦国王学院澳大利亚史高级讲师及墨尔本莫纳什大学兼职研究助理。他的作品探讨了地方建构的历史、青年文化的演变以及英国的澳大利亚痕迹。他最新的著作是《1870—1914年的墨尔本青年和公共空间塑造》（*Young People and the Shaping of Public Space in Melbourne, 1870–1914*, 2013），以及与斯林尼·罗宾逊合编的《英语世界的儿童、童年和青年》（*Children, Childhood and Youth in the British World*, Palgrave Macmillan, 2016）。他还发表了许多关于街头帮派、游行、童工状况、侨居经历和城市形态的文章。

巴里·L. 施泰福，杜兰大学历史保护专业博士，南卡罗来纳州查尔斯顿学院历史保护和社区规划项目助理教授，以及加拿大渥太华卡尔顿大学马克思和泰西·泽利科维茨犹太研究中心研究助理。他的研究重点是保护犹太遗产。他最近的出版物包括：《大西洋世界的犹太保护区：一部社会和建筑的历史》（*Jewish Sanctuary in the Atlantic World: A Social and Architectural History*, 2014）、《1450—1730年犹太教和犹太教堂建筑的复兴》

(*Jews and the Renaissance of Synagogue Architecture*, *1450 - 1730*, 2014)、《保护教育：共享最佳实践，寻找共同点》(*Preservation Education: Sharing Best Practices and Finding Common Ground*, 2014,与杰里米·C. 威尔斯合著);以及《既非黑暗演讲亦非类似情况：加拿大与美国犹太人之间的反射与折射》(*Neither in Dark Speeches nor in Similitudes: Reflections and Refractions Between Canadian and American Jews*, 2016,与赫尔南·特斯勒-梅布合著)。

伊丽莎白·科金·沃马克,宾夕法尼亚州立大学布兰德万河校区英语助理教授。她的研究兴趣包括维多利亚时期的文学和文化,尤其是查尔斯·狄更斯、乔治·奥古斯塔斯·萨拉、亨利·梅休、罗伯特·布朗宁和乔治·艾略特著作中的城市贫困和性别暴力。她的作品收入《19世纪背景下的维多利亚文学与文化》(*Victorian Literature and Culture*, *Nineteenth- Century Contexts*)及《维多利亚时期》(*Vicrorians*)。她目前的图书项目探讨了维多利亚时期小说中的二手交换模式,成为现有的关于大量生产和物质文化的文学研究的对照物。

目　录

第二部分
行走和劳动

第三部分
社会身份和社会实践

第四部分
行走、思考、观察

第1章

前言：现代行走

查德·布莱恩特、
亚瑟·伯恩斯及保罗·里德曼

米勒曼特:“我讨厌走路,这就是去乡下转移注意力,我讨厌乡下及其相关的一切。”

威廉·康格里夫,《如此世道》(1700),第1场第4幕

此时,约瑟夫把头伸出马车,喊道:“如果你不是我们的没有马就自己走路的帕森·亚当斯牧师,就不要相信我!”

“我敢保证,他说的是真的。”史立蒲斯洛蒲说,“他真的把他留在了小旅馆里。”

亨利·菲尔丁,《约瑟夫·安德鲁斯的经历》(1742),第2卷第7章

我走到一座房子前,想问问站在门口的人去牛津走这条路对不对。

“对”，他说，“不过你想坐马车过去吗？”

我告诉他我打算走过去，听到这话，他意味深长地看了我一眼，摇摇头走回屋里去了……

卡尔·菲利普·莫里茨，《一个德国人在英国的旅行》(1783)

鲍勃：“为什么呢，他们很聪明，那么，如果你有钱，你就不会走路？”

两天后。“不完全是这样，先生，或许我们也可以住得起体面的地方，但这对我们来说没有任何帮助。”

鲍勃：“没有马车和仆人我绝对不会为旅行付一分钱！”

詹姆斯·普拉姆崔，《湖畔之人：喜剧歌剧，三幕》(1798)

我觉得自己是这个领域的先驱，因为很少有人写关于步行的文章。

A. N. 库珀，《趣谈长途行走》(1907)

2 18世纪的大部分时间里，高贵的英国社会中很少有人会想体验一番行走的乐趣。只有徒步的“拦路贼”——贫民、乞丐、流浪汉和更普遍的穷人——才会走路。只要有钱，人们必定会选择坐马车或者直接骑马。但是，到了18世纪晚期，这种态度开始发生变化，尤其是在道路系统得到改善、拦路抢劫大大减少之后。多年来因城市经济转型而发家致富的新中产阶级逐渐将行走与娱乐活动关联起来。行走成了一场体育盛会。在18世纪末至19世纪初的英国，甚至包括同时期的其他一些国家，徒步体育运动非常盛行。人们组织各种竞赛，进行各种挑战，投入大量金钱；成功的运动倡导者因为可以在兼顾速度和活力的同时完成长途徒步而名噪一时。例如，1815年，布里斯托的约翰·斯托克斯仅用20天的时间就在萨默塞特郡的萨尔特福德境内走了1 000英里[①]。

然而，行走和娱乐之间的这种全新的关联并不仅限于徒步竞赛：更重要的是扩展了其与休闲娱乐之间关系的广度和深度。一边在公园和花园中漫步，一边欣赏美景，既可以锻炼身体又可以享受(精心修饰的)大自然带来的感官愉悦，这样的贵族式的体验早已成为精英文化的固有特点。18世纪，贵族们开始允许中产阶级精英们进入他们的私家花园，其中的很多花园，如都柏林的凤凰公园、马德里的丽池公园、华沙的瓦津基公园、柏林的蒂尔加滕公园和莫斯科的高尔基公园在18世纪晚期都成了公共公园。政府投资修建的第一批公园包括伦敦的德比植物园和布拉格的人民公园(现称"肖特克花园")，分别于1839年和1841年开放。至18世纪末，周日公园漫步已经成为整个欧洲标准的中产阶级城市休闲活动。[②] 公共博物馆的兴起过程与之类似。
公共博物馆最初是王室和贵族的私家画廊，偶尔会有经过挑选 3
的中产阶级精英参观，后来变成了公共机构。其中最值得关注的是1793年法国大革命爆发期间卢浮宫内向公众开放的皇家画廊。实际上，这是一种将观察和步行融合在一起的新型的特别的行走实践，其延伸到集市、展览和游乐场，并且经常将休闲

① Robin Jarvis, *Romantic Writing and Pedestrian Travel* (Basingstoke, 1997), 1.同样参见 Walter Thom, *Pedestrianism; or An Account of the Performances of Celebrated Pedestriansduring the Last and Present Century* (Aberdeen, 1813); Peter Swain, "Pedestrianism, the Public House and Gambling in Nineteenth-Century South-East Lancashire", Sport in History, 32(3) (2012), 382 - 404; Matthew Algeo, *Pedestrianism: When Watching People Walk Was America's Favorite Sport* (Chicago, 2014)。

② P. D. Smith, City: *A Guidebook for the Urban Age* (London, Berlin, New York and Sydney, 2012), 280 - 9; Olga Bašeová, *Pražské zahrady* (Prague, 1991), 93.

娱乐与教育、科学、订购、社交等相结合[①]。

一方面,新的中产阶级仿效从更高阶层那里沿袭的惯例闲庭漫步;另一方面,他们也开始走出花园和博物馆,走到更偏远的地方甚至是野外去[②]。在英国,他们的这些行为通常伴随着其他目的和活动。对于一些人来说,行走与在壮丽河山和如画的美景中吟诗作画是分不开的。受一些作品影响,如托马斯·韦斯特(Thomas West)的《湖区指南》(*Guide to the Lakes*)和威廉·吉尔平(William Gilpin)影响深远的《如画美景观察》("Observations on Picturesque Beauty")系列,受到启发的中产阶级旅行者们开始去那些可以大饱眼福的景点,或"站"探险,在那里可以探索并欣赏英国湖区、瓦伊河谷或多夫代尔的美景[③]。而对于另一些人,行走
4 可以与他们的古文物学术研究相媲美,如不知疲倦的牧师兼学者

---

① James J. Sheehan, *Museums in the German Art World from the End of the Old Regime to the Rise of Modernism* (New York, 2000); Daniel J. Sherman, *Worthy Monuments: Art Museums and the Politics of Culture in Nineteenth-century France* (Cambridge, MA, 1989); Tony Bennett, *The Birth of the Museum: History, Theory, Politics* (London and New York, 1995); Carol Duncan, *Civilizing Rituals: Inside Public Art Museums* (London, 1995); Andrew McClellan, *The Art Museum from Boullée to Bilbao* (Berkeley, 2008).

② Rebecca Solnit, *Wanderlust: A History of Walking* (New York, 2000), 81-103.

③ Thomas West, *A Guide to the Lakes in Cumberland, Westmorland and Lancashire* (London, 1778); William Gilpin, *Observations, on Several Parts of England, Particularly the Mountains, and Lakes of Cumberland and Westmoreland, Relative Chiefly to Picturesque Beauty, Made in the Year 1772*, 2 vols. (London, 1786); William Gilpin, *Observations on the River Wye, and Several Parts of South Wales, &c. Relative Chiefly to Picturesque Beauty, Madein the Summer of the Year 1770* (London, 1782). 韦斯特和吉尔平的书多次再版,对于建立图风景画美学做出了重大贡献:关于更广义的讨论,参见 Malcolm Andrews, *The Search for the Picturesque: Landscape Aesthetics and Tourismin Britain, 1760 - 1800* (Aldershot, 1989)。

理查德·华纳（Richard Warner）[①]，他曾于 1797 年 8 月在威尔士进行了 469 英里的徒步旅行。对古文物的潜心研究经常与亲近自然密切相关，而这也涉及步行活动。

实际上，从维多利亚时期初期起，一支由自然爱好者和博物学家组成的队伍便在英国乡间跋涉，欣赏、搜集大自然的恩赐并将其分门别类。许多人一天所走的路程达到或超过 30 英里，为了搜集标本，有些人甚至走得更远，最终露宿在苏格兰的山坡上。[②] 通过从一些书上了解的知识，如查理斯·莱伊尔（Charles Lyell）的《地质学原理》（*Principles of Geology*，1830—1833），还有些人对地质构造产生了新兴趣，由于铁路的建造，他们经常出门远行——而这也意味着要走许多路（作为一位年轻的地质学家，约翰·史蒂文斯·亨斯洛[John Stevens Henslow，1796—1861]背着他的锤子和标本，不管在哪里，一天都能走 40 英里）。[③] 此时仍然是简单的闲逛多过有目的地行走，人们在荒原、山区、沙滩、废墟、村落及其他可以呼吸到古老的、不那么城市化的生活气息，去寻求休憩和安慰。到 19 世纪中叶的几十年，徒步欣赏风景和自然世界已成为中

---

① Richard Warner, *A Walk through Wales in August 1797* (Bath and London, 1798). 同样参见 Richard Warner, *A Tour through the Northern Counties of England, and the Borders of Scotland*, 2 vols. (Bath and London, 1802). 华纳的方式影响了 19 世纪早期的其他古文物研究者，如约翰·布里顿他与爱德华·巴利构想了空前成功的"美丽英国"（Beauties of Britain）系列：参见 Rosemary Sweet, *Antiquaries: The Discovery of the Past in Eighteenth-Century Britain* (London, 2004), 325 - 6。

② D. E. Allen, *The Naturalist in Britain: A Social History* (2nd edn, Princeton, 1994 [London, 1976]), 67 - 70.

③ Charles Lyell, *Principles of Geology*, ed. James A. Secord (Harmondsworth, 1997); Michael Freeman, "The Railway as Cultural Metaphor: 'What Kind of Railway History?' Revisited", *Journal of Transport History*, 20(2) (1999), 160 - 7 at 161; Allen, *Naturalist in Britain*, 67.由于莱伊尔的《原理》一书的智力影响和公众接受度，使得地质学成为上层人士可以接受的追求，参见 James A. Secord, *Visions of Science: Books and Readers at the Dawn of the Victorian Age* (Oxford, 2014), 138 - 72。

产阶级文化体验的既定因素——进入主流社会。

随着19世纪到来,英国、欧洲以及欧洲影响下的许多地区的中产阶级行走活动的数量都逐渐增加——每一次活动都有自己的目的和意义。工作日时间表的出现促进了旨在提高工作时间自由的休闲活动的兴起。社会精英阶层在花园和公园间漫步,就像以前的贵族一样,但这一次却是在公共花园和公园中。皇家布莱克希斯高尔夫俱乐部是第一家在苏格兰外建立的此类俱乐部,到1766年——如果不是之前的话——这里的功能明显已经非常完善;截至19世纪末,仅伦敦就已经有49家高尔夫俱乐部(到1909年已经有89家)[①]。1786年,米歇尔-加布里埃尔·帕卡德(Michel-Gabriel Paccard)和雅克·巴尔马特(Jacques Balmat)登上阿尔卑斯山的最高峰勃朗峰,这反过来又激励其他人攀登这一伟大山脉的山峰,事实上是整个欧洲的山峰[②]。最早的现代旅游指南是19世纪30年代由约翰·默里(John Murray)和卡尔·贝德克尔(Karl Baedeker)出版的,他们让中产阶级读者们在指定地点进行有计划地徒步,例如,在米伦附近的山上来一次"非常有趣的远足",这是默里的第九版瑞士旅游指南中推荐的,推荐语是:"非常容易,女士们经常可以完成。"[③]

迅速扩张的城市甚至为行走提供了更多可能。从18世纪末

① Geoffrey Cousins, *Golf in Britain: A Social History from the Beginnings to the Present Day* (London, 1975), 53.

② Peter H. Hansen, *The Summits of Modern Man: Mountaineering after the Enlightenment* (Cambridge, MA, 2013), 61-90.

③ Jan Palmowski, "Travels with Baedeker: The Guidebook and the Middle Classes in Victorian and Edwardian England", in Rudy Koshar (ed.), *Histories of Leisure* (Oxford, 2002), 105-30, at 111. 同样参见 Rudy Koshar, *German Travel Cultures* (Oxford, 2000), esp. 1, 23; Rudy Koshar, "'What Ought to Be Seen': Tourists' Guidebooks and National Identitiesin Modern Germany and Europe", *Journal of Contemporary History*, 33(3) (1998), 323-40; James Buzard, *The Beaten Track: European Tourism, Literature, and the Ways to Culture, 1800-1918* (Oxford, 1993), 18-79。

到19世纪初，欧洲的大城市中开始出现超出街道水平的人行道[①]。路灯的改善也使得夜晚行走相对安全[②]。到19世纪末，女性不得在街上行走的禁忌被打破，最明显的是可以看到女性购物者走在前往新开的百货商场的路上[③]。城市居民比以往更频繁地上街散步——不管是为了社交、寻找艳遇还是饱览新流行的媒体描摹的，而且经常 6
是华丽庸俗的腔调所描述的城市风景。例如，有一家报纸估计，1895年4月，有1万人跑到巴黎的太平间去看两个在塞纳河溺死的年轻女孩，这标志着越来越多的人走去观看公开展示的尸体[④]。

这种公开景象经常会带来城市居民各种各样的排列组合。通勤通常也有同样的效果。虽然公共汽车、有轨电车和地铁逐渐兴起，但许多城市居民，不管是必需的还是出于个人选择，仍然会继续沿袭走路上班的惯例。作为伦敦19世纪60年代的一名律师，詹姆斯·布莱斯(James Bryce)的日常路线包括从自己位于伦敦西区的公寓“沿牛津街顺流而下”，步行2英里到达位于林肯律师学院的办公室，然后——一天结束后——再沿同样的路线返回家中。[⑤] 熙熙

---

① Linda Clarke, *Building Capitalism: Historical Change and the Labour Process in the Production of the Built Environment* (London, 2002), 114 - 17. 在英国，铺设委员会自18世纪后期开始提出各种精确的要求。例如，苏默斯镇铺设委员会签订的第一份合同具体规定了街道和人行道所用的石子类型(街道上用普贝克石，人行道和路缘用约克郡石)：出处同上，116—117页。

② Wolfgang Schivelbusch, *Disenchanted Night: The Industrialization of Light in the Nineteenth Century* (Berkeley, 1988); Brian Bowers, *Lengthening the Day: A History of Lighting Technology* (Oxford and New York, 1998).

③ Judith Walkowitz, *City of Dreadful Delight: Narratives of Sexual Danger in Late-Victorian London* (Chicago, 1992), esp. 15 - 80.

④ Vanessa R. Schwartz, *Spectacular Realities: Early Mass Culture in Fin-de-Siècle Paris* (Berkeley, 1998), esp. 45，同样参见 Mark Steinberg, *Petersburg Fin de Siècle* (New Haven, 2011), esp. 47 - 83。

⑤ Letter of James Bryce, 1864, 引自 H. A. L. Fisher, *James Bryce*, 2 vols. (London, 1927), I, 63. 关于布莱斯行走爱好的更多内容，参见本书中保罗·里德曼所著章节。

攘攘的人流在上下班高峰时更加密集，成为最典型的城市风景和体验。随着夜幕降临，1845 年的埃德加・爱伦・坡（Edgar Allen Poe）窝在伦敦的一家咖啡馆中创作，随着“人潮涌出门口”，“骚动的人海”占满了人行道。但是很快，他的目光“落到细节上，花几分钟饶有兴趣地观察那无数种人形、服装、气息、步态、容貌和面部表情”，这些告诉你那人是贵族、老板、律师、商人、股票经纪人、“一群职员”、扒手、赌徒还是“犹太小贩”。[1] “柏林人风风火火地下班赶回家，”1914 年的一条新闻说，“大量人群涌上人行道，一排排有轨电车和拥挤的公共汽车呼啸着在街上行驶。城市轨道轰鸣着穿过穹顶。地铁吞没西边御道上的人流。女售货员、职员、小官员、商人、打字员——纯真热切的面庞、焦躁紧张的身体。”[2]

7 相反，行走和排外行为则常常是齐头并进的。在政治动荡时期——1848 年、1866 年 1899 年和 1918 年——游行示威的暴徒们穿过波希米亚和摩拉维亚，破坏犹太人的酒馆、餐厅和家园，其中最为暴力的是，不允许恐惧的犹太人上街。在伦敦，“男性害虫”骚扰整个伦敦西区的女店主们，表明女性出现在公共场合让男性们更不舒服。欧洲各地的警察颁布法令禁止喝酒及不规矩行为，以将工薪阶层排除在公共公园之外；但是，微妙的眼神和其他社会压力常常已经足以将这些“更差的阶层”排除在外[3]。

工作本身就可以产生许多新的行走形式。例如，18 世纪晚期

---

① Edgar Allen Poe, *Tales of Mystery and Imagination* (London, 1912), 102.

② Herman Scheffauer, “The City without Night: Berlin ‘twixt Dusk and Dawn’”, *Pall Mall Magazine*, 53 (1913 - 14), 284.

③ Michal Frankl, “From Boycott to Riot: The Moravian Anti-Jewish Violence of 1899 and Its Background”, in Robert Nemes and Daniel Unowsky (eds), *Sites of European Antisemitismin the Age of Mass Politics*, 1880 - 1918 (Hanover and London, 2014), 94 - 114; Walkowitz, *City of Dreadful Delight*, 15 - 80; Gabor Gyáni, *Identity and the Urban Experience: Fin-de-Siècle Budapest* (Boulder, 2004), 83 - 96.

及 19 世纪早期，福音宗教文化兴起，其传教任务就是针对城市化产生的那些正在兴起且未被教化的社区。新的福音传道策略出现，在那些有时会遇到阻力的社区中，在人们的家中及工作地点，而不是在社交压力针对目标听众的教堂中，对于这些社区的社交知识及与他们的日常接触成为重点。这有助于培养一支热情的专业宗教队伍——既有牧师，许多情况下还有平信徒传教士（男女皆有）——他们在城市街道上进行费力、有组织、有记录的家庭和社区走访工作。这种方法为后来更长期的调查提供了范式，如 19 世纪 80 年代查尔斯·布斯（Charles Booth）及其团队进行的那次著名的“伦敦市民生活及工作状况调查”[①]。类似的机构，如致力于道德传播和宗教启蒙的俄罗斯东正教，把传教士派到了欧洲各地的大街小巷。慈善工作者——其中多为女性——走在欧洲城市的街道上募捐、看望病人和穷苦人民，同时也经常提供道德方面的建议[②]。但是，冷漠的人可能只是将行走的传教士和慈善工作者们视为新的监控社会的一方面（这种监控许多都是通过步行进行 8
的），以及阶级差别的明确认定。

当然，除了中产阶级，其他阶层也投入到或新或旧的行走活动中。一个很好的例子就是那些与博物学相关的人。在英国，到 19 世纪中期，工匠在昆虫学、动物学，尤其是植物学中的参与程度已经非常高。这项运动在伦敦、曼彻斯特等主要城市中心及其周边地区异常火爆。每周末都有无数工人投身兰开夏郡的原野或埃平

---

① Donald M. Lewis, *Lighten Their Darkness: The Evangelical Mission to Working-Class London, 1828 - 1860* (London, 1985); Charles Booth, *Life and Labour of the People in London*, 17 vols. (London, 1902 - 3).

② Louise McReynolds, "Urban Russia at the *Fin-de-Siècle*", in Simon Dixon (ed.), *The Oxford Handbook of Russian History* (forthcoming); Andrew Lees and Lynn Hollen Lees, *Cities and the Making of Modern Europe* (Cambridge, 2007), 104 - 11, 170 - 9.

森林中边步行边研究。[①] 到 1871 年，仅埃平森林的蝴蝶研究一项就有八个工人社团参与；到 1883 年，激进派政客詹姆斯·索罗尔德·罗杰斯（James Thorold Rodgers）告诉议会，至少有 1 万名无产阶级植物学家活跃在伦敦。[②] 但是，工人的消遣行走并不像植物学或地质学那样是作为自我提高活动的一部分出现的。对于中产阶级来说，更普遍——如果说更不科学的话——的乡村和“自然”行走娱乐同样建立了深厚的根基。这种手工艺人“对乡村漫步的热爱”的发展显然不只是源于中产阶级的观察（就像伊丽莎白·班克斯［Isabella Banks］在她的《曼彻斯特人》［*The Manchester Man*］中所虚构的黎明时分走在 19 世纪的曼彻斯特的景象），而是同样经过工人群众自己的亲身经历证实，对于他们来说，在乡间行走的乐趣至少提供了一些东西来抵消在工厂中或矿井下工作的辛劳。正如托马斯·奥利弗（Thomas Oliver 出生于 1830 年）走到
9 生命的尽头时所回忆的那样：“我常常走在异国街头，身边只有一只小狗陪伴，周围的美景令我喜不自禁，如果不是怕被别人听到，

---

① Penelope Anne Secord, “Artisan Naturalists: Science as Popular Culture in Nineteenth Century England” (PhD thesis, University of London, 2002); Anne Secord, “Artisan Botany”, in Nicholas Jardine, James A. Secord and Emma C. Spary (eds), *Cultures of Natural History* (Cambridge, 1996), 378 - 93; James Cash, *Where There's a Will, There's a Way! Or, Science inthe Cottage: An Account of the Labours of Naturalists in Humble Life* (London, 1873); Anne Secord, “Science in the Pub: Artisan Botanists in Early Nineteenth-Century Lancashire”, *History of Science*, 32(3) (1994), 269 - 315; Anne Secord, “Elizabeth Gaskell and the Artisan Naturalists of Manchester”, *Gaskell Society Journal*, 19 (2005), 34 - 51; John Percy, “Scientistsin Humble Life: The Artisan Naturalists of South Lancashire”, *Manchester Region History Review*, 5(1) (1991), 3 - 10.

② B. A. K. McGaffey, “Three Founders of the British Conservation Movement, 1865 - 1895: Sir Robert Hunter, Octavia Hill, and Hardwicke Drummond Rawnsley” (PhD thesis, Texas Christian University, 1978), 7; Tom Stephenson, “Footpath Stoppers and Early Ramblers”, *Rucksack*, 9 (1977), 8; *Hansard's Parliamentary Debates*, 3rd series, 277, cols. 166 - 8(12 March 1883).

我早就高兴地大跳大叫了。"①

此外，对于 19 世纪的工人阶级来说，传统的行走活动有了新的意义。令自由改革派大为惊慌失措的是，"流浪者"和"徒步旅行者"同时出现在城市和乡村的大街小巷。1848 年，一位《济贫法》官员写道："流浪者们经常三两成群，而且经常有一到两名跟他们一样放浪的年轻女性随行；他们白天乞讨或敲诈钱财；到不了晚上或翌日便一文不名。"②在整个欧洲和北美，旅行劳工们不停地在城镇之间穿梭行走，寻找工作。③ 这些移民劳动者也成了当时农村的一大特色。"运货工"和"客商"虽然社会地位跟奴隶差不多，但依然能走遍俄国，在整个帝国各地的集市上出售货物。④ 在英

---

① Isabella Banks [Mrs Linnaeus Banks], *The Manchester Man* (London, 1876), 77–80; T. Oliver, *Autobiography of a Cornish Miner* (Camborne, 1914).关于其他证明 19 世纪中期手工艺人享受在大自然中行走的描述，参见 N. Cooke [b. 1831], *Wild Warblings* (Kidderminster, 1876), 4; K. Wilson, *My Days are Swifter than a Weaver's Shuttle: Richard Ryley's* [b. 1821] Diary, 1862 (Barnoldswick, 1980), 77, 87; Joseph Gutteridge [b. 1816], *Lights and Shadows in the Life of an Artisan* [1891] (Coventry, 1893), 6, 8–9, 18–21, 54–6。

② Charles James Ribton-Turner, *A History of Vagrants and Vagrancy, or Beggars and Begging* (London, 1887), 262. 同样参见 Carsten Küther, *Menschen auf der Straße: Vagierende Unterschichten in Bayern, Franken und Schwaben in der zweiten Hälfte des 18. Jahrhunderts* (Göttingen, 1983). 数十年后，将会出现对流浪者生活更富有同情心的描述。同样参见，例如，Josiah Flynt, *Tramping with Tramps: Studies and Sketches of Vagabond Life* (New York, 1899); W. H. Davies, *The Autobiography of a Super-Tramp* [1908] (Brooklyn, 2011); Stephen Graham, *A Tramp's Sketches* (London, 1912); Maxim Gorky, "Chelkash" [1908], in *The Collected Short Stories of Maxim Gorky*, eds Avram Yarmolinsky and Moura Budberg (Secaucas, 1988), 1–43。

③ 参见，例如，Klaus J. Bade, "Altes Handwerk, Wanderzwang und gute Policey: Gesellenwanderung zwischen Zunftökonomie und Gewerbereform", *Vierteljahrschrift für Sozial- und Wirtschaftsgeschichte*, 69(1) (1982), 1–37; Eric H. Monkkonen (ed.), *Walking to Work: Tramps in America, 1790–1935* (Lincoln, NE, 1984). 20 世纪后期，英国的商会经常赞助为其成员找工作的旅行，成员在出示通信证后，在目的地会有商会同行为他提供一张床：Ribton-Turner, *Vagrants and Vagrancy*, 315。

④ Boris G. Gorshkov, "Serfs on the Move: Peasant Seasonal Migration in Pre-Reform Russia, 1800–1861", *Kritika: Explorations in Russian and Eurasian History*, 1(4) (2000), 627–56.

国的农业区，如位于苏格兰和英格兰边境的一些郡，一年一度的
10 “雇佣集市”形成了从农场到农场“迁移”的风俗，类似的行为在欧洲其他地方也非常盛行。①

“传统行走”的另一种形式——朝圣——在19世纪末一度复兴。不过以飞一般的速度迅速工业化的欧洲，许多现代朝圣者已经不会再全程步行去圣地了。② 而另一种形式——加冕游行——还在继续，并且变得越来越繁琐。之前，王宫中及王室成员组织各种庆祝活动和正式访问，这些活动经常包括公开的仪式游行。③但是现在，这些活动中又加入了各种新的、非正式的行走仪式。行走成了一种表达不同政见的方式，游行和示威则是全民动员的助力剂。行走被赋予了政治意义，这是前所未有的。1769年4月米德尔塞克斯郡的选举中，激进派政客约翰·威尔克斯（John Wilkes，之前曾因妨碍治安被议会驱逐）成功回归投票榜的榜首；

---

① Paul Readman, "Living a British Borderland: Northumberland and the Scottish Bordersin the Long Nineteenth Century", in Paul Readman, Cynthia Radding and Chad Bryant (eds), *Borderlands in World History, 1700 - 1914* (Basingstoke, 2014), 176 - 8.

② 参见，例如 Suzanne K. Kaufman, *Consuming Visions: Mass Culture and the Lourdes Shrine* (Ithaca and London, 2005); Alison Frank, "The Pleasant and the Useful: Pilgrimageand Tourism in Habsburg Mariazell", *Austrian History Yearbook*, 40 (2009), 157 - 82; Jonathan Sperber, *Popular Catholicism in Nineteenth-Century Germany* (Princeton, 1984), 63 - 73; David Blackbourn, *Marpingen: Apparitions of the Virgin Mary in Nineteenth-Century Germany* (New York, 1994), esp. 131 - 72; Saurabh Mishra, *Pilgrimage, Politics, and Pestilence: The Hajfrom the Indian Subcontinent, 1860 -1920* (New Delhi, 2011). 英国一位著名的长途旅行倡导者，A. N. 库珀教士在1910年评论道："朝圣如今是为先生们、厨子们安排的，并且总是在豪华列车上，或者任何三等车厢里，唯一真正的行走所走的距离只是从最近的火车站走到圣坛。": A. N. Cooper, Walking as Education (London, 1910), 12 - 13。

③ 参见例如 Daniel Unowsky, "Reasserting Empire: Habsburg Imperial Celebrationsafter the Revolutions of 1848 - 1849", in Maria Bucur and Nancy M. Wingfield (eds), *Staging the Past: The Politics of Commemoration in Habsburg Central Europe, 1848 to the Present* (West Lafayette, 2001), 13 - 45; James Shedel, "Emperor, Church, and People: Religion and Dynastic Loyalty during the Golden Jubilee of Franz Joseph", *Catholic Historical Review*, 76(1990), 71 - 92。

这要归功于“一大群世袭地产保有人……由乐队开道，挥舞着彩旗，沿蓓尔美尔街游行，并停在王宫前，三呼万岁，接着开始放音乐”。十年后，雅克·内克尔(Jacques Necker)被免职的消息导致游行者们手握这位被免职的财政部长的半身像挤满巴黎街头，由此引发一系列运动，并最终导致巴士底狱被攻占。[①]

这些及其他一些早期实例之后，19 世纪早期至中期，又出现 11
了大量抗议活动，都将游行作为一种集体行动方式。改革者在路上行走。1819 年 8 月 16 日，6 000 余名群众有序地游行，集结在曼彻斯特的圣彼得广场，呼吁扩大公民权，却最终被武装军队镇压。节日般的游行过程与最终在市内的示威一样都是抗议的一部分。[②] 后来，19 世纪三四十年代，宪章派将行走作为一种政治武器；重要的是，1848 年 4 月 10 日周一那天，运动遭受了严重——或许是致命的——打击，当时，费格斯·奥康纳(Feargus O'Connor)取消了原计划从肯宁顿公地到议会的游行，这次退让让政府更加下定决心要粉碎当时在英国大行其道的激进派，欧洲革命的那一年，其他地方的情况亦是如此。(正如维多利亚女王的丈夫阿尔伯特亲王在 4 月 11 日所写的那样：“我们昨日进行了革命，最终硝烟弥漫。”[③]) 1848 年 3 月，宣布要克莱门斯·梅特涅

---

① George Rudé, *The Crowd in History: A Study of Popular Disturbances in France and England, 1730 - 1848* (London, 1981), 241, 213, The Oxford Magazine (London, 1769), II, 156.

② Robert Poole, “The March to Peterloo: Politics and Festivity in Late Georgian England”, Past & Present, 192 (2006), 109 - 53. 同样参见卡特里娜·纳维茨卡斯对于此类主题的研究：例如，“Moors, Fields and Popular Protest in South Lancashire and the West Riding of Yorkshire, 1800 - 1848”, *Northern History*, 46 (2009), esp. 93 - 111，以及她博客上的各种博文，用数字地图和 GIS 探索抗议游行和集会的“History and Today”, http://www.historytoday.navickas.blogspot.co.uk(2015 年 7 月 30 日访问)。

③ 首相约翰·罗素大人同意并在 4 月 12 日写道：“和平问题周一行动的第一个结果是增加对所有和平人员的信任，并提高政府机构的稳定性。”: John Saville, *1848: The British Stateand the Chartist Movement* (Cambridge, 1987), 126。

(Klemens von Metternich)下台，结束哈布斯堡王朝的统治后，布拉格街头火炬涌动。6月，随着人群在圣瓦茨拉夫的雕像前欢庆，激进派改革者游行至附近的军部。随后发成了冲突，教堂铃声响起，召唤市民们组成人墙；六天后，自卫反击战获胜，整个欧洲也将如此。[①]

但是，行走依然是全民动员和全民政治的核心。到19世纪末，整个欧洲的社会主义党和社会民主党都鼓励其成员在五一劳动节这天停下工作，并且鼓励公开游行。[②] 1911年的妇女选举权日，有2万多名群众走上维也纳街头。[③] 尤其是整个东欧，爱国组
12 织鼓励同胞们探索乡村，走上街头，参与大规模纪念活动，而这些全都依靠步行。[④] 奥帕瓦是德国靠近加力西亚边境的一个摩拉维亚工业镇，1914年夏，奥帕瓦的德国抗议者们一边高喊着“打倒捷克人”，一边用石头袭击敌对的民族主义者的示威队伍，以及哈布斯堡王室宪兵和当地警察。实际薪资减少导致整个区域的矿工罢工。7月28日，哈布斯堡王室对塞尔维亚宣战，公开抗议者立即被驱散。很快，欧洲的年轻人们就要穿过城镇走向火车站，然后从那里开往前线。[⑤] 1917年俄历2月23日清晨，那天是国际妇女节，圣彼得堡的纺织女工们从工厂出发游行，口中高喊“要面包！”

---

① Stanley Z. Pech，*The Czech Revolution of 1848* (Chapel Hill，1969)，65 - 6，137 - 47.

② Dieter Fricke，*Kleine Geschichte des ersten Mai* (Frankfurt，1980)，5 - 149.

③ Lees and Lees，*Cities*，165.

④ Nancy M. Wingfield，*Flag Wars and Stone Saints: How the Bohemian Lands Became Czech* (Cambridge，MA，2007)；Claire Nolte，“Celebrating Slavic Prague: Festivals and the Urban Environment”，*Bohemia: Zeitschrift für Geschichte und Kultur der böhmischen Länder*，52 (1) (2012)，37 - 54；Patrice M. Dabrowski，*Commemorations and the Shaping of Modern Poland* (Bloomington，2004).

⑤ John Robertson，“Calamitous Methods of Compulsion: Labor，War，and Revolution in a Habsburg Industrial District，1906 - 1919” (PhD thesis，University of North Carolina at Chapel Hill，2014)，125 - 70.

不过几天，游行示威迅速波及整个城市，2月26日，政府军队向集结在涅瓦大街及市内其他聚集地的抗议者开火。自18世纪起，涅瓦大街就是著名的散步地。几天后，沙皇政府垮台，3月15日，沙皇尼古拉斯二世宣布退位。[①]

因此，行走——以及几十年来出现的无数行走活动——是19世纪欧洲现代体验的绝对核心。正是在漫长的19世纪，行走找到了自己的灵感，英国人最明显地体现了这一点。其中最著名的大概就是浪漫派，正如索尔尼所述，他们将在花园里得来的感性延伸到更广阔的世界中，并且同时培养了一种"对风景、野外、简朴、将自然视为理想、将步行观光视为与这些地方关系的圆满以及表达对简朴、纯真、归隐的渴望的浪漫尝试"[②]。或者，正如当时最著名的浪漫派行走者威廉·华兹华斯（William Wordsworth）所写的 13
那样：

> 所以，让月光照耀独自漫步的你；
> 让裹着薄雾的山间轻风，自由地吹拂你：从今往后，
> 当这些纵情狂喜逐渐熏染成趋入静穆的愉悦；当你的心灵容纳无限的风光，
> 你的记忆储存千声万籁[③]。

正如杰弗瑞·罗宾森（Jeffrey Robinson）所写的那样，浪漫派作家和画家都对资本主义社会所认为的获得幸福的最佳途径是商

---

① Tsuyoshi Hasegawa, *The February Revolution: Petrograd, 1917* (Seattle and London, 1981).

② Solnit, *Wanderlust*, 85.

③ "Lines Composed a Few Miles above Tintern Abbey, on Revisiting the Banks of the Wyeduring a Tour. July 13, 1798", in William Wordsworth, *The Complete Poetical Works*, ed. John Morley (London, 1888), 95.

业和财富积累的前提提出了挑战。相反，他们寻求“在行走的意愿中重置（幸福）”。此外，浪漫派“从根本上对于冷漠的工业社会对个人生活的入侵非常敏感”，因此，作为回应，他们提出“与历史割裂的自我、需要恢复的（被社交礼仪埋没或至少掩盖的）生活”[1]。人们经常提到的是由行走及与大自然接触而引发思考的美妙状态，远离华兹华斯在上面引用的那首诗中所提到的“日常生活中沉闷压抑的交往”。像卢梭（Rousseau）在他的《忏悔录》（*Confessions*，1782）中所写的：“我从未像独自一人走在路上那样思考那么多、经历那么多、那样栩栩如生地存在，我从未比那一刻更像自己——如果我可以这么表达的话。”[2]“赐予我头顶湛蓝的天空，脚下碧绿的草地，身后蜿蜒的路，以及吃饭前三个小时的行程——然后思考！”威廉·赫兹里特（William Hazlitt）在 1822 年补充道：“当晒得黝黑的印度人跳入面前的波浪中，被波浪朝他的故乡推去，我突然陷入回忆中，沉醉不能自拔……我开始感觉、思考、重新变回自己……”[3]“我的一些同乡……可以记起他们十年前走过的一些路
14 并向我描述，他们非常幸运，在树林中迷了半个小时的路，”亨利·大卫·梭罗（Henry David Thoreau）评论道，“回忆以前的存在状态无疑让他们得到了升华，即使是在他们做林木工和歹徒的时候。”[4]

随着 19 世纪的推进，罗宾森所谓的“浪漫行走”保留了这些品质，同时为节奏越来越快、越来越理性化、越来越疏离的现代生活

---

① Jeffrey C. Robinson, *The Walk: Notes on a Romantic Image* [1989] (Normal, 2006), 6.

② 出处同上，第 70 页。

③ William Hazlitt, “On Going on a Journey”, in Hazlitt, *Metropolitan Writings*, ed. Gregory Dart (Manchester, 2005), 29, 87.

④ Henry David Thoreau, “Walking”, in Edwin Valentine Mitchell (ed.), *The Pleasures of Walking* (New York, 1979), 131.

提供了庇护所。行走是一些现代病的解毒剂，其中一位最著名的倡导者便是“行走的牧师”——A. N. 库珀（A. N. Cooper）教士。库珀是北约克郡一座名为法利的小镇上的一名英国国教牧师，他因一个人大量进行长途徒步旅行而获得这一名号，而他的经历也奠定了许多书籍文献的基础。① 到 1907 年，他的主要行走成就包括从德国的汉堡走到匈牙利的布达佩斯，从法国的迪耶普走到摩纳哥的蒙特卡洛以及从法国的波尔多走到西班牙的巴塞罗那。② 他认为这种远足有助于身心健康，同时也是一次教育体验——是一种“不通过书本学习”的方式。当然，这种学习能够通过缓慢的徒步旅行以及这些旅行中所提供的仔细详尽观察机会的实现——而对于“因为要赶路，所以必须满足于透过火车窗口的一瞥”的火车旅客来说，当然不会有这样的机会。但或许最重要的是，徒步旅行让人有一种越来越难以拥有的自由感和独立感，同时也是拒绝生命“如此短暂，冲刺和冲突是生存不可或缺的”的理念的一种方式。③ 在书的开头，库珀花费了大量篇幅描述他 1886 年从法利走到罗马的经历。他写到自己初期如何步行 200 英里到达伦敦，以此来测试自己步行的毅力。第一章结尾，他写到这一经历让那些落入他眼中的景色如此难以忘怀：

> 如果我可以走一周，为什么不能走六周？如果我能走到 15
> 伦敦，为什么不能走到巴黎，走到阿尔卑斯山，走到耶路撒

---

① 参见 A. N. Cooper, *A Walk to Rome: Being a Five Weeks' Tramp from Yorkshire to Rome* (London, 1887); A. N. Cooper, *The Tramps of "The Walking Parson"* (London, 1902); A. N. Cooper, *With Knapsack and Note-book* (London, 1906); A. N. Cooper, *A Tramp's Schooling* (London, 1909); A. N. Cooper, *Tales of My Tramps* (London, 1913)。

② A. N. Cooper, *Quaint Talks about Long Walks* (London, 1907), vii.

③ Cooper, *Walking as Education*, 9 ff; Cooper, *Walk to Rome*, 10 - 11, 11 - 12.

冷……我要证明，只要有钱，有一双结实的靴子，你就可以走到罗马。再见，现代旅行的所有吸血鬼们。再见，急切的出租车乘客、喜欢小费的搬运工们。再见，写错地址的行李、尘土飞扬的火车车厢……再见，火车——管你准不准时，我再也不是你的奴隶了。我自由了。我自由了！[①]

库珀的文字表明，到19世纪晚期，许多观点都已经指出安妮·D. 华莱士（Anne D. Wallace）所描述的将"物理性行走行为的自然、原始品质"作为恢复"机械化之前的人类生活"[②]的一种方式。与麻木的日常生活不同，探险远足可以提供发现新事物的可能性。[③] "摆脱火车时刻表和多余的机械带来的所有烦恼，"莱斯利·斯蒂芬（Leslie Stephen）在1901年的一次德国徒步旅行中写道，"相信自己的双腿，想停就停，喜欢哪条岔路就走哪条，在夜晚住宿的每家小旅馆中偶遇一些各种各样、离奇有趣的生活方式……不必强撑体面，常规生活的燕尾服早已被抛之脑后。"[④]沉思仍然是必不可少的一部分。"你可能还记得伯恩斯如何细数过去的快乐，回忆他曾经'快乐思考'的时刻。"罗比特·路易斯·史蒂文森（Robert Louis Stevenson）在自己1876年的步行游记中写道：

---

① Cooper, *Walk to Rome*, 16–17.

② Anne D. Wallace, *Walking, Literature, and English Culture: The Origins and Uses of Peripatetic in the Nineteenth Century* (Oxford, 1993), 13.

③ Wolfgang Albrecht, "Kultur und Physiologie des Wanderns: Einleitende Vorüberlegungen eines Germanisten zur interdisziplinären Erforschung der deutschsprachigen Wanderliteratur", in Wolfgang Albrecht and Hans-Joachim Kertscher (eds), *Wanderzwang — Wanderlust. Formen der Raum- und Sozialerfahrung zwischen Aufklärung und Frühindustrialisierung* (Tübingen, 1999), 3.

④ Leslie Stephen, "In Praise of Walking", in Stephen, *Studies of a Biographer* (London, 1902), III, 259.

> 这句话足以让方方面面都按点办事的可怜的现代人困惑不已……因为我们都太忙了，有那么多计划等着完成，那么多失火的城堡等着变成沙砾土上坚固宜居的别墅，我们根本没有时间去那"思考的大地"上，去那"浮华的山间"享受休闲旅行。[①]

在1913年发表的一篇短文中，乔治·麦考利·特里维廉(George Macaulay Trevelyan)承认："只有在一天漫长而孤独的行走结束时，我才会有那种奇怪的仅仅是欣赏美景的休闲时刻，才会觉得相比人生琐事，自己活得更加鲜活，更加不会被人遗忘。"[②] 16

《浪漫行走》整本书都在许诺逃离现代世界，在休息中缅怀过去而非耽于日常琐事，寻求简单的快乐而不是令人心烦意乱的例行公事。事实已经证明，这种二分法非常持久，尤其是在英国和美国，部分原因要归功于19世纪出现的首批行走俱乐部、保护主义者组织和国家公园。随着资本主义媒体和科技的蓬勃发展，人们不仅要考虑文学，同时还要考虑流行文化中普遍存在的逃离承诺和休息。[③] 旅游产业日益迎合那些希望逃离一切的行走者的需求。从徒步旅行靴到防水帐篷，针对不断增长的大众市场的各种专业设备被生产出来；许多偏僻的地方新建了行走旅社和酒店；廉价地图和手册迅速普及。旅游出版物，如E. S. 泰勒(E. S. Taylor)颇受欢迎的《野外漫步》("Field Path Rambles")系列指南，详细介绍了旨在让行走者"走出并远离常规道路……找到深林

---

① Robert Louis Stephenson, "Walking Tours", in Stephenson, *Virginibus Puerisque and other Papers* (London, 1912), 258 - 9.

② George Macaulay Trevelyan, "Walking", in Trevelyan, *Clio, a Muse, and other Essays Literary and Pedestrian* (London, 1913), 66.

③ 对于19世纪末20世纪初日新月异的变化，参见 Stephen Kern, *The Culture of Time and Space 1880 - 1918*, 2nd edn (Cambridge, MA, 2003)。

幽谷、原始村落”以及其他乡间“可爱‘角落’”的步行路线。[1]

正如泰勒及其他人所宣扬的，行走提供了走出庸俗的自由——一种让自己“了解古代景点，获得乡间生活的简单快乐，欣赏自然美景事物，学习古代方式风俗，记录过去”[2]的方式。当然，对于那些现代城市居民来说，这种自由只能是暂时的。正如弗雷德里克·格罗斯（Frédéric Gros）所说的，周末徒步是“一种附带的恩赐，是在度假地仅有一两天甚至更短的自由。等你回来的时候，并没有什么真正的变化。所有的旧惯例又会一起回归：匆忙、忽
17 视自己、忽视他人、兴奋、疲惫……一眨眼的自由，然后重新回到枯燥乏味的工作”[3]。如果这些言论听起来很悲观，那它与本书的灵感来源和两部包罗万象的行走历史是一样的：约瑟夫·阿马托（Jaseph Amato）的《徒步：行走的历史》（*On Foot: A History of Walking*）及丽贝卡·索尔尼特（Rebecca Solnit）的《漫游之歌》（*Wanderlust*）。这两部作品都是以悲观的注解结束，似乎担心科技和资本主义已经扼杀了行走的黄金时代以及浪漫主义者们首先欢呼赞美的诸多益处。[4] 阿马托将书的最后一章命名为“美国摩

---

[1] E. S. Taylor (pseudonym Walker Miles), *Field-path Rambles* (Eastbourne Series) (London, 1904), 2. 同样参见，例如，E. S. Taylor, *Field-path Rambles* (Canterbury and Kent Coast Series) (London, 1904); E. S. Taylor, *Field-path Rambles amongst the Surrey Hills: A Practical Handbook for Pedestrians* (London, 1895). 有关泰勒的指南的现代评估，参见 A. H. Sidgwick, *Walking Essays* (London, 1912), 43 - 62。

[2] W. H. Burnett, *Holiday Rambles by Road and Field Path* (Blackburn, 1889), 7.

[3] Frédéric Gros, *A Philosophy of Walking*, *trans*. *John Howe* (London and New York, 2014), 4 - 5.

[4] 在这里，两位作者似乎都遵循城市历史学家的传统，他们批评 20 世纪 50 年代的现代主义规划和城市化与健康、充满活力的社区相悖。简·雅各布斯（Jane Jacobs）指出人行道和公园在支持任何健康城市所必需的人际互动、多样性和活力方面的核心重要性：Jane Jacobs, *The Death and Life of the Great American Cities* (New York, 1961). 城市化和行走的衰落也是 Kenneth T. Jackson 广受赞誉的 *Crabgrass Frontier: The Suburbanization of the United States* (Oxford, 1985)一书中的突出特征。

托车手令行走者黯然失色”，而索尔尼特的行走史则以拉斯维加斯焦虑的漫步结束，这一经历促使她批判 21 世纪初日益猖獗、喧闹的公共空间私有化。① 在《漫游之歌》及一些新作中，索尔尼特大力推动了日益庞大的推崇“慢下来”的学者和文化评论者的队伍：与 19 世纪的前辈们一样，她将行走视为当今时代快节奏和残酷（资本主义）效率的解毒剂。②

《浪漫行走》及其各种版本在现存的行走文学中享有主导地 18
位。虽然这本文学著作令人印象深刻，但也有其局限性。尤其是这本书主要关注大不列颠，同时在一定程度上关注美国，因此遗漏了许多浪漫主义和行走可能在其他环境下结合的许多未充分探索的方式。③ 但是，结合已经发生了。“我们的旅行很愉快；而且我感受到了徒步旅行的优点。”斯洛伐克浪漫主义作家米洛斯拉夫·胡尔班（Miloslav Hurban）回忆自己从摩拉维亚乡村走到布拉格的旅途时说：“山间的哼唱让我们无心欣赏自然美景和宜人的斯拉夫风光，直到我们沿着山谷顺利到达悲伤的斯维塔瓦河。”④整个

---

① Solnit, *Wanderlust*, 10 - 11.

② 正如索尔尼特所写的：“以效率为名的技术的叠加实际上是通过实现生产时间和地点的最大化及中间非结构化旅行时间的最小化，消除空闲时间……同样，围绕这些技术的效率修辞表明无法量化的东西没有价值——即落入无所事事范围内的大量乐趣，包括发呆、出神、流浪、逛街”等等，只不过是有待由更确切、更富有成效或更快节奏的东西填补的空白。出处同上，第 10 页。同样参见，例如，Fritz Reheis, *Die Kreativität der Langsamkeit. Neuer Wohlstand durch Entschleunigung* (Darmstadt, 1990); Will Self, “Walking is Political”, Guardian, 30 March 2012; Jarret Kobek, *Walking is a Radical Act: An Interview with Iain Sinclair* (Solar Luxuriance 21, n.p., 2013), esp. 16 - 20, 35:“最没有自由的就是步行者。走路的时候做不了什么。走路赚不了钱。看别人走路也没有什么政治价值。散步是最不激进的行为，是一种将自己置于别人不想让你去的地方的方式；行走不是‘行人渗透’，不是沿着车站与超级商场之间的封闭路径乖乖走。你会以冲动的方向起飞，我认为行走是保持城市活力的一个重要方面。”

③ 参见，如下文献中引人深思的文章，例如 Albrecht and Kertscher (eds), *Wanderzwang*。

④ Miloslav Josef Hurban, *Cesta Slováka ku bratrům slavenským na Moravě a v Čechách* [1841] (Žilina-Košice, 1929), 65.

区域的泛斯拉夫同胞在1848年以前已经走遍东欧，参与民族志学工作及乡间美学庆祝活动，那里的人民，正如温蒂·布雷斯韦尔(Wendy Bracewell)所写的，经常对西方新兴的"现代、资产阶级、世俗和工业化文明"进行非常奇怪的浪漫批判。[①]

受约翰·哥特弗雷德·赫尔德(Johann Gottfried Herder)的作品启发，整个中东欧早期的民族主义者走遍乡村，寻找能形成有凝聚力的国家词汇的音乐、文字和故事。[②] 卡雷尔·希内克·马哈(Karel Hynek Mácha)是捷克当时最伟大的浪漫主义诗人，他不仅走遍波希米亚的大部分地区寻找鼓舞人心的风景和历史遗迹，还几乎徒步完成了到威尼斯的往返路程。档案保管员卡雷尔·哈罗米尔·艾尔本(Karel Jaromír Erben)用业余时间行走在乡间搜集民谣、音乐、神话故事和诗歌，后来，他将这些整理出版，供新兴的捷克中产阶级读者阅读。效仿赫尔德民族"灵魂在于乡村，在于淳朴的乡村居民"的理念，艾尔本为一系列神话传说奠定了基础，这些神话传说后来成为捷克民族传统的核心。[③] 德国最有影响力
19 的浪漫行走者大概是约翰·沃尔夫冈·冯·歌德(Johann Wolfgang von Goethe)，正如沃尔夫冈·卡舒(Wolfgang Kaschuba)所说，他的诗歌和散文将大自然想象成一个"物体，同时也是人类知识的媒介"，是自我发掘，预示着新兴的中产阶级趋之若鹜、将他们与工人

---

① Wendy Bracewell, "Travels through the Slav World", in Wendy Bracewell and Alex Drace-Francis (eds), *Under Eastern Eyes: A Comparative Introduction to East European Travel Writing on Europe* (Budapest, 2008), 172.

② Holm Sundhaussen, *Der Einfluss der Herderschen Ideen auf die Nationsbildung bei den Völkern der Habsburger Monarchie* (Munich, 1973); Lonnie Johnson, *Central Europe: Enemies, Neighbors, Friends* (New York, 2011), 124-35.

③ Albert Pražak, *Karel Hynek Mácha* (Prague, 1936); Jiří Padevět, *Cesty s Karlem Hynkem Máchou* (Prague, 2010); Milada Součková, *The Czech Romantics* (The Hague, 1958).

阶级和特权阶级区别开来的审美教育。[①] 19世纪后期，整个德国的徒步团体及其他自然爱好者承诺要为被现代化侵占并腐蚀的社会进行"生活改革"(*Lebensreform*)。"候鸟"(*Wandervögel*)协会借鉴浪漫主义时期的知识分子传统，引导青年人进行致力于逃脱父母所创造的理性、死板的中产阶级社会的徒步。[②]

或许更重要的是，虽然关于行走的学术作品成功揭示了"浪漫行走"的现代起源，但这些作品却极少指向漫长的19世纪中其他的行走实践。(即使是确实涉及现代社会其他实践的索尔尼特和阿马托，也将"浪漫行走"的价值观注入他们的行走构架中。)此外，相对于真正的执行和实际实践，我们更熟悉的是"浪漫行走"这种比喻的兴起。到底有多少人像赫兹里特、斯蒂芬和特里维廉所描述的那样每周末行走在林间山麓？女性在这些活动中的参与程度如何？是否参加？[③] 在这一方面，"浪漫"行走者与漫游者有诸多相似，虽然一般

---

① Wolfgang Kaschuba, "Die Fußreise — Von Arbeitswanderung zur bürgerlichen Bildungsbewegung", in Hermann Bausinger, Klaus Beyrer and Gottfried Korff (eds), *Reisekultur. Von der Pilgerfahrt zum modernen Tourismus* (Munich, 1991), 165－73. 同样参见 Astrida Orle Tantillo, *The Will to Create: Goethe's Philosophy of Nature* (Pittsburgh, 2002); Nicholas Boyle, *Goethe: The Poet and the Age* (Oxford, 1991)。

② John A. Williams, *Turning to Nature in Germany: Hiking, Nudism, and Conservation, 1900－1940* (Stanford, 2007).

③ 在这一方面，我们了解最多的是威廉·华兹华斯的姐姐多萝西·华兹华斯。参见 Dorothy Wordsworth, *The Grasmere and Alfoxden Journals*, ed. and introd. Pamela Woof (Oxford, 2002); Lucy Newlyn, *William and Dorothy Wordsworth: "All in each Other"* (Oxford, 2013).同样参见 Heidi Ritter, "Über Gehen, Spazieren und Wandern von Frauen in der zweiten Hälfte des 18. Jahrhunderts", in Albrecht and Kertscher (eds), *Wanderzwang*, 91－104; Annegret Pelz, "Reisen Frauen anders? Von Entdeckerinnen und reisenden Frauenzummern", in Bausinger, Beyrer and Korff (eds), *Reisekultur*, 174－8. 19世纪晚些时候，第一批女登山者将开始崭露头角：对于她们的活动，参见，例如，RonaldClark, *The Victorian Mountaineers* (London, 1953), ch. 8; Cicely Williams, *Women on the Rope: The Feminine Share in Mountain Adventure* (London, 1973); D. Mazel (ed.), *Mountaineering Women: Stories by Early Climbers* (College Station, 1994)。

20 认为后者喜欢城市和现代化。他们主要都存在于文学想象中。他们的目的，一旦付诸文字，更多的是表达关于 19 世纪条件的真相，而非描述过程和物质现实。他们——或许这是个误会——都已经成为过于庞大的思想群，过度渲染我们对于 19 世纪生活的理解。①

与此同时，“浪漫”行走经常被理解为一种实践，这种实践以类似浪漫主义者所想象的方式走出流水线似的生活。② 正如我们所看到的，按照 19 世纪的作家及其解读者们的表述，“浪漫行走”还暗示迈出脚步从根本上来说不属于资本主义、技术和改变 19 世纪欧洲的大量过程，或者说恰恰与之相反。这根本就不是事实。例如，华兹华斯在乡间漫步时遇到流浪者，揭示了对罪犯、犯罪及更低阶层相关的当代辩论的深刻理解及参与③。此外，正如乔纳

---

① 正如玛格丽特·A. 罗斯令人信服地写道，瓦尔特·本雅明对于夏尔·波德莱尔的 flâneur（流浪者）的解读忽略了 19 世纪早期的作品中发现的对这一城市形象的讽刺、诙谐和拙劣模仿。本雅明还预测了 19 世纪末关于 flâneur 异化的学术研究，并将“主要是虚构的 flâneur 形象”转化为“实际历史类型”：Margaret A. Rose, “Flâneurs & Idlers: A ‘Panoramic’ Overview”, in Rose (ed.), *Flâneurs & Idlers* (Bielefeld, 2007), 1 - 74, at 20.同样，正如以斯帖·莱斯利最近写道：“flâneur 是一个传说中的形象，或许在小说中比在生活中更常见，更常被描述和定义为被瞥见在城市街道上行走。”：Esther Leslie, “Flâneurs in Paris and Berlin”, in Koshar (ed.), *Histories of Leisure*, 61. 然而，正如格里高利·沙亚所指出的：“过去二十年来，涌现出了大量对于 flâneur 的学术研究。在本雅明的基础上，历史学家、城市社会学家和文学批评家都已经用 flâneur 来解释都市生活动荡，追踪 19 世纪城市中的阶级关系和性别差异，表现异化及个人现代特征之间的分离关系。flâneur 已经成为‘现代性的代表性形象’和后现代聚众观察的象征。应当清楚的是，flâneur 进行了大量的解释性工作。”Gregory Shaya, “The Flâneur, the Badaud, and the Making of a Mass Public in France, circa 1860 - 1910”, *American Historical Review*, 109(1) (2004), 41 - 77, at 47。

② 在雅克·巴尔赞看来，他坚信浪漫主义“远不能逃避现实，因为那种精神空虚令人无法忍受”。事实上，这些精神希望改变自己不喜欢的部分现实，并且在现实中的特定片段不会再现时至少记录它们的理想状态——这些都是“启蒙运动和法国大革命摧毁旧世界后”坚不可摧的重建步骤：Jacques Barzun, *Classic*, *Romantic*, *and Modern* (Chicago, 1975), 15。

③ Quentin Bailey, *Wordsworth's Vagrants: Police, Prisons, and Poetry in the 1790s* (Farnham, 2011). 同样参见 Celeste Langan, *Romantic Vagrancy: Wordsworth and the Simulation of Freedom* (Cambridge, 1995)。

森·巴特(Jonathan Bate)所说，华兹华斯的几版《湖区指南》(*Guide to the Lakes*，1810—1859)并没有如早期的描述一样，提 21
供对于到处风景如画的湖区风景的狭隘审美、“艺术摄影师式”的赏读。也没有将这些风景展现为一个遗憾逝去的时代最后的宝贵遗迹。相反，他提供了一种全面描述，既感恩秀丽风景也赞扬与大自然和谐相处的当代人类社会价值——尤其是他的“牧羊人完美共和国”。① 事实证明，这种观点影响深远。《指南》催生了一大批强调这位诗人与湖区关系的旅行指南——发明了“华兹华斯郡”一词——这些文本沿袭了华兹华斯认为步行旅游是欣赏作为生活、文化景观的区域独特美景的最佳方式的观点。② 通过这种方式，旅行指南促进了日益兴起、完全现代的环保主义理念，进而激发了19世纪末20世纪初的环保主义活动，如H. D. 罗恩斯利(H. D. Rawnsley)将湖区景观的保护与大力支持行人访问权结合起

① William Wordsworth, *A Description of the Scenery of the Lakes in the North of England*, 3rd edn (London, 1822), 63－4; Jonathan Bate, *Romantic Ecology: Wordsworth and the Environmental Tradition* (London, 1991), esp. 41－52.

② 参见，例如 *Black's Picturesque Guide to the English Lakes* (London, 1841 [许多后续版本]); *Jenkinson's Practical Guide to the English Lake District* (1st edn, London, 1872; 8th edn, 1885); *Jenkinson's Eighteenpenny Guide to the English Lake District* (London, 1873); Henry I. Jenkinson, *Tourists' Guide to the English Lake District* (1st edn, London, 1879; 7th edn, 1892); M. J. B. Baddeley, *The Thorough Guide to the English Lake District* (London, 1880); M. J. B. Baddeley, *Black's Shilling Guide to the English Lakes*, 21st edn (London, 1897); W. G. Collingwood, *The Lake Counties* (London, 1902). “华兹华斯郡”(Wordsworthshire)似乎是美国学者詹姆斯·拉塞尔·洛威尔在1876年引进的一个词，随后在大西洋两岸迅速传播，自19世纪80年代后广泛使用，例如，出现在贝德克尔1887年版的《大不列颠》(*Great Britain*)等出版物中：Saeko Yoshikawa, *William Wordsworth and the Invention of Tourism, 1820－1900* (Farnham, 2014), 95; 同样参见 Melanie Hall, “American Tourists in Wordsworthshire: From ‘National Property’ to ‘National Park’”, in John K. Walton and Jason Wood (eds), *The Making of a Cultural Landscape: The English Lake District as Tourist Destination 1750－2010* (Farnham, 2013), 87－109。

来——如1887年的拉屈格步行道争议。[①] 有一种立场认为，通往湖区等景观的步行通道对于主要生活在城镇中的普通人的幸福感至关重要。正因如此，这构成了公众保护协会和国民托管组织（在
22 美国是国家公园运动）先驱倡导的公共便利设施这一现代理念的基石之一。[②]

与许多文学作品中所反映的不同，“浪漫行走”及其文化附属同样伴随现代化的其他产物。19世纪末及20世纪初，在大自然中的行走范例自然重视这种旅行所提供的（暂时）逃离拥挤的城市环境中快节奏生活的感觉。然而，虽然莱斯利·斯蒂芬（Leslie Stephen）庆祝自己摆脱了铁路和时间表，但如果没有火车和相关的旅游基础设施，他在德国的徒步旅行（及其激发的想法）都很有可能无法实现。从这个角度来说，是科技使冥想行走成为可能。实际上可以说，到19世纪末，“浪漫行走”已经成为日益兴起的旅游产业售卖的另一商品化体验。[③] 铁路和旅行社热情地宣传，敦促疲惫的城市工人迅速逃亡“未开发”的自然区域漫步。例如，在澳大利亚，扩张的铁路网成为逐渐流行的休闲“丛林徒步”的重要指标；这不仅是因为火车让野外旅行更可行，更因为其所涉及的企

---

① 对于该争议，参见 *English Lakes Visitor and Keswick Gazette*, 8 October 1887. 对于早期保护主义运动中一般公共出入权的重要性，参见 Paul Readman, “Preserving the English Landscape, c. 1870 - 1914”, *Cultural and Social History*, 5 (2) (2008), 197 - 218, esp. 208 - 14; Paul Readman, Octavia Hill and the English Landscape', in Elizabeth Baigent and Ben Cowell (eds), “Nobler Imaginings and Mightier Struggles”: *Octavia Hill, Social Activism and the Remaking of British Society* (forthcoming, London, 2016)。

② Readman, “English Landscape”; Readman, “Octavia Hill”. 对于美国家公园运动的早期历史，参见 Alfred Runte, Yosemite: *The Embattled Wilderness* (Lincoln, NE, 1990); Alfred Runte, *National Parks: The American Experience*, 4th edn (Lanham, 2010)。

③ 对于旅游产业的商品化过程，参见 John Urry, *The Tourist Gaze*, 2nd edn (London, 2002)。

业也通过广告宣传和特价旅行票大大促进了这项活动的普及。[①] 其他地方亦是如此。因此，随着旅游现象的普及，浪漫行走者很可能体现了想逃离社会和日常生活，同时又断言许多相同的文化价值和消费文化都是现代、资产阶级社会所固有的。[②]

这可能说明 19 世纪的行走者实际上表达了一种保守的现代性。不过，值得注意的是，行走与激进政治密切相关，尤其是在英国。实际上，正如约翰·沃尔顿(John Walton)所揭示的，休闲行走经常多多少少与明确表达对公地圈占和日益将不动产集中在更 23 少人手中的土地制度的抗议相关联(到 19 世纪 80 年代，很明显英国约有四分之三的土地集中在约 5 000 人手中)。[③] 从 19 世纪 20 年代中期约翰·克莱尔(John Clare)强烈谴责"每个小暴君都有自己的小标志"开始，越来越多的城里人发现除了非法侵入，他们越来越难到达乡村。[④] 克莱尔所说的"通往自由和可爱童年的道路"正在关闭："圈地来了，它践踏墓地或工人的权利，留下可怜的努力。"[⑤]对于一些人来说，尤其是社会更高层的知识分子，非法侵入会让人因个人的罪过而颤抖；对于其他人来说——比如克莱

① Melissa Harper, *The Ways of the Bushwalker: On Foot in Australia* (Sydney, 2007), 22 - 57, esp. 31 - 3.

② Koshar, *German Travel Cultures*.

③ John K. Walton, "The Northern Rambler: Recreational Walking and the Popular Politicsof Industrial England, from Peterloo to the 1930s", *Labour History Review*, 78(3) (2013), 243 - 68; David Cannadine, *The Decline and Fall of the British Aristocracy*, rev. edn (London, 1992); David Spring, "Introduction", in John Bateman, *The Great Landowners of Great Britain and Ireland*, 5th edn (Leicester, 1971).

④ 在被乔纳森·巴特评价为"19 世纪最伟大的诗歌之一"的《道德观念》一诗中：Jonathan Bate, *John Clare: A Biography* (London, 2003), 315 - 17. 同样参见 John Goodridge and Kelsey Thornton, "John Clare: The Trespasser", in Hugh Haughton, Adam Phillips and Geoffrey Summerfield (eds), *John Clare in Context* (Cambridge, 1994), 87 - 129。

⑤ Bate, Clare, 316 - 17.

尔——在他人的领地上漫步是以恐惧和负罪感为代价的：被抓住就毁了。但仍有一些人认为，非法侵入提供了反抗不公正、向大地主和工业家们宣示土地属于人民的机会。这种行走运动可能会涉及有组织的示威，自19世纪80年代后日益普遍，尤其是在北部工业城镇的内陆地区。[①] 正如沃尔顿所述，这几乎没有什么精英的引导，表现了工人阶级独立规划且根深蒂固的与乡村和自然的接触。这一运动在1932年英国山区金德斯考特峰的"集体入侵"事件达到顶峰，但其根源却源于19世纪。[②]

24 当然，大部分人并没有走这么远：对于激进行走被忽视的所有意义来说，故意的非法侵入只是整个时期少数人的追求。但一种更具一般意义的大众土地股份概念——道德上的共同所有权——非常普遍，并且形成了一种更温和的运动方式。在整个欧洲和北美，这种运动渗入正在发展的传统保护主义运动和自然资源保护主义运动，包括1872年黄石国家公园的设立到德国威廉自然保护协会的成立。[③] 在英国，最明显的可能就是开路权保护运动。人行道和马道被视为人民持有的景观利益以及步行进入这些地方的天经地义的权利的生活体现，尤其是在农村地区。因此，英国的许多步行俱乐部实际上是为了保护这些路权而成立的，其成员将对乡村的热爱与保护进入这些地方的权利相结合。实际上，正如哈维·泰勒(Harvey Taylor)的作品中所体现的，19世纪20

---

① 一个例子就是1896年波尔顿附近的维特山(Winter Hill)出入权争议，当时一个场合的抗议人数可能就超过1万人：P. Salveson, *Will Yo' Come O' Sunday Mornin'?: The 1896 Battle for Winter Hill* (Bolton, 1996), esp. 13-14, 21, 26。

② Walton, "Northern Rambler"; Benny Rothman, *The 1932 Kinder Trespass* (London, 1982).

③ Alfred Runte, *National Parks*; *Thomas M. Lekan*, *Imagining the Nation in Nature: Landscape Preservation and German Identity, 1885 - 1945* (Cambridge, MA, 2004); Astrid Swenson, *The Rise of Heritage: Preserving the Past in France, Germany and England, 1789 -1914* (Cambridge, 2013).

年代在英格兰北部成立的步行道保护社团在某种意义上来说是现代有组织户外运动的起源——这一运动将从后来的合作假日、漫步者及青年旅社协会中找到全国性的惯用表达。[①] 也有人怀疑,在这一世纪晚期,随着跨政治光谱团体将预封闭的乡村过往想象为他们各自英式民族主义的一部分,不管是对于极具破坏性的激进分子还是忠实的保守分子,在乡间漫步已经成为一种表达各种英式风格的方式。[②]

因此,本书的一个目的在于挑战“浪漫行走”的主导地位,以及当前许多文学作品中致力于此的解释力。我们的作者探索了大量行走实践,同时质疑“行走表示逃离现代社会”这一理念。在这一 25
过程中,我们尝试打破上述二分法:慢/快;农村/城市;现代/原始;个体/群体;过去/未来;冥思/合理性及盲目地例行公事。实际上,正如下一章中所讲到的,行走与19世纪城市生活、交通变革、资产阶级文化兴起中典型相关的快速、令人费解、变革性的变化密切相关。有些时候,行走实践会有意识地抵制19世纪波及整个社会的巨大变革,从而反过来进一步推动变革。而其他时候,行走会明确推进那些自我意识下的“现代”自我描述中的明确目标。但是,不论形式如何,或者不论相关论述是什么形式,虽然文学作品一直试图将行走视为一种逃避,但行走一直是现代生活的核心方面。实际上,连行走是一种逃避这个想法本身就预示有什么东西要逃离,按照这个说法,没有城市现代化,就不存在行走;行走既是

---

① Harvey Taylor, “Footpath Preservation Societies in Mid-Nineteenth-Century Textile Lancashire”, *Manchester Region History Review*, 9 (1995), 25-31; 同样参见 Harvey Taylor, *A Claim on the Countryside: A History of the British Outdoor Movement* (Edinburgh, 1997), esp. 19-53。

② 关于土地问题及英国的民族自然主义,参见 Paul Readman, *Land and Nation in England: Patriotism, National Identity, and the Politics of Land, 1880-1914* (Woodbridge, 2008). 但是,正如西蒙·汤普森在他对英国两次战争间行走文化的持续研究中所指出的那样,我们必须警惕将行走的普遍性归结为这种特定的文化动态。

一种产物也是现代化的组成部分。

从到目前为止的讨论中可以清楚地看到，许多关于行走的描述都集中关注英国的经验。这可能是行走——或者漫步——在英国当代文化价值的一种功能：见证该主题最新相关书籍的成功，如罗伯特·麦克法伦(Robert Macfarlane)备受欢迎的畅销书《老路》(*The Old Ways*)。[1] 然而，正如麦克法伦强烈的个人反思所体现出来的，这也是“浪漫行走”在英国延续力量的一种功能，不管怎样(多亏了华兹华斯)，英国都是行走得到最充分历史表达的环境。牢记这一点，本书中的章节不仅从各种不同角度、在不同环境下、
26 跳出目前的浪漫主义范例探讨英国的行走历史，还外延至世界上的其他地方。

通过对各种行走实践的大规模考察，我们希望探讨行走在东欧和俄国——那里现代化力量的出现要晚于英国(但后来密度更大)，以及其他非欧洲地区——澳大利亚和印度次大陆——英国的行走文化在那里留下印记，这些印记在现代世界中各自经历独特变革——的历史意义。通过这种方式，我们希望不仅能挑战英国许多关于行走的文学作品的前提，同时也可以激发其他地区的学者对于历史中的行走的探讨。我们并不自诩提供 19 世纪全面、单一的行走历史，甚至不会认为这些描述是理解我们主题的最佳方

---

① Robert Macfarlane, *The Old Ways: A Journey on Foot* (London, 2012).同样参见，例如，Robert Macfarlane, *Mountains of the Mind: A History of a Fascination* (London, 2003); Robert Macfarlane, *The Wild Places* (London, 2007); Iain Sinclair, *London Orbital: A Walk around the M25* (London, 2002); Sinclair McKay, *Ramble On: The Story of Our Love for Walking Britain* (Leicester, 2013); Hugh Thomson, *The Green Road into the Trees: A Walkthrough England* (London, 2012); Simon Armitage, *Walking Home: Travels with a Troubadour on the Pennine Way* (London, 2012); Simon Armitage, *Walking Away: Further Travels with a Troubadour on the South West Coast Path* (London, 2015); Chris Yates, *Nightwalk: A Journey to the Heart of Nature* (London, 2014); Clare Balding, *Walking Home: My Family and other Rambles* (London, 2014)。

式——因此，我们将本书命名为《行走的历史》（*Walking Histories*）。但是，在整合本书的不同内容时，我们确实认为这些内容均以各不相同的方式探索了当我们将行走——作为一种具有不同意义的实践——作为中心分析内容时会发生什么，并且反过来可以揭示包罗万象的19世纪历史中的重要主题。我们的目的在于展示行走不仅与现代世界的兴起内在相关，而且关注特定实践——及其参与者的意图和建立关系的能力——是理解复杂主题一种极富成效的方式。

我们将本书内容划分为四个部分，每个部分都希望提供现代进程相关主题及漫长的19世纪与现代化碰撞的独特视角。本书开头选取了三个19世纪学者熟知的主题——边界、劳动力和新社会身份的兴起——并且探讨了对相关行走实践的细致考察如何进一步揭示这些主题。

第一部分介绍了行走和边界。最新学术研究认为，19世纪出现的官方机构用地图、语言和视觉制度构建并且重构了无数边界，这是正确的。[1] 然而，人们却很少关注行走在挑战这些过程——作者在这一部分中所阐释的过程——中的核心作用。正如罗伯 27
特·格雷（Robert Coray）在本章中所展示的，在19世纪初的匈牙利，农民通过行走和"打破边界"来记住和编码村庄边界。这些传统方法主张地区自治并将土地用途的变迁考虑在内，不断挑战试图使村庄边界合理适应19世纪的测量师及各种现代尝试。[2] 在19世纪初的布拉格，乍得·布莱恩特（Chad Bryant）写道，城市的

---

① 对此，参见 Readman, Radding and Bryant (eds), *Borderlands*。

② 打破边界也是这一时期英国郊区生活的一个特征：参见，例如 Frances Billinge, "Beating the Bounds of the Borough of Bovey Tracey", *Devon Historian*, 82 (2013), 69 – 79. 对于稍微早些时候在定义教区边界时对于打破地点的一些暗示性思考，参见 W. R. Ward (ed.), *Parson and Parish in Eighteenth-Century Hampshire: Replies to Bishops' Visitations* (Winchester, 1995), xiii-xiv 中的简介部分。

新兴精英通过散步创造并占领了公园、小路和街景，从而形成了林恩·洛夫兰德(Lyn Lofland)所谓的城市“空间秩序”。[①] 这些精英还通过漫步山巅、走出城墙挑战传统边界——以及城市的传统、近代早期理念，进而想象对世界开放、与自然融为一体的自由城市。在世界的另一边，西蒙·斯莱特(Simon Sleight)向我们展示了 19 世纪末墨尔本的城市青少年不仅挑战公园的空间秩序，还徒步在城市中漫步，进而越过许多城市边界。他们的活动范围随着时间变化而变化，揭露了城市地形发展及公认的行为模式的许多内容，包括能走去哪儿、走多远。

第二部分探讨了行走与劳动之间的关系。无论是对于城市通勤者还是流动小贩，这一关系都非常重要：实际上，如果劳动者不一步步地走，许多职业过去和现在都是不可能的。但是，尽管在逻辑上不可避免，但劳动行走的关系并没有引起学术界足够的关注。这无疑是由于“浪漫行走”范式的主导地位，与其他更平凡的步行式劳动类型相比，这种范式在文学和思想反思中占据了主导地位——可以肯定的是，有时至少是在行走的形式上占据主导。这一部分的章节纠正了这一观点。伊丽莎白·科金·沃马克(Elizabeth Coggin Womack)阐释了亨利·梅修(Henry Mayhew)独具创意的《伦敦劳工和伦敦穷人》(*London Labanr and the London Poor*，1851 年首次出版)，与 19 世纪晚期的许多社会调查一样，此书主要依靠行走过程中
28 的观察——这种观察充满了对走路工作、将其作为部分工作甚至是谋生手段的劳工长途跋涉的同情。然而，这种观察同样使梅修不厌其详地揭露城市穷人的非生产性(且美好的)行走行为与生产性(且悲惨的)行走行为的区别。在英国乡村完全不同的背景下，朱莉·

① Lyn H. Lofland, “The Modern City: Spatial Ordering”, in H. M. Prochansky, W. H. Ittelson and L. G. Rivlin (eds), *Environmental Psychology: People and their Physical Settings* (New York, 1976).

西珀森(Julie Hipperson)写道，地产代理人、评估员和监督员在确保高效率的现代农业生产方面起到了重要作用。她认为，不管是对劳工的密切监督还是农业技术计算，步行都是最好的方式。

每一种新社会身份的出现都源于某个群组或团体的意识关联，这也是第三部分的主题。学者们早就意识到行走与身份认定之间的联系。然而，关于该主题的许多工作都集中在著名文学人物的经历上：华兹华斯、柯勒律治、黑兹利特、卢梭、梭罗等。此外，此类研究一般极少提到真正的行走力学和各种行走行为。华兹华斯的冥想式漫步仅仅是行走帮助塑造身份的一种方式。其他方式还包括或多或少有些激烈的体育运动，如登山和攀登，或高尔夫；以及那些与宗教身份相关的行走行为。亚瑟・伯恩斯(Arthur Burns)认为，19 世纪中期，在高山中寻求休闲娱乐的人极少能将行走和攀登明显区别开来，这两种运动都是将体力活动与探索自然景观和植被结合在一起。1865 年的马特洪峰悲剧导致四人死亡，但同时迫使英国阿尔卑斯俱乐部进一步区分简单的"行走"和"攀登"，攀登要求审慎、专业技术及团队合作，以避免现在所声称的这项活动中固有的危险。一旦定义了这种追求，就会为一个社会群体开辟一个新的潜在身份，这个群体缺乏必要的资源来满足前辈所理解的与最佳山间徒步相关的时间和附带成本。在他们完成这一过程的过程中，登山者努力保持并定义由他们活动的行为和修辞所创造的团体意识。

高尔夫作为一种特殊类型的行走体验是克莱尔・格里菲思(Clare Griffiths)那一章的主题。高尔夫球手体验周围环境的方式不同于那些徒步欣赏美景的路人。他们遵循球场设置的路径和自己的击球路径，以高尔夫球场特有的方式进行社交，从而构成了 29
一种尚待深入探索的独特共享体验。巴里・L. 施泰福(Barry L. Stiefel)的章节展示了 19 世纪的交通和建筑变革如何迫使美国和欧洲的犹太领导人面对涉及犹太人旅行经济中行走地点的一系列问题。在传统上禁止辅助工具旅行的安息日，犹太人可以乘坐电车、地铁、骑自行车、乘坐升降电梯和汽车吗？他透露，辩论不仅有助于明确改革派与正统犹太教之间的新分歧，而且改变了人们想象并穿越犹太空间的方式。

第四部分回到浪漫行走对冥想的强调，这一次探讨的是怎么走可以体现积极参与——和塑造——现代世界的决心。正如伊克巴尔·西瓦（Iqbal Sevea）所言，在19世纪末印度的交通运输革命中，出现了对于行走及其与感官、自我控制和精神性的关系的新担忧。他认为，按照印度和西方的语言总结，散步成为一种获得“幸福、纯洁和智慧”的方式。在详细解读安德烈·别雷（Andrei Bely）的《彼得堡》（*Petersburg*，1905）时，安格利克·席利（Angeliki Sioli）展示了城市的建筑环境如何引发小说中行人之间的思考和决定。与本雅明的鞭挞者或恩格斯的单子（monad）①不同，别雷作品中的人物表明，走在城市街道上已成为人类意识的一个关键方面。正如保罗·里德曼所示，詹姆斯·布莱斯（1838—1922）认为，走进“未受破坏的”景观对城市人身心健康至关重要。布莱斯正是在走路时发展了对保守主义和环境保护主义的热情，同时，或许最重要的是，磨砺出了为作为英国政要、外交官，法学家、政治科学家和历史学家的他提供信息的许多思想。

我们希望读者在阅读本书的过程中，能够找到适合自己的想法和灵感来进一步调查。如果没有别的东西，我们相信他们会认识到本书所涉及的主题就是值得进一步探究的，并且即使在行走已经引起关注的历史背景下，其中还有大量未开发的领域，如不列

---

① 参见 F. Engels, *The Condition of the Working Class in England in 1844*, ed. D. McLellan (Oxford 2009), 29。

颠群岛。一个明显的研究路线是跟随这里的贡献者，考虑行走与 30
该时期其他惊人的文化现象之间的交集。例如，行走行为对汽车发展的回应。以及在殖民地背景下同时增加的徒步探险和大都会交通革命（随着山姆·巴斯·华纳[Sam Bass Warner]所定义的"行走城市"的灭亡[1]）如何改变行走者的自我理解，特别是在什么样的行走规模可以称为构成身体或精神上的挑战，以及该行为的文化意义。

本书的另一个版本可能包含了与"阶级"或用于描述社会分层或分区的一些不太常见的术语主题相关的部分。在这里很容易追溯到一些贡献，比如沃马克、伯恩斯、斯莱特、西珀森和布莱恩特所著章节。"浪漫行走"的叙述经常强调中产阶层是其主要倡导者，但应该可以看出这种强调可能过度了。本书的章节更普遍地表明，全范围行走行为的社会历史是非常复杂的，值得进一步仔细探索。显然，19世纪的发展对于行走的理解可能会有相互矛盾的分化。例如，与此同时，由于新的但有时非常昂贵的交通工具的使用强调这种行为的时间成本，强化预先存在的认为行走是穷人的选择的观点，一些休闲散步行为是一种奢侈品，是只有富人和特权阶层才能承受的观念也在交通工具的发展中得以强调——这一观点是在伯恩斯描述19世纪末登山界的争论时出现的。

一些章节还指出了未来的调查可以在现代行走主题上寻找新切入点的两种方式。一个是史学的空间转向，这反映在罗伯特·格雷和西蒙·斯莱特的贡献中。[2] 新的数字地图技术为现代行走

---

① Sam Bass Warner, *Streetcar Suburbs: The Process of Growth in Boston* (1870－1900)(Cambridge, MA, 1978).

② 参见，例如，Charles W. J. Withers, "Place and the 'Spatial Turn' in Geography and History", *Journal of the History of Ideas*, 70(4) (2009), 637－58; Ralph Kingston, "Mind over Matter? History and the Spatial Turn", *Cultural and Social History*, 7(1) (2010), 111－21。

的休闲娱乐提供了可能性，并将其与行人为了工作或休闲而经过
31 的陆地或城镇景观图像联系起来，为恢复行走体验的一些丰富性，包括日常散步，提供了新机遇，日常散步可以让人在起点和终点之间抛开令人沮丧的历史轨迹。在这种方法中，过程中有许多令人痴迷的工作（例如卡特里娜·纳维茨卡斯[Katrina Navickas]的抗议游行，或兰开斯特大学基于 19 世纪文学来源的“湖区地图”项目[①]），为未来的模拟提供了模型；来自人群的数据收集现在正帮助我们评估文化精英之外的人群的日常和历史上的短暂阅读实践，行走的历史没有理由不以这种方式通过同样的数据收集扩大待考虑的行人活动范围。[②] 任何强调空间性的方法都必须对文化特殊性保持敏感，这种特殊性可以以各种不同方式为不同的行走者提供行走的物理环境，这一点在格雷、斯莱特和格里菲思等人的论文中清晰可见。

另一个更加悠久的史学连接点——语言学转向——也可能会提供一些信息。19 世纪制定的各种各样的行走协议也以同样丰富的词汇被获取。与徒步主义相关的话语领域在 19 世纪经历了怎样的发展？对这一主题进一步的调查肯定会获得回报。例如，在英语语境下，根据英国《牛津英语词典》，“行人”在 1791 年首次被记录为“步行者”(pedestrian)，虽然自 1716 年以来，这个词一直作为描述沉闷或平淡文字的贬义用语；“徒步旅行”(hiking)是 19 世纪早期的方言新造词（尽管“漫步”[rambling]是从中世纪英语

① 对于纳维茨卡斯的工作，参见本书第 13 页注②。对于湖区地图，参见 www.lancaster.ac.uk/mappingthelakes (2015 年 8 月 3 日访问)；Christopher Donaldson, *Ian Gregoryand Patricia Murrieta-Flores*, “Mapping ‘Wordsworthshire’: A GIS Study of Literary Tourism in Victorian Lakeland”, *Journal of Victorian Culture*, 20 (3) (2015), 287 - 307。

② 参见 UK RED: *The Reading Experience Database*, 1450 - 1945, at www.open.ac.uk/Arts/reading/UK (2015 年 8 月 3 日访问)。

中派生的，而用“街头漫步者”[street-walker]表示妓女可以追溯到16世纪90年代）。可以预见，尤其是随着经济繁荣和交通运输为休闲行走开辟了新机遇，与之相关的词汇多样化，以便划分行走形式之间日益细微的区别（就像伯恩斯在他的章节中所讨论的山地行走与登山的界线）。这里肯定会有指导性跨文化比较的范围，包括如何用语言学术语建立和管理这些边界，及其可能体现的文 32
化差异（例如，施泰福的章节展示了犹太教内部对“工作”组成的解读在其他文化中，从行走者的负载来说，可能会被认为纯粹是散步的休闲版本）。在这里，与空间转向一样，新的数字技术以比迄今可能更为全面的方式开辟了映射语言领域的可能性。[①]

对本书的贡献，读者毫无疑问会有自己的回应——这些回应毫无疑问会使他们朝着不同的方向前进。我们当然希望如此，因为如果他们这样做，《行走的历史》最主要的一个目的也就达到了。

---

① 参见 Joanna Guldi, “The History of Walking and the Digital Turn: Stride and Lounge in London, 1808 - 1851”, *Journal of Modern History*, 84(1) (2012), 116 - 44，针对如何探求此类调查模型以及一些潜在陷阱的审慎考量。

第一部分

行走、空间和边界

第2章

走在现代与传统的边界：在19世纪的匈牙利巡察并“打破边界”

罗伯特·W. 格雷

1820年8月22日，一小群人聚集在匈牙利东北部波尔寿德郡一个名叫西尔玛的小村外几英里处。他们是因为村民们几个月前向当地郡政府提交的一封请愿书来到这里的。详细规定了农民对地主的土地使用、租赁及其他义务条款的协议即将终结，这一协议的最新记录是在1807年。在达成任何最新协议之前，农民们希望确认自己的土地权在村庄周围能延伸多远。请愿书特别提到两块“无人照料的通用土地”，这两块地与村庄的田地相邻，其相关权利和使用途径都不确定。[①]

① Borsod-Abaúj-Zemplén Megyei Levéltár（Borsod-Abaúj-Zemplén County Archives, Miskolc, Hungary, hereafter BAZCA）, IV. 501/e, Borsodi vármegye nemési közgyűlési iratai, közgyűlési és törvényiszéki iratok, 1820 évi 494 sz.

西尔玛北部和东部有一块被称为任克“普斯塔”（*puszta*）的土地。[1] 农民们一直将这块土地作为他们常规租种地的补充。为了
36 这项权利，西尔玛的农民们按人头每年向地主格罗夫·亚诺什·答摩·西尔梅（Gróf János Támas Szirmay）缴纳一定的匈牙利福林。此外，农民还要负责照料庄园的牲畜，这些牲畜也在那块地上牧养。但是，邻近村庄的农民也声称拥有使用那片普斯塔的权利，因为他们也将那块地的一部分作为草场。在村庄西部西尔玛的田地与邻村乔鲍村相接的地方，有一片湿地沼泽叫“乔鲍伊低沼”。那里有相当长的一段时间都不适合永久耕种，因此一直作为两村村民的淹水草甸。19 世纪初，这片地逐渐干涸，更多地投入常规使用。两个村的村民均声称该区域是他们各自村里土地的一部分：是他们的哈塔（*határ*）。[2] 早期调查的一张地图似乎将这块地划分为由乔鲍村村民使用，因而属于巴克利家族的财产。但是，由于这张地图不仅与西尔玛和乔鲍两村随后的协议相矛盾，更重要的是，没有反映土地过去及现在的使用状况，农民们呼吁对这块要被收回的土地进行新的调查。因此，1820 年 8 月的这天，郡治安官、郡法官及公证员带领包括西尔玛和巴克利地产代表、两个村委员会的委员、村里的牧师及当地其他三个村的各种小贵族——公

---

① puszta 的字面意思为“被破坏、废弃或遗弃”，是指未开垦的开阔土地区域，经常用作牧场或草场。这种土地曾经是村庄所在地，后来被遗弃，这在 16 和 17 世纪因哈布斯堡王朝和奥斯曼帝国交战而战争频繁的匈牙利是非常常见的。这些 puszta 不是被永久性的重新安置，而是被邻近村庄的农民利用。此外，“puszta”是指大匈牙利平原上平坦的梯状景观，其本身由于哈布斯堡王朝和奥斯曼帝国之间的战争基本上已经被遗弃。

② határ 是指附属于特定村庄的土地，由各个农民的小块地组成，不论这些小块地是作为区别性的独立单位持有和耕种，还是集体在户外持有和耕种，连同任何公共建筑物，如教堂、旅店、磨坊或学校。határ 是农村管理的基本单位，由村委员会管理，村委会负责监督土地的耕作，并确保村庄欠下的所有税款和费用都得到支付。然而，显而易见的是，一个 határ 在哪里结束，另一个 határ 从哪里开始，或者一个 határ 的边界内包括什么，不包括什么，都是不确定的。

证员将他们称为“或许可以帮助我们更好地解决这个问题的当地其他居民”①——在内的一行人穿过田间。

利用乔鲍村民提供的地图，同时参照搜集的许多当地证人的 37
证词，一行人围绕西尔玛村民认为自己拥有的土地边缘顺时针行走。每隔一定距离，从 10 米到 200 米不等，这一行人就会停下来，指示在该位置用高出几米的小土墩做成新的界标。他们一边走，公证员一边记录与上一个界标的距离，以及应该沿什么方向走到下一个界标。郡官员三次要求建立新的界标，在边界不清的地方划分西尔玛哈塔与周边村庄的边界。这些人继续以这种方式前进，一直走到第 117 个界标，这里是西尔玛和乔鲍村民都声称拥有使用权的地方，此时已经在两个村之间进行划分。郡官员要求集结的西尔玛和巴克别的地产代表、当地贵族、村委会及其他各见证人确定两村之间的准确边界。附近地产的行政官员伽柏·瓦德纳伊(Gábor Vadnay)是一位小贵族，他宣称不管是地图还是当前的边界都没有反映土地目前的使用状况，因为这块土地的绝大部分已经成为西尔玛公用草场的一部分。之后，瓦德纳伊指向当地的一个地标，表示这才是真正的边界所在，并回忆说乔鲍哈塔的东边界以前是，而且一直都是，距离亚诺什·绍洛伊(János Szalai)妻子的奶奶家 50 米的地方。令人高兴的是，瓦德纳伊对当地的了解似
乎更准确地反映了这块地的传统使用状况，并且巴克利或乔鲍的 38
地产代表都没有提出异议，因此，郡官员又往西走了大约 500 米，在那里建立了新的界标。②

本章重点关注西尔玛的案例，以探索 19 世纪匈牙利地区作为权威——明显的、“来自下层”的权威——来源的行走。对此，行走

① BAZCA, IV.501/e, Borsodi vármegye nemési közgyűlési iratai, közgyűlési és törvényiszéki iratok, 1820 évi 504 sz.

② 出处同上。

实践将被视为一种抵抗方式，一种可以在面对挑战匈牙利农村地区既有、惯用秩序的变革时，维护地方权力和空间观的方式。本章将具体总结以“打破边界”(*határjárás*)形式存在的行走如何作为地方知识的知识库，这是一种了解环境及其用途、在农村社区及其周边环境相互作用的过程中出现的相关习俗权利的方式。

匈牙利乡村景观

总的来说，18 和 19 世纪的匈牙利可以分为两部分：东部和南部由于 1526 年匈牙利在莫哈次战役中的失败而一直处于奥斯曼帝国的统治之下；而西部和北部是皇家匈牙利的新月形长条地带，后来成为哈布斯堡领土的一部分。这种划分大致与西部外多瑙地区、北部高地(Felvidék)和南部大平原的地形边界相同。[①] 由于地形的特殊性和最后区域被占领的经历形成了不同的居住模式，土地的使用及相关权利将对农民对农村地区的构建产生深远影响。[②]

由于奥斯曼统治下的匈牙利农村人口遗弃了自己的村落，那里的景观逐渐恢复为未开垦的矮树、草原和沼泽，仅作为相对和平时期从皇家匈牙利不定期回来的农民的草场。仅剩不多的人口聚集在大平原的新兴市镇周边，不断寻找安全地带，形成了该地区的第二个鲜明特征：分散的大型定居点，其周边可能会找到零星的

---

① Lajos Rácz, *Magyarország környezettörténete az újkorig* (Budapest, 2008), 39 - 45; Lajos Rácz, "The Price of Survival: Transformations in Environmental Conditions and Subsistencein Hungary in the Age of Ottoman Occupation", *Hungarian Studies*, 24(1) (2010), 21 - 39.

② 参见，例如，赫维什郡阿塔尼的类似案例，Fél, Tamás Hofer eds., *Proper Peasants: Traditional Life in a Hungarian Village* (Chicago, 1969)中的详细描述发人深思。

独立农庄(*tanyas*)、马厩和货摊。远离领主和皇室权威中心的市 39
镇逐渐实现了很大程度的自治，事实证明，这对于市镇居民与农场主的关系及对周边土地的诉求具有重大意义。①

与大平原不同，外多瑙地区和高地的大部分地区很大程度上 40
并没有受到奥斯曼势力的影响，聚落形态、土地用途和乡村关系基本上没有什么变化。外多瑙地区以起伏较缓、多树的波状丘陵为主要特征，这里散落着一些葡萄园，密度更大，村庄以线性分布为主，沿一条街(或者最多两条)呈条状或带状分布。类似地，高地人口集中在山谷和山的低坡上，村庄也是呈条状或带状分布。农民田地集中在村庄中心周围，疆场从屋后单条延伸，将用途延伸到哈塔边界之外的土地的可能性受到限制。② 17 世纪末，随着奥斯曼土耳其人被驱逐，这种区别及其相关的土地使用模式进一步加强，当时，所有的匈牙利地区都被并入哈布斯堡王朝的统治。

随着这次合并，匈牙利的新统治者眼前是一幅经历 150 年战火摧残、几乎无人居住的景观。从 18 世纪初的维也纳官员到“新合并委员会”(*Neoaquistica Commissio*)一直致力于恢复之前奥斯曼统治地区的人口。为了鼓励农民穿过大平原到东部外多瑙地区定居，王室和新获得地产的农场主都提供慷慨的租赁条款，通常

---

① István Orosz, “Az alföldi mezővárosi parasztság termelési eljárásai a XVIII. században ésa XIX. század elsö feleben”, *Arany János Múzeum Közleményei*, 1 (1984), 403 - 28; Lájos Rácz, “A tanyarendszer kialakulása”, in Ferenc Pölöskei and György Szabad (eds), A magyar tanyarendszer múltja (Budapest, 1980), 97 - 148.

② 这两种基本形式有许多变体，在研究独特的“马扎尔式”定居方面，匈牙利历史学家和民族志研究者著述了大量文献。参见，例如，István Györffy, *Magyar falu, magyar ház* (Budapest, 1943); István Szabó, *A falurendszer kialakulása Magyarországon* (X-XV. század) (Budapest, 1966); Kálmán Eperjessy, *A magyar falu története* (Budapest, 1966); Tamás Hofer, “Déldunántúl településformáinak történetéhez”, *Ethnographia*, 66 (1955), 125 - 86; Tamás Hofer, “Agro-Town Regions of Peripheral Europe: The Case of the Great Hungarian Plain”, *Ethnologia Europaea*, 17(1) (1987), 69 - 95。

包括免除7—10年的赋税，并且可以开发广阔的未开垦的荒地。
41 在许多情况下，土地会提供给任何有意耕种的人（有犁、几头牛或几匹马），地租根据耕种团队的财产来定，农民想种多少地就种多少。普斯塔上荒废的土地又重新有人定居了，同时经历了奥斯曼统治的居民数量也逐渐增加。① 随着定居的人越来越多，荒废的田地再次得到耕种，树林、沼泽和平原等其他不适合或不需要开垦的土地则变成了广阔的牧区。例如，在大平原南部边缘的贝凯什州郡，1711年的人口普查记录只有9个定居点，3 600平方千米的土地上只有2 520户人家。到1790年，人口增加至10 155户，其中大部分人口集中在绍尔沃什、久洛和欧罗什哈佐等市镇周围。人口的增加同时也带来了农民耕种土地面积的增加。在久洛附近，农民耕种的土地面积从1773年的8万英亩增加至1848年解放前夕的30万英亩。② 经过18世纪，整个匈牙利的耕种土地面积大约翻了一番。③

西尔玛位于哈布斯堡统治的匈牙利与奥斯曼统治的匈牙利交界点处的大平原北部边缘，距离比克山的山麓丘陵只有几英里。与更南部的多数村庄不同，在16至17世纪，西尔玛的人口一直维

---

① John Komlos, "The Emancipation of the Hungarian Peasantry and Agricultural Development", in Ivan Volgyes (ed.), *The Peasantry of Eastern Europe, Volume 1: Roots and Rural Transitions* (New York and Oxford, 1979), 11 - 13; Klara T. Merey, *A somogyi parasztságútja a feudalizmusból a kapitalizmusba* (Budapest, 1965), 7 - 21; Imre Wellmann, *A magyar mezőgazdaság a XVIII. században* (Budapest, 1979), 11 - 20.

② István Balogh, *Tanyák és majorok Békés megyében a XVIII-XIX. században* (Gyula, 1961), 5 - 7. 贝凯什州郡的这一地区，与大平原的大部分地区，以及退一步说，与西尔玛周边地区一样，经常被洪水淹没，一年中有多达四分之三的土地处于水下。参见Rácz, *Magyarország környezettörténete*, 199 - 205, 233 - 6。

③ János Varga, *A jobbágyi földbirtoklás típusai és problémai, 1767 - 1849* (Budapest, 1967), 115 - 16, 128; Gyula Benda, *Statistikai adatok a magyar mezőgazdaság történetéhez, 1767 - 1848* (Budapest, 1973), 99 - 103, 173.该计算包括耕地、草地、花园、葡萄园和一些牧场，但不包括普斯塔形成的大面积开放牧场。

持在只有大约十几户纳税家庭。[①] 之后，由于 17 世纪末 18 世纪初反抗哈布斯堡的两次叛乱，西尔玛的人口似乎受到重创。[②] 在新 42
合并委员会 1690 年进行的哈布斯堡新财产调查中，记录显示西尔玛由 14 户人家耕种的 7 个定居点组成，没有教堂，但有一些葡萄园。[③] 1715 年的人口普查发现只有 5 户人家，并且注意到村里没有现成的耕地。农民们没有耕畜，完全用手种地，主要依靠家里小片土地的产出为生。[④]

路德宗的牧师、历史学家、地理学家和语言学家马加什·贝尔(Mátyás Bél)在 18 世纪 20 年代到访了西尔玛地区，从而提供了该地区更完整的画面。[⑤] 在贝尔看来，位于赫优河和绍约河之间的西尔玛与大平原东部蒂萨河和克勒什河之间的景观非常相似。地貌以芦苇地和渍水草甸为主要特征，适合常规耕种的旱地很少。在冬天和春天的大多数时候，许多土地，包括最好的耕地，以及部分可用的草场都在水下。此外，周边的河流每十年左右就会爆发

---

① Magyar Országos Levéltár (Hungarian National Archives, Budapest, hereafter MOL), D.1, Közepkóri oklevelek gyűjteménye. 6390 sz.

② 随着奥斯曼土耳其人被赶出匈牙利，匈牙利东部和特兰西瓦尼亚的主要新教贵族在 1678—1681 年和 1703—1711 年两次战争中崛起，与天主教哈布斯堡王朝分庭抗礼。在特兰西瓦尼亚两位王子——伊姆雷·托克利(Imre Thököly)及随后的费伦茨·拉科茨基二世(Ferenc Rákóczki II)的带领下，这些叛乱者试图重建独立的中世纪匈牙利王国，就像 1526 年匈牙利人在莫哈奇战败前的匈牙利王国。拉科茨基最终的失败及随后的萨特马尔和平(1711 年)导致匈牙利被纳入哈布斯堡王朝，成为半自治的王国。例如，参见 László Kontler, *A History of Hungary: Millennium in Central Europe* (Basingstoke, 2002), 181 - 90; Charles Ingrao, *The Habsburg Monarchy 1618 - 1815* (Cambridge, 1994), 73 - 81, 111 - 20。

③ MOL, E. 156, A Magyar Kamara archivuma: urbaria et conscriptiones, fasc. 54, nr. 15.

④ BAZCA, IV.501/b, Borsodi vármegye nemési közgyűlési iratai, Acta politica, mat III, fasc. I, nr. 128.

⑤ 贝尔完整的《记录》(*Notitia*)参见 Gyula Tóth, "Introduction", in Matyás Bél, *Notitia Hungariae novae historico geographica, Volume 1: Comitatus Arvensis et Comitatus Trentsiniensis*, ed., trans. and annotated Gyula Tóth et al. (Budapest, 2011), 23 - 9。

严重的洪水，将农民试图驯服土地的所有努力化为乌有。在西尔玛，贝尔注意到这些情况是因为西尔玛要比周边的乔鲍村和Görömböly村小得多，这两个村占据了西边几英里外位置更好的
43 高地。即使是在干旱的年份，西尔玛的田地上除了几垛干草外也别无所出。但是，西尔玛的农民们仍然最大限度地利用他们的地理位置，依靠河流和草甸来补充他们的小租种地。他们在村庄周围的芦苇地里养鹅，在任克普斯塔上大量放牧牛马和其他牲畜，从散落在田间的河流、沟渠和池塘里钓鱼。①

正如贝尔所描述的，西尔玛的居民——以及匈牙利许多低地的居民——已经适应了人口稀疏的湿地环境，依靠周边广阔的公用牧场和对主导当地景观的常规、季节性洪水的控制利用形成了农业生态系统。② 这种环境允许当地居民通过对景观的利用为自己限定村庄空间及相关权利和机构体系，仅受自己的意图意愿、邻居的需求及泛滥平原的特征限制。由此形成了临时空间，其特征是广阔的牧场、湿地、沼泽，仅有很少的旱地用于长期耕种，同时也带来了同样临时的权利及掌管其用途的机构体系的构建。在17至18世纪连年战火、人口减少、重新定居的环境下，行走提供了一种描述、适应并监督权利和接近自然景观的方式，通过延伸、当地风俗将这些权利融入当地记忆中，不论是以打破边界的形式还是以农民日常惯例的形式。

作为习俗权利源头的行走

在对匈牙利村庄历史发展的研究中，民族志学者卡尔曼·艾

---

① Matyás Bél, "Leirása Szirmáról és környéké ről", in Matyás Bél, *Notitia Hungariae*, 110-13.

② Lajos Rácz, *The Steppe to Europe: An Environmental History of Hungary in the Traditional Age* (Cambridge, 2013), 182-6, 192-200.

派尔耶希(Kálmán Eperjessy)认为，村庄应当被理解为所有保障乡村生活需求所必需的：水、食物、燃料和牧场。艾派尔耶希还认为，哈塔——既有"边界"也有"村庄土地"的意思——最远可以延伸至农民为了满足这些需求与周边环境进行日常互动的界限。对此，行走在限定农民世界的界限中起着关键作用。不管是去田里 44
还是从田里回来，去搜集木材当燃料还是盖房子，或是去放牧牲畜，农民都被限制在可以步行轻松到达的范围内。[1] 行走作为日常惯例中不可分割的一部分，起到限定和强化社区的作用。每天都从村里的传令者打着鼓沿固定路线穿过村子，喊着去放牧牲畜开始，之后人们陆续往田里走去；再之后，就是在开阔田野上狭窄的条状区域上日复一日地撒网、收网；一天结束，返回家中。[2]

更具体地说，通过打破边界的过程，行走为社区提供了一种限定、强化并保护土地相关权利的方式。在与本章开头描述的西尔玛类似的情况中，1802年，一位不知名的目击者被传唤到郡法庭上为两个村及其农场主之间的一场纠纷作证。他回忆起自己13岁时与父亲一起走过的一段路；他声称，他的祖先在17世纪90年代就走完了那条路。证人每年都会从切普村(多瑙河以南约20千米处的一个小村)中心走到该村的牧场边缘，把自己养的村里的牲畜赶到周边的普斯塔上(以前的村子荒废、无人照料的土地)。现在，他们的农场主想要隔开这些公用土地，把牧场圈起来一部分自己用，证人被要求指明他认为村子的新边界应该设在哪里。他的陈述如下：

　　一个冬日里早早起来，从西边开始沿着雷蒂森林旁边的

① Eperjessy, *A magyar falu története*, 7-11.
② Fél and Hofer, *Proper Peasants*, 56-8, 86-93, 170-2, 336-8.

> 瓦斯丁路走一整天。在东边路的尽头会发现三块村庄土地的旧边界，上面的切普村和下面的埃泰村以前的边界就在那里。第二天从那里往东走，走到以前据说洛维森伊·皮斯托利（一个马贩）曾经生活过的地方；第三天再往东走，走到那座有小树林的山那里；第四天继续往东走，走到湖上面的切普溪沼泽；从那里再往东走一天；那里就是切普村真正的边界，在那里我们可以放羊，那里地主是不能去的。①

45 这份证词强调了上面提到的农民的土地利用范围，需要从村里走五天到达牧场边缘，并进一步强化了匈牙利低地景观开放、未圈占、少有明显地标的印象。在这种情况下，不管是通过记忆行为还是利用景观上的物理标记，打破边界允许社区看到当前利用与集体记忆有何不同，提供了描述任何差异的机会，并且补充了风俗记录。

在一些地方，定期的打破边界是非常常见的，通常每年都会发生；在其他地方，打破边界成为农村人口成年仪式的特色组成部分，从而允许村庄的边界一代代沿袭下来。② 不然，就像切普村一样，打破边界及相关边界因农民穿越地理景观的季节性旅行而出现。作为打破边界的一部分，人们会将记忆中的景观特征，特别是树木和河流，根据彼此的距离和间隔时间作为参考。这些自然参照物可以通过在景观上建立界标进一步增强，这些标记的持续时间不尽相同，我们可以认为是有效的。标记可以包括高山或土丘（*határdomb*）；插入地里的石头或杆子；台阶、梯田或

---

① MOL, C. 59 III/b, Az úrbéri ügyosztály iratai 1783 - 1848, fasc. 181, Egyedi ügyek: azallodialissá nyilvanított paraszti telek 1803, nr. 164.

② Lajos Takács, *Határjelek, határjárás a feudális kor végén Magyarországon* (Budapest, 1987), 165 - 6.

沟渠（林地和葡萄园中最常见）；截去树梢的树、矮林或标记树；或草地或芦苇上打的结。为了进一步强化集体记忆过程，打破边界还会以一些额外的仪式作为标志，包括由村里的牧师为边界标记祈福、在每个参照点处饮酒或拧小男孩的耳朵等。每经过一处标记都会向聚集的见证人宣告，以形成整个过程的集体记忆，从而存储习俗权利。①

在有争议、边界标记丢失导致边界不确定的情况下，各级法院，不管是乡镇法院、封建领主法院还是国家法院，都会反映公众对法律的理解，这是非常常见的。② 对此，政府官员经常会依赖证人的证词或惯例（如打破边界）来检验不同土地主张的真实性。通常情况下，他们会找到社区里最年长的人：因为他们的记忆最长
久，所以认为他们能确定最早（因而也最正当）主张某块土地所有 46
权的人是谁。18 世纪 20 年代，佩斯特郡的齐奇地产上便出现了这样两个例子。奥乔村 95 岁的捷尔吉·加多斯（György Gados）被叫来帮忙确定村子的边界应该在哪儿。像西尔玛的情况一样，存在争议的土地形成了一片平原，曾经一度邻接废弃的阿尔索-萨普村，并且将耕地、草场和林地权分给奥乔及其邻村绍姆斯泽德（Szomszéd）的村民。由于加多斯声称，在他的记忆中，那块地一直是奥乔村的农民在使用，普斯塔的大部分都邻接村子的哈塔。③同样，在试图确立附近的绍尔盖吉哈扎（Szolgaegyháza）村和乌贾法鲁（Újfalu）的边界时，也叫来了当地最年长的居民注塔巴利——据说他当时是 115 岁。但不幸的是，这一次塔巴利没有起到太大作用：他对边界一无所知，只知道“我毕生只知道那些土地

① 出处同上，28－95。

② Martyn Rady, “Judicial Organization and Decision Making in Old Hungary”, *Slavonic and East European Review*, 90(3) (2012), 450－81, at 454－60.

③ Takács, *Határjelek*, 119－20.

是属于同一位地主”，之前对土地的任何划分似乎都不重要。[①]

正如这些例子中所看到的，打破边界允许社区重新确认当地传统中边界两侧土地附属的权利相抵触的程度；村子的“所在地”（位置）成为通过走出边界限定、圈定、划分的“空间”。[②] 只有通过行走行为，打破边界的传统活动才能使构建村庄空间成为可能。[③]通过农民之间的互动及其生活的景观产生并维持村庄空间，塑造农民土地传统和习俗权利的概念：他们用的就是他们的，或者至
47 少部分是他们的，不管付多少租金或者要服什么劳役。这样，农民使用景观的方式，以及与农民使用相关的惯例和传统，在自己的概念中构建起空间秩序。[④]

改革、调查及对传统秩序的挑战

正如打破边界中所体现的，事实总是证明，农民对景观的传统

---

① 出处同上，151－2。更多类似案例，参见 Lajos Takács，*Egy irtásfalu földművelése* (Budapest，1976)，41－6。

② 对于“所在地”与“空间”的区别，参见 Michel de Certeau，*The Practice of Everyday Life*，trans. S. Rendall (Berkeley，Los Angeles and London，1984)，117－29；Allan Pred，*Place*，*Practice and Structure: Social and Spatial Transformation in Southern Sweden: 1750－1850* (Cambridge，1986)，5－31。

③ Nicholas Blomley，“Law，Property and the Geography of Violence：The Frontier，the Survey，and the Grid”，*Annals of the Association of American Geographers*，93(1) (2003)，121－41，at 122－3；Nicky Gregson and Gillian Rose，“Taking Butler Elsewhere：Performativities，Spatialities and Subjectivities”，*Environment and Planning D: Society and Space*，18(4) (2000)，433－52.

④ 现在，越来越多的历史学家采用“空间秩序”的概念，这里改编自伊丽莎白·格罗兹(Elizabeth Grosz)和福柯(Foucault)。参见 Elizabeth A. Grosz，Space，Time and Perversion：Essays on the Politics of Bodies (New York and London，1995)，103－4；Michel Foucault，“Of Other Spaces”，trans. Jay Miskowiec，Diacritics，16(1) (1986)，22－7. 同样参见 Mike Crang and Nigel Thrift，*Thinking Space* (New York and London，2000)，7－13；Alan R. H. Baker，*Geography and History: Bridging the Divide* (Cambridge，2003)，45－71。

构建及其相关权利会成为诉讼事项，既依赖现在的使用也依赖过去的使用。记忆是一种不可靠的法律渊源，而界标特别容易移动或丢失。在 18 世纪初奥斯曼帝国统治结束后的移居时期尤其如此。作为 18 世纪早期移居的一部分，战争时期及上个世纪因人口减少出现的许多平原逐渐恢复正常使用，或作为草场或作为新村庄所在地。但重返长期废弃的景观后，极少有人还能找出之前的边界；人工或自然标记要么被毁，要么已经被遗忘。[①]

在西尔玛及其他地区，扩张到这些开放土地上加剧了边界和权利的不确定性。相反，18 世纪第一部分的移居过程强化了这种对打破边界等传统惯例的需求，尤其是那些在外界看来几乎未受人工影响的景观。在未充分利用的土地上，没有人能回忆起谁拥有土地的所有权或者谁的权利优于他人，为这些土地的扩张创造了条件，允许农民在该景观范围内为自己确定用途、权利和空间。

但是，到 19 世纪初，通过延伸、描绘某个村庄的空间，出现了 48
一种获得景观权利的替代方式。这是 18 世纪中叶以来的改革和立法所带来的结果，因为地主和国家力求通过土地登记、调查和绘图来管理和记录土地用途。[②] 1836 年，匈牙利议会（Diet）[③]颁布了一系列改革法案，这些法案旨在共同转变土地用途、产权和乡村关系，并最终在 1848 年革命期间导致庄园经济社会（seigneurialism）的结束。首先，议会确认了玛丽娅·特蕾莎（Marla Theresa）的土地所有权转让制度的条款：国家为保护农民财产完整性，使其免

① Jozsef Laszlovszky, “Space and Place: Text and Object. Human Interaction and Topographical Studies”, in Jozsef Laszlovszky and Peter Szabó (eds), *People and Nature in Historical Perspective* (Budapest, 2003), 86 - 90.

② Árpád Papp-Váry and Pál Hrenkó, *Magyarország régi térképen* (Budapest, 1989), 92 - 119; Robert J. W. Evans, “Essay and Reflection: Frontiers and National Identities in Central Europe”, *International History Review*, 14(3) (1992), 480 - 502, at 486 - 94.

③ （中世纪）匈牙利王国的立法机构。

受地主侵犯的早期尝试。因为农民的土地是赋税的基础，这也是为了保护国王的收入。土地所有权转让制度于1767年颁布，但因为缺乏法律法规的强制力，议会一直没有批准。土地所有权转让制度代表了国家一心致力于记录并规范土地用途、用写进法律的权利来代替盛行但模棱两可的习俗权利的初级阶段。其次，1836—1848年间通过了一些确定公用土地——林地、牧场和空地——权利的新法律，从而可以在村子及其地主之间划分这些土地。土地所有权转让制度和改革旨在共同赋予各种形式的地产权利：农民的私人（所有权登记的）地块；地主的领地（主的土地）；以及介于两者（公用地和/或无主地）之间的多种类型的土地。[①] 但是，无论是出于什么目的，改革提供了新的景观记录，用以替代通过打破边界构建的记录，从而对本地化、惯例安排的既有乡村秩序提出的挑战，进而对农民的土地权利构成威胁。

在18世纪后半叶，维也纳施行开明专制主义的法令，要求乡村生活遵循的习俗惯例顺应更普遍的标准，权利义务均被记录下
49 来并由成文律法约束。与此同时，许多地主希望从七年战争（1756—1763）导致的对谷物、牲畜和其他农产品日益增长的需求中获利。庄园主扩展其私有土地的耕种，继而试图将农民耕种的大部分土地留给地主自己用，尤其是在权利不确定的地方。面对农民财产条件不断变化构成的威胁，1766年夏，南部的外多瑙地区诸郡爆发了农民起义，并蔓延到匈牙利西部的许多地区。与此同时，由于七年战争升级，哈布斯堡王朝面临财政危机，急需对全国资源进行更全面的评估并实行更有效的税收政策。对农村动荡原因及财政需求的关注成了1767年土地所有权转让

① Varga, *A jobbágyi földbirtoklás*, 11 - 32; Robert W. Gray, "Bringing the Law Back In: Land, Law and the Hungarian Peasantry before 1848", *Slavonic and East European Review*, 91(3) (2013), 511 - 34.

制度的契机。

1767年春，该制度甫一颁布，调查问卷便被分发到了各个村庄。农民需要回答与地主的协议条款有关的问题（现金租金、劳役及其种类，抑或两者皆有？）或者这些条款是如何确定的（通过定期谈判还是固定根据他们的财产？）。这些问题的答案确立了农民及其耕种土地地主的身份。那些用现金付租并且租金可以商量的是佃农（*contractualis* 如18世纪前半期重新建立的大多数村庄中的村民）；那些赋税固定的被称为农奴（*jobbágy*）。[①] 许多农民意识到，如果他们宣布自己是后一种，他们的赋税很有可能会增加，并且还要向国家缴纳赋税；不出所料，很少有人会这么做。[②] 但是，佃农所耕种的土地状况没有土地所有权保障；他们的使用时间是
不确定的，而且其耕种的大部分土地（尤其是任何“公用地”）仅受 50
习俗安排约束。

除了调查问卷，土地调查和土地登记都旨在记录并进而以书面记录确保农民耕种土地的范围。土地所有权转让制度根据土壤肥沃程度（更常见的，根据当地平均条件）确定指定大小的地块（*sessio*），包括宅基地和花园、耕地和草场。这些地块共同形成村子的哈塔。但是，在调查中，只有那些隶属于农奴的土地才被划分为拥有土地所有权，因此也只有那些拥有土地所有权的土地才可

---

① Zita Horváth, *Paraszti vallomások Zalában: A Mária Terézia-kori úrbérrendezés kilenc kérdőpontos vizsgálata Zala megye három járásában* (Zalaegerszeg, 2001), 12–29; Zita Horváth, “Örökös és szabadmenetelű jobbágyok a 18. századi Magyarországon”, *Századok*, 143 (2000), 1063–71.

② Robert J. W. Evans, “Maria Theresa and Hungary”, in Robert J. W. Evans, *Austria, Hungary and the Habsburgs: Central Europe c. 1683–1867* (Oxford, 2006), 20–2; Franz A. J. Szabo, *Kaunitz and Enlightened Absolutism 1753–1780* (Cambridge, 1974), 320–8; DezsőSzabó, “A megyék ellenállása Mária Terézia úrbéri rendeletével szemben”, *Értekezések a történeti tudományok köréből*, 25 (1934), 20–35.

以避免将来被地主夺取的危险。许多地区的农民耕地，包括隶属于佃农的大部分地块及大多数公用地或无主地——牧场、林地、沼泽和葡萄园——都被排除在所有权调查的范围之外，农民的使用权仅受不确定的习俗安排保护。

但是，国家和地方官员试图规范土地用途的尝试经常无法适当反映土地以往的用途。因此，通过限定村庄地块包括什么、不包括什么，所有权调查中产生的哈塔、登记和地图形成了对匈牙利乡村空间替代性的具象描述，这些乡村空间在习俗空间惯例中各不相同却又受其约束。这些调查尤其强化了界限，或者说在农民个人的地块、村庄内共同持有并使用的土地，以及位于哈塔任意边界之外、农民使用的其他土地之间这些先前不存在任何界限的地方形成了界限。调查和地图中记录的这种现代、“合理化”且严格的景观概念对农民通过与所耕种土地的日常互动而进行，表现为通过这种行为打破界限的景观构造提出了挑战。① 在调查的书面记录与当地传统惯例在实际和法律空间上出现分歧时，问题就留给农民与他们的地主来解决，他们经常会因各种争议上诉当地法
51 院。② 在权利、知识和权威如此不确定的情况下，行走成为农民主张并保护自己乡村空间概念的珍贵手段。

回到我们开头说的西尔玛村，毗邻村庄的土地的不确定状态源于18世纪初奥斯曼统治结束后的移居时期，并且农民及其地主根据所有权转让制度授予身份。对于1770年结束的所有权调查，西尔玛的农民的回应是拒绝接受这道新的法令。他们的身份被确认为“行

① 调查和地图的出现成为传统景观构建的挑战，参见 James C. Scott，*Seeing Like a State: How Certain Schemes to Improve the Human Condition Have Failed* (New Haven，1998)，esp. 22 - 47。

② 参见 Gray，“Bringing the Law Back In”；Robert W. Gray，“Land Reform and the Hungarian Peasantry，c. 1700 - 1848” (PhD thesis，University College London，2009)。

动自由的奴隶”（“contractualis/jobbágy szabad menetelű”），这反映了一个事实：许多人口已经在18世纪初回到村庄，景观的瞬时特征和土地使用正如马加什·贝尔所描述的那样。根据西尔玛居民与其地主之间签订的最终合约，土地使用和地租水平的相关条款将每隔20年重议一次。随之而来的土地调查中发现，所有地块都是由个人持有并耕种的，哈塔内不存在公有土地。相反，位于哈塔之外的约300英亩土地（任克普斯塔）被分配给农民以满足他们的放牧需求。[①] 村庄附近没有庄园土地，大部分劳务一直是用每块土地的租金来补偿，但每个农民要干满两天，每年收集1 200捆芦苇和50捆莎草（来自葡萄藤的边角料）的劳务服务。在试图准确记录所有土地的用途时，调查中也发现了问题，尤其是全部的耕地和草场，因为周围的许多土地都是常年没在水中。因此，这些区域和位置的所有耕地年年都会根据季节性的洪水改变。为了解决这一问题，农民们向西尔梅家族请求批准建造一座磨坊，在与乔鲍村的交界处（“乔鲍伊低沼”）的赫优河上排干一块沼泽地，因为这样可以同时扩大两个村的耕地面积并改善两个村的“整体状况”。[②]

作为额外所有权土地的任克普斯塔和“乔鲍伊低沼”的出 52
现、社区共同使用及经营，以及与地主或邻村的共享情况在所有权调查的详细描述中清晰可见。由于拒绝了所有权转让制度，农民的地位及其土地状况一直是不确定的，从而否定了农民对所有权土地通常享有的固定使用期限。但是，在根据变化的景观适应用途及根据变化的经济状况改变租金方面，拒绝所有权制度也同时为农民和地主提供了更大的灵活性。最重要的是，

---

① BAZCA, IV.501/b, mat XXII fasc., nr. 148.

② BAZCA, IV. 501/c, Bejegyzett törvényszéki iratok, Acta judicialia protocollata, XI, fasc.IV, nr. 415.

由于社区已经拒绝接受所有权调查提供的书面记录的权威性，农民拒绝接受所有权转让制度的条款强化了对打破边界等传统惯例的需求。[①]

1820年的打破边界直接产生的结果收效甚微。与许多类似情况一样，官员们将自己限制在尽可能地重新确认现状中。然后，通过确认现状，承认既有使用及其延伸而来的传统安排的权威性，官员们还明确了对任克普斯塔作为一片土地，既不明确属于某个特定村庄（因而也不属于某个特定所有权），也不属于某个特定财产（因而也不属于主）的理解。1837年，西尔玛的农民向地方法院提交了另一项关于哈塔状况的请求。这要源于一位名叫安德拉斯·萨博（András Szabó）的农民的努力，父亲死后，他试图续签自己的一小块四分之一地块的租约。萨博的案例被村委会拿来借机试图将整个村庄的哈塔状况确认为永久、可继承租约，将之前的佃农土地变为所有权土地，从而按照最新的改革确保农民权益。作为请求的一部分，农民还要求确定他们对任克普斯塔的权利，希望在哈塔内为每一整片地块或每户拥有一整支牛队的家庭增加四分之一块地块。[②] 在办理这个案子时，法庭希望根据定期更新、继承的租约，确定土地是否一直归农民所有，不管是集体还是家庭。如
53 果是，则该土地可以确立为"所有权"土地的等同物，并且可以变成他们的永久财产：地主除收取拖欠的租金外对该土地没有任何其他权利。

一直到1859年的另一起诉讼案件，这件事才有了明确结论。

---

① 在整个匈牙利，类似的拒绝是常见的，特别是在奥斯曼占领下的那些地区。在对九个匈牙利郡进行的一项调查中，泽塔·霍瓦特估计，35%至40%的村庄拒绝接受土地所有权转让制度，而是选择保留其传统的佃农协议。在西尔玛所在的波尔寿德郡，这个数字达到了92%。Horváth, "Örökös és szabadmenetelű jobbágyok", 1087－103。

② BAZCA, IV.501/e, 1837 évi 1950 sz.

截至此时，哈塔内的土地状况似乎已经毫无疑问，但任克普斯塔的命运却尚未定论。[①] 为了确立任克普斯塔的状况，法院传唤了三位证人：伊姆雷·康拉德（Imre Konrád），自 1814 年起担任西尔梅家族的财产管家；吉尔吉·科瓦奇（György Kovács），来自附近市镇密什科尔茨小贵族；以及来自乔鲍村的费伦茨·绍洛伊（Ferenc Szalay）。同时参阅了自 1821 年起有关农民及放牧的牲畜数量的详细记录，以此来描述农民每年代表该领地向市集输送的牲口情况。这些描述确认了土地一直是由农民及其地主共同使用，农民冬天在这里牧羊，夏天在这里照看地主的牲口。此外，农民夏天在这里放牧牲口要支付一笔数目不确定的费用。自 1849 年起，这片土地一直主要由农民使用，地主将原来的 200 头左右牲口减少到了不超过 50 头。而且，农民自 1849 年起已经停止支付租金，并且几乎享有对土地的无限使用权。在 1848 年解放之前，这些土地并没有一贯的、毫无争议的用途，因此，法院支持农民对该土地的诉求。作为过去十年未收租金的补偿，需要向西尔梅家族支付一小笔费用，并且部分土地（后来又卖回给农民）被分配为西尔梅家族财产，以确立其之前作为公用牧场的地位。这个案子一了结，就该考虑任克普斯塔了，任克普斯塔被一劳永逸地划分为西尔玛哈塔的一部分。

结　语

西尔玛的例子表明，本地习俗反映了地貌景观的既有用途，并通过打破边界等传统惯例确认，可以证明是一种抵抗外界强迫村

---

① BAZCA, VII. 1/c, Törvényszéki iratok: az úrbéri törvényszék iratai, Szirma sz. N.

庄改革的有效方式。18 和 19 世纪出现了大量书面记录、地图、契
54 约、登记，在面对这些所代表的权利交替构建时，行走为农民提供了一种主张自己的土地权利、在实践中形成律法的惯例和有效方式。在可以通过参考书面记录解决争端的时候，或者在使用情况（不管是现在还是过去）与书面记录出现明显分歧的时候，关于打破边界的当地记忆和传统惯例仍然具有其权威性。实际上，在权利和法律不清楚时，当地官员承认现有用途——在这个例子中，反映长久以来的习俗，并由多名证人佐证——比书面记录在解决争端方面更有权威性。

正如提姆·英戈尔德（Tim Ingold）所观察到的，知识并不是从静态中建立的；而是在人与其游历的世界之间的互动中有机生长，在日常活动中形成，并随着游历世界而延续。[1] 通过打破边界，行走提供了一种在景观中描绘自我和集体的方式。行走再次确认了社区内部及社区之间、人与地区之间的联系，并将实际位置、景观和日常活动与构建法律、习俗和文化空间结合起来。对于农民社区视为村庄的一部分而登记和调查遗留在哈塔法定边界之外的超出所有权土地来说，其土地权利的确定尤其如此。事实证明，这一过程在匈牙利是非常重要的，18 和 19 世纪开始的对土地用途及其相关财产权的调查、绘图和记录与日常生活的节奏和模式并不匹配；传统习俗与书面记录出现了分歧，并且在官方记录与通过走出村庄边界而宣称的村民共同记忆、物理标记、书面描述相悖的情况下，不可避免地出现了冲突。

---

① Tim Ingold, "Footprints through the Weather-World: Walking, Breathing, Knowing", in Trevor Marchand (ed.), *Making Knowledge: Explorations of the Indissoluble Relation between Mind, Body and Environment* (Chichester, 2010), 115 - 32. 同样参见 Nigel Rapport and Mark Harris, "A Discussion Concerning Ways of Knowing", in Mark Harris (ed.), *Ways of Knowing: New Approaches in the Anthropology of Experience and Learning* (New York and Oxford, 2007), 306 - 30.

行走行为强化了景观、知识和空间之间的联系，在当地人的记
忆中巩固了这种联系，并且将个体或社区与其物质性环境相关联。
因此，行走形成了代替官方调查和登记记录的知识储备，这些记录
更适应当地环境，脱离了农民的脚与他们走过的景观之间的密切
联系。1848年革命前夕，匈牙利村庄的空间是前几个世纪人口减 55
少、移居和管制的产物。这些空间经常是短暂存在且常常是缺乏
限定的，是通过农民与景观的互动，以及适应环境的特定风俗和惯
例的发展而形成的。如果农民的权利概念因农业模式的改变及村
庄外部试图管制农村生活的举措而受到挑战，他们会利用对村庄
空间的传统权威理解来支持自己的主张。行走正是囊括了传统知
识的这一方面，不管是常规的，如切普村的情况，还是在打破边界
的仪式化形式中，如西尔玛的案例中所展现的。这种回应并描述
环境内部及景观用途改变的能力意味着通过在土体上行走所揭示
的空间的传统构造在19世纪农村重建的过程中仍然保持了其权
威性，为匈牙利农民提供了一种重要的授权途径。

漫步浪漫之都：19世纪初的布拉格花园、全景和中产阶级精英

查德·布莱恩特

在文森·莫施塔特(Vincenc Morstadt)的《布拉格风景》(*Views of Prague*, 1830)和《十九世纪的布拉格》(*Prague in the Niueteenth Century*, 1835)中，漫步者的身影随处可见，这两幅作品也奠定了这位年轻画家作为当时最著名的石版画家之一的地位。一对夫妻站在城市之巅欣赏布拉格的建筑瑰宝和周围的乡村环境。其他漫步者则在欣赏贯穿整个城市及郊区的小径上的动植物群，还有许多人在聊天。一家人一起亲密地出游，孩子们嬉戏打闹，拴着绳子的狗一直跑在主人前面。[①] 虽然游客的注意力也常常被布拉格及其

---

① Vincenc Morstadt, *Ansichten an Prag* (Prague, 1830). 同样参见他的 *Prag im neunzehnten Jahrhundert. Eine Auswahl der schönsten Ansichten* (Prague, 1835). 对于莫施塔特及其石版画，参见 Václav Hlavsa, *Praha v obrazech Vincence Morstadta* (Prague, 1973) and Jana Pasáková, *Praha v díle Vincence Morstadta* (Prague, 1988)。

周边环境所吸引，但画中的那些人暗示了中产阶级城市生活的巨大变化。很少有同辈人——更不用说那些研究他们的历史学家——对漫步（德语为 *spazieren*，捷克语为 *chodit na procházku*）进行过多描述，而这在1848年之前的十年间已经成为布拉格非常流行的休闲活动。对此，布拉格新兴的中产阶级精英们成了风靡整个欧洲的共同现象的一部分正如丽贝卡·索尔尼（Rebecca Solnit）及其他人所写的那样，新兴的中产阶级希望通过模仿贵族 59
的一些行为，如花园漫步，确立自己的精英地位。乡村的文明化、国家的发展、道路改善及其他一些措施使得贵族以及中产阶级可以更安全地摆脱被保护的地产的限制。但是，这类研究很少描述莫施塔特画中的那些景色。相反，他们更关注行走的文学价值，认为中产阶级从卢梭及其他人那里得到灵感，将在自然中行走视为一场自我发现和自我满足之旅。他们探索诗人和散文家所描绘的那种浪漫情感如何歌颂自然的伟大，与日益肮脏和被污染的城市形成鲜明对比。他们坚持认为，城里人将自然世界视为一个庇护所，不管那是一座花园还是一条通往森林的小路。[①]

本章另辟蹊径，讨论的是拿破仑战争后数十年，当时作为君主专制的哈布斯堡王朝统治下的一个省辖市的布拉格城市中及其周边的漫步。首先，本文探讨的不是文明开化本身，而是作为一种建立社会地位方式的漫步。[②] 布拉格的中产阶级行走的原因与他们的欧洲同胞大同小异，但仔细研究地貌、考察报告、旅行指南和石版画就会发现一些独有的特点——以及有待研究的更普遍现象的

---

① Rebecca Solnit, *Wanderlust: A History of Walking* (New York, 2000); Joseph A. Amato, *On Foot: A History of Walking* (New York, 2004), esp. 71 - 124; Robin Jarvis, *Romantic Writing and Pedestrian Travel* (Basingstoke, 1997); Jeffrey Cane Robinson, *The Walk: Noteson a Romantic Image* (Norman, 2006), esp. 70 - 7.

② 德国的类似方式参见 Gudrun M. König, *Eine Kulturgeschichte des Spazierganges. Spuren einer bürgerlichen Praktik 1780 bis 1850* (Vienna, 1996)。

各个方面。受激进主义分子、贵族和中产阶级中热心公益的爱国者驱动，布拉格的漫步者们走上城市内外的英式花园小径。他们标出城外的路径，走上新建的道路。在这个过程中，布拉格的中产阶级不仅通过新型的社交和休闲活动树立起威望，同时也跨越了将其排除在贵族之外的边界，同时围绕新建的花园和公园建立起自己的边界。因此，他们挑战了一些认为只有特定社会成员——贵族、神职人员和市民阶层——才能享受一些其他人不能享受的特权的根深蒂固的观念。他们的胜利，以及 19 世纪 30 年代起中产阶级（德语为 *bürgerliche*）漫步者在整个城市的蔓延，标志着旧
60 秩序的终结及由公务员、商人、知识分子和实业家组成的新阶层日益主导的城市的兴起，这个新阶层支持平等共享的自由观念。

第二点是关于这些新兴的中产阶级如何在德国旅行者的帮助下，重构城乡之间的关系。这在某种程度上通过他们在城市的防御工事上漫步来实现，这些防御工事就是包围城市、长期以来将其与外部世界隔离的城墙。布拉格是一座要塞城市，这里的城墙不光是划分出一个区域，将居民明确划分为特权阶层和非特权阶层，同时也让人想到封闭城市，因为生活在这座城市里的居民自给自足，界线明确，以防止入侵者和自然世界的威胁。中产阶级漫步者重构了这种封闭的城市圈概念，经常跨过城墙，沿着路径穿过森林，跨越小溪，或许还会走到乡村酒吧。他们的花园大多位于城墙之外。站在环绕城市的许多山顶上时，他们将布拉格想象成与自然环境和谐共存的城市空间——当地的作家们说，这将布拉格与其中欧的对手们区别开来。雷蒙德・威廉斯（Raymond William）尖锐批判的两极分化不同，布拉格的中产阶级并不像许多浪漫主义者及其后继者一样，认为自然和乡村是城市的对立面。[①] 相反，

① Raymond Williams, *The Country and the City* (Oxford, 1975).

城市与其周围环境融为一体。在城墙上或城墙之外漫步让人看到了更开放、更自由、更具扩张性的布拉格。行走行为及关于界线和城市特点的新观念标志着新旧融合、城市环境逐渐向现代过渡的关键时刻。

一

直到 18 世纪，仍然可以从地貌上轻松地画出布拉格的各个阶层，即 Stände——地貌上有许多过去历史时期的痕迹，与之前相比并没有发生太大变化。在伏尔塔瓦河西岸，布拉格最高的山顶上，坐落着城堡区，那里也是布拉格最早的定居点之一。城堡本身高耸入云，曾长期作为波希米亚国王的王宫，其中一直未完工的圣维特大教堂是一座宏伟的哥特式建筑，是布拉格大主教的住所，同时 61
也是许多波希米亚王室成员的安息之地。城堡山下是贵族聚居地雷瑟镇，河的对岸就是老城，那里颠簸的道路、牢固的房屋和中世纪风格的市政厅让人想起市民、工会和市政独立时期。伏尔塔瓦河的拐弯处挤着犹太镇的公墓、犹太教会堂、拥挤的房屋和大门，让人想起犹太人在布拉格的悠久历史以及他们被驱逐出市区的事实。新城是一大片规划得当的林阴大道和广场，从旧城辐射出去，诉说着布拉格过去作为贸易中心和商业中心的重要地位。圣维特和新城，更不用说还有布拉格大学和布拉格的第一座永久性桥梁，均是在查理四世（Charles IV, 1346—1378）的支持下建造的，当时，布拉格曾短暂地成为神圣罗马帝国的所在地。

但是，对于在 18 和 19 世纪写作的公益爱国者来说，查理四世时期代表了黄金时期最后的余晖。胡斯战争（Hussite Wars, 1419—1434）是一场带有阶级意味的原始新教徒起义，在战争中，许多城市建筑瑰宝被毁，波希米亚王朝由此分裂、衰落。1526 年，波希米亚贵族确认斐迪南一世·哈布斯堡(Ferdinand I Habsburg)为国王，管理这个城市，除17世纪初的一小段时间外，这里一直作为统治维也纳的哈布斯堡王室的夏都。三十年战争(Thirty Years War，1618—1648)中，布拉格进一步遭到劫掠和破坏，随即大大衰落，而与此同时，由哈布斯堡统治者和天主教阶层领导的反宗教改革力量在主导城市风景的华丽的巴洛克教堂和尖顶上留下了标记。雷瑟镇也变得同样华丽，归驯服的当地贵族及跨越欧洲大陆而来的忠诚的天主教贵族所有。①

因此，城市地貌及包围城区的防御城墙都表明，这是一个被市民阶层、神职人员和小心翼翼地捍卫国王最初赋予他们的权利和
63 特权的贵族所主导的世界。这些权利和特权一直延续到了19世纪。行会保留了其联盟、自制、生产和销售的权利。牧师及其他宗教政要仍然主要对布拉格大主教负责。贵族整体上仍然享受波希米亚王朝的各种特权，包括地主权利和免除兵役的权利。其他群体则被排除在这一阶层制度之外。布拉格的7 000多名犹太人中，大多数仍然住在犹太镇，并且接受城市地方法官的统治以及任性妄为。当然，城市中还有无数无名人士，他们是临时工和搬运工，或者根本找不到工作，几乎没有任何权利。②

阶层制度还鼓励社会种族隔离，而贵族则不遗余力地强化这种隔离。19世纪初，除向穷人捐钱或做慈善外，贵族成员与布拉格居民几乎没有任何交集。只有最富有的市民阶层才会受邀与布

---

① 对其出色的概述，参见 Peter Demetz, *Prague in Black and Gold: Scenes from the Life of a European City* (New York, 1998) and Emanuel Poche, *Prahou krok za krokem: Uměleckohistorický průvodce městem* (Prague, 1958). 对于19世纪公民爱国者对布拉格历史的理解，参见 Chad Bryant, "A Tale of One City: Topographies of Prague before 1848", *Bohemia*, 52(1) (2012), 5-21。

② Jaroslaus Schaller, *Beschreibung der königlichen Haupt- und Residenzstadt Prag* (Prague, 1820), 25-8; August Franz Wenzel Griesel, *Neustes Gemälde von Prag* (Prague, 1823), 68.

拉格的贵族交往。[①] 特权秩序整体确保了逐渐壮大的工人阶级生活在城墙外郊区的简易房屋中。1844年，铁路工人及逐渐壮大的工人阶级中的其他激进分子袭击了新城的一扇大门，强调了自己的存在，虽然只有一瞬间。随后，哈布斯堡军队和城市自卫队镇压了这次暴动。[②]

然而，尽管布拉格的建筑珍宝、城市布局和城墙都暗示传统的阶层制度，1780—1848年，布拉格经历了一种独特的中欧城市化形式，这种形式挑战了这些旧秩序。1784年，约瑟夫二世(Josef II)敕令新城、旧城、雷瑟镇和城堡区从今以后合并为一个行政单位，从而终结了分裂的城市内地方规则的悠久传统。到1808年，市长和市政委员会不再由选举产生，而是由波希米亚的哈布斯堡总督直接任命。统治精英、新兴的城市管理层和许多警察力量成为公务员，其薪水和职责由维也纳确定。结果就是实现了城市管理的专业化，但付出的代价则是失去了市政独立性和自给自足的 64
状态。一系列的敕令以1811年的国籍法为顶点，逐渐侵蚀了贵族所享有的法律保护和特权，如他们所享有对其下属执行判决的权利。布拉格大主教也被剥夺了对其教众的司法管辖权。[③] 从1782年起，哈布斯堡统治者赋予了犹太人一定的权利，如进行贸易和耕种自己土地的权利，并且最终允许许多犹太人开设商铺，在犹太镇

① Griesel, *Neustes Gemälde*, 73. 1800年访问布拉格的时候，亚瑟·叔本华也对城市社会隔离感到震惊，尤其是在敬语方面。Vincy Schwarz, *Vidím město veliké: Cizinci o Praze* (Prague, 1940), 162。

② Josef Polišenský, *Aristocrats and the Crowd in the Revolutionary Year 1848: A Contribution to the History of Revolution and Counter-Revolution in Austria* (Albany, 1980), 57-9.

③ Pavel Bělina (ed.), *Dějiny Prahy: Od sloučení pražských měst v roce 1784 do současnosti* (Prague and Litomyšl, 1998), 15-17; Josef Janáček, *Malé dějiny Prahy* (Prague, 1983), 243-4; Jitka Lněničková, *České země v době předbřeznové 1792-1848* (Prague, 1999), 60-2.

以外定居。

哈布斯堡统治者还为现代化、资本主义的布拉格奠定了基础。这个君主国的波希米亚代表建造了令人印象深刻的道路系统,从布拉格向欧洲德语区的主要贸易中心及更远的地方延伸。[①] 到19世纪30年代,布拉格已经凭借自身力量成为主要贸易中心之一。生产商在这里生产糖、瓷器、纸、啤酒、纺织品,1843年后,还生产火车车厢。[②] 这里也同时也成为政治中心,繁多的官僚机构不断扩张。这两方面的发展像磁铁一样吸引越来越多的人来到这座城市。1770年,布拉格的第一次人口普查显示当时的人口为77 000多人。到1846年,布拉格的居民已经扩张至超过10万人,这还不包括挤在紧邻城墙外的卡林和斯密霍夫新建郊区的工人阶级。[③] 到1843年,生活在布拉格城墙内的人中,十人中有四人都不是在布拉格出生的。[④]

当然,城墙内还有许多古老的角色保留下来。行会系统中的主要成员——熟练工技师的数量在整个这一时期保持在2万人左右。非常高比例的贵族——根据1846年的人口普查,有683人——都认为布拉格是他们的家。实际上,这些贵族中有许多人都在新兴的哈布斯堡官僚机构中找到了职位。其他职位则被出身于更低阶层和农民阶层的第一代大学毕业生占据——事实证明,
65 2 000多名学者和政界精英与失业的知识分子一起成为布拉格自由变革的推动力量。商人和店主则成为这些新兴中产阶级精英的另一组成部分。水果铺的数量从1834年的36家增加至1847年

① Milan Hlavačka, *Cestování v éře dostavníku: Všední den na středoevropských cestách* (Prague, 1998), 23 - 8.

② Poche, *Krok*, 9.

③ Bělina, *Dějiny*, 24.

④ Ludmila Kárníková, *Vývoj obyvatelstva v českých zemích 1754 - 1914* (Prague, 1965), 105,107.

的 240 家。同一时期，肉铺和黄油铺的数量分别从 21 家增加至 114 家，从 55 家增加至 141 家。[①] 工厂主中还可以找到更多精英，仓库、库存常常位于城墙之外。随着 19 世纪的推进，由商人、店主、公务员和实业家组成的布拉格新兴中产阶级赢得了与市民阶层同等的权利，并进一步获得了慈善服务等社会资源。虽然没有付诸革命行动，但他们悄无声息地分享了法国大革命之后成型的自由信念。[②]

虽然哈布斯堡统治者鼓励经济现代化及其为国家税收带来的各种福利，但他们仍对这些新兴的中产阶级精英心存疑虑。因此，他们通过一系列镇压措施防止法国大革命中产生的思想进一步涌入，大力加强中央集权。在他们看来，法国大革命造成了欧洲自三十年战争以来最大的破坏，并且导致许多欧洲人开始质疑依靠上帝和传统进行统治的君主制。哈布斯堡军队变得随处可见，不只是在布拉格新建的兵营中，还包括防御工事沿线。[③] 布拉格成立了特别办公室，专门审查国外寄来的信件。相关的审查制度禁止在当地宣传严肃政治内容，不过审查官允许进行文化发展和非政治讨论。图书馆向警察提供借阅书目列表。审查局提供的索引上的书目要么被禁，要么以各种方式被严格限制。哈布斯堡的探子们监视人们的对话。[④] 然而，自由革命思想仍然通过从其他国家走私来的小册子进入了布拉格。到 19 世纪 40 年代，已经可以在城市各处的阅读俱乐部和咖啡馆中不时地找到国外印刷的自由出版物。尤其是到 19 世纪 40 年代，自由思想已经逐渐渗透到官方

---

① Jiří Štaif, *Obezřetná elita: Česká společnost mezi tradicí a revolucí 1830 - 1851* (Prague, 2005), 72.

② Lněničková, *České země*, 254 - 5.

③ Griesel, *Neustes Gemälde*, 68.

④ Stanley Z. Pech, *The Czech Revolution of 1848* (Chapel Hill, 1969), 9 - 12; Bělina, Dějiny, 22.

认可的出版物中。激进的政治社团躲开哈布斯堡秘密警察的监视
66 偷偷集会。

革命于 1848 年在布拉格爆发，但在此之前，布拉格的中产精英们将更多的公众注意力转向了巩固他们新赢得的社会地位。其中最富有的一些人在城墙外的乡村购置房产并获得了贵族头衔。在城内拥有财产与居住在“受尊敬的”社区一样，都可以凸显一个人的身份。各个社会阶层的女性在公共场合均打扮入时，戴一顶软帽；男人们则戴着帽子，身着燕尾服。[①] 经常是在开明贵族的推动下，他们出入剧院、舞厅，参加阅读俱乐部和咖啡馆的讨论，仿效贵族精英的传统和行为方式旅行。一旦获得资历和资本，中产阶级就会组建自己的俱乐部和社团，推动中产阶级文化和经济进步。在当时，成为中产阶级意味着通过一套经常是借鉴贵族的行为方式的实践，获得受人尊敬的财务和社会地位。[②] 然而，中产阶级将自己的行为方式与独特的中欧毕德麦雅式文化叠加。正如维吉尔·尼莫埃诺（Virgil Nemoianu）所写的：“可以说，在启蒙运动的支持下，日常生活成为以理智、谦逊的方式应用浪漫主义思想的地方。”[③]在布拉格，这意味着表现出节俭、谦虚、对家人的爱以及对家庭生活的深度关切，同时兼顾优雅、社交、温和享受的公共生活。这还意味着欣然接受艺术作品中的浪漫主义，如弗朗兹·李斯特、埃克托·柏辽兹和弗雷德里克·肖邦的古典音乐，更不用说还有许多训练有素的本地作家。当地报纸的版面上到处是散文家和短篇故事家的浪漫伤感故事、市民剧和野外远足。

---

① Lněničková, *Česke země*, 255 - 6.

② 在这一方面，布拉格人与其法国和德国同胞们类似，参见 Norbert Elias, *The Civilizing Process: Sociogenetic and Psychogenetic Investigations* (Cambridge, MA, 2000)。

③ Virgil Nemoianu, *The Taming of Romanticism: European Literature and the Age of Biedermeier* (Cambridge, MA, 1984), 11.

这些文化冲动来自其他说德语的国家，并且通常有充分的理由。在1848年之前，布拉格在许多方面都是一个“德国”城市，在这里，德语是官方语言，也是大多数教育机构和主要城市精英的通用语言。布拉格同时也成为越来越受德国游客欢迎的目的地，这些游客大多来自德累斯顿或卡尔斯巴德温泉区。[1] 正如彼得·德
梅茨(Peter Demetz)指出的，拿破仑战争后，描述“朴素、宁静、密 67
布各种历史遗迹的”布拉格的德语游记和考察报告已经变成了“德国毕德麦雅式写作中一个实际的文学流派”。[2] 反过来，旅行作家也给了市民爱国者启发，使他们写出了布拉格详细的地志，将包含浪漫的历史描述记载的丰富统计信息与关于布拉格及其周围环境的详细描述结合起来。例如，在1831的作品《过去与现在的布拉格》(*Prague As It Was and As It Is*)中，尤利乌斯·马克斯·肖特基(Julius Max Schottky)一开头就引用了一本书中旅行者对这座城市的赞美之词，旨在进一步激发外国游客的兴趣并“教导波希米亚人真诚地热爱自己的祖国，并为这片独特的土地而自豪”。[3] 旅行作家和地志学者同样将布拉格——曾经的神圣罗马帝国成员及当时的德意志联邦成员——视为德国的一部分，尽管大多数城市居民在家里主要还是说捷克语。

但是，到19世纪30年代，说捷克语的商人、公务员和知识分子都开始挑战在布拉格占主导地位的德语。然而，直到1848年，民族主义对抗才彻底爆发。在此之前，说德语的精英阶层，如弗朗

---

① 关于布拉格作为德国人的热门目的地，参见 Demetz, *Prague*, 272 - 4；同样参见 Julius Schottky, *Prag, wie es war und wie es ist. Nach Aktenstücken und den besten Quellenschriften geschildert* (Prague, 1831), I, 15 - 31 中各个德国旅行作家的大量引文。许多说德语的英国旅客也冒险参加大旅行参观布拉格。Peter Bugge, "'Something in the View which Makes You Linger': Bohemia and Bohemians in British Travel Writing, 1836 - 1857", *Central Europe*, 7(1) (May 2009), 3 - 29。

② Demetz, *Prague*, 272, 273.

③ Schottky, *Prag*, I, vii-viii.

茨·克卢查克(Franz Klutschak)，将捷克民族主义运动视为一种复兴语言和历史的离奇有趣的努力。[1] 捷克的精英阶层因 19 世纪 30 年代的革命而变得激进，并且欢迎约翰·哥特弗雷德·赫尔德(Johann Gottfried Herder)鼓吹的独特的浪漫民族主义，对他们的贵族资助者感恩戴德，认为自己的努力主要是文化上而非政治上的。他们不仅努力确立自己的精英地位，与说德语的精英们平起平坐，同时也将文化产出——词典、诗歌、短篇故事、戏剧、音乐、历史记录和地志——视为一种建立捷克国家声望的途径。当时，对于捷
68 克民族主义者来说，毕德麦雅式文化是一种巩固其在布拉格获得的新地位及更宽泛意义上的在欧洲确定其国家地位的方式。[2]

不管是说德语还是捷克语，布拉格几乎所有的新兴中产阶级精英最终都会将漫步作为一种确立自己在布拉格获得的新地位的方式。不过，他们之所以能够这样做，要归功于哈布斯堡政府和开明贵族的慷慨，以及发声的市民爱国者的斥责。正如整个欧洲一样，到 18 世纪晚期，布拉格的贵族已经形成由来已久的花园漫步的传统。只有少数非贵族可以在这些花园中散步。绿地的出入权也慢慢开放。其中最重要的一个例子就是城堡区城墙以西的皇家花园，这里先是以鲍姆加腾花园闻名，之后更名为斯特莫夫卡。这些由普热米斯尔·奥托卡(Přemysl Otakar)于 13 世纪建造的花园经历了数百年的建筑变更——引入鱼塘、岩洞，并最终在 18 世纪初，模仿英式花园修筑了曲折的小径并引入各种动植物群——然而，花园一直仅限于宫廷及其宾客使用。

但是，1792 年，波希米亚人举办了一场盛大的收获节，庆祝弗朗茨二世(Franz II)加冕为哈布斯堡国王，参加这一盛事的包括波

---

① Franz Klutschak, *Der Führer durch Prag* (Prague, 1845), 17.

② 出色的总结参见 Štaif, *Obezřetná elita*。

希米亚周边的布拉格市民阶层和贵族。一位见证者写道：大约有5 000 人受邀参加收获节，整个节日使用了 24 个舞池、6 000 个灯笼、10 000 个火炬。客人们喝掉了 3 000 多瓶葡萄酒、2 000 多瓶啤酒以及 300 多瓶英式潘趣酒。[①] 接下来的数十年间，鲍姆加腾花园举办了无数场婚礼和节日庆典，1804 年，波希米亚总督扬·鲁道夫·肖特克(Jan Rudolf Chotek)宣布公园对公众开放。[②] 非贵族同时也获得了进入数量有限的一些其他公共区域的权利。18 世纪末，分隔新城和旧城的护城河——城市中一度最没有吸引力的部分——被填满、覆盖，种上了一排排椴树，成为适合散步的林阴大道。非贵族还可以在伏尔塔瓦河上散落的几个小岛上聚会。1791 年，弗朗茨·亚历山大·冯·克莱斯特(Franz Alexander von Kleist)在小威尼斯岛上，与一群“有思想的绅士和思维敏锐的女士”一起，在湛蓝的天空下度过了一个充满“苏格拉底式对话”的愉快夜晚。[③] 其他小岛，包括之前授予当地组织和城市自卫队的 69
猎场，成为夏季晚餐的最佳地点。[④]

拿破仑战争后，越来越多的区域向中产阶级开放。一些贵族允许公众在一周中的指定时间在他们的花园中漫步。其他贵族则向“长相得体”或从雷瑟镇的王宫中获得通行证的人开放自己的花

① Jaroslaus Schaller, *Beschreibung der königlichen Haupt- und Residenzstadt Prag. Sammt allen darinn befi-ndlichen sehenswürdigen Merkwürdigkeiten* (Prague, 1794), I, 530 - 4.

② Olga Bašeová, *Pražské zahrady* (Prague, 1991), 84 - 5.

③ Franz Alexander von Kleist, *Fantasien auf einer Reise nach Prag* (Dresden and Leipzig, 1792), 102.

④ Anton Reichsritter von Geissau, *Kurze Beschreibung der königlichen Haupt- und Residenzstadt Prag im Königreiche Böhmen, und insbesondere des Panorama von dieser Hauptstadt* (Vienna and Prague, 1805), 60 - 1; Schottky, Prag, II, 12; Karel Vladislav Zap, *Wegweiser durch Prag. Ein nothwendiges Handbuch für Fremde, die sich mit den Merkwürdigkeiten der böhmischen Hautpstadt bekannt zu machen wünschen*, trans. Ludwig Ritter von Rittersberg (Prague, 1848), 335; Bělina, Dějiny, 68 - 9.

园。还有一些以反映最新英式风格的附属建筑为傲的人决定建造自己的花园，实际上也就是公园。还有一些人希望鼓励自由和毕德麦雅思想，即使只是在不太明显的层面。[①] 这一方面最著名的可能就是伊曼纽尔·约瑟夫·马拉伯拉·卡纳尔（Emanuel Jaseph Malabaila Canal），他在 1817 年将自己的英式花园向公众开放。卡纳尔一直是爱国经济协会主席，因此也是欢迎在布拉格市民阶层中盛行的自由主义至少其中的一些方面的贵族之一（实际上，一位作者称他为自由主义者）。[②]

建造英式花园而不是巴洛克式花园的决定也很重要，因为前者代表的是自由主义价值观，而后者代表的则是保守的专制主义。在卡纳尔的花园中，小径在林间蜿蜒，将漫步者引向家族纪念碑和花园凉亭——一切都在昭示着永恒不朽、热爱家庭、注重审美的情感主义。一条小径通往一处隐秘的居所，正如罗伯特·罗滕伯格（Robert Rotenberg）所说的，这表明“资助者是一名真正的自然爱好者，一个寻求新自由秩序的进步人士”。阳光明媚的山坡上布满了葡萄园和花园。花园中有 700 种果树和稀有植物，布拉格大学的学生和其他专家经常来参观。各种马铃薯作物进一步推动了开明专制主义者约瑟夫二世将这种来自新世界的淀粉作物引进中欧的举措。（虽然食物长期缺乏，但布拉格人直到 19 世纪仍然对这
70 种作物持怀疑态度。）花园里的制糖厂是布拉格第一座制糖厂，说明这里的主人是一个兼具商业头脑和经济生产能力的人。[③] 布拉

① Schaller, *Beschreibung* (1820), 63 - 4.

② 出处同上，67。

③ Constantin von Wurzbach, *Biographisches Lexikon des Kaiserthums Oesterreich* (Vienna, 1857), II, 241 - 2; Bašeová, *Pražské zahrady*, 86. Robert Rotenberg, "Biedermeier Gardensin Vienna and the Self-Fashioning of Middle-Class Identities", in Michel Conan and Chen Whangheng (eds), *Gardens, City Life, and Culture: A World Tour* (Washington, DC, 2008), 115 - 16.

格新兴中产阶级中最富有的那些人模仿贵族设计自己的花园并对公众开放。1826年卡纳尔去世后，他的家人将花园卖给了布拉格的银行家兼店主莫里奇·迪卡威尔（Moric Zdekauer），他继续向公众开放花园。靠为特莱西恩施塔特的兵营修筑防御工事发家的商人贾科布·威默（Jakub Wimmer）也建造了一座精美的英式花园，在曾经的王室花园土地上，这座花园中的步道拥有一种“爱国主义美感”。[①] 一位新兴实业家在自己伏尔塔瓦河岸边的造纸厂附加修建了对公众开放的花园和咖啡馆。[②]

此外，正如19世纪最初十年里市民爱国者坦率抱怨的那样，尽管有受到来自英国和德国的文化冲动，但布拉格的非贵族很少在这些区域及其他区域漫步。这反映了布拉格新兴的中产阶级已经开始接受现代时尚、音乐、舞蹈及其他体面的标志性现象。皮亚里斯特教员雅罗斯拉夫·沙勒（Jaroslav Schaller）在1820年文章中抱怨道，在夏季，贵族阶层都会回到自己农村的老家和温泉去。更富有的市民在城市内外均形成了自己的小块花园地。这样，不管是谁散步或漫步，都不会出现城市空旷、毫无生气的情况。[③] 另一位市民爱国者奥古斯特·弗朗兹·文策尔·格里塞尔（August Franz Wenzel Griesel）在五年后写道，跳舞是中产阶级在公开场合聚集的唯一方式，这种友情只在音乐响起时存在。另一方面，他总结道，布拉格人仍然是“封闭而单调的”，将社交互动限制在小型私人聚会范围内。[④]

而另一位市民爱国者塞巴斯蒂安·维利巴尔德·许斯勒（Sebastian Willibald Schiessler）则更加深入地写道，不散步的非贵族标志着他们在社交地位上低于贵族。许斯勒是一位年轻的军官和

① Schaller, *Beschreibung* (1820), 19.
② 出处同上，67－8。
③ 出处同上，39－40。
④ Griesel, *Neustes Gemälde*, 75.

71 布拉格本地人，后来以在布拉格的慈善工作而闻名，他叹息道："在一定程度上，贵族的社交仅限于贵族的范围内，其他阶层则非如此。""社交主导文化的地方在于提升至更高阶层，"他继续说，"许多道德原则可以发展得更快、更有效，人类之间的友谊与道德感紧密相连。"令人悲伤的是，他说，城市的花园明显"（对于布拉格的非贵族来说）无关紧要，并且只有当地居民将其作为晚饭后户外散步的地方"。[①]

许斯勒及其他市民爱国者深谙，在19世纪初，社交是中产阶级地位和声望的核心。令这些作家烦恼的是，布拉格的新兴中产阶级缺乏通过漫步这种最显而易见的方式进行的公开社交。浪漫主义诗人可能写过一个人手握一本书，漫步在忧郁的大自然中，但中产阶级的休闲散步都是家人或一小群男女一起进行的。他们根据指导手册上列出的规则聊天、嬉戏。受人尊敬的漫步者与新认识的人要保持两米以上的距离。最亲密的朋友和家人则是手挽着手。这种散步的特点在于闲适与笔直的姿态和僵硬的肢体之间自相矛盾的结合。话题焦点，如哥特式废墟、中国桥、纪念碑、纪念馆和花园小矮人等都提供了谈话素材。社交还意味着见到别人并被别人见到。男人们戴着特别设计的散步帽子和烟袋。女人们常常戴着手套。孩子们拿着滚动的玩具、娃娃和捕蝶网。成年人经常拄着拐杖，或者如果是女性单独出行，常常会撑把雨伞，这些都让人想起拿着决斗剑漫步的贵族。与主要在工作日漫步的贵族不同，中产阶级精英主要在周日下午和节假日漫步，从而强调工作与一周休闲活动的区别，更不用说工作美德和与生俱来的奢侈的区别了。[②]

---

① Sebastian Willibald Schiessler, *Prag und seine Umgebungen: Ein Taschenbuch für Fremde und Einheimische* (Prague, 1812), I, 12.

② Sabine Krebber, *Der Spaziergang in der Kunst: Eine Untersuchung des Motives in der Kunst des 18. und 19. Jahrhunderts* (Frankfurt, Bern, New York, Paris, 1990), 26-9, 93-7.

市民爱国者斥责布拉格人无视社交美德后不久，布拉格的中产阶级居民就开始出现在城市的绿地上。1820年，沙勒抱怨洪水带来的泥沙覆盖了大威尼斯岛，另一个岛上几乎没有什么可以走 72
的路。[①] 三年后，两座木桥将大威尼斯岛和新城连接起来，同时新建了一家舞厅。[②] 同一年，已经逃离德累斯顿单调乏味的社交应酬的华盛顿·欧文(Washington Irving)向他的朋友艾米丽·福斯特(Emily Foster)描述他在大威尼斯岛上寻求慰藉的尝试：

> 这附近真的有非常宜人的步道。我常常希望你们都在这里，那样我就可以向你们展示一些迷人的漫步路径。伏尔塔瓦河上有几个小岛，岛上非常适合徒步；其中一个让我特别喜欢的，我记得好像是叫大威尼斯岛。岛上森林茂密，有最漂亮的林阴大道和林间小径，风沿着伏尔塔瓦河河岸吹过小树林和灌木丛。早上我会在那里度过几个小时，之后德国人自己就会带着他们的烟斗来污染空气；因为清新的空气对于德国人来说太无趣了。实际上，他们对清新空气的了解与酒鬼对白水的了解相差无几：他们都必须使这些元素符合他们的口味。我不知道对于德国人的怠慢，还有什么比抢走他们的烟斗，把他们驱逐到布宜诺斯艾利斯更好的惩罚——他们会被那里的清新空气熏死的。[③]

1823年，德国旅行者威廉·比肖夫(Wilhelm Bischoff)并没

---

① Schaller, *Beschreibung* (1820), 17.

② Rudolf von Jenny and Adolph Schmidl, *Handbuch für Reisende in den österreichischen Kaiserstaate* (Vienna, 1823), II, 431.

③ Washington Irving, "Prague, Saturday June 13, 1823, letter to Miss Emily Foster", in PierreM. Irving (ed.), *The Life and Letters of Washington Irving* (New York, 1864), III, 402 - 3.

有提到烟斗，而是记录了布拉格人对自然的热爱，以及在伏尔塔瓦河的小岛上散步正逐渐成为所有人的夏日消遣活动。[1] 到 1831 年，尤利乌斯·马克斯·肖特基宣称，布拉格是德国岛屿上一些最受欢迎、最常讨论的漫步路径的所在地——在过去几年中，这个新现象逐渐在布拉格人眼前兴起。[2] 旅行指南宣称，鲍姆加腾花园已经成为布拉格的普拉特公园——最受城市精英欢迎的周日漫步
73 花园。[3] 当地精英成立志愿者俱乐部，负责照料公共绿地，1842 年，第一家由市政府管理的公园向公众开放。[4] 莫施塔特的《布拉格风景画》出版于 1830 年，同一时期，漫步开始在中产阶级中兴起，这或许不是巧合。他和其他石版画家一致描绘了沿着布拉格市内及其周边漫步的受人尊敬、喜欢社交的中产阶级漫步者。与此同时，他们不仅证实了一个逐渐产生的现实，同时也呈现出一套独特的中产阶级方式和风俗（服饰、拐杖等装备、与同行的人保持距离、姿态等）留待后人模仿。[5]

随着可以漫步的地方逐渐增加，各个社团也开始主张在特定公园和社交区域漫步的权利。19 世纪 30 年代，说捷克语的受教育阶层出现在染匠岛上，这座岛是以岛的主人，一个皮染匠命名的，后来为了纪念哈布斯堡家族一位著名的成员——大公夫人索

---

① Wilhelm Ferdinand Bischoff, *Reise durch die Königreiche Sachsen und Böhmen in den Jahren 1822 und 1823. Mit dem Bildnisse Albrechts Von Wallenstein nach einem Wohlgetroffenen Originalgemälde* (Leipzig, 1825), 162.

② Schottky, *Prag*, I, 31.

③ Jenny and Schmidl, *Handbuch*, 334; Klutschak, *Der Führer*, 110-11; Zap, *Wegweiser*, 337.

④ Bašeová, *Pražské zahrady*, 91, 93.

⑤ 除莫施塔特的《布拉格风景画》外，参见他的其他石版画作品，在哈夫萨创作的《布拉格》，以及在帕萨科瓦创作的《布拉格》。同样参见 L. Lange, *Prag und seine nächsten Umgebungen in malerischen Original-Ansichten nach der Natur* (Darmstadt, 1845), 102, 106, 108; V. Hlavsa, *Praha očima staletí* (Prague, 1984), plates 83, 93-5, 100, 103, 110, 115-16, 118-19, 120, 135-6; and Bašeová, *Pražské zahrady*, 85, 88, 95 中莫施塔特及其他艺术家的石版画作品。

菲，更名为左芬岛。无数条小径在岛上的一排排白杨间蜿蜒，从新城穿过一座小木桥就可以到达这座小岛。游客们可以在这里享受冷浴或热浴，听几场户外音乐会，或者在沙龙里打打台球。小贩们还提供让孩子骑小马的活动。民族主义爱国者在一幢建筑里举行舞会，那里后来成为1848年泛斯拉夫议会召开的地方[①]。即使是工人阶级成员也参与到中产阶级的漫步活动中。到19世纪40年代，城市精英们已经把大威尼斯岛让给了工人阶级。洪水再次洗劫这个小岛，岛上的步道均破败失修。从附近的纺织厂流出的漂白剂冲刷着小岛；新建的铁轨在之前的原始森林中劈开一道缝。[②]尤其是随着户外社交可能性的增加，虽然关于这种社会分层的描 74
述很少，但这种屏障无疑是存在的。人们不可避免地得出结论：花园围墙内漫步所形成的旧的空间包容和排斥已经被其他方式取代。

二

布拉格的中产阶级精英们不仅开始接受漫步，同时也在一些刺激下开始主张对进行这种特定社交活动的区域的权利。与此同时，他们重构了布拉格市内外的边界，并赋予这些区域社交意义。值得注意的是，布拉格新兴中产阶级主张的许多区域都在城墙之外。城市内的广阔绿地主要还是归贵族所有。可以用来建造新花园的空地大部分都在防御工事之外。（例如，卡纳尔和威默的花园

---

① Karel Vladislav Zap, *Popsánj kr. hlawnjho města Prahy pro cizince i domácj* (Prague, 1835), 204 - 6.

② Karel Vladislav Zap, *Průwodce po Praze. Potřebna příruční kniha pro každého, kdo se spamětnostmi Českého hlawního města seznámiti chce* (Prague, 1848), 293.

所在地之前是皇家葡萄园的一部分。）中产阶级还沿着小路穿过森林，爬上高山，穿过村庄。与此同时，他们不仅穿越，同时也模糊了进入19世纪以来一直限定城市的边界。

在一定程度上，布拉格的城墙是欧洲最广阔的城墙，这在很大程度上要归功于14世纪查理四世统治时期城市的扩张。沿着城墙绕城市一圈需要四个小时。[①] 士兵和警察守卫的矩形警戒塔俯瞰由深深的护城河环绕的高墙。[②] 一旦城市受到攻击，跨越护城河的桥可以拆掉或烧毁。车道及通往城市大门的其他路径上都有很深的陷阱。（和平时期，陷阱上铺有木板。）[③]但是，自17世纪以来，城墙的军事价值已经逐渐丧失。三十年战争激发了许多改革，将布拉格变成了一个城堡要塞，但到1727年工事完成时，军事科技的进步已经放弃了这些过时的改进中的许多因素。1741年奥地利王位继承战争期间，法国和撒克逊军队几乎没有遇到任何抵抗便占领了布拉格。腓特烈大帝的普鲁士军队炮击三天便攻占了
75 这座城市。1757年七年战争期间，普鲁士的炮火再次在布拉格倾泻而下，之后奥地利人在东部的科林获胜，迫使普鲁士撤兵。拿破仑战争促使布拉格在1809—1813年间开始新一轮的城墙加固，但1815年后，许多项目没有了资助，未能完工。[④]

然而，直到19世纪更晚的时候，布拉格的城墙才开始倒塌。一个原因就是在19世纪早期，城墙维护了城市长期存在的主权，同时在监视和限制穿越城市边界运动中起到了作用。进入城内必

---

① 出处同上，51。

② Edgar Theodor Havránek, *Neznamá Praha* (Prague and Litomyšl, 2004 [reprinted from 1939 original]), I, 13 - 14; Zap, Průwodce, 53.

③ Bělina, *Dějiny*, 70.

④ Vladimir Kupka, *Pevnost Praha* (Dvůr Králové nad Labem, 1996); Andrej Romaňák, "Praha jako pevnost", *Staletá Praha*, 19 (1989), 159 - 276; Bělina, *Dějiny*, 70 - 3.

须通过布拉格的八座城门中的一座，在 19 世纪初的游记中，经常会详细描述进入城内的过程。办事员会登记每一个入城者的名字、社会地位和职业。在全国和地方都开始监管旅行的环境下，游客必须声明自己在布拉格将要下榻的地方并上交护照和关键文件。律师会从这些入城者那里收取一笔费用。(神职人员及各种信使可以免税。)携带货物入场的任何人都要缴纳一笔关税。冬季，城门晚十点关闭，早六点开放。夏季，城门从早四点半开放至晚十一点。晚间，只有乘坐马车的人才能通过大门，并且必须获得城市警察的特别许可并缴纳一个十字币的额外费用。①

城墙一直存在的另一个理由是，在 19 世纪，城墙仍然提供了一种安全感。整个晚上，会有指定居民站在城墙高处，监察火情。② 在拿破仑战争之前，贵族离开城市去猎熊、鹿和匈牙利牛，但极少有城市精英冒险走出布拉格大门去寻找宝藏。③ 1825 年，一位当地人写道，城墙外潜藏着无数危险，尤其是藏在森林中的劫匪和野生动物。布拉格人去世后必须被埋在距离城门至少半小时路程的地方，经常是布拉格的乌合之众聚集的声名狼藉之地。④
最后，或许最关键的是，布拉格城墙让人想起更早的时代以及对社 76
会的传统理解。城墙以及市场和行会制度让布拉格不再只是一处定居地。此外，城墙还象征着由行会制度和小心翼翼捍卫着国王赋予的权利和特权的市民阶层所主导的世界。他们代表在自由贵

---

① Havránek, *Neznamá Praha*, I, 27; Bischoff, *Reise*, 139. 关于走入四周城墙环绕的城市更普遍的体验，参见 Daniel Jütte, "Entering a City: On a Lost Early Modern Practice", *Urban History*, 41(2) (2014), 204 - 27.

② Griesel, *Neustes Gemälde*, 111; Schottky, Prag, 366.

③ Arthur Schopenhauer, diary entry from 1 September 1800, cited in Schwarz, *Vidím město*, 163.

④ Griesel, *Neustes Gemälde*, 114 - 15.

族和市民爱国者的刺激下，布拉格新兴中产阶级开始挑战的阶层制度。[①]

但是，随着19世纪的推进，旅行者和当地地志学者几乎没有注意到整个城市的演变，这说明走出城墙散步已经比以前容易多了。不仅布拉格人在城墙外的花园里漫步，这道传统边界之外的世界也开始以其美景而非危险闻名。19世纪初，从城内通往城外的道路已经杂草丛生；只有那些能够乘坐马车的道路才能到达远离城墙庇护的景点。[②] 到19世纪30年代，已经以布拉格为中心新建了六条向外辐射的道路，每条路上都栽种了树木，修筑了供人们周日散步的小路。路边开始出现酒馆和咖啡馆，供旅行者、散步者等休憩。[③] 此时的地志和旅行指南开始包含附近村庄、名胜古迹和自然景观的一日游描述，其中许多都需要步行三个小时。布拉格人不仅走出了城墙，他们还去自然中探险，直到晚上要关城门时才回来。

其中，最著名的一日游线路就是去萨尔卡，萨尔卡是布拉格西北部一片茂密的森林，走完那里的小路总共需要两个半小时。萨尔卡位于波德巴巴村附近，名字源于一位不太知名但十分受人尊敬的传奇女战士。（在9世纪的“少女之战”中，正是在这个地方，美丽的萨尔卡将捷克国王最令人闻风丧胆的战士茨季拉德引诱至埋伏圈并将其杀死。像许多传说中反抗宗族统治的女性一样，萨
77 尔卡后来在德温附近的防御工事处牺牲。）1814年的石版画集中

① 有关拿破仑战争前后中欧城墙的意义的精彩讨论，参见 Yair Mintzker, *The Defortification of the German City, 1689–1866* (New York, 2012)；同样参见 Zdeněk Wirth, *Pražské zahrady* (Prague, 1913), 8–9. 在这一方面，布拉格与 Mack Walker, *German Home Towns: Community, State, and General Estate, 1648–1871* (Ithaca, 1971)中描述的城镇有许多共同点。

② Schaller, *Beschreibung* (1820), 51.

③ Bašeová, *Pražská zahrady*, 86.

到处都是萨尔卡溪流和岩层的浪漫景象，激发了布拉格当地人及旅行者的极大兴趣，但直到19世纪30年代，旅行指南作者和地志学者们才将散步与其作品中的浪漫美景结合在一起。① 在向《波希米亚》——布拉格最受人尊敬的面向自由倾向精英的德语报纸——的读者描述穿过萨尔卡的过程时，安东·穆勒（Anton Müller）写道，进入森林的那一刻，大家的谈话都兴奋起来。从萨尔卡到伏尔塔瓦河，一路上似乎"越来越宽阔，越来越友好"，促使穆勒有一点沉浸在浪漫景象中：

> 我坚信美丽的大自然所馈赠的最大快乐就在于，乘一叶小舟顺流而下，在湍流的河水和山峦起伏的岸边美景中补充活力，让小舟或左右摇摆，或缓缓前行，或轻盈掠过，与此同时，我脑中想的一直都是伟大的席勒。②

默里在旅行指南中将萨尔卡描绘为"隐秘的幽谷，展现出最浪漫的景色图样"。③ 说捷克语的市民爱国者卡雷尔·弗拉季斯拉夫·赞普（Karel Vladislav Zap）注意到，有些可笑的是，萨尔卡是一个"我们的浪漫主义者流连忘返之地，他们沉浸在完全与世隔绝的感觉中并且享受这种感觉"。④

城外其他远足者的目的则不尽相同，由此也给出了不同的历史叙述。例如，附近的维兹达因其独特的星形避暑度假村、历

---

① Franz Sartori, *Malerisches Taschenbuch für Freunde interessanter Gegenden, Natur- und Kunst-Merkwürdigkeiten der Österreichischen Monarchie*, III (Vienna, 1814); Schaller, *Beschreibung* (1820), 62; Jenny, *Handbuch*, II, 431.

② A. Müller, "Kleine Ausfl üge in Prags Umgebungen", *Bohemia, eine Unterhaltungsblatt*, 112 (16 September 1832), 1.

③ John Murray, *A Handbook for Travellers in Southern Germany* (London, 1837), 334.

④ Zap, *Průwodce*, 300.

史悠久的农民节日及1744年围攻布拉格时，腓特烈大帝在此扎营而闻名。布拉格最早的防御工事位于高堡区，那里已经开始翻新，让人想起最早的定居点以及促使斯拉夫人到达该区域的许多传说。库赫勒最出名的是温泉。村庄代表会有一些传统文化的踪影。其他步行目的地的描述则主要是当地历史及其是否有能够让人精神振奋的地方。这些及城外的其他地点一年四季
78 常年举办舞会、节日庆典及其他社交活动。① 每年的7月26日，左芬岛上都会庆祝圣安娜节，届时，岛上将满是花环，并用花饰彩灯拼成很大的"A"和"N"，所有叫安娜的女孩及其仰慕者都会在岛上漫步。"这个地方很小，可是这里的人太棒了，"1841年，一位旅行者写道，"游客们只能沿着环绕小岛的宽阔步行道悠然前行。"②

行走的另一个目的就是欣赏城市及其周围的环境，对于这一点，没有什么地方比城墙更合适了。布拉格是中欧为数不多的在拿破仑战争后仍然有城墙环卫的地方。③ 因此，也是极少漫步者能够俯瞰城中建筑及其周围环境的城市之一。19世纪20年代初，肖特克总督向漫步者开放了城墙的一段。到1842年，布拉格人几乎可以在整段城墙周边漫步，城墙已经变成了点缀着树木和其他植物的花园小径。④ 城墙上出现了凉亭、瞭望台，甚至还有咖啡馆。⑤ 实际上，默里宣称，城墙西北角的布鲁斯卡碉堡中建造的

---

① Klutschak, *Der Führer*, 98 - 111; Karl Baedeker, *Handbuch für Reisende durch Deutschland und den Oesterreichischen Kaiserstaat: Nach eigener Anschauung und den besten Hülfsquellen* (Coblenz, 1842), 197.

② J. G. Kohl, *Austria: Vienna*, *Prague*, etc. etc. (Philadelphia, 1844), 41 - 2, 41页引文。

③ Mintzer, *Defortification*.

④ Jenny and Schmidl, *Handbuch*, 431; Zap, *Popsánj*, 198 - 9; Murray, *Handbook*, 328; Baedeker, *Handbuch*, 195; Zap, *Průwodce*, 53.

⑤ Bělina, *Dějiny Prahy*, 69.

花园提供了布拉格及其周围环境的最佳视角。[1] 其他地志学者则推荐城墙上的其他地点，不过，大家一致同意，这种漫步非常流行且绝对不能错过。布拉格曾经威严、象征驱逐与包含坚固边界的城墙已经转变成为新城市精英的娱乐消遣之地。市民爱国者和其他人提供了城门的详细描述，每一扇门都有自己的名字、建筑风格和历史，同时也描述了漫步者在这些居高临下的地点可以欣赏到的景色。

布拉格人还登上布拉格周围诸多山峰中的某一座，从那里欣 79
赏布拉格的景色。实际上，正如一位旅行者写的那样，沿布拉格城西部边界绵延的山峦，从高堡区穿过伏尔塔瓦河，之后继续到达泽兹科夫山，这一路就形成了拥有无数制高点的圆形剧场。[2] 如同整个欧洲一样，布拉格的花园和小径也包括街景设计，并且通常配有椅子，但旅行者和地志学者们一直在感叹，布拉格人可以享受那么多激动人心的美景。“不管从哪一面看，这个城市的外观都那么宏伟。”穆勒写道，并且列出了至少五个应该去的绝佳观景点。[3] 另一名旅行者写道，沿着金斯基花园的山路拾级而上，展现在眼前的是一幅“布拉格及其周围环境的全景图，那景色让人沉湎其中，流连忘返，却又无法用任何笔触描绘，我们唯一能说的就是，它很美”。[4] 或许，最受欢迎的景色是站在布拉格城最西侧城墙内的佩特任山上。1831 年，肖特基这样描绘佩特任山：“尤其是在下午和黄昏的时候，这座山上到处都是各路行人、学生和画家，并且很快会出现许多情侣，他们身处天地之间，对这个世界不做他想。一群群孩子在绿油油的草地上快活地跑来跑去……绿地上种着一圈圈

① Murray, *Handbook*, 328.
② Lange, *Prag*, 3 - 4.
③ Murray, *Handbook*, 334.
④ Kohl, *Austria*, 48.

果树、葡萄和庄稼。”[①]到 19 世纪 40 年代，在开头先描述一番从佩特任山上看到的城市全景已经成了地志学者之间的惯例。

一方面，这种对于从制高点看到的城市景色的描述意味着更宏大的欧洲视角的转变，尤其是那些旅行者，他们在去往目的地时，很少会注意当地景观。[②] 最初只是一种圆形画的全景画作为一种透视形式逐渐兴起，在全景画中，都是从高处，经常是从一个圆形视点，
80 观看景观和/或城市。[③] 在这一方面，布拉格的仰慕者们与他们的欧洲同胞可以说是非常一致。1804 年，伯恩哈德·窦绍特（Bernhard Dousolt）和威廉·巴顿（William Barton）在维也纳的水塔上悬挂了一幅至少 340 英尺高的布拉格全景画。1826 年春，西姆福里安·卡隆（Symphorien Caron）制作的巴黎模型在布拉格展出，受此启发，安东尼·朗韦尔（Antonín Langweil）于同年开始制作一幅巨大的布拉格纸制模型。莫施塔特只是在作品中描绘布拉格及其周围乡村环境的诸多石版画家之一。[④] 从 19 世纪 30 年代起，他们的画作成了旅行指南和地志中非常常见的一部分。

因此，布拉格的全景定义了旅行者、游客和漫步者心目中的城市。中欧很少有城市像布拉格这样有条件为石版画提供全景视角。柏林、慕尼黑和维也纳这些坐落在平原上的城市并没有多少

---

① Schottky, *Prag*, I, 23.

② 参见，例如下列文章，J. M. F. von Dalem, *Reise durch Preussen*, *Oesterreich*, *Silizien*, II (Braunschweig, 1794) reprinted in Schwarz, *Vidím město*, 150; Friedrich Leopold zu Stolberg-Stolberg, *Reisen in Deutschland*, *der Schweiz*, *Italien*, *und Silizien in den Jahren 1791 und 1792* (Königsberg and Leipzig, 1794), 464。

③ Stephan Oettermann, *The Panorama: History of a Mass Medium* (New York, 1997), 7. 正如欧特曼所言，之后不久，这个词用来表示“特定领域知识，如艺术、文学或历史”的“调查”或“概述”。

④ 关于窦绍特、巴顿和朗韦尔，参见 Kateřina Bečková, *Svědectví Langweilova modelu Prahy* (Prague, 1996); Eva Semotanová, *Mapy Čech*, *Moravy a Slezska v zrcadle staletí* (Prague, 2001), 134; Schottky, *Prag*, I, 78 - 83.关于布拉格的石版画全景代表，参见上文提到的莫施塔特的石版画以及 Hlavsa, *Praha*, plates 78, 95, 116 - 20.

高点可以观赏城市。在这些繁华的大都市四周，新建郊区密集分布。在维也纳，虽然有斜坡或无人居住的平原小路将城墙包围的城市与广阔的郊区分割开来，但大多数周日散步的人都会坐几个小时的火车去森林、村庄、遗迹和城堡，或者邀请朋友去自己的私人别墅庭院。① 布拉格的人口并没有出现迅速增长，城墙也比维也纳大许多倍，在1848年之前，城墙外只有两处工人阶级聚集的郊区。维也纳和布拉格均沿伏尔塔瓦河而建，因此城市周围山上的小路和公园都人迹罕至。有趣的是，伏尔塔瓦河在旧城附近突然向东转向，然后形成钩状向北朝北海流去，与布拉格广阔且常青的内部广阔空间形成互补。市民爱国者和旅行者都没有提到从布拉格乘坐火车去别处漫步，火车是1845年首次出现在布拉格，比维也纳晚了六年。

然而，旅行作家和市民爱国者认为，另一个独特之处在于布拉格的全景与浪漫的自然特征和悠久的建筑特征融合在一起，形成城乡的宏伟拼接。1808年，一名旅行者写道，城市的全景“让人想起古今的浪漫传说和故事——给人留下美好而持久的印象”。② 81
“波希米亚的首都给外国人留下的印象是难以描述的，”几年后，威廉·比肖夫写道，“在伏尔塔瓦河右岸，宽阔的区域向外延伸，在左岸，土地像梯田一样朝山顶高耸。我们看到一条宽阔的河，河上有船也有岛，古老的大桥上装饰有巨大的雕像，许多教堂和修道院的尖顶闪闪发光，圆屋顶宏伟壮丽，还有本身就代表永垂不朽的宏伟宫殿！”③“如果说维也纳的广阔展示的是富丽堂皇和荣耀，柏林展示

---

① Baedeker, *Handbuch*, 13, 249 - 50, 393; Kohl, *Austria*, 99; Rotenburg, “Biedermeier Gardens”, 111 - 22.

② Schwarz, *Vidím město*, 172.

③ Bischoff, *Reise*, 138. 同样参见“Der Wanderer”(*Wiener Zeitschrift*, 1815)，引自 Schottky, *Prag*, I, 12 - 13。

的是新王者风范，纽伦堡和科隆展示的是昔日荣耀和其他特质，”20多年后，克里斯蒂安・奥古斯特・费舍尔（Christian August Fischer）写道，“古典与自然融为一体的布拉格则是威严庄重，其他任何城市都无法与之匹敌。”[①]正如旅行指南中所写的，游客为了画廊来到德累斯顿，为了中世纪的历史来到纽伦堡，为了蓬勃发展的大都市的“精神力量”来到柏林。然而，布拉格提供的则是无与伦比的美，这里的城市自然风光为其中的历史建筑增添了一种威严。旅行指南中总结说，布拉格提供“无与伦比的全景”，比德国任何地方都更让人惊叹。[②] 对于许多说德语的旅行者来说，说捷克语的人的显著存在和城市的界限感更加凸显出这里自然环境与历史建筑崇高的浪漫主义精神。正如说德语的旅行者 J. G. 科尔（J. G. Kohl）所写的：

> 自然将波希米亚大陆与外界奇妙地分开……在这个魔法圈中央高耸着布拉格的山峰，每一次搅动乡村的巨大事件都在这里留下烙印，不管是新建筑物的形状还是耸立的纪念碑，
> 82 或是昏晦的遗迹和蔓延的荒凉。一个国家的中心点与外界清晰分割，见证了这个国家政治命运持续不断的变革，布拉格变得到处是古迹和宫殿，让这座城市在未来几个世纪中一直是热门旅游目的地；山峰轻轻诉说着古老的传统，但未来的低语也在周围神秘地窃窃私语。[③]

当地的市民爱国者及其他人也开始接着改编这些描述。有的

---

① Christian August Fischer, *Taschenbibliothek der neusten und unterhaltendsten Reisebeschreibungen* (Frankfurt, 1829), III, No. 3；引自 Schottky, *Prag*, I, 15.

② Baedeker, *Handbuch*, 190.

③ Kohl, *Austria*, 16.

人直接抄袭："实际上，没有几个城市能给人留下比古都布拉格更深刻的第一印象，呈宽阔椭圆形的布拉格四面延伸，山峦环绕，有时就建在山上，被从山谷中缓缓流过的伏尔塔瓦河分开。"沙勒写道。这些话一字不漏地引用了一位五年前游历布拉格的旅行者的话。[①] 赞普看到的是一座承载着民族历史、印证历史和文化正统民族的浪漫城市。他在1847年的地志前言中写道，在佩特任山上纵览布拉格及其周围环境，游客可以看到"捷克历史的成果"，每一个时期都嵌入这个民族的历史中，这个民族"所生活过、经历过"的一切，同时表达了"这座城市的伟大理想"。[②]

朗韦尔等石版画家还专门从佩特任山及布拉格山顶和防御工事上的其他景观点获得了灵感。他笔下的漫步者通常背对读者，驻足浏览风景，同时也暗示读者的欣赏角度。在一幅石版画中，大树遮蔽了部分城墙，同时勾勒出伏尔瓦塔河、查理大桥和旧城许多尖顶的风景轮廓。另一幅石版画从佩特任山北望，面朝赫拉德恰尼城堡区，目光所及之处是郁郁葱葱的花园、绿树及围绕城市中一座最宏伟的纪念性建筑的起伏的村庄。还有一些画中画的是遗迹与山上的异域绿植融合在一起，俯瞰着安宁的城市，城市形成连绵起伏的景观的一部分，一直延伸到东边的平原。其他时候，树木会带着一些异国色彩，似乎准备在下方的整个城市蔓延。[③]

马克·沃克(Mack Walker)曾经写道，自然在波希米亚文化中扮演着重要角色。他们认为自然更接近上帝，比人造的东西更
纯洁；随着19世纪初变化加速，这种观点发挥了更大的力量。因 83
此，自然代表永恒不变和确定感。[④] 然而，游客和当地人所欣赏的

---

① "Der Wanderer"; Schaller, *Beschreibung* (1820), 3.

② Zap, *Průwodce*, 1－2.

③ Morstadt, *Ansichten*; Morstadt, *Prag*.

④ Walker, *German Home Towns*, 322－8.

布拉格全景却暗示自然和城市可以融为一体，提供一种类似于永恒不变和确定的感觉。对于许多德国旅行者来说，这种和谐暗示着一座与优雅的自然环境互补的城市，这里的建筑环境让人想起过去，而不是现代变化的未来。赞普望向脚下的布拉格，看到了捷克的历史和建筑，那里的石头是“最直接的见证者，过去最确凿的证据”。①

其他当地评论家虽然更在意城市中存在的活力，但也同意自然和城市形成了布拉格独特的伟大和谐。“浪漫的气息在过去的英勇行为和代表中世纪的无数高塔中降临这座城市，与布拉格今日的现实、意义深远的斗争结合在一起，更加提升了这座城市对当地人和外国人吸引力。”克卢查克这样写道，他可能是布拉格最受欢迎的市民爱国者。② 在莫施塔特的石版画中，历史学家和捷克民族运动的领导人弗兰蒂泽克·帕拉茨基(František Palacký)评判道：“自然和艺术、当下与过去，似乎都争先恐后地要赋予这座城市整体之中的多样化美感，以及一种恢宏壮丽。”③当我们再看城墙时，它已经成为贯穿布拉格全景——当旅行者和当地人沿城市诸多景观点中的一个漫步时所看到的全景——的一套补充线。自然和建筑环境、行走与城市新视角融合在一起，重新构筑成这座都市的边界和基本特征。

* * *

布拉格的城墙在 1875 年开始倒塌，这是此后将延续数十年、最后只留下一些残余的漫长历程的开端。1866 年，哈布斯堡在与

---

① Zap, *Průwodce*, ii.

② Klutschak, *Der Führer*, 4.

③ Schottky, *Prag*, I, 77.

普鲁士的战役中再次败北，由此揭开了修筑防御工事的城市在现代再也没有任何用武之地的事实。商人、店主和工业家抱怨城墙阻碍了交通流通。郊区，工人阶级和中产阶级都在城墙外繁荣发展。实际上，19 世纪 70 年代之后，一心捍卫城墙的只剩下漫步者 84
和叹息布拉格的古老结构被毁灭殆尽的保护主义者团体。不过，拆除防御工事的争议陷入僵局，主要是因为财政原因。军队拥有城墙及他们脚下的土地，他们希望为这些财产损失寻求补偿。城墙摧毁后如何补偿的分歧常常使谈判陷入僵局。[①] 与此同时，建筑、宽阔的道路及人类居所的其他标记出现在四面八方的自然景观中。布拉格郊外的村庄规模不断扩大。在 1922 年前后，这些村庄大多并入布拉格城。如今，曾被城墙包围的那部分布拉格仅仅是二十个行政区中的两个。19 世纪初描绘的那些尖塔、教堂及其他建筑遗迹已经不再与自然互补，而是与扩张的城市和不时出现的绿地互补。

这些变革大多发生在 19 世纪后半叶，是在新一代说捷克语的中产阶级精英的资助下完成的。[②] 1848 革命奠定了他们崛起的基础，当时，许多布拉格的中产阶级精英犹豫不决地加入激进派组成人墙，这次起义后来在那年夏天被哈布斯堡炮兵部队从佩特任山发射密集炮火镇压。19 世纪 60 年代，衰落的哈布斯堡政府向自由改革妥协，取消了残留的最后一点传统城市特权和权利，同时允许许多地方自治。由于选举制改革和说捷克语的人口大量涌入，布拉格说捷克语的中产阶级精英成为城市中的主导力量，从而将德国中产阶级——以及当地贵族和扩张的工人阶级——驱逐至公

---

① Havránek, *Neznamená Praha*, 30 - 5.

② 精彩研究参见 Cathleen M. Giustino, *Tearing down Prague's Jewish Town: Ghetto Clearance and the Legacy of Middle-Class Ethnic Politics Around 1900* (Boulder, 2003)。

共生活的边缘。[①] 当然，布拉格的新一代中产阶级继续行走、漫
步、闲逛、散步。（实际上，城墙摧毁后留下的许多空地都成了非常
受欢迎的公园。）许多 19 世纪初最受欢迎的散步路线——左芬岛、
85 卡纳尔的花园和萨尔卡——仍然是许多布拉格人周日午后散步的
首选，但这些活动多了一些现代韵味。布拉格最早的有轨电车线
路中有一条终点在鲍姆加腾（现在的斯特莫夫卡），这里也是 1891
年布拉格世界博览会的举办地点。[②] 布拉格人乘火车出行，在市
中心外散步。一位旅行指南作者抱怨说，小路已经泛滥成灾。人
们乱丢垃圾。去酒馆要优于享受大自然。[③]“对于那些有闲暇时
间的人来说，我们推荐去佩特任山享受令人窒息的美景，那里的风
景在整个欧洲都是无可匹敌的。”另一名当地旅行指南作者在
1900 年建议道，并且补充说那里的景色在下午布拉格工厂的烟囱
不再冒烟时最美。[④]

布拉格已经成为一座现代工业城市，但这里的中产阶级却继续享受他们的先人引入这座城市的许多日常行为所带来的益处，比如漫步。他们也同样以其他看不见的方式获益。19 世纪初的精英们不仅挑战了城墙设定的边界，同时也挑战了城墙所代表的传统的重要性。在自由贵族和发声的公益爱国者的驱动下，他们通过漫步确立自己作为城市中产阶级精英的身份，与此同时，新兴的自由主义挑战了特权、专制统治和传统的重要性。他们主张将城市内外的土地用于这些活动，同时成为出现在人们视野中的公

---

① 参见，如下经典作品 Gary B. Cohen, *The Politics of Ethnic Survival: Germans in Prague, 1861 - 1914* (2nd rev. edn, West Lafayette, 2006)。

② Claire Nolte, "Celebrating Slavic Prague: Festivals and the Urban Environment", *Bohemia*, 52(1) (2012), 37 - 54.

③ *Průvodčí po Praze a okolí města. S plánem Prahy a popsáním nejvíce vynikajících památností historickych, budov a ústavů veřejnych* (Prague, 1883), 82.

④ *Knappův průvodce po Praze* (Karlín, 1900), 33.

共存在。随着布拉格的中产阶级登上城墙或布拉格的许多山峰中的一座，他们看到的是城市原始边界之外的景色——这个景色预示着过去封闭的岛城的终结。他们跋涉于防御工事之外，想象着——在说德语的旅行者的帮助下——一个与周围景色和谐一体，而非互斥的浪漫城市。这座城市为真正的社会和政治变革披上了一层平静的外衣，可惜，并没有持续太长时间。

87 第4章

通路典礼：年轻的行走和城市的节奏，约1850—1914年

西蒙·斯莱特

> 我爬。泰坦尼克沉了。我站起来。大公在萨拉热窝被暗杀，我最终走进了自己的记忆。
>
> 哈尔·波特，《铁铸阳台上的观望者：一个澳大利亚人的自传》(1963)

时代的划分与过渡时刻往往与行走行为相关联。在西方社会，怀孕时总盼望听到“小脚的啪啪声”；之后，小孩迈出“婴儿的脚步”，“能够站立”，然后——小心翼翼地行走——开始“蹒跚学步”。[①] 对于恋爱的少男少女来说，“出去走走”一度成为传统社交的普遍惯例，而在传统的土著社区中，“丛林流浪”则代表一个青春

① 对于本文讨论的术语的定义和用法，参见 http://www.oed.com/。

期的男孩已经准备好承担成年人的责任。更古老是“步入社会”，表示离开父母的家，而对于许多夫妻来说，“步入婚姻礼堂”长期以来一直意味着另一次重大的分别。此时，职业，或者说“营生”，通常都是进行时。度过漫漫人生，在这段旅程快要走到尽头时，两条腿会带着你走向必然的终点。[①]

如果关于行走的语言表达喻示了整个人生旅程，那么只有最具有观察力的人才会以一种自我反思的方式来描绘这种关系，或者将自己放在历史的位置上。因此，哈尔·波特（Hal Porter）对世 88
界万事的密切关联、对有意识的记忆和行走的逐渐明晰都是不寻常的。但是，这种做法是可以成为史料的，我写的关于行走的经验证据也是可以的。[②] 本章试图在对 1850 至 1914 年的许多城市空间的剖析中做到这一点。与许多行走术语（以及匮乏的历史研究）密切关联的年轻人是本章的焦点。

本章分析的这一历史时期见证了历史学家们确认的两次重大变革：“行走城市”的没落，以及大众从必要行走到选择性行走的缓慢但重大的变化。“行走城市”这个术语是美国学者山姆·巴斯·华纳（Sam Bass Warner）在 1962 年发明的，用来指代 1850 年波士顿城的第一次更迭。华纳评论道，当时，绝大多数波士顿人都居住在距离市政厅 2 英里（1.3 千米）的半径范围内，步行即可到达商店和工作地点。此外，19 世纪中叶的波士顿是“一座依靠步行作为交通方式的城市”。[③] 然而，到 1870 年，波士顿的“电车郊区”突然兴起，彻底改变了这座城市的生活模式。现在的城区面积比二十

---

① 正如 Joseph A. Amato 在 *On Foot: A History of Walking* (New York and London, 2004), 10 中所指出的。

② 关于语言与体验的关系，参见 John R. Searle, *The Constructionof Social Reality* (London, 1996), 59 - 78。

③ Sam Bass Warner, *Streetcar Suburbs: The Process of Growth in Boston (1870 - 1900)* [1962] (Cambridge, MA, 1978), 15 - 21, 179. 本章重点。

年前大了 14 倍，"行走城市"从实质上宣告终结。[①]

自此以后，华纳的概念被应用到纽约、墨尔本、伦敦等城市，我的证据就来自于这三个地方（在下文中以不同篇幅讨论）。举例来说，城市历史学家肯尼斯·杰克逊（Kenneth Jackson）专门比较了两个年份，即 1815 年和 1875 年的伦敦和纽约，得出的结论是这一概念可以适用于其他许多英语城市。早些时候，伦敦——当时世界上最大的城市——的人口为 80 万左右，每个身体健康、有行动能力的人都可以轻松地从城市边缘步行至市中心，总路程只有 3 英里。杰克逊评论道，在这里及其他地方，上班要走的路程通常比这个距离还要短很多，只有不到 1 英里。[②] 像波士顿一样，到 19 世纪 70 年代，一切都改变了：社会分化的欲望以及各种新型公共交通方式意味着像伦敦和纽约这样的城市已经被"内翻出来"，衣着
89 考究的人选择住在市中心外，还有有财力的人选择从新郊区通勤。[③] 对于墨尔本来说，有人认为"行走城市"又继续持续了好几年——按照伯纳德·萨尔特（Bernard Salt）的估计，"直到 1880 年左右"——之后，类似的过渡现象才开始明显起来。[④] 应当强调的是，在 19 世纪末直到 20 世纪后许多年，每个城市中仍然有许多成年人继续步行去工作。但步行出行不再是一种几乎随处可见的体验，而城市的边缘也扩张至行人可以轻松到达的范围之外。

---

① Sam Bass Warner, *Streetcar Suburbs: The Process of Growth in Boston (1870 - 1900)* [1962] (Cambridge, MA, 1978), 62.

② Kenneth T. Jackson, *Crabgrass Frontier: The Suburbanization of the United States* (New York and Oxford, 1985), 14 - 15. 关于 18 世纪 50 年代，彼得·阿克罗伊德指出，每个工作日估计约有 20 万人从周边区域走入伦敦市：Peter Ackroyd, *London: The Biography* (London, 2001), 591。

③ Jackson, *Crabgrass Frontier*, 17 - 20.

④ Bernard Salt, "The Journey to Work: The Case of Foy & Gibson in Collingwood, 1891", *Journal of Australian Studies*, 11(21) (1987), 40 - 4. 对于进一步比较，参见 Lionel Frost, *The New Urban Frontier: Urbanisation and City-Building in Australasia and the American West* (Kensington, NSW, 1991), 5 - 14。

选择问题对于上面提到了第二次变革来说也是非常关键的：行走作为休闲娱乐而非必需品兴起。在约瑟夫·阿马托考察的行走历史的变化中，他将人们划分为漫步者、登山者、浪漫主义作家和窗口购物者，认为他们体现了一种新自由主义。阿马托的论点是，这种休闲追求在城市工人阶级（或者——在19世纪更贴切的叫法——行走阶级）中出现得很晚；与之相反的是，大多数城市居民"在上级的命令下步行出入"，经常对这种远足嗤之以鼻。以文献为依据，阿马托还将普遍意义的"行走城市"（虽然不再使用这个术语）延伸至第一次世界大战"前夕甚至之后"。他说，这就是基于行人的地方主义的力量。阿马托还提供了一些数据证据来支持自己的观点，他注意到，在1906年，伦敦的步行者中只有大约四分之一会乘坐地铁、有轨电车或公交车上班。[①]

为了解决一些关于"行走城市"的学术争论，后续分析中引入了三个内城"地区"比较视角。在一次最新的调停中，安德鲁·布朗-梅（Andrew Brown-May）证明，大致从19世纪60年代至20世纪20年代（以及，根据推断，20世纪之后），世界各地的自治市在市民文化的某些方面是共通的。"全球城市辖区"是每个地点——从民间机构到都市公园和繁忙的大街——产生的城市景观，其特点在于离散数量的变量，因而可以进行有意义的比较。[②] 这显然并不是断言19世纪——以及20世纪——的悉尼与索尔福德，或 90
者波士顿与伯明翰实质上是一模 样的，但这是为了维护阿萨·布里格斯（Asa Brigg）1963年在《维多利亚时期的城市》就开始的

---

① Amato, *On Foot*, 2, 11, 156, 162, 171.

② Andrew Brown-May, "In the Precincts of the Global City: The Transnational Network of Municipal Affairs in Melbourne, Australia, at the End of the Nineteenth Century", in Pierre Yves Saunier and Shane Ewen (eds), *Another Global City: Historical Explorations into the Transnational Municipal Moment, 1850–2000* (New York and Basingstoke, 2008), 19–34.

比较项目的有效性。[①] 因此，虽然我的大量证据都来源于墨尔本严密保管的公民档案，但在下文中，我也会集中讨论选定的关于伦敦和纽约（尤其是伦敦）的主要和次要材料。虽然规模必然会有所不同，但三个历史地点的城市结构和社会条件并没有很大差异。[②] 实际上，在这一时期的许多场合中，每个城市的市政办事员都在与海外同类的城市进行联络，力图寻找对于共同城市问题的指导，例如，如何管理青少年街头叫卖或（后来首先困扰美国人的一个问题）“乱穿马路”的行为。[③] 我追随年轻人的足迹，大范围走访了这些背景保存最完整的地方。

本章主要讨论年轻人的各种行走活动，通过这种讨论，也凸显出历史理解上的主要差异。已经有大量学术研究——主要产生在文化地理学、环境心理学（对年轻人行走的研究就始于此）和社会学这几个学科中——以年轻人对城市空间的最新利用为基础，[④]但对于他们在历史背景下的行走活动却知之甚少。[⑤] 然而，如果我们想要更仔细地考察“行走城市”的概念，将年轻人排

---

① Asa Briggs, *Victorian Cities* (London, 1963).

② 人口数据比较：1851 年伦敦，2 286 609（其中伦敦市内 1 995 846）；1850 年纽约，515 547；1851 年墨尔本，23 000—29 000；1911 年伦敦，7 157 875（其中伦敦市内 4 997 741）；1910 年纽约，4 766 883；1911 年墨尔本，约 593 000。

③ 关于街头贸易，参见，例如，VPRS 3181, Town Clerk's files, Series 1, Unit 70, By-laws (1898), Public Record Office Victoria (PROV). 关于“乱穿马路”，参见 Peter D. Norton, "Street Rivals: Jaywalking and the Invention of the Motor Age Street", *Technologyand Culture*, 48(2) (2007), 331 - 59; *Argus* (Melbourne), 16 February 1921, 8; *Daily Mirror* (London), 9 June 1934, 2。

④ 有关国际调查结果的介绍，参见 Claire Freeman and Paul Tranter, *Children and their Urban Environment: Changing Worlds* (London and Washington, 2011), 182 - 201。

⑤ 例外包括以下部分：Richard Trexler, *Public Life in Renaissance Florence* (New York, 1980) 以及 Colin G. Pooley and Sian Pooley, "Constructing a Suburban Identity: Youth, Femininity and Modernity in Late-Victorian Merseyside", *Journal of Historical Geography*, 36(4) (2010), 402 - 10。

除在外似乎是非常荒谬的。由于资金有限，他们往往不像成年人那样可以负担新兴的有轨电车、地铁或地面电车的费用，从19 91
世纪中叶开始，这些交通工具逐渐遍布城市街道和轨道路基。在大力推广义务教育之前，[①]在城市户外步行的年轻人随处可见：工作、打情骂俏或去探险。这些自发的活动引起了我的兴趣，它们与我在其他地方写过的有组织的游行和队列形成鲜明对比。[②]

在从历史方面探究之前，我接下来要对本文中"年轻人"这个术语及类似的年龄相关指代的使用做一个重要说明。正如研究年轻人活动的学者们所公认的，年龄既是一种定性经验，也是一种按时间顺序的分类，具有历史偶然性，并且与性别、阶层、种族等因素交叉。[③] 直到1898年，美国教育学家G. 斯坦利·霍尔(G. Stanley Hall)才开始普及"青春期"这一现代观念，霍尔认为，女孩的青春期是12岁到21岁，男孩的青春期是14岁到25岁。[④] 在此之前，描绘本文中评述的城市年轻人的社会评论家们用了一系列不断变化的术语——"街头流浪儿""街头顽童""贫民窟的小孩""叫花子""恶棍""小流氓""阿飞"，等等——以限定他们所看到的自19世纪

① 关于比较，参见 Anna Davin, *Growing Up Poor: Home, Street and School in London, 1870-1914* (London, 1996), 85-7, 98-111; Timothy J. Gilfoyle, "Street-Rats and Gutter-Snipes: Child Pickpockets and Street Culture in New York City, 1850-1900", *Journal of Social History*, 37(4) (2004), 861; Simon Sleight, *Young People and the Shaping of Public Space in Melbourne, 1870-1914* (Farnham and Burlington, 2013), 51-2, 65。

② Simon Sleight, "'For the Sake of Effect': Youth on Display and the Politics of Performance", *History Australia*, 6(3) (2009), 71.1-71.22.同样参见 David M. Pomfret, *Young People and the European City: Age Relations in Nottingham and Saint Etienne, 1890-1940* (Aldershot, 2004), ch. 6。

③ Steven Mintz, "Reflections on Age as a Category of Historical Analysis", *Journal of the History of Childhood and Youth*, 1(1) (2008), 91-4.

④ Jon Savage, Teenage: *The Creation of Youth Culture* (New York, 2007), 66.

50 年代以来逐渐加剧的这一社会问题和公害。[①] 虽然我尽量避免这些语言中所暗示的贬义色彩，但有些词汇我是接受的——尤其是如“恶棍”等可以作为自我描述的术语——并且将重点放在当时由霍尔定义的“青春期”年轻经历上。除此之外，我的课题科组还
92 将青春期向前延伸，以包含那些在公共区域“蹒跚学步”[②]或成群结队地上小学的孩子。

城市行走的韵律

我们如何才能了解年轻人过去在城市中的行走活动呢？无论是街道上还是档案中，行走留下的痕迹都相对较少，而追踪女性穿越城市空间的活动中所遇到的困难至少与对年轻人进行调查的困难同样突出。[③] 如上文所述，是否必须首先考虑并研究透彻用来描述行走的历史语言？[④] 例如，可能可以从评论中推断出关于规范行为的步态和姿态。因此，墨尔本媒体对行走习惯的偶尔指责——男孩们因“步态懒散”而受到攻击，女孩们“过于休闲地漫步……脖子用力往前伸，或为了谈话方便身体前倾凑到一起”，以及身着女性紧身衣走路“内八字”“一瘸一拐地走”（1914 年）——

---

① 关于讨论，参见，例如：Ruskin Teeter, “Coming of Age on the City Streets in 19th-Century America”, *Adolescence*, 23(92) (1988), 909 - 12; Christine Stansell, “Women, Children, and the Uses of the Streets: Class and Gender Conflict in New York City, 1850 - 1860”, *Feminist Studies*, 8(2) (1982), 309 - 12; Davin, *Growing Up Poor*, 162; Sleight, *Young People*, 39 - 43。

② 例如，在墨尔本郊区救出的幸运的 3 岁男孩就是在 1898 年一个夏天的下午沿着铁路线“蹒跚学步”(*Argus*, 28 November 1898, 3)。

③ Deborah Epstein Nord, *Walking the Victorian Streets: Women, Representation, and the City* (Ithaca and London, 1995), 3.

④ 对于行走语言的示例性研究，参见 Joanna Guldi, “The History of Walking and the Digital Turn: Stride and Lounge in London, 1808 - 1851”, Journal of Modern History, 84(1) (2012), 116 - 44。

反过来也暗示了他们认为正确的举止规范。① 类似地，关于年轻人“漫游”或“闲逛”倾向的国际性担忧②——如果是女孩，这将是一项特别严重的指控③——或许可以被视为城市中的父亲们强烈希望按照维多利亚时期的体面和经济学原理要求有目的地散步的象征。而且，如果我们可以翻阅无数——经常是愤怒的——关于经常出现在街头的墨尔本“恶棍”——喜欢通过把其他行人推下人 93
行道、吐痰或骂人扰乱其他行人的青春期少年和年轻人——“鬼鬼祟祟、趾高气扬地行走”的描述，会发现那时的澳大利亚大街上一定非常热闹。④

当然，关于年轻人行走的许多可能得出的结论来自试图避免这种冲撞的成年行人。“从街头生活中可以学到很多，”墨尔本自称“逍遥哲学家”的马库斯·克拉克(Marcus Clarke)在 19 世纪 60 年代末写道，“而且一个人的‘日常国外行走’既是有益的又是有趣的。”⑤我们会在适当的时候回顾克拉克及同时期包括亨利·梅修(Henry Mayhew)在内的其他观察者的思想，牢记他们为了新闻

---

① *Argus*, 22 March 1882, 9; 18 May 1910, 9; 24 January 1914, 39. 在 1910 年的文章中，“维斯塔”告诉她的女性读者：“描述到底什么是好的散步有点困难。然而，在某些方面权威意见一致。必须抬头……下巴应稍微提起，挺胸收腹，肩部向后。但不应让人看到或感觉到费力……步伐长度应该适中……步子应该干净利落。”

② Howard Chudacoff, *Children at Play: An American History* (New York and London, 2007), 4 - 5, 53 - 4; Henry Mayhew, *London Labour and the London Poor* [1861 - 2] (New York, 2009), I, 36, 421, 477.

③ 例如，参见 1883 年 3 月，墨尔本五个(上班的)“年轻女孩”受到的警告(*Argus*, 6 March 1883, 10)。这些女孩因半夜“在街头乱逛”被警察叫去问话。对于纽约的情况，参见 Rebecca Solnit, *Wanderlust: A History of Walking* (London, 2001), 239。

④ 实例参见 *Australasian*, 21 January 1893, 44; *Australian Sketcher with Pen and Pencil*, 17 May 1873, 34 - 5; *Argus*, 31 January 1882, 4; *Age*, 20 Febuary 1896, 5. 关于恶棍，参见 Melissa Bellanta, *Larrikins: A History* (St Lucia, 2012)。

⑤ Marcus Clarke, "Peripatetic Philosophy" [1867 - 8], in L. T. Hergenhan (ed.), *A Colonial City: High and Low Life. Selected Journalism of Marcus Clarke* (St Lucia, 1972), 5.

效果总是喜欢夸大其词。作为观察者观点的补充，影响街头交通的公民管理制度也会提供关于行为的观点。从针对流浪的“通过路口”到“前行”章程和法令，19世纪见证了警察权的不断扩张，从而在日益繁忙的城市中心规范行人流。① 但是，知道这些规定和章程不应该误导我们，让我们以为在漫长的19世纪，步行是受到严格限制的。正如彼得·诺顿(Peter Norton)对20世纪早期美国“乱穿马路”管理条例(墨尔本和伦敦直到19世纪二三十年代才开始实施这一条例)的研究中所揭示的，维多利亚时期的城市见证了行人在人行道和马路上使用非常多的许可权。② 这一时期的影像资料描绘了那些在电车和马车之间自由穿行的人，专心玩耍的孩子们也完全无视路缘石的界线。③ 当然，这种空间共享的危险占据了许多报纸的一栏——年轻行人不幸倒在快速发展的城市中越
94 来越快、越来越多的车轮下的报道屡见不鲜。④

影像资料为研究年轻人的城市行走提供了诱人的机会，但考虑到库存胶片的实际播放速度以及摄影师们总是倾向于将镜头对准固定不动的孩子，由此带来的不确定性使得这些信息来源存在

---

① 对于这方面的介绍，参见 Andrew Brown-May, *Melbourne Street Life: The Itinerary of Our Days* (Kew, Victoria, 1998), 36 - 41, 43 - 63; *Argus*, 17 January 1905, 7; David M. Scobey, *Empire City: The Making and Meaning of the New York City Landscape* (Philadelphia, 2002), 174 - 80。

② Norton, “Street Rivals”.

③ 参见，例如，出处同上，335, 341; David Nasaw, *Children of the City: At Work and At Play* (New York, 1985), 18 - 28; G. H. Martin and David Francis, “The Camera's Eye”, in H. J. Dyos and Michael Wolff (eds), *The Victorian City*, vol. II, *Images and Realities* (London, 1978), plate 93; Sleight, *Young People*, 56 - 7; *Marvellous Melbourne: Queen City of the South* (prod. C. Spencer, *c*. 1910), http://aso.gov.au/titles/documentaries/marvellousmelbourne/(2014年8月20日访问)。

④ *New York Times*, 7 August 1899, 5; *Argus*, 28 September 1893, 7; *Daily Mirror*, 3 June 1911, 3 中均报道了此类实例。汽车的出现增加了城市危险的范围：到1914年，驾车者在纽约已经造成1 000多名儿童死亡。参见 Clay McShane, *Down the Asphalt Path: The Automobile and the American City* (New York, 1994), 176。

许多问题。类似地，同样应当牢记的是，报纸总是倾向于关注戏剧化和冲突的瞬间，而非正常的普通活动。但是，有经验的历史学家必须充分利用这些定性的来源，通过纳入尽可能大范围的证据分析来消除每个来源中的固有偏见。同样，偶尔也会在档案中找到一些更确凿的数据，例如，19 世纪 90 年代所记录的墨尔本的年轻城市居民步行行走距离的珍贵信息，当时，还没有防止年轻人破坏公园的担忧。接下来将详细评估几处足迹，这些足迹将足以勾勒出基本的路径。1899 年 12 月 6 日，墨尔本公园负责人约翰·吉尔福伊尔(John Guilfoyle)多次记录了墨尔本周边各保护区被破坏的事件。或许是对当局未能阻止灌木和树苗被连根拔起太过失望，吉尔福伊尔写道，在他看来，这次破坏“显然主要是由 10 岁到 12 岁的男孩踩踏”造成的。[①] 罪魁祸首早就逃之夭夭，但负责人却知道是谁干的。沿着这一线索，本章接下来将讲述那些更有价值的年轻人的行走。

步行去工作

步行和工作的关系对于城市年轻人来说确实由来已久。例如，在 17 世纪的伦敦，塞缪尔·皮普斯(Samuel Pepys)在他著名的“火炬手”日记中，多次提到青春期的少年受雇为有钱的行人带路，利用
自己对当地的了解和火炬的亮光引导他们穿过杂乱黑暗的街道。[②] 95
到 19 世纪中叶，当时的插画和一些参考资料显示，成年人各种不可靠、令人头疼，因此这个买卖相对来说仍然比较活跃。[③] 然而，自 19

---

① VPRS 3181/756, Parks (1899), item 4329, report dated 6 December 1899, PROV.

② 参见 http://www.pepysdiary.com/encyclopedia/1167/#references (2014 年 8 月 30 日访问)。

③ 参见，例如 *Illustrated London News*, 2 January 1847, 8; “The Link Boy of Old London”, serialised in *Boys Standard*, 1882 - 3; Charles Dickens, *The Pickwick Papers* (London, 1837), ch. 35, 391:“The red glare of the link-boy's torch”。

世纪60年代之后（1904年圣诞节大雾时略有复苏[1]），“火炬手”时代似乎已经结束：在亨利·梅修的《伦敦劳工和伦敦穷人》中，似乎已经没有他们的一席之地了。

但是，梅修的四卷调查中并没有提供关于城市“迁徙部落”——为了维持生计同样走上街头的流动工人大军——的大量细节。[2] 几百页之中，我们看到了走在小贩父亲和手推车旁边的男孩，十几岁就拖着货物一天走8—10英里的女孩以及——在许多其他描述中——19世纪初，在师傅的逼迫下，背着装备从旺斯特德步行五英里走到沃尔瑟姆斯托的年轻扫烟囱工。[3] 对于所有这些职业来说，都必须熟识地形，并且具备相当好的体力。这种行走拥有一定程度的独立，但又经常几乎毫无自由可言；一个8岁的豆瓣菜小贩知道叫卖的路线，梅修评论道，但对几步之遥的公园却一无所知。[4]

在大洋对岸的墨尔本和纽约，年轻人还参与各种短暂的贸易。在19世纪中叶，当时中产阶级意识还不像后来那么令人困扰，许多年轻人都去卖花、卖火柴、在城里的商人之间传递消息以及捡废
96 品来卖。[5] 在墨尔本，这些职业中的最后一批因最初依赖海上贸易的船具商店被称为“海运”。这一活动带有一种半合法色彩，并且推动了自1876年以来的立法审查。殖民地议会宣称：“船具商店男孩未经许可便打开了院子的大门，走近别人家的后院，表面上

---

① 根据 *Argus*, 25 January 1905, 8。

② 关于这个短语和其他包括“流浪”和“流浪倾向”的讨论，参见 Mayhew, *London Labour*, I, 1-4, 477-85; II, 364. 感谢伊丽莎白·沃马克提议研究梅修。本节应与她在本书中关于梅修的文章一并阅读。

③ 出处同上，I, 33, 43-4; II, 351。看到的其他年轻工人在搬运行李、打扫马路、跑腿送消息、擦洗泰晤士河沿岸寻找有价值的东西。

④ 出处同上，I, 151.

⑤ 参见 Sleight, *Young People*, 92-4, 96-7; Nasaw, *Children of the City*, 48-61, 88-100; Stansell, “Women, Children”, 313-17。

是去拿瓶子、骨头或碎布，实际上却总是随时准备顺手牵羊。”[1]墨尔本的国际“儿童保护”活动家伊迪丝·奥奈恩斯（Edith Onians）既担忧又自豪地讲述了自己参与类似活动的经历。她负责的两个 10 岁孩子，比尔和汤姆，“对几英里内的每一条小巷和通行权都了如指掌，”她报告说，“他们知道雅拉河沿岸的所有码头，并且常常在各个码头爬入爬出，收集漂浮的啤酒瓶及其他可以卖钱的东西。他们知道所有的捷径，在城市里像个老手一样轻车熟路”。[2] 他们既聪明又身手敏捷，在墨尔本和纽约，到处是飞奔的报童，他们沿着街道冲向有需求的顾客，成为一个独特的标志。[3] 报童头脑机灵又活泼，似乎代表了整个 19 世纪和 20 世纪无数街头学徒的最佳品质。

与男孩的追求不同，女孩们的街头贸易活动在中产阶级观察者中激起了一致反对。（尤其是）沿街卖花的女孩数量要低于男孩，卖报的女孩更少，每个地方的女孩都面临卖东西兼卖身的指控。[4] 而且，有时人们也会用一些性方面的词语来描述她们，将她们塑造成失足少女，冒充“站街拉客的”。[5] 上下班途中年纪稍大些的工厂女职工经过这些共享的街头区域，经常会引发一些担忧

---

① *Victorian Parliamentary Debates* (*VPD*), Session 1888, LVII, 496.

② Edith C. Onians, *Read All About It* (Melbourne, *c*. 1953), 38 - 9.

③ Sleight, *Young People*, 101 - 10; Gilfoyle, “Street Rats”, 855 - 66; David E. Whisnant, “Selling the Gospel News, Or: The Strange Career of Jimmy Brown the Newsboy”, *Journal of Social History*, 5(3) (Spring 1972), 269 - 309; Nasaw, *Children of the City*, 74, 84.

④ 参见：Stansell, “Women, Children”, 317 - 18; VPRS 3181, Unit 863, Streets (1896), item2398, PROV；以及(关于纽约和墨尔本新闻中女孩指控的讨论) MS 9910, archive of William Forster Try Boys Society, box 41, cuttings book (1883 - 1906), State Library of Victoria (SLV):“Melbourne's Neglected Children” (dated 26 July 1891)。

⑤ 例如，“The Flower Girl — ‘Please Buy’”，“买朵花吧”，*Illustrated Australian News*, 31 March 1888, Supplement, 11 - 12。伦敦和纽约也有很多类似的例子。关于青少年女性卖淫，参见 Stansell, “Women, Children”。

97 及激烈的批评。[①] 1891 年、1898 年及 1916 年，墨尔本的一群儿童保护者和立法者试图禁止从 16 岁到 18 岁不等的特定年龄以下的女性在公共场所叫卖，而男性进入街头市场的年龄却只规定为 10 岁以上。[②] 晚间在街头"漫步"也针对每个性别做了规定(1900 年墨尔本的一项法案提出对 14 岁以下的青少年在晚上 9 点后执行宵禁)，不过直到 1925 年才对街头贸易进行彻底治理。[③]

对于年轻人在城市周边步行时间的担忧让我们知道，除冬季外，步行去工作主要是白天的活动。然而，并不是所有青少年的工作都是为了挣钱，而另一种徒步旅行——外出办事——很有可能在一天甚至一周当中分布比较平均。安娜·达文(Anna Davin)注意到 1870 至 1914 年间伦敦的各种此类活动。例如，19 世纪 90 年代，坎伯威尔的孩子们会拿着大块肉和馅饼去面包房加热，而位于切尔西的艾莉丝·露易斯(Alice Lewis)的九口之家中，一个或多个孩子需要手拿枕套走到哈罗德百货，买三条面包，然后再去鱼店和肉店买东西。[④] 其他时候，会专门指派女孩去街头集市上砍价买东西，而让孩子去送个信、接个人或拿个东西再寻常不过了。[⑤] 孩子们还会从酒馆帮父母买啤酒，这令禁酒运动者们十分懊恼。[⑥]

---

① Danielle Thornton, "Factory Girls: Gender, Empire and the Making of a Female Working Class, Melbourne and London, 1880 - 1920" (PhD thesis, University of Melbourne, 2007), 68 - 97.

② *Age*, 6 May 1891; *Argus*, 27 May 1898 (newspaper cuttings in MS 9910, box 41, SLV); *Argus*, 26 July 1916, 10.

③ VPRS 3181, Unit 70, By-Laws (1897 - 1900), SLV; *Street Trading Act* (Vic) 1925.

④ Davin, *Growing Up Poor*, 181 - 3.

⑤ 实际上，"跑腿女孩"在 1881 年的人口普查中被视为一种职业类别，推测这类工人可能是从作为儿童时在家里非正式地完成差使，逐渐开始从事有偿工作。参见 Peter Sanders, *The Simple Annals: The History of an Essex and East End Family* (Gloucester, 1989), 93。

⑥ Davin, *Growing Up Poor*, 180 - 6.

19 世纪 90 年代，年轻的阿瑟·哈丁(Arthur Harding)在臭名昭著的"尼科尔"区(伦敦东部社会剥夺非常严重的地区)长大，经常走半英里到斯皮塔佛德市场上扒拉木板箱和别人丢掉的土豆，或者带很多柠檬回去给姐姐卖。当时他只有六七岁。姐姐的跑腿清单上还包括定期去当地肉店找肉丸子，这对于家里来说是一顿划算 98
的晚餐。[1]

在纽约和墨尔本都有一种类似的善意经济(而且通常没有报酬)。[2] 例如，1892 年冬，墨尔本的两个男孩(分别为 10 岁和 11 岁)因砍伐一棵小树并拖回家，准备当柴火烧而被当局定罪。合法行为是得到提倡的，[3]步行去工作也并非没有风险。到 1914 年，西部城市中的街头生意人开始减少——至少在上学时间——不管是有报酬的还是没报酬的。随着上学成为常态，班级规模不断扩大，部分反映了从挣钱到学习、从将孩子看作家里的经济支柱到认识到孩子在情感上是无价的，应该在家中得到庇护的宏观转变。[4]

行走与恋爱

下班了、放学了或者周末了，年轻人又走上街头进行另一种城市行走。在漫长的 19 世纪，当他们说跟别人"出去"或"出去走走"时，这些语言是准确且意味深长的。恋爱经常是在户外以行走为中心内容的许多城市休闲区。年轻人手挽着手，与不断变换的城

---

① Raphael Samuel, *East End Underworld: Chapter in the Life of Arthur Harding* (London, 1981), 42, 60；关于姐姐，见第 28 页。

② Christine Stansell, *City of Women: Sex and Class in New York, 1789 -1860* [1982](Urbana, 1987), 49 - 51.

③ VPRS 3181, Unit 748, Parks (1892), item 3215, report dated 22 August 1892, PROV. 关于纽约，参见 Nasaw, *Children of the City*.

④ Viviana A. Zelizer, *Pricing the Priceless Child: The Changing Social Value of Children* (Princeton, 1994), 209.

市风景紧密交织在一起。[1]

19世纪60年代至90年代间，墨尔本最著名的约会地点就是“街区”，即沿斯旺斯顿街与伊丽莎白街之间最时髦的科林斯街排布的店面区。到19世纪70年代，工作日下午三点半以后以及周日上午或下午，在这个地方来回散步已经成为城市里那些衣着考究、器宇轩昂的各年龄阶层的“惯例”。[2] 1890年，尽管越来越难以
99 确定这里是否适合女士，但可以看到年轻男女“把在街区散步变成了生活中更重要的消遣之一”。[3] 展示地位和财富是仪式循环中非常重要的部分；意味深长的凝视、矜持的举止和认识新朋友也是。[4] 在这种环境中，富人可以相识、散步。

然而，对于墨尔本的年轻人来说，更重要并且不像漫步街区的那些人那样特权分明的是城市周边的各种新兴商业区，有些还是历史学家比常人更清楚些。1883年，《悉尼先驱晨报》描绘了周日下午，工人阶级经常去圣基尔达岛海滨的海滨大道，[5]随着1888年电车路线延伸至一处曾经非常知名的郊区，这些人的涌入急剧加速。正是在这里，墨尔本的伊莱恩·麦克唐纳(Elaine Macdonald)在自传中写道，佣人和女工们享受社交生活，“相当于花园聚会和竞赛”。[6] 随着女性远足者(主要是家庭佣人、女工和女服务员)走上海滩和码头，闲逛的少年和青年们频频与她们眉目传情，他们被描述为“‘不是十足的恶棍’——包括从学徒到商人、工人、屠户、面包师等各行

---

① 这一部分是对 Sleight, *Young People*, 122 - 7 的概括和延伸分析。

② *Melbourne Punch*, 17 February 1870, 55.

③ 关于讨论，参见 Penny Russell, *Savage or Civilised? Manners in Colonial Australia* (Sydney, 2010), 277 - 9; *Argus*, 19 April 1890, 13。

④ *Argus*, 16 June 1882, 7; 19 June 1885, 7; 30 November 1910, 5; Henry Handel Richardson, *The Getting of Wisdom* [1910] (Melbourne, 1998), ch. 14.

⑤ *Sydney Morning Herald*, 13 January 1883, 7.

⑥ Elaine Macdonald, "Journalist's Child" (1945), MS 198, box 53, Royal Historical Society of Victoria, 282.

各业的年轻人”，后面将会看到他们在市中心的街角游荡。[1] 1895年，“克里奥”对晚间的圣基尔达进行了调查，发现那里“主要聚集着戴草帽的年轻人和他们的伙伴，穿着短裙子、显然靠得很近、头发讲究地打着卷的花季少女”。[2] 到1914年，圣基尔达仍然很受年轻情侣们的青睐，此时的圣基尔达周围的海滨景点越来越多，但更有趣的是，这些景点一个接一个地沿着海滨大道或码头分布。[3]

再说镇上，浮华的伯克街上满是酒吧、杂耍、廉价的剧院和夜市，为那些周六和周日晚上“出去走走”的提供了一处休闲地。1868年，逍遥派的马库斯·克拉克在这里遇到“五个一群出来散 101
步的少女缝纫机操作工”，并且注意到马路上和人行道上有时挤满了情侣。[4] 十年后，人们观察到了类似的现象，[5]不过到新世纪的头十年，周日晚间活动的重点似乎已经从伯克街转到了弗林德斯火车站附近的王子大桥。在特定的那一天，14—25岁的年轻人聚集在火车站的大钟下，组成“游行方队”，通常是同一性别的，然后在大桥上来回穿梭。当不同的团队相遇时，大家会开一些玩笑，咯咯大笑，之后，一对对男女分开，在之后的时间里互相陪伴。还有一些情侣会放弃参加团队游行，直接在火车站见面，从大桥转到附近的公园里去散步。[6]

这种恋爱活动与同一时期英国城市中的“猴子游行”显然有相似之处。1905年，查尔斯·罗素(Charles Russell)写道，在曼彻斯

---

① *Argus*, 3 December 1887, 4.

② 出处同上，1895年1月18日，6。

③ 出处同上，1914年1月22日，13。

④ Hergenhan, *Colonial City*, 25-6. 这一时期，墨尔本从事服装行业的年轻女性比例很高。

⑤ *Australasian*, 19 January 1878, 7。在这篇文章中，“A. S.”对在这个地方看到的“数百人——也许数千人”的年轻女性的道德进行了强有力的捍卫。

⑥ *Argus*, 2 April 1904, 5，并与克拉克对于那些“几个小时内经过又经过”的人的观察相比较：Hergenhan, *Colonial City*, 102。

特选定的街道上,周日晚上,女孩们摘下小伙子扣眼上的花,以此表示愿意开始交往。在本文中,这种配对成功被称为"咔哒"。[①] 在世纪之交的伦敦,哈克尼区举办了当地的"猴子游行",精心装扮的年轻人们如果看对了眼,就会眉目传情或会心一笑。[②] 在南部,工人阶级聚集的堡路和衬裙巷见证了同样的景象,周六晚上和周日下午也出现了"出去走走"的现象。[③] 至少从 19 世纪初开始,纽约的一些地方,包括鲍威利和百老汇,已经举办过工人阶级的"出去走走"仪式,这个事实再次证实了这一活动在全球的普及和蔓延。[④] 难怪研究行走历史的历史学家丽贝卡·索尔尼称:"这个活动是免费的。它让
102 情侣们有一个恋爱中的半私人空间……或许他们第一次感觉到自己与别人成双成对地走过夜晚,走过街道,走向世界。"[⑤]

18 岁的日记作者梅·斯图尔特(May Stewart)经常走出去。由于自己的住处缺少与朋友和有趣的男孩交流的私人空间,实际上她几乎将自己全部的社交和浪漫约会放在了公共场合。1906 年初,梅在爱丁堡花园(吻)了"M",后来又在那里吻了查理;到那年的 10 月末,她喜欢的人已经变成了汤姆,菲茨罗伊花园为他们提供了进一步亲密接触的环境。[⑥] 在日记中,梅有十七次提到与

---

① Andrew Davies, *Leisure, Gender and Poverty: Working-Class Culture in Salford and Manchester, 1900 - 39* (Buckingham, 1992), 102 - 3.

② Christopher Breward, *The Hidden Consumer: Masculinities, Fashion and City Life 1860 - 1914* (Manchester and New York, 1999), 206 - 14.

③ Catriona M. Parratt, *"More Than Mere Amusement": Working-Class Women's Leisure in England, 1750 - 1914* (Boston, 2001), 111.

④ Stansell, *City of Women*, 183 - 4, 93. 也可与如下文章进行比较,David Scobey, "Anatomy of the Promenade: The Politics of Bourgeois Sociability in Nineteenth-Century New York", *Social History*, 17(2) (1992), 203 - 27。

⑤ Solnit, *Wanderlust*, 232.

⑥ May Stewart, "Diary" (1906), MS 12995, SLV: 26, 30 January, 1 February ("went to meet M went into Edinburgh gardens smooged till 11 P.M. came home and went to bed"), 23 February ("went to meet Charlie ... smooged till 10.15 P.M."), 24 October.

城市周边的男孩们调情——或者，用当时的话来说，叫“挑逗”(mashing)。① 其中六次都是在电车或地铁上开始，或者完全发生在电车或地铁上；其他几次则是在圣基尔达沿着桑德林汉姆海滨步行或在市中心购物时。② 这些地点中每一处都与她位于北菲茨罗伊的住所相距一定距离，无人相识的感觉或许让梅的行为变得更大胆。不过，至少从这位日记作者的角度来说，一套不成文的规矩似乎约束了这种交流。因此，两个男孩因“慢得要死”被遗弃在街头，梅匆匆转向一位被她描述为“猛男”(是不是太直白了?)的男孩，通过与他聊天来解救自己。③ 只有一次调情变了味——梅对一个周日晚上，在上文中提到的王子大桥上遇到的一个男孩的描述是“龌龊的畜生”。④

梅·斯图尔特在大桥上的不愉快经历或许早有先兆；到1914年，墨尔本的报纸都在报道，在城市各处“出去走走”正变得越来越危险。当夜晚结束，与同行的人一起回到公园长椅上休息时，伤心的女孩发现自己的包不见了。这种事经常发生，记者们推测那些 103
男性骗子都是团伙作案。⑤ 当兴高采烈或缺乏经验的少男少女们之间的挑逗越了界，与多名异性发生碰撞时，警察也会介入，以减少因与菲茨罗伊“报春花攻势”有关系的女孩与来自“伯克街小混

① 《墨尔本妙语》中指出，这个词是1883年出现的(1883年12月27日，251)，称这是“ma chère”(或者“my dear[天啊]”)的讹误。已知的该术语与本文意思相同的用法出现在1879年，其定义包括“一种迷恋、‘冲动’；一种调情”，以及“与轻浮的人调情、攀谈”——参见www.oed.com/。

② Stewart, “Diary”, 8 July (St Kilda), 26 December (Sandringham), 17 February (flirtingin Bourke Street). 关于以海滨作为漫步和恋爱地点的讨论，参见Caroline Ford, “Gazing, Strolling, Falling in Love: Culture and Nature on the Beach in Nineteenth Century Sydney”, *History Australia*, 3(1) (2006), 08.1 - 08.14。

③ Stewart, “Diary”, entries for 10 Rebruary and 14 August 1906.

④ 出处同上，1906年10月14日(活页)。

⑤ *Argus*, 14 February 1914, 14; 18 February 1914, 14; *Truth*, 7 February 1914, 5.

混”的男孩一起“出去走走”而引发的帮派之间的敌对。[①] 然而，虽然城市街道和公园被用来调情令墨尔本及其他城市的父亲们非常担心，但他们却没有什么办法能够限制这种行为。城市空间的扩展逐渐催生了晚间购物地、汽灯公园和海滨漫步地，为年轻人们走出去谈恋爱提供了更多地点，而且——即使是中上层阶级——也开始抛弃维多利亚中期的女伴监护习俗。[②] 虽然有一些令人苦恼的例子以及大人们潜在的担心，但大多数“走出去”活动的主要特征仍然是情投意合而非冲突。这种行为成为漫长的 19 世纪中伟大的成人礼之一。

历史化的城市范围

最近数十年来，学者们已经找到了大量证据证明自从 20 世纪 70 年代以来，西方国家中孩子们不用陪伴的“家庭范围”——即我所说的“城市范围”——已经严重缩水。[③] 伦敦市内及其卫星城哈特菲尔德的最新发现证实了一项有关独立流动性的经典研究的趋势：虽然在 1971 年，10—11 岁的孩子自己去上学的比例是 94%，到 1998 年，只有 47%的孩子自己去上学了。1990 年，参与调查的

---

① *Argus*, 8 February 1872, 6; *Truth*, 1914, 5 December, 5; *Argus*, 11 March 1914, 15.

② 参见 Macdonald, “Journalist's Child”, 52; Ada Cambridge, *The Three Miss Kings* [1883] (New York, 1987), 36, 76 - 9, 83; *Australasian*, 19 March 1898, 43. 关于维多利亚中期对少女行走的苛责，参见 *Australasian*, 19 August 1916, 42 - 3。

③ “家庭范围”意味着儿童的独立流动仅限于家庭；“城市范围”则值得进行更广泛的分析。相关学术研究的范例，参见 Freeman and Tranter, *Children and their Urban Environment*, 187 - 9; Lia Karsten, “It All Used to be Better? Different Generations on Continuity and Change in Urban Children's Daily Use of Space”, *Children's Geographies*, 3(3) (2005), 275 - 90; James C. Spilsbury, “‘We Don't Really Get to Go Out in the Front Yard’ — Children's Home Range and Neighbourhood Violence”, *Children's Geographies*, 3(1) (2005), 79 - 99。

孩子中有 70％步行去上学；到 1998 年，这个比例下降至 45％。[①]澳大利亚、荷兰、美国及其他地区的进一步分析表明，这一趋势一 104
直延续到 21 世纪，凸显出从早些时期所谓的“自由放养”孩子到如今的“温室花朵”的过渡。[②]

虽然当代的数据十分丰富，但相比之下，对 20 世纪 70 年代之前年轻人的城市活动范围则知之甚少。只有零散的趣闻轶事可以作为参考：20 世纪 20 年代，纽约作家凯特·西蒙(Kate Simon)回忆自己在 10 岁左右的时候从拉封丹 2029 号的公寓步行至第 183 街——总距离约为半英里——有时还会走得更远一点；然而，1937 年，美国城市规划专家刘易斯·芒福德(Lewis Mumford)注意到“小孩子的活动仍然限制在约四分之一英里的步行范围内”。[③] 在其他地方，阿瑟·哈丁回忆说，19 世纪 90 年代，六七岁的孩子会步行去伦敦的维多利亚公园游泳，那里距离拥挤的住宅区有 1.5 英里，还会跟他的朋友沃利和比利一起去伦敦塔桥——到那里的步行距离也差不多是 1.5 英里。[④] 虽然历史地理学家科林·普利(Colin Pooley，英格兰西北部)和桑福德·加斯特(Sanford Gaster，曼哈顿岛上的因伍德)已经找到了更详细、更具比较意义的重要证据，但他们的发现只是分别带领我们追溯到 20 世纪 40

---

① 参见 Margaret O'Brien, Deborah Jones, Michael Rustin and David Sloan, "Children's Independent Spatial Mobility in the Urban Public Realm", *Childhood*, 7(3) (2000), 271－4；以及 Mayer Hillman, John Adams and John Whitelegg (eds), *One False Move: A Study of Children's Independent Mobility* (London, 1990)。

② 参见上述关于“家庭范围”和“城市范围”的注释引用的学术研究，以及 Sue Palmer, *Toxic Childhood: How the Modern World Is Damaging Our Children and What We Can Do about It* (London, 2006)。

③ Kate Simon, *Bronx Primitive: Portraits in a Childhood* (New York, 1982), 1, 83, 168－9; Lewis Mumford, "What is a City?" [1937], in Richard T. LeGates and Frederick Stout (eds), *The City Reader* (London, 1996), 9.

④ Samuel, *East End Underworld*, 37.

年代和 1915 年。[①] 因此，在漫长的 19 世纪，根据现有的行走研究，年轻人的城市活动范围基本上是在监护之下。有人会好奇，在更
105 早的时期，年龄、性别和阶层这些因素是如何影响年轻人的在城市内的行动的？

这里的重点在于排除以各种混合方式进行的行走。因此，年轻的 E. 莫里斯 · 米勒（E. Morris Miller）不同寻常的探险——1888 年，不到 7 岁的 E. 莫里斯 · 米勒独自一人从南部相距大约 15 公里的圣基尔出发，通过步行、乘坐电车和火车回到墨尔本北部——可能就不在我的分析范围之内。[②] 不过，需要注意的非常重要的一点是，对于中产阶级的后裔来说，电车的出现可能尤其拓展了他们的城市视野。各种自传和新闻报道都记录了非常小的孩子爬上电车去海滩，跟司机一起乘坐出租车，用偷来的钱买票，[③] 1899 年电车大会的一项报告中指出，当时有儿童半价票。[④] 相比之下，大多数工人阶级的孩子要直到 15 岁左右才能有足够的钱这样做；19 世纪 90 年代，墨尔本报童或新手花童一周的收入大约是 5 先令，这些钱并不能走太远（虽然乘坐电车只需要几便士），我们注意到，在 1887 年，据称弱势的年轻街头小贩每天晚上要花一个

---

① Colin Pooley, Jean Turnbull and Mags Adams, "Kids in Town: The Changing Action Space and Visibility of Young People in Urban Areas", in Alex Schildt and Detlef Siegfried(eds), *European Cities, Youth and the Public Sphere in the Twentieth Century* (Aldershot and Burlington, 2005), 90 – 109; Colin G. Pooley, Jean Turnbull and Mags Adams, "The Journeyto School in Britain Since the 1940s: Continuity and Change", *Area*, 37(1) (2005), 43 – 53; Sanford Gaster, "Urban Children's Access to their Neighborhood: Changes Over Three Generations", *Environment and Behavior*, 23(1) (1991), 70 – 85; Sanford Gaster, "Public Places of Childhood, 1915 – 30", *Oral History Review*, 22(2) (1995), 1 – 31.

② 对于这方面的讨论，参见 Sleight, *Young People*, 68。

③ 出处同上，78, 59 – 60。

④ VPRS 3181/967, Trams (1898 – 9), item 607, report dated 6 February 1899, PROV.

小时的时间从墨尔本市中心回家，很有可能大多数人都是步行。[①]如果他们是用走的，那就难怪：在伦敦，亨利·梅修发现卖豆瓣菜的女孩在 19 世纪 60 年代每天要行走 9 到 10 英里，与之前提到的走过这段距离的其他未成年小贩一起。[②]

梅修向他的调查对象询问过步行去工作的情况；当代学者已经用类似的方法调查过孩子上学的情况。在没有口述史采访的情况下，建立这些细节就更加困难。然而，墨尔本市政委员会文档中储存的文件并没有提供有根据的推测。19 世纪 90 年代，城市绿化负责人下定决心解决墨尔本许多公园和广场的破坏问题，其中最引人注意的就是位于市中心的菲茨罗伊花园。在那些被截留者是孩子的案例中，执法机构向公园和花园委员会提 106
交的信息详细描述了指控罪行、发生的时间和地点，以及涉案的特定违法者，从而为考察城市年轻人漫步的区域范围提供了机会。

表 1 给出了 19 世纪 90 年代末在给定家庭住址的情况下选定的一些案例数据。当他们互相搭讪时，明显大多数人都离家都很近（虽然足够远到躲开父母的监视）。[③] 大多数人来自墨尔本市中心、科灵伍德、菲茨罗伊和里士满的工人街区——那里狭小的工人屋舍无法提供足够的玩耍和社交空间。[④] 伯蒂·霍利（Bertie

① Sleight, *Young People*, 98 - 9; MS 9910, box 41, cutting dated 27 July 1887, SLV. 然而，乘坐火车去工作的穷孩子可能比我们料想的还多：对于伦敦的证据，参见 Simon T. Abernethy, "Opening up the Suburbs: Workmen's Trains in London, 1860 - 1914", *Urban History*, 42(1) (2015), 70 - 88。

② Mayhew, *London Labour*, I, 150.

③ 步行距离使用 MapInfo 程序进行计算。为了便于控制，这些数字显示了从家庭地址到相关空地中心的距离。文件没有提供公园内报告违法行为的确切位置。被捕人员的完整名单参见 Sleight, *Young People*, appendix 1。

④ 关于迫使"成长中的小伙子和女孩们自然地在其他地方寻求享受"的科灵伍德的家庭条件，参见 Collingwood History Committee, *In Those Days: Collingwood Remembered* (Melbourne, 1979), 19。

Hoey，10 岁）住在科灵伍德的维克多大道。1898 年 11 月，他在距离自己家 1 千米多一点的地方被拦下，手里抓着一个鸟窝和竹杖之类的东西，准备当钓鱼竿用。同样情况的还有詹姆斯·马斯顿（James Marston，12 岁）和托马斯·希尼（Thomas Heaney，9 岁），他们住在菲茨罗伊同一条街上的相邻社区——也是走了大约 1 千米——还有一个年龄更大的孩子，15 岁的维克多·汤森（Victor Townsend），他走得更远，从维克多大道的另一头出发走了 2 千米。相比之下，约翰·轩尼诗（John Hennesy）就没那么走运了，1900 年 12 月，他因捉迷藏时破坏灌木丛独自一人被捕。10 岁的约翰·轩尼诗从卡尔顿的王子街走到了窗帘广场，这段距离只有 400 多米。被指控的违法者中，男孩占多数，并且经常成群结队地出入城市绿地。随着他们逐渐长大，自信心日盛，这促使他们去更远的地方探险，名单中记录的最长的旅行（3.15 千米）是由年龄最大的 16 岁的约翰·卡罗尔（John Carroll）创造的，这绝对不是巧合。①

当然，涉案的孩子们到底是怎么到达开放区域的，这一点我们无从得知，图表中列出的数字很有可能低了，因为这些数字是在沿——用 GIS 软件 MapInfo 得出的——最短路径到达的假设下
107 计算的。这一时期的其他资料来源提供了更长旅途的零碎证据。例如，奥斯瓦尔德·巴内特（Oswald Barnett）回忆，19 世纪 90 年代的时候，作为一个小男孩，他会与两个朋友一起步行前往坎贝尔菲尔德，用弹弓打鸟、爬树，那个地方距离他位于墨尔本东布朗士维克的家“大约有五六英里”。② 当时，一些城市年轻人似乎会步

---

① 详细细节参见 VPRS 3181，Unit 753，Parks (1897)，item 3942，PROV。

② Oswald Barnett，*I Remember* (1964 - 5)，Betty Blunden 转录自，http://www.ethicalpolitics.org/andy/betty/os-barnett/i-remember.htm (2014 年 8 月 20 日访问).更多例子参见 Sleight，*Young People*，70 - 1。

表 1　年轻人最小城市活动范围的选定数据

（数据来源：维多利亚公共档案馆文件）

姓名	年龄（岁）	性别	家庭住址（x）	报告违法地点(y)	从 x 到 y 的距离（千米）	报告违法的性质	日　期	备　　注
约翰·卡罗尔	16	男	阿博茨福德，威灵顿街 44 号	菲茨罗伊花园	3.15	爬树	1897 年 10 月 15 日	“破坏鸟巢后”
伯蒂·霍利	10	男	科灵伍德，维多利亚广场 141 号	菲茨罗伊花园	1.17	掏鸟窝、割竹子	1898 年 11 月 30 日	被抓住的时候手里捧着有两只活着的小鸟的鸟巢及 8 根竹杖（当鱼竿）
詹姆斯·马斯顿	12	男	菲茨罗伊，纳皮尔街 50 号	菲茨罗伊花园	1.02	掏鸟窝、割竹子	1898 年 11 月 30 日	被抓的时候跟上者在一起
维克多·汤森	15	男	东墨尔本，维多利亚广场 393 号	菲茨罗伊花园	2.00	掏鸟窝、割竹子	1898 年 11 月 30 日	被抓的时候跟上者在一起
托马斯·希尼	9	男	菲茨罗伊，纳皮尔街 10 号	菲茨罗伊花园	0.93	掏鸟窝、割竹子	1898 年 11 月 30 日	被抓的时候跟上者在一起
伊丽莎·米哈姆	10	女	墨尔本，小柯林斯街 34 号	菲茨罗伊花园	0.96	摘杜鹃花	1899 年 11 月 25 日	一起的还有另一个 10 岁小孩（住址不详）

108—109

续表

姓名	年龄（岁）	性别	家庭住址（x）	报告违法地点（y）	从 x 到 y 的距离（千米）	报告违法的性质	日期	备注
“赫蒂·米勒”	11	女	墨尔本，展览街 96 号	卡尔顿花园	1.04	折树枝	1900 年 10 月 2 日	给的是假名字和地址；真名叫利蒂希娅·基廷（见下文）
“莉莉·米勒”	3	女	墨尔本，展览街 96 号	卡尔顿花园	1.04	折树枝	1900 年 10 月 2 日	姐姐给的假名字。真名不详
利蒂希娅·基廷	11	女	墨尔本，拉特罗布街 35 号	卡尔顿花园	0.32	折树枝	1900 年 10 月 2 日	“赫蒂·米勒”的正确信息，罚款 5/-
贝尔蒂·普里查德	12	男	里士满，伊根街 2 号	亚拉公园	1.12	破坏树木	1900 年 11 月 1 日	折断一根 6 英尺长的树枝。当局接到举报，附近玩板球的男孩在搞破坏
霍勒斯·普里查德	12	男	东墨尔本，乔治街 121 号	亚拉公园	2.01	破坏树木	1900 年 11 月 1 日	被抓的时候跟上者在一起。被人看到正在爬树
约翰·轩尼诗	10	男	卡尔顿，王子街 120 号	窗帘广场	0.44	玩捉迷藏的时候造成破坏	1900 年 12 月 17 日	违法行为发生在晚上 7 点 50 分。还有另外四个人

行前往比表中列出的数字远得多的地方。不过，这些证据在提供一段持续时间内不同地点的比较材料方面非常珍贵，同时也提供了关于维多利亚晚期年轻人走过的纵横交错的城市路线的极其稀有的见解。

图表中的女孩呈现出一些有趣的案例。例如，10 岁的伊丽莎·米哈姆(Eliza Meeham)从小科林斯街步行了至少 960 米，到达菲茨罗伊花园。在那里，她和她的女伴阿德莱·道格拉斯(Adelaide Douglas，也是 10 岁，住址不详)因折杜鹃花被捕。[①] 利蒂希娅·基廷(Letitia Keating)，又称"赫蒂·米勒"(Hettre Miller)的案例也非常有趣。[②] 1900 年 10 月，当治安官麦克弗森在卡尔顿花园就折断的树枝询问她时，基廷提供了假的名字和住址。结果人们发现，她并非与 3 岁的妹妹"莉莉"一起住在 1 000 米之外的展览街，而是住在距离事发花园更近的地方——拉筹伯街 35 号——距离花园只有 300 多米。这个头脑灵活的 11 岁女孩显然是希望逃脱惩罚，不愿再被当局传唤。结果，她收到了法院的传票。

与工人阶层家庭相关的推动因素不同，自传等来源披露了许多促使中产阶级女孩待在离家更近的范围内的"拉动因素"和思想假设。虽然她们的兄弟们更容易在十几岁时就享受在城市街道行走的自由，[③]女孩们的城市活动范围通常更有限，至少直到世纪之交时，这种约束才有所松动。在女孩们正式"走出去"，作为合格的 110
女性进入社会之前，她们感觉自己一直受到密切监视。例如，他们

① VPRS 3181，Unit 756，Parks (1899)，item 4218，PROV.

② VPRS 3181，Unit 757，Parks (1900)，item 3914，PROV.

③ 参见，例如 Geoffrey Serle，*John Monash: A Biography* (Melbourne，1982)，21 - 7；Norman Lindsay，*My Mask: For What Little I Know of the Man Behind It* (Sydney，1970)，83 - 9。

可能仍然可以在公园里玩，但这通常发生在家庭女佣——一位年长的亲戚——的看护下，或者是陪着父亲一起在周日漫步。[①] 例如，梅布尔·布鲁克斯(Mabel Brookes)受到严格管束，令她厌恶的惩罚包括陪祖母一起游览植物园，路过其他全神贯注玩游戏的孩子们。[②] 最近的学术研究将流动性描述为充分的性别特权；[③]对于多萝西·摩尔(Dorothy Moore)、梅布尔·布鲁克斯等年轻的中产阶级孩子来说，行走与相当严格的限制相关。到 19 世纪末，只有那些不太涉及体面观念的女孩，才能在十几岁时开始与男孩们进行类似的城市行走。即使是那个时候，她们行走的范围也要近一些。

结　　语

对于年轻人来说，到 1870 年或 1880 年，"行走城市"并没有结束，或者说正如针对成年人的断言一样，才刚刚开始；在墨尔本、伦敦和纽约，"行走城市"一直延续到了 20 世纪。为了工作和恋爱，20 世纪初，年轻的城市居民们仍然经常行走，为自己创造空间。有时候，他们宣称步行小径是他们的专属领域，例如，世纪之交的伦敦，当遇到一群女工"手挽着手一起走……唱歌、大喊、把其他行人推下路缘石"时。[④] 在其他时候，他们将自己的游戏或恋爱活动融入日常的行走中或找一些空间进行，尤其是在公园里。在漫长的 19 世纪，年轻人的城市漫步模式不断变换。他们经常在特定时

---

① Nancy Adams, *Family Fresco* (Melbourne, 1966), 68; Macdonald, "Journalist's Child", 55.

② Mabel Brookes, *Memoirs* (Melbourne, 1974), 1 - 2.

③ Tanu Priya Uteng and Tim Cresswell (eds), *Gendered Mobilities* (Aldershot and Burlington, 2008).

④ Lilian H. Montagu, Parratt 引自"*More than Mere Amusement*", 110.

间以不同的方式频繁光顾各种休闲区，由此导致的行人拥堵进一步组成了季节的旋律。一早一晚，年轻街头小贩的队伍来来回回，在认为可以出售商品的间隙追逐成人的脚步。在大城市的许多地
点，这种户外活动直到进入 20 世纪之后很长时间才略受到管制。 111
尤其是在夏季，每个城市的逃学者都会步行去探险或玩耍，而更多顺从的孩子则常年、在一天的任意时候都要去跑腿。19 世纪 70 年代开始施行义务教育，这对于在街上或街区附近发现的大量学龄儿童确实产生了渐进性影响，但对于他们的移动习惯却没有影响。到 1914 年，越来越多的孩子步行去上课，许多人都开心地回忆这一活动，[1]在 20 世纪晚期以汽车为基础的“接送上学”时代到来之前，城市孩子的这一活动一直没有受到什么约束。

当然，极少有年轻人可以完全自由：在漫长的 19 世纪，阶级、性别和年龄因素限制了他们的城市行走，历史学家们必须克服勾勒出日益消减的自治权的一些当代分析中充斥的怀旧情绪。在行人占主导的社交活动及新交通运输形式日益兴盛的城市中，一系列规章制度加快了城市生活节奏，闲逛者受到驱赶，社会街道空间作为运输干道的角色逐渐被重新定义。当然还有更多规则，但到 1900 年，同样也增加了更多自由，尤其是对于各种背景的女孩和年轻女性来说。这些变化之中也有传承：年龄相关的过渡点继续在行走发挥作用。年轻人经常步行去学校或绕过学校大门逃学；他们步入工作世界，步行寻求浪漫邂逅。有些年轻人确实愿意接受周围发生的交通变革，然而对于大多数年轻城市居民来说，1914

① 参见，例如 Amie Livingstone Stirling, *Memories of an Australian Childhood 1880 - 1900* (Melbourne, 1980), 62; Mildred Snowden, “Reminiscences and Family Life, 1829 - 1938”, MS 10748, SLV, 10. 在维多利亚时期，《1872 年教育法案》规定，只有在“两英里范围内没有孩子可以上的公立学校”的情况下才允许不上学（The Education Act, 1872 [Victoria], s. 13）。在这一半径内的任何地点，学龄儿童都应该走路去上学。

年和 1850 年一样，城市仍然是步行地。各种资源和分析技术都有助于重塑曾经如此普遍的这一系列活动，这些活动被认为基本不值得什么评论。通过街道规章和目击者的描述、日记和自传中的描述及新闻报道，以及成年人表现出来的担忧和现存的大量证据，我们可以重构过去街头的场景，突出城市中心年轻人行走历史的
112 重要地位。

致谢：我想感谢在写这章时我隶属的两家机构，伦敦国王学院以及作为兼职研究助理的墨尔本莫纳什大学哲学、历史和国际研究学院。

第二部分

行走和劳动

亨利·梅修笔下的伦敦，作为劳动的行走

伊丽莎白·科金·沃马克

在亨利·梅修《伦敦劳工和伦敦穷人》(1851)的最初几卷中，最有名、最值得同情的人物之一就是在他采访卖豆瓣菜的姑娘时，那个对童年欢乐一无所知、令人心痛的8岁街头小贩。对于梅修的开场白——询问玩具、游戏和公园——她一脸迷茫。“公园!”她惊讶地问，“在哪儿?”[①]之后，梅修将这一概念解释为“有绿草地和大树的一大片开阔区域，漂亮的马车在周围行驶，人们在那里散步，孩子们在那里玩耍”。卖豆瓣菜的女孩对于休闲之地这个概念十分惊讶，尤其是休闲散步的乐趣，这在梅修所描绘的生活背景下是可以理解的。她的鞋子是一双大号地毯拖鞋，她拎着篮子，穿着这样一双鞋，每天要沿着城市街道走9到10英里，并且常年如

① Henry Mayhew, *London Labour and the London Poor*, 4 vols. [1861 - 2] (New York, 1968), I, 151. 下文中的卷号和页码将在正文中用括号标出。

此——这个距离可比在海德公园散步远多了。

中产阶级行人与工人阶级街头小贩之间观点的截然对立体现了梅修试图平衡的《伦敦劳工和伦敦穷人》中的差异，他写这个是
116 为了让富裕的读者了解“某个阶层人民的状况，他们的悲惨生活……是，至少可以说，整个国家的耻辱”(I，xvi)。从更狭义的角度看，这种小插曲也为后续城市行走视角的探索提供了出发点，特别是将行走视为一种劳动的19世纪伦敦的法律、经济和文化背景。在与卖豆瓣菜女孩的对话中，梅修认为让这个孩子与街道发生关联的最佳方式就是激起她对休闲娱乐的爱，这种假设不仅是基于她的年龄，同时也是基于他对她作为一个游民、“英国游牧民族”的一员、没有固定工作的流浪者的认识。他惊讶地发现，她只知道行走是她的工作：“她的所有认知似乎始于豆瓣菜，终于豆瓣菜”，并且“这就是她眼中的那部分(伦敦)”(I，151)。之后，这个孩子无法将行走视为一种休闲活动，与梅修似乎拒绝将行走视为任何其他东西的想法形成了平衡。

正如我将要讨论的，行走行为具有强大的象征性共鸣，行走主题的象征意义总是容易模糊我们对行走作为一种基本活动以及有时候是一种不愉快的身体机能的感知。正如安妮·D. 华莱士(Anne D. Wallace)所言，阅读关于行走的文字时，读者总是容易忽视这种运用，武断地代替行走者的主观性。[1] 这种巡游的身体力学是偶然的，并且可能很无聊；其缓慢、重复的特性有利于反思。然而，行走与主观性之间的这种紧密联系仅限于拥有特权的行走者。描述在经济和种族上被边缘化的行走者的文字经常将他们排除在外，视为潜在的威胁；昏暗街道上的流浪者、游荡者、搭便车的

① Anne D. Wallace, *Walking, Literature, and English Culture: The Origins and Uses of Peripatetic in the Nineteenth Century* (Oxford, 1995), 3.

人或者是危险的陌生人。这种关联产生了一个对于非裔美国父母来说耳熟能详的短语——“走路的样子好像真有事似的。走路的样子好像真要去哪儿似的”——这是在提醒被边缘化的行走者必须花费精力表明他们的目的并表现他们的体面性。[1]

对于文学中行走的研究往往聚焦在其作为休闲活动的功能，因此，总是倾向于促进而非消除使我们对人员流动的看法两极分化的阶级差异。包括华莱士、塞莱斯特・兰根（Celeste Langan）、杰弗瑞・罗宾森（Jeffrey Robinson）和唐纳・兰德里（Donna Landry）在内的许多学者均在探讨我们应该怎样给浪漫主义运动背景下行走的诗歌一个统称，并给威廉・华兹华斯一个特别称谓，因为他不仅用文字歌颂乡间行走，还“在整个 19 世纪增加了刻意 117
的漫步活动，尤其是在相对富裕且受过教育的人群中”。[2] 另一研究主体探讨了城市漫步者的形象：明显是夏尔・波德莱尔的诗歌及瓦尔特・本雅明的文章中所写的上层游荡者中的有闲者。[3] 如同浪漫主义诗人的行走一样，漫步者的行走是一种观察力的锻炼和通过休闲进行的活动。这种关注行走者内心的文学、文化和批判倾向有利于缓解行走的身体疲劳，当这些文化构建与长期以来将流浪定性为犯罪的法律传统合为一体时，就掩盖了 19 世纪伦敦最穷的居民们行走的物理现实和经济现实。

梅修的《伦敦劳工和伦敦穷人》为同时从历史和文化上恢复行走是一种劳动的观点提供了一个有效的出发点。梅修在一定程度上向我们展示了浪漫主义和漫步传统的情感因素。比如华兹华

① 使用该短语的背景实例，参见 Ta-Nehisi Coates, *The Beautiful Struggle: A Father, Two Sons, and an Unlikely Road to Manhood* (New York, 2009), 22。

② Wallace, *Walking, Literature, and English Culture*, 166；同样参见 Jeffrey Robinson, *The Walk: Notes on a Romantic Image* (Norman, 1989), 6, 25。

③ Walter Benjamin, “The Paris of the Second Empire in Baudelaire”, in his *The Writer of Modern Life: Essays on Charles Baudelaire* (Cambridge, MA, 2006), 66.

斯，他选择将“人们真正使用的选定语言中……日常生活中的插曲和状况”与寻找人类状况的真相——在更有文采的措辞中可能会丢失的真相——的目标联系起来。① 正如巴黎人的“生理机能”（*physiologues*）这一本雅明明确描述漫步者的文章中所引用的城市人物素描一样，《伦敦劳工和伦敦穷人》通过一系列人物肖像塑造了城市千变万化的幻景，并交替呈现出一些伤感、奇异的场景；我们可以轻松地将梅修归类为——因其著名的业余习惯而著称——本雅明所说的“在柏油路上采样调查”的作家。②

然而，梅修的项目开端非常与众不同，是1849年10月至1850年12月期间发表的82篇关于伦敦街头劳工的一系列文章，当时他是《纪事晨报》（*Morning Chronicle*）的一名都市记者。③ 记者的身份及早期对科学的兴趣促使他采用了一种更实际而非有想象力的方法，
118 结果写下了那个阶段维多利亚时期街头生活最详尽的描述，包括似乎是受访者陈述的采访、引人注目（如果通常是估计的话）的统计分析，以及从当时的政治经济和自传文字中总结的背景。虽然历史学家对梅修的方法过于主观性、缺乏科学性的质疑正当合理，但最终汇编成四卷的评论和采访中包括各种街道生活的丰富细节，包括伦敦的步行交通。例如，他的文章中包括许多受访者每天行走路程的具体英里数（身体健康的年轻人每天走20多英里，上了年纪的或身体不好的每天只走几英里）。④ 梅修还把街

① William Wordsworth, “Preface”, in his *Lyrical Ballads with Pastoral and Other Poems* (London, 1802), vii.

② Benjamin, “Paris of the Second Empire”, 67 - 8.

③ Anne Humphreys, “Henry Mayhew (25 November 1812 - 25 July 1887)”, in Ira Bruce Nadel and William E. Fredeman (eds), *Dictionary of Literary Biography*, vol. 18, *Victorian Novelists after 1885* (Detroit, 1983), 167 - 71.

④ 参见，例如，vendors of Christmas greenery (I, 142), a stationery seller (I, 271), sellers of tan-turf (II, 88), matchsticks (I, 329)，以及 the nutmeg-grater seller (I, 432)。

头生活的附加费用制成表格，包括活跃的旧靴子、拐杖及治疗角状老茧引起的脚发硬问题的蛇油膏贸易。

但是，梅修所描绘的各种“伦敦劳工”的细节一直饱受伦敦式懒散的困扰。第一卷围绕由《伊丽莎白济贫法》首先确立的分类松散组织，梅修将这种分类转述为“工作的、不能工作的、不愿工作的”。在梅修看来，这些分类是互相重叠而非明确分立的，从而导致对每个受访者的相对懒散或勤勉产生疑问。当涉及那些工作主要由行走构成的人时，这种类型学尤其令人懊恼。《伦敦劳工》中一个最重要的主题就是“对流浪生活的热爱”，梅修将其定义为对固定职业的抗拒。不幸的是，在梅修的分类法中，对流浪生活的热爱与无止境地、痛苦地一遍遍行走的街头小贩的工作并无差异。读者会纠结于梅修模糊且经常自相矛盾的区别所造成的问题。人们如何才能看出沿街叫卖的小贩与在城市中漫步的流浪者的区别呢？

接下来，我将梅修视为伦敦街头行走小贩的观察者，认为他的广泛调查部分纠正了将行走与休闲相结合的文化趋势。首先，我将梅修的《伦敦劳工和伦敦穷人》放在英国流浪法的背景下，流浪法的作用是控制劳动力和闲散人员的流动，将刻意破坏他人财产、扰乱社会秩序的行走定罪。虽然梅修强调迫使他们不断进行这种 119
循环的现代经济压力，呼吁对需要救助的穷人慎用这种法律，但他的关注点停留在被他定义为生理上有显著区别的原始流浪者的游民的对比强烈形象上，从而削弱了自己的论断。之后，我将梅修的尝试视为从19世纪福音派和经济思想的角度在劳动力讨论背景下将工人行走者与无业游民和乞丐区别开来。最后，我将关注点转向梅修，作为一名行走观察者，他通过凸显其他文本中忽略的工作行走者的主观性并推动读者对在文字中遇到的那些虚拟工作行走者产生恻隐之心，拓展了文学作品中行走者沉默寡言、自省的狭隘形象。

流浪的起源

19 世纪，将行走定义为劳动的最大障碍就是数个世纪的流浪与狩猎法锻造的行走与游荡或犯罪之间根深蒂固的联系。传统上，这种法律力图通过将居民限制在狭小的地理空间内，管理居民区以及工人阶级的行动。然而，到 19 世纪初，这种限制在经济上越来越不可行，一套直接或间接鼓励工人阶级流动的法律造成了互相矛盾的状况：得益于日益增长的流动劳动力，虽然已经发生了工业经济的重大变革，但工人阶级男女的行走本身仍然受到质疑。梅修的《伦敦劳工》的与众不同之处在于同时描绘了这种复杂动态的两个方面：他谴责造成工人阶级在伦敦四处流动的惩罚标准的制度因素，同时又对工人阶级行走者存有疑虑。

在讨论梅修之前，有必要考虑前工业革命时期对工人阶级流动性限制的几个实例。按照都铎王朝的济贫法，流浪者必须随身携带表明他们值得救济的文件，证明自己的劳动能力和房屋住址，而那些看起来像是流浪者的人可能会以其他更永久的方式被标记。例如，1536 年的一项法令规定，在流浪者第一次犯法时，在其
120 胸前烙上"V"字，而 1572 年的一项法令则规定，流浪者应该接受耳朵穿孔、鞭笞的惩罚。[1] 虽然这种惩罚很少（如果有的话）实施，但这些法律却表明一种清晰划分劳动力主体和流浪者主体的愿望。

在后来的做法中，这一决心落实到了流动性的证据本身；任何工人阶级旅行者都可能被视为流浪者。一系列定居法——其中最

① Paul Slack, *The English Poor Law, 1531 -1782* (Cambridge, 1995), 51.

有名的是《1662年定居法》——试图通过仅为享有定居优先权的人提供贫穷救济，安置本地多余的劳动力，根除流浪者的存在。虽然从理论上来说，一个人可以通过在新社区工作一年以上改变定居地，但本地雇员很快学会了通过仅提供短期工作抢占社区内新贫困人口的定居地。实际上，这意味着更低阶层的旅行者被限制在非常狭小的区域内，即便是在失业和饥荒时期也是如此。[①] 虽然这些法律仅仅想要缩减有害或无用的旅行，却推动了生产力是固定的、与土地相捆绑的观念；只有闲散人员才会游荡。正如塞缪尔·曼切尔（Samuel Mencher）所说，这种观念不仅出现在法律条文中，同时也出现在16和17世纪的乌托邦文学中：托马斯·莫尔（Thomas More）和弗朗西斯·培根（Francis Bacon）都想象理想的社会是消除了工人阶级流动性弊病的社会。[②]

这种想法一直延续到19世纪，当时，对流浪的限制从济贫法管理中脱离，成为警察的事务，反映了对流浪者可能会犯罪的担忧。[③]《1824年流浪法》中的措辞将这种流动性与犯罪之间的关联描述得格外清晰：

> 任何到处游荡、未经正式许可或其他法律授权进行贸易的小商小贩；每个在公共街道或公路上，或任何公共度假地游荡，并且行为放纵或不雅的普通妓女；以及任何到处游荡，或身处任何公共场所、街道、公路、法庭或通道，进行乞讨或收集救济品，或导致、介绍、鼓励任何儿童这样做的人；应被视为本 121
> 法案的真正意图和意义上的闲散人员及破坏公共秩序的人；

① Samuel Mencher, *Poor Law to Poverty Program: Economic Security Policy in Britain and the United States* (Pittsburgh, 1967), 127.

② 出处同上，16。

③ 出处同上，127。

并且任何治安官员在不超过一个日历月的时间内……将此类违法者……送交感化院都是合法的。①

这一法令的言外之意在于——现在用于制止流浪罪及其他静止的违法行为，如街头露宿——未经授权出现在公共场合可能会导致其他违法行为：无证叫卖、卖淫或乞讨。然而，上面这些话语的共同主题不是一个人在街头的静止存在，甚至不是静止的人可能犯的罪。相反，其强调的重点在于“游荡”的行为或状态，这种措辞让人想起早前的定居法，以及将未授权的走动视为重要罪行。此外，《流浪法》还规定，游荡者“应被视为闲散人员及破坏公共秩序的人”，这一措辞暗示一个人因为成为某一类人而违法，而不是因为犯下某种罪行而违法。正如兰德里所说，非常特别的是，流浪者的罪在于“是一个流浪者”——在于是一个懒散的主体。②

然而另一方面，法律环境正变得越来越鼓励更大规模的工人阶级流动。就全国范围来看，随着农业经济让位于资本主义经济，流动性与经济繁荣越来越密切相关。流动性不仅使希望在城市中过上更好生活的工人获益，同时也使依靠富余劳动力实现利润最大化的雇主们获益。针对农村的贫困和落后状况，《1834 年定居法》在《济贫法修正案》颁布后部分废止；对于工人阶级的地理限制加重了农村教区的负担，同时阻碍了潜在工人向工业化地区的迁入。因此，《新济贫法》增加了工人阶级男女旅行的机会。

在伦敦范围内，旨在制止巡游的法律不再限制流动；相反，这些法律要求更多的流动，因为被视为流浪者首要罪行的是巡游而

---

① http://www.legislation.gov.uk/ukpga/Geo4/5/83（2015 年 8 月 15 日访问）。

② Donna Landry，“Radical Walking”，*Open Democracy*，2001 年 12 月 19 日，http://www.opendemocracy.net/ecology-climate_change_debate/article_465.jsp（2013 年 8 月 15 日访问）。

不是旅行。最早的此类法律包括《1810 年商贩法》,旨在清理道路上那些摊位阻碍交通、妨碍更合法的商业形式的街头小贩。与伊 122
丽莎白时期旨在容忍——如果不是积极鼓励——市场形式的法令不同,《商贩法》有使街头小贩持续流动的效果。梅修评论道,如果小贩的手推车挡了路或者引发混乱,将街头小贩视为竞争对手和讨厌鬼的店老板们可以报警;这种抗议使得小贩无法占据固定摊位,永远都要被迫"快走"(II,1)。因此,旨在抵制巡游的法律最终催生了更加不稳定的街头小贩群体;虽然被称为"闲散人员",但这一类人却被迫在持续不断的流动中更辛勤地工作。尽管梅修将大部分精力都放在《商贩法》上,在促进常规城市流通方面,更重要的却是《1829 年都市警察法》,因为现代警察力量——其本身就主要依靠步行流动——实现了对公共区域工人阶级的常规监察。用海安·施佩尔-马科夫(Haia Shpayer-Makov)的话来说,开放区域要保持干净,不能有"不道德或无礼的元素,也就是(城市领导者所说的)社会地位低下,不遵守中产阶级道德准则、礼仪规范和工作原则,从而侵犯既有阶级礼节意识的人"。[①] 没有警察,就没有人处理对巡游的指控,也就没有持续不断的"快走"的喊声。

当警察把对《商贩法》的执行与《新济贫法》相结合时,尤其是济贫机构,将推动另一种持续不断的循环:小贩持续不断地流入济贫院,然后又回到街上。虽然警察可以把无证小贩赶入济贫院,但济贫院通过将其定义为一种自就业方式,直接鼓励了街头叫卖。用梅修笔下的一名小贩的话说:

> 他们到处驱赶我们,我们必须走,我们不能站在这儿,也

---

① Haia Shpayer-Makov, *The Making of a Policeman: The Social History of a Labour Force in Metropolitan London, 1829 - 1914* (Aldershot, 2002), 5.

不能停在那儿。但是，如果我们被抓住了，也就是说，如果我们被迫去工会(我早就知道克勒肯维尔和伦敦市的工会都在济贫院)，为什么教区还要给我们钱让我们买手推车或小车，或者雇佣他们，然后让我们离开济贫院自生自灭：如果警察不让我们卖东西，这样做又有什么用？——到底谁才是对的，教区还是警察？(I，20)

123 因此，梅修笔下的小贩们在街上不断地被强制流动，这与当时自相矛盾的法律背景相呼应，使得他们不断地出入济贫院。

在流浪法的这一过渡阶段，梅修描绘了城市步行工作者非常令人同情的境况。然而，他并没有更加深入地提出对流浪限制的抗议。相反，他认为反流浪法不加区别(并非不公平)地为那些在街上生活的人打上烙印，给他们造成了不必要的负担，更不用说在尽可能减少社会贫困负担方面毫无效果(II，3－7)。梅修为街头小贩辩护，认为他们并非"盗贼和流浪者"(II，4)，并且争论说考虑不周、草率实施的流浪法只会阻碍"争取诚实、独立生活的努力"(II，3)。但是，在敦促读者对这一值得救济的街头小贩阶层表达同情时，他并没有反对区分劳动力与假想的闲散行走者，而是将这种区别复杂化，把长久以来曾编入英国济贫法的关于行走主体和犯罪主体的假设用新的伪科学语言伪装起来。

一开始，为了给辛勤工作的街头小贩辩护，梅修构建了一种概念并摒弃了其对立面，宪法中规定的游荡者，这是梅修通过将不稳定人口的闲散和犯罪行为种族化构造的流浪者的范本。他声称可以将人类划分为两个"种族"，"文明或定居部落"以及"游牧部落"(I，1)。这些"种族"对于梅修来说不仅仅是一种比喻；它们还暗示了生理和道德差异。他声称，"那些从事某种流动职业的人"是两个"种族"的融合，"根据纯粹流浪者所占部分的多少"而在容貌上各不相同，“他们不会做任何事去谋生，但却从一个地方迁移到另一个地方，捕获社区中更工业化部分的收益”(I,2)。虽然梅修对于流浪者“明显的身体……特征”，如“头骨相对舒展”的概括笔触粗犷潦草，但他将身体特征与性格因素相关联，暗示劳动是一种稳定、文明的活动，是先天的而非后天习得的行为(I,1)。按照梅修的理解，“流浪生活”——他的受访者们描绘的流浪文化和生活方式——甚至是一种根深蒂固的特性。在第一卷接近结尾时，他明确将游荡者的先天特征与“流浪生活”联系起来，宣称：

> 对“流浪生活”(用许多街头人群自己最普遍的表达来说)的激情，是一些天性的标志性特征，这一点对于任何即使是仅仅考虑过人类之间最表面区别的人来说也是毫无疑问的；而且，社会哲学家们迄今为止都还没有关注过这一点。(I, 321) 124

梅修宣称这是一种新的解读，但当他的伪人类学方法与几个世纪的流浪法，尤其是1824年法案相比较时，事实证明并非如此。声称——正如梅修的做法——“流浪习惯”是“导致犯罪的基本物理因素”(I,321)仅仅是为了迎合长久以来关于流浪者在本质上是一类人的观念。

梅修建议将伦敦的流浪者分为两类。这个主题的第一个变体是“世袭流浪者”的自然培育融合(I,213)：街头小贩父母们在街头养大的孩子。他认为叫卖小贩的孩子“可以说构成了街头原住民——铺路石上的土著部落——他们几乎是配着母乳吸收了贫民窟的习惯和道德……我们也可以归咎于大地表面上各种种族形成的多种地理特性的味道，这些构成了他们的民族特色”(I, 320)。梅修旨在以这些评论转移道德谴责，增加理解和同情，因为一个街头小贩的孩子除了街道，还能知道什么呢？“如果人可以不受自己生长的周围环境影响，那就应该指望在狗窝里长大的孩子们可以成为叫卖小贩英雄而不是普通人。”然而，通过将他们称为“土著部落”，更不用说还有一群具有特殊生理特性的人，他调和了他们的他异性。其中的含义在于任何干预都无法使他们脱离漫游的冲动及随之而来的贫困。

我们可以将梅修的第二个变体视为倒退的游荡者。这一类人包括可能因为流浪的先天因素而导致生活没落的中产阶级。这一变体在街头“饶舌人”中非常普遍，他们主要依靠逗乐或公开推销自己的商品在街头维持生计。由于饶舌人一般受过更好的教育，极少有人是在街头出生的；相反，他们“因为对所谓‘流浪’的天生热爱开始走上街头”。由于梅修无法从原因、遗传因素甚至习惯上解释这种选择，他转而将其视为一种隔代遗传的倒退：

> 这种从文明状态退化至游牧状态的倾向——从定居者变为游荡者的倾向——就是饶舌部落独有的特征。但是，这种
> 125 倾向丝毫没有什么离奇的；因为人种学告诉我们，虽然许多人抛弃了文明的生活习惯，转而以游牧状态生存，但游牧部落中却极少有人放弃流浪、投身于获得稳定的工作。（I, 213）

在这里，正如在简介中一样，梅修似乎暗示“流浪”标志着一套与定居种族无法调和、完全独立的生理特征——这些生理特性可能会代代处于休眠状态，最后出现在某个特定的个体身上。

虽然梅修坚持认为流浪天性明显且不可变，但他对街头人群的种族分类经常让人想起19世纪的进化论。梅修的导言中并没有明确说游荡者是过去遗留下来的，但他在后殖民地异时主义批判的背景下对同时期人种学者，或者被乔纳斯·费边（Johannes Fabian）定义为“一种把人类学指称对象置于并非人类学话语生产

者所在之时的其他时代的固执而系统的倾向”的“对同时代的否定”的引用值得深思。[①] 费边认为，人类学家必须谨慎对待通过类型框架而非同步时间评估其他文化的倾向——换言之，就是将其他人定义为“前资本主义”而非“非资本主义”；“文字出现以前”而非“文盲”的倾向——从而在类型学上将其他人置于相对过去的位置。那么，梅修对街头人群的类型分析适用于前现代背景下伦敦更落后的“游牧民族”。梅修在文中不止一次地将19世纪的街头商贩与历史上的同类进行比较，这凸显出他将游荡者视为原始人的倾向。例如，19世纪的民谣歌手被认为是“街头贸易方面古时吟游诗人唯一的后裔或幸存者”(I，273)。梅修没有注意到当街头叫卖出现在资本主义而非封建主义经济的背景下时，已经是一种完全不同的职业，也没有观察到中世纪及近代早期的吟游技艺得益于资助制度，而是假定了一条系谱，暗示这一种族因经济衰退而“丧失了社会地位，被迫廉价表演”。同样，他说沿街叫卖和兜售是“更古老的贸易”，梅修还暗示他一直追溯到1810年加收4先令的许可费时，他们的繁荣逐渐衰退，直到最近的移民流入，给曾经诚实的人们所从事的贸易带来“污名”(I，375)。即使是在面对来自店老板的敌 126
意，维护街头商贩的权利时，梅修仍然争论说：“如果要说古老的习俗，实际上，(街头小贩)才是农村产品最早的经销者(II，4)。”

梅修不遗余力地构造遗传性和游荡民族历史的意义在于，他似乎无意间辩驳了自己后来费尽心力想要证明的一个观点：行走是一种劳动，这种劳动的条件在伦敦不仅从前工业化经济中幸存下来，同时也经受住了(消除机械性工作的[II，5，208，306])机械化、自由贸易(II，90)、移民(I，146)、人口增长(II，5)、新型渔船

---

① Johannes Fabian, *Time and the Other: How Anthropology Makes Its Object* (New York, 1983), 31.

和轮船(I, 68)、轨道交通(I, 68) 及一些其他特定现代条件带来的副作用。这些论断许多都在第二卷的导言中列出，与第一卷相比，第二卷似乎以更具同情心的视角将街头小贩视为劳动力。梅修注意到“街头生意人的增长速度”，认为街头贸易比例失调的扩张源于形成当代劳动力，尤其是工厂中的劳动力的经济力量，回报越来越少且越来越难获得回报。“每一天，工人们想靠自己的劳动维生都变得越来越难——不管是因为工作岗位不足还是工作报酬微薄——当所有人都在喊英国人口过多时，当然不会有人提出异议(II, 5)。”因此，梅修最终争论道，19 世纪中期，伦敦的街头小贩们走过的数英里并不是现代化失败的结果，而是现代化本身导致的结果。

对于街头小贩来说，他们并不总是知道更宏观的经济叙事，但却能有效地总结结果。正如梅修所说，

> 他们唯一知道的就是，大约二十年前卖 1 基尼的东西，现在只能卖 1 先令。他们将收入的急剧下降归咎于商品的廉价，他们必须运送并售出更多的商品来获取一定利润，并增加街头商贩的数量。(II, 5)

一个卖大黄和香料的人这样描述通货紧缩对街头贸易的影响：

> 正如你说的，我不知道是什么原因。我知道我的日子更难过了，大家的日子都更难过了；我就知道这个。面包越来越便宜，但是当面包是 19 便士一个的时候，我可以买很多，而现
> 127 在面包的价格是 5 便士，我却连买一个面包的 5 便士都没有。(I, 454)

其他的街头小贩具体地描述了降价是因为自由贸易导致进口商品流入，以及新移民——尤其是爱尔兰大饥荒之后——导致竞争更加激烈。“我以前卖玩具，自从允许进口外国商品后，我就一点钱也赚不到了，只好不干了(II, 90)。”很多人将生意不好与数英里的行走联系起来，用一个刀具小贩的话来说：

> 这都怪时间，我只能这么说。别人、店主、所有人都跟我说，我不知道为什么会变得这么糟糕，为什么生意会这么不好；不过确实如此。为了卖出货物，我们必须走得更远，人们极力杀价，我们把东西卖出去却赚不到钱。(I, 338 - 9)

这个小贩后来又抬起脚说：“看看这儿，先生。看看我的鞋，鞋底都掉了，你看，还漏水……可是我去的大多数商店里人们都会跟我说，‘好伙计，在这么艰难的时候，我们也只能顾好自己和家人。’(I, 340)”虽然没有一直要“快走”的压力，但街头小贩日益激烈的竞争意味着更长的工作时间，以及更长时间的行走。

然而，梅修倾向于将街头小贩巡游的生活方式与流浪者预设的对抗稳定生产的遗传素质关联起来，削弱了他对街头小贩当代试验的识别和图表的可靠性。虽然这种趋势以关于英国“游牧民族”的现代、民族志学的争论形式表现出来，但梅修的偏见归结于长期以来管制工人阶级定居和流动的英国法律传统。因此，在探寻英国步行穷人的种族和文化根源时，他无意间将自己论点的根源和受访者的经历追溯至英国遥远的过去。

区别劳动行走与闲散行走

谈到日常行为时，来回行走的商贩与在城市中游荡的流浪者

之间的区别在《伦敦劳工》中并不明显。乞丐有时候也必须工作，工人有时候也必须乞讨。但是，当梅修识别懒散的特征和勤劳的
128 特征以及做出判断时，他毫不犹豫地揭示了自己关于劳动发生所需要的社会和生理条件，尤其是行走环境的假设。梅修将劳工行走与休闲行走区别开的一个最基本的方式就是通过自己对措辞的选择。在《伦敦劳工》中，“行走”基本上都是表示劳动，“徒步”(I, 67)或“慢吞吞地走”(I, 151)或“转一圈”(I, 106, 115, 120, 346, 358)可能表示劳有所值。而“脚步沉重地走”(I, 248)、“漫步”(I, 248)、“漫游”(I, 86)、“流浪”(I, 5, 252, 262)或“游荡”(I, 89, 138, 150)则将行走者置于不同的社会或心理背景下。这些术语意味着缺乏对特定目标、距离或速度的外部动机。可以这么说，一个“漫步”或“漫游”的人除了自己的想法，似乎没有任何意愿、目的或时间安排，拒绝顺从雇主或潜在顾客的权威，不受时间限制。此外，这些术语通常暗示愉悦，梅修将那些“热爱流浪生活”的人的流浪与包括“任性”“不能持续劳动”“对娱乐不同寻常的偏好”在内的特征紧密联系起来(I, 214)。

当然，问题在于，流浪者并不只是喜欢“流浪”的人，梅修采访的许多街头小贩解释说，愉快的散步是他们人生的乐趣之一。梅修注意到有些小贩“说起自己在乡村的旅程时，仿佛只是愉快的夏日远足”(I, 53)；“‘是的，先生，没有什么比去乡下更让我开心的了’，一个收碎布的说，‘就算赚不到很多钱，也有利于身体健康。’(II, 106)”有些街头小贩非常喜欢行走，他们声称与雇佣劳动相比，他们更喜欢街头叫卖，因为“用他们自己的话说就是，‘他们喜欢流浪生活’”(I, 36)，也就是说，他们更喜欢各种户外的自雇佣工作。这种对远足的喜爱似乎可以将巡游劳工与更高的阶级联系起来，从而更加渲染了他们的悲剧色彩。梅修有时会明确地表达这种对比，例如，注意到“那个冬天，一名议会成员开了一次非常长

的会议后，许多街头小贩开始对城镇感到厌倦”(I，483)。然而，总体来说，梅修还是倾向于将对行走和开放天空的喜爱作为工人阶级退化的标志。如果一个勤奋的叫卖小贩和懒散无用的流浪者都享受“流浪生活”，我们该如何区分他们呢？如果工作令人愉快，那真的是工作吗？

这个反问是为了强调梅修对于工人阶级休闲活动未明确说明 129
的偏见，如果我们仔细审视那些赢得他同情的街头小贩，这种偏见就会变得很明显。卖豆瓣菜的女孩就是一个特别好的例子。正如我之前所说的，小女孩无法理解公园的存在，这个令人心酸的事实不仅表明她没去过公园，同时也显示了她的职业道德。梅修希望我们钦佩豆瓣菜小贩的勤劳，他将他们视为一群特别高尚的人：

> 只有在周一的清晨去法灵登市场，才能评判穷人们的坚强、勇气和毅力。正如道格拉斯·杰罗尔德(Douglas Jerrold)用他优美的文字所描述的：“那是美德，就像地球隐匿的角落里贮存的野花蜂蜜”……不需要花太多精力就会注意到那些抵抗周围诱惑的小伙子们……然而，他们更喜欢早起——沿着冷冷的石子路走到市场——食物匮乏——每天挣不了几个便士的辛勤工作——也不愿去过窃贼相对轻松的生活。(I，149)

梅修声称，在这种“无名穷人的英雄主义中，即使是最无趣的事情也变成奇迹……在整个伦敦，再没有谁比那些买豆瓣菜的人更能感受到谦逊的美德——不论老少”。然而，对这些豆瓣菜商贩美德的建构更多来源于他们的悲惨生活以及梅修对工人阶级苦行主义的明显偏好，而非勤劳。此外，虽然梅修声称他的采访是从不知玩具和公园为何物的卖豆瓣菜女孩开始的，但在最后，她告诉梅修，她家里有一箱玩具。梅修太热衷于在故事的一开始构造一种完全了无生趣的生活,这说明他花了心思用一个可怜的工作者来博取读者的同情。

另一个值得同情的人物是卖肉豆蔻磨碎器的残疾人,他必须跪在地上慢慢"行走"。梅修解释道:"他无法站起来,只能靠膝盖从一个地方挪到另一个地方,膝盖上包着皮革,看起来像是把木屐鞋跟绑在了关节上(I, 330)。"梅修对于这位残疾人行走中的痛苦力学有种奇怪的痴迷,成为他证明这个人值得同情的部分证据,因为与他不幸的遭遇以及有限的行动力相比,对他工作的描述似乎微不足道:

> 对于我这样的人来说,沿街叫卖是非常辛苦的工作。我走不了远路。我的后背和膝盖都疼得厉害。要走很远的时
> 131 候,我会推着小推车。如果很近,我就用膝盖和脚趾头爬过去。我爬过最远的距离是两英里。后来回到家的时候,我身上疼死了。我的膝盖肿得老高,上面全是水泡,脚趾头也疼得厉害。我的膝盖和脚趾头上都是老茧。很多时候走下来,我的四肢和后背都疼得厉害,根本睡不着觉……我确实很难受,但我无力维生或者为自己做点什么,不过,我绝对不会乞讨任何东西。(I, 330)

他痛苦的努力得到了微薄的回报,让他能够养活自己,更新存货,虽然在梅修采访他的时候,这些钱还不足以使他不靠救济支付房租(I, 330, 333)。虽然部分靠救济为生,正如梅修所说的,这个人"完全没有劳动能力",而且他的"极度无助"通过所附的木刻画展现给读者,但这个"可怜的家伙"依然因其"勤劳"而受到赞美(I, 329, 332)。考虑到他的故事主要都是身体上的痛苦,对于他勤劳的这种赞美表明梅修将此人的痛苦和工作视为一体。实际上,梅修将他限定为努力工作的工人,与"将街头贸易作为寻求施舍的伪装"的

身体健全的人形成鲜明对比,暗示身体健全的卖肉豆蔻磨碎器的商贩身份比较可疑(I, 329－30)。通过这种对比,梅修揭示了他认为劳动的品质更多地与内在品质而非身体力量甚至挣足够的钱养活自己的能力相关,例如,尽管有许多痛苦的阻碍,仍然愿意工作。这个人显而易见的痛苦——当然惹人同情——被作为一种优于那些身体健全、享受"流浪生活"的成功人士的职业道德。

劳动与痛苦的努力之间的这种杂糅并不是梅修独一无二的创造。根据《牛津英语词典》,现在及过时的许多关于"劳动"的定义均暗示了痛苦或艰辛,而且,维多利亚时代的思想家们普遍都将它们关联起来。例如,虽然杰里米·边沁(Jeremy Bentham)和约翰·斯图尔特·密尔(John Stuart Mill)都争辩说幸福是人类努力的真实目标,但他们都承认限定劳动的延迟快乐——如果不是真正的痛苦的话——的重要作用。例如,边沁注意到:

> 厌恶——而非欲望——是劳动本身能够产生的情感——
> 也是唯一的情感:对于爱或欲望之类的情感,其目标在于放
> 松,也就是消极劳动或没有劳动——放松,而非劳动。按照目 132
> 前对于劳动的正确定义,热爱劳动本身就是自相矛盾的。①

换句话说,"劳动"不会直接产生愉悦感;而是一个人为了交换长期快乐所完成的不愉快的任务。与此类似,在《政治经济学原理》的开头,约翰·斯图尔特·密尔这样定义劳动:"这个概念必须包括,不只是行动本身,而是所有不愉快的感觉,所有的身体不便

---

① *The Works of Jeremy Bentham*, vol. I, *The Table of the Springs of Action* (Edinburgh, 1838), 214, 引自 Catherine Gallagher, *The Body Economic: Life, Death, and Sensation in Political Economy and the Victorian Novel* (Princeton, 2006), 24.

或精神恼怒，以及将思想或肌肉或两者与某种特定职业相关联。"[①]这些定义的含义并不是说劳动一定是非常痛苦的，而是说劳动是有条件的，而不是其本身有什么好处。梅修对于劳动的观点迎合了这一思路，正如他在第二卷的导言中所说的：

> 现在盛行一种说法，勤劳有一种特殊的快乐，因此，我们受到教育要将那些拒绝工作的人归为天生的流浪者阶层；但我们之中爱劳动的人在哪儿？因为工作或劳动仅仅只是要做的令人厌烦的事情，每个人都是在一定数量的报酬的诱惑下才去工作或劳动。(II，5)

在这一评论中，梅修与认为劳动通常是不愉快的公认定义保持一致；他还对一种观念提出了质疑，即劳动，即使是痛苦的劳动，在精神上也是高尚的——这一观点出自19世纪的福音派思想，并且以其世俗的形式与托马斯·卡莱尔(Thomas Carlyle)的作品联系起来。[②] 梅修不赞同这种"说法"，这似乎将他推到了凯瑟琳·
133 加拉格尔(Catherine Gallagher)所说的维多利亚时期的"平凡的资产阶级虔诚"的对立面？[③] 同时似乎表达了对那些常常无法坚持这一中产阶级道德格言的穷工人的同情。

---

① John Stuart Mill，*Principles of Political Economy* (Amherst，2004)，51，引自 Gallagher，*Body Economic*，59 - 60.

② 根据博伊德·希尔顿(Boyd Hilton)的观点，19世纪的福音派思想影响了经济话语，表明竞争和愿望反映了上帝的意志，而且经济波动促进了"道德和精神利益"：B. Hilton，*The Age of Atonement: The Influence of Evangelicalism on Social and Economic Thought*，*1795 - 1865* (Oxford，1988)，32. 卡莱尔对这种学说的描述更多地是与人类的潜能相关而非救赎。根据卡莱尔的说法，"一个人通过工作来完善自己"；"即使是在最卑鄙的工党中，一个人的整个灵魂也构成了一种真正的和谐"：Thomas Carlyle，*Past and Present* (London，1894)，169；关于卡莱尔的影响，参见 Walter Houghton，*The Victorian Frame of Mind*，*1830 - 1870* (New Haven，1957)，251。

③ Gallagher，*Body Economic*，24.

然而，实际上，梅修似乎选择了功利主义与围绕劳动的宗教相关话语之间的中间路径，因为在寻找劳动人员与闲散人员之间区别的过程中，他将劳动通常是不愉快的描述性观念转化为更接近他所拒绝的“说法”的规范和说教原则。简言之，梅修表示，证明一个人是不是好劳工的一个好方法就是观察他们是否开心。按照这种方法，例如，一个过着捉黄莺来卖的“流浪生活”的人并不是真的在工作，而患有风湿、有一种悲惨和堕落感的街头刀具小贩则完全可以被视为劳工，不管他们卖出多少东西或者挣到多少钱。唯一获得梅修认证的“伦敦劳工”似乎只有那些为了生计不得已走上街头，而非出于自己意愿走上街头的人：

> 那些被迫走上街头的人……到目前为止是街上人数最少的人……有些无法养活自己的人，在街头卖小玩意可能是他们乞讨的借口；但大多数情况下，我相信这是源于对济贫院的恐惧，以及至少为自己吃的食物做点什么的倾向。许多时候，这是对独立最后的挣扎——对自己得到的东西付出等同代价的愿望。(I，321)

正是这种做点什么的倾向，或者更重要的，做点不愉快的事情的倾向，被梅修看作工作的证明。

梅修与作为行走者的读者

如果不承认作者本身的劳动，那么《伦敦劳工》中对于行走作为劳动的任何评价都是不完整的。正如我在前言中提到的，梅修是行走作家以及工作的行走者的优秀传统的一部分，他作为作者的声音 134
中，不论是在字面上还是比喻意义上，他自己暗指的流动都起到了关键作用。梅修的工作之所以如此引人注目，似乎是因为他通过自己对受访者的第一手观察和亲身互动提供了真正的街头观点。

然而，与他文章中用英里及其次生影响——穿坏的鞋子、疲惫，甚至受伤或死亡的大篇幅描写的行走主题形成对比的是，梅修自身的行走工作却被他空洞的观察和反思中剥离肉体的力量抹去了。当然，《伦敦劳工》的叙述非常集中，主要是梅修与伦敦街头居民的谈话时的看法。然而，与城市素描作家查尔斯·狄更斯(Charles Dickens)、威廉·萨克雷(William Thackeray)和乔治·奥古斯都·萨拉(George Augustus Sala)不同——他们每个人都有鲜明且十分尖刻的画外音——梅修的第一人称叙述者经常默默隐退，让读者自己想象。教过读者如何区分值得救济的穷人和不值得救济的穷人后，梅修提出一个虚拟空间，在这个虚拟空间内，读者可以与他描绘的街头小贩互动。此外，这个虚拟空间与实际经济术语中伦敦真正的街道重合：按照梅修的说法，他的《纪事晨报》专栏接收爱心读者的慈善捐赠，然后把捐赠交到值得救济的人手中。[①] 这样，梅修《伦敦劳工》作者的读者不仅成为故事的反射器，同时也成为理想的爱心读者的楷模。

对读者造成这种影响的文字的一个特质在于，梅修选择删除促使他的受访者开口说话的大多数问题，结果产生了许多工人阶级的独白，读起来像是单边电话通话。下面这一段选自他对卖火腿三明治的小贩的采访，以此作为这种停止模式的范例：

> 以前我的三明治是6便士一打买来的，后来我发现这样不行：现在我自己买东西来煮，然后自己做。以前要花6便

① 参见，例如，梅修在描述“千里光和繁缕小贩”和“街头饶舌者”(I, 153-5, 233-4)之后关于捐赠的注释。

士的东西,现在4便士就够了,或者四个半便士。我在河这边的剧院卖东西,主要是莱姆派和特尔斐剧院。我去过的最好的剧院是加尔丁格,那里有两个画廊,非常令人印象深刻——
对于我来说,歌剧并不是最差的。原来基利先生在的时候,文 135
化官可好了。我几乎不知道我的顾客都是些什么人,但他们都是去剧院的人:我想应该是店主和职员吧。绅士们一般不会从我这儿买东西。不过他们也买过。哦,不,他们给的钱从没超过四分之一便士。(I, 178)

正如我们所读到的,我们可能会发现自己填补了贯穿对话始终的已经消失了的对话者的声音:"你是怎么得到货物的?你最喜欢哪家剧院?你的顾客都是什么样的人?"作为叙述者的梅修与他理想读者之间的距离消失了,读者取代梅修站在街头——只有当梅修的叙述转为注解这种体验时,这种幻象才会被打破。

梅修频繁使用第二人称,让读者不仅能够身临其境,而且可以在街头走动,尤其是当他一次次提到"在你行走时"这个短语时。到17世纪中叶,这个短语在许多写作体裁中都已经非常常见,包括《伦敦劳工》中最直接出现的旅行故事;然而,梅修经常在这个短语上耗费大量笔墨,以加强读者对街头生活的参与感。① 例如,为了描绘周六晚上的纽卡特市场"让体贴的人变得迷茫伤感",梅修

---

① 在Chadwyck-Healey's *Early English Books Online* (EEBO)数据库中搜索"as you walk(在行走时)"给找到100多条结果。其中之一是意大利艺术指南,邀请观众"在行走时"品味艺术品:Giacomo Barri, *The Painters Voyage of Italyin which All the Famous Paintings of the Most Eminent Masters are Particularised, as They are Preserved in the Several Cities of Italy*, trans. W. L. (London, 1679), 45. 另一条是瘟疫流行病的幸存指南,建议读者"在街头行走时"将丁香放在口中:Francis Herring, *Certaine Rules, Directions, or Advertisements for This Time of Pestilentiall Contagion With a Caveat to Those that Weare about Their Neckes Impoisoned Amulets as a Preservative from the Plague* (London, 1636), B1。

以第二人称的视角，完全用一般进行时进行整段的详细描述：

> 当你挤过拥挤的人群，眼前的景象依然琳琅满目。这边的小摊上，新锡锅闪闪发光；那边，蓝色和黄色陶器熠熠生辉，白玻璃泛着亮光。现在，你走到一排沿人行道摆好的旧鞋子前；现在走到了色彩艳丽的茶盘摊前；之后是一家红手绢和蓝格子衬衣来回摇曳的商店，柜台建在外面的马路边，小男孩们在柜台后面向顾客乞讨……一分钟后，你会经过一个打伞的男人，伞是外翻的，上面印满了字和图案；接下来，你会听到一
> 136 个拿着“马泽帕和海盗保罗·琼斯”西洋镜的人向孩子们描述透过小圆窗户看到的景象。再然后会听到朝目标坚果射击的人群中传来清脆的掰断雷管的声音；之后，你会看到一个披着白衣服、衣不蔽体的黑人拿着小册子在寒风中瑟瑟发抖，或是听到从马路另一边的“弗雷泽马戏团”传来的音乐声，招呼你“不要迟到！”(I, 10)

梅修的第二人称叙述在频繁且随意的“在你行走时”之间转换，似乎真的将读者置于熟悉的街道上(就像是有人问了句“邮局该怎么走”)，而作者的读者成为与梅修描述的环境互动的独立角色。① 例如，在上述段落中，“你挤过拥挤的人群”就以有形且清晰的虚构方式与街头商贩互动。其他采用作者的读者的地方进一步模糊了书页与街道之间的界限：例如，在介绍豆瓣菜小贩时，梅修

① 作者的读者是由特定文本投射的想象观众。这个术语在叙事学研究中很常见。关于真实读者与作者的读者的批判性讨论文本实例，参见 Brian Richardson, “Reception and the Reader”, in David Herman, James Phelan, Peter J. Rabinowitz, Brian Richardson and Robyn Warhol (eds), *Narrative Theory: Core Concepts and Critical Debates* (Columbus, 2012), 155。

这样描述所看到的景象，“你”会发现，“当你走回家时”：读者必须自己补充完整不确定的地点(I，149，这是我重点强调的)。

到目前为止，读者作为想象中的行走者一直保持在作为劳工的行走者的一臂距离之内；梅修描绘的景象可能更冷酷，但主观体验与华兹华斯和柯勒律治诗歌中所描述的行走主体的映像相差无几。但是，梅修的作者的读者与真正的读者之间保持的距离在梅修起初鼓励、后来真实筹集并发放对街头小贩的救助时轰然崩塌，他用自己的文字将这些小贩塑造成了值得救济的主体。因“知道他们的不幸遭遇以及穷人在苦难中表现出的一次次勇气”而感动，梅修创办了“伦敦小贩友好协会”，旨在“缓解他眼中的街头小贩生活的最大痛苦”(I，xvi，101)。梅修邀请读者为了“解决最主要的温饱问题所需要的资金”进行捐助(I，102)。在其他段落中，他列举自己成功诱使《纪事晨报》的读者捐款，这些读者有时候会因为令人感动的故事自发捐赠。但是，梅修的读者们似乎更多的不是出自意愿，而是因为看到他们的努力总是徒劳无功，这在他的叙述 137
中几乎随处可见。梅修读者的第一位受益者是千里光和繁缕(鸟饵)小贩，他的住处脏乱不堪，还欠了当铺很多钱，在梅修描述了他的生活方式后，他收到了一笔捐赠。根据梅修的记载，这个千里光小贩半身瘫痪，但他却告诉梅修：

> 我一直都在走……我每天都要走10个小时——不管下没下雨——因为右侧身体瘫痪，我一个小时最多只能走1.5英里。我的脚和腿以及整个人都跟死了一样。我拄拐杖走……每天都要走15英里，真的——就是那么多——星期天除外。(I，154－5)

这个人痛苦的每日行走故事达到了想要的效果：梅修读者的

捐赠使他和家人能够搬到更好的住处并且从当铺赎回自己的东西。

梅修像一位贴心的向导一样，指引我们看到伦敦街头小贩最悲惨的景象，形成有甄别的同情心，去帮助那些最显而易见的“值得救济的人”：那些通过痛苦和勤劳表现出“流浪生活”不适合他们的人。总之，梅修、他的受访者及读者共同参与了从梅修的书中文字跳到伦敦街头，又回归文字的秩序。理想的真正读者的同情转化成捐赠给另一个行走的、工作主体的钱和物。然而，尽管梅修是出于好意，但《伦敦劳工》未能填补特权行走主体与被忽视的工人阶级行走者之间的隔阂，因而仍然存在以阶级为基础的分化。即使是对于梅修来说，劳工的行走也必须明显地突出谦逊、勤劳和物质需求：一套与写作、行走主体几乎普遍呈现的巡游反思相悖的品质。

第6章

“步行效率?”英国19世纪经营有方的房地产

朱莉·西珀森

> 拉弗尔斯以城市小混混的扭捏步态被迫在乡间进行一点徒步旅行，在潮湿、安宁、勤劳的乡间，他显得极不和谐，像是一只从动物园里逃出来的狒狒。
>
> 乔治·艾略特，《米德尔马契》(1871—2)，第41章

当我们第一次在乔治·艾略特(George Eliot)的《米德尔马契》(*Middlemarch*)中认识约翰·拉弗尔斯(John Raffles)时，他在郁郁葱葱的乡间留下一个混乱的形象，是一个“面色红润，头发很长”的自大狂，身上带着“商务旅馆里旅行者房间的霉臭味”。[①]他在乡村中感到局促不安，只是来这里做他的狡诈生意，在早就断了奶的小牛、河鼠以及在绵绵不断的、灰蒙蒙的细雨中装玉米的劳

① George Eliot, *Middlemarch* (Harmondsworth, 1995 edn), 450.

工之间仓促逃跑。幸运的是，他的不安很快便消失了：令他欣慰的是，他走到了公路上，先是跳上一辆马车坐到了中间站，然后沿着“新铁路”飞快地掠过乡村风光。[①]

通过对拉弗尔斯的简短描述，艾略特传达了这样一个信息：在乡间行走与在城镇行走是完全不同的命题。在《维多利亚乡村
140 的劳动生活》(*Labouring Life in the Victorian Countryride*)中，帕梅拉·霍恩(Pamela Horn)描绘了一幅令人回味的步行世界画卷，农民的妻子和女儿每周把农产品带到集市上去，经常是用马车或挂在小马的马鞍上，但也会步行挎着篮子去。除了其他事情，在这个世界里，牲口群每天要在牧场和牛棚之间往返两次，奶牛缓慢悠闲的步伐似乎非常适合农村居民的行走方式，正如理查德·杰弗里斯(Richard Jeffries)所说，他们最喜欢的就是每天都慢悠悠地做事。[②] 霍恩指出，这些行走活动作为旧生活方式的延续与农村区域的变化形成对比。虽然行走在乡间非常普遍，甚至比较富裕的人为了找个鱼叉也会步行出门，而且是必需的，不是自愿或娱乐性的，但行走与乡村社会中贫困无地的人有着更紧密的关系。安妮·D. 华莱士还发现了乡村比较常见的另一种行走方式——“本地行走”——也就是说，人们在本地不断地重复走过的路，从家到地里，从地里到村里或集市，或从家到教堂。当英国总耕地的50%都被圈起来时，这是重新占领公共土地并重新确立对私有土地的公共权利进程的一部分。[③]

本章讨论了在19世纪农村经济变化的背景下如何理解行走。

---

① George Eliot, *Middlemarch* (Harmondsworth, 1995 edn), 452.

② Pamela Horn, *Labouring Life in the Victorian Countryside* (Gloucester, 1987), 2-3, 64; Kim Taplin, *The English Path* (Woodbridge, 1979), 11.

③ Anne D. Wallace, *Walking, Literature and English Culture: The Origins and Uses of Peripatetic in the Nineteenth Century* (Oxford, 1993), 10-12, 114.

首先，我希望通过考察行走如何作为 19 世纪监视乡村的方式来实现这一目的。随着 19 世纪以来对田地生产力和农业生产效率的思考，对其理想管理的思考也越来越多，地产代理人的角色越来越苛刻和复杂，逐渐成为职业化的角色。19 世纪后期，景观进一步发生变化，配给土地和别墅花园的供给不断增长；这些也增加了以新的方式“考虑”土地用途的压力。行走行为如何与这些变化相关联？其次，本章将探讨随意、几乎不假思索的行走叙述如何贯穿整个世纪里关于无地劳动力的议会讨论。历史研究自然已经注意到这样的行走如何影响他们的精力和劳动能力，但是，对农村劳工行 142
走的更持续性的探索揭示了当代人对量化或以其他方式衡量其对效率的影响的担忧。

乡间行走观察

正如许多学者所指出的那样，对 19 世纪农村贫困人口的描述经常包含把农业劳动者视为“落后且不世故”的刻板形象，并经常援引“庄稼汉”这个贬义词。[①] 自然作家理查德·杰弗里斯(Richard Jefferies)在对 19 世纪威尔特郡农村的反思中提出，他在农村观察到的缓慢的生活节奏反映在居民的性格中。然而，在他的写作中，杰弗里斯也表达了他的赞赏，认为农村条件可能决定了其居民无法迅速迁往别处。“你不能在一条小径上走得很快”，他总结道，“不管起步多快，你的速度很快就会减慢，所以乡下人总是

---

① Mark Freeman, “The Agricultural Labourer and the ‘Hodge’ Stereotype, *c.* 1850 - 1914”, *Agricultural History Review*, 49(2) (2001), 172 - 86; Alun Howkins, “From Hodge to Lob: Reconstructing the English Labourer, 1870 - 1914”, in Malcolm Chase and Ian Dyck (eds), *Living and Learning: Essays in Honour of J. F. C. Harrison* (Aldershot, 1996); K. D. M. Snell, *Annals of the Labouring Poor: Social Change and Agrarian England, 1660 - 1900* (Cambridge, 1985), 5 - 14, 381 - 91.

慢慢地走。门边木——摆放得多么愚蠢。”①

他在作品中也观察到行走类型的划分。杰弗里斯在他的《田野生活》(*Life of the Fields*)中写道，农村里很多人“似乎没有脚；他们有靴子，但没有脚。他们每走一步都会用力踩地或脚步沉重，或是一路踢起靴子并敲地”。② 然而，他认识到，一些乡村居民可能承受不起这么沉重的步伐。例如，如果一个人是偷猎者，“他必须让自己的脚长记性”：

> 他必须双手穿上靴子行走。不时有这样的人自然而然地走过，他会过来告诉你，他看到了一条鱼在晒太阳，有一只鹧
> 143 鸪、一只兔子，等等，而另一个人却什么也看不到。这是没有被偷猎者大肆打扰的地方，但他们比偷猎者更坏。③

他们习惯于小心翼翼地行走，避免突然的动作，避免脚重重地落在地上——这样可能会搅动水面，让鱼发觉他的存在——偷猎者的脚步要轻一些，而且他与劳工的区别就在于脚步轻。

除了劳工和偷猎者之外，我们也可以考虑一下猎场看守人如何在他的林地上巡逻。对于为数不多的几个猎场看守人的自述，我们关注的是这个工作英勇的一面：追捕和扣留偷猎者需要有体力且勇敢，简易的裁决、敲门声和刮擦声。④ 然而，这项工作中较为平凡而又必要的方面则需要一种远非那么戏剧化，而是更具观

---

① Richard Jefferies, “Notes on Landscape Painting”, in his *The Life of the Fields* [1884] (London, 2013), 140.

② Richard Jefferies, “Mind under Water”, 出处同上, 172。

③ 出处同上。拉弗尔斯肯定会成为最糟糕的偷猎者，有一股“狂妄劲儿，即使是在一场烟火表演中也要引起注意”：Eliot, *Middlemarch*, 450。

④ 这种自我叙述的一个典型例子是 John Wilkins, *The Autobiography of an English Gamekeeper* (London, 1892)。

察能力的行走形式的活动：在 D. H. 劳伦斯(D. H. Lawrence)的《查泰莱夫人的情人》(*Lady Chatterley's Lover*)中，猎场看守人奥刊弗・梅勒斯(Oliver Mellors)在夜幕降临的时候进行了一次“打破界限”的活动，在他那“缓慢、严谨、脚步轻柔且隐秘”的状态下走了五英里。[①] 猎场看守人的足迹反映了偷猎者在猎场中的足迹，模糊了看守人与偷猎者之间的界限和阶级差异。此外，我们也可以探讨伴随着追捕的猎场看守人如何理解这种行为与更高社会地位的人的行为不同。[②]

但是，这些描述中普遍存在一个想法，就是对乡村景观和条件特殊的熟悉感，这种熟悉感只有通过亲身体验才能获得。许多乡村观察者明确划分他们与劳工及他们所观察的农村人的行走在本质与目的上的区别。例如，萨里郡法纳姆的车匠乔治・斯特尔特(George Sturt)写了许多关于乡村生活的书，记录了 19 世纪最后 10 年的日记，在这些日记中，他不止一次地提到行走。斯特尔特的习惯是长途行走，经常是跟他的兄弟弗兰克一起，以逃避狭小拥挤的工作坊。显然，这种活动对于他来说非常重要。有一次，那是 144
在 12 月初的时候，斯特尔特叙述了他如何对自己的工作感到出奇地“厌恶”，他无法好好享受休闲时间，或者像往常一样去周边的乡间走走。他说，外面的天“非常暗，路上全是尘土。我没有什么力气行走，也没有足够的力气享受冷风……这种奴役感控制了工人”。[③]

另外一些时候，他感觉：“很难沿着路走，所以实际上不可能看

① D. H. Lawrence, *Lady Chatterley's Lover* [1928] (Cambridge, 1993), 143.

② 关于看守人模糊社会状况的讨论，参见 P. B. Munsche, “The Gamekeeper and English Rural Society, 1660 - 1830”, *Journal of British Studies*, 20(2) (1981), 82 - 105。

③ *The Journals of George Sturt*, “*George Bourne*”, *1890 - 1902*, ed. Geoffrey Grigson (London, 1941), 31.

到天空美丽的颜色：并且随着黄昏降临，路上模糊的眩光晃得我差点绊倒。这真的很痛苦，我很高兴能再次回到房间里，感觉很累，像是走了 15 或 20 英里。”[①]1899 年圣诞节那天的行走导致他抱怨“穿过公地的行走非常困难”，那里“白霜的中央冰脊”还没有融化。但是，他观察到有人依然前行：

> 一条狭窄的小径，很可能是一些知道这里的尤肖特村的村民，已经穿过人迹罕至的积雪——大约九英寸深，走出了一条路。他避开了一处可能有凹陷的地方，看起来似乎是出于本能。[②]

这段描述强调了人的努力，但同时也强调了对土地本能的直觉。对于斯特尔特来说，这是对脚步的自信，对土地的熟悉，虽然他毕生都生活在那里，却从未拥有过这种自信和熟悉。因此，如果我们进一步关注行走活动和能力品质的差异，而不只是简单了解农村人的行走，发生在那里的各种行走类型会变得异常明显。

专业行走和效率

在 19 世纪的英国，地产的使用和分配是公众讨论的焦点。引起争论的问题很多，包括自给自足的小农场的利用与大规模资本主义农场、农业劳工的分配价值、大型地产的善与恶，以及激进的
145 万能灵药，如地价税，甚至是土地国有化。这些问题共同构成了所

① *The Journals of George Sturt, "George Bourne", 1890 - 1902*, ed. Geoffrey Grigson (London, 1941), 45.

② 出处同上，44 - 5。

谓的“土地问题”,现在,这已经是一个完善的学术研究课题。[①] 尽管在某些方面有相当大的学术争论,但对“土地问题”公认的解释是:“土地问题”的核心是强调对土地和土地社会的态度转变,其特征是“小地主”没落,大片土地集中在相对少数地主手中。

这种观点上的转变部分地受到了同时期研究的刺激,例如约翰·贝特曼(John Bateman)的《大不列颠与爱尔兰的大地主》(*The Great Landowners of Great Britain and Ireland*),这本书以德比勋爵在19世纪70年代进行的一项调查为基础,并且翻阅了19世纪80年代的若干版本,以评估这个“地产政体”的规模:1883年,贝特曼计算出,总共有1 288个地主拥有超过1 400万英亩的土地,占不列颠群岛总面积的43%。[②] 土地改革者的回应是通过各种手段寻求为无地者讨回土地并建立小农阶层,包括从19世纪40年代的“宪章土地计划”到1912—1914年自由政府的“土地运动”。正如19世纪70年代约翰·斯图尔特·密尔的土地改革协会所推动的土地改革运动那样,这种土地改革运动不仅集中在土地所有权上,还集中在假定的大规模土地占有的低效上。[③] 改革者指责说,在这样的大庄园里,种植开垦受到忽视,由于大众缺乏获得土地的机会,其过上富裕、繁荣、知足生活的能力毫无用武之地。

---

① 对于这一领域最近的研究实例,参见 Paul Readman, *Land and Nation in England: Patriotism, National Identity, and the Politics of the Land 1880 - 1914* (Woodbridge, 2008); Matthew Cragoe and Paul Readman (eds), *The Land Question in Britain, 1750 - 1950* (Basingstoke, 2010); Ian Packer, *Lloyd George, Liberalism and the Land: The Land Issue and Party Politics in England, 1906 - 1914* (Woodbridge, 2001); Jeremy Burchardt, *The Allotment Movement in England, 1793 - 1873* (Woodbridge, 2002).

② J. V. Beckett, "Agricultural Landownership and Estate Management", in E. J. T. Collins (ed.), *The Agrarian History of England and Wales, vol. VII, 1850 - 1914*, 2 vols. (Cambridge and New York, 2001), 701. 贝克特提出了计算的缺点,但没有对这些影响提出异议。

③ 出处同上,694。

史学研究中大量出现土地问题是有原因的，这其实是包括关于所有权的实质、地产的农业或其他优点以及国家和地方、政治地位
146 高低的错综复杂性的问题。同样还涉及不同社会阶层代表和政党之间激烈的争论：对“地主所有制”、大农场和小农场的指责和辩护，以及其他许多事情，在公共会议、私人住宅和议会中发出响亮而不一致的声音，从 19 世纪的大部分时段一直延续到下一个世纪。大部分这种声音和愤怒的焦点不可避免地集中在大规模地产上——传统农村、社会和经济组织的关键——在这里，我直接关注的是这一制度。通过考察行走在大地产发展中的作用，本章近距离探究了主导大部分学术研究的土地问题的全景图，提供一个基于地产运作方式深入理解的观点。这个观点揭示出在地主所有制的效用和大规模地产争议日益激烈的背景下，地产产业是强加农业效率新理念的场所。此外，行走行为就是这种理念施加影响的关键方式之一。

早在 15 世纪，人们逐渐接受好地主是每天进行巡视、对自己的地产心里有数的人：“随着太阳升起，他要开始巡视；看看这个，瞧瞧那个，还有其他所有边界”。① 在 19 世纪，这项责任可以在很大程度上转移给新一代的地产代理人或管家，目前的研究集中在这项工作职业化的方式和时机，这个时间被确定为 18 世纪末到 19 世纪中叶之间。② 为了实现农业革命的理想——首要的是提高生产力（广义理解为每英亩的谷物产量增加，新作物和作物轮作以及可转换的畜牧业）——土地经纪人将担任更多的角色，并在工作

① Robert Herrick, “A Good Husband”, from his *Hesperides* [1648]，引自 Andrew McRae, *God Speed the Plough: The Representation of Agrarian England, 1500 - 1660* (Cambridge, 2002), 294。

② Sarah Webster, “Estate Improvement and the Professionalisation of Land Agents on the Egremont Estates in Sussex and Yorkshire, 1770 - 1835”, *Rural History*, 18(1) (2007), 47 - 69; David Spring, *The English Landed Estate in the Nineteenth Century: Its Administration* (Baltimore, 1963), esp. ch. 4; F. M. L. Thompson, *Chartered Surveyors: The Growth of a Profession* (London, 1968).

中投入更多的知识和责任感。[1]

要成为一名有效的管理者，代理人必须具备同时观察许多小细 147
节的才能，并将财产视为一个相关联的整体。1824年出版的《土地所有者、遗产代理人、土地管理人、监护人、建筑师、检测师、建造师、拍卖师、评估师、家具商、橱柜制造商全能助理》建议管家首次开始办公时，应该“让自己熟悉每一块土地及其各自的价值”。他应该每个月巡视所有地产并观察土地和库存。他还应该观察土壤以确定那块地最适合放牧、作草场、耕种，而且，如果有希望并购邻近的土地，那他还应该对邻近土地上的农作物进行类似的巡视。[2] 他不仅要负责了解地产的概况，还要知道细节。在调查中，他首先应该

> 监督佃户们以正确的方式修剪并管理树篱；填平沟壑，倾斜并扭曲荆棘，捶打树篱，水平放置树枝以加强防护并砍掉长树枝；以及让佃户们保证所有的围栏和简易树篱上都有黑白荆棘。

至于林地，他必须确保所有的“守木人保持所有围栏完好，修剪大树下的灌木，防止木材遭受任何破坏”。在评估木材时，他应该有一本调查册，其中详细记录每棵树的编号、周长或围长、高度、每棵树的“结实尺寸”、每平方英尺的价值、树干的价值、树冠的价值、树皮的价值以及树干、树冠加树皮的总价值。[3]

同样重点强调的还有要擅长畜牧业、农田灌溉排水以及机械工具使用；代理人在确保这些方面的有效管理中起着关键作用。1851年出

---

① Mark Overton, *Agricultural Revolution in England: The Transformation of the Agrarian Economy 1500 - 1850* (Cambridge, 1996), 1 - 4.

② Anon., *The Complete Assistant for the Landed Proprietor, Estate and House Agent, Land-Steward, Proctor, Architect, Surveyor, Builder, Auctioneer, Appraiser, Upholsterer, Cabinet-Maker &c &c &c* (London, 1824), 127 - 8.

③ 出处同上，130。

版了《土地管家》(*The Land Steward*)一书的农业设计师及工程师 G. A. 迪恩(G. A. Dean)认为，地产代理人是高效管理的“系统的生命和灵魂”。人们普遍认为，拥有一名优秀的地产代理人可以大大提高地产效能；用迪恩的话来说，没有什么能逃脱“睿智的管理人的观察”。[1]

148 那么，这种观察是以什么形式进行的呢？随着地产扩张、负担增加，人们很容易被这个职业“英勇的”自述所吸引。其中流传甚广的一个就是诺森伯兰郡迪尔斯顿的约翰・格雷(John Grey)的故事，在他负责辽阔而广泛分散的格林威治医院地产的时候，他提供了证据，并报告说，第一年，他

> 骑马经过每一个农场和每一块田地，每天晚上当我回到家时，要撰写关于它们的价值和能力的报告……这不是每个人都能做到的，但我从小在乡下长大，在马鞍上七八个小时对我来说并不是什么事儿。[2]

格雷的传记由他的女儿约瑟芬・巴特勒(Josephine Butler)撰写，其中用大量笔墨渲染了这一职业所需要的体力。她把父亲塑造成一个有行动力、严格、坚韧、精力充沛到令人惊讶的人，同时也是一个道德高尚、公正、政治上精明的人。[3]

这种正面塑造同样出现在代理人手册中。《全能助理》(*Complete Assistant*)中规定，为了发挥作用，管家应当受过教育，能够将理论知识与观察相结合，得出正确的结论。理想的管家应具备全方位的能力：他应该具有“《数学、调查、机械和建筑》一书

---

[1] G. A. Dean, *The Land Steward* (London, 1851), 292.

[2] 引自 Spring, *English Landed Estate*, 105。

[3] Josephine E. Butler, *Memoir of John Grey of Dilston* (Edinburgh, 1861)；感谢卡罗尔・比尔德莫尔(Carol Beardmore)指导我找到这本书。

中的知识，并且熟悉各种贸易的价格，能够查验账单”。在进行任何圈地、排水、建造或建筑改造之前，他应该具备资源管理及其材料知识，了解建筑及建筑材料价格。[①]

这一理念在许多其他手册中也可以看到，包括最有影响力的景观园林专家及园艺作者约翰·克劳迪斯·劳登(John Claudius Loudon)所著的《年轻园丁、护林人、林业管理人、土地管家及农民自我指导手册》(*Self-Instruction for Young Gardeners, Foresters, Bailiffs, Land-Stewards, and Farmers*)。该书出版于1847年，为那些希望规划自己地产的人提供了实际建议。劳登建议说，如果他们需要调查的田地不止一块，仅仅逐个调查再将它们合为一体是不够的。相反，他 149
建议“在整个地产上走两三遍，直到可以把这些地产的地图清晰地印在脑海里，以得到最完美的想法”，[②]这是很重要的。将地形成功地转化为其代表形式取决于拥有理论知识、会使用测量仪器，以及——至关重要的——通过步行行为与土地直接相连。

19世纪60年代，诗人及散文家考文垂·帕特莫尔(Coventry Patmore)收购了苏克塞斯的阿克菲尔德附近的赫隆赫尔地产，帕特莫尔是通过这种方法改善地产的大力倡导者。[③] 他极其热衷于在自己的林地管理中进行一些小的调整，他经常在林地中漫步，并且收益颇丰。他观察到，其他地方的“常规做法”是“林业管理员或代理人与木材商人一起查看木材，商人用他自己的绳子来测量‘树围’，而代理人则记录尺寸并标记树木”。[④] 帕特莫尔不满于这种方法，担心商人“老旧磨损的电线”测量的并不准确，于是，他亲自

---

① *Complete Assistant*, 129.

② John Claudius Loudon, *Self-Instruction for Young Gardeners, Foresters, Bailiffs, Land-Stewards, and Farmers* (1847), 159 - 60.

③ John Maynard, “Patmore, Coventry Kersey Deighton (1823 - 1896)”, *Oxford Dictionary of National Biography*.

④ Coventry Patmore, *How I Managed and Improved my Estate* (London, 1886), 32.

> 与手持测量杆——一根18或20英尺长的板条，用于在高出手臂时确定主干的高度——和滑尺的人一起穿过树林，用滑尺测量周长以得出书的立方容量；标记树木，将编号和尺寸记载我的笔记本上，自己设定价格，结果发现，这一点儿也不难。[①]

他亲自穿过树林还有其他好处，其中的一个好处便是愉悦与生意合二为一。在一次漫步时，他注意到有片林地“了无生气”，结果发现是一些在这里放牧的人破坏了矮树丛低处的树干；他觉得
150 只有在步行时仔细检查林地，才能发现这种盗窃行为。[②] 帕特莫尔首要观点是：对地产的有效管理让他可以卖出很好的价钱，获得高额利润。此外，他很清楚，这种管理有赖于他对于自己的土地有着良好、详细的了解——这尤其要归功于他在其中往来步行的日常习惯。[③]

具备对地产这样深入的了解会带来不少好处。1843年6月，测量师约翰·威尔斯(John Wills)在参观康沃尔郡的圣日尔曼农民俱乐部时明确表示，土地的改善将以财务形式得到认可：

> 很多时候……当我走过去评估土地时，偶然遇到一块耕种得很糟糕的田地，与我刚刚评估过的相邻农场的另一块精耕细作的地形成鲜明对比，这种几乎令人难以置信的价值差异无法不令我印象深刻。[④]

---

① Coventry Patmore, *How I Managed and Improved my Estate* (London, 1886), 33.

② 出处同上，9。

③ 出处同上，4。

④ "On the Relationship between Landlord and Tenant: A Lecture Delivered to the St. German's Farmers Club, Cornwall, by Mr. John Wills, 10th June 1843", in *The Farmer's Magazine*, VIII (1843), 258.

知识及以行走速度观察的双重能力的重要性在于，能够对地产进行有效的监督。这可能是一种良性的专业监督，以确保地产顺利运作。然而，随着对地产业最大生产力的预期增加，对佃户顺应严格的新秩序的期望也越来越高。从代理人或地主的角度来看，虽然需要在马背上度过漫长的距离，但代理人了解土地状况和佃户行为的关键因素最好是靠步行获得。只有将管理佃户土地相关行为及社交行为的广泛的规定性标准与土地状况相对照，才能确定佃户对高效理念的顺应程度。

这可以作为简单说明土地和牲畜的农业回报的一个事例。1869年，兰开夏郡克利夫罗议会议员拉尔夫·阿瑟顿(Ralph Assheton)在下议院的一次讨论中就政府的农业年收入作了报告，让他感到遗憾的是，当他自己想要知道某一特定地区内的牲畜数量，为牲畜安排保险时，他曾要求农民自己上报拥有多少头奶牛。他说，有些人“虽然很诚实”，却写下了错误的数字。这让人“感觉 151
非常愚蠢，因为地主有权走到他们的农场并确定他们自己有什么牲畜”。[①] 在这里，行走被视为一种入侵行为。同时也被框定为实际的人的特点：走过土地是更有效的获得所需信息的方式。不管怎样，走过去数一数有多少牲口比骑在马背上数可轻松多了。

另一次议会讨论证实了这一点。在1886年的上议院中，讨论的问题是在获得政府配地和别墅花园的准确回报方面遇到的困难，而这恰好说明了在农业环境下依靠书面管理所涉及的困难。索尔兹伯里市长特别质疑这种土地使用回报的准确性。低于四分之一英亩的配地并没有出现在账面上，这意味着统计回报的官员们对此一无所知。因此，索尔兹伯里建议，为了了解某一特定财产

① *Hansard's Parliamentary Debates*, 3rd ser. 197 (30 June 1869), cols. 823-38，关于“农业回报”的讨论，见 col. 830。

的真实配地数目，首先要咨询该财产的代理人，正如我们所看到的，他是一个既博学又实际的人。如果确实无法咨询代理人，那么评价者"必须去教区走一走，自己亲自看一看"。虽然计算配地可能相对容易，因为地块一般都集中在一处或两处，但计算别墅花园总的来说就要难得多了。在这里，索尔兹伯里感觉，需要对教区十分了解才能"找出它们"。① 这是承认农村的经济生活存在于鲜为人知处——总是难以接近或难以辨别的地方。这也承认了地方知识话语的重要性，其生产和解读是人类——尤其是地产代理人——的领域，他们知道村庄的布局和佃户的个性，以及土壤条件。

152 作为监视手段的行走也有可能加剧地主和租户之间经常存在的猜疑。行走除了简单地作为一种准确衡量所持有土地的规模和数量的方式之外，也越来越成为一种计算土地价值和改进土地价值的方式。由于佃户的权利运动势头强劲并开始取得一些成功，这成为 19 世纪最后 25 年的特别关注点，1883 年《农业产权持有法》的通过就是一个重要的里程碑。根据这一法令，地主必须为即将离任的佃户所作的一些改进提供报酬。②

只有徒步的密切监视才能抵消佃户对于这类改进的虚假要求。多塞特郡的议员约翰·弗洛伊(John Floyer)在 1883 年的法案中宣称："估价人员仅仅通过在土地上行走就确定改进的价值几乎是不可能的。"③估价师必须从各方收集所有可能的信息。弗洛伊明白，这样的信息必须来自地主和佃户双方，而地主方的信息要

① *Hansard's Parliamentary Debates*, 3rd ser. 306 (1886 年 6 月 4 日), cols. 999－1002, "Allotments and Cottage Gardens — Observations", at cols. 1001－2.

② 1883 年措施的缺点促使人们要求更多的立法。随着另一项《农业控股法》的通过，1906 年进行了重大改革，该法案改善并扩大了佃户的赔偿权利。相关的简要总结讨论，参见 Readman, *Land and Nation*, 16。

③ *Parliamentary Debates*, 3rd ser. 281 (19 July 1883), cols. 1919－2023, 关于"改进"的讨论，见 col. 1997。

包括用于改进的材料的细节，以及证明改进是否管理得当的证据。[①] 这里最有价值的正是事实性知识和现场观察之间的相互作用，而步行是实现平衡和稳健评估的最佳手段。行走是理性的；是慎重且从容的；行走让估价师有时间将他收集的抽象事实和数字应用到他面前的实例中。[②]

配地案例提供了另一个例子，说明如何将行走活动用于其他 153
类型的监视，这些监视是响应19世纪土地问题的相关变化而出现的。在“获得土地”的呼声越来越高的情况下，许多地主支持向农业劳工提供配地，将其视为一种消灭农村激进主义萌芽的手段，并通过谨慎且严格限制的自上而下的慈善行为巩固大地产的壁垒。[③] 向庄园农民提供配地的地主包括托利党领导人，如昂斯洛伯爵、贝德福德公爵及万蒂奇和托尔马什勋爵。然而，我们也知道，在这样做的时候，许多人对获得配地的人强加了许多苛刻的条件：例如，托尔马什下令，萨福克郡赫尔明汉姆持有土地的佃户必须挖土，不能犁，规定了种植的作物类型和数量，并且要求无论种植什么都只能家庭内部消费，不能售卖。除此之外，他还规定“所有农作物行必须朝向与道路相反的方向，好让主人看到每一行都是笔直的并且正确播种”。[④] 杰里米·伯查特(Jeremy Burchardt)颇有说服力地争论说，地主出租土地不仅是因为他们所觉察到的

---

① *Parliamentary Debates*, 3rd ser. 281 (19 July 1883), cols. 1997–8.

② 有趣的是，贝德福德公爵同样认同“土地的真正价值只有在土地上行走时才能实现”的观点，但目的却截然相反。他斥巨资改进自己的地产，但却没有得到任何显著收益，并且在面对职责时援引米尔的话回应说，他在睡梦中挣钱。他的反击形象使他成为一个脆弱的步行者，他徒步调查地产是为了商业目的而非快乐：在描写他的托尼庄园时，他总结道：“我认为，当刮起东北风时绕着海堤走，可以让那些公正的人相信，非劳动增值理论在这里是不适用的。”：H. A. Russell, Duke of Bedford, *A Great Agricultural Estate: Being the Story of the Origin and Administration of Woburn and Thorney* (London, 1897), 51。

③ Readman, *Land and Nation*, 18.

④ Horn, *Labouring Life*, 8.

社交效益，同时也是因为这样做利润可观，小块土地的平均租金要远高于整片农场土地的平均租金。[①] 虽然这么说，但地主收取配地租金可能要花费更多成本，因为每英亩土地上的佃户数量大大增加；实际上，这种想法激发了19世纪三四十年代反对地租的呼声。[②] 要取得可观的利润，必须对配地进行准确描述，包括产生的准确回报，而这只能通过观察式行走才能获得。

154

作为劳动的行走

行走一直与无地劳工密切相关，在议会讨论农村贫困人口相关问题时，这是一个反复出现的主题。有些劳工为了工作要走很远的距离。在19世纪80年代的实例中，菲利普·巴格韦尔(Philip Bagwell)发现，一个生活在查尔福德山的木匠每周六天，每天走路28英里往返格劳斯特去干活。查尔福德的另一位居民则要走18英里往返赛伦塞斯特。[③] 虽然乔治·斯特尔特自己的漫步是为了摆脱沉闷的工作室，但他对那些被迫步行去寻找工作的工人却并没有表达多少同情。当一位老工人从贝辛斯托克走了大约15英里到他店里来找工作时，斯特尔特觉得他"几乎已经精疲力尽"。斯特尔特注意到他"身材矮小，举止紧张，让我觉得他很可能是个动作很慢、没什么力气的人"。在寒冷的1月，他能徒步走到这里，仅凭这一点所表现出来的强大忍耐力，斯特尔特的评价就未免过于冷酷，而且在描述自己的旅途时，斯特尔特还曾拐弯抹角

---

① Burchardt, *Allotment Movement*, 121.

② 出处同上，119；Jeremy Burchardt, "Rural Social Relations, 1830 - 50: Opposition to Allotments for Labourers", *Agricultural History Review*, 45(2) (1997), 165 - 75。

③ Philip S. Bagwell, "The Decline of Rural Isolation", in G. E. Mingay (ed.), *The Victorian Countryside*, 2 vols. (London, 1981), I, 31.

地提到这一点。[①]

《济贫法》赋予了地主一定的物质利益，最大限度地减少了他们财产上的劳工农舍数量。根据他们的规定，每个教区都有责任维持任何成为被救济者居民的生活。这笔费用由当地的纳税人承担——而其中经常承担最高税率的人自然是地主。这有助于建立“开放”和“封闭”的村庄系统：劳工可以轻松找到住处的村庄以及劳工无法找到住处的村庄。这种制度的一个后果就是，许多劳工每天必须走很远的路才能到达工作地点。1865 年的《联盟收费法案》带来了一些改进，这项法案旨在减少使农舍数量一致保持在低水平的经济诱因。[②] 这项措施促进了农舍的建设，因为雇主认识到让他们的劳工在现场是有好处的。[③] 然而，虽然历史学家已经 155
研究过这一变化的故事，但关于这一变革的讨论在这里值得更多思考，因为它们揭示了在劳工效率方面，行走是如何被讨论并概念化的。

除了每天的总量大约为 2 000 卡路里外，我们对于农村穷人日常饮食的营养成分知之甚少。这几乎不足以维持大量农业劳动中艰苦的体力劳动，更不用说走到工作场所消耗的能量。[④] 现代人认为，随着圈地运动后大型地产的形成，劳动效率得到提高，劳动者所需要的能量要少于在圈地前制度下所需要的能量，当时，许多土地被分割成零散的带状，所以必须大量地来回行走。他们还意识到，大农场一般每英亩雇佣的人数较少，所以如果平均农场规模扩大，每个农场的平均雇佣人数将会减少。此外，同样众所周知

---

① *Journals of George Sturt*, 52；他后来确实总结说，如果他要招人的话，一定会招那个人。

② Susanna Wade Martins, *A Great Estate at Work: The Holkham Estate and its Inhabitantsin the Nineteenth Century* (Cambridge, 1980), 240.

③ 出处同上。

④ Overton, *Agricultural Revolution*, 125.

的是，自 19 世纪 30 年代起，机械和畜力的使用增加，从而降低了对人力的需求。[①] 正是出于这种考虑，行走频繁出现在 19 世纪 40 至 60 年代围绕《济贫法》和《定居法》的议会讨论中。这些讨论从漠不关心逐渐变得富有同情心。

作为后者的实例，我们发现一名国会议员为劳工的要求提出了抗议，将对待劳工的态度与对待劳动牲畜的态度进行了比较。1846 年，约克郡北马尔顿的自由党代表约翰·伊夫林·丹尼森(John Evelyn Denison)指出，他的同僚中“任何一个务实的人”都应该“知道，如果他的马厩在四五英里外，拉车的马要往返这么长的距离去工作，就不可能从土地耕种中获得丰厚收益”。然而，丹尼森继续说，他们却认为让劳工“早上走四五英里来干活，每天晚上再走这么远的路回去”没什么。[②]

在 1864 年一次关于救济病人和穷人的费率的讨论中，艾尔斯伯里的另一位自由党国会议员托马斯·泰林厄姆·伯纳德(Thomas Tyringham Bernard)计算出，在封闭的教区中，只有约六分之一的必要劳工能够生活在他们工作所在的地区。其余的人
156 不得不每天早晚分别走两三英里甚至四英里上下班，而且“一位曾经在艾尔斯伯里执业四十年的医生信誓旦旦地向他保证，这个行走量，加上当天的体力劳动，会导致许多人过早疾病缠身、身体虚弱甚至死去”。他觉得“即使是从经济角度看……农村的绅士和农场主们很快就会发现，现在这种(不允许劳工住在所工作地块附近的)制度是错误的，因为要劳工的力量要整整损耗掉 25%”。允许劳工就地居住不仅可以更好地照顾庄稼，因为有人现场解决排水问题会很有用，同时也可以通过减少穷人和病人的健康损耗来减

---

① Overton, *Agricultural Revolution*, 125、127.

② *Parliamentary Debates*, 3rd ser. 87 (5 June 1846), 关于《消除贫困法案》的讨论, col. 48。

少需要救济的穷人和病人。[①]

也是在这次讨论中，南萨罗普郡的地主及保守党议员鲍德温·莱顿(Baldwin Leighton)爵士说：“他雇佣了一个人，据估计，30 年间，为了往返工作地点，他总共走了 3 万英里，而他本可以住在附近。”莱顿相信，他像许多其他人一样，更喜欢住在“有一段距离的地方”，走着去工作。不过他也同意，“很多时候，劳工无法住在工作地点附近”。[②] 第二年，牛津郡亨利的保守党议员约瑟夫·华纳(Joseph Warner)指出，从经济的角度来看，对于农场主来说，是否将劳工安置在工作地点无关紧要。在讨论《联盟收费法案》时，他辩称地主只需为那些必须“就地居住”的人提供毗邻农场的农舍：包括马车夫、挤奶工和牧羊人。而对于所有的其他工作，他声称，农场主可以按件计费以节约成本，这样，“劳工是走了 100 码还是 1 英里来干活对于他来说确实无关紧要”。[③]

其他地主表示赞同。其中一人就是北安普敦郡南部的保守党议员雷纳德·奈特利(Rainald Knightley)爵士，他在同一场讨论中就自己的贡献进行了争论，他认为对劳工不得不长途跋涉上下班的充满感情的描述都是“胡说八道”。[④] 奈特利承认，毫无疑问，那些需要从外面走来的劳工必须与住在地产上的劳工竞争。此外，他进一步承认，雇佣那些经历长途跋涉来工作的劳工的佃农， 157
只接受了“一个有些疲劳的人的服务，而不是一个精力充沛的人的服务”，他估计，这影响的“大约是一天工作的四分之三，而非一整天的工作”。然而，奈特利向议会保证，这种损失一般在出租农场的时候就已经考虑在内了，也会因此少付一些租金给受影响的佃

① *Parliamentary Debates*, 3rd ser. 173 (17 February 1864), cols. 697 - 8.

② 出处同上，col. 702。

③ 出处同上，178 (1865 年 3 月 27 日)，关于《联盟收费法案》的讨论，col. 349。

④ 出处同上，297。

农。他的结论是，农场主和劳工都没有什么损失。[1]

1867年，在一次关于雇佣妇女和儿童进行农业工作的讨论中，布莱顿的盲人自由党国会议员亨利·福塞特（Henry Fawcett）提出了一个截然相反的观点。作为一名经济学家，福塞特刚刚出版了他的《政治经济学手册》（*Manual of Political Economy*），并将继续发表关于贫困和土地国有化的文章。[2] 为了反映这些担忧，他请求听众

> 假设一个农民被禁止在自己的农场里使用马厩，他们的马在到达工作的田地之前必须走五六英里，难道农民们不会抱怨马的力量已经在一定程度上消耗了吗？难道地主不会觉得很冤枉吗？[3]

但是，因为在工作的教区缺乏合适的农舍，农场劳工却同样要走五六英里。福塞特认为这种行走对于妇女和儿童来说尤为辛苦，“保存劳工的体力难道不应该比保存牲口的体力更重要吗？”[4]对于作为政治经济学家的福塞特来说，这个问题的答案只能是肯定的，他的论点是，农业劳动“真正”工作的效率和生产力不应该被必须先到达农场所需要的准备性跑腿工作降低。（对于福赛特来说，最大的问题在于“走了这么长的路后，那些可怜的孩子还能有多少力气去干活？”而不是这些“工作”是否真的适合孩子。[5]）

158 除此之外，19世纪许多关于农村穷人的重要议会讨论中都提到了劳工的行走，这具有重大意义。这些评论揭示了上下两院主

① *Parliamentary Debates*, 3rd ser. 173 (17 February 1864), cols. 697 - 8.

② Lawrence Goldman, “Fawcett, Henry (1833 - 1884)”, *Oxford Dictionary of National Biography*.

③ *Parliamentary Debates*, 3rd ser. 186 (2 April 1867), col. 1013.

④ 出处同上。

⑤ 出处同上。

要政治家——从福赛特等“先进的”自由主义者到奈特利这样彻底的保守党乡绅——根深蒂固的共同假设。广泛而费力地走到工作地点(以及作为有偿工作的组成部分所进行的行走)只是英格兰农村工人阶级“完成”的事情;在很大程度上,人们觉得他们就应该这样。然而,即使这些简短的例子也表明,人们认识到步行与效率观念更直接地联系在一起,而不仅仅是承认一些劳工的日子过得漫长而辛苦。围绕着农舍的争论取决于行走是被视为与劳动者的“真正”工作无关,还是其必要部分。总的来说,这些男人、女人和孩子的劳动能力与他们的通勤旅途密切相关,因而也是他们雇主关心的问题。然而,对于同时代人更实际的人来说——奈特利就是一个很好的例子——在工作中走路所导致的任何能量消耗都会体现在地产的资产负债表中,而不是对那些只能一步步走而且常常要走很长距离的劳工的生存条件的改善中。

尽管改革者在议会上做了许多努力,但行走的重要性在之后的许多年间并没有减弱。1873 年,诺福克南方的自由派保守党议员克莱尔·塞韦尔·雷德(Clare Sewell Read)认为,出于我们所遇到的许多不同原因,应该在农场主的土地上建造农舍。19 世纪 70 年代,随着农业大萧条的爆发,英国经历了严重的农村经济衰退。其中一个后果就是工人从农村涌入城市地区,至少在某些地区,对农业劳动力的需求达到了“人们不会像以前一样走两三英里去工作”的程度。[①] 雷德的观点表明,由于行走是农场工作的必要条件,因此行走(或不行走)的行为实际上使劳动者有能力在某个特定农场保持劳动力。这不再是对雇主的妥协,而是成为一种挑衅行为。因此,行走的“事实”虽然很普遍且理所当然,却可能有许多不同意义。在危机严重的爱尔兰,有些农场主不得不自己早晨

① *Parliamentary Debates*, 3rd ser. 217 (16 July 1873), col. 474.

159 步行三四英里去雇用劳动力，因此，对于他们来说，就像他们的劳动力一样，利默里克的地方自治派议员威廉·亨利·奥沙利文(William Henry O'Sullivan)认为，“他们不太可能可以正常劳动一整天”。①

农业萧条恰逢新的调查中行走效应出现的时代。埃德沃德·迈布里奇(Eadweard Muybridge)1877年和1878年发表的描绘动物运动的珂罗版图片是试图了解人类及其他动物行走机制的一次尝试。② 此外，人们也在采取步骤了解身体锻炼，特别是漫长而艰辛的行走，可能会对身体造成的伤害。1876年，医学杂志《柳叶刀》(*The Lancet*)刊登了由伦敦盖伊医院生理学医师、讲师兼皇家学会研究员弗雷德里克·威廉·派维(Frederick William Pavy)对参加过一系列长途行走竞赛的“美国著名步行者”爱德华·佩森·韦斯顿(Edward Payson Weston)的观察评论。首先是对阵“最著名的英国行走者”，曾连续24小时绕农业厅行走115英里的威廉·帕金斯(William Perkins)。③ 这样就画出了两条平行路径。韦斯顿的路径上覆盖着肥沃的土壤和碎石，而帕金斯的路径上则是毫无遮挡的木地板。韦斯顿脚上穿着厚底矮跟轻靴，前面系带，高及脚踝。他身着灯笼裤和“闪闪发光的皮裹腿”，裹腿用金属绑带上下绑住。帕金斯则穿着“普通运动服，一双薄底拖鞋”，不过很快就会换成“系带帆布跟靴”。④

比赛的画面本身就是对行走行为的有趣注解。韦斯顿作为一名工人，穿着更简洁，简单粗暴的服装给人的印象是，长途行走是

---

① *Parliamentary Debates*, 3rd ser. 260 (6 May 1881), col. 1979.

② 关于埃德沃德·迈布里奇的更多内容，参见Tim Cresswell, *On the Move: Mobility in the Modern Western World* (London, 2006)。

③ F. W. Pavy, “The Effect of Prolonged Muscular Exercise on the System”, *Lancet*, 107(2739) (1876), 319 - 20。

④ 出处同上，319。

一种忍耐而非“运动竞赛”。穿灯笼裤说明他穿的是工人的日常服装。(《柳叶刀》杂志的一名记者表示,工人们更喜欢把裤子拉到腿上方 2—3 英寸处,变成“简陋的灯笼裤”,然后用带子紧紧绑在膝盖下面,这样就不会妨碍走路。这对农业工人来说尤为重要,“厚厚的硬靴子令他们的脚踝或脚背几乎没有活动空间,他们跨过土 160
块时只能把脚抬得高高的,膝盖的弯曲程度也远大于其他行走者”。[①])韦斯顿的靴子比那些更适合在地里干活的靴子轻(那些靴子是用树皮鞣革制作,“僵硬笨拙”,鞋底是手纳的,布满了一排排大鞋钉,鞋舌缝到上面,这样就可以防水),但外观上是一样的。[②]他踏过的土地表面也跟劳工正常走过的非常相似。

这次行走成为一场可以观赏的景象,还结合了试图衡量过度行走对人体生理影响的尝试。派维在一系列文章中记录了参与者的食物摄取量和时间安排,以及他们的脉搏、体温和“心音”;他还安排了对整整 24 小时的尿液成分进行化学分析。遗憾的是,帕金斯还没到时间就不得不退出,[③]而韦斯顿则取得了胜利,继而在接下来的几年里完成了其他行人耐力测试。[④] 在后来的这些竞赛中,派维进行了多次测试,试图了解肌肉力量的来源。他的“实际演绎……的一些重要性”在于,为了维持身体的良好状态,摄入与

① W. H. Bo, “Knee-breeches for Labourers”, *Lancet*, 123 (1884), 190.

② Horn, *Labouring Life*, 102.

③ 他于上午 11 点 50 分退出。他晚上 9 点 25 分出发,12 点 35 分停下来去吃了“一大杯雪利酒拌两个鸡蛋”。“凌晨 3 点,他停下来吃了一大块羊腰子,喝了一品脱伯顿啤酒。之后大约半小时就吐了;而且显然把他吃的东西都吐了出来。凌晨 4 点,他喝了一些咖啡和白兰地;早上 6 点,一杯雪利酒;早上 7 点,咖啡和白兰地;早上 8 点 44 分,一块羊排、吐司和一杯拌了鸡蛋的茶;上午 10 点 30 分,一杯啤酒和茶;上午 11 点,同上,上午 11 点 30 分,同上。在 10 点 30 分到 11 点 50 分离开之前,他还每隔一段时间吃一小块果冻。12 点过后不久,他第二次呕吐。”Pavy, “Effect of Prolonged Muscular Exercise”, 319。

④ F. A. Mahomed, “Observations on the Circulation Made on Mr. Weston during his Late 500-Mile Walk”, *Lancet*, 107(2742) (1876), 432.

排出必须均等：

> 无论我们对于肌肉力量的来源持何种看法，都有理由认为，如果有额外的含氮物质消耗，那就应该有额外的供应，以维持适当的平衡。①

161 根据这些结果，回想一下 19 世纪 60 年代那些对农业工人的日常行走跋涉不屑一顾的地主们，还真是有趣。如果行走的危害能更加深入人心，他们还会这么冷漠吗？

结 语

行走作为一种日常活动，在农村典型的工作日中并未发展到像城市或乡村一样可作为休闲活动来讨论的程度，无论是探险还是锻炼。然而，当我们更加深入地考察时，行走确实以各种面貌出现在地产上及其周边。通过还原一些上下文中明确提到或讨论行走的例子，本章认为，行走是地产运营不可分割的一部分，不仅与劳动力供应相关，也与对持有者的监视相关，两者均采用良性的侵入方式。我们很容易忽略农村工作日的行走；这些行走常常是不可见的，历史学家很难还原，但确实值得还原。我们应该更深入地审视其价值和意义，不再只是关注雇佣劳工的地主和农场主，而是关注劳工本身。毕竟，正如雷德所建议的那样，通过避免长途跋涉来留住劳工是一种非常有效的手段，颠覆了认为行走是劳工应该且必须忍受的负担的传统观念。

---

① F. W. Pavy, "The Effects of Prolonged Muscular Exercise upon the Urine in Relation to the Source of Muscular Power", *Lancet*, 108(2782) (1876), 887 - 9.

第三部分

社会身份和社会实践

第7章

意外总会发生：1850—1865年英国登山"黄金时代"的风险、攀登和徒步

亚瑟·伯恩斯

1907年，捷克讽刺作家雅罗斯拉夫·哈塞克(Jaroslav Hašek)发表了一篇以第一人称书写的关于登山探险的讽刺文章。[①]"哈塞克"与一位瑞士旅店老板的女儿调情，受到引诱试图首次攀登蒙萨斯佩兹山，这座山是"享受各种登山乐趣，比如折断脖子或者腿、脊柱、手臂粉碎的理想去处"。喝得酩酊大醉的他向顾客保证，他"绝对不会去爬一座致命事故发生率低于70%的山……你能保证在意外中我会粉身碎骨吗?"旅店老板可以保证。在攀登过程中，"哈塞克"问他的随行向导格奥尔格："如果我突然滑倒，并且一直悬在悬崖上，你会怎么做……？你会等待救援吗?"

① J. Hašek, "The Moasernspitze Expedition [Výprava na Moasernspitze, 1907]", in J. Hašek, *The Bachura Scandal and other Stories and Sketches*, ed. and trans. Alan Menhennet (London, 1991), 20 - 5.

格奥尔格平静地回答："我会割断绳子……然后去伯尔尼报告这次事故。当天下午它就会出现在报纸上，然后你就会看到这次事故引起的骚乱以及（旅店老板）从中获取的利润。所有的英国人都会聚集到这里，因为你们英国人都喜欢冒点险。"

166 "哈塞克"的双脚很快便冻僵了，但当预先已经收了钱的格奥尔格坚持继续往前走时，他不禁有些惊讶。原来，向导是担心失去旅店老板允诺他引诱新手上山的酬劳。而且，如果雇主死了，"我还是可以拿到一样的钱，除此之外，会有更多的英国登山者被吸引过来，那样我又可以从他们身上赚到更多的钱"。最后，他多加了20瑞士法郎，说服格奥尔格陪他一起在山上的小屋中逍遥了两天，然后下山回到旅馆，假装已经爬上过山顶了。然而，他们一回到旅馆，就有60个怒气冲冲的英国人挥舞着报道他们死亡的报纸，其中一个愤怒地质问老板："我们要回伯尔尼。你看见了，这位先生并没有死。上山并不危险。真是浪费时间。"英国人转身要走，旅店老板赶紧放出自己的"杀手锏"："先生，至少考虑一下您可能会被雪崩卷走呢。"

捷克人对于英国人这种不顾一切的任性登山行为的认识给两次世界大战之间的许多英国登山者留下了一种不恰当的印象。他们本以为这更适合以艾格峰北壁灾难为代表的德奥传统，1938年（这一年，对艾格峰北壁的首次攀登已经使六个人失去了生命），（英国）阿尔卑斯俱乐部主席爱德华·斯特拉特（Edward Strutt）将其描述为"痴迷于精神错乱"和"登山史上有史以来最愚蠢的变种"。[1] 日耳曼登山者愿意接受完全无法控制的压倒性风险，这被理解为同他们的盎格鲁-撒克逊对手一样，与

① E. L. Strutt, 1938 valedictory address in Walt Unsworth (ed.), *Peaks, Passes and Glaciers: Selections from the Alpine Journal* (London, 1981), 210.

他们令人厌恶的粗暴的民族主义恶劣地相关。对于后者来说，回避这种民族主义可以构成他们的爱国宣言。因此，弗兰克·斯迈思（Frank Smythe）在叙述自己在 1930 年堪钦季加多国旅行中的作用时，鄙视日耳曼人在山顶插旗的习惯，并回忆起有人递给他一面德国制造的红船旗（条纹印反了）让他用，而他显然更喜欢把它当手帕。①

然而，21 世纪的英国公众坚信不疑地认定英国攀登兄弟会（和姐妹会）存在冒险和几乎是自杀性的鲁莽行为，例如，1924 年，乔治·马洛里（George Mallory）和安德鲁·欧文（Andrew Irvine）死于“一定要攀上珠穆朗玛峰峰顶”，1995 年，我们在 K2 峰上痛失年轻的母亲艾莉森·哈格里夫斯（Alison Hargreaves），还有 1985 年，乔伊·辛普森（Joe Simpson）的畅销书《触摸巅峰》（*Touching the Void*）中描述自己在萨拉格兰德九死一生的经历，据此改编的电影后来获得英国电影学院奖。② 如果说登山总是涉及一定程度的风险，那么显然，在对各种步行运动的理解中，风险并不总是占据一成不变的相似位置。 167

本章以这方面的一个变化的例子来确定英国登山运动演变的重要时刻的时间和结果：攀登活动开始被认定为一种不同于山上其他形式的徒步旅行的时刻。这种变化不仅涉及源于 19 世纪更

---

① Frank S. Smythe, *The Mountain Vision* [1941] (London, 1946), 188 - 9. 斯迈思的观点是：“从轰动效应及可能以生命和肢体为代价打破纪录的角度来说，登山运动不应被归类为现代狂热之一。这是一门精确的科学，是物质和精神的完美融合。它不是，也不应该成为一种令人不顾一切的事业。”: Frank S. Smythe, *The Kangchenjunga Adventure* (London, 1946), 171。

② David Rose and Ed Douglas, *Regions of the Heart: The Tragedy of Alison Hargreaves* (London, 1999); Joe Simpson, *Touching the Void* (London, 1988); *Touching the Void* (2003), dir. Kevin McDonald. Among many others and most recently, Wade Davis, *Into the Silence: The Great War, Mallory and the Conquest of Everest* (London, 2011).

为普遍地影响行人休闲娱乐的浪漫主义和华兹华斯美学的休闲散步形式定义特征的转变；同样对参加这项运动的社会群体造成了重大影响，使得一些登山活动的受众显然超出了这项运动初期占主导地位的绅士、专业人员和中产阶级群体。

一

关于19世纪中期英国人对高山和登山的态度如何演变的基本故事，已经有很多研究清楚地描绘了英国登山运动“黄金时代”的概况和起源。[①] 这一时期——对于纯粹主义者来说——从1854年阿
168 尔弗雷德·威尔斯（Alfred Wills）攀登维特霍恩开始，或者——对于普通大众来说——从三年前阿尔伯特·史密斯（Albert Smith）对勃朗峰的一次次冲击开始，一直延续到1865年爱德华·温伯尔（Edward Whymper）征服马特洪峰。在这十一年间，英国登山者在瑞士境内登顶了阿尔卑斯山的39座最高峰中的31座。

从上述讨论中可以清楚看出，从作为一种为了“自己利益”——或者，就像当别人问起攀登珠穆朗玛峰的动机时，马洛里所说的，“因为它就在那里”[②]——的运动追求的角度来说，“现代登山运动”经历了一系列某种程度上非常痛苦的解放，将其从把攀

---

① 例如：Fergus Fleming, *Killing Dragons: The Conquest of the Alps* (London, 2000); Robert Macfarlane, *Mountains of the Mind* (London, 2003); Jim Ring, *How the English Made the Alps* (London, 2000); Simon Thompson, *Unjustifiable Risk? The Story of British Climbing* (Milnthorpe, 2010). 更大胆、更宽泛的框架，参见 Peter H. Hansen, *The Summits of Modern Man* (Cambridge, MA, 2013). 重要的早期作品包括 Ronald W. Clark, *The Victorian Mountaineers* (London, 1953)。

② 选自“Climbing Mount Everest is Work for Supermen”, *New York Times*, 18 March 1923. 当然，马洛里的动机与普遍性的探险动机不同，就像英国人对珠穆朗玛峰的其他冲击一样，这些探险都是由皇家地理学会共同赞助的，作为探险练习。

登视作达到其他目的的手段的相关规定中解脱出来，这些攀登主要是对冰川、大气和地质的科学考察，以及测量和制图，尤其是定义欧洲阿尔卑斯山流动的政治边界。这种解放在英国最有名的标志性事件是阿尔卑斯俱乐部，俱乐部于1857年成立，其目的是迎合英国登山者的俱乐部选区（自建立至1863年，俱乐部共有281名成员，其中有80名大小律师、34名神职人员以及15名学者）。[1] 其早期出版的作品首先是约翰·鲍尔（John Ball）编辑的《山峰、道路和冰川》（*Peaks*, *Passes and Glaciers*）记录，之后继续出版了《高山杂志》（*Alpine Journal*，1863年首次出版），其中体现了由阿尔卑斯高山的先锋英国游客，如爱丁堡大学自然哲学教授J. D. 福布斯（J. D. Forbes）等人所保持的索绪尔和阿加西考察阿尔卑斯山的传统。他们不仅加入了新的（有时是首幅）地图，还描绘了冰川的流动和坡度、侵蚀类型及温度图，并描述了跨过山峰的常用路线。[2] 然而，在俱乐部主席演讲的过程中，当时屈指可数的最厉害的登山运动员莱斯利·斯蒂芬（Leslie Stephen），也是清晰表述19世纪后期英格兰登山和平地徒步旅行哲学的关键人物，从另一个不同的角度描述了自己1864年攀登琪纳尔洛特峰的经历：

> “你做了什么哲学观察？”这是那些狂热分子提出的问题之一， 169
> 他们通过对于我来说完全不可思议的推理过程，莫名其妙地将阿尔卑斯山的旅行与科学联系起来。我对他们说，温度大

---

① Clark, *Victorian Mountaineers*, 84.

② 例如：J. Ball (ed.), *Peaks*, *Passes and Glaciers: A Series of Excursions by Members of the Alpine Club*, 5th edn (London, 1860). 关于J. D. 福布斯，参见他的*Travels through the Alps of Savoy and other Parts of the Pennine Chain with Observations on the Phenomena of Glaciers* (Edinburgh, 1843)。

约是（我没有温度计）零下212度（华氏）。至于臭氧，如果在大气中存在的话，那真是比我想象的更可笑。[①]

这种尖刻的言语导致俱乐部的另一位主要登山者递交辞呈，他就是马特洪峰比赛中温伯尔的主要英国对手约翰·廷德尔(John Tyndall)，他同时也是英国皇家研究院的自然哲学教授。

体育登山者同样不得不摆脱拉斯金式的审美傲慢，这种审美认为"庄严"的高山从平原上虔诚地欣赏是最好的。拉斯金本人既谴责那些看到高山"化为砾石，只要他是第一个在皇家研究院展出那里的石子的人"[②]，也谴责阿尔伯特·史密斯(Albert Smith)在自己的畅销书《攀登勃朗峰》(*Ascent of Mont Blanc*)中所描述的方法，本身就是混乱的大规模登山，又加了96瓶葡萄酒、白兰地和香槟，与欣赏了六年多伦敦运动的瑞士牧屋女孩们一起大肆庆祝。[③] 拉斯金叹息"你们自己的诗人曾如此虔诚爱过的阿尔卑斯山，你们却视为嘈杂场所里涂了肥皂的杆子，你们自己往上爬，又'兴奋地尖叫着'滑下来"。[④] 虽然许多登山运动员都对庄严的高山怀有拉斯金式的信仰，不愿将其与商业化、小资产阶级的史密斯对等[在查尔斯·哈德森(Charles Hudson)和E. S. 肯尼迪(E. S.

---

① Leslie Stephen, "The Ascent of the Rothorn", *Alpine Journal* [hereafter *AJ*], 2 (1865), 67 - 9，之后再版于 Leslie Stephen, *The Playground of Europe* (London, 1871)，这是他关于登山的主要论断的代表作；至于他对更普遍的行走的观点，参见 Leslie Stephen, "In Praise of Walking" [1901], in *Studies of a Biographer*, 4 vols (London, 1898 - 1902), III, 254 - 85。

② John Ruskin, comment on "Extract from Fors Clavigera", in L. Rendu, *Theory of the Glaciers of the Savoy* (London, 1874), 206.

③ Albert Smith, *The Story of Mont Blanc* (London, 1853)；关于酒的细节在第159页；R. Fitzsimmons, *The Baron of Piccadilly: The Travels and Entertainments of Albert Smith* (London, 1967)；关于拉斯金和史密斯，参见 Darren Bevin, *Cultural Climbs: John Ruskin, Albert Smith and the Alpine Aesthetic* (Saarbrücken, 2010).

④ J. Ruskin, "*Of Kings' Treasuries*", *Sesame and Lilies: Two Lectures delivered at Manchester in 1864* (London, 1865), 84 - 5.

Kennedy)1856 年的登山活动中，他们找到了自己更值得肃然起敬的勃朗峰时刻，这次登山没有夏蒙尼协议中所规定的随行向导和搬运工队伍，以及同样需要携带科学仪器和食物]，但他们确实很 170
喜欢“涂了肥皂的杆子”。因此，尽管很少有人在自己的作品中不谈庄严，但他们经常转而采用与科学家相同的特征性的缩减及简洁词汇和语法，以此驱逐任何敌对的狂热分子。[①]

二

通过这样的过程，区分并定义体育登山者的独特动机。然而，本章关注的是另一个互补且基本上同时存在的分化过程，令人惊讶的是，对这一分化的直接关注非常少，或许是因为它不那么具有争议，更容易被忽视：那就是登山和攀登与旅游及其他行走形式之间的分化。这也是一个逐渐发展的过程，一个在 19 世纪 60 年代的登山文学中演变的进程。例如，《高山杂志》中记录的那些叙述这些探险的人并不总是将主角称为登山者，而是经常称他们为阿尔卑斯山的“旅行者”，这些人不仅包括攀登山峰的人，也包括充当他们的向导，带领他们乘坐长途汽车、火车及步行在阿尔卑斯山附近往返的人。现代读者跳过的大部分信息，以及早期攀登叙述中的科学观察，均以登山者及不那么野心勃勃的行人所分享的旅店建议和穿越阿尔卑斯山的路线的形式出现，不管是为了工作(如猎鹿人或牧羊人，实际上，他们经常被要求像徒步登峰者一样野心勃勃，登山运动员早期雇佣的最佳向导就是来自这些人)，还是为了玩，都试图从高处探索阿尔卑斯山的美景。

---

① Charles Hudson and T. S. Kennedy, *Where There's a Will There's a Way: An Ascent of Mont Blanc by a New Route and Without Guides* (London, 1856).

我们现在所认为的“恰当的”登山也一直没有明显的标志。在《山峰、道路和冰川》第一卷(1859)中,编者约翰·鲍尔提供了一套《给阿尔卑斯旅行者的建议》。如果不是因为它的出版背景,很难想象一个潜在的读者会预测到“巍峨的阿尔卑斯山旅行模式”中的一个部分将只涵盖那些“除了陡峭的岩石立面,表面被白雪和冰川
171 覆盖”的情况,并立即转向对其“危险”的讨论,并将其分为“真实的”——冰隙上的雪桥、在结实的冰上滑倒、落石——和“想象的”。之后,书中开始介绍如何测量高度和坡度,以及如何记录冰川、地质和植被种类。①

模糊的另一个源头是,许多早期的登山者与更传统的行人一样拥有大量记录。因此,查尔斯·哈德森于1853年若无其事地记录了从比昂纳西到日内瓦参加社交活动,然后在24小时内返回,总路程约为86英里;斯蒂芬轻松地按他自己(又快又大!)的步伐从伦敦走到剑桥去用餐。② 促使登山者登山的许多兴趣同样也促进了更常规的行走——主要是植物学方面;实际上,一些早期的登山者将攀登有效地概念化为在更好的地方行走,其中,在比其他行人所获得的字面和象征意义上都更纯粹的氛围下,登山对健康、情感和知识的益处被放大了。

作家们确实试图区分登山和行走的效果,登山中被强调的是两个特点。一是四肢并用,在遇到岩石、冰雪时,大脑要寻找路线,

① John Ball, “Suggestions for Alpine Travellers”, in John Ball (ed.), *Peaks, Passes and Glaciers* (London, 1859), 291 - 312. 同样令人惊讶的是,“旅行者”这个词出现的频率是“登山者”的三倍——“攀登者”完全没有出现;第5版的序言中提到口袋书形式是“行人旅行者”的理想选择;征服最高峰的也是“旅行者”。第二系列(1862)中再次出现相似的不平衡,只是开始(零星地)使用“攀登者”一词,尤其是在描述第一系列中的文章作者时:T. S. Kennedy (ed.), *Peaks, Passes, and Glaciers: Being Excursions by Members of the Alpine Club: Second Series* (London, 1862), v。

② Arthur Burns, “Hudson, Charles”, *Oxford Dictionary of National Biography*; F. W. Maitland, *The Life and Letters of Leslie Stephen* (London, 1906), 63.

从而产生一种亲密而全面的身体体验。正如约翰·廷德尔所说的，到达阿尔卑斯山时，他"脑子里装着……伦敦，肌肉中留着樱草花山的恶习"；坚硬的岩石充分调动了他的四肢和大脑："我主要依靠手指、手腕和小臂，作为一种机械工具，人类的手如今以从未有过的方式呈现在我眼前"。简单来说，"精神与物质相融合：阿尔卑斯山使我们整体得到提升，离开那里的悬崖峭壁时，我们变得更聪明、更强壮"。[①] 另一个区别自然是风险；其中最重要的就是死亡的风险。然而，在"黄金时代"，这一区别的展现方式比我们预期 172
的要复杂得多，值得仔细探讨。[②]

三

即使是在以科学或审美为目的的登山者中，登山运动中危险地点和环境所产生的兴奋感和对肾上腺素的刺激显然也被认为是其吸引力的一部分。而且，这显然可以与后者相关联。对于沃恩·霍金斯（Vaughan Hawkins）来说，应了埃德蒙·伯克（Edmund Burke，如果不像哲学家那样关心保持安全距离，以确保快乐大于痛苦）的话："崇高的感觉很大程度上取决于……自然力量与对抗自然的人的能力之间的某种平衡；如果自然力量过于强大，崇高就变成了单纯的恐惧。"[③]E. S. 肯尼迪也认为，危险提高了紧张感：这些挑战"激发了在准备中周全的预见……在危机时刻

---

① John Tyndall, *Hours of Exercise in the Alps* (London, 1871), 3, 102, 156.

② 登山风险的话题在 Elaine Freedgood, *Victorian Writing about Risk: Imagining a Safe England in a Dangerous World* (Cambridge, 2000), ch. 4 中进行了讨论，这里，我的主要关注点的区别在于关注真实灾难而不是潜在危险。

③ F. V. Hawkins, "Partial Ascent of the Matterhorn", in F. Galton (ed.), *Vacation Tourists and Notes of Travel in 1860* (Cambridge, 1861), 299. 对于伯克的观点，参见 E. Burke, *A Philosophical Enquiry into the Origin of Our Ideas of the Sublime and Beautiful* (1757)。

自力更生，以及……当困难即将到来时，精力充沛。因此，没有任何其他人类运动能够带来这两种效应”，他认为这种深思熟虑使得能够培养盎格鲁-撒克逊性格的登山运动成为“体育运动之首”。[①]

那么，在维多利亚时代中期的英国登山互助会中，如何应对危险及意外中所意识到的风险呢？《山峰、道路和冰川》及《高山杂志》中特别提供了有趣的证据。在描述 1865 年之前阿尔卑斯俱乐部会员组织的登山活动时，意外主要发生在登山者过于劳累，山坡条件欠佳时，因此，这些意外主要出现在下山的描述中。在可能以其他方式在上山过程中多次详细描述过的路线中，这些灾难成了受欢迎的事件。这些参考文献采用简明扼要的方式记录下滑、摔跤和几乎所有的失误，然后是更加语焉不详的某种伤，“冰冷”或冻僵的手，以及根据高山偏方进行的治疗恢复。令人惊讶的是，致命
173 事故本身鲜少成为该杂志或其之前的书卷中关注的重点；例如，没有事故中登山者遇难的讣告。

发生严重事故的情况下，在描述事故时，要明确遵守一定的约定。1863 年 3 月，在第一期《高山杂志》中，阿尔卑斯俱乐部副主席威廉·朗曼（William Longman）描述了 1862 年 8 月，他的儿子在阿莱奇冰川发生的一次严重但非致命的意外。他说自己发表文章的理由是因为必须纠正新闻报道中可能得出的在冰川上必须把一队人用绳子拴在一起的错误结论。在文中，朗曼还讨论了另外两起有人丧生的事故：1859 年爱德华多·德·格罗特（Edoard de Grotte）在韦斯特遇难，以及 1860 年 8 月，三个英国人——B. 富勒（B. Fuller）、J. M. 罗彻斯特（J. M. Rochester）和 F. 瓦瓦苏（F. Vavasour）——以及其中的一名向导弗雷德里克·泰拉（Frederic

---

① E. S. Kennedy, “The Ascent of Monte della Disgrazia”, *AJ*, 1 (1863), 19 - 20.

Tairraz)在 Col du Géant 峰丧命。这两次事故都是因为绳子用得不够多。第二年，菲利普·高赛特(Philip Gossett)发表了一篇文章，叙述他在 1864 年 2 月参加的攀登 Haut de Cry 山的经历，在这次登山活动中，著名向导约瑟夫·本农(Joseph Bennen)与高赛特的一位法国朋友一起遇难，文章中只写了他姓的第一部分(布瓦索内[Boissonnet])——1860 年遇难的三个英国人也没有提到名字。[1] 这一叙述再次提供了从完全正确的报告中吸取教训的机会。

因此，用现在的话说，那些讨论更多的是“风险管理”练习，而非纪念或进一步反思登山者事故中更宽泛的含义或道德内涵的机会。这些文章并不是明显的“灾难叙述”风格，而是更多地被理解为由鲍尔的《给阿尔卑斯旅行者的建议》激发的不断进行的关于登山挑战最佳应对技巧的讨论。讨论的一个重要主题就是莱斯利·斯蒂芬就任阿尔卑斯俱乐部主席的就职演说，发表在 1866 年 6 月杂志上的《论〈阿尔卑斯山的危险〉》。[2] 在这篇文章中，斯蒂芬明确从鲍尔中断的地方开始说起，实质上是试图规范登山的危险，把其与职业和休闲层次的其他日常休闲活动——游艇、射击和狩猎——相关的风险进行对比。如果可以遵守合理的预防措施，对常识性的东西加以注意，并雇佣经验丰富的向导，这项运动的危险就可以降低至“微不足道”。

这里，关于向导的观点意义尤其重大，因为它强调了步行与登 174
山之间尚未明确的区别。对于斯蒂芬和他阿尔卑斯俱乐部的同僚

---

① William Longman, “A Narrative of an Accident on the Aletsch Glacier in 1862”, *AJ*, 1 (1863), 20 - 6; Philip C. Gossett, “Narrative of the Fatal Accident on the Haut de Cry, Canton Valais”, ibid. (1864), 288 - 94.作为对比，关于两起灾难的新闻报道列出了涉及人员的名字(或姓)。

② Leslie Stephen, “Alpine Dangers”, *AJ*, 2 (1866), 273 - 81.

们来说，俱乐部在很大程度上定义了一个独特的“登山者”身份，这在温伯尔著名的《1864 年采尔马特的俱乐部房间》[①]中表现得非常明确，并且以一个基本的假设作为伪装：任何兴趣合理、有钱有闲、身体健康，以及——许多人在描述自己的运动乐趣时所强调的——能够为群体贡献活力的有俱乐部会员资格的人都可以进行这种消遣娱乐。在这里，斯蒂芬迎合了 J. D. 福布斯在 1857 年一篇名为《在瑞士徒步》的文章中提出的观点，在这篇名副其实的文章中，他认为登山是正常人安全地体验危险带来的颤栗的一种方式，并且讨论了从同样名副其实的名为《阿尔卑斯山之旅》的文章中得出的益处：它提供了“也许是普通民众有机会参加运动的最佳捷径，他有些兴奋，还有战争带来的许多困难和极度贫困，但一点没有那些令人厌恶和害怕的特征”。斯蒂芬的文章中出现了一个比较黑暗的声音，他推测，如果没有向导，那么“灾难事故的时代就要到来了”。[②]

此时，至少有一些理由可以宣称任何“灾难事故的时代”将会到来。《高山杂志》1864 年 9 月的一篇文章中似乎有些后知后觉地藐视命运，律师约翰·杰明·考威尔（John Jermyn Cowell）叙述了重新发现 1820 年勃朗峰事故中丧生的向导的一些遗物对冰川运动的影响，指出这是世界上仅有的在攀登阿尔卑斯山的过程中死亡人数超过一人的三起事故中的一起（另外两起悲剧就是上文提到的 Col du Géant 峰和 Haut de Cry 山灾难）。[③] 而

① 再现于 Edward Whymper, *Scrambles amongst the Alps in the Years 1860 - 1869* (London, 1871), facing 263.除非另有说明，否则本章的所有引用均出自该版本。

② Stephen, "Alpine Dangers", 281; J. D. Forbes, "Pedestrianism in Switzerland", *Quarterly Review*, 101 (1857), 286, quoted in Bevin, *Cultural Climbs*, 133.

③ J. J. Cowell, "Some Relics of the Guides Lost on Mont Blanc", *AJ*, 1 (1864), 332 - 9.

且，在许多其他事故中，丧生的是向导或搬运工，而非阿尔卑斯俱乐部的成员（而且经常有人认为当地向导缺乏英国登山者的“勇气”，他们认为这可能与保护登山者安全的其他所有特性一样重要）。[①] 然而，在考威尔和斯蒂芬的文章发表的间隙，关于“灾难”事故的记录又增加了一起，就在维多利亚时期登山活动 176
最著名的此类事件之后。

四

1865 年 7 月 14 日的马特洪峰悲剧多年来一直魅力不减，其激发的兴趣可能仅次于为数不多的几座更具标志性的山峰——珠穆朗玛峰——上马洛里和欧文的消失之谜。例如，哈塞克的“蒙萨斯佩兹山”显然就是略加伪装的马特洪峰，作者回忆 1865 年的细节时，特别提到了“砍断”绳子。将攀登马特洪峰队员系在一起的绳子被砍断，导致七名登山者中四名死亡，这在事故后成为人们讨论的焦点，对于绳子末端的详细描述和例证成了人们关注的重点，因为有人暗示死里逃生的向导，老彼得·陶格瓦尔德（Peter Taugwalder）和小彼得·陶格瓦尔德父子，为了自保，故意割断了与那些失足坠落的人之间的绳子。1997 年，艾伦·莱尔（Alan Lyall）出版了《书目指南》和事故原始资料，密密麻麻地印了近 700 页；这个话题早在 1965 年就成为罗纳德·克拉克（Ronald Clark）一本书的主题，激发人们浓厚的兴趣，在 2008 年再版，与此同时，事件的主角之一，爱德华·温伯尔也出了一些传记，其中最新、最重要的就是伊恩·史密斯（Ian Smith）所著的版本。2015 年是马特洪峰悲剧 150 周年，届时，毫无疑问会增加一些电

① 参见 Thompson, *Unjustifiable Risk?*, 35。

影电视纪录片。[①]

177 这次事故的确是一次可怕的事故。事故发生后，团队的领导人、心理依然受创的温伯尔立刻努力寻找遇难者的遗体。随着安纳西出版的图像描绘及随后《泰晤士报》在 1865 年 8 月 2 日转载的路透社消息，事件逐渐清晰，当时的景象令人震惊：其中一名登山者踪迹全无，只找到了一只靴子；另外三人在从陡峭的厚石板上坠落 4 000 英尺的过程中被岩石刮得一丝不挂。搜寻队找到一个扁平的头骨，在原本嘴的位置只有一个"没有血肉的空隙"；其他"没有人形的残留物"包括一只手和前臂，通过疤痕辨认应该属于温伯尔最喜欢的经验非常丰富的向导米歇尔·克罗（Michel Groz），他被开膛破肚，念珠上的十字架嵌入长着胡须的下巴中。他们从钱包里的一封信辨认出了查尔斯·哈德森。[②] 团队的组成令这次事故更加值得玩味，因为是最后时刻仓促组队，所以这次的队员呈现出不同寻常的多样性。温伯尔经常跟克罗一起登山，但对于哈德森只知其名；可能是三者的交叉证明说服他带上了两名

① Alan Lyall, *The First Descent of the Matterhorn: A Bibliographical Guide to the Accident of 1865 and its Aftermath* (Llandysul, 1997); Ronald Clark, *The Day the Rope Broke: The Tragic Story of the First Ascent of the Matterhorn* [London, 1965] (Frodsham, 2008). 关于自传，参见 Ian Smith, *Shadow of the Matterhorn: The Life of Edward Whymper* (Hildersley, 2011); F. S. Smythe, *Edward Whymper* (London, 1940); Emil Henry, *Triumph and Tragedy: The Life of Edward Whymper* (Kibworth Beauchamp, 2011); Walt Unsworth, *Matterhorn Man* (London, 1965). 关于电影，参见英国的 *The Challenge*, dir. Milton Rosmer and Luis Trenker (1939)，以及亚历山大·柯尔达翻拍自特伦克尔早年版本的《山在呼唤》，这部电影本身就是翻拍了马里奥·伯纳德和农西奥·马拉索马 1928 年的无声电影《马特洪峰争夺战》，其中，特伦克尔饰演卡雷尔。关于纪录片，参见 August Julien, *Whymper's Weg aufs Matterhorn* (1955)，以及 Mick Conefrey, *The Misfi t and the Matterhorn* (BBC, 2001)。2014 年 9 月，导游和登山者在山上照亮了第一次登顶的路线，开启了 150 周年庆典；2015 年 7 月 14 日，所有登山者被禁止登山，以免造成当前 500 多人的死亡人数进一步增加。

② Clark, *Day the Rope Broke*, 159; *The Times*, 2 August 1865, 10.

新手，19 岁的道格拉斯·哈多（Douglas Hadow）及陶格瓦尔德父子的雇主，18 岁稍有经验的弗朗西斯·道格拉斯（Francis Douglas）勋爵，他同时也是昆斯伯里侯爵的继承人。

温伯尔自己本身就是 19 世纪 60 年代年轻一代登山者中屈指可数的最具天赋的人，在过去的五年中，他已经因大胆的首次攀登名声大噪。对于他来说，这次攀登马特洪峰不仅为为期十八天、攀登 10 万多英尺的多芬尼山脉攀登活动画上了完美的句号，同时也是他从三面出发攀登同一座山，试图成为温伯尔、约翰·廷德尔及意大利向导让-安托万·卡雷尔（Jean-Antoine Carrel）三人中登顶第一人的第八次冲击，胜利的英国人曾站在峰顶俯视还在攀登的让-安托万·卡雷尔。因此，胜利与悲剧并存、英国受害者的身份、探险队领导人的声誉及事件的戏剧性，再加上绳索失效的性质和责任这个充满疑问的问题，使得这次事件在更大范围内得到空前关注。这种关注在 1871 年温伯尔出版回忆攀登阿尔卑斯山的《1860—1869 年阿尔卑斯山攀登实录》（*Scrambles amongst the Alps in the Years 1860 - 69*）时进一步加强。该书一年内便再版，1879 年第三次出版，1893 年第四次出版，然后在 1900 年第五次出版。由此奠定了其可能是首部登山文学"经典"的地位，并且自此 178
之后一直不断再版。[1]

如前所述，1865 年马特洪峰攀登事件经常被视为英国登山运动史上的重大转折。对于一些人来说，这几乎完全出于巧合，恰好发生在其他因素促使这项运动发生改变的时刻，朝着更有技术含量的路线发展而非寻求征服新的高峰转变，转向欧洲阿尔卑斯山以外的新区域探险。[2] 对于另一些人来说，如莱斯利·斯蒂芬，他

---

① 2002 年，《国家地理杂志》将其推选为有史以来最伟大的 100 本冒险书之一。
② Clark，*Day the Rope Broke*，199 - 200 中采用了这种立场。

在 1871 年评论温伯尔的书时，认为攀登本身是有意义的：这是阿尔卑斯俱乐部的“最高成就”。此后再也没有这么有意义的高峰等待征服，《攀登实录》毫无疑问“属于该文学族类的……最后一批作品”。[①] 在此，既然是讨论攀登叙述中事故的意义及其与行走的区别，我们需要同时考虑事件的影响，以及温伯尔的描述的影响。

五

事故本身的影响主要来自伦敦《泰晤士报》的报道。1865 年 7 月 19 日的《泰晤士报》上简短地刊登了从伯尔尼报纸上找到的死者姓名，之后，哈德森曾打算自己带队攀登马特洪峰的登山团队中的一位成员、采尔马特的英国国教牧师约瑟夫·麦考密（Joseph McCormick）给编辑寄了一封信，这封信发表在 22 日的报纸上，其目的在于“为那些遇难的朋友”提供更全面准确地描述并“避免错误”。五天后，《泰晤士报》刊登了关于此次事件的著名社论，这篇社论的导火索是 7 月 18 日的另一起事故，在这次事故中，另一名英国登山者 W. 尼维特·威尔逊（W. Knyvet Wilson）在试图独自攀登里弗洪峰时丧生。社论提出一系列反问，呼吁阿尔卑斯俱乐部进行回应：为什么英国血统最高贵的人要把自己的生命浪费在攀登迄今为止无人能接近的高峰上？……确实很壮观。但这是生活吗？这是义务吗？这符合常理吗？这是允许的吗？这样做难道不是错误的吗？领导者在其他地方的媒体中引发了更广泛的讨论，其中许多人开始推测登山者绑绳子的顺序、绳子的质量及是否
179 存在过失。不安的阿尔卑斯俱乐部试图通过有效命令起初并不情

① Leslie Stephen, review of *Scrambles*, *Macmillan's Magazine*, 24 (May - October 1871), 306, 311.

愿的温伯尔发表对此次事故的公开报告来维护自己的声誉，从而避免自己的会员受到在准备或行动中疏忽大意的质疑，这种质疑以另一封信的形式出现在1865年8月8日的《泰晤士报》上。这封信同样在俱乐部内部的出版物中首次被援引，经过修改后出现在1865年9月的《高山杂志》以及麦考密对尼维特·威尔逊事故（以及蒙特罗萨山口的另一起死亡事件中）的描述中。[①] 两者都力图以提供准确描述从而消除谣言及新闻报道误导的形式呈现。再没有其他东西发表——例如，没有哈德森的讣告，尽管他在俱乐部中地位不低，也没有关于争议的社论。

鉴于这些事件及前一年公布的描述，斯蒂芬1866年关于“阿尔卑斯山的危险”的文章——正如我们所看到的——一直认为“危险”是微不足道的，可以被理解为采取了比文章语气所暗示的更尖锐的立场。真正可以视为新兴“灾难事故时代”的记录可以在后来几年的《高山杂志》中找到。1866年12月，一篇名为《勃朗峰致命事故》的文章讨论了伯克利·塞缪尔·扬（Bulkeley Samuel Young）及板球队队长亨利·阿克赖特（Henry Arkwright）的遇难事故；三年后，斯蒂芬撰写了《阿尔卑斯山最新事故》的综合报告，这几乎意味着这将成为一个常规特征。[②] 1870年，俱乐部听闻W. E. 霍尔（W. E. Hall）关于律师亨利·切斯特（Henry Chester）在利斯卡姆峰遇难的文章与斯蒂芬的评论一起发表在该杂志上。次年，斯蒂芬自己写了一次遇难人数不低于11人的勃朗峰事故，后来，约翰·斯托格登（John Stogdon）在一篇完整的论文中进行了讨论，这篇论文后来也出现在杂志中。斯蒂芬继续讨论同期刊登的温伯尔的《攀登实录》，因此，1871年，关于致命事故的主题源源

---

① *AJ*, 2 (1865), 148 - 53.

② “The Fatal Accidents on Mont Blanc”, *AJ*, 2 (1866), 382 - 6; Leslie Stephen, “Recent Accidents in the Alps”, *AJ*, 3 (1869), 373 - 9.

不绝,这种情况甚至持续到斯蒂芬在新的一年再次提出"1871年高山事故"之前。[①]

180 毫无疑问,马特洪峰事故引发的骚动迫使阿尔卑斯俱乐部开始反思其对登山运动危险的理解。每次出现重大事件,讨论便再次延续,虽然让人感到明显轻松的是,与马特洪峰相比,扬及勃朗峰上的大批遇难人员得到的"关注出奇地少"。1871年,斯托格登希望"阿尔卑斯山事故开始丧失其已经拥有的重要意义,并在所谓的特别指出的英国人的不幸中找到自己的位置,如狩猎或射击,或横穿马路事故"。[②] 或许部分出于这个原因,《高山杂志》对于灾难的处理方式大体上与之前相同。除了霍尔(他在文章中提出了对幸存向导失职的质疑),所有关于切斯特遇难的文章均以今后的攀登应当吸取的教训为主题:即使是在明显很安全的地方绳子质量好、系紧的重要性,以及在知名的事故多发地需要留意雪崩的可能性,应当将其视为插着警告旗帜的步枪射击范围,尽量避开。不过,文章的论调出现了微妙的变化。一些试图征服攀登风险的尝试现在看来肯定是不合适的。例如,1870年,侥幸躲过马特洪峰灾难的A. G. 格德尔斯通在试图让质疑者相信,相比舞厅带来的风险,登山运动显然更具优势时,显然反抗过头了。

> 那些午夜过后,穿着易燃的裙子在热烘烘的房间里旋转跳跃,偶尔变得冷飕飕的……再来一顿重口味的晚餐锦上添花?夜复一夜地追逐这些东西,有益于身心健康强大?或者,

---

① W. E. Hall, "Fatal Accident on the Lyskamm", *AJ*, 5 (1870-2), 23-34; Leslie Stephen, "Note" in *AJ*, 5 (1870-2), 188-90; J. Stogdon, "Late Accident on Mont Blanc", *AJ*, 5 (1870-2), 193; [Leslie Stephen?], "Alpine Accidents in 1871", *AJ*, 5 (1870-2), 372-3.

② Stogdon, "Late Accident", 193.

> 这样是否潜移默化却又毋庸置疑地让许多花蕾枯萎，把许多受害者过早地送入坟墓？[①]

在《高山杂志》中，斯蒂芬似乎特别意识到自己处于风口浪尖，必须捍卫自己，或许是意识到他对于风险的尖刻言论——不久便体现在 1871 年的《欧洲游乐场》(*The Playground of Europe*)中一场关于掉下桥时喝醉更好还是清醒更好的讨论中——可能错了。在 19 世纪 60 年代末到 70 年代初的许多文稿中，斯蒂芬都承认他 1866 年的文章可能错了，比如关于从岩石上跌落的不可避免 181
的风险。此时，他也承认不管常识如何告诉你不是这样，几乎所有的登山者都会偶尔忽略自己试图呈现的最基本的预防措施。

他甚至开始远离事故的简单关系。回顾温伯尔的《攀登实录》，对于控制风险的可能性，作者采取了与斯蒂芬类似的立场，1871 年斯蒂芬指出，在温伯尔的叙述中，他能六次死里逃生纯属侥幸。在他做编辑期间，马特洪峰灾难后《高山杂志》关于事故的讨论中一个鲜明的特点就是一种日益增强的意愿：不仅指出需要吸取的教训，同时也要清楚地(或许也是满怀同情地)确认导致悲剧的具体错误。扬很不走运。在穿过一处曾使另一队人马全军覆没的雪崩爆发点时，阿克赖特经验不足的向导却带着他往下走，就像切斯特在利斯卡姆峰系了一个不牢的结；尤利乌斯·艾略特(Julius Elliot)的死被归咎于他自己在施雷克角峰解开了绳子；攀登勃朗峰的那支队伍太缺乏经验，无法在恶劣的天气中在本身就危险重重的高山上过夜；回想起来，哈多不应该出现在马特洪峰

---

① A. G. Girdlestone, *The High Alps without Guides: Being a Narrative of Adventures in Switzerland, together with Chapters on the Practicability of Such Mode of Mountaineering, and Suggestions for Its Accomplishment* (London, 1870), 10.

上，不管怎样，这次事故总跟“忽略人尽皆知的预防措施”有关。[①]

这些修辞上的举动催生了登山运动与行走更加严格的定义区分。即使是在一些对登山的风险轻描淡写的策略中，这一点也很明显；如 1871 年，斯蒂芬强调他在年度调查中记录的三次重大事故中有两次完全应该属于行走范畴，属于“考察植被而非登山”范畴，其中，罗伯特·克罗斯(Robert Crosse)在试图记录一种罕见的羊齿植物时被大圆石压扁，两个瑞士青年在施雷克角峰上采集植物时从草地上滑下摔死。[②] 更常见的是，人们对于防范危险所需要的“技能”有了一种新认识。高山经验不足现在不再被视为一种劣势，而是被视为没有资格进行更危险的登山活动。斯蒂芬坚持认为，单纯的“旅行者”应当更小心，任何人都不应该独自登山或没有经验丰富的向导陪同；小心谨慎成了新口号。实际上，对于斯蒂芬来说，鉴于他
182 认为占领山峰的时代已经过去，实际情况是登山水平高可能不像以前那样容易证明：“或许尝试去做别人都没有做到过的事并为之而死有某种乐趣，但只是追随别人的脚步而死毫无乐趣可言。”[③]

但对于那些赞同斯蒂芬观点的人来说，吸取的教训所指引的是与对两者的区别盖棺定论所不同的方向。在阿尔卑斯俱乐部，托马斯·米德尔莫尔(Thomas Middlemore)1875 年在一篇描述大乔拉斯峰上一条棘手路线的文章中坚持认为团队放弃人尽皆知的路线，转而尝试显然更加危险的新路线的决定是完全正确的，实际上恰好体现了这种运动的精髓。他这样做是故意挑战那年早些时候由富有的编辑兼律师道格拉斯·弗雷什菲尔德(Douglas Freshfield)的观点，道格拉斯已经结束了对上一季新路线的审查，

---

① Stephen, review of *Scrambles* in *Macmillan's*, 309.
② [Stephen?], “Alpine Accidents in 1871”, 372 - 3.
③ Stephen, “Review of *Scrambles*” in *AJ*, 5 (1870 - 2), 239.

谨慎提出：“登山，适当地追求在很大程度上是一种游戏技巧，不应该变成纯粹的命运赌博。”这篇文章随即引发了激烈的争论，其中，年老的登山者，如 A. W. 摩尔（A. W. Moore）和赫里福德·乔治（Hereford George），与声称这种赌博正是过去十年间登山者的主要特征的年轻一代激烈交锋。[①] 很难避免这样一个结论，那就是一个对 1865 年事故激起的批评依然敏感、在“高山旅行”中步行和攀登并存的混合经济环境中长大的老一代人，现在正面临认为两者界线明确的一代人的挑战，他们将老一代人定义为登山者，从所读到的温伯尔团队的尝试和命运中得到这方面的启示。这使得我们继续在这一分化过程中思考温伯尔的《攀登实录》在阿尔卑斯山攀登中的作用。

六

《攀登实录》经常被认为是首部经典登山文学，在作者通过个人努力征服无人征服过的高峰的过程中，登山完全体现为一种体育运动[②]、一种不加掩饰的狂欢：在写给朋友的一封信中，温伯尔本人将这本书描述为“全是个人……全是自我”。[③] 这种印象部分 183
源于温伯尔本人亲手绘制或雕刻的一系列令人难忘的描绘艰难时刻的插画：说到底，他是一名木雕商人，而不是阿尔卑斯俱乐部典型的闲散职业人员，虽然书卷中温伯尔的自我陈述一丝不苟，很可能是极力想要消除他与其他登山队员之间的社交距离而非强调这

① T. Middlemore, “Col des Grande Jorasses”, *AJ*, 7 (1875), 及随后的讨论；引自 Freshfield, 158 - 9.

② 例如，参见 Anthony Brandt, introduction to the National Geographic edition of *Scrambles* (Washington, DC, 2002), xvi。

③ Smythe, *Whymper*, 225, 引自 Whymper to James Robertson, 23 June 1869。

种距离。因此，在《攀登实录》中，温伯尔将1864年登山运动的提前终止归咎于接受“灾难性的情报”，迫使他们返回英格兰。听起来像是家庭悲剧，但实际上是传递了彩印版画《休闲时光》令人不满意的证据，他担心如果不加以纠正，会损害他的职业声誉。[1]

虽然这本书对于登山文学确实有开创性的贡献，但这种贡献的本质到底如何尚未明确。一开始，早期登山文学中所暗示的对比经常过于明显。早期的作品中并不缺乏登山的刺激或登峰者的特权——因此，拉斯金在《芝麻与百合》(*Sesame and Lillies*)中高声疾呼，斯蒂芬将《攀登实录》视为既有体裁的最终成就。《攀登实录》也没有忽略早期故事中的一些关键约定。最初版本的随笔——登山穿插在大量综合科学和地理漫谈，以及科技和人类学观察中，正是这些将早期的登山文学与行走和旅行文学并列。这里花了一整章的篇幅来介绍塞尼山铁路，还有令人难忘的一小节讲述了奥斯塔山谷的克汀病。[2] 这没什么好意外的，因为温伯尔雕刻师和插画师的技能使他完全可以传达这些主题，同时他的登山者同行们，甚至他的主要竞争对手廷德尔都会为他提供作品素材。曾为《不列颠百科全书》的光学讨论绘图的人可以轻松提供赤纬、冰川流动或隧道技术的图像。

然而，温伯尔这本书的与众不同之处在于(除了其他登山者评价描述了高山攀登的独特真实影像，斯蒂芬称赞《攀登实录》是迄今
184 为止最精美的登山书外[3])，他的登山成就支撑了《攀登实录》的架构。对于这一点，斯蒂芬可谓一针见血，他在《麦克米伦杂志》中暗示，如果这本书写成诗，名字可能就叫“马特洪峰狂想”：“从开始到灾难发生，这座伟大的山峰一直在我们面前若隐若现，而我们所知道

---

① Smith, *Shadow of the Matterhorn*, 79; Whymper, *Scrambles*, 262.

② 出处同上，chs. 3, 16。

③ Stephen, review of *Scrambles* in *Macmillan's*, 311.

的那个即将出现的可怕结论赋予叙述者一定程度的严肃性。"[①]在这个日子之前，除了哈德森和肯尼迪（当然还有史密斯）对勃朗峰的描述外，几乎所有成书的英国登山文学所采用的形式都是将多个作者的短篇登山或技巧描述结集成册，或将之前已经在《高山杂志》及其他期刊上发表的同一个作者的登山故事编成选集。[②]

相比之下，《攀登实录》只有一章是之前发表过的，对于所有穿插的小故事，作品整体上都是一个构思，并且脑子里知道会如何结束；人们甚至可以说，其中插入的一些更离题的材料可能是为了缓解斯蒂芬在对比自己与其他人"老生常谈"的登山讨论中所说的"冷酷的坚定精神"，[③]温伯尔本人似乎非常赞赏斯蒂芬所提出的对"戏剧性统一"的呼吁。因此，1880 年第三版《攀登实录》出版时，形式上略有差异，并且取了个新名字：《攀登马特洪峰》。新版比最初的版本更短，删除了关于铁路的那一章，并且重新命名其余的章节，以强调"最初几次攀登"和"最初几篇文章"的连续性。[④]然而，十三年后，当第四版出版时，这本书又恢复了最初的版式和名字，离题的章节也加了回去。与重定书名一样，这种模棱两可的做法引出了一些有趣的问题。话说回来，吸引众多读者阅读温伯尔这本书的并不是攀登马特洪峰，而是从马特洪峰上下来。在温伯尔的书中，那次事故处于什么位置？

对于这点，斯蒂芬有自己的看法，他的评论进一步阐明了他本人对于之前一节中讨论的事故主题的干预。按照他的观点将登山文学作为一个整体来思考，他认识到： 185

---

① Stephen, review of *Scrambles* in *Macmillan's*, 306.

② Stephen's *Playground of Europe* 和 Tyndall's *Hours of Exercise* 正是如此，两者皆与《攀登实录》同一时期出版。

③ Stephen, review of *Scrambles* in *Macmillan's*, 306.

④ Edward Whymper, *The Ascent of the Matterhorn* (London, 1880).

> 对于那些喜欢生动故事的人来说，伤亡总不嫌多。如果阿尔卑斯山上的向导可以像巴黎的共和党一样被随意屠杀的话，故事会更精彩。然而，我必须承认，对于严谨的人来说，在单纯的运动故事中加入这些恐怖的元素本身就不是令人愉悦的事。各处发生的事故或许是可以容忍的。如果狩猎不会死人，那这项消遣就会少了一些威风……同样，我并非完全反对偶尔提及与在高耸的悬崖上方的冰台阶上行走的习惯（注意，再一次！）密不可分的致命后果。但对于我来说，我更喜欢古老的正面叙述，即将突然死亡留在背景中。在索绪尔，甚至是阿加西和福布斯时期，事故很少并且两次事故间隔时间较长，但那时人们对于高山的畏惧甚于现在……我只想建议那些仍然继续攀登高山的人调整自己的追求，使后人能够愉悦地阅读。如今，已经积累了大量事故，可以让未来的任何作品在叙述中加入一些令我们不寒而栗的素材……我们应该将恐惧留给战地记者和耸人听闻的期刊作者们，让我们快乐的记录更注重精神安宁而非激烈的刺激。①

这些认识都是由《攀登实录》激发的，这可能是暗示《攀登实录》在处理事故时，将恐惧体验写得过于耸人听闻了。事实并非如此。第 22 章的标题直截了当地定为“马特洪峰下山记”，好像不幸的事情并没有发生似的。实际上，这是将温伯尔 1865 年写给《泰晤士报》的信稍作延伸和修改，以澄清人们对于陶格瓦尔德父子角色的误解。在继续叙述下山的其他经历之前，温伯尔单独用一段讲述了事故本身；找寻遗骸的内容与报纸上和 1865 年的私人通信中相比不再那么绘声绘色。插图中也体现了这一局限。有一卷中

① Stephen, review of *Scrambles* in *Macmillan's*, 310.

用许多难忘的图像记录了阿尔卑斯上的多起灾难，但是，《攀登实录》中没有包含任何关于事故本身的图像（虽然的确提供了登顶成功的描述），而是对绳子末端进行了详细描绘，以作为陶格瓦尔德父子行为的相关证据，一幅令人不安的卷首插图描绘出温伯尔所看到 186
的布罗肯幻象（山中佛光）以及幸存的向导在事故发生后下山的景象——即便如此，在篇幅更短的《攀登马特洪峰》中，这幅插图还是用另一幅另一起小事故的插图代替，那幅插图的作者也不是温伯尔，而是古斯塔夫·多尔（Gustav Doré）。实际上，我们所看到的大多数熟悉的事故图像都出自多尔之手。艾伦·莱尔令人信服地争论说，温伯尔自己在多尔的绘画创作中也有一些贡献。随着事故发生当月绘制的草稿在巴黎展出，在有人告知温伯尔他们大错特错后，他已经开始跟多尔通信。这确保多尔避免创作可辨清人物的英国遇难者画像——哈多的家人曾坚持说这会令他们无比痛苦——但他创作了从另一角度上准确反映跌落那一刻的石版画。[①] 不过多尔的这幅画并没有与《攀登》译文中后续页面的插画融为一体。

相反，在《攀登实录》的最后一页，我们看到的是马奥尼的一幅令人好奇的版画，画中是一个年轻人躺在一些岩石旁，仿佛累得睡着了。图中没有任何受伤的迹象，只是裤子破了。在这种约束下，《攀登实录》意料之中地更接近19世纪60年代的《高山杂志》的修辞，而非《触摸巅峰》。

正如早期登山叙述中保留与登山无关的成分一样，虽然有斯蒂芬的指摘，在涉及致命灾祸时，《攀登实录》也像“老派”一样闭口不言。然而，正如许久以前弗兰克·斯迈思在自传中表现出来的那样，这并不是因为温伯尔对事故无动于衷；这当然在公开场合，

① Alan Lyall, “The Matterhorn Lithographs of 1865: Gustav Doré and His Links with Edward Whymper”, *AJ*, 100 (1995), 215 - 21.

并且很可能也在私下里，定义了他。作为维多利亚登山活动俱乐部一名野心勃勃的新贵，并且从事正受到新兴的摄影威胁的行当，温伯尔已经在登山中找到了超凡的安全感和身份认同。如果攀登马特洪峰照计划进行，他将会获得胜利，成为积极进取一代的守护神，将登山的新地位提升至完全不同于上一代的阿尔卑斯山旅行。转眼一切化为泡影，他之后的事业随着事故带来的创伤以及随之
187 而来的各种正式、非正式的问询和辩论呈现出某种朝上一代的“科学”攀登退化的趋势，只有在安第斯山脉而非阿尔卑斯山，在他持续不断地参与《攀登实录》修订和重版的过程中，他才有机会将自己的事业塑造成本来应该有的样子。他将其重新命名为“攀登马特洪峰”，强调了故事本来应该的样子，删掉了最后一章。

188

七

那么，如何体现1865年各个事件的意义以及本文所记录的更广泛的发展激发的回应呢？很清楚的一点是，马特洪峰事故绝不仅是英国登山发展故事中一个便利的标志。我们已经看到，在事故发生以前，虽然有黄金时代壮观的登山景象，这项运动对于其许多实践者来说实际上仍然是更广泛的徒步休闲活动的子集，两者在词汇和论证上都有诸多共通之处，被概念化为接近（并且有益于）任何身体健康、愿意并且能够参与休闲活动的专业人员或绅士。这项活动并非没有风险，但又被认为是包括狩猎和射击在内的休闲活动的一个子集，风险让人颤栗害怕，但如果遵守最佳可行建议，就可以相对轻松地控制这些风险。然而，1865年的悲剧赋予了登山事故新的意义，尤其是广大公众，如受新闻报道影响的公
189 众，对于这项活动的看法，这确立了这项消遣活动的参与者们处理之后事故的新背景，即使是在《高山杂志》页面间的内部交流中。

这种影响是循序渐进且十分微妙的，但登山的参与者和评论者们不得不渐渐承认，活动涉及的风险越大，成功处理风险越需要技能和训练，而且即使是经过此类训练，登山者的道德观念也可能会导致自愿暴露于已经知道可以避免的危险中。这次事故的确发生在登山运动发展中首次登顶及在高海拔穿越阿尔卑斯山的主要“轻松”路线基本上都已经成功尝试的节点，其强化了登山者为了将自己与山间或其他地方的行人区别开来，尝试困难路线的新兴趣的影响。

这些发展无论是对于当时的登山者还是更广泛的这种徒步形式的文化古迹来说都意义重大。对于斯蒂芬、弗雷什菲尔德及其他“黄金时代”的人来说，事故发生后的几年标志着这项运动开始朝他们感觉不妥的方向发展，如无向导攀登。斯蒂芬在 1867 年结婚后登山的频率逐渐降低，后来，他作为“周日流浪汉”的领导过得非常开心，“周日流浪汉”是他在 1879 年组织创办的，就是穿越英国乡村的长途社交行走活动。[1] 在一定程度上，温伯尔亦是如此。他一手打造了 19 世纪 60 年代黄金时代的行走/登山文化，这意味着他自己永远也无法完全跳出登山叙述模式，反映了这种文化仍然尚未完全从更广泛的行走旅游观光中分离出来。

但是，与此同时，从《攀登实录》的成书及成长小说的方面来说，是温伯尔提供了登山既是一种活动又是一种运动文学分支的未来文化历史长期意义的模型。它在高潮处所呈现的运动野心与无法根除又无法避免的致命意外的结合确保了《攀登实录》——正如斯蒂芬所说的——不是一种体裁的终结，而是开始：在这种登山正典中，死亡和灾难可能占据舞台中央，与成就和运动竞技对 190

① 参见 Maitland, *Life and Letters of Leslie Stephen*, ch. 17, “Tramps and Contributors”。

话，并提供一种新动态——这种动态如此令人震惊、如此特别，以至于四十年来，哈塞克可以看到，在第一次世界大战后，马洛里和欧文强调这种修辞之前（戴维斯曾令人信服地争论说，就是西线战后遗留下来的屠杀阴影进一步增强了支持这种发展的英国登山文化中的额外冲动的时候），登山运动中对死亡和荣耀的刻意追求早就成为明显的英式特征。①

许多本身并非登山者的读者现在转而在登山文学中寻找其他体育作品所缺少的反思和内省的深刻性，发现登山者自己或其同伴在面临严酷的死亡时最有张力、最有特点的表达。虽然温伯尔一直如 19 世纪 60 年代一样注重登山写作中的修辞，但在《攀登实录》的最后一章，饱受挫败的温伯尔提供了一种新登山叙述方式的惊鸿一瞥，除了体育运动的英勇无畏，这种叙述方式也接受对于生命的意义和价值的哲学及存在性反思。在读者思考已经描述过的失足攀登者的奇怪画像时，作者提供了一个不寻常的反思时刻：

> 演出结束，大幕即将落下。在我们分开之前，还有一句话是关于登山的重大启示。……往日的快乐回忆无法抹去。即使是在我写作的时候，他们也会浮现在我眼前。首先是许多无穷无尽的画面，形式、效果和色彩都绚烂无比。我看到伟大的山峰，山顶白云缭绕，似乎永远在不断上升；……之后，这些逐渐消散，另外一些思绪接踵而来——是那些正直、勇敢、真实的人；他们善良、热心……然后，最后的悲伤回忆萦绕左右，有时会像雾一样飘散，阻隔阳光，让快乐的回忆变得寒心。曾经的快乐无法用言语形容，曾经的痛苦我也从不敢深思；知道了这些，我想说，如果你愿意就去登山吧，但要记住，没有谨

① Davis, *Into the Silence*.

慎，勇气和力量一文不值，一时疏忽可能会毁掉一生的幸福。不要匆忙行事；每一步都要小心翼翼；从一开始就要想好可能的结局。[①]

也应承认将登山运动作为一种独特活动编纂成文的另一重要影响：登山运动对登山社会群体的影响。基于徒步旅行的登山模式本质上主要是针对那些能够长期不进行带薪工作的人——正如我们所注意到的，有一次，连温伯尔自己都必须放弃登山以确保自己的收入。对登山运动的新理解部分限定为超出休闲阶层大多数人能力范围的技术和运动挑战，这为这项运动提供了一种新的社会形象前景，既可以是运动匠人在日间行程挑战英国峭壁，也可以是伦敦职业登山者整个夏天都泡在阿尔卑斯山中。 191

总之，在19世纪80年代，当两个版本的登山运动同时存在时，我们可以简单地在阿尔卑斯俱乐部的一次辩论中找到一些这些主题的影响。主人公是熟练、热情但能力有限的登山者马丁·康威(Martin Conway, 1856—1937)，以及更有野心也更有技术天赋的约翰·赫伯特·威克斯(John Herbert Wicks, 1852—1919)，当时，威克斯正在他舅舅的巴西商业公司，人生的事业刚刚起步。威克斯是1885年才加入阿尔卑斯俱乐部的，但将会成为“阿尔卑斯历史上最伟大的无指导合作人之一”。[②] 这次争论首先出现在另一位“熟练的”登山者在俱乐部中朗读的论文上，这个人就是我们之前在1875年关于这些主题的早期交流中提到的道格拉斯·

① Whymper, *Scrambles*, 406 - 8.

② 感谢描述康威的最佳现代作者 Simon Thompson, *A Long Walk with Lord Conway: An Exploration of the Alps and an English Adventurer* (Oxford, 2013)让我注意到这次事件，我下文中的自传细节就出自这里。关于威克斯，参见回忆录，C. Wilson in *AJ*, 33 (1920), 102 - 10; Arnold Lunn, *A Century of Mountaineering* (London, 1957), 84。

弗雷什菲尔德。弗雷什菲尔德在论文中赞扬高加索山脉是“阿尔卑斯俱乐部人”的新边界。这个术语是精心挑选的——正如弗雷什菲尔德所诠释的那样，它指的是“带有阿尔卑斯山早期探索者标签的人，习惯了风餐露宿和艰苦生活的人——既是旅行者，也是登山者”。他争辩说，高加索山脉仍然是原生态、未遭到破坏的——虽然改进的登山基础设施已经“使山峰变得庸俗”，让“最卑鄙的人也能攀上最高贵的顶峰，高耸的阿尔卑斯山的幽静之地全是来自欧洲各国首都的聒噪的伦敦佬”。值得庆幸的是，高加索山是那些“很少踏出‘三个中心’……满足于套餐、依赖小屋，曾在两位伟大
192 向导的呵护下创下攀登大约二十座举世闻名的高峰‘记录’的人”所无法企及的。[①]

当康威在1890年和1891年的文章中提到相关主题时，这些评论仍然在俱乐部成员的脑海中挥之不去。康威虽然能力有限，但他在十年前就已经是一名狂热的登山运动员了，曾征服过采尔马特周边的许多高峰（他甚至著有《采尔马特口袋书》，为登山者提供从该中心出发的最佳路线指导）。但是，1882年三位挚友意外遇难后，他便不再热衷攀登高峰和技术挑战，而是支持更有美感、更具反思性的方式；十年后，他与弗雷什菲尔德的观点已经非常接近。1890年3月，他回忆起1878年俱乐部攀登多姆峰的经历，他认为，这不符合他所说的以“登山运动员”为特征的新一代的标准。

> 运动员喜欢“漂亮”的小石头，有能伸进一根手指头和伸进一根脚趾头的小裂缝。他并不介意自己是否成功登顶。随意地将自己对于阿尔卑斯山的了解放大到整体。攀登的过程

---

① Douglas Freshfield, “Six Weeks Travels in the Central Caucasus”, *AJ*, 13 (1886 - 8), 376; Douglas Freshfield, “Climbs in the Caucasus”, *AJ*, 13 (1886 - 8), 499.

> 才是他的乐趣所在。他喜欢阿尔卑斯山中心，喜欢寸步不离自己的工作。……他不喜欢游荡。他讨厌长长的峡谷。树木和山林让他有些小欣喜。他不喜欢雪地和斜坡。没有难度的攀登对于他来说太无聊。……他会竭尽所能避免重走前人的路。[1]

第二年的12月，在《中心派和非中心派》一文中，康威写道：“我不会称他（运动员）为阿尔卑斯登山者，因为这个名头在阿尔卑斯运动员出现之前就已经出现并使用了；新的类型必须用一个新的术语来描述。”[2]过去十年里，“运动员”作为一个区别于“登山者”的群体出现，而“登山者”如今已近乎绝种；登山者“热爱……在山间长久地、无边无际地游荡……他们更喜欢越过山峰，讨厌开始了却不能登顶。他们会选择最简单、最常规的路线”。[3] 在这两篇文章及另一篇讨论“耗尽区”的文章中，康威为后一种登山模式辩 193
解，这种模式被他形象地称为“非中心”登山运动，这种模式涉及从一个地点到另一个地点艰苦而富有挑战的高水平行走，正如他自己在1894年沿着阿尔卑斯山进行的上千英里的点对点远征。[4] 但是，与弗雷什菲尔德一样，这种偏好的声明引来了嘲笑，并且这一次更加明显，因为与“登山者”/“非中心主义者”相比，人们认为“运动员”/“中心主义者”商业气息更重，智力水平更低且在人类学上与前者截然不同。“阿尔卑斯文学的未来取决于登山者，但登山作

---

① W. M. Conway, “The Dom from the Domjoch”, *AJ*, 15 (1890 - 1), 108. 后来，康威认为，这种方式不可避免地会导致不正当的冒险，使其成为“最狡猾、最致命的阿尔卑斯危险之一”：W. M. Conway, “Exhausted Districts”, *AJ*, 15 (1890 - 1), 256。

② W. M. Conway, “Centrists and Excentrists”, *AJ*, 15 (1890 - 1), 400.

③ Conway, “Dom from the Domjoch”, 109.

④ 参见 W. M. Conway, *The Alps from End to End* (London, 1895); Thompson, *Long Walk with Lord Conway*。

为一项运动，其繁荣却取决于运动员”；“中心主义者”促使形成低等的向导类型——“高度发展的运动员，一种与高山抗争的职业拳击手，一种在各种运动中提供帮助的职业人士，如真正的英国腓力斯丁人”；中心主义者遵从“准职业人员”的倾向，能够满足所有登山者所共有的真实的体育冲动，但“正如人类因其广泛多样的同情心和兴趣在一定比例上是一种更好、更精细的生物一样，攀登高山……在一定比例上也因其发挥了绝大多数高贵的人类品味而如此”，包括艺术、审美、科学和好奇的冲动，这些对于真正的登山家来说同样重要；登山者“一般来说是长头黑人，是那些总是向红皮肤的短头撒克逊腓力斯丁人屈服的小群黑人中的一撮”。康威认为，或许应当创建阿尔卑斯俱乐部的非官方独立部门以为非中心主义者服务；对于中心主义者，“看在上帝的份儿上，（让他们）坐火车去采尔马特，然后留在那儿吧！”留在“欧洲的体育馆”。[①]

康威在自己的日记中指出，他的“中心主义”论断已经在阿尔卑斯俱乐部遭到“攻击”（“一个美好的夜晚”！），实际上，年轻一代中康威的一些同龄人已经受够了。1891 年 2 月，威克斯在自己为俱乐部写的文章中添加了一些“中心主义者的反思”，并且挑衅地命名为《两个峰顶和一个中心》。[②] 威克斯对那些取笑“运动员”是“低级物种”的人大肆挖苦：他拒绝这个标签，将自己简单的定义
194 为能够享受从新路线多次攀登喜欢的山峦及技术攀登技巧的“阿尔卑斯登山家”。他提出，“让他的思想变得狭隘”的不是“运动员”，而是康威。但我们最常提起的可能是他坚持认为拥有丰富资源的弗雷什菲尔德和康威更喜欢的登山模式对于日益增多的——他认为大多数——缺乏进行此类远征的必要休闲时间的俱乐部成

① Conway, “Dom from the Domjoch”, 109, 110; Conway, “Exhausted Districts”, 257; Conway, “Centrists and Excentrists”, 397, 400 - 1, 403.

② J. H. Wicks, “Two Peaks and a Centre”, *AJ*, 15 (1890 - 1), 333 - 43.

员来说根本就是一个不切实际的选择。他本人曾在 19 世纪 70 年代切断自己的登山齿，不过不是在阿尔卑斯山，而是在苏格兰西北部的湖泊区和北威尔士。对于如今活跃的登山者来说，要么是更中心主义、体育性的选择，要么就什么也没有；而对于威克斯来说，显然不够富裕的人并不像弗雷什菲尔德所暗示的那样，是对登山精神的粗俗的威胁，而是对登山互助会所有成员的威胁。

至于未来的公众观点，正如我们一开始看到的，很难否认威克斯更符合后来人们对于英式登山构成的理解的发展，而且与康威的观点相反，这既符合登山文学也适用于登山运动。但 19 世纪晚期，该活动的概念与其他山间行走运动相区别的故事说来话长。正如这次事件中所展现的，分化过程在 19 世纪 80 年代末仍未完成；正如我们所看到的，在这个过程中，登山事故意义重大。

致谢：献给约翰·沃尔什，并以此纪念我在艾格尔峰遇难的朋友安德鲁·尼尔·克朗普顿(1964—1985)。我要感谢乍得·布莱恩特、张颖(音)、理查德·德雷顿、彼得·汉森、安东·肯尼、保罗·里德曼、西蒙·汤普森、约翰·沃尔什及牛津大学、教堂山的听众们，谢谢你们令人兴奋的踊跃回应和评论，成就了本章的想法和成果。

195 第8章

“好好的散步被毁了”？19 世纪末的高尔夫手和景观体验

克莱尔 · V. J. 格里菲思

对于高尔夫，人们最熟悉的一句名言常常是来自马克 · 吐温的“高尔夫把好好的散步给毁了”。这听起来确实像是马克 · 吐温可能说过的话，而且，虽然缺乏明显的证据证明其真实性，但许多人仍然认为这就是他说的。[①] 其实，高尔夫是一种不健康的行走的描述最早出自 20 世纪 40 年代末的“引用磁铁”，也就是马克 · 吐温去世三十多年后，同时，这个短语本身的流传要追溯到更早的

① 例如：*Yale Book of Quotations* (New Haven, 2006), 782; Robert Harman, *Tales from Pinehurst: Stories from the Mecca of American Golf* (New York, 2012); John Feinstein, *A Good Walk Spoiled: Days and Nights on the PGA Tour* (Boston, New York and London, 1996), ix; James Melville Cox, *Mark Twain: The Fate of Humor* (Columbia, 2002), vii.

时期，但均没有提到这是马克·吐温说的。[①] 但到20世纪初，这似乎成了常识。在1905年的一本小书中，美国幽默家哈利·利昂·威尔逊(Harry Leon Wilson)引用当地报纸上对于高尔夫热的评 197
论说：高尔夫有“太多的行走成就好游戏，但其中的游戏又恰好毁了好的行走”。[②]

“好好的散步被毁了”的概念成为提及高尔夫的一种熟悉的方式——被那些批评娱乐消遣的人嗤之以鼻地说起，同时许多高尔夫手自己也会悲悯地这样说。这显然引起了人们的共鸣，因为行走是高尔夫运动中固有的一部分。行走决定了游戏的节奏，使得高尔夫成为一种健康、发展社交的新锻炼方式，适合那些无法进行其他需消耗大量体力的运动的人。但是，从一开始兴起到19世纪末的流行，高尔夫一直摆脱不掉行走所带来的模糊定位：这到底是一种游戏，还是一项运动？运动中涉及的体力消耗相对较少，这样还可以称之为运动吗？当与其他游戏和运动比较时，高尔夫的游戏节奏及其对参与者有限的体力要求部分限定了高尔夫作为一项消遣娱乐的定义：“打板球的时候我们用跑的，打高尔夫的时候我们用走的；这里，我们发现了板球——男孩的运动，与高尔夫——男人的运动，之间的真正界线……男人用走的，男孩用跑的——高尔夫手用走的，板球手用跑的；高尔夫手是男人，板球手是男孩。”[③]正如19世纪90年代一位高尔夫指南作者所说的，这项

---

① 《耶鲁语录书》的编辑弗雷德·R.夏皮罗认为，马克·吐温、温斯顿·丘吉尔等人是“引用磁铁”：Fred Shapiro, “You Can Quote Them”, *Yale Alumni Magazine*, 75 (September/October 2011)：http://www.yalealumnimagazine.com/articles/3269/you-can-quote-them.html(2015年8月26日访问)。The *Quote Investigator* 博客检验了这一评论的起源并探讨了与马克·吐温有关的这个谜题：http://www.quoteinvestigator.com/2010/05/28/golf-good-walk.html(2015年8月26日访问)。

② Harry Leon Wilson, *The Boss of Little Arcady* (Boston, 1905), 367.

③ 贺拉斯·哈钦森关于“板球和高尔夫”的评论，出自 *Blackwood's Magazine*，再版于 *Leeds Mercury*, 1 April 1890, 1。

游戏的这一特征最初似乎不太可能吸引美国人，因为“看起来很慢；太像是散步了”。[①]

行走已经成为高尔夫运动中非常重要的一部分，但在行走的历史中，却极少将高尔夫当作其中的一章。将行走视为现代休闲活动的描述往往倾向于关注自觉的徒步：休闲散步、散心、远足、自我满足，无论是在城市街头、平坦的小路还是崎岖不平的荒野。[②] 然而，表面看来，行走并非高尔夫的意义所在：行走只是让
198 人们可以进行这种游戏。实际上，高尔夫一直被视为“行走”的替代活动：1895 年，《家园》(*Hearth and Home*)杂志的一位作者针对当时的各种“健康”消遣评论道：“不管你是骑马、开车、划船、走路、骑自行车还是打高尔夫。”[③]《潘趣》(*Punch*)杂志里的一首诗中也将高尔夫列入行走之外的避暑活动名单：“游艇、射击或是钓鱼、行走或高尔夫，你为什么要做这些？”[④]高尔夫玩法指南极少提到在场地转圈的体能锻炼，而是更关注技巧、装备和规则。[⑤] 在一般

① James P. Lee, *Golf in America: A Practical Manual* (New York, 1895), 104. 他继续说道：“随着改道，作为一个事件，沿着地面击球。从这个角度来看，这项活动无趣、缺乏活力和竞技精神。”

② 例如：Rebecca Solnit, *Wanderlust: A History of Walking* (London, 2001); John K. Walton, “The Northern Rambler: Recreational Walking and the Popular Politics of Industrial England, from Peterloo to the 1930s”, *Labour History Review*, 78(3) (2013), 243 - 68; Anne D. Wallace, *Walking, Literature and English Culture: The Origins and Uses of Peripatetic in the Nineteenth Century* (Oxford, 1993); Melanie Tebbutt, “Rambling and Manly Identity in Derbyshire's Dark Peak”, *Historical Journal*, 49(4) (2006), 1125 - 53。

③ Deborah Primrose, “The Brutalities of Sol and Neptune”, *Hearth and Home*, 216 (1895), 281.

④ “Kept in Town — A Lament”, *Punch*, 30 August 1890, 100.

⑤ 早期实例包括 W. T. Linskill, *Golf* (London, 1891); James Dwight, *Golf: A Handbook for Beginners* (Boston, [1895?]); H. S. C. Everard, *Golf in Theory and Practice: Some Hints to Beginners* (London, 1896); Willie Park, Jun., *The Game of Golf* (London, 1896); H. J. Whigham, *How to Play Golf* (Chicago, 1897); H. R. Sweny, *Keep your Eye on the Ball and your Right Knee Stiff* (Albany, 1898); Genevieve Hecker [Mrs Charles T. Stout], *Golf for Women* (New York, 1904)。

的高尔夫历史中，高尔夫运动中的这一方面也缺乏认同，这些历史叙述常常强调历史古迹、高尔夫技术变化的描述、著名球员和比赛，以及著名场地的设计。① 即使是高尔夫社会史的研究也往往是在讨论社交性、阶级、性别和俱乐部会员时顺带提到行走体验。②

然而，我们不应该认为行走是理所当然的。到20世纪初，高尔夫并没有“毁了好好的散步”，而是让越来越多的人有了一个新的理由去行走。此外，在高尔夫场地内行走不同于其他类型的行走，从而提供了一种更加值得深入探索的不同体验。本章旨在重现其中的一些体验，追溯19世纪晚期高尔夫运动在英国和北美的 199
起源，以探讨高尔夫与行走之间的关系，并反思高尔夫如何鼓励人们欣赏风景，尤其是他们走过的路、玩过的场地上的风景。

高尔夫热

到19世纪的最后一个十年为止，玩高尔夫的人还很少。关于

---

① 例如，Bernard Darwin et al, *A History of Golf in Britain* (London, 1952); Steve Newell, *A History of Golf* (Stroud, 2004); George B. Kirsch, *Golf in America* (Urbana and Chicago, 2009); Mark Frost, *The Greatest Game Ever Played: Vardon, Ouimet and the Birth of Modern Golf* (London, 2002); James R. Hansen, *A Difficult Par: Robert Trent Jones Sr. and the Making of Modern Golf* (New York, 2014); Kevin Cook, *Tommy's Honour: The Extraordinary Story of Golf's Founding Father and Son* (London, 2007).

② 关于高尔夫的社会史，参见 Wray Vamplew, “Concepts of Capital: An Approach Shot to the History of the British Golf Club before 1914”, *Journal of Sport History*, 39(1) (2012), 299 - 331; John Lowerson, *Sport and the English Middle Classes, 1870 - 1914* (Manchester, 1995); John Lowerson, “Golf”, in Tony Mason (ed.), *Sport in Britain* (Cambridge, 1989), 187 - 214; Jane George, “‘Ladies First’?: Establishing a Place for Women Golfers in British Golf Clubs, 1867 - 1914”, *Sport in History*, 30(2) (2010), 288 - 308; Jane George, “‘An Excellent Means of Combining Fresh Air, Exercise and Society’: Females on the Fairways, 1890 - 1914”, *Sport in History*, 29(3) (2009), 333 - 52; Donald M. Cameron, *Social Links: The Golf Boom in Victorian England* (Cambridge, 2010)。

高尔夫究竟起源于哪个国家，一直存在激烈争议，但普遍接受的观点是，现代高尔夫运动源于苏格兰，并且在很长一段时间内只在英国流行。[1] 19 世纪 30 年代，即使加上苏格兰，全世界的高尔夫俱乐部可能也只有 17 家——不过更多打高尔夫的人并没有加入这些正式的组织机构。[2] 英国一家名为“皇家布莱克西斯”的高尔夫俱乐部，其历史可以追溯到 17 世纪初，但一直到 19 世纪 60 年代以后，苏格兰边境以南才开始建立起更多的俱乐部。19 世纪七八十年代，大西洋彼岸的苏格兰移民也开始打高尔夫；1888 年，两个苏格兰人在俯瞰哈德孙河的扬克斯成立了美国第一家现代高尔夫俱乐部——（非常虔诚地）命名为圣安德鲁斯。自 19 世纪初开始，大英帝国的一些地方就开始打高尔夫，但通常只能建立一些临时机构，依靠的是几个业余爱好者的承诺。俱乐部在加尔各答（1829）和孟买（1842）发展起来。[3] 19 世纪 70 年代，阿德莱德建立起一支俱乐部，与此同时，新西兰和加拿大也建立起了俱乐部。

这项运动起初不温不火，19 世纪末至 20 世纪初，人们对高尔夫的热情高涨。[4] 据估计，到 1914 年，英国的高尔夫俱乐部会员已
200 经达到约 35 万人。[5] 铺设了许多场地，人们急切地搜罗正确的装备和指导，高尔夫迅速成为社交和地理景观中为人熟悉的一部分，

---

① John Lowerson, “Golf and the Making of Myths”, in Grant Jarvie and Graham Walker (eds), *Scottish Sport in the Making of the Nation: Ninety Minute Patriots?* (Leicester, London and New York, 1994), 75 - 90.

② Newell, *History of Golf*, 19.

③ 球场或俱乐部的名称后面有带年份的括号，是指其正式成立的时间。

④ 这一时期对高尔夫历史的研究包括 Richard Holt, “Golf and the English Suburb: Class and Gender in a London Club, *c*. 1890 - *c*. 1960”, *Sports Historian*, 18 (1) (1998), 76 - 89; Roisín Higgins, “‘The Hallmark of Pluperfect Respectability’: The Early Development of Golf in Irish Society”, *Éire-Ireland*, 48(1 - 2) (2013), 15 - 31。

⑤ Jane George, Joyce Kay and Wray Vamplew, “Women to the Fore: Gender Accommodation and Resistance at the British Golf Club before 1914”, *Sporting Traditions*, 23(2) (2007), 79.

并由此产生了大量关于高尔夫的建议、幽默故事及庆祝活动的文学作品。1875年罗伯特·克拉克(Robert Clark)编纂一本高尔夫文集时，还只是私人印刷；到19世纪90年代，《高尔夫：高贵而古老的游戏》(*Golf! A Royal and Ancient Game*)一书以全新的前言、便宜的价格再版。在1893年版的前言中，克拉克回顾了该书出版十八年间高尔夫命运的变化：“高尔夫经历了跨越式发展：现在，高尔夫在英国与在苏格兰一样流行，并且已经深深扎根于爱尔兰。”[①]与此同时，《美国高尔夫》指南指出，到1895年，记录在案的美国俱乐部至少有七十五家，其中大多是在过去两年间成立的。[②]《大西洋月刊》(*Atlantic Monthly*)的一位作者在1902年将高尔夫视为美国人生活中的“新奇”事物之一：十年前还觉得很稀奇的事情，现在却是任何“相当警觉且相当富裕的美国人群”最常谈论的话题之一。[③]

高尔夫为何突然这样受欢迎？许多高尔夫历史作品中认为是由于装备改进的影响使得这项游戏玩起来更加简单、更令人满意。虽然高尔夫过去曾经是粗糙随意的即兴运动，但从引入新球型开始，商业技术逐渐成为其现代发展中的重要元素。最初，高尔夫是用木球打，后来用“羽毛球”——用羽毛填充，制造成本高且缺乏耐用性。从19世纪40年代末起，用马来西亚橡胶制造的古塔胶球提供了一种更廉价、击球距离更远、寿命更长的产品，而1902年橡胶心球的发展再次见证了高尔夫球史上另一个重大转折点。这种球被一些人不屑地称为“懒人球”，因为相比之前的球，这种球飞得更远、更有弹性且滚得更远。[④] 它的出现让高尔夫运动对于许多

---

① Robert Clark (ed.), *Golf: A Royal and Ancient Game* (London, 1899), viii.
② Lee, *Golf in America*, 33.
③ 引自 Kirsch, *Golf in America*, 1.
④ Bernard Darwin, *Life is Sweet, Brother* (London and Glasgow, 1940), 39.

人来说变得更容易，不再那么令人沮丧，并且球洞变得越来越远，许多不同类型的高尔夫俱乐部兴起。多产的高尔夫记者伯纳德·达
201 尔文(Bernard Darwin)在回忆录中写道，向橡胶心球的转变引爆了“高尔夫繁荣”。不过，他谨慎地提到，这一突破的影响可能被夸大了：“当时高尔夫运动已然兴起，而新球进一步促进了这一既存的趋势，因为新球更容易击打，让游戏变得更容易，因而也更流行。”①

球与俱乐部的变化自然增加了高尔夫对于玩家的吸引力，吸引了更多人来到高尔夫球场，塑造自己的独特体验。但“高尔夫繁荣”有赖于与时尚、社交性、休闲时间、可支配收入、近郊发展、旅游度假及不分男女老少皆可进行的户外运动的独特吸引力等相关的许多因素。高尔夫俱乐部的社团生活同样可以增强和创造社交网，形成高尔夫与阶级身份之间的关系：虽然在英格兰，最初的高尔夫运动更具有社会民主特征，但在新型高尔夫运动中，高尔夫在很大程度上都是中产阶级和富人的特权。②

从高尔夫繁荣伊始，就有许多关于其健康方面的讨论，认为这是一种温和的户外运动。早在1854年，伦敦的《弗雷泽杂志》(*Fraser's Magazine*)就曾热情洋溢地讨论高尔夫运动鼓励人们行走的方式：“这，就是高尔夫，包括围着高尔夫球场边行走、两三次有力的击打以及两三个微妙的动作。到目前为止，没有任何运动能够比它更温和又提供同等的锻炼。”③人们总是说高尔夫在医生中非常流行，医学界最有名的高尔夫球玩家可能就是出生在约克郡的阿里斯特·麦肯兹医生(Dr Alister MacKenzie，1870—1934)，他曾提出娱乐消遣抵得上大多数药方，后来，他还成为最有名的高尔夫球场设计师之一，担纲设计了当时最具标志性、最有名

① Bernard Darwin, *Life is Sweet, Brother* (London and Glasgow, 1940), 121。
② Holt, “Golf and the English Suburb”, 76 - 89, at 77.
③ Reprinted in Clark (ed.), *Golf*, 223.

的许多球场,包括奥古斯塔国家球场(1933)。麦肯兹坚信,高尔夫球场是“国家最宝贵的财产”,因为“(高尔夫的)愉悦兴奋对于健康大有裨益,尤其是与新鲜空气和运动相结合时”。[①] 打高尔夫的好处时不时地出现在《柳叶刀》杂志上,其中强调的也是这项运动的 202
温和性。1892 年的一篇文章称赞高尔夫优于其他运动,尤其是对于那些“已过盛年”的成年人。[②] 但是,如果高尔夫球打得太用力、太频繁,可能会弊大于利。1901 年,圣路易斯的一位医生指责高尔夫是导致一位高尔夫资深玩家体重迅速降低并随后死亡的罪魁祸首:“肥胖的大忙人热衷于高尔夫是一件很危险的事,麦克里先生的不幸应当为所有人敲响警钟。”[③]

高尔夫与健康锻炼之间的这种关系显然是它的一项吸引力,并且在一些开始建立高尔夫球场的地方逐渐成为惯例,这些高尔夫球场建在温泉附近或海边——自 18 世纪以来集休养与社交于一体的地方。高尔夫还常常与其他运动紧密相关,尤其是网球:19 世纪末,为了迎合客户需求,郊区的网球俱乐部和高尔夫俱乐部有时会比邻而居。[④] 然而,高尔夫显而易见的优势在于,运动中的锻炼并不辛苦——虽然,正如安德鲁·朗格(Andrew Lang)所指出的那样,一个人打得越烂,得到的锻炼越多:“走得越远,击打次数越多。”[⑤]徒步的相对温和性使得这项运动老少咸宜,而

---

① A. MacKenzie, *Golf Architecture: Economy in Course Construction and Green Keeping* (London, 1920), 118.

② “The Value of Cricket, Educational and Hygienic”, *Lancet*, 139 (3590) (1892), 1378. 另一方面,一些医生确实警告高尔夫会损害心理健康,引起刺激和担忧,这可能超过在新鲜空气中运动的好处:参见“The Worrying Side of Golf”, *Lancet*, 173 (4456) (1909), 255。

③ Newell, *History of Golf*, 38.

④ Holt, “Golf and the English Suburb”, 80.

⑤ Andrew Lang, “Golf’s Place among Games”, *Illustrated London News*, 2852 (16 December 1893), 776.

且——至少在其初期——令人惊讶地向女性开放并且没人认为有任何不妥。一本针对妇女的著名指导手册认为高尔夫对于女性来说是“完美的”运动，在描述高尔夫运动的好处时，行走是最主要的特点：“在这里，她们可以呼吸新鲜空气，按自己的节奏行走……她们在青翠的草场上悠然漫步。”①

高尔夫是为数不多男女可以一起进行的运动，虽然已经开始有人（男性）抱怨女性打得太慢。这本身并不能说明她们无法
203 在崎岖不平的地面上以正常速度行走——虽然考虑到她们繁琐的服饰仍然无法适应她们的新消遣，打得慢点应该是非常情有可原的。主要问题是女性能够打多远，以及由此导致的她们需要停下来继续击打的次数。② 不过，女性与男性在球场内长途行走的适应能力还是有所区别。美国高尔夫球手吉纳维芙·赫克（Genevieve Hecker）评论说，某些地形会给玩家，尤其是女玩家造成挑战：

> 在苏格兰和英格兰，大多数球场都铺设在平坦的沙地上，不需要大家耗费大量体力上坡下坡。但在美国，由于不同的国家特色，许多受欢迎的场地不得不铺设在有许多上坡下坡的地方，场地还没打完一半，女运动员就已经筋疲力尽了。即使是对于男性，在山地球场上打球也绝对不是愉快的经历。对于女性来说，这让这项运动非常辛苦，只有那些狂热分子才会非常稳定或者非常长时间地打球。

---

① P. H. Chavasse and Farncourt Barnes, *Chavasse's Advice to a Wife* [London, 1906]，引自 George, "'An Excellent Means'", 333.

② 随着一个俱乐部中的女性成员数量开始上升，建设独立、更短的球道供她们使用是非常常见的，这些球道需要击打的球洞数往往更少——不过，一些女性专用球道是出自女性自己的提议：George, Kay and Vamplew, "Women to the Fore", 79 - 98。

她由此得出结论:“因此,在我看来,在选择铺设高尔夫球场的地点时,首先要考虑选择易于行走的场地。”①

无论男女,绕球场行走可能都很累。詹姆斯·李(James Lee)在美国高尔夫的指南书中警告说,19 世纪 90 年代,在费城新建的球场上,玩家需要“爬过高山,越过石墙、篱笆和栅栏,然后跨过细流,最后完成一圈”。② 19 世纪末 20 世纪初的球场很少有修剪整齐的场地——实际上,引进看起来很整洁的东西会被嘲笑。许多球场都设在开放的土地上,同时兼作他用,并且在此后许多年里一 204
直继续保留那些临时设施——墙壁、篱笆等。实际上,崎岖不平几乎是源于苏格兰海岸不受人待见的矮小风积沙丘的正宗高尔夫的绝对特征。荆豆花、石楠及其他崎岖不平的地势被认为是球场上非常正常但令人讨厌的障碍。

所有这些都有助于促进行走。《康希尔杂志》(*Cornhill Magazine*)这样描述乡村运动员期盼打球季节带来的潜在益处:“在荒原上没有什么比高尔夫更好的锻炼。高尔夫可以强健肌肉,不管是上肢还是下肢;而且运动员可以围着圣安德鲁斯球场绕三圈而不会感觉筋疲力尽,也不怕在 8 月 12 日打上两个钟头左右。”③但是,正如吉纳维芙·赫克所说,高尔夫球手可能愿意忍受的体力活动也是有极限的。高尔夫球手及记者怀特·J. 特拉维斯(Walter J. Travis)拒绝“多山的”球场,因为这些场地过度延伸了锻炼的概念:“爬山是一回事,打高尔夫显然是另一回事。想要把

① Hecker, *Golf for Women*, 196 - 7.对于球洞布置方案,她建议女性用的 18 洞球道的理想长度可以是 5 984 码,(出处同上,203 - 4)——考虑到配备现代化设备的现代球场的平均长度在 5 000—7 000 码的范围内,所以这段距离是相当长的。

② Lee, *Golf in America*, 55.

③ “The Golfer At Home”, *Cornhill Magazine* (April 1867), 再版于 Clark (ed.), *Golf*, 180. 考虑到需要适合所有天气的服装,并且可能加上与苏格兰的关系,对于穿什么,高尔夫与射击的要求之间通常也会有关系——虽然高尔夫一直是一种消遣,其社交影响力比射击派对和乡村体育的世界更宽阔。

两者结合起来绝对不会让人开心。”①

场地中行走

在19世纪末的高尔夫球场上行走是一种怎样的体验？这一时期对高尔夫的描述如后期一样，很少提到行走本身。高尔夫入门书（19世纪90年代早已盛行的一种体裁）鲜有评论击打之间的移动过程或行走在打高尔夫的过程中所带来的乐趣。然而，他们确实坚信在场地上行走要遵守规则。高尔夫礼仪的一般要点包括总是让更快的高尔夫球队先打的指令，而且许多评论者也提醒运动员（以及观众）心不在焉地行走很危险。高尔夫球手自己击完球后不等对手击打就走可能会严重违反高尔夫礼仪。英国邓迪的一
205 家当地报纸报道了一个警示故事，一位运动员走了30码之后被球击倒，第二天就“令人惊讶地”奄奄一息了。H. S. C. 埃弗拉德（H. S. C. Everard）对于这名男子的遭遇毫不同情，认为“高尔夫礼仪在这一点上非常清楚”，并且希望其他“鲁莽的高尔夫球手们”可以吸取教训。②

然而，虽然很少明确提到该如何行走，但我们可以重构在高尔夫球场上行走的一些体验，理解这种行走与其他行走体验大致有何不同。虽然高尔夫运动中所行走的距离与维多利亚时期一些精力充沛的步行者在其他背景下所行走的距离无法相比，但这一距离仍然高达几英里并且使玩家在一天的大部分时间里都在行走（当然过程中会停下来休息很多次）。高尔夫是一项非常耗费时间的运动。19世纪60年代，一篇关于在圣安德鲁斯打高尔夫的文

① Walter J. Travis, *Practical Golf* (New York and London, 1909), 153.
② Everard, *Golf in Theory and Practice*, 147 - 8.

章提到的日程是:上午 11 点开始比赛,然后悠闲地吃个晚早饭,再花 45 分钟吃个午饭,抽根烟,最后再出去一直打到下午 5 点半。① 当时的球场大小差别很大,因为在 18 洞的标准模式概念建立之前,各高尔夫俱乐部会利用任何可以利用的地方来打球。20 世纪初,虽然比赛是围着布莱克西斯球场打三圈,但这个球场上只有 7 个洞。② 实际上,打更短的路线而不是一次打完也是比赛的一部分,有时候还会在中途打完一圈的时候停下来吃个午饭。因此,大部分高尔夫游戏都涉及大量行走。李评论说:“一个好的高尔夫球场应该有三至四英里长,甚至更长,并且一般具有环形路线。这样,进出的玩家不会互相干扰,另外……游戏的终点不会离起点太远。”③他用长岛辛尼克山球场(1891—1892)的布局图来说明自己的观点。

终点靠近起点说明从一个洞走到另一个洞并不是打高尔夫过程中所涉及的仅有的行走。环形路线布局通常会引导玩家回到类似俱乐部会所的地方,会所可能是提供精致食物的地方(为俱乐部会员提供了一个主要的社交理由),也可能是提供简单点心的简易 206
小屋。但大家还是要能够在第一时间回到球场上,并在随后回家。早年间,玩家经常从最近的火车站走到球场,为了便于到达球场,还特别修建了一些火车站。伯纳德·达尔文(Bernard Darwin,1940 年写道)怀念人们开车去俱乐部之前的日子,回想起搭乘火车去球场这种更具社交性的体验,描述了穿着钉鞋穿过滑铁卢桥去打一天高尔夫的“珍贵、刺激的回忆”,以及(在旅程的另一端)“车站刹车、最后走过与沟渠交织的石楠时那种狂野的冲动”。④

---

① “Golfer at Home”, 191.

② *The Golfers' Year-Book* (London, 1905), 240.

③ Lee, *Golf in America*, 96.

④ Darwin, *Life is Sweet*, 133. 这里,他回忆的是从伦敦去上班的旅途。

李也狂热地描述玩家早上奔向球场的情景："一看到高尔夫球场，他们便加快脚步。"①

有时候，人们会对一个走过球场的人感同身受——这可能包括对于在草地上行走的本能反应。1897年，当俱乐部秘书及其他受访者接受一本介绍英国各大高尔夫球场的图文并茂的作品中的问卷调查时，许多人的思路都明确将高尔夫球场与愉快的身体行走体验联系起来。温布尔登球场号称有单独的沙坑、茂密的欧洲越橘灌木丛，并且（根据与平民的和解协议）限制开放日期，从这些方面来看，这里远非理想的高尔夫球场。但球场秘书知道，高尔夫球手们"在石板上走了一个星期后，很高兴再次站在温布尔登球场"。② 草皮的质量本身也会影响愉悦感。苏格兰金泰岬上的马希利汉尼球场被描述为特别"有弹性"，杆头掉下去会弹回来："因此，行走很愉快——打球也是，虽然球场高低不平，第一眼看去似乎无法适应负重且过多的行人的需求"。据说，北贝里克古兰球场上"令人惊讶的草皮"同样让腿脚非常舒服，"使高尔夫球手能够在最长的夏日从清晨打到日落黄昏，而且只会让人感到适当、舒适的疲劳"。③ 打高尔夫球的苏格兰牧师J. 戈登·麦克弗森（J. Gordon
207 McPherson）也狂热地讨论"弹性草皮"带给人的兴奋："在起伏的球场上，即使是气短的老手也愿意行走，沉浸于游戏中无法自拔。"④

严肃的高尔夫球手还会注意穿什么鞋子。给玩家的建议是穿

① Lee, *Golf in America*, 101.

② Horace Hutchinson (ed.), *British Golf Links: A Short Account of the Leading Golf Links of the United Kingdom, with Numerous Illustrations and Portraits* (London, 1897), 331.

③ 出处同上，202，153。

④ J. Gordon McPherson, *Golf and Golfers, Past and Present* (Edinburgh and London, 1891), 61.

"好钉靴"，从而在行走时获得稳固的立足点，并确保不会在击球时脚下打滑，不过反对穿长钉鞋，因为容易破坏绿地。[①] 随着高尔夫的发展，专用设备和服装的新兴市场建立起来，制造商也响应了高尔夫球手的脚部需求。回顾 1888 年的斯凯夫专利高尔夫靴，《户外》(*The Field*)杂志证实其结合了皮革和橡胶制造而成，既防水又适用于各种高要求活动和长途步行，并注意到"更好的是——其中体现了他们伟大的高尔夫美德——橡胶阀瓣可以抓住草皮，持久的握持使普通的钉鞋或嵌钉鞋黯然失色。脚几乎不可能打滑。"[②]到 19 世纪八九十年代，零售商们迎合高尔夫球手的喜好，特别设计了高尔夫鞋具。马萨诸塞波士顿的 Wright & Ditson 公司出售有鞋钉和没有鞋钉的"棕褐色粒面皮革"高低帮"高尔夫鞋"。[③]

穿着专门设计的鞋子并迎合草皮与地势的特点，高尔夫球手们会觉得在球场上行走与在其他场合行走有什么不同吗？在 1928 年出版的一部惊险小说中，苏格兰作家 A. G. 麦克唐纳(A. G. Macdonell，笔名尼尔·戈登[Neil Gorda])暗示，高尔夫让原本不会选择行走的人喜欢上了行走。小说中的主人公乔治·邓普顿(George Templeton，一位汽车旅行达人)在高尔夫假期开始时伤了手，原来的娱乐计划泡汤，被迫寻找其他运动方式，最后不情愿地开始行走："跟许多人一样，只要有高尔夫球打，邓普顿愿意走七到十英里，但沿着乡村小路，即使是走一英里他也不喜欢。"[④]从这一点看，高尔夫就是伪装过的行走：球手们在高低起伏、有时甚至崎岖不平的土地上走很远，但不一定将其等同于长 208
途行走的体验。

---

① Linskill, *Golf*, 6.

② Leather and Rubber Boot Company 广告中引用的广告词，Leeds：出处同上，ii。

③ A. H. Findlay, *Wright and Ditson's Guide to American Golf* (Boston, 1897), 64.

④ Neil Gordon, *The Factory on the Cliff* (Stroud, 2012), 11.

偶尔有人会说，高尔夫球手们可能因为他们的爱好形成了一种与众不同的步态。1900 年，英国杂志《高尔夫》(*Golf Illustrated*)的一篇文章中叙述了这种“高尔夫式行走”的观念正在大西洋彼岸凸显出来：

> “过来一个高尔夫式行走的女孩。”走在切斯纳特上的一个男人对同伴说。这是昨天早上的事，周围听到他这话的人都转过身去，想见识一下球场上的最新产物，《费城时报》报道……这种行走步态称不上优美，而且居住在任何俱乐部林立的场地周边的人……都不需要你告诉他这种步态是什么样子。衔接松散漫长的大跨步、摆动的双臂、“拔长”的脖子和头、惹人好奇的平胸，简直不能再熟悉。

在这里，“高尔夫式行走”的概念显然是用来取笑女高尔夫球手并暗示这项运动可能会破坏她们的女性气质，至少是在运动过度时。随着文章继续展开，进行大家所意识到的高尔夫式行走揭露了潜在的问题：“据一位计算过自己治疗的患者中女运动员人数的知名医师所说，这确实是过度紧张、压力过大的表现。这位无礼的医生说：‘女人，总是喜欢走极端。无论进行何种运动或消遣，她们总是当时就全力以赴，完全不考虑其他。’”①

除了像高尔夫球手一样行走的生理体验外，在高尔夫球场上行走更像是一种社交体验。② 高尔夫球手极少是独自一人，而且

---

① “What our Contemporaries are Saying”, *Golf Illustrated*, 52 (1900), 209, 引自 *Indianapolis Sentinel* 中的一篇文章。

② Donald M. Cameron, *Social Links: The Golf Boom in Victorian England* (Cambridge, 2010); Roland Quinault, “Golf and Edwardian Politics”, in N. B. Harte and Roland Quinault (eds), *Land and Society in Britain, 1700 - 1914: Essays in Honour of F. M. L. Thompson* (Manchester, 1996), 191 - 210.

即使是只有一个人打球的情况下，周围通常也会有其他同伴。[①]球场上有观众是很正常的事，他们会蜂拥而至，观看著名球手的锦标赛或表演赛，或者只是简单地跟随某个打高尔夫的朋友或亲戚。这些非球手的存在成为许多高尔夫漫画的对象，他们经常被作为 209
分散注意力的因素而遭到取笑或嫌弃，总是在球手击球的时候说话。漫画中，实际上包括照片中的非球手同伴常常是盛装打扮、撑着阳伞的女性。因此，这一时期，一方面有许多打高尔夫的女性，另一方面也有许多在场地上行走但不打球的女性。

与此同时，那位孤独的球手会被视为异类，甚至是“讨厌鬼”：H. S. C. 埃弗拉德觉得自己在球场上没有立足之地，而且“简直成了挡道的人”。虽然承认没有什么可以阻止一个独身一人的高尔夫球手在公共高尔夫球场上打球，但埃弗拉德坚信大家应该顺应“礼仪”感，而且“当然，在存在许多规则的地方，他可能会感到压抑”。[②] 围绕高尔夫的许多文化都注重其竞技性，正如诸多强调打赌、四球比赛或四人对抗赛比赛规则的高尔夫文学所证实的那样，暗示高尔夫应该是一项与其他人一起进行的运动。即使是独自一人的高尔夫球手也鲜少会在无人陪伴的情况下在球场上行走，因为 19 世纪末几乎所有高尔夫球手都避不开的一个同伴就是球童：球场的运球者，同时，至少在理论上，也是球手在球场上的向导。这些球童很多都是小男孩，在视觉画面中就像是跟在老板后面。[③]

在球场上遇到的每一个人并非不是打球就是看球，高尔夫球手的路径可能会与其他人的路径交叉或冲突。高尔夫球场的发展

---

① 在 Hutchinson (ed.), *British Golf Links* 的图片中，只有苏格兰西海岸（相当遥远的）马希利汉尼的插图中出现了一个单独的球员，即使是他身边也还有一个球童。

② Everard, *Golf in Theory and Practice*, 152.

③ 关于这种雇佣儿童的方式，参见 Wray Vamplew, “Child Work or Child Labour? The Caddie Question in Edwardian Golf” (2008): http://www.idrottsforum.org/vamplew/vamplew080423.html (accessed 26 August 2015)。

史也是土地适应新用途的历史。许多球场都是在公共用地上发展起来的，这些公共用地常常是耕作的边际价值并且展现出一些俱乐部所向往的经典球场特征：地域开阔、自由排水、沙地、有天然屏障、野生荆豆花或石楠。在19世纪末，虽然这类土地的经济开发价值往往十分有限，但其娱乐休闲价值却可能非常大。当地居民或一日游者都会利用公共用地提供的开阔空间，而他们在这一区域的乐趣可能会因其交替作为打高尔夫的地方而受到威胁。正
210 常穿过赖盖特-希斯锻炼的行人发现自己“多少会被高尔夫球手干扰”。[①] 1913年，负责英格兰和威尔士公地监管的一个公地特别委员会确认当地居民与高尔夫球手之间的矛盾为当时的一项挑战，不过，委员会乐观地得出了“按照捍卫平民权利的治理方案，没有理由禁止使用公地打高尔夫或进行其他运动”的结论。[②]

当然，高尔夫还面临其他方面的问题：非球手成为游戏的障碍。布莱克西斯球场就是建在公地上的球场之一，这里就面临参与者的问题，《高尔夫球手年报》(*Golfers' Year-Book*)记载：“频
211 繁进出公地的人干扰了打球，但通过严格遵守已有规章制度，可以避免摩擦和麻烦。”[③]妨碍打球的人成为《潘趣》漫画上经久不衰的话题：一位戴着帽子、身穿大衣的女士走过球场，面容冷峻地斥责高尔夫球手：“先生，并不是全世界都是用来打高尔夫的！”沙丘上，高尔夫球手与野餐和一日游的人群混在一起；在海边漫步的行走者发现自己受到急射的高尔夫球轰炸。[④] 正如约翰·罗弗森(John Lowerson)所说：“在许多地区，野外行走一般都会遇到四处

① *Report from the Select Committee on Commons* (*Inclosure*[*sic*] *and Regulation*) (London, 1913), 54.

② 出处同上，xiii。

③ *Golfers' Year-Book 1905*, 240.

④ *The Funny Side of Golf. From the Pages of Punch* (London [1909?]), 6, 51, 71, 13.

却花了好长时间让这项游戏与其可以支配的景观相融合。“潮湿茂盛的草地”、篱笆、干草和牲畜显然“看起来并不太‘适合高尔夫’”：“整个景致看起来太田园、森林太茂盛了”。[①] 19 世纪末的标准仍然是苏格兰沿海的“滨海”球场——以至于所有的球场不管离海多远、不管风吹沙丘的特征已经去除得多么干净，都还是会被称为“滨海”球场。高尔夫球场激发了人们对于眼前球场景观与理想化球场的联想——有时是通过深思熟虑的干预和改造，但更多的只是将两者相关联。加利福尼亚州圣贝纳迪诺谷里弗赛德“漫长颠簸的旅途和高山”让乘火车从芝加哥到圣达菲的乘客感觉很舒服，因为“呼吸到了真正的苏格兰空气”。[②]

在景观中行走既是一种审美体验，也是身体体验，但“高尔夫球手之眼”的观念暗示了不同的风景欣赏标准：新奇的情感。判断一片空地漂亮的常规想法被是否适合做高尔夫球场的意识颠覆——这不仅涉及土地位置，还涉及土壤质量、植被类型及是否避风。麦肯兹评论说：“我们经常听到球手说他们‘丝毫’不介意周围环境：他们只想好好打高尔夫”——虽然他个人并不认同这一点，他希望球场同时也能有宜人的环境，能够亲近“自然之美”。[③] 有些高尔夫球场确实从显然更有吸引力的特征和景观中获益，并在球场名录的广告中加以宣传，吸引可能会来打球的游客。例如，北威尔士的皇家圣大卫球场(1894)有许多风景名胜：以高山、大海、哈莱克城堡为背景。但这些对于那些真正热爱高尔夫的人来说，只不过是无关的休闲娱乐设施。对皇家圣大卫球场的一篇介绍坚

---

① Hutchinson (ed.), *British Golf Links*, 279.

② Atchison, Topeka and Santa Fe Railroad Company, *Golf in California* (Chicago, 1900), 14. 除了将加利福尼亚州的球场与苏格兰球场进行比较之外，这本小册子至少与美国东海岸的小册子相比，能够证明其品质。

③ Mackenzie, *Golf Architecture*, 35.

持认为："然而，这一切对于真正的高尔夫球手来说并不如他们所谓的球场的自然美景有吸引力。"这些美景包括海草、沙丘、灯心草
214 和荆豆花。[1] 类似地，在欣喜地描述辛尼克山充满吸引力的高尔夫环境后，李说，那里的海港、起伏的丘陵，以及秋季笼罩在球场上的"紫色"让兴奋的他似乎有些尴尬："但这些东西并不是为真正的高尔夫球手准备的。"[2]

对于纯粹主义者来说，自然风景似乎是高尔夫球场上非必要的组成部分，甚至会成为缺点。在 1891 年出版的关于"全英国"不同体育运动系列图书的高尔夫篇中，作者强调不因欣赏风景而分心的重要性："大海或湛蓝宁静，或波涛汹涌；远处的山可能白雪皑皑，在清澈湛蓝的天空下显得雄伟庄严；但对于高尔夫球手来说，必须暂时将这些东西抛诸脑后。"欣赏这些风景会放慢打球速度，干扰对游戏的专注力："打到一半停下来欣赏远处的东西（越是迷人，负面影响越大）是打高尔夫最糟糕的方式之一。"[3]A. H. 芬德利（A. H. Findlay）的《高尔夫球手备忘录》（*Hints for Golfers*）包含了自 19 世纪 90 年代以来的美国高尔夫指南，书中强调了在游戏中集中注意力不分心的重要性。"不要为了欣赏周围的风景而停止游戏，"芬德利建议道，"这事儿可以待会儿再做。"[4]

因此，高尔夫景观是按照其"运动性"评级，就像猎人从打猎回报率的角度来评价景观一样。[5] 有时候，运动性与审美性相结合：罗姆福德高尔夫俱乐部就以其帕克兰球场上起伏的草皮"从高尔

---

① Hutchinson (ed.), *British Golf Links*, 155.

② Lee, *Golf in America*, 38.

③ Linskill, *Golf*, 32 - 3.

④ Findlay, *Wright and Ditson's Guide*, 59.

⑤ 美国早期的高尔夫俱乐部实际上与狩猎俱乐部重合：参见 Kirsch, *Golf in America*, 25。

夫球手和艺术家的角度来看都很棒”而自豪。[1] 但大多数高尔夫球场并没有多少可看性：这些球场只有在打球时才有价值。对于1900年亚利桑那州凤凰城九洞球场的描述在潜在游客眼中只是这样一番景象：“很平，有很光滑但很脏的绿地。”[2]新加坡早期球场(1891)的特点就是平，所以“球场看起来似乎很没意思”。[3] 即使是充满故事的圣安德鲁斯球场在“不知情的旁观者”眼中可能也 215
很无趣：“似乎没有什么能刺激人们在一片贫瘠的土地上遛弯。”《泰晤士报》也不得不承认这一点。[4]

在没有——或者有时候不考虑——自然风景的情况下，各大名录及高尔夫球手年鉴强调将草坪的质量、球场布局的设计师和建筑师以及球场的建造时间作为参数，为高尔夫球手提供必要信息，以根据这些运动价值决定他们是否愿意在某个球场上打球。许多球场上特定的球洞及一些特征开始有了自己的名字：这是一种提高兴趣的方式，同时也是试图为常常毫无特色、缺少吸引和引导游客的明显地标的景观强加一些特色。但是，有些高尔夫球场试图为其他一些非区别性、无吸引力的景观创造价值，另一些则兜售自己的地理位置，而高尔夫球手们实际上远没有达到对运动环境中的美景免疫的程度。地名索引上经常将自然美景视为高尔夫体验的强化。俱乐部成员们总是倾向于将地理位置优越的地方作为俱乐部基地，但高尔夫很快就确立了自己作为旅游产业一部分的地位，而且游客们很有可能会被一个环境优美的特定球场而非球场的优质布局所吸引。

打高尔夫不一定完全与可能影响漫游者、徒步者或单纯漫步

---

① Hutchinson (ed.), *British Golf Links*, 285.

② Josiah Newman, *The Official Golf Guide for 1900* (Garden City, 1900), 50.

③ *Nisbet's Golf Year-Book*, ed. John Low (London, 1910), 397.

④ “Medal Day at St Andrews”, *The Times*, 5 October 1874.

者的审美情感分离。然而,高尔夫球手与球场景观之间的关系确实有其区别性元素。球洞的布局决定了一般行走路线,经常是以特定顺序约束行走者在球场上的整个行进路线,无论不规则击球可能在途中怎样引入奇怪的岔路。根据布局逻辑,路径通常是环形,而非在路标之间行走或有一个特定位置作为主要目标。此外,高尔夫球场还挑战了景观的欣赏方式,教育球手通过特定棱柱理解地势:用"高尔夫球手的眼睛"去看,不要从自然甚至经济价值的角度欣赏景观,而是要从有多少地方可以打球、对于球手的考验来看。

216

结　　语

19 世纪末,打高尔夫球的体验同时也是一种行走体验。实际上,很难想象还有其他围绕球场移动的方式。在 1892 年的一本穿越小说中,男主角发现自己在 2000 年打高尔夫球。球手击球后,在很长一段距离内自动追踪的小车代替了球童。但球手本人仍然需要行走。[①] 在很长一段时间内,在球场上使用交通工具一直都是个别现象。20 世纪 30 年代,有一些在球场上使用机动车的例子,但直到 20 世纪 50 年代才生产出了商业用途的高尔夫球车,一般是作为一种提高身体残障球手流动性的方式。[②] 1932 年,据报道,加利福尼亚的一位高尔夫球手驾驶一辆特制电车在球场上行

---

① J. A. C. K., *Golf in the Year 2000 or What We Are Coming To* (London, 1892), 60 - 2, 83. 小说中的角色在未来还在进一步思考这个世界,这表明高尔夫会一直不断完善,"直到你有一台机器可以绕着果岭走并挥动球杆,而你就坐在这里管理它"。

② 关于美国采用小车的情况,参见 Kirsch, *Golf in America*, 133 - 5, 其中同样引用了 1962 年《高尔夫》杂志中的话:"高尔夫球车(原文如此)推翻了曾经普遍认为美国人打高尔夫球是为了运动的观点。他们喜欢的不是运动,而是高尔夫。"(135)。

驶了 2 000 英里，但这只是因为他“无法走完 18 个球洞”。① 人们常常称赞高尔夫通过行走锻炼身体，没有人呼吁取消行走的必要性，除非球手的体力确实不够。②

高尔夫为本来可能毫无意义、毫无方向的行走提供了目的。实际上，如果没有高尔夫，这些行走许多都不会发生。沿着一条路线从 A 到 B 并不是行走中的实际必要需求，也不会在任何直线路径中进一步与自然反复浪漫地接触。这一时期，传统行走中似乎也不会将其作为一种孤独沉思或检验个人体力的方式。③ 相反，
高尔夫为作为社交娱乐活动的行走提供了一个新的焦点。当高尔 217
夫球手围绕球场的人工环形行走时，通过将景观再想象为球座、球道、障碍和果岭，他们担心自己的挥杆和分数，赌结果，聊天结交，有时甚至调情，同时也开始领略一种关于什么是绿地、绿地是为了什么的新的审美和理解。

到 20 世纪初，许多国家高尔夫球场的扩增使其成为新的类乡村，但实际上内在还是郊区环境的建设中的一大因素，打开了公地使用的新篇章，并且使开阔绿地不再与农业相关联。早期的球场沿袭其建造地所在的景观，并以新的方式将其解读为适合打高尔夫球的地方。然而，到 20 世纪初，高尔夫球场的建造已经不再是简单的再解读——而是一种通过带着特定目的在球场上行走，欣赏景观的新方式。高尔夫球场建筑师们越来越得心应手地利用手边的景观并以有意义的方式对其进行重构，释放了高尔夫的潜力，使其不必迎合尽可能贴近苏格兰的滨海球场的旧观念。作为内陆

---

① *Popular Mechanics*, 57(5) (May 1932), 801.

② 有文献提到高尔夫球在疗养院中仅作为一种推杆游戏，例如，William Harvey, “Recreation in the Tuberculosis Sanatorium”, *British Journal of Tuberculosis*, 24(1) (1930), 13。

③ 作为对照，后来的文献将高尔夫的沉思打法作为一个主题，例如，Michael Murphy, *Golf in the Kingdom* (Harmondsworth, 1971)。

的对等理念，建起了帕克兰球场，高尔夫球手们在不同的景观体验中竞争比赛。此类球场中有些比老式球场的景观效果更好——非高尔夫球手、闯入者或是路边的游人都可以欣赏、品鉴。但理解这些景观的关键同样在于行走的核心体验：不管球如何偏离球场规划中标记处的理想航线，都要跟着球。

第9章

城市空间与19世纪犹太安息日之游

巴里·施泰福

对于那些遵守犹太律法即哈拉卡(halacha)[①]的犹太人,步行仍然是在安息日(Shabbat)以及主要节日中唯一合法的运动方式,只有在有生命危险的紧急情况下才会有例外。犹太安息日从星期五日落开始,直到星期六晚上出现三颗星为止,历时约二十五小时。今天,只有少数犹太人依旧遵循这种生活方式。在21世纪,安息日要求犹太人出行不乘坐轿车、公共汽车、飞机或火车。信徒们相信,他们受到上帝的指示,不可以在这些特定的日子里使用这些交通工具,从而避免犹太人意义上的"工作",这一"工作"的定义源于《圣经》,特别是第四诫[②]。

① 包括东正教犹太人以及其他人,如保守派和"传统"。

② 传统的犹太安息日允许步行,尽管有许多活动是被禁止的(共39项)。这里要讨论的例子包括搬运东西(在私人和公共领域之间)以及灭火或点火。

在19世纪之前，无论是犹太人还是外邦人，大量的行走运动仍然是大多数成年人生活方式中一个不可避免的特征。在这个时期以前，那些在运输过程中使用驮畜作为交通工具的富人和权贵占少数。然而，即使是在犹太人的上层社会，来自《摩西五经》和《塔木德》的犹太律法对马匹和其他驯养的动物也有着重要的影响，因为人们认为它们也是需要休息的。但是，电力、蒸汽动力和
221 19世纪发展起来的内燃机呢？安息日也禁止使用非生物的发明吗？通过评估交通和运动中的技术创新以及犹太人对这些发明的宗教反应，我们可以更好地了解遵循哈拉卡的犹太人在安息日城市空间和旅行的演化中所持有的世界观。此外，我们可以更好地理解为什么哈拉卡信徒会继续选择步行，而其他犹太人则喜欢选择某种形式的交通工具。

第一次世界大战之前，有轨电车、地铁、自行车、电梯、汽车甚至飞机等革新引发了早期犹太圣人（约公元200年）始料未及的社会宗教问题。此外，这一时期的犹太教经历着一千多年来最大的内部变革，犹太教自由主义改革派试图将其身份定义为反传统的东正教。犹太教改革派认为《圣经》和《塔木德》的信息需要反映当时的时代背景和环境，而不是一种一成不变的法则。今天，大多数改革派和无党派犹太人会在星期六选择方便的方式出行，而哈拉卡信徒仍坚持步行。然而，在正统犹太教中，安息日允许信徒乘坐升降电梯，升降电梯是1850年左右城市革新中的一项发明。这个例外是怎么产生的呢？

在19世纪，公共和犹太人城市空间的变化对犹太人的流动性产生了深远影响。首先，拿破仑改革和1848年革命打破了中世纪欧洲大部分地区犹太人被隔绝在“隔都”的局面。犹太人不需要再居住在适于步行的指定区域。其次，军队和城市基础设施的发展，如拆除城墙、安装电力和通信线路、高架铁路轨道以及公园和绿地

等，为犹太人走在城市区域创造了新体验。除了19世纪中叶的夜间照明外，还有煤气灯和（后来的）白炽灯灯泡。对于哈拉卡犹太人来说，大战前夕的城市行走与一个世纪前他们祖父母所进行的是截然不同的。

安息日活动的可容许性

安息日的行走对于19世纪的犹太人来说是一项非常重要的活动，尤其是在家里和犹太会堂间行走去做礼拜。事实上，19世纪的犹太教祈祷书为犹太人提供了在安息日行走正确途径的详细 222
指示："那些不在家里背诵祷文的人去犹太会堂，快步走到那里，慢慢地回家；表示他们愿意侍奉上帝，不愿意离开他的职分。"[①]

19世纪，当犹太人在走向犹太会堂的时候，不可避免地会观察他们周围环境的变化，特别是在运动方面。这些变化引起了宗教当局考虑是否允许他们在安息日使用新运输工具的问题。根据犹太律法，有三十九类禁令，全部来自犹太人对《摩西五经》的解释。例子包括室内和室外（跨区）运送物品、燃烧和建造。这些禁令源自建造以色列神龛所需要的活动，这些活动构成了犹太律法中"工作"定义的基础。[②] 随着新技术的发展和时间的推移，拉比对圣经中"工作"的定义进行了调整。因此，例如，电力在犹太律法中被认为是一种火，由于其"燃烧"的内涵，在安息日限制使用（如果一盏灯在安息日开始的时候已经开着，那么它可能会继续开着，火或光只有在紧急情况下才能被熄灭，这个问题在安息日是很开

---

① Levy Alexander, *Alexander's Hebrew Ritual: A Doctrinal Explanation of the Whole Ceremonial Law, Oral and Traditional, of the Jewish Community in England and Foreign Parts* (London, 1819), 15(强调原文)。

② 参见 Aryeh Kaplan, *Sabbath: Day of Eternity* (New York, 1982)。

放的，比如开灯或关灯）。

关于做礼拜者前往犹太会堂及再次回到家中的方式的争论并不是19世纪所独有的问题。18世纪库拉索岛的威廉斯塔德产生了一个重大争议，那就是犹太人从奥特拉班达地区穿越海港前往位于蓬达地区的以色列希望犹太会堂，他们经常乘坐非洲奴隶驾驶的划艇，根据他们的拉比的说法，来自奥特拉班达虔诚的犹太人在来到犹太会堂时犯了罪，违反了安息日不可进行不适当旅行的规定，强迫他们的奴隶以不合适的方式工作，因为奴隶也有权休息一天。这个问题在1746年奥特拉班达卫星城的犹太会堂和平砖石得到解决。[1]

223 犹太律法中关于安息日的规定的漏洞随着时间的推移而逐渐演变，其中有些与技术进步密切相关。“安息日灯”就是一个鲜明的例子，其特点是用一个可移动的部件来遮挡或展示光源，而不需要用户打开或关闭电源。[2] 这一时期，安息日异邦人（Shabbat goy），即在安息日之前被雇佣来做一些禁止活动的非犹太人，是犹太人中上层阶级中的普遍现象，在今天有时也仍会出现。[3] 人们并不认为雇用安息日异邦人是违反安息日规定的行为，因为异邦人是在自己的意愿下做出被禁止的行为，而非犹太人也不受犹太律法的约束。19世纪对这种犹太教奇观感兴趣的非犹太人也观察到了他们认为奇怪的其他习惯：

> 可能没有马匹和马车，你们在会堂门口什么也看不到，虽

---

① Mordehai Arbell, *The Jewish Nation of the Caribbean: The Spanish-Portuguese Jewish Settlements in the Caribbean and the Guianas* (Jerusalem, 2002), 153.

② 安息日钟和安息日灯是20世纪的发明。同样参见 Jeffrey S. Gurock, *Orthodox Jews in America* (Bloomington, 2009), 3-4。

③ Ronald L. Eisenberg, *The 613 Mitzvot: A Contemporary Guide to the Commandments of Judaism* (Rockville, 2005), 317.

> 然里面有信徒可以借钱来拯救国家免于破产。在安息日，没有人点蜡烛，在他们的住处也没有人点火。当然，在像我们这样的（英格兰）气候下，犹太人不能没有火柴和蜡烛，而富人总是会有至少一个非犹太仆人来为他们做他们认为不合法的事情。但即使是最贫穷的人也不会违反法律。[①]

希伯来单词“goy（גוי）”与希腊单词“xeno（ξἔνος）”有相似的含义，即“他者”。“安息日异邦人”的概念也许是犹太教独有的，事实上，一些新教教派发现，在礼拜日不遵守基督教安息日规定的规矩是非常令人厌恶的。正如卫理公会牧师彼得·麦克沃恩牧师（1795—1870）所抱怨的那样：

> 据说伦敦的许多出租车和公交车车主都是犹太人。这是一个令人震惊的现象，在主日雇佣他们的交通工具的基督徒，应该接受教育吗——是的！贿赂——让他们把基督教视为毫无影响力的无稽之谈。如果他们的某个司机在任何时候都带着内疚，并表示愿意前往礼拜场所，那么可以想象，拒绝这种请求会受到怎样无法估量的轻蔑。我们怎么能自称爱上帝或我们的邻居 224
> 呢？——我们怎么能远离这些人的灵魂，不管是犹太人还是外邦人，在我们看来，除非我们确定他们在礼拜日会停止开车；确定我们不会在他们的路上设置障碍，也不会剥夺他们恩典的机会，正确地使用利用他们的救赎中止的时机被搁置？[②]

---

① “The Jews' Sabbath in London”, *Christian Witness and Congregational Magazine*, 3(2) (February 1867), 256.

② Peter McOwan, “Several Prevailing Forms of Sabbath Desecration Exposed”, in *The Christian Sabbath: Considered in its Various Aspects by Ministers of Different Denominations* (Edinburgh, 1850), 142 - 75, at 164.

因此，虽然犹太人可以让外邦人协助他们在安息日做某些禁忌的事，但倒不如说犹太人在礼拜日帮助基督徒是必然的情形。在某些情况下，更严格的基督徒认为安息日寻找助手是不合适的。

除了水平运动方面的创新之外，在19世纪，垂直运动方面也取得了重要进展，由伊莱莎・奥蒂斯（Elisha Otis，1811—1861）1853年左右开发的升降机/电梯，代替了许多楼梯上的步行。高耸的建筑物和摩天大楼给这方面的行走带来了很大的挑战，这也使得人们对垂直运动的需求成为可能。值得注意的是，早期的升降机是非电动的，是由各种不同的能源来驱动，如蒸汽动力或液压（尽管蒸汽动力通常需要使用锅炉来产生蒸汽）。在此期间，根据犹太律法，允许使用一些非电动电梯。[①] 例如，1896年在《美国希伯来人》杂志的广告中，位于新泽西大西洋城的美国饭店，在这个巨大的四层楼里炫耀着它的“新液压电梯到街道的高度”。[②] 同一页面上的另一则广告是纽约东休斯敦街上的齐默尔曼先生的犹太肉类广告。其目标群体都是犹太教徒。19世纪80年代之后，电力的使用带来了新的挑战，这些挑战在不同的方面逐渐得到了满足。拉比认为，犹太乘客在安息日不能使用电动电梯，因为这涉及直接使用电力，但他们可以被动地“在设备上搭行”。在比较现代化的犹太建筑中，有一个为“安息日设置”的电梯，它是在20世纪
225 中叶开始发展出来的。这种电梯在周五下午被启动，停靠在预先设定好的楼层（通常是每一层都停）。否则，犹太乘客就会被非犹太人所做的选择所支配，因为安息日信徒不能在安息日——无论

---

① Michael Broyde and Howard Jachter, “The Use of Elevators and Escalators on Shabbat and Yom Tov”, *Journal of Halacha and Contemporary Society*, 29 (1995), 5-29.

② “United States Hotel, Atlantic City, N. J.”, *American Hebrew*, 59(4) (29 May 1896), 91; William H. Sokolic and Robert E. Ruffolo, *Atlantic City Revisited* (Charleston, 2006), 12.

犹太人还是非犹太人——要求别人为他们犯罪(尽管在安息日之前可能会有安息日异邦人的安排)。[1]

自动扶梯的前身被称为“旋转楼梯”，由内森·埃姆斯(Nathan Ames)发明，于1859年出现，这个发明直到1896年才在纽约市康尼岛首次实现了今日直梯具有的垂直方向运载大批人的功能[2]与直梯相比，其设计更简单，如果它们在星期五晚上的安息日开始之前已经被启动，那么安息日犹太人再使用自动扶梯时就没有任何的不妥。[3] 自动扶梯的动力机制也与直梯不同，这使得一个人可以在同一时间内行走和被运输，他们可以站在原地不动，让交通工具来完成所有的工作。

如果想垂直穿越现代城市空间的人们想利用升降机或“旋转楼梯”实现这一愿望，那么在19世纪晚期出现的电车则实现了人们快速水平移动、横跨城市景观的梦想，无论是在街道上还是地下。[4] 电梯和电车都是19世纪发展起来的技术，它深刻地影响了人们在城市中穿行的方式，在很多情况下，取代了步行。电车的缺点是，虽然车票可以提前购买，犹太安息日信徒不必担心钱的处理问题(另一项禁令)，用于检票的现代设备是电子的(过去并不是)，实际上人们要通过这个设备才能上车。还没有设计出用于安息日的有轨电车和其他交通工具。然而，对那些遵守犹太安息日的人来说，这些问题仅仅是一个复杂信仰体系的一部分，这个信仰体系要求信徒遵循上帝的诫命，使世界变得更加圣洁，这个诫命在好多

---

① Alan Dundes, *The Shabbat Elevator and Other Sabbath Subterfuges: An Unorthodox Essay on Circumventing Custom and Jewish Character* (Lanham, 2002), 31–7.

② John H. Lienhard, *Inventing Modern: Growing Up with X-Rays, Skyscrapers, and Tailfins* (New York, 2003), 97.

③ Broyde and Jachter, “The Use of Elevators”, 5–29.

④ Amiel, *Little Bits of Judaism* (Baltimore, 1907), 105–6.

代之前就已经确立了。

226
安息日治疗与门诊治疗的安全性

犹太人律法的规定在世俗犹太教信徒中有时与实际的做法不同，即使他们打算成为真正的犹太律法追随者。造成这种现象的具体原因是多方面的，但归结于社会和技术的变化。举个例子，1845年11月，根据科孚岛的报道，费城发行的报纸《西方和美国犹太人的倡导者》（*The Occident and American Jewish Advocate*）在英语犹太世界中广泛流传：

> 他们的首席拉比的名字是里巴斯；他是直布罗陀人，他们为自己是英国人而自豪。他属于严格遵守律法的守旧派。他会禁止在安息日携带雨伞，因为这是违反第四诫的。科孚岛的犹太人在其他方面也都遵守安息日的规定，但他们不准备为此而大费周章。①

除了进行更愉快的漫步的愿望外，随着技术逐渐影响到人们行走的方式，潮流作为身份的象征偶尔也会成为争论的议题，——在19世纪中叶之后，大批量生产的雨伞数量激增使得犹太资产阶级中此种争论尤甚。

在另外一些情况下，犹太人家庭没有足够的经济条件完全遵守安息日规定。尤其是星期六，很多移民为了谋生，参加许多城镇的传统市场，他们在这一天更加难以休息。1880年到1924年，大

① L' Univers Israelite, "The Jews of Corfu", *Occident and American Jewish Advocate*, 3(8) (November 1845).

约有250万犹太人从中欧和东欧来到美国,他们为了逃避压迫来寻求新的经济机会。[1] 许多移民都是穷人,对他们来说,他们头顶上的屋顶和餐桌上的食物往往比宗教仪式更重要。事实上,对于犹太移民来说,无论富裕还是贫穷,在一个基督徒占绝大多数的国家,不用上班的周六对他们来说是一个重要的交易日,尤其是考虑到许多19世纪的犹太人与流动小贩、商店职员和工厂工人的经济 227
制造业有着千丝万缕的联系。养家糊口的人通常是男性户主,他们必须工作。犹太人家庭也希望提高他们的经济地位,正如《西方和美国犹太人的倡导者》中所描述的那样:

> 他们每时每刻都在追求财富……在安息日和宗教节日里,他们焦急的母亲却把他们送到上帝的家中,看到他们的父亲完全忽略了教导的责任,未告知他们正确遵守那些日子的规定是至关重要的;他们看见他照常做事,看到他沉迷于一支雪茄,他们看到他乘坐一辆公共汽车,开始邻近城市的各种旅程。他们的母亲从最初的时候就教导他们早晨和晚上要一起向神祷告,但在这些聚会中他们看不到他们的父亲。[2]

虽然违反了安息日的规定,但父亲乘坐公车出行可能是一种必要的选择,因为19世纪的城市规模迅速扩大,重要地点之间的距离超过了在合理时间内行走的距离。1828年在伦敦首次出现了公共马车。它们很快流行起来,传到其他城市,尤其是纽约和巴

---

① Simon Kuznets, E. Glen Weyl and Stephanie Lo, *Jewish Economies: Development and Migration in America and Beyond*, 2 vols. (New Brunswick, 2012), II, 226.

② "Readings for the Old", *Occident and American Jewish Advocate*, 9(8) (November 1851).

黎。此外，还进行了一些改造，将公共汽车安装在轨道上，最重要的是在道路上嵌入轨道——这是发展城市轨道交通的重要步骤，为的是不阻碍其他形式的交通运输和行人。①

如前所述，在19世纪，由于自由主义改革运动的紧迫形势，犹太教处于一种神学的变革中，这是犹太启蒙运动也就是哈撒拉(Haskalah，1770—1880)的产物。作为改革者和传统主义者之间裂痕不断扩大的一部分，新技术的可容性和安息日的运输模式这一话题经常成为争论的话题。犹太教改革的支持者，如艾萨克·迈耶·怀斯(美国人，1819—1900)和亚伯拉罕·盖格(Abraham Geiger，德国人，1810—1874)首先寻求内部宗教的“现代化”，但他们反对正统
228 的目的没有实现；相反，改革者们最终建立了他们自己的犹太教分支。怀斯和盖格创办了期刊《美国的以色列人》(*The American Israelite*，1854年至今)和《犹太神学科学期刊》(*Wissenschaftliche Zeitschrift fuer Juedische Theologie*，1835—1839)来宣传他们的神学理论。然而，怀斯和盖格不应因倡导他们的追随者们乘坐现代交通方式来代步而受到指摘，不管是电梯还是有轨电车。到18世纪80年代，当成千上万人在安息日用电车(有轨电车)时，②一项拉比的法令证明了犹太人的改革是毫无意义的，这个数字是如此之巨大。1885年的《匹兹堡宣言》(*The Pittsburgh Platform*)是19世纪美国犹太教改革的关键文件，它指出：“我们认为，自然与历史领域中科学研究的现代化发现并不是对犹太教教义的反抗，我们应该反思圣经透露的那个时代的原始思想。”③

---

① Luc-Normand Tellier, *Urban World History: An Economic and Geographical Perspective* (Québec, 2009), 539.

② Walter Jacob (ed.), *American Reform Responsa: Collected Responsa of the Central Conference of American Rabbis, 1889 - 1983* (New York, 1983), xv.

③ The Pittsburgh Platform 再版于 William A. Link and Susannah J. Link (eds), *The Gilded Age and Progressive Era: A Documentary Reader* (Malden, 2012), 169 - 71.

犹太正统派的领袖尽力阻止潮流，尽量减少他们认为对安息日亵渎的行为，让他们的信徒遵守传统。以新奥尔良战前电车的使用为例：

> 一位非常杰出和富有的女士，通过他（伯纳德·伊洛维拉比）的布道和他的努力，终于从一个憎恨一切与犹太沾边事物的人变成一位非常虔诚的以色列母亲，家中的一切严格遵循犹太教义，以最正统的方式度过安息日。在炎热的季节开始时（在南方月初），她问我的拉比（伊洛维拉比），由于她住在远离犹太会堂的地方，在夏天没法走那么远，在这段时间里，她是否可以不用去会堂，或者她是否可以乘坐街车？他建议她应该去会堂做礼拜，可以乘坐街车，但不能在礼拜后去任何地方，只能搭车去会堂，礼拜结束后尽快返回家中。尽管她的很多朋友都对此嗤之以鼻，但她十分忠实地践行了这种传统。许可的理由并不是以书面形式规定的，除了犹太法学者塔米德·恰恰姆（Talmid Chacham）提出的理由之外，还有另外一个主要的原因，我父亲告诉我说，最近有一次重要的巴力神（重生）仪式，
> 他不希望她长时间听不到自己的布道，远离他的规诫。而且 229
> 我们也要知道，在那个时候没有必要用金钱来支付车费，可以在任何时候买票来支付。到电力作为城市轨道的动力之时，所有的街道交通工具都卖票，票价通常是 25 美元。[①]

虽然我们不知道这位想在安息日乘电车的“杰出和富有”的女

① 参见 Bernard Illowy and Henry Illoway, *The Wars of the Lord/Sefer Milchamot Elokim: Being the Controversial Letters and the Casuistic Decisions of the Late Rabbi Bernard Illowy, with a Short History of his Life and Activities by his Son Henry Illoway* (Berlin, 1914)，自传（无具体页码）。

士的身份或确切的日期，但是我们知道在1861年到1865年内战期间，伯纳德·伊洛维（Bernard Illowy，1814—1871）担任了莎莉拉斯（慈悲之门）的拉比。莎莉拉斯位于法国区西部圣路易斯和康迪街之间的兰帕特大街上。[①] 直接的金钱交易，比如为某种目的购买任何东西，当时（和现在一样）是安息日的一项禁令，因此可以提前买票。尽管如此，允许这位女士乘坐电车的理由是“他不希望她长时间听不到自己的布道，远离他的规诫”，这种说法非常匪夷所思。这个女人在这里描述的是巴力神仪式是非常重要的。巴力神是一个犹太人，他已经重新开始遵守犹太教实践——换句话说，他已经悔改了，回到了上帝的身边（也许最相似的是作为一个基督徒“重生”）。看来，在这种情况下，伊洛维拉比认为继续（重新）让她了解其他正统犹太习俗比违反这一安息日禁忌更重要。

伊洛维是19世纪美国正统犹太教的主要倡导者之一，正如这个例子所表明的那样，他在仪式上是一个温和派。要理解这一点，我们必须感谢他反对新生但很受欢迎的改革运动的立场。19世纪一二十年代，改革派犹太教同时出现在中欧和美洲城市，尽管缺
230 乏明确的特征，但现在却变得很普遍。[②] 在19世纪70年代之前，当改革派犹太教与正统犹太教之间的鸿沟还没有完全无法弥合的时候，关于允许使用有轨电车的问题存在一个灰色地带。此外，这位“非常杰出、富有的”新奥尔良女士选择了正统派而不是改革派来对抗潮流。伊洛维选择宽容的另一个原因是他希望鼓励她在生活的其他方面遵守正统犹太教。因此，改革派犹太教和正统犹太教模

---

① Louis C. Hennick and Elbridge Harper Charlton, *The Streetcars of New Orleans* (Gretna, LA, 1965), 5.

② 在美国，1885年改革派犹太教通过《匹兹堡宣言》得到巩固。在匹兹堡举行的会议上，改革派犹太教是去仪式化的和分散化的，把运动和改革联系起来，而不是各方面统一的，因为当时没有中央集权的首脑或政府：Gurock, *Orthodox Jews*, 82-3, 123.

式都试图应对影响犹太人的社会和技术变革，在安息日的现代运输模式和行走方面，每个人都以他们自己的方式进行自由选择。

一个反例再次说明了在安息日使用19世纪交通方式上改革派与传统派之间存在明确的区别，这一观点由著名的改革派拉比古斯塔夫·戈特海尔（Gustav Gottheil，1827—1903）提出。他坚持在安息日步行，例如去犹太会堂，把它当作休息日出行的适当方式。[1] 19世纪60年代，戈特海尔拉比为英国曼彻斯特（改革派）犹太会众服务；他后来于1873年转移到纽约的坦普尔-埃尔（上帝与我们同在）会堂。戈特海尔没有把他的安息日徒步（或不使用现代交通工具）的观点强加在他的会众身上。到19世纪后期，马车和其他交通工具似乎在纽约的教会中已很常见，尽管这种情况并非一直如此。二十年前，1855年，“哈伊姆（Hayim）”在《美国的以色列人》的一篇目击报告中宣称：“以色列人会乘坐马车去会堂的旧故事，我没有看到证据，因为这并没有带来或带走任何的崇拜者，似乎他们都走在大自然的底端。”[2]“哈伊姆”的身份是一个谜，我们也无法确认他是正统派还是改革派犹太人的支持者。然而，无 231
论如何，此报纸的编辑艾萨克·迈耶·怀斯认为这是篇值得发表的报告。

在开戒区域间行走的犹太人引发的城市形态演变及其反应

19世纪，城市形态发生了重大变化。尤其是随着军事技术的

① Hasia R. Diner, *A Time for Gathering: The Second Migration, 1820－1880* (Baltimore, 1992), 131.

② Hayim, "A Visit to the Reformers", *The Israelite*, 5 January 1855, 206. 1854年到1874年，该报名为 *The Israelite*，后更名为 *The American Israelite*。

进步，石墙的防御性功能过时了。① 拿破仑在征服欧洲大陆时证明了这一点，他的军队摧毁了城市的城墙，也摧毁了犹太人聚居区。当然，摧毁欧洲城墙的做法已经过时了，因为到处都是这样的墙。渐渐地，这些城墙被摧毁，使得城市的扩张更容易。奇怪的是，城墙的拆毁给那些想要将他们社区里的东西带到安息日礼拜去的犹太人带来了困难。此前，许多封闭的犹太人居住区都属于城市和隔离墙内的半私人空间，但“携带”出行到公共领域则是安息日禁止的另一项活动。

为了让人们在安息日能够在家与犹太会堂之间搬运东西，开戒区域（eruv，源于希伯来语，译为“混合”）的概念就是在这时从古代发展起来的。这使得建筑物之间的分隔空间成为半私人区域，从而建立了一个在不违反安息日规定的情况下进行搬运的区域。开戒区域除了作为物理空间之外，还可以象征性地划定界限。它们被记录在古代犹太教文献，如《塔木德》中，它们归属于所罗门王。② 但是，在 19 世纪，开戒区域在移除封闭的防御工事和隔离墙的过程中获得了新的意义。具有讽刺意味的是，19 世纪的新教传教士对开戒区域很感兴趣，因为他们希望研究犹太人，并将其转化为基督教徒。他们关于 19 世纪开戒区域概念的描述传达了丰富的信息：

> 在与我们自己的谈话中，犹太人非常重视遵守这种习俗。他们中的一些人称之为“租赁这座城市”并说这与开戒区域的
> 232 法律有关，属于安息日的仪式；因为当城市被整个租赁时，他

① Peter Marcuse, “Walls of Fear and Walls of Support”, in Nan Ellin and Edward J. Blakely (eds), *Architecture of Fear* (New York, 1997), 101 - 12.

② *Talmud*, Eruvin 21b.

们的法律认为所有的城墙都是属于同一座房子，在那里他们安息日可以自由地在住宅间转移，尽管有轻微的负担，但没有违反神圣安息日的任何法律。必须记住的是，在耶路撒冷，"房子"这个词并不意味着我们所理解的许多房间都被一个屋顶覆盖着。每座房子都有一组房间，每个房间都有自己的屋顶，但都是在一堵普通的围墙或院子里；而在从一座房子到另一座房子的过程中，有必要进入到开放的空间中。因此，根据开戒区域的法律定义，耶路撒冷被城墙包围，其被认为是一处住宅或房屋。①

当我们考虑迟至1914年这座城市在技术发展方面落后的其他方面时，耶路撒冷的例子引人注目。那时耶路撒冷没有下水道系统，没有电车，没有电灯，甚至没有天然气，没有任何东西是现代的。② 犹太人的城市空间由开戒区域划定，超越了时间限制，将传统置于城市功能重构之上。

开戒区域不一定需要砌墙，其可以是符合犹太法律规范的社区周围的任何围墙结构或屏障。在城市范围内，开戒区域甚至可以是象征性的墙，比如那些用电缆或电线组成的象征性的墙壁，随着城市的通电，这种安排变得更加普遍。局外人评论了这种开戒区域结构的感知特性，同时也提到了安息日的整个范例都在开戒区域中进行，正如这段时期内的记录所证明的那样：

这是我们第一次观察(奥斯曼帝国统治下的巴勒斯坦采法特)，一条街上，挨家挨户连接起来的字符串成עירוב(eruv)，

① C. Schwartz (ed.), *The Scattered Nation; Past, Present, and Future* (London, 1868), III, 47.

② "Foreign News", *Reform Advocate*, 46(7) (February 1914), 852.

或者由固定在高耸的杆子上的字符串构成。这条字符串代表一堵墙，因此通过一个荒谬的想象，犹太人能够履行《塔木德》的戒律，任何人在安息日当天都不会负重，甚至不会拿起祈祷书、一块手帕或一块钱，除非在一个有围墙的地方。[①]

233 其他的例子还包括纽约下东区的开戒区域，创建于 1905 年，部分被高架铁轨包围。对于这个开戒区域的创建，特别是用铁路作为边界，引发了犹太人关于其可容许性的法律辩论。[②] 在海牙，犹太人再次利用（原有的）周围的堤坝和毗邻的河流建造了他们的开戒区域，这显然符合犹太人的法律标准。对于威尼斯的犹太人来说，情况也差不多，这个城市被运河系统和舄湖包围。然而，19 世纪大多数的城市犹太人并不像在下东区、海牙或威尼斯那样幸运，这三座城市（或多或少地）具有可以作为他们的开戒区域边界的结构和自然的特征。其他城市，如阿姆斯特丹的犹太人社区（1866）和密苏里州的圣路易斯（1894），必须要专门建立结构性的开戒区域边界，以帮助他们在安息日更愉快地步行。[③] 有了开戒区域，圣路易斯和阿姆斯特丹的犹太人现在可以把祈祷书带到犹太会堂，把房子的钥匙放在口袋里，在一座房子和另一座房子之间转移食物和礼物，或者把婴儿放在马车上悠闲地散步，而且不违反重要的宗教信条。

---

① Andrew A. Bonar and Robert Murray M'Cheyne, *Narrative of a Mission of Inquiry to the Jews from the Church of Scotland in 1839* (Philadelphia, 1843), 57（强调原文）。

② Gurock, *Orthodox Jews*, 115. 亦参见 Yosef Gavriel Bechhofer, *The Contemporary Eruv: Eruvin in Modern Metropolitan Areas* (Jerusalem, 1998), 27 - 40。

③ 参见 the groundbreaking research of Adam Mintz, "Halakhah in America: The History of City Eruvin, 1894 - 1962" (PhD thesis, New York University, 2011)。

犹太人、基督徒的争论与休闲时代的出现

到目前为止，我们已经多次考虑基督徒对犹太人安息日的看法。但是，犹太人对基督徒在礼拜日安息日的看法，尤其是对走路的看法又如何呢？从19世纪下半叶起，犹太人对美国第三次大觉醒的论调产生了一种虽然不显著但是很重要的回应。这是1850年左右到20世纪初的宗教复兴和激进主义的时期。由于当时东正教和改革派犹太教之间的分歧，犹太人对基督教的安息日持有不同的看法。一些犹太人的评论可能是充满主观臆断的，就像基督教徒经常对犹太人的安息日及其影响的谴责一样。最重要的是，在安息日移动的模式，无论是走路还是坐车，都是对度过安息日正确方式的审查。例如，在有东正教倾向的《西方和美国犹太人的倡导者》中发表的一篇社论中写道： 234

> 让我们举例说明，在某些国家，有个问题变得逐渐紧迫，即将礼拜日作为一个世界性的休息日。在人们的意识里，如果那一天轨道列车、汽船和马车被用来运送旅客，是否会有人感到震惊呢？肯定这种说法是荒谬的，否则为什么人们乘坐自己的车或者是租用的车辆来到教堂？为什么渡船已习惯来回运送去教堂的人呢？为什么部长们允许自己骑马或在教练的陪同下参与订婚布道或出席葬礼、婚礼？如果他们有意遵守安息日的规定，以犹太人的方式去做，即让他们放弃各种劳动，他们是不会这样做的，因为这是无益的；所以他们的喧嚷就是希望公开他们对礼拜日的独特见解，不管他们是否愿意；而对于懦弱、怯懦、对手卑鄙的人来

说，他们不敢抬起头来。[①]

从犹太人的角度来看，令人震惊的是，基督教在礼拜日安息日的仪式上有明显的表里不一，他们并没有完全停止工作，而是迫使非基督徒遵守礼拜日的蓝色法律。对是否步行的质疑也是安息日批判的一个重要问题。纽约伯特利神殿的改革派犹太教拉比塞缪尔·舒尔曼（Samuel Schulman，1864—1955），比典型的改革派犹太拉比更加注重自由，他还比较了基督教坚持的虚伪，即"允许开有轨缆车的人工作，这样虔诚的基督徒就可以去教堂，而在礼拜日早上，可怜的犹太屠夫不能将一磅肉卖给那些星期六守安息日的人"，这是很"不公平的"。[②]

在犹太谱系的远端，至少在20世纪初，除了像舒曼这样的改革者，还有一些激进分子，他们已经准备好提倡将犹太安息日从周六延伸至礼拜日：

235 从一开始到依靠蒸汽机出行或牲畜出行，从一个地方到另一个地方的行走成为各地旅行的模式。从发动机的发明到现在，人们虽然乘坐火车旅行，但步行和骑马都不过时。对于犹太人也是一样的。到目前，犹太人的安息日一直是星期六。如果把礼拜日当作神圣的日子，犹太人的宗教会消失吗？这可能也不会，但是如果少数人能接受大多数人意见的话，那就是最好的。[③]

---

① "The United States not a Christian State", *Occident and American Jewish Advocate*, 7(11) (February 1850).

② Samuel Schulman, "Jewish View of the Sunday Question", *New York Times*, 2 December 1901.

③ Irving Mandell, "The Sabbath of the Israelites", *American Israelite*, 19 June 1902, 4.

在19世纪中期，柏林的萨缪尔·霍德海姆(Samuel Holdheim)拉比在宗教改革中开始了庆祝礼拜日安息日的活动。这是由少数改革派犹太人推行的，但是在欧洲和北美有着重要的影响。[①] 原因是，如果工作周包括六天(五天工作日，星期六和礼拜日休息，还没有变得普遍)，社会上大多数人只有礼拜日才能得到自由，那么将礼拜日用作犹太人安息日的礼拜更是聊胜于无。一些新教教派也在辩论安息日是否应该恢复到星期六。这些团体中最著名的是1863年在密歇根州巴特尔克里克创立的基督复临安息日会。其他团体包括第七日浸信会和上帝第七日教会。

然而，即使在第七日新教中，度过基督教安息日的方式也不同于传统的犹太教方法。虔诚的基督徒应该在教堂里，而不是在工作中。然而，基督徒并不总是操心你是步行还是乘坐交通工具去做礼拜。因此，犹太人的批判，如上所述："如果他们想要捍卫安息日，就让他们以犹太人的方式来做。"也就是说，在一些地方，如格鲁吉亚，礼拜日蓝色法律严格禁止火车运行，除了那些星期六已经离开，计划在礼拜日上午8点之前到达目的地的人以及那些带着牲畜去饮水或者喂食的人。[②] 相比之下，在英国，19世纪的铁路公司有更多"抵制执法的权力"。[③] 铁路公司可
以决定是否在礼拜日开动火车，这个决定常常受到礼拜日安息日 236
缺乏管理人员而出现的市场需求的影响，而不是权威的政府监管的影响。因此，经济是19世纪英国火车运行的决定性因素，而不

---

① Roberta R. Kwall, *The Myth of the Cultural Jew: Culture and Law in Jewish Tradition* (New York, 2015), 90.

② Abram Herbert Lewis, *A Critical History of Sunday Legislation from 321 to 1888 A. D.* (New York, 1888), 217; R. F. Cottrell, "Increasing Respect for Sunday", *Advent Review and Sunday Herald*, 29(4) (1 January 1867), 43.

③ Arthur T. Hadley, *Railroad Transportation: Its History and Its Laws* (London, 1885), 154.

是宗教政治。

那么，在19世纪的礼拜日，周六安息日的信徒们会做些什么呢？特别是在那些受到蓝色法律限制的地方？如果情况允许的话，犹太大小商人和店主们会试图在礼拜日经营他们的生意。根据皮特·麦克欧文(Peter McOwan)牧师之前的证词，我们知道一些伦敦犹太人会在礼拜日继续经营他们的出租车和综合服务。然而，由于社会上大多数人都参加了礼拜日的安息日活动，生意往往很清淡。这就解释了为什么在某些激进的改革派圈子里，为了不错过额外的一天的工作量，会讨论把犹太人的安息日改到礼拜日。事实上，直到1908年，第一家新英格兰纺织厂才采纳了每周五天的工作来安置犹太人和基督徒的雇员。①

犹太人和其他星期六安息日的信徒并不是唯一面临与工作、禁欲和安息日有关的社会危机的人。劳工运动成了一个附加因素，它在19世纪开始兴起，并产生了许多犹太人的领袖。②从19世纪开始，英国(1802)和美国(19世纪30年代的马萨诸塞州，后来在其他地方)出台了限制妇女和儿童每周在工厂工作的时间，以减少职业剥削。这些保护性措施很快扩展到男人，从而扩展到整个家庭。最具讽刺意味的是，“罢工”作为抗议不公平劳动条件的一种表达，成为这场运动中的一个重要工具，从1834年马萨诸塞州洛厄尔的女纺织工人开始。这也是人们和工会开
237 始组织政治“散步”和“游行”并将其作为言论自由的一个方面。③有时哈拉卡犹太工人会因抗议而被逮捕，特别是当被捕的人是家

① Witold Rybczynski, *Waiting for the Weekend* (New York, 1991), 141.

② 参见 Stephen Bird 和 Christine Collette 内容详实的学术著作：*Jews, Labour and the Left, 1918–48* (Aldershot, 2000)。

③ Dorceta E. Taylor, *The Environment and the People in American Cities, 1600s–1900s: Disorder, Inequality, and Social Change* (Durham, NC, 2009), 158.

庭中的妇女，家庭成员和邻居等经常在安息日的准备工作中协助受影响的家庭。[①]

因此，人们有闲暇时间的机会越来越多——最初只有资产阶级可以随时利用这些机会，但随着周末的双休日变得越来越普遍，这些机会后来在工人阶级中也得到了利用。[②] 在 19 世纪的城市社会中出现了这样一个问题：新兴的资产阶级如何度过悠闲的周末时光？部分回应是为娱乐而建立公园形式的开放绿地。查尔斯·狄更斯（Charles Dickens，1812—1870）描绘了 19 世纪伦敦模式化的城市，既肮脏又不利于健康。因此，不管从字面还是比喻意义上，伦敦的海德公园、纽约的中央公园以及巴黎的布洛涅森林公园都是开放公共绿地的开创性例子，并且对当代城市环境产生了持久的影响。[③]

犹太人可以在星期六和礼拜日享受市区公园。在美国南北战争前夕，巴黎人所罗门·詹姆斯·德·罗斯柴尔德（Salomon James de Rothschild，1835—1864）在他的日记中写道，纽约市"建设和建立一个花园或公园"的规划成本为 1 000 万美元，"比布洛涅森林公园更美丽"。[④] 当弗雷德里克·劳·奥姆斯特德（Frederick Law Olmsted，1822—1903）和卡尔弗特·沃克斯（Calvert Vaux，1824—1895）于 1873 年建成中央公园时，纽约市共花费了约 1 500 万美元，这表明了这个绿色空间对纽约人的重要性。[⑤] 为此，几群犹太教会众在中央公园附近修建了犹太会堂，包括 1891 年在第五大道和第

---

① Beth S. Wenger, *New York Jews and the Great Depression: Uncertain Promise* (Syracuse, 1999), 115.

② 参见 Priscilla Murolo and A. B. Chitty, *From the Folks Who Brought You the Weekend: A Short Illustrated History of Labor in the United States* (New York, 2001)。

③ Anthony S. Travis, *Planning for Tourism, Leisure and Sustainability: International Case Studies* (Cambridge, MA, 2011), 253 - 4.

④ Salomon de Rothschild, *A Casual View of America: The Home Letters of Salomon de Rothschild, 1859 - 1861* (Stanford, 1961), 17 - 18.

⑤ Louise Chipley Slavicek, *New York City's Central Park* (New York, 2009), 9.

238 七十六街上的贝塞尔会堂和1897年的谢里斯·以色列（以色列余民）会堂。事实上，谢里斯·以色列搬迁到中央公园西大街和第七十街（原第十九街）的部分原因是它“对于那些在安息日乘车进城这事犹豫不决的人来说太远了”，[①]因为许多富裕的会众已经居住在该地区，希望可以围绕中央公园进行散步和娱乐活动。在伦敦，新西区犹太会堂建于1879年，距离海德公园很近。另外，在佐治亚州萨凡纳的米克威尔，以色列人1876年建造了宏伟的建筑，与蒙哥马利广场隔街相望，这个公园的起源始于18世纪30年代的奥格尔索普计划，越来越多的城市会众选择将他们的会堂建在城市绿地附近。

对于离公园不近的会众来说，有组织的野餐远足是一种常见的活动，尽管这些活动并不一定在星期六进行。《美国的以色列人》中刻录了这些野餐活动，活动在新奥尔良的城市公园（有50名年轻的犹太女士和先生参加）以及巴尔的摩射手公园的西奈山和达拉斯橡树悬崖公园的以马内利会堂举行。因此，19世纪的犹太人可以在闲暇时在城市的公园和街道上散步。不管在新世界还是旧世界，散步一直是哈拉卡犹太人在安息日进行的一种休闲活动。在欧洲的村庄和犹太人小镇，犹太人声称“不管他们自己选择做什么，要允许我们在安息日去田野里散步”。[②]对于生活在人口密集的城市的犹太移民来说，在公园里散步的机会在安息日和其他日子里都有吸引力，这让人想起他们在原籍国参加的活动。[③]

---

① “New York Letter”, *American Israelite*, 1 February 1884, 3.

② James Silk Buckingham (ed.), “An Essay on a Common-Place Topic”, *Oriental Herald and Journal of General Literature*, 2 (1825), 477.

③ Rochl Leichter Weysman, “Autobiography of a Jewish Daughter”, in Berl Kagan (ed.), *Luboml: The Memorial Book of a Vanished Shtetl* (Hoboken, 1997), 131 - 5.

结　语 240

当犹太人步行穿越世纪，他们的世界在结构上、宗教上、文化上和社会上都发生了变化。技术进步、社会运动、经济和城市化是影响深远的重要因素。今天，大多数哈拉卡犹太人都生活在都市，居住在纽约、耶路撒冷、伦敦、多伦多、巴黎和布宜诺斯艾利斯等地。他们在安息日利用各种形式的现代技术，特别是那些与运输有关的技术，不同于过去传统的安息日。每个星期六，他们继续步行去犹太会堂，像 19 世纪的前辈一样享受邻里的绿色空间。对于那些居住在高楼大厦的城市里的犹太人来说，他们很幸运，可以通过自动化的直梯或自动扶梯来打破每周的社会宗教限制。

虽然正规化的犹太人聚居区已成为过去，如 16 世纪威尼斯和罗马发展起来的犹太人聚居区，但无论是城市居民还是郊区居民，大多数犹太人仍然居住在大都市地区的聚居社区，这一趋势始于 19 世纪。实际上，这座城市和隔离区的围墙已经失去了其实际用途，一些残余作为历史遗迹和地标留存下来。然而，用于新用途的建筑结构，例如犹太开戒区域，已经取代了它们，其通常由极具象征意义的杆子和金属线构成，对那些决定在安息日要依赖他们的人来说是很重要的。对 19 世纪至 20 世纪初的社会大多数人来说，开戒区域是与电气城市街道的背景混合在一起的。

尽管上述这些变化对西方文明中的很小一部分产生了深远影响，但犹太人与 19 世纪的劳工运动相辅相成，开创了两天的周末时间，也为当代社会中行走背景的改变做出了重要贡献。这一额外的空闲时间应该去哪里度过以及怎么度过的问题与市政公园的扩散密切相关。随着越来越多的类似设施的出现，越来越多的社会各阶层人士在19世纪享受到了在城市内漫步的乐趣——无论是暂时逃离城市的喧嚣，寻找一个安静的环境或是与家人和朋友共享一个悠闲的下午。

致谢：感谢犹太叶史瓦大学的杰夫瑞·S. 古洛克对本章早期版本的评述。

第四部分

行走、思考、观察

第10章

行走的圣人：行走、宗教虔诚与现代南亚流通技术

伊克巴尔·西瓦

优陀西派圣人泰哈尔·达斯(Tehal Dass)位于旁遮普省巴蒂拉村的禅定像[1]吸引了来自不同宗教和种姓背景的信徒。对许多信徒来说,圣人的灵性和宗教权威似乎很大程度上与他的肉体存在有关。泰哈尔·达斯的图像和人偶将他描绘成身缠腰布,身上大部分被灰覆盖。他深受人们的欢迎和尊敬,因为他从不使用任何形式的交通工具,而且也拒绝获得身体上的舒适感。即使在极高温的情况下,也不进入建筑物避暑或采取任何其他形式避暑。他的信徒奉他为"巴巴(圣人)·泰哈尔·达斯",这也许最能反映出他的身体实践与他的精神权威相连接的程度之深。据说加入优

① 值得注意的是,"禅定"(*samadhi*)这个词既可以指一处专门用于灵修的陵墓或神殿,也可以指灵修之人所取得的较高的沉思状态。

陀西教派后，“巴巴”（圣人）被授予“泰哈尔·达斯”或“行走的苦行者”的称号，以表彰他苦行者的本质和放弃俗世荣华富贵的精神。

本章将考察19世纪末至20世纪初南亚地区出现的行走与灵性的话语和实践。本章认为，在这个时期出现了一种将步行、体育
244 文化和灵性联系在一起的新颖的话语。这一时期，交通网络不断扩展，而许多宗教人士不断推崇行走，将其视为自我的技术或改变个人的身体、灵魂、思想和存在方式的手段，从而为了达到幸福、纯洁和智慧的状态改变自己。[①] 有些人认为获得了泰哈尔·达斯这
245 样的称号，或者从广义的层面说，了解了行走与灵性之间的联系，就能反映出历史悠久的苦行实践。人们应该警惕，不应该这样想。从阿兰·柯尔本（Alain Corbin）关于感官历史的研究中可以发现，上述观点在行走和苦行实践上强加了一种“非历史性”和统一性。[②] 相反，本章恰恰在现代性的物质体验的背景下以及对宗教的现代文本解释中定位了这种现象。

这里从日常生活中遇到的技术形式，特别是火车、公共汽车、轮船和自行车等流通领域来阐述现代性。本章首先表明现代交通运输形式是现代性的隐喻，并且人们预见到交通工具不仅会对身体产生影响，也会引起世界观的根本性变化。文中特别指出现代运输方式对宗教习俗和话语的影响。接下来本章探讨了运输革命如何引起人们对“自我控制”和“感官控制”的担忧。文中的事实表明，宗教领袖开始面对并试图解决一些问题，包括是否可以在火车上祈祷，或者乘坐汽车旅行是否破坏了冥想的能力。文中对甘地，

---

① Michel Foucault, “Technologies of the Self”, in Luther H. Martin, Huck Gutman and Patrick H. Hutton (eds), *Technologies of the Self: A Seminar with Michel Foucault* (Amherst, 1988), 18.

② Alain Corbin, *The Foul and the Fragrant: Odor and the French Social Imagination* (Cambridge, MA, 1986).

斯瓦米·维韦卡南达(Swami Vivekananda)和奥罗宾多·高斯(Aurobindo Ghase)等人关于冥想、身体运动、锻炼和感官等方面的文章进行了评述，说明行走如何像包括呼吸和姿势等的其他身体实践一样，根据社会政治理论和现代性的技术方面来建立相关的理论。从一开始就必须注意到，本章认为行走以及重申身体经验的宗教权威是对流通技术的回应，而不仅仅是对交通运输的回应。因此，本章后面的几部分研究了印刷技术的扩张以及随之而来的对宗教文本解释的强调，这些旨在取代"非正统"的做法和个性化传播宗教知识的需要。总体而言，本章强调获得"泰哈尔·达斯"的称号不仅反映了通过行走来控制自己的感官的尝试，而且还重申了反对现代流通技术的虔诚的身体经验和宗教权威。

神、火车和轮船：运输革命时代的宗教 246

孟加拉政府工程师爱德华·戴维森(Edward Davidson)上尉在1868年就轮船和铁路对印度的影响表示，"三十年前，印度实际上是静止不动的"。[①] 值得注意的是，有关印度殖民地时期的文章和描述中，前殖民地时期印度的交通和旅行形式(或是没有合适的形式)是比较突出主题。一般来说，这些文章突出表明在印度使用如艾卡牛车(单马单座双轮小马车)和马车等方式出行是多么缓慢和不舒服。[②] 人们认为，印度的交通工具又慢又不舒服，在这种情况下，人们就越来越不愿意出门旅行。事实上，在与南亚旅行相关

---

① Edward Davidson, *The Railways of India: With an Account of their Rise, Progress, and Construction. Written with the Aid of the Records of the India Office* (London, 1868), 1.

② 例如，参见"The Perils of Dawk Travelling in India", *Illustrated London News*, 25 December 1858; "Modes of Travelling in India"，出处同上，19 September 1863。

的殖民地时期文章和史料中，一种比较流行的观点是，殖民地时期南亚地区迎来了一种新的旅行方式；即一种愉悦的并且以个人经验为中心的体验，而不仅仅是以朝圣形式来体现宗教义务的出行。[①] 19 世纪的运输革命也有可能成为印度社会、文化和宗教生活变革的先导。戴维森和他同时代的一些人一样，使用“静止不动”这个词来描绘印度，不仅意味着整个社会是静止不动的，同时还指出了一种文化、身体和智力都处于瘫痪的感知状态。现代交通运输方式被描述为“推翻偏见，颠覆习惯，改变习俗”的“强大中介”，从而迫使印度人放弃对强体力活动的厌恶。[②]

随着流通技术逐渐成为现代性的标志和转喻词，特别是铁路开始被誉为现代性的载体。在对印度铁路历史的研究中，玛丽
247 安·阿吉拉尔（Marian Aguilar）强调了现代性和流动性是如何紧密联系在一起的，而政治家、艺术家、游记作家和小说家则以线性叙述的方式重点描述了印度铁路网的扩张。[③] 铁路不仅象征着殖民政治、军事和文明霸权；同时也被人们誉为印度变革的媒介。人们普遍认为，从时间和空间角度来看，某些事物的崩塌正好迫使印度摆脱那种可以感知到的停滞不前的状态。

1857 年《经济学人》杂志上发表的一篇文章最能体现铁路是传播文明的媒介这种信念。这篇文章中赞美铁路，并且指出通过

---

① 参见 Velcheru Narayana Rao 和 Sanjay Subrahmanyam 的讨论，“Circulation, Piety and Innovation: Recounting Travels in Early Nineteenth-Century South India”, in Claude Markovits, Jacques Pouchepadass and Sanjay Subrahmanyam (eds), *Society and Circulation: Mobile People and Itinerant Cultures in South Asia 1750 - 1950* (New Delhi, 2003), 306 - 57; Kumkum Chatterjee, “Discovering India: Travel, History and Identity in Late Nineteenth and Early Twentieth-Century India”, in Daud Ali (ed.), *Invoking the Past: The Uses of History in South Asia* (Delhi, 1999), 192 - 227。

② Davidson, *Railways of India*, v, 2 - 4.

③ Marian Aguilar, *Tracking Modernity: India's Railway and the Culture of Mobility* (Minneapolis, 2011).

铁路，那些“十分悲惨且贫穷”或者“像小孩”一样无知的人们能够了解英国的科学、宗教、艺术和观点。[①] 为了达到我们的目的，这里需要特别指出人们相信像火车这样的流通技术是对传统宗教信仰和习俗的挑战。1853 年，伦敦的《铁路时报》（*Railway Times*）宣布建设第一条铁路线时说：“几周之后，在印度半岛，一条铁路即将开工，这条线路可能注定要改变印度人、帕西人和穆斯林的习惯、风俗和宗教信仰。”[②]人们已经注意到在殖民地国家发展现代交通，已经迎来了一种新的“世俗旅行”的形式。此外，也有人支持火车的空间能够拉近人们的距离，有助于打破种姓和宗教的隔阂。

对一些人来说，现代交通的速度和形式也会挑战古老的宗教原则和教义。诗人兼记者埃德温·阿诺德（Edwin Arnold，1832—1904）在评论达尔豪西总督推动印度铁路扩张的时候，[③]明显忽略了铁路系统的战略和经济效益，他断言火车是“东方传教士中最能打动人心的一位”。他还说：“每小时三十英里，对于异教信仰中缓慢的神灵是致命的；然而如果人们通过蒸汽机完成朝圣，他们在帕瓦蒂或湿婆神殿祷告、接受吠陀经和印度教圣典（密法）的 248
谆谆教诲时，容易心生杂念。”[④]这体现出交通运输形式的改进，使印度人的世界观和信仰体系发生了严重的断裂，他们需要去努力克服这种改变。这里必须指出，在欧洲，人们看到时间和空间的巨大改变已经让欧洲人产生了许多焦虑、新的希望和迷茫。用沃尔

① 引自 Amit Sharma，“‘Fire Carriages’ of the Raj：The Indian Railway and its Rapid Development in British India”，*Essays in History*（2010）。本文简要总结了由殖民地官员整理的殖民地的政治和军事论据，以支持印度铁路的扩张。

② 引自 Aguilar，*Tracking Modernity*，15。

③ 为此进行的讨论，参见出处同上；Sharma，“Fire Carriages”。

④ Edwin Arnold，*The Marquis of Dalhousie's Administration of British India*，2 vols.（London，1865），II，241（我重点指出）。

夫冈·希弗尔布施(Wolfgang Schivelbusch)的话来说，铁路使人们“与过去所有的经验形式进行了革命性的决裂”。[①]

尽管火车展现了科学进步的力量，人们同时也将火车视为“理性的乌托邦”和奇迹。这也将迫使印度人，尤其是印度教徒，质疑他们所信奉的“非理性”信仰和“迷信的观念的可信性。例如，学者兼官员J. 托尔博伊斯·惠勒(J. Talboys Wheeler, 1824—1897)认为，英国在两个方面促成了印度“偶像崇拜”的衰落：一是剧烈改变经济结构，二是修建铁路。在前者的情况下，英国人培养了一种理性和精英管理的经济体系，在这一体系中，财富得以“更普遍地分配”，并且人们可以更多地“通过稳定的工业而不是幸运的投机”获取财富。[②] 在后者的情况下，铁路，就像科学一样，迫使旅行者从理性的角度接近他们所拜访的宗教场所，并在这个过程中“从破除迷信的角度来解读他们所探访的各种国家传说和当地的传统。不过实际上，现在许多当地人仍然保留一些迷信思想”。[③]

然而现实中，印度的火车远没有成为世俗的理性乌托邦，而成了宗教活动的手段。伊恩·克尔(Ian Kerr)指出，由于铁路的扩张，朝圣成为一种更为流行的做法。[④] 事实上，许多与铁路相关的殖民地文章中都在感叹印度人已经把家庭和宗教的习俗扩展到所谓的铁路世俗空间之中。[⑤] 同样，轮船、自行车、公共汽车和印刷

---

① Wolfgang Schivelbusch, *Railway: The Industrialization of Time and Space in the 19th Century* (Leamington Spa, 1986), xv.

② J. Talboys Wheeler, “Introduction”, in Bholanauth Chunder, *The Travels of a Hindoo to Various Parts of Bengal and Upper India*, 2 vols. (London, 1869), I, xvii-xix.

③ 出处同上，xix。

④ Ian Kerr, “Reworking a Popular Religious Practice: The Effects of Railways on Pilgrimage in 19th- and 20th-Century South Asia”, in Ian Kerr (ed.), *Railways in Modern India* (New Delhi, 2001), 304 - 27.

⑤ 参见 Aguilar, *Tracking Modernity*, 31 - 3。

机器等流通形式成为个人履行宗教义务的重要手段。一个有趣的 249
例子是穆斯林的麦加朝圣。孟买到中东开设了轮船航线，越来越多的朝圣者去麦加朝圣。① 而由于朝圣者人数众多，为了控制涌入孟买的人数，1904 年，政府出台了一项法律，要求所有朝圣者购买一张从孟买回家的火车票。这样做是为了确保朝圣者在朝圣之后能够回家而不会滞留在城市里。② 因此，坐火车成为麦加之行的必要条件。

然而，与我们的目的更为相关的是，现代的流通形式在宗教话语中占有一席之地，并作为神的隐喻和意象出现。波恩纳什·琼德尔（Bholanauth Chunder）在他的旅行记录中指出，这就是铁路和轮船颠覆时间和空间的能力创造出的“奇迹”。他的旅行记录《一名印度人到孟加拉邦和印度北部旅行记录》描述了他 1845—1866 年的旅行，书中指出巴吉罗塔国王这一神话人物经过一千年的苦修和冥想之后，才把恒河带到地球上，而人们也应该像尊崇巴吉罗塔国王那样尊崇“印度铁路的修建者”。③ 琼德尔的作品中，火车是一个核心的话题。事实上，他在旅行过程中，经常记录他到过的各种各样的火车站，这也是他写作的一种形式。除此之外，他也将火车用作进步和再生的象征，并且将他在印度各地见到的火车的状况进行对比。更有趣的是，他将火车比作恒河女神和迦尔吉在内的各种印度教神灵和圣人，把他们联系起来。有一段时间，他将火车描述为迦尔吉的交通工具。迦尔吉是毗湿奴的化身，预

---

① 参见 William Roff, “Sanitation and Security: The Imperial Powers and the Nineteenth Century Hajj”, *Arabian Studies*, 6 (1982), 143－60。

② “India: Reports from Bombay. Cholera, Plague, and Smallpox. Preventive Measures Relative to Pilgrimage to Mecca”, *Public Health Reports, Formerly Abstract of Sanitary Reports, Issued by the Supervising Surgeon-General M. H. S.*, Government Printing Office, Washington, XIX, no. 51, 16 December 1904, 2580.

③ Chunder, *Travels of a Hindoo*, 140.

言中指出,迦吉尔会在迦梨时代(印度教周期概念中的第四阶段以及最后一个阶段)的劫末降世。从传统意义上讲,迦尔吉会骑一匹白马回来。琼德尔用火车代替这匹马,反映了他从现代科技的角度来理解印度神话。在一个层面上,他正在试图通过将印度的神
250 与现代交通方式联系在一起将印度的神带入现代化。如上所述,现代交通工具被看作是现代性的转喻。在另一个层面上,琼德尔的旅行记录的各个部分中对于他认为是印度教信仰中非理性的部分都并未理会,并且以现代的进步方式来呈现这些部分中的“真相”。①

这里更广泛的一点是,火车、轮船、飞机甚至自行车都与印度的神联系在一起,有时也被纳入祈祷。例如,到20世纪初,在阿育达普迦(器具崇拜)节庆期间,汽车和摩托车等技术产品以及凿子、犁和锤子等工具正受到人们的崇敬,人们用神圣的灰烬擦拭这些器具。② 现代交通运输方式也成为宗教话语中的重要隐喻。一些描述中将教义和宗教文本,甚至是精神领袖称为“火车”“船”和“飞机”,这也是非常常见的。举例来说,伊斯兰传道会(Tablighi Jamaat)运动(该运动认为运动和旅行是精神发展过程的基本元素)的创始人穆罕默德·伊利亚斯(Muhammad Ilyas, 1885—1944)将精神追求等同于不同的“乘客”(指的是欲望、感官和思想)试图“控制行驶的列车”时展开的争夺。③

因此,现代流通技术对宗教话语和实践产生了一定的影响,形

---

① 例如,参见琼德尔关于迦梨意象的讨论:Chunder, *Travels of a Hindoo*,31—39。

② 人们已经注意到,日常生活中已经采纳了这些方式:David Arnold, *Everyday Technology: Machines and the Making of India's Modernity* (Chicago, 2013), 7。

③ Muhammad Ilyas, *Malfuzat-i-Hazrat Muhammad Ilyas Kandhelvi*, compiled by Muhammad Manzoor Numani (Karachi, n.d.), 214. 关于伊斯兰传道会(Tablighi Jamaat)的历史和神学介绍,参见 Yoginder Sikand, *The Origins and Development of the Tablighi Jamaat (1920 - 2000): A Cross-Country Comparative Study* (Hyderabad, 2002)。

式上体现在将火车等交通工具用作宗教隐喻，并在宗教意象中占有一席之地。更重要的是，与现代交通运输形式相关的速度和奇迹对人们的宗教信仰和世界观产生了影响。有人担忧机器对人们生活的影响，因此有些宗教人士认为现代交通运输形式扰乱了对宗教虔诚的追求，在探讨这些方式之前，我们可以通过锡克教改革运动辛格大会的宗教话语来说明前面的论点。辛格大会是 19 世纪末至 20 世纪初出现于旁遮普的改革运动。

辛格大会运动着手定义正统的锡克教，并摒弃了大会所谓的 251
"迷信"和"偶像崇拜"的部分。[①] 通过广泛使用印刷技术，辛格大会不仅试图塑造锡克教信仰文学的主体，还要定义锡克教的实践、祈祷和仪式。正如下文将要详细讨论的那样，辛格大会运动激励人们反对优陀西派和泰哈尔·达斯等人。可以把该运动的宗教话语置于上文列出的几种现代流通形式扩张的背景下。辛格大会运动广泛地运用印刷技术来推进锡克教的讲经人观念。此外，大会试图取消优陀西派之类的宗教集团的合法地位，在这一过程中，辛格大会运动认为苦行的做法超出了正统锡克教主义的范畴。经文的经典化和摒弃苦行主义本质上主要是针对像泰哈尔·达斯这样主张身体的中心地位以保持虔诚的人物。

辛格大会运动试图将锡克教表现为符合 19 世纪晚期社会经济和舆论环境的理性和现代的宗教。这包括采用西方的宗教术语，如"经文"(scripture)；但在这里，我想提醒读者关注该运动中用来指代上帝的词汇。该运动坚决反对任何可能与偶像崇拜有关的一切，拥护现代主义立场。有趣的是，这一点最明显地体现在该运动启发人们通过轮船将华希古鲁(最高的神或上帝)，与锡克教

① 参见 Harjot Oberoi, *The Construction of Religious Boundaries: Culture, Identity and Diversity in the Sikh Tradition* (Delhi, 1994)。

的第一任上师那纳克上师(1469—1539)联系在了一起。而锡克教改革者的著作中也出现了一种流行的宗教吟诵，包括以下诗节：

> 华希古鲁的名字是一艘船，
> 那些登船者将完成旅程。
> 那些有奉献精神且谦卑的人，
> 古鲁会亲自渡他们经过水域。①

252 宗教虔诚、自我塑造和行走

1930 年 3 月 12 日，圣雄莫罕达斯·卡拉姆昌德·甘地(Mohandas Karamchand Gandhi，1869—1948)，与七十八名追随者从他在古吉拉特邦萨巴玛蒂的静修处所出发，长途跋涉两百四十英里，到达临近海边的丹迪村，在那里他继续非法制盐。甘地花了二十四天到达海岸，一路上有众多支持者加入了他的游行队伍。② 随着一同前往丹迪的人数不断增加，甘地呼吁那些加入者尽量不要使用交通工具运输，尤其是不要使用汽车。3 月 29 日，甘地在巴迦姆的一次演讲中宣称："(他的)规则就是如果能走路的话，就不要乘车。" ③在某种程度上，甘地强调的行走具有象征意义。甘地总是将人们团结在一起，引领人们与大英帝国对抗，有一些人，包括甘地的伙伴，P. C. 雷(P. C. Ray)将甘地比作传奇人物

---

①　文中所有翻译都是我个人完成，除非另有说明。有些例子当中，使用"那纳克上师"(Nanak)代替华希古鲁(Waheguru)。

②　关于丹迪游行，参见 Thomas Weber，*On the Salt March: The Historiography of Mahatma Gandhi's March to Dandi* (New Delhi，2009)。

③　Mohandas Karamchand Gandhi，*The Collected Works of Mahatma Gandhi*，98 vols. (New Delhi，1999)，XLVIII，498.

摩西，摩西曾带领大批以色列人逃离奴役。[①] 此外，甘地能够超越阶级和种姓壁垒，并且强调他的支持者都是平等的，这也非常重要的。他一再警告说，争取独立的斗争并“不是与金钱进行的战斗”，并且很重要的一点就是，所有人都应该包容并接纳贫困。[②] 所有人在一起行走这一行为也是展现所有人不分阶级、性别、宗教和种姓的一种方式。在这里，甘地似乎试图准确地通过行走展示平等，这也正是许多殖民地作家和现代主义者感觉火车所能达到的目的。

更关键的是，甘地强调行走并批判现代交通运输形式也反映出他认为行走是个人心灵发展并掌控个人感官的一种手段。1934年，甘地在他创办的报纸《哈里真》（*Harijanbandhu*）中发表的一篇的文章中揭示了行走与精神发展之间的联系：

> 世界上那些推动宗教革命的伟大的改革者都对交通工具敬而远之，并且为完成他们的使命行走了成千上万英里。这是因为他们有着坚定的信仰，并且有决心实现他们的信仰，而
> 这是身处飞机时代、拥有大量华而不实的东西的我们永远无 253
> 法企及和实现的目标。疯狂的冲动无法带来智慧，但毫不动摇的冷静却可以。[③]

行走本质上是一种自我的技艺，能够允许个体控制感官并发展虔诚的信仰。能够掌控个人感官和欲望，反过来是获得自治的基本元素。[④] 在了解甘地和他的同时代人对身体、自我掌控和虔

---

① Homer Alexander Jack (ed.), *The Gandhi Reader: A Sourcebook of His Life and Writings* (London, 1958), 238.

② 出处同上。

③ Ghandi, *Collected Works of Mahatma Gandhi*, LXV, 69(我重点指出)。

④ 参见甘地在 Mohandas Karamchand Gandhi, *Hind Swaraj and Other Writings*, ed. Anthony J. Parel (Cambridge, 1997)中对自治(swaraj)概念的扩展解释。

诚的观点时，要重点关注的是，在19世纪末，身体已经成为社会、政治和道德实验的场所。因此必须从诸如科学认识论、帝国主义和交通运输等现代性的角度来研究性、呼吸和行走等身体机能。①这里我引用尼尔·格林(Nile Green)提出的言论，他曾警告不要把呼吸和冥想之类的实践活动看作人类活动的中立领域，他强调调节和控制身体和心理行为的政治层面，包括全方位的印度冥想系统和呼吸实践。②

据甘地所说，现代交通运输方式的“狂奔”，尤其是铁路，导致个体迷失了方向，失去了对自我的控制，加剧了人类“邪恶的本性”。③ 事实上，许多“罪恶”也与铁路息息相关——投机倒把、非法性行为，甚至宗教虚伪。在这里使用“狂奔”这样的词语来表达这一现象很有趣，因为这个词反映出现代交通工作彻底颠覆了时间和空间。虽然维多利亚时期如此推崇现代交通方式，但是人们却并不一定欢迎它。相反，人们认为现代交通方式令人不安，感到混乱。人们认为现代交通的速度正在破坏“身体的节奏”——而且，人们又担心会失去自我控制。另一方面，行走的过程中也提供了沉思和冥想的空间。下面将重点讨论身体、流动性和呼吸是如何成为甘地、斯瓦米·维韦卡南达和奥罗宾多·高斯的社会宗教观点和著作中的核心理念的。然而，首先要指出的是，上面提到的
254 这些人物远远没有回归南亚传统的或“真实的”冥想或灵性的概念，而是借鉴了像亨利·大卫·梭罗(Henry David Thoreau, 1817—1862)和列夫·托尔斯泰(Leo Tolstoy, 1828—1910)这样

---

① 例如，参见 Joseph S. Alter, *Gandhi's Body: Sex, Diet, and the Politics of Nationalism* (Philadelphia, 2000)。

② Nile Green, "Breathing in India, *c*. 1890", *Modern Asian Studies*, 42(2-3) (2008), 283-315.

③ 例如，参见 Gandhi, *Hind Swaraj*, 24-5。

的西方思想家的作品。这些思想家主张，为了能够考虑和实现精神的发展，人们不得不离开令人迷失方向的景象和城市中心的火车头。[①] 同时，像瑞士医生阿诺德·里克（Avnold Rikli，1823—1906）和德国的自然疗法医生路易·库恩（Louis Kuhne，1835—1901）等人的作品也非常有影响力。他们强调"大气治愈"、呼吸新鲜空气以及"太阳浴"或在阳光下散步都非常重要。库恩的著作中提到的这些理念都非常受欢迎，他所著的图书《治愈的新科学》（*The New Science of Healing*）英语版于 1892 年在加尔各答出版，并且被翻译成印地语、乌尔都语和泰卢固语等多种印度语。[②]

19 世纪末到 20 世纪初有大量讨论身体节奏的文献。这是由于出现了新的话语，将身体发展和纯洁联系起来。瑜伽信徒和苏非派相似，系统阐释了身体有一种节奏的观点，这种节奏对身体、精神和心灵福祉至关重要。例如，南亚音乐家和苏非派教徒印纳亚·堪（Inayat Khan，1882—1957）曾在美国和欧洲游历，他强调每个人的身体都拥有维持身心和谐的内在的独特节奏。他认为，这种节奏会受到外部因素，比如吃进身体的食物和人们的生活方式以及人们从事的工作的影响。[③] 同样，甘地认为，灵魂也会接受融入身体的节奏。[④] 随着现代交通运输方式的不断扩张，有人争论过这些变化是否会影响个人的内在节奏，旅行时是否能够在火车里祷告，以及是否有可能在旅途中练瑜伽和冥想。关于后者，有人建议说在火车上不要练习瑜伽，因为这种情况下不可能控制自己的呼吸和感官。

---

① 例如，参见 Henry David Thoreau, "Walking" [1862], in Edwin Valentine Mitchell (ed.), *The Pleasures of Walking* (New York, 1979)。

② Louis Kuhne, *The New Science of Healing* (Calcutta, 1892).

③ Inayat Khan, *The Sufi Message of Hazrat Inayat Khan*, 4th revised edn (London, 1911), 64.

④ Ghandi, *Collected Works of Mahatma Gandhi*, XXXVII, 147.

道德、健康和呼吸之间具有一定的关联，这对于理解行走作为一种自我塑造的技艺来说至关重要。就甘地而言，他反复强调“道
255 德与健康密切相关”。[1] 这一时期出现的对体育文化观念的探索表明，体育锻炼的目标并不一定仅仅是练就肌肉或塑造体形。运动还是刺激呼吸和发展体力的重要因素，而两者都能够促进性格的发展，令个体能够控制自己的感官。许多人都推崇步行和体力劳动而并不推崇健身和运动，他们认为步行和体力劳动是最佳的锻炼形式。例如，甘地将行走描述为“运动王子”。[2] 当然这些人主张行走是最佳的锻炼形式，在某种程度上是回应印度在此期间出现的一种新的体育文化形式，这种新形式尤其受到了健身普及的影响。[3] 人们担忧由于西方世界工业化和城市化发展，人们会强调“男子汉运动”并把健身看作是防止身体和精神退化的方式。在印度，帝国主义话语中也提到印度人身体和精神脆弱不堪，这更加重了人们的担忧。[4] 作为回应，一些印度知识分子和民族主义者围绕着印度的体育文化问题撰写了大量的文章。例如，维韦卡南达认为，如果人们能认识到印度教是一种“人造宗教”，这会有助于精神和肉体的发展，这样就能够重新调整英国和印度之间的权力动态。[5]

---

① Ghandi, *Collected Works of Mahatma Gandhi*, II, 50。

② Mohandas Karamchand Gandhi, *Non-Violent Resistance* (New York, 1961), 248.

③ 对于南亚健身和身体文化新概念兴起的影响进行深入的分析，可以参考 John Rosselli, "The Self-Image of Effeteness: Physical Education and Nationalism in Nineteenth-Century Bengal", *Past and Present*, 86 (1980), 121-48。

④ 例如，参见 Mrinalini Sinha, *Colonial Masculinity: The "Manly Englishman" and the "Effeminate Bengali" in the Late Nineteenth Century* (Manchester, 1995); E. M. Collingham, *Imperial Bodies: The Physical Experience of the Raj, c. 1800-1947* (Cambridge, 2001)。

⑤ Swami Vivekananda, *The Complete Works of Swami Vivekananda*, 8 vols. (Calcutta, 1983-6), V, 116-17, 374-5, 434-6.

因此，瑜伽和穆斯林冥想练习中也融入了行走的行为。在这段时间，实质上，瑜伽本身也进行了重新的调整，从以往的一套集中于形而上学、先验和理想世界的静止技能，转化为一种辅助身体训练的体系，以及一种治疗的替代形式。调整后的形式中，瑜伽将体位法（asanas）、净化法（kriya）和呼吸法（pranayama）融为一体。[①] 在瑜伽的这种转变中，像奥罗宾多·高斯这样的人物起到了核心的作用。阅读他记录体位法实验和冥想技术的信件和笔 256
记，我们可以发现他通过行走这种体位法进行实验，并将行走对于呼吸、体能发展——以及最重要的——对控制感观的影响进行记录。为了协调古典瑜伽中强调的沉静与现代人强调的体育锻炼，奥罗宾多阐述了行走锻炼的概念，并指出行走是一种有助于规律呼吸过程的锻炼。这种做法也实现了气脉净化，（nadishuddhi，即净化神经系统）。气脉净化“有多种好处，对整个身心有着奇妙的镇定作用，能够驱除神经系统中的所有潜伏的疾病，并唤醒前世积累的瑜伽力，而即使没有前世累积的潜在的力量，气脉净化也能消除唤醒昆达利尼瑜伽（Kundalini shakti）过程中存在的物理障碍”。[②] 事实上，在他本人进行的瑜伽实验记录中，他指出通过行走有可能实现完全的自我控制（sanyama，湮灭或完全进入冥想的主题之中）。[③]

鉴于行走对健康、呼吸和道德起到了中心的作用，已经有很多文章和言论讨论了用什么样的方式行走，以及何时何地行走。一般来说，这些文章似乎都达成了一个共识，即散步要轻快、充实，并

---

① 关于在现代时期“重新发现”瑜伽如何导致瑜伽的本性发生根本的变化的研究，请参见 David Gordon White, *The "Yoga Sutra of Patanjali": A Biography* (Princeton, 2014)。

② Aurobindo Ghose, *The Complete Works of Shri Aurobindo*, 37 vols. (Pondicherry, 2003), I, 508.

③ Aurobindo Ghose, *Records of Yoga*, 2 vols. (Pondicherry, 2009), II, 50.

且在一尘不染的环境中进行。这里从甘地的各种著作中总结了关于走路练习的规则清单，非常有启示作用。首先，人们应该每天至少走六英里，但最好走十至十二英里，早晨和晚上行走都可以，但应避免在炙热的阳光下行走。[①] 其次，应该在饭后行走；应该只食用容易消化的食物。再次，行走的时候，应该紧紧抱住双臂，身体直立，脸朝下看。[②] 行走时只能通过鼻腔进行呼吸。[③] 行走时不应阅读，因为行走时仅仅是进行思考的时间。[④] 最后，应该到户外行走，并且应该在干净卫生的环境中行走。与这点相关的是，人们不
257 应在狭窄的小巷中行走，而应出去到旷野或者小树林中行走。[⑤] 甘地强调到户外和干净卫生的环境中行走，有时候颇具讽刺意味的情况是，甘地在城市中进行政治活动时，会被赶出城市街道，而被驱逐到适合行走的地方。

总而言之，在19世纪末到20世纪初，行走与现代的交通运输形式以及健身运动不同，更像是一种有助于个人精神发展的练习。行走尤其重要，因为行走不会扰乱身体的节奏，能够净化心灵，帮助个人控制感官。事实上，甘地倡导把行走当作克服性冲动的手段，也能防止梦遗，遏制手淫的冲动；行走同时食用一些容易消化的食物（并且一般情况下保持忙碌！）有助于控制性欲。当然，否定性欲是甘地精神和政治发展的核心思想。

在结束这一部分时，重申如下观点是很重要的：有一些人物，如甘地、维韦卡南达和奥罗宾多等人并未将现代的交通运输方式视为变化或者改革的媒介。相反，他们主张现代的交通运输工

---

① 例如，参见 Ghandi, *Collected Works of Mahatma Gandhi*, LXXXVI, 135。

② 出处同上，LXXXXVII, 203, 291; LIX, 349。

③ 出处同上，LIX, 288。

④ 出处同上，LXXXXVI, 354。

⑤ 这是甘地许多作品中的一个主题，不仅反映出甘地对于卫生和呼吸的立场，而且反映出甘地认为在城市里很难保持道德和心态的平衡。

具——尤其是火车——是“非智能”的机器，不能提升道德、文明或宗教的程度。例如，维韦卡南达写道：“巨大的蒸汽机，强有力的火车头——这些都是非智能的……这些机器中并没有体现意志。”[①]人们并没有把火车推崇为“传教士”或者“变革的媒介”，而是抱怨列车是以非智能被动性为特征的自动机器。人们担心那些为这些机器着迷的人们将失去自制力。[②] 人们标榜行走优于现代运输形式，因为与机器相比，行走具有自觉定位的性质和创造性，并且在行走的过程中，人们也会质疑西方科学发展至上的观点。

行走的圣人：泰哈尔·达斯现象 258

现在，我想再回来探讨与获得“泰哈尔·达斯”或“行走的苦行者”称号的优陀西派相关的精神领袖现象。前文讨论了与虔诚和行走相关的身体话语，在此基础上，本部分将考察如何通过行走行为来确定精神的权威。本部分重点将行走和身体的虔诚联系在一起，探讨了像优陀西派这样的团体，以及旁遮普省与精神权威相关的更广泛的辩论。而正是由于现代流通方式不断扩张才引发人们进行此类辩论。

正如开头所强调的，巴蒂拉的泰哈尔·达斯这位圣人不穿其他衣服(除了缠腰布)，只用灰土涂抹全身，从来不使用任何交通工具。他冒着严寒酷暑，却从不进入建筑物或遮蔽物防寒或避暑。因为他的这些行为，他一直受到人们的尊拜。最近，锡亚尔科特的萨豪拉也出现了一位“泰哈尔·达斯”(生于 1946 年)，他有着奇迹

---

① Vivekananda, *Complete Works*, V, 490.

② 参见 Aguilar, *Tracking Modernity*, 61 - 3。

般的故事，这进一步证实了优陀西派精神话语中行走和其他活动形式的地位。需要特别指出的是，在“萨豪拉的泰哈尔·达斯”加入优陀西教派之前，他曾在旁遮普省贾朗达尔市的达耶难陀英语-吠陀梵语学院（DAV 学院）接受教育。这所学院属于雅利安社（Arya Samaj）建立的更广泛的教育机构体系的一部分。雅利安社成立于 1875 年，是印度教的改革运动，主张正统印度教可以置于《吠陀》背景之中。雅利安社强调《吠陀》为印度教的“圣经”，这反映出该社对文本权威的强调，也正是这个原因，该社反对所谓的印度教教义的后世积累。这些后增加的部分包括偶像的使用和神秘主义实践。[①] 建立达耶难陀英语-吠陀梵语学院的一个目的就是既提供一种理性的教育，也用解读经文的方法向学生传递印度教教义。[②]

据说当“萨豪拉的泰哈尔·达斯”正在读大学时，瑜伽修行者曾出现在他的梦中，第二天早上，他就立即出发，去寻找这位瑜伽
259 修行者。他乘坐了公交车，但他不知道自己要去哪里。他在一个公交站下车，感到自己似乎迷失了方向，不知道要去哪里。但非常神奇的是，他在公共汽车站遇到一位朋友，这位朋友告诉他，正是瑜伽修行者派他过来，“坐公交车到不了那里”。他们“必须步行过去”。见到瑜伽修行者之后，他立刻跪拜这位修行者，头抵修行者的双脚。随后，他在静修处修行多年，正式成为这位修行者的继承人，并且获得“泰哈尔·达斯”的称号。[③]

---

① 想要了解将雅利安社运动与同期在旁遮普省出现的改革主义运动，尤其是辛格大会运动相比较的历史，参见 Bob van der Linden, *Moral Languages from Colonial Punjab: The Singh Sabha, Arya Samaj and Ahmadiyahs* (New Delhi, 2008)。

② 参见 Kenneth Jones, *Arya Dharm: Hindu Consciousness in 19th-Century Punjab* (New Delhi, 2006), 67 - 93, 224 - 52, 322。

③ 参见 Shree Ram Vichar Ashram 官方网站，http://shreeramvicharashram.org/index.html（2015 年 8 月 6 日访问）。

为了解行走的重要性和“泰哈尔·达斯”称号的象征意义，这里有必要简要地讨论优陀西派在正统锡克教内的地位以及 19 世纪末 20 世纪初出现的锡克教内部辩论。具体而言，应该重视并探讨优陀西派强调的身体虔诚、苦行主义和遁世修行。优陀西派是锡克教的一个教派，其根源可以追溯到锡克教第一任上师那纳克的儿子室利·昌德（Sri Chand，卒于 1629 年）。“正统”的锡克教传统中需要设立像一家之主的“合法”的上师，而室利·昌德并没有选择这条道路，而是选择了苦行主义。优陀西派将自己标榜为一直保持独身的苦行者。然而，优陀西派并不是一贫如洗。18 世纪和 19 世纪，他们建立了重要的宗教中心，通过国家资助获得了大片土地，基本上管理着主要的锡克教宗教机构。事实上，巴蒂拉的泰哈尔·达斯去世后，随之而来的是一场官司，证实泰哈尔·达斯在旁遮普省的巴蒂拉、谢西汉、嘉哥维、卡瓦尔拉、拉姆普拉和杜里拥有合法房产，同时在哈尔德瓦尔也拥有地产。除此之外，他还负责监督宗教中心的农业用地上的油井和重油发动机设施。①

19 世纪末到 20 世纪初，辛格大会和谒师所改革等改革运动兴起，并逐渐取代优陀西派对宗教活动场所和财产的掌控。辛格大会在旁遮普省编纂宗教文献试图定义正统的锡克教，而谒师所改革则试图控制锡克教的宗教场所。这些为定义正统锡克教所做的尝试的基础便是取消优陀西派这样的团体的合法地位。辛格大会不断努力清除锡克教的“附加物”，同时广泛应用 260
印刷机来印刷书籍和小册子，并通过这些出版物定义合法和非

① 可以从 1968 年与声称是泰哈尔·达斯继承人的竞争对手之间的财产纠纷相关的法律记录中确定所持财产的细节。请参阅 http://indiankanoon.org/doc/123777/（2015 年 7 月 13 日访问）。

法的教义和实践。[①] 此外,与雅利安社相似,辛格大会也主张文本/经文的宗教权威比人与人之间的宗教调解更重要。辛格大会和谒师所改革运动都呼吁从锡克教谒师所的金黄寺庙(*darbar sahib*)或主要的祷告殿中移除图像和圣像。锡克教教徒认定经文权威的说法与此一致,教内也要求教徒将《阿底格兰特》这部锡克教主要的经文神为教内永久的上师,并且只遵从此经文。

正是在20世纪初的这个阶段,优陀西派似乎已经开始重申他们所主张的苦行主义了。而对他们来说,尤其重要的就是他们亲自来到印度北部的各个村庄和城市,强调灵性导师(*pir*, *baba*, *sant*)在教导弟子时,言传身教、身体力行非常重要。因此,人们自然而然地认为身体和身体的接近都是锡克教改革运动中现代主义话语以及对现代技术形式的挑战。这里我发现强调赤身裸体、行走而不运用现代的交通运输方式特别有启迪作用。在优陀西派的自我呈现(包括视觉资料)中,他们把自己描述为只是行走的苦行者。事实上,"优陀西"这个词本身,本质上是指一种精神的旅程,经常被描述为徒步的心灵之旅。优陀西派圣人的灵修形象,通常都是苦行者,尤其是室利·昌德经常把他们描述为苦行者,与通常被描述为佩戴皇室用品、骑着骏马的锡克教上师截然不同。例如,锡克教第十任上师戈宾德·辛格(Gobind Singh, 1666—1708),几乎总是穿着莫卧儿王朝贵族的盛装,并且经常骑马出行。

应该强调的是,在了解一些如优陀西派呈现出的表象时,应

① 对于辛格大会的历史,参见 van der Linden, *Moral Languages*; Harjot Singh Oberoi, "Bhais, Babas and Gyanis: Traditional Intellectuals in Nineteenth-Century Punjab", *Studies in History*, 2 (1980), 33 - 62。后者在"锡克"宗教实践中相互矛盾的部分的背景下较有趣味地探讨了辛格大会运动的意识形态。

注意到教内和不同的苦行者间具有层级之分，并且不同层级相对应的礼仪也不同。在南亚，苦行主义和苏非派教义往往有成文的规范，管理教徒的出行方式，并且规定了宗教节日中人们离开或抵达时节日场地的仪式。这些规范标志并象征着教内的地 261
位。[①] 优陀西派中，有时候阶层不同，使用的交通运输方式也不同，能够接近圣人双脚的方式也不同。例如，接近灵性导师的双脚（膜拜导师的双脚并饮用导师清洗双脚之水），象征着入教，也标志着导师与弟子之间建立正式的关系。通常情况下，导师的精神等级越高，他们的脚实际上接触地面的机会越少。这意味着灵性导师通常乘坐轿子或骑马。优陀西派也是如此。优陀西派的教义中规定了参加或离开像大壶节这类宗教集会的礼仪。大壶节是苦行者和朝圣者的大规模集会，每三年举行一次。似乎颇具讽刺意味的是，优陀西派内部的等级结构本身就反映在交通运输形式上。例如，在类似大壶节这种重要的宗教仪式中，精神层次更有修为的导师更有可能会骑马过去参加，比那些步行的导师到得更早。

结　　论

曾经有一位那纳克导师徒步走遍世界，
现在有一位那纳克导师修理了他车上的红色警报器，
曾经有一位那纳克导师徒步走遍世界。

---

① 想要更深入地探讨规定苦行者团体中的地位和优先群体的教规，可参阅 Katherine Ewing, "Malangs of the Punjab: Intoxication or Adab as the Path to God?" in Barbara Metcalf (ed.), *Moral Conduct and Authority: The Place of Adab in South Asian Islam* (Berkeley, 1984), 357 - 72。

262 以为人类服务为名，他们索取布施者的钱财，
以为人类服务为名，他们索取布施者的钱财。
我听说今天有位导师买了一辆黑色奥迪车，
这些没有受过教育的女性赋予男性上帝的声望。

巴布·曼[①]

2009年，受欢迎的旁遮普歌手巴布·曼(Babbu Mann)发布了一首歌曲批评“假神”，意外地激起了人们关于虔诚与财富之间联系的公开辩论，辩论十分激烈。在这首歌和歌曲的音乐录像带中，巴布·曼将那纳克这位徒步走遍世界的神秘人物与世界各地被描绘成拥有所有财富和权力的假神相提并论。歌曲中颇具争议地提到了这些“导师”中的一位买了一辆黑色奥迪车。许多人将这句歌词解读为直接指向颇具影响力的锡克教传教士和领导人兰吉特·辛格·达德里安沃尔(Ranjit Singh Dhadrianwale，生于1983年)。达德里安沃尔在过去十年获得了巨大成功，并且也有报道指出他也购买了一辆黑色的奥迪车。不出所料，达德里安沃尔对这首歌作出了尖锐的回应。他特别指出宗教虔诚与交通工具之间并没有什么联系。他坚定地指出，历史上曾有一段时期根据运输方式界定宗教虔诚，但那段“历史时期”已经过去了：在那纳克时代，“每个人都走路”；然后迎来了马车时代，最后是汽车的时代。灵性并不反映在行动的方式中，也没有受到运动方式的影响。达德里安沃尔进一步强调，“当整个世界，包括锡克教教徒都在使用汽车出行，他们也开车来听传道，如果还要认为祖师本身还要走路过来布道，这也是

① Babbu Maan, Baba Nanak, “Ek Baba Nanak Si”, from the album *Singh is Better than King* (Point Zero Music, 2009).

非常不合理的”。[1] 其他一些宗教人士也支持达德里安沃尔，并公开批评布恩曼将宗教虔诚与贫穷和苦行主义联系在一起，而又把苦行主义与步行联系在一起。例如，达德里安沃尔同时代的塔西姆·辛格·莫轮利（Tarsem Singh Moramwali）则斥责布恩曼暗讽那些宗教传道士“全都应该饥饿而亡”“乞讨食物”，并且最可笑的是，他们“只能走路而不能开车”。[2]

本章结尾，我提到了这首歌，因为这首歌中使用了那纳克走路 263
的形象来比喻神圣和宗教权威，从而引发了争议。旁遮普省的报纸和电视频道、博客甚至 YouTube 都成为人们辩论精神发展与财富之间联系的场所。对于许多参加这次辩论的人来说，行走（或者说是没有汽车）与精神发展和信仰虔诚息息相关。除此之外，这首歌也引发人们讨论那纳克行走的原因。这里值得一提的是，有些人也并不反对灵性和行走之间的联系，但是他们认为歌词中使用“tur-ke duniya gah-ti”（徒步走遍世界）这样的表达方式是对那纳克的不敬并且歪曲了那纳克最初选择行走的原因。他们指出，歌词中不应该使用“gah-ti ”（覆盖的意思，歌词中指遍及）——牢记形式押韵！——正确的表达应该是“tur-ke duniya tar-ti”（行走并救人民于水火之中）。这样的说法意味着，行走与那纳克的精神发展或觉醒完全无关，而通过行走，那纳克能够用身体的方式接触到那些下层民众，并尝试去拯救世界。这样的理解就又引出讨论的一个要点：为什么一位精神导师将行走放在首要的位置呢？

布恩曼关于那纳克的歌曲引发的公众辩论的发酵，实质上反

① 请参阅 Ranjit Singh Dhadrianwale 在一次宗教讲座中对巴布曼的歌曲做出的回应，http://www.youtube.com/watch? v=1T-DzAx6Y4Y（2015 年 8 月 25 日访问）。达德里安沃尔在这个片段中的陈述引发了进一步的争论。

② Tarsem Singh Moranwali, in “bhai tarsem singh ji moranwali vs babbu mann”, http://www.youtube.com/watch? v=eEQ7J3ZrObY（2015 年 8 月 25 日访问）。

映了围绕宗教虔诚和以行走代表的苦行主义之间的联系必然存在着不同观点。本章认为，19 世纪末到 20 世纪初出现了一种将宗教虔诚、精神权威和行走联系起来的新话语。在颂扬行走美德的过程中，甘地、维韦卡南达、奥罗宾多和优陀西派等人物和派别不仅仅反映了拥有悠久历史的苦行主义传统，而且，随着现代流通技术的出现，有关健康和体育的理念蓬勃发展，因此在控制和陶冶感官方面也出现了新颖的理念。行走是实现感官控制的方式，从而使人在道德上和精神上得到自我发展。通过考察行走与虔诚之间的联系，本章力求更为广泛地理解现当代时期身体、身体实践和灵魂之间的关系。即使讲经人在对宗教的解释方面占支配地位，并且流通技术不断发展，身体仍然是精神权威主张和争论的重要部分。事实上，把身体视作一种历史渊源并将身体实践视作自我的技艺，从这样的角度来考察身体和身体实践能够更深入地洞察宗
264 教生活和经验。最后，可以思考一下为什么在前文提到的巴蒂拉的泰哈尔·达斯的禅定像能够持续吸引来自不同宗教和种姓背景的信徒。究竟是否是因为他重点关注身体和与身体相关的神迹，而不是神学或经文呢？这仍然是一个非常值得探讨的问题。

安德烈·别雷的《彼得堡》中的行走：城市中的积极感知和具身体验

安格利克·席利

安德烈·别雷的小说《彼得堡》(*Petersburg*，1922)中描述道，今天是俄罗斯圣彼得堡“1905年9月的最后一天”。[①]

“您去哪儿?”尼古拉·阿波罗诺维奇问军官，这样他可能会同军官一起沿着莫依卡街走一走。

“我——回家。”

① Andrei Bely, *Petersburg*, trans. Robert A. Maguire and John E. Malmstad (Bloomington, 1978), 12, 32. 后文中所有的引用都出自这一版本。为方便引用并节省空间，后文引用中只在简写的书名《彼》之后加上书中的页码。小说最早在1916年以图书的形式出版。正如罗伯特·A. 马奎尔和约翰·E. 马尔姆斯塔德在译本的序中指出，别雷对这首个完整版不太满意，一出版就立即开始进行修改。“修改的过程中，大多数时候是进行删减，重写的部分不多。经他删减后，本书实际上已经变成了一部新的小说，1922年完成修订。实际上1922年的版本就是别雷创作的最后的版本，在此时还并未建立审查制度。”(出处同上，xxiv)。

> “看来我们顺路。”
>
> 266 在他们两人上方,黄色建筑的窗户之间,是一排排石雕狮子面孔,每张面孔下方都有一个带石刻花边的盾形纹章。
>
> 他们仿佛都在竭力回避某种沉重的往事,不时互相打断对方,随意地谈论着最近几周的骚乱事件对尼古拉·阿波罗诺维奇的哲学作品的影响。
>
> 黄色政府建筑的窗户之间,是一排排石雕狮子面孔,每张面孔下方都有一个带石刻花边的盾形纹章。
>
> 到了莫依卡街,也是一幢浅色的三层五柱建筑;三层楼上也绕着一圈窄窄的装饰性的雕塑:一个圆圈接着一个圆圈;每个圆圈里都是两把交叉的剑上放着一顶罗马头盔。他们已经走过了这栋建筑。那边就是房子了,还有窗子……
>
> “再见。你还要往前面走吗?”
>
> 尼古拉·阿波罗诺维奇的心跳加剧了。他马上就要开口问问题了。但是他什么都没有说。砰地一声,门关上了,只有他独自一人站在门外。他沉浸在对一段不愉快的风流韵事——确切地讲——是肉体上的吸引的回忆之中。
>
> 那同样是一幢浅色的五柱建筑,带一圈装饰性的雕塑:每个圆圈里都是两把交叉的剑上放着一顶罗马头盔。(《彼》,第 30—31 页)

尼古拉·阿波罗诺维奇和谢尔盖·谢尔盖耶维奇军官穿过莫依卡街,城市的建筑物仿佛也“与他们一起行走”——像是跟随着他们缓慢的步伐而渐渐展开的景色。他们的身体沿着建筑物的正面缓缓移动时,行走的动作具有重复性(一步一步地在时空中穿梭),而叙述中也运用着重复的语言将这种微妙的动作记录下来。这似乎是再次描写了建筑物的特点;但是在随后的描述中,或多或少地添加或者改变了一些细节。当行走者接近建筑物(或某个区域)时，城市环境的要素变得更加突出，而当他们渐渐远离时，周围建筑物的特征也似乎在渐渐消失。一开始描写的黄色建筑，只是提到了一排排的窗户和石雕狮子，再走几步后，就发现这座建筑物是政府大楼，有一排排的窗户和石雕狮子；在段落最后，只剩下尼古拉一个人时，再次出现三层的建筑物，但是看到的细节越来越少。行走者的注意力落在城市中，他们观察到了这些小细节，①但
是这些细节与要讨论的话题——“那边就是房子了，还有窗 267
子……”——并没有直接关联。这些就像梦中的元素一样，它们与行走参与者的情绪状态一致。尼古拉盯着的窗户正是索菲亚的窗户。索菲亚是和他顺路的军官谢尔盖·谢尔盖耶维奇的妻子。然而她的丈夫并不知道，尼古拉疯狂地爱着这个女人——但她从不回应他的这种强烈的爱恋。那扇砰地关上的门正是她家的门，谢尔盖进到了屋里，门重重地关上，尼古拉一个人孤零零地在那里。

这两个人分开的地方正是城市最显眼的街道，即涅瓦大街附近，尼古拉沿着这条街，继续他的旅程：

> 傍晚昏暗的灯火淹没了大街。街道中间每隔一段距离，都悬挂着果实一样的电灯。而街道两边，店铺的牌子闪着变幻的灯光。这里突然出现红宝石颜色的灯，那里是绿宝石颜色的灯。片刻之后，那里又变成了红宝石的颜色，而这又变成了绿宝石的颜色。(《彼》，第 31 页)

尽管街上确实既有路灯，又有路边店铺里的彩色灯饰，但涅瓦

---

① 别雷是“观赏性散文”的鼻祖，这种文学形式后来成为一个学派，观赏性散文把读者的注意力集中在小细节上，成为独立的较小单位：Konstantin Mochulsky, *Andrei Bely: His Life and Works*, trans. Nora Szalavitz (Ann Arbor, 1977), 7。

大街似乎一反常态地模糊。公共的路灯和私人店铺的光源非常充足，似乎模糊了视野，营造出一种既明亮又朦胧的气氛——段落中描写的人物穿过街区时，首先看到红宝石颜色的灯光，然后渐渐走远，又看见绿宝石颜色的灯光。继前文提到索菲亚的窗户之后，小说再次凸显出影响（模糊化或转移）我们对空间的感知的因素有许多，不仅包括一个地方存在的“客观”的空间特质，还包括我们同时出现的情绪状态。涅瓦大街营造出的模糊的氛围也是尼古拉的（心理上的）先入之见，与城市环境相互映衬。随着尼古拉的情绪状态在推理中的作用逐渐起到更重要的作用，这种环境很快就会变得明朗：

> 尼古拉·阿波罗诺维奇没有看到涅瓦大街；在他的眼里一直就只有那幢房子：窗户和窗户后的影子：窗户里面，也许是欢乐的声音……和她的声音，她的声音。（《彼》，第31页）

268 索菲亚冷漠的态度给尼古拉的个人生活带来了不幸，这种不幸让他绝望。他只能看到灵活深处的黑暗，除此之外，别无他物。他的爱情经历了最无望的形式；他明白，他爱恋的人一点也不爱他，正因为这样的事实，眼前的一切街景和他的未来一样都变得模糊不清。

《彼得堡》中的特有的散步体验

上面描述的城市漫步只是别雷所著《彼得堡》一书中诸多情节之一。建筑师和城市规划师对这本小说特别感兴趣，因为书中描绘了俄罗斯新兴城市圣彼得堡的城市环境，这种城市环境是俄国早期现代化的代表。圣彼得堡建于1703年，兴建该城的彼得大帝特别执迷于理性主义和几何学，这也成为随后几个世纪的城市设计的范式。别雷的小说很大程度上依赖该城经历的变化的地图、地形和地志学现实。通过对城市行走的多方面的描述，它揭示了如何将城市地点理解为能够影响我们行动的身体感知范围，并且影响我们的意识。

别雷捕捉了 1905 年 9 月 30 日至 10 月 9 日这段时间城市的街道、公园和公共场所中出现的活动。对于圣彼得堡来说，这是多事之秋，罢工和公众抗议此起彼伏，中产阶级与贵族之间的关系十分紧张——这种紧张局势最终迫使当时执政的沙皇尼古拉二世批准该国宪法，并导致了 1905 年 12 月圣彼得堡的第一次革命。正如伊莱恩·布莱尔（Elaine Blair）在《文学中的圣彼得堡：城市及其作家指南》（*Literary Petersburg, A Guide to the City and its Writers*）中所论述的那样，此书别具特色，试图准确地呈现出当时发生的历史事件。在某些章节中，别雷甚至记录了当天报纸上报道的政治事件。[1] 当时，“街道上的争论变得更加频繁”（《彼》，第 51 页），而且“每个人都有所担心，也有所希望，他们涌入街头，聚成一堆，然后又重新散开”（《彼》，第 51 页）。

因为具有这些特点，书中不论情节还是人物，都揭示了使这座城市具有生气的几何学特征和城市布局，人物如何体验公共空间，
以及这些公共空间对他们有什么影响——无论这些空间是作为与 269
公民进行互动的地点，还是作为政治信息和社会规范的手段。此外，这些公共空间还揭示了小说主人公如何观察和理解城市中重要的地标，这些地标如何为城市网络中的步行者定位，以及它们在这个地方的政治和社会场景中扮演的角色。小说中的人物都在城

① Elaine Blair, *Literary Petersburg: A Guide to the City and its Writers* (New York, 2006), 71-2.

市中行走，通过积极展现的互动感知空间，完全沉浸在这个地方。书中所描绘的行走能够比较显著地捕捉到与城市环境有关的感知和认知的活跃本质。

行走中积极的感知

把存在和理解根源的具身感知放在首位，这种观点的鼓吹者有莫里斯·梅洛-庞蒂（Maurice Merleau-Ponty）对埃德蒙德·胡塞尔（Edmund Husserl）的思想发展做出了开创性的贡献。在《感知现象学》（*Phenomenclogy of Perception*，1945）中，梅洛-庞蒂解释了感知和情感如何成为意图行为所依赖的因素，这里的意图行为指我们身体参与和了解的世界的感知运动。弗兰西斯科·瓦勒拉（Francisco Valera）、埃文·汤普森（Evan Thompson）和埃莉诺·罗施（Eleanor Rosch）进一步阐述了梅洛-庞蒂关于知觉的积极作用的论点。根据他们的著作《具身心智：认知科学和人类经验》（*The Embodied Mind! Cognitive Science and Human Experience*，1993），具身感知导致一种认知，这种认知并不代表着既定心智所在的既定世界，而是在多种行动的历史基础上的世界和心智，而这多种行动正是这个世界中的存在所展现出来的。①

最近的研究，如阿尔瓦·诺埃（Alva Nöe）的《超越理智》（*Out of Our Heads*，2009）和《感知行动》（*Action in Perception*，2004）进一步强调，我们不应该把意识看作是内在的东西，因为它本身并不是构成意识的神经活动。② 诺埃指出对我们周围世界产生的意

① Franscisco J. Varela, Evan Thompson and Eleanor Rosch, *The Embodied Mind: Cognitive Science and Human Experience* (Cambridge, 1993), 9.

② Alva Nöe, *Out of Our Heads: Why You Are Not Your Brain, and Other Lessons from The Biology of Consciousness* (New York, 2009), 40, 47.

识正是我们所做的事情，是我们在世界的帮助下，在动态的生活活动中所做的事情。感知体验因我们拥有的身体技能而获得内容；我们的感知能力不仅取决于感知运动，而且也由我们拥有的感知运动构成。[1] 这些哲学立场是我论证的重要基础。 271

在《彼得堡》中，通过行走这种身体行为而实现的对城市地点的积极感知，与波德莱尔之后欧洲文学中所体现的行走经验截然不同。瓦尔特·本雅明（Walter Benjamin）通过自己的大量作品以及对波德作品的分析深入地探讨了 19 世纪的闲逛者的类型，这类人似乎与城市保持着清晰的距离：他们更像是城市环境的观察者，而非参与者。（尤其是）当巴黎城展现在他们眼前时，灯光照亮了街道和拱廊，闲逛者对城市的幻景非常感兴趣，也为其吸引。[2] 对他们来说，城市的体验仅停留在视觉层面。与闲逛者截然不同，《彼得堡》中的人物展示出对城市空间的感知是如何通过参与其中而实现的。书中人物完全参与其中，潜意识中能够接纳任何行走过程中城市环境发生的变化。

实际上，别雷的《彼得堡》并不是唯一将城市作为积极行走活动发生的环境的小说——在这种环境中，身体能够体验、理解并感知所处的地点。正如于拉·哈坎恩（Ulla Hakanen）的文章《上方的全景和下方的街景》（2010）中的阐述，在 19 世纪，“虚构的小说中，散步中‘从容而散漫的做法’是小说文本中一种广泛应用的策略，在这种策略中，作者并不会通过固定的视角来定义时间顺序或叙述，而是通过观察者不断地前行，从而推进文本”。[3] 这一观察

---

① Alva Nöe, *Action in Perception* (Cambridge, MA, 2004), 1 - 2.

② Walter Benjamin, *The Arcades Project*, trans. Howard Eiland and Kevin McLaughlin (Cambridge, MA, 1999), 416 - 455.

③ Ulla Hakanen, “Panoramas from Above and the Street from Below”, in Olga Matich (ed.), *Petersburg/Petersburg: Novel and City, 1900 - 1921* (Madison, 2010), 199.

结果与罗伯特·阿尔特(Robert Alter)的在他的文章《想象中的城市：城市的经验和小说的语言》(2005)中的立场一致，他认为，在19世纪后期几十年到20世纪，欧洲小说越来越多地通过主人公每时每刻的体验——知觉、发自内心的或者是精神的体验——来进行叙述。[①]

272

理 解 情 节

《彼得堡》的情节围绕着两个主要人物展开，即阿勃列乌霍夫一家——居住在城市中的阿波罗·阿波罗诺维奇和他的儿子尼古拉·阿波罗诺维奇。阿波罗·阿波罗诺维奇·阿勃列乌霍夫是一位68岁的参议员，他对"空间有一种恐惧感"(《彼》，第52页)，因此很少在城市中散步。他喜欢从自己办公室的窗户凝视圣彼得堡，这样能够安安稳稳地坐在他的椅子上。尽管他对城市环境的态度漠然，但由于城市的设计十分清新简洁，具有几何学特征，城市也对他有着潜移默化的影响：

> 城市设计得规整而匀称，令参议员紧张的神经平静下来……
>
> 他的品位在城市和谐的简单性中变得卓尔不群。他最喜欢笔直的大街；这条大街令他想到生命的两点之间的时间的流动。(《彼》，第10页)

在他的想象中，整个地球都应该是这样线性的、开阔的景观。

---

① Robert Alter, *Imagined Cities: Urban Experience and the Language of the Novel* (New Haven, 2005), 129.

他对这种线性的景观十分迷恋，因为彼得堡的景色——城市的主要街道或者说“一流的街道”——是城市规划的缩影。[①] 圣彼得堡文化史作者索罗门·沃尔科夫(Solomon Volkov)指出沙皇彼得大帝——在法国建筑师让-巴蒂斯特·亚历山大·勒布隆德(Jean-Baptiste Alexander Le Blond)的帮助下——亲自拿着尺子绘制了彼得堡的地图，设计了宽阔且笔直的全景(*pershpektivy*)大街，该词源自拉丁语“pro-specto”，意思是“眺望远方”。[②] 这样进行设计的意图是，街道具有清晰的通向远处的视野，城市也呈现出清晰的几何图案，[③]这也便于政治控制，历史学家和城市规划专家也经常指出这点。

我们已经遇到过行走在城市中的尼古拉·阿波罗诺维奇，他是参议员的儿子，也是哲学专业的学生。对尼古拉来说，城市并不是一个可怕的地方，而是离家出走的借口[④]——“过去的几个晚 273
上，尼古拉·阿波罗诺维奇已经出去了，天知道他去了哪里”(《彼》，第 48 页)——他摆脱了他与父亲之间的尴尬关系。在母亲抛弃他们，与另外一个男人一起去了意大利之后，他几乎不和父亲说话了。在刚开始读小说的时候，读者就意识到了，尼古拉已经向革命党许下了杀掉一位高级官员的莽撞承诺。他的同学亚历山大·伊万诺维奇来拜访他，主要是为了交给他一听沙丁鱼罐头并

---

① 根据 1914 年版贝迪克的旅行指南，彼得堡有三大类街道。“第一级街道叫全景街道(Prospékti)。这类街道包括涅夫斯基大街和沃兹涅先斯基大道。第二级街道叫专用道(Úlitzi)，第三级街道为车道(Pereúlki)。”Karl Baedeker, *Baedeker's Russia 1914* (London, 1971), 101。

② Solomon Volkov, *St. Petersburg: A Cultural History*, trans. Antonina W. Bouis (New York, 1995), 10 - 11.

③ 出处同上。

④ 《彼得堡》一书中描写的多次行走都是因为书中的人物希望逃避家中令人窒息的氛围，期待能够在城市中找到家一样的舒适感。Peter I. Barta, *Bely, Joyce and Döblin: Peripatetics in the City Novel* (Gainesville, 1996), 116 - 17。

请他妥善保管。随着情节的展开，尼古拉认识到那听鱼罐头里有定时炸弹，而这个炸弹已经启动了——在整部小说中，这个行动将不断地折磨着他的意识。挑衅者利潘琴科扔给他一封信，信里说革命党要求他炸死自己的父亲。① 这一刻之后，小说的叙述主要探讨了主要人物的意识和情绪的变化。随着定时炸弹爆炸的时间不断逼近，这座城市最著名的建筑、俄国统治家族的居所——冬宫，似乎在流血。这个暗喻暗示了沙皇保罗一世的谋杀案，他自己的儿子亚历山大参与了此次暗杀事件，也提醒读者，这座城市的历史是如何被这样的暴行所困扰的。②

《彼得堡》和行走

哲学家大卫・亚伯兰(David Abram)在他的研究《感官的语言：人外人世界中的语言与感知》(*The Spell of the Sensuous: Perception and Language in a More-Than-Human World*, 1997)中解释说，具有深刻而不可或缺的地域特色的故事(在这案例中是文学故事)能够表明"每个地方都有自己的活力，自己的运动模式，这些模式能够调动感官并用特殊的方式将不同的感观联系起来，并注入特定的意识模式"。③ 这种地点与行动模式之间的

---

① 20世纪之交的作者经常会描述弑父者，这些作者将弑父看作人们在童年时期自然而然的愿望，即希望父亲或母亲死去的愿望(这也正是弗洛伊德的曾提出的术语)，同时这些作者也把弑父看作是与过去的决裂的一种隐喻(尼采的《查拉图斯特拉如是说》中可以看出这一点)。弗洛伊德和尼采的思想都影响了别雷的《彼得堡》一书，从书中的细节能够看出。参见 Judith Wermuth-Atkinson, *The Red Jester: Andrei Bely's Petersburg as a Novel of the European Modern* (Berlin, 2012), 119 - 20.

② Peter Barta, "Symbolization of Urban Space in *Burges-la-Morte* and in Andrei Bely's *Petersburg*", in Philip Mosley (ed.), *Georges Rodenbach: Critical Essays* (Madison & London, 1996), 164.

③ David Abram, *The Spell of the Sensuous: Perception and Language in a More-Than-Human World* (New York, 1997), 182.

这种内在关系解释了为什么别雷的小说中叙述了在彼得堡的街道 274
和公共空间中一些特殊的、有时是重复的行走方式，同时重要的自我实现与独特的意识形式也与行走相关联。一方面，这部小说描绘了夜晚中孤独的行走，通常发生在彼得堡"消失"在夜色中时。在这些行走中，城市空间显得平静，没有任何政治动荡和社会紧张的迹象。与尼古拉的游走一样，内心的思想或个人的恐惧正在与夜晚的黑暗和神秘对话，而新出现的意识模式主要与个人、伦理或道德问题有关。另一种在城市中移动的方式是在白天进行的，似乎通常发生在人群中，这些人聚集在彼得堡最宏伟的街道之中，比如著名的涅瓦大街或河堤旁的街道。在作者的描绘下，城市通常是人山人海。

这部小说专注于描写的行走也是与真实的城市生活密切相关的元素，指出这一点很重要。19 世纪到 20 世纪初，行走是与彼得堡尤为相关的一种习俗。正如于拉·哈坎恩所解释的那样："19 世纪初，散步越来越受欢迎，因为上层阶级模仿亚历山大一世，每天到公共场所散步；19 世纪末，公共场所内开展的休闲活动越来越多，各种形式的行走也越来越流行。而以前只向贵族阶层开放的公园现在已经转变为商业设施，吸引了越来越多的中产阶级。"①

行走在穿插的对话中

正如前文所指，《彼得堡》的主要叙述焦点集中在似乎不可避免的炸弹爆炸事件上。书中一开始，就描述一个行走者（一位属于

① 亚历山大一世(1777—1825)从 1801 年 3 月 23 日到 1825 年 12 月 1 日担任沙皇，在他执政的前半期，他试图推行自由主义改革。引文出自 Hakanen，"Panoramas from Above"，199。

275 革命党的公民，身份不确定）在从站在人行道上的人身边经过时，捕捉到了他们的只言片语，从而让读者怀疑存在着一个炸弹。别雷通过描写城市街道的声响，在声音中展示行走的体验和身体的运动。他实际上展示了意识是如何由有意义的有序感觉的布局来构成的，以及感知意识如何影响与世界的感性关系，并通过与它的具身互动而起作用的：[①]

> 在人们穿插的对话中行走时，他捕捉到了只言片语，用它们拼凑出一些句子。
>
> “您知道吗?”从右边的某个地方传来了声音，又渐渐消失了。
>
> 然后又出现了。
>
> “他们正在计划……”
>
> “掷……”
>
> 从后面传来很低的声音：
>
> “朝谁掷?”
>
> 然后一对难以辨认的夫妇说：
>
> “向阿勃列……”
>
> 他们走过去了：
>
> “阿勃列乌霍夫?!”
>
> 他们走远了，这句话才说完：
>
> “阿勃列……真的，寻……找我……了……你试试……那个……”
>
> 这对夫妇断断续续，

① Nick Crossley, *The Social Body: Habit, Identity and Desire* (London; 2001), 73.

> 这个陌生人停了下来，他被他听到的话吓到了：
>
> “他们正在计划……”
>
> “掷……?”
>
> 周围开始传来人们窃窃私语的声音：
>
> “可能……真的……”
>
> 陌生人没听清楚，听到的不是“真的”，而是“挑衅”；接着便自己把话说完：（译者注：俄语“真的”和“挑衅行为”两个词的前半部分发音完全一样。）
>
> “挑衅——行为?!” 276
>
> 涅瓦大街上，挑衅行为已经盛行开来。这个词已经彻底变了，不是人们最开始听到的意思了。（《彼》，第 15—16 页）

这段文字中的行走者只能够区分对话中的碎片；他听到的只言片语都十分混乱，也越来越模糊。[①] 他意识到炸弹的存在，并且革命党打算把它交给尼古拉，他为即将发生的爆炸感到焦虑，并且已经处于“完全混乱”的状态（《彼》，第 15 页），因为在这个城市的一个十字路口，他恰巧遇到了参议员阿勃列乌霍夫的马车——由于这次意外的相遇，他自然而然地“飞奔起来”（《彼》，第 15 页）。尼克·克罗斯利（Nick Crossley）在他的《社会主体：习惯、身份与欲望》（*The Social Body: Habit, Identity and Desire*, 2001）一书中解释说，情感是世界的存在方式，是在世界上感知和行动的方式。处于一种特定的情绪状态时，需要以特殊的方式来感知世界——关注到人们通常不会注意到的事情，会受到看到或听到的事物的影响，一个人正常情况下本不会受到这种影响。[②] 过路人

---

① Alter, *Imagined Cities*, 93.

② Crossley, *Social Body*, 85.

对即将发生的爆炸及其所有的政治后果感到焦虑，这种焦虑与街道的现实相融合，同时又与行走时偶然听到的只言片语混杂在一起，这一切又为路人营造出一个不同的现实——他自己的主体间的现实，即可怕的消息已经遍布全市。城市无论如何都是一个传播话语的地方——消息从八卦变成公开演讲——而这些话语与接收和传播它们的外部世界相互干扰。正如别雷本人在他1909年写的一篇文章《话语的魔力》中所主张的那样，“话语这个词创造了一个新的第三世界：一个有声符号的世界，借助于这个世界，位于我之外的世界的秘密以及被囚禁在我内心的世界都为众人所知。外面的世界渗入我的灵魂。而内心的世界也从我的身体中溢出来，弥漫到破晓和夕阳，混入树木的沙沙声中”。①

277 此外，在干扰程度较高的情形下进行话语的交流在整部小说中经常出现，听觉感知与贯穿小说的视觉感知不相上下。听觉和视觉空间都过于拥挤——有多个“对话频度”——身份不明的行走者周围的一切都处在变化之中。② 这个城市实际上已经承载着巨大的政治压力，充满了动荡和压抑，而其社会制度却保持着微妙的平衡。这个城市的政治史充满了各种意外事件和阴谋(多半发生在沙皇自己的生活中)，已经提前为城市的氛围奠定了基调。在别雷的叙述中，这种丰富性被表现得淋漓尽致，并且在小说中的人物与环境进行互动时，也一直都能体现这种丰富性。城市环境已经被紧张的局势和彼得堡居民热情洋溢的内心世界所笼罩，别雷立即探索了其中的复杂性。行走是把两者编织在一起的身体行为，

---

① Andrey Bely, “The Magic of Words”, in Steven Cassedy (ed.), *Selected Essays of Andrey Bely* (Berkeley, 1985), 94.在安德烈·别雷的小说和理论著作不同的英译本中，他的俄文名字的音译也有所不同：有Andrei和Andrey，姓有译成Bely和Biely。但在整个章节中，我使用音译“Andrei Bely”，但是只要引用作品的标题出现的名字为“Andrey”或“Biely”时，我都会做脚注指出，以示对不同音译的尊重。

② Alter, *Imagined Cities*, 93-94.

也能够形成新的意义。哲学家爱德华・凯西(Edward Casey)详细阐述了胡塞尔对行走的理解,并解释在行走中,我们是如何进入我们自己选择的近景区,即使这不是我们自己做出的选择,在这一区域内,我们也能够活跃所到之地的氛围。"因此,结果是一个地方一世界,这是一个与行走的身体相关联的世界——一个由同样的身体构成的世界,而身体又依赖世界实现持续的本土化。"①这种对行走的理解(无论是节奏放松的缓步行走,还是漫步、奔跑,甚至行军)都是小说里一直存在的。小说中以居民对城市的积极感知和创造性的关系来呈现行走。

随着沉淀物漂走

在小说中,有些时候,读者会产生一种城市几乎掌控着居民的印象。② 即使这种掌控不只是被动的,而是与城市接触的一种形式:这种掌控需要完全沉浸在城市环境中。在别雷的文学语言描述中,这种掌控仍然体现出一种参与性和积极的感知。尼古拉的同学,亚历山大・伊万诺维奇的例子中,亚历山大把炸弹放在沙丁鱼罐头里送给他,作者也通过这一角色来展现城市步行者和他所处的世界的非二元关系。亚历山大最初不知道他送给尼古拉的炸弹是注定要用在尼古拉的父亲身上的,因此当他意识到这一点的时候,也感到非常地不安。他对即将发生爆炸的恐惧驱使他来到城市中,试图找到革命党的领袖并澄清这 278
一切:

---

① Edward S. Casey, *The Fate of Place: a Philosophical History* (Berkeley, 1998), 228.

② John Cournos, "Introduction", in Andrey Biely, *St. Petersburg* (New York, 1959), xii.

所有的肩膀组成了黏滞缓慢流动沉淀物。亚历山大·伊万诺维奇的肩膀也粘在了沉淀物之上，可以说是融合进去了。为了与身体有机不可分割的完整性原则保持一致，他跟随着肩膀，因此也被抛到了涅瓦大街上。

一粒鱼子酱是什么样子？

在那里，涌入人行道的每个人的身体成为一个普通身体的器官，一粒人肉鱼子酱，而涅瓦大街的人行道则是一片切好的三明治面包片。个人的思想也被吸入了沿着涅瓦大街移动的多足虫的大脑之中。

他们沉默着，并盯着那无数的双腿；以及爬行的沉淀物。依靠着无数双脚，它不断地爬行。这个沉淀物由无数个个体的部分组成；并且每个单独的部分都是一具躯体。

涅瓦大街上空无一人，但是却有一个正在爬行的、咆哮的多足虫。潮湿的空间内，混合着多种多样的声音，形成多种多样的话语。所的话语都混杂在一起，再次编织成一句话；这句话似乎毫无意义。（《彼》，第 178—179 页）

亚历山大不由自主地被吸引到众多的行走者中。别雷甚至没有从整体的角度谈论身体，而是集中在肩膀上，这既是用身体暗喻现代城市已经碎片化，同时也将关注的焦点集中到亚历山大身上。他自己的肩膀似乎是与由其他肩膀形成的“黏滞的沉积物”的纽带。别雷将这些肩膀描述为缓慢流动的状态，而不是在行走或站立的状态：街道人行道上的渣滓，沉淀在城市的底部，这里可以把城市理解为一个巨大的容器，填满容器的元素比肩膀本身更重要。亚历山大的身体与这个似乎缺乏价值的城市群体相互作用，并且指挥他的行动——“他跟随着肩膀”——他被强行抛到了涅瓦大街。当他来到涅瓦大街时，他发现自己想知道一粒鱼子酱是什么样子。这种想法是由街道上压倒性的情绪和活动引起的——“每个人的身体……成为一个普通身体的器官”——一条人满为患的街道，被用隐喻的方式描绘成一个切开的鱼子酱三明治：将会被吃掉、消耗或吞噬。鱼子酱三明治和多足虫都暗示着任何在涅瓦大街上行走或站立的个体的湮没——“涅瓦大街上空无一人。”这 279
也暗示着在彼得堡历史中一直将共同利益和社会进步置于个体意志和个人愿望之上。这一直是这个城市的精神特质，甚至是一种传说，自彼得堡建城以来就一直如此。建立之初，就有成千上万的人因为恶劣的施工条件而死亡，他们只知道服从，却从不抱怨沙皇和他的工程师提出的独裁主义要求。[①] 这一次来到涅瓦大街时，亚历山大个人的想法并不是他自己真正的想法。正如阿尔瓦·诺埃指出的，意识是“他头脑之外”的想法，描述了当时认知科学中时兴的信念，即心灵或意识也在物理环境中[②]——“个人的思想被吸入了沿着涅瓦大街移动的多足虫的精神活动之中。”

别雷关注的重点再一次转到空间的听觉特质，而这次他将空间描述为负责收集无数声音的地方。这个空间给人的感觉是潮湿的，这意味着湿气通过空气扩散，而这种湿润的凝结似乎将声音汇集在一起。“潮湿的空间内，混合着多种多样的声音。”但是这一次，城市的人群中发出的声音似乎重新组合，变成了一些没有什么意义但是却能够表达出来的句子：几乎是城市本身进行的公开演讲。这次演讲中的句子中，每个词都来自人们身体的一小部

① 在彼得堡，19 世纪的文学创作中，通常把城市描绘成一种威胁，一个充满敌意的环境；城市中的居民相信，由于太多的人为建造这座城市牺牲了性命，因此它一直受到诅咒。像普希金和陀思妥耶夫斯基这样的作家也以对这座城市的观察来展开他们故事的情节。直到世纪之交，人们对于彼得堡的看法才开始有所转变，一些作家和诗人，如亚历山大·布罗克(Alexander Block)、安娜·阿赫玛托娃(Anna Akhmatova)，当然还有别雷(Bely)等，都开始赞美这座城市，并且这座城市的大都市精神也开始渐渐发展。Bely：Blair，*Literary Petersburg*，12。

② Nöe，*Out of Our Heads*，15 - 32.

分——“每个单独的部分都是一具躯体”——然而，拼凑在一起却更加混淆了人们对话中的意思；相反，这些语句就像是痛苦和恐惧的姿态。书中对个别身体部位的强调也可以理解为指向即将到来的爆炸，将身体分散成碎片，这正是亚历山大不断思考和恐惧的原因，因为他已经与多足虫融为一体了。他沉溺于自己的内疚感中，认为城市的空间完全是由衣着或身体的碎片组成的：

> 无数顶圆顶礼帽，从马路上迎着他们滚滚涌来，向他们涌来的还有高筒大礼帽，接下来是鸵鸟的羽毛。
>
> 280 鼻子从四处涌来。
>
> 有喙状的鼻子：鹰钩鼻和公鸡鼻；鸭嘴鼻和鸡嘴鼻，等等，鼻子的颜色有淡绿色的，绿色的，还有红色的。所有这些，都毫无目的地匆匆向他们涌来。（《彼》，第178页）

亚历山大在人群中行走时，有这些想法也不足为奇。正如别雷所描述的那样，挤入人群当中，他自己的思考就暂时中断了；他的头脑中并没有像我们日常生活中，从正在思考的问题进入到下一个问题，[①]他现在所有的关注点都在眼前的这些行走者身上，因此也充分意识到自己也正在行走。这一次这个城市间的话语没有分散他的注意力：这些交织在一起的句子没有什么意义。由于行走的过程中，能够强烈地感受到炸弹对人体的破坏性影响，因此更加有切身的感受。行走时，我们会遇到其他人，与他们面对面，还会看着他们渐渐退到我们后面，渐渐变得模糊，甚至消失不见。[②]这是行走经验中不可或缺的一部分，也是主要的一部分，因此，在

---

① Varela, Thompson and Rosch, Embodied Mind, 25.

② Edward S. Casey, *Getting Back into Place: Toward a Renewed Understanding of the Place-World* (Bloomington, 1993), 87.

亚历山大的意识中，某些人擦肩而过又消失的恐惧，以及由于炸弹爆炸而造成的实际死亡带来的恐惧感也不可避免地会被放大了。

在涅瓦大街上，亚历山大有了这个重大的发现。（经历了多足虫的拥挤之后，亚历山大实际上暗杀了党内的领导人利潘琴科，而他所在的政治组织要求成员暗杀自己的父亲，他十分厌恶这样的要求。）在俄国，人们一直认为圣彼得堡及其长长的街道具有非俄罗斯特点，而在俄罗斯人民看来，涅瓦大街一直是传统俄罗斯通往西方化的重要的途径，指向着完全不同的未来，沿着这个方向，当前事态会发生天翻地覆的变化，也会有不同的选择，采取不同的行动。事实上，在整部小说中，涅瓦大街的空间特质一直在两点之间摇摆，一点是具备似乎能够施加社会从众行为的特点，并将人们整合成群众，另一点便是提醒他们不同的道德或伦理选择的可能性。正如米歇尔·德塞尔托（Michel de Certeau）在他的文章《城市中的行走》（1984）中所指出的，城市里的人们是通过与街道有关的遗迹而不断地移动；这暗示着可以从功能主义和历史秩序中延伸出
其他路线。[1] 在小说的开场白中，别雷对涅瓦大街的第一次描述 281
值得一提：

> 涅瓦大街具有惊人的特征：它由供人群流通的空间组成……涅瓦大街与所有的大街一样，是一条公共大街，也就是说：一条供人群（不是为了，比如空气）流通的大街……
>
> 涅瓦大街是笔直的（我们私下说说），因为它是一条欧洲大街，而且所有的欧洲大街都不只是一条大街，而是一条（正如我已经说过的那样）欧洲的大街，因为……对了……

① Michel de Certeau, *The Practice of Everyday Life*, trans. Steven Rendhall (Berkeley, 1984), 105.

由于这点，涅瓦大街是一条笔直的大街。

在当时俄国一个不具有俄国特点，但是却是俄国首都的城市里，涅瓦大街非同一般。其他的俄国城市就显得像一堆破屋烂瓦。（《彼》，第 2 页）

这条街被理解成一个重要的具有非俄国特点的地方——与一片片肮脏简陋的屋子有所不同——并且主要是供人群流通的大街，别雷认为这是涅瓦大街具备的惊人特征。理解其中的原因至关重要。所有的街道难道不都应该供人群流通吗？除了传统意义上的规划和建筑外，"流通"这个词也意味着它对公众的开放性和其他的一些意思。别雷营造了"人群流通大街"的文学意象，暗示了涅瓦大街（以及其他大街）将在小说的特定时刻出现，而且这些大街都具有汉娜·阿伦特（Hannah Arendt）所说的"表象的空间"特征：一个让人们提高自己的声音和致力于道德追求的空间。"无论是以言语的方式还是行动的方式，人们聚集在一起，就形成了表象的空间，因此，表象的空间也早于一切形式上的公共领域……它的特点是，与我们人工打造的空间不同，它不是以现在的形式存活下来，而是随着活动本身的出现或停止而消失。"然而，正如阿伦特所解释的那样，欧洲城市中真正发挥这种作用的公共空间（起源于希腊城邦发挥的作用），到 18 世纪变得十分罕见了。[①]
282 如果"表象的空间"是人们通过言语和行动变成人类的地方，那么可能很难把拥挤的人群被描述成鱼子酱或"多足虫"的涅瓦大街称为"表象的空间"。然而，通过描述亚历山大在"多足虫"内部的"觉醒"，以及对涅瓦大街欧洲特征的描写，小说还暗示，作为一个有问题但有效的沟通空间，涅瓦大街有可能成为政治抗议的场所，

---

① Hannah Arendt, *The Human Condition* (Chicago, 1998), 199.

有可能触及其矛盾以及其作为现代城市真实公共空间特征的潜在作用。

罢工中的示威游行

随着情节的展开，这种作为"表象的空间"的特点似乎也成为城市中心其他主要街道的特征，比如涅瓦河堤旁的几条大街，而这里也经常发生重要政治示威事件：

> 毛茸茸的中国东北皮帽子也涌上街头，融入人群中。人群不断扩大。人们和皮帽都朝着一个方向走去——那座顶楼金光闪闪但整体阴森森的大楼涌去。那座阴森森的大楼旁围满了黑压压的人群和皮帽。
>
> 他们涌到入口处的大门——门口人声鼎沸，但是还能怎样呢？工人没有时间讲究礼貌，空气中弥漫着难闻的气味。
>
> 在路面附近的十字路口，一小分队的警察在寒冷的地方羞怯地跺着脚。他们的指挥官看起来很羞怯。灰溜溜的他穿着一件灰色大衣，这个可怜的家伙不停地大喊大叫，高高举起起了剑，眼神中流露出沮丧的神情。他的身后一直传来粗鲁的言论、斥责、嘲笑，甚至淫秽下流的谩骂……警察队不断高喊：
>
> "大家往前走，继续往前走！"(《彼》，第 62—63 页)

罢工正好发生在那座"顶楼金光闪闪但整体阴森森的大楼"前面，正如文学研究所主张的那样，这座大楼可能就是城市的大学。涌入这个地区的人们——主要是工人——和其他公民一起融入人群当中，被吸入其中，成为其中的一部分，随后便没有任何特点了。

他们的身体有目的地前行,并且寻求和回应环境的意义。[①] 这个
283 城市的人群似乎只包括别雷笔下的"皮帽"和"黑压压的人群";一方面,黑压压的人群是因为人们对政治的愤慨,另一方面则是意味着无论是现场的警察还是海军部的建筑内的警察,都无法在人群中清楚地区分出每个人。这里展示的城市体验与亚历山大之前的城市体验是截然不同的:在这一场合,所有聚在一起的人们都有着同样的意图,即政治抗议,而在他们与城市互动的过程中,已经明确地表达了这一目的。小说描述中,警察谨慎地站在一旁,不能或不愿意作出反应。大量人群占据了直线型的大学堤坝,这也削弱了警察的控制力,他们也不太清楚在街上行走的人都是谁。这里发生了一个有趣的转变。早先的情节设计中,作者展示的城市形象是类似于全景的视图,而此处的描写则与先前的描写相反,这表明这座城市严谨的规划给城市的行走者带来了非常压抑的感觉:

> 一条又湿又滑的大街同另一条又湿又滑的大街交叉着,交叉处成九十度角。两条线的交叉点上,站着一位警察。
>
> 那里也矗立着这样的大楼,那里也流动着这样灰溜溜的人群,那里也弥漫着这样淡绿色黄兮兮的烟雾。
>
> 但是,与同一条奔驰的大街并行的,有一条带着同样一排盒子形状的物体、同样的号码和同样的云朵的奔驰的大街。(《彼》,第 11 页)

作者之前对城市的描写——平淡无奇而且千篇一律——与之后的描写,即大量的人群占领了大学堤防之间存在着较大的差异

① Crossley, *Social Body*, 89.

和矛盾，这也揭示了与城市环境的具体接触不仅是一种政治行为的模式或公民的积极表达集体意识的方式，也是改变城市的一种方式；其形象、物理状态、空间特征，甚至气味——"空气中弥漫着难闻的气味"，这是哲学家保罗·利科(Paul Ricoeur)所指出的对空间的"重新定义"，对建筑环境作出的一种居住回应，在这样一种环境中，居住的核心并不只是为了满足需要，也为了满足期待；①
期待彼得堡以及彼得堡的大街能够由传统的俄国向先进的欧洲 284
迈进。

结　　语

小说最后以炸弹爆炸结束，实际上，除了炸毁阿勃列乌霍夫家的一小部分之外，这场爆炸并没有对任何人造成伤害。尽管爆炸造成的损害较小，但炸弹的威胁和它所表达的政治现实触发小说中的人物建立了一系列新的关系，引导他们走上街头，并改变了他们对城市的看法和对自己的理解。

当然可以这样认为，别雷描述的城市对于 1905 年秋天在彼得堡发生的历史性变化是非常特别的(尼古拉的夜间游走除外)，并且从更广泛的意义上来说，在建筑学上，这座城市的空间运用比较有意义，而且也体现了不同时期与城市环境的互动，因此别雷描述的这一城市并不能广泛地应用于其他地点。对于这个观点，我会以梅洛-庞蒂的观点来回应，即历史不是过去和现在接连发生的一系列不显眼的事件，而是这些事件在一个展开的过程中不断地累积深入，而随着过去的事件不断对当前的事件产生沉淀效应时，正

---

① Paul Ricoeur, "Architecture and Narrative", trans. Huw Evans, in *Identity and Difference: Integration and Plurality in Today's Forms: Cultures between the Ephemeral and the Lasting* (Milan, 1996), 67.

是习惯促使事件不断深入并展开。[①] 尽管在1905年，彼得堡有着特殊的历史环境，但人们与城市的互动，影响着人们的行走、决策和自我实现的城市环境因素，都是彼得堡过去和现在仍具有的地方特征：一个拥有供"人群流通"的宽广大街的城市，而正是因为这个特点，推翻建立已久的政治体制的革命才从这里开始——而这场革命不可能从莫斯科开始。而且，通过与城市空间积极的步行交流，小说中所捕捉和描述的经历超越了严格的时间界限，而且与城市和建筑空间中更普遍和跨历史的关注产生了共鸣。

小说一开始就指出在所有的大街中，涅瓦大街属于独特的一类，通过描写空间当中不寻常的或未曾预料的时刻，小说中首先展
285 现的对城市的理解与一般情况下垂直设计和严格的几何环境的普通城市规划相矛盾。为了流畅和高效的交通而设计的长且笔直的大街并不容易受到控制，因此成为政治抗议和意识的空间，这种空间煽动人们体现他们的道德决定，并体验个人和情感的成熟和成长。这些空间也变成了色情的欲望空间（在彼得堡的夜晚显得模糊不清），在这种空间里，城市的建筑表现为我们常年缺乏的那种欲望——对我们所爱之人，这种欲望永远无法满足——而城市的细节不断提醒我们爱与死亡之间的相互作用，以及人类终有一死的命运和我们作为这个世界居民的短暂性的相互关系。这个结果预示了19世纪后期到20世纪在城市设计中使用的类似几何的空间。虽然这样的空间设计表面上是出于卫生的目的，而实际上是为了监视和军事演习的目的而部署的，例如霍斯曼对巴黎的改造就是这种情况，但对城市进行的现代化干预措施后，这种设计也为

---

① 梅洛-庞蒂阐释了自己的观点，试图反驳让·保罗·萨特在《存在与虚无》中所表达的观点，即任何事件在任何时候发生的可能性都是同等的。引自 Crossley, *Social Body*, 135。

公众开创了散步绝佳之地，最终也会促进公共空间的发展。

另外，别雷转述经验主义的方式①以及他对碎片化细节的关注，提升了我们对空间感知的理解：这种感知是如何基于已经存在于我们自身的情绪、感受和思想，以及与城市的物质在不同的城市地点里出现的不同内容和性质的对话。因此，通过行走，小说揭示了一个拥有具体呈现对话和协调的城市体系结构，这种结构能够压倒理性的先入为主的观念或强加于其实体结构的偏见所产生的其他意义。

---

① 别雷与象征主义文学运动有联系，但正如亚历山大·沃隆佐夫（Alexander Woronzoff）和史蒂文·卡斯蒂（Steven Cassedy）等学者指出的那样，他从个人角度对象征主义进行特殊的解释。1930年，别雷在他的回忆录中写道："我是一个象征主义者。我的感觉器官就是测量工具。"引自 Christa Boris, *The Poetic World of Andrey Bely* (Amsterdam, 1977), 12. 这种表述在一个共同的信念下把两种相互矛盾的看法概念结合起来，这非常独特。象征主义作家所倡导的对现实的隐喻性和暗示性的方法，以及与世界之间的积极的、参与式的、具身的互动，即将直接感知和身体的即时性作为衡量其周围环境的标准似乎正在融合。事实上，在这部小说的许多城市描述中，这两种看似矛盾的方法以诗意的方式融合，揭示了城市的象征和感官元素。

287 第12章

登山家、学者兼政治家詹姆斯·布莱斯(1838—1922)职业生涯中的行走和环境保护主义

保罗·里德曼

即使在旅行变得十分容易并且人们也很乐于骑行的日子里，行走也空前地受到人们的欢迎。

——萨里步行俱乐部主席托马斯·E. 哈蒙德，《凯恩戈姆俱乐部杂志》(1911年7月)

在英国的维多利亚时代和爱德华时代，行走作为一种娱乐形式，越来越受到人们的欢迎。无论是探索由华兹华斯和柯勒律治(他们的徒步短途旅行故事在民间流传)普及的湖区景观，还是在苏格兰高地漫游沼泽地，观赏石楠植物，或只是在周日游览埃平森林。与从前相比，英国人在行走中能够找到的乐趣越

来越多。[①] 由于工作时间减少，假期增多(1871 年设立了银行假期［银行放假不营业的日子，是法定的公众假日——译者注］)，行走这项活动在所有社会阶层得到普及。行走协会蓬勃发展。最开始莱斯利·斯蒂芬(Leslie Stephen)爵士聚集了一群大城市的知识分子，成立了“星期天徒步旅行协会”，后来，G. H. B. 沃德(G. H. B. Ward)在谢菲尔德成立了工人阶级组织“号角漫步者协会”。到 1914 年，这一协会可能是英国最大的行走俱乐部。[②] 与行走相关的文学作品越来越多，正满足了这种新的意愿，正如一位受欢迎的 288
(步行)指导手册作者所说的那样：“打破常规，独辟蹊径，来到田间小路，来到林地之间，全方位地欣赏周围的乡野景色，欣赏那偏僻的山坡小路边闪闪发光的大海。”[③]除了一些功能性的出版物会特别介绍一些小路和旅行地，有许多纯文学的出版物也致力于介绍徒步的乐趣，希拉里·贝洛克(Hilaize Belloc)1911 年的一部文选《小径之路》(*The Footpath Way*)就是其中比较出名的一本书。[④]

贝洛克这样命名恰到好处，因为英国大众越来越重视人行小径，并将其视作一种值得保留的便利设施。当时对英国土地制度的批判与日俱增，人们批判土地制度造成了大量农村人口涌向城市以及不动产过度集中，[⑤]因此对许多保守派，以及自由派和激进

---

① 更多有用的调查，参见 H. Taylor, *A Claim on the Countryside: A History of the British Outdoor Movement* (Edinburgh, 1997)。

② David Prynn, “The Clarion Clubs, Rambling and the Holiday Associations in Britain since the 1890s”, *Journal of Contemporary History*, 11(2) (1976), 65 - 77; Melanie Tebbutt, “Rambling and Manly Identity in Derbyshire's Dark Peak, 1880s - 1920s”, *Historical Journal*, 49(4) (2006), 1123 - 53; William Whyte, “Sunday Tramps (*act*. 1879 - 1895)”, *Oxford Dictionary of National Biography*.

③ E. S. Taylor (曾用笔名 Walker Miles), *Field-Path Rambles*, Eastbourne Series (London, 1904), 2。

④ Hilaire Belloc, *The Footpath Way* (London, 1911).

⑤ 参见 Matthew Cragoe and Paul Readman “Introduction”, in Cragoe and Readman (eds), *The Land Question in Britain*, *1750 -1950* (Basingstoke, 2010), 1 - 18。

分子来说，保持公共设施与自然活力的连接似乎是必不可少的。人们陆续建立了一些组织来维护道路、公共空间和开放空间中行人的权利。其中最重要的组织是1865年成立的“公众保护协会”，1899年，该协会与1884年成立的“国家人行道保护协会”合并。但也有一些较小的地方级别的团体，这些团体的成立也说明了基层群众对于行走具有深刻的了解。[①] 事实上，阻断行人通道和圈占公地会引发强烈的公众抗议，1883至1885年肯特郡的诺尔公园就发生过类似的事件。[②] 可以预见的是，在因华兹华斯闻名的
289 湖区阻断人行通道实际上驱赶了人群：1887年秋天，有两千人走路来到凯斯维克附近的拉特里格山顶，他们选取了一条有争议的路线，并在上山的路途中清除了途中遇到的所有障碍物。[③] 即使在不那么出名的地区，人们也可能兴致高昂。比如1890年5月，在诺福克的斯沃福姆地区，两条老路被阻断，结果数百名务农者示威游行，试图捍卫他们每周日下午散步的路线。[④]

詹姆斯·布莱斯(James Bryce, 1838—1922)，后称为布莱斯子爵是保护人行小径、开放空间和景观人行通道运动的倡导者。布莱斯在多个领域都有所成就，他是政治家、外交官、法学家、政治科学家和历史学家，同时也不知疲倦地进行环球旅行。自由党首相亨利·坎贝尔·班纳曼(Henry Campbell-Bannerman)爵士形

---

① 在第一年，国家人行道保护协会收到了124条关于人行道的报告，并在这个话题上引用了530份报纸剪报：NFPS, *First Annual Report, 1884 - 85* (London, 1885), 1 - 8. 国家人行道保护协会和公众保护协会合并后成为公众和人行道保护协会。1910年，该协会成为公众、开放空间和人行道保存协会；在撰写本文时，该协会名称为开放空间学会。为了简单起见，本章将该协会称为公众保护协会(CPS)。

② David Killingray, "Rights, 'Riot' and Ritual: The Knole Park Access Dispute, Sevenoaks, Kent, 1883 - 5", *Rural History*, 5(1) (1994), 63 - 79.

③ *English Lakes Visitor and Keswick Gazette*, 8 October 1887.

④ *Lynn News and County Press*: 24 May 1890, 5; 7 June 1890, 8; 21 June 1890, 5, 8.

容布莱斯是“下议院中最有成就的人物……他的足迹遍布每个角落，他几乎阅读了所有的书籍，而且他似乎认识每个人”。对于历史学家加德纳(A. G. Gardiner)来说，布莱斯“十分伟大，无可置疑”。[①] 这些称赞都十分中肯。在 1880 至 1907 年期间，布莱斯先后担任伦敦陶尔哈姆莱茨区和阿伯丁区自由党议员，除此之外，他还担任过三届自由党政府的内阁部长，他还非常博学。二十六岁时，他就撰写了著名的《神圣罗马帝国史》(*History of the Holy Roman Empire*)，参与创办了《英国历史评论》(*The English Historical Review*)，三十岁出头就成为牛津大学的民法学教授，并于 1888 年出版了《美利坚共和国》(*American Commonwealth*)。这部重磅作品共包含三卷，轰动一时，他的这本书在至少半个世纪的时间内都被视为美国宪法的权威著作，到 1938 年，这本书共售出了 212 288册。[②] 后来，他成为英国最杰出的驻美大使之一(1907—1913)，他本人也备受美国公众钟爱(对美国公众来说，布莱斯已经因《美利坚共和国》这本书以及他在埃德温·劳伦斯·戈德金主办的期刊《国家》中做出的贡献而被人熟知)；在第一次世界大战期间和战后，他为建立国际联盟做出了实质性的贡献。

正如文中对布莱斯诸多成就的总结所表明的，布莱斯是个精 290
力充沛的人。法学家戴西(A. V. Dicey)在大学期间，曾和朋友们一起旅行。他曾在日记中写道：“布莱斯能够让我们所有人都充满热情，他像牧羊犬一样奔跑……将我们聚集在一起，把我们带入计划和冒险之中，让一切运转起来。”五十多年后，在布莱斯大使任期

---

① G. P. Gooch, “Lord Bryce”, *Contemporary Review*, 121 (1922), 304; A. G. Gardiner, “Mr. James Bryce”, in Gardiner, *Pillars of Society* (London, 1913), 309.

② Francis G. Wilson, review of R. C. Brooks (ed.), *Bryce's American Commonwealth: Fiftieth Anniversary* (New York, 1939), in *Review of Politics*, 2 (2) (1940), 226 - 7.

结束后，他从美国返回了英国，戴西再次见到布莱斯时，他发现布莱斯“像往常一样一直在迫不及待地做事，这会儿正在写一张便条，一会和又急着和朋友握手”。[①] 在布莱斯漫长的一生中，他多
291 次发起保护人行小径和开放空间的行动，这些活动奇妙且非凡，也恰到好处，这些活动中主要的一个表达方式就是行走。布莱斯是这个时代屈指可数的伟大步行者，接下来本章将会探讨他对行走的热情，并以此探讨英国 19 世纪中叶到第一次世界大战期间行走（以及与登山相关的活动）在推动智识发展方面的重要性。同时，本文也希望能够解释清楚步行者和登山者参与这些活动的动机。布莱斯的一生中有许多文字记载，可以为进行此类考察提供充足的材料。

一

布莱斯很小的时候，就热衷于行走。他出生于贝尔法斯特的阿尔斯特-苏格兰家庭，1849 年夏天，他十一岁的时候，就爬上了安特里姆郡库森德尔附近的托鲁斯坦山，那是他第一次爬山。之后他们一家人搬到了格拉斯哥（他的父亲被任命为格拉斯哥高中校长），他在苏格兰的群山中度过了愉快的时光。1853 年，他来到阿伦岛的岩石岛旅行，这次旅行十分有意义，因为这次旅行中，布莱斯逐渐被山间行走和登山所吸引，并且对植物学产生了浓厚的兴趣。[②] 他在牛津大学读书时，行走是他生命中重要的一部分。事实上，在这段时间，他断断续续写过一些日记，而日记中记录最多的活动就是行走了；他几乎每天都在走路，即使在冬天，甚至在

---

① Robert S. Rait, *Memorials of Albert Venn Dicey* (London, 1925), 39, 221.
② H. A. L. Fisher, *James Bryce*, 2 vols. (London, 1927), I, 26 - 33.

生病的时候也是如此。[①] 例如,1858 年 1 月 24 日星期天,他在日记中写道:"由于感冒,我无法去教堂",但这并未阻止他与朋友"在乡间愉快地散步"。[②] 从牛津毕业后,布莱斯搬到伦敦,在律师协会实习,但他依旧保持着行走的习惯。他会避开公共汽车和出租车,从位于西区的家中,经牛津街步行至他位于林肯律师学院的工作间;根据他的日记可以判断,很明显,每个星期天他还会在这个大都市里散步,时间和距离都更长。[③]

292 但是,到了这个时候,布莱斯才发现,他越来越热衷于徒步旅行,而登山则是徒步旅行中非常重要而有趣的一部分。莱斯利·斯蒂芬对布莱斯产生了重要的影响。斯蒂芬是一名学者,担任《国家传记大辞典》(*Dictionary of National Biography*)的首席编辑,也是布莱斯一生的朋友。斯蒂芬还是一位成功的登山运动员,也是阿尔卑斯登山俱乐部的成员。1866 年暑假,斯蒂芬陪布莱斯来到特兰西瓦尼亚,在那里,他们登上了一些非常出名但却不是很险峻的山峰。[④] 布莱斯感到意犹未尽,因此,他接下来去了瑞士的阿尔卑斯山进行更有挑战性的探险。也许最值得一提的就是 1871 年,在斯蒂芬的陪同下,布莱斯登上了施雷克峰(十年前斯蒂芬第一次登顶),这在当时是非常重大的成就,也足以让一个有野心的登山家感到骄傲和自豪。[⑤] 在 19 世纪 70 年代后期,布莱斯先

---

① 布莱斯 1859 年春季学期写的日记比较少,也比较简洁,1859 年 1 月 30 日至 3 月 23 日期间,尽管没有记录每天的条目,但布莱斯共记录他分别进行了 26 次散步。Papers of James, Viscount Bryce, 1826 - 1958 (以下简称 Bryce papers), Bodleian Library, Oxford, MS Bryce 334。

② 出处同上。三天后的一条简短记录指出,他"开始因为喉咙痛而感到恼怒",但仍然"与亚历克斯·布朗(Alex. Brown)一同到乡村散步"(出处同上)。

③ Bryce, Diary, 1873: Bryce papers, MS 339.

④ Fisher, *Bryce*, I, 119 ff; L. Stephen, *The Playground of Europe* (London, 1871), 228 - 62.

⑤ 想要了解布莱斯感到多么骄傲和自豪,可以参阅 1871 年 9 月 12 日布莱斯写给父亲的信:Bryce papers, MS 422。

后登上了瑞士的一些山峰，比利牛斯山脉，挪威、冰岛和其他地区的一些山峰，进一步刷新了自己的纪录。其中最著名的是，1876年，布莱斯登上了16 854英尺高的高加索地区的亚拉腊山。据(《圣经·旧约·创世记》)记载，在大洪水后，诺亚方舟最后就停泊在亚拉腊山上。当然，布莱斯并没有找到方舟的遗址，而且他也不是第一个登顶的人，但是他的壮举非常著名，因为在较短的时间内，他独自完成了登顶的最后一段路(他的同伴和搬运工中途退出)，而且当时的能见度也比较低。他此次登顶彰显了"坚持不懈与不屈不挠的勇气"[①]，而且布莱斯在他的著作《外高加索和亚拉腊山》(*Transcauccesia and Ararat*)中对此次登顶发表了精辟的论述，在出版界也备受关注。[②] 1877年，该书出版两年后，布莱斯当选为阿尔卑斯登山俱乐部的成员，他终生与该组织保持密切的联系，并在1899至1901年期间担任俱乐部主席，他担任主席期间，非常知名，也非常活跃。[③]

布莱斯的登山壮举与那些年代最成功的登山家——如斯蒂芬、爱德华·温伯尔、威廉·塞西尔·斯林斯贝和约翰·诺尔曼·
293 科利相比略显逊色，但他仍然令人尊敬；他精心地记录了考察时间和探险中的各种变化。从这点可以清楚地看出，布莱斯从一开始就保留着阿尔卑斯山俱乐部的风格，是一名能力突出的攀岩者。1898年，科利看到时机恰当，因此以布莱斯的名字来命名不列颠哥伦比亚省新发现的一座山峰。[④] 在布莱斯的一生中，一直与登

---

① D. W. F[reshfield], "In Memoriam. Lord Bryce", *Alpine Journal*, 34 (1922), 307.

② 例如，参见"An Ascent of Ararat", *Chambers's Journal*, 8 June 1878, 364-6; "An Ascent of Ararat", *Sunday at Home*, 22 November 1879, 745-9。

③ "布莱斯先生出席阿尔卑斯登山俱乐部会议次数创造了纪录。"*Alpine Journal*, 21 (1902), 75。

④ Frederick Pollock, "James Bryce", *Quarterly Review*, 237 (April 1922), 403.

山保持着密切的联系,尽管有时登山运动容易引起人们的争议,但是他是登山活动中比较著名的倡导者之一。登山运动员克林顿·登特(Clinton Dent)曾是伯明顿丛书登山运动版第三版的重要负责人,而布莱斯也为该版面撰写了一篇文章。同时《国家》杂志中曾指出登山运动风险较大,令人很难接受,布莱斯直面这种非难,并捍卫登山运动。① 虽然这之后,布莱斯并没有尝试攀登特别具有挑战性的山峰,但是在他中老年时期,他攀登了一些不太难爬的山峰。1907 年,当他抵达华盛顿时,人们似乎就已经知道他是一名登山运动员了,当时有一幅漫画描述了想象中布莱斯大使和以擅长运动著称的总统西奥多·罗斯福之间相遇的情景。

H. A. L. 菲舍尔(H. A. L. Fisher)曾指出,布莱斯"走路速度极快"②。虽然人们都相信罗斯福见到布莱斯时,应该会赶得上他的步伐,但是对其他人来说,跟上他可能确实有些困难。弗雷德里克·波洛克(Frederick Pollock)发表的一则讣告中提到:"在布莱斯年事已高的时候,他也可以调整自己行走的速度,很多年轻的行人都很难跟上他的步伐。"下面的事件更能明显地说明这点。在担任大使期间,布莱斯曾"在新罕布什尔州山丘之间进行短途旅行,在那里度过了一到两个暑假,在短途旅行中,一位英国领事官员几乎精疲力尽"。③ 波洛克也是与那位领事官员进行确认之后才会这样评价的。其中一位领事官员尤斯塔斯·珀西(Eustace Percy)承认,"即使布莱斯七十五岁高龄时,攀登任何一座山峰时,速度也比我快,此外,他还能够在各处活跃,四处搜寻能够引起他注意的

---

① C. Dent (ed.), *Mountaineering*, 3rd edn (London, 1911); James Bryce, "The Deaths of Professors Balfour and Jevons", *Nation*, 35 (14 September 1882), 218.

② Fisher, *Bryce*, II, 310.

③ Pollock, "James Bryce", 402.

植物标本”；[1]而另一位像珀西一样的年轻官员回忆起布莱斯时说道：

> 直到布莱斯离开美国之前的最后一刻，他都一看到山就想爬，对于爬山这件事，他总是没什么时间概念，也不清楚自己在特定的时间内能做什么。很多时候，距晚宴开始只有两
> 295 小时了，而宾客都已经准备好过来参加晚宴了，可是他也会决定去爬山，而这通常至少需要四到五个小时，这一行为也让布莱斯太太十分绝望。[2]

行走，尤其是爬山，对布莱斯来说，有着非常重要的意义，这也是他自我存在感的核心。他喜欢行走，胜于任何其他形式的运动：旅行作家约翰·福斯特·弗雷泽（John Foster Fraser）回忆说，1915 年，“我与布莱斯勋爵曾经在蒙纳斯提尔（现突尼斯）附近的山区度过了两天的时光……当时，我骑马前行，而布莱斯勋爵坚持走路，只是因为他喜欢走路”。[3] 当他不能走路的时候，就会变得非常不高兴。1889 年 4 月，在特内里费岛就是这种情况，当时医生明确禁止他走路。他在给母亲的一封信中抱怨说，由于医生不许他走路，他变得十分消沉，甚至发现自己无法阅读或吸烟（这可能是除了行走之外，布莱斯最喜欢的两件事了）。戴西曾做过一个犬类的比喻，布莱斯也不知不觉地重复了这个比喻（人们不是把布莱斯比作山羊，就是把他比作各种各样的犬类，最多的是把他比作西部高地梗犬），他感叹说：“我已经忘记了我心中最古老的愿望之

---

① Eustace Percy, *Some Memories* (London, 1958), 24.

② Lord Howard of Penrith, *Theatre of Life*, 2 vols. (London, 1936), I, 122.

③ John Foster Fraser, "Peeps in Parliament", *Cheltenham Looker-On*, 11 December 1915.

一——登上特内里费山顶，只能用眼角的余光看看它，这一举动，正如凯瑟琳(布莱斯的姐姐)描述的，和开莫(布莱斯家的一只狗)望着草地上的草一样。"[①]

为什么行走对布莱斯如此重要呢？要想回答这个问题，比较容易的方式就是提出一些合理的解释。首先，尽管布莱斯所处的时代中，很多人是为了身体健康而行走或登山，但布莱斯并不是这么想的，斯蒂芬也不认同。对于布莱斯来说，行走和登山实际上都是为了满足心理上的需求。[②] 正如斯蒂芬在一篇名为《赞美散步》的散文中写道："真正的行走者是这样的，他们腿部强壮有力，然而他们更像是受到了内心的力量驱使，腿部的肌肉只是完成这些努力的辅助手段。"[③]事实上，对于布赖斯和斯蒂芬来说，如果仅为了强身健体而行走或登山的话，他们会非常反感。如果这样做的话，就恰是把徒步运动这种能够提升智力的活动看作是一种有勇无谋、似乎无需动脑的运动，比如著名的巴 296
克利队长(Captain Barclay, 1779—1854)开创的一些徒步运动，试图在指定的时间内走完几百英里，人为地设定了一些挑战的因素。[④]

布莱斯和斯蒂芬都坚决抵制任何将徒步和登山视为竞技体育的做法，但布莱斯比斯蒂芬更为坚决。斯蒂芬是在大学时就热衷划桨，并且是划船教练员。与斯芬不同，布莱斯鄙视维多利亚时期和爱德华时期在中上层阶级盛行的团体运动项目。在公立学校中，这些运动广受推崇，而且人们也一直认为这些运动项目能够展

---

① 布莱斯，1889 年 4 月 21 日写给母亲的信：Bryce papers, MS 416。

② Anne D. Wallace, *Walking, Literature, and English Culture: The Origins and Uses of Peripatetic in the Nineteenth Century* (Oxford, 1993), 195.

③ Leslie Stephen, "In Praise of Walking", *Monthly Review*, 4 (August 1901), 99.

④ Leslie Stephen, "Allardice, Robert Barclay [Captain Barclay] (1779 - 1854)", revised by Dennis Brailsford, *Oxford Dictionary of National Biography*.

现肌肉运动能力。[1] 布莱斯曾在苏格兰的学校上学，也曾在格拉斯哥大学和牛津大学就读，他并未参与划船、橄榄球和板球等体育项目，而在当时，这些运动项目都十分受欢迎，也是体现男子气概的方式。[2] 正如布莱斯在他后来的自传中指出的，这样并不合理，因为布莱斯"总是认为，学校里竞技体育运动过度发展，对男生也是一种引导，他们容易忽视博物学以及通过户外观察来提升能力，这实际上会对教育造成真正的伤害"。[3] 这也反映出布莱斯本人非常厌恶那种刻意地在河流中和运动场地里进行的饱含竞技性质的运动。因此，登山活动十分吸引人，其中的一部分原因是，登山的过程中需要克服许多挑战，而不是要去克服人为设定的一些阻碍。布莱斯曾是凯恩戈姆俱乐部（一个致力于登山的组织，布莱斯是该俱乐部创始人）的成员，俱乐部以阿伯丁为基地。布莱斯曾告诉俱乐部成员，当谈到攀登高峰时，"与对手一起奋力攀登的乐趣就在于……是想要一睹大自然的风采……我们要去超越的不是我们的竞争对手，而是大自然，但是对于我们中的一些人来说，这样去看待自然，我们的满足感并没有减少，反而增加了"。[4] 事实上，布莱斯觉得，在其他的竞技类运动项目中：

> 如划船和其他形式的项目中，人们野蛮地相互竞争，而
297 登山运动中则不存在任何庸俗化或残酷的行为，不会因为体育博彩而被腐化，而且也能够带给人们最好的陪伴——

① 参见 J. A. Mangan, *Athleticism in the Victorian and Edwardian Public School* (Cambridge, 1981)。

② Paul R. Deslandes, *Oxbridge Men: British Masculinity and the Undergraduate Experience, 1850－1920* (Bloomington, 2005).

③ Fisher, *Bryce*, I, 45.

④ James Bryce, "Some Stray Thoughts on Mountain-Climbing", *Cairngorm Club Journal*, 1 (July 1893), 1－2.

> 展示自然界最伟大、最鼓舞人心的场景——让人们去寻求成功，而不是去打败别人，或者是克服身体上的障碍而获得的成功。[①]

伴随着阿尔卑斯登山俱乐部和凯恩戈姆俱乐部等组织逐渐形成的良好风气，人们越来越能从登山运动中感受到相互协作的精神，这种"团结友爱，源于成员之间互帮互助，而且也加强了大家的凝聚力"，并且"与我们大多数时候在比赛中接触的竞争对手不一样，登山时这种感觉能够引起共鸣，触动心灵深处的情感"。[②]

布莱斯是一个善于交际的人，行走和登山对他而言都与友谊密切相关。他的许多朋友，如斯蒂芬、律师 C. P. 伊尔伯特(C. P. Ilbert)、哈罗公学校长爱德华·鲍恩(Edward Bowen，布莱斯称他为"行动力非凡的行走者……在他从事的活动中孜孜不倦")，都热衷于行走，也都是非常优秀的步行者。[③] 布莱斯在牛津大学读书时，经常与朋友一起散步，在散步的时候，他们也有机会进行一些交谈，时而深入，时而微妙，通过这些交谈，他在一生中都与这些朋友保持着联系。[④] 同样，在他晚年时，他在美国的许多朋友，也是通过行走来维系的，如历史学家约翰·富兰克林·詹姆森

---

① Bryce, "Deaths of Professors", 218.

② James Bryce, "An Address to the Alpine Club", *Alpine Journal*, 21 (1902), 8.

③ F. W. Maitland, *The Life and Letters of Leslie Stephen* (London, 1906), 95; James Bryce, *Studies in Contemporary Biography* (London, 1903), 355. 更多与鲍恩有关的信息，同样参见 George M. Trevelyan, "Walking", in *Clio: A Muse, and other Essays Literary and Pedestrian* (London, 1913), 67。

④ 例如，布莱斯 1859 年 1 月的日记中记录道，他"与戴西一同散步，并讨论了意大利的问题和布赖特的焦虑"(1 月 5 日)，并且他"与埃利斯在马格达伦城墙散步——讨论学院和大学的改革问题"(1 月 12 日)。Bryce papers, MS 334。

(John Franklin Jameson)就是一例。[①] 他很少在没有朋友陪伴的情况下进行严肃的探险活动。

298 当然，布莱斯非常重视登山过程中的同性社交，在这一点上，他并不孤单。尤其是通过登山运动，维多利亚时期和爱德华时期的男性摆脱了生活中较为"女性化"的惯例和女性陪伴的束缚，他们能够在逆境中加强男性之间粗犷的友谊。事实上，一些历史学家声称，在登山运动中，男性有机会展示帝国主义者的阳刚之气，从广泛意义上讲，征服高峰与英国开疆拓土的行动不谋而合。[②] 然而 19 世纪的英国登山运动员在多大程度上能够用这样的视角看待自己，则令人怀疑。一项对维多利亚时期的重要登山者塞西尔·斯林斯贝(Cecil Slingsby)的职业生涯进行的考察表明，激进的帝国主义动机不像一些学者指出的那么重要。[③] 在挪威时，由于斯林斯贝也爱好爬山，与布莱斯有着共同的爱好，因此结识了布莱斯(他们都是总部设在伦敦的挪威俱乐部的成员，布莱斯是这一俱乐部的主席)。斯林斯贝是保守党帝国主义政治家，但是他的登山活动与他的政治主张关系不大——甚至一点关系也没有，因为他沉浸于欣赏自然、风景和高山那种崇高的意境之中。虽然斯林斯贝非常享受登山过程中男性之间的友谊，但他并不认为登山只适合男性；在

① 布莱斯在担任大使期间认识了詹姆森，并经经常与他在华盛顿特区和周边地区一起散步。1913 年布莱斯离开之后，詹姆森很难过，在他写给布莱斯的信中，他说"因为你的离去，我感到非常难过。每次去大使馆的时候，我都会有一点痛苦，并且热切地希望能和你一起散步"。五年之后，他仍然回忆起"一战"前"与布莱斯散步时进行的谈话，对我来说，是非常愉快的交谈"。Jameson to Bryce, 2 October 1913, 6 February, 1918, in Leo F. Stock, "Some Bryce-Jameson Correspondence", *American Historical Review*, 50(2) (1945), 266, 274。

② 例如，参见 P. H. Hansen, "Albert Smith, the Alpine Club, and the Invention of Mountaineering in Mid-Victorian Britain", *Journal of British Studies*, 34(3) (1995), 300 - 24, esp. 303 - 4, 312, 322 - 3。

③ Paul Readman, "William Cecil Slingsby, Norway, and British Mountaineering, 1872 - 1914", *English Historical Review*, 129(540) (2014), 1098 - 128.

许多次探索中,他也和女性同行,并且他本人也支持女性登山。①

布莱斯与斯林斯贝的态度一致。尽管布莱斯属于自由党而非保守党派,但他也并不支持某个帝国或者是英国主宰世界。但是对于他来说,在登山这一喜好中,同行人之间的友谊远超过"征服"的意义。在布莱斯发表的有关登山的文章和私人信件中,他没有使用具有侵略性的男性帝国主义词语;实际上,他并没有吹嘘和炫耀自己取得的胜利,而是轻描淡写,通常都是把风险和困难一笔带过。② 他从来不使用类似于征服的字眼。他也很清楚,女性也可以从登山运动中获得乐趣。在布莱斯年轻的时候,就曾带他的妹妹凯瑟琳和玛丽去攀登困难重重的高山,他逐渐向她们灌输这种乐趣。1871 年暑假期间,在两个妹妹的陪同下,布莱斯、伊尔伯特和其他人来到瑞士(也正是在这次出行中,布莱斯和斯蒂芬登上了 299
施雷克峰)。在这段时间里,布莱斯给父母的信件中描述了两个妹妹参与到登山运动中的事情,处处洋溢着热情。③ 暑假刚开始的时候,布莱斯就告诉父亲,他的两个妹妹现在"徒步和登山方面的能力都比我们预期得要好很多",也教给她们一些与冰川和攀登有关的知识,并让她们学习快速滑步的动作;到最后,他开心地写道,两个妹妹完全能够乐在其中。④

---

① Paul Readman, "William Cecil Slingsby, Norway, and British Mountaineering, 1872 - 1914", *English Historical Review*, 129(540) (2014), 1098 - 128.

② 在他写给父亲的一封信中(1871 年 9 月 12 日),他叙述了登顶施雷克峰的经历。Bryce papers, MS 422。

③ 例如,参阅布莱斯 1871 年 8 月 22 日、27 日,1871 年 9 月 5 日、8 日(Bryce papers,MS 413)写给母亲的信;以及他,1871 年 8 月 28 日、9 月 3 日至 5 日(出处同上,MS 422)写给母亲的信。

④ 布莱斯在 1871 年 8 月 28 日、9 月 3 日至 5 日、10 月 7 日写给父亲的信。Bryce papers,MS 422。凯瑟琳似乎特别热情,她说服伊尔伯特和布莱斯带她参与一次难度较大的探险,这次登山探险超过五小时,而且大部分时间都在雪地和冰山中攀登:而她的"喜悦是无法言喻的",并且"她攀登得非常好"(布莱斯写给母亲的信,1871 年 9 月 14 日,出处同上,413)。

晚年的布莱斯也非常热衷于鼓励玛丽安·阿什顿（Marion Ashton）陪伴他到高山上散步和攀登（他与玛丽安于1889年结婚）——事实上，婚后玛丽安一直陪伴他去旅行。[①] 在蜜月旅行中，他们来到多洛米蒂山、奥地利的阿尔卑斯山和克恩顿州的山区（现在位于斯洛文尼亚），最终才抵达威尼斯这一传统的蜜月旅行目的地。[②] 可以推测，他们的蜜月旅行中，欣赏了许多山区的景色。从布莱斯的日记来看，只要时间允许，他们都会去游览一些条件比较苛刻的山区。布莱斯写道，玛丽安在攀登“陡峭的山坡”时非常熟练，并且在爬陡坡的时候也非常有胆量，因此他也非常欣慰。布莱斯赞许地写道“玛丽安步伐矫健”。[③]

布莱斯鼓励女性登山，其中一个原因是他曾在与大自然接触的时候体验过乐趣，他希望女性也能够体验到这种乐趣。布莱斯还是个小男孩的时候，就深深地体验到了这种乐趣：在牛津收藏的布莱斯的资料中，现存最早的一封布莱斯写给母亲的信中是这样开头的：“克莱德瀑布确实非常漂亮，水量非常大，那的景色非常好。”[④]在某种程度上，正如少年时期进行的观察一样简单，布莱斯
300 在欣赏大自然的景色中，感受到了喜悦，并且一直如此。他对步行和爬山产生兴趣，也是这个原因。他的信件、日志和出版的旅行作品中都记录了迷人的风景，从山顶俯瞰山下的景色非常壮观，通常会引起人们的关注。事实上，布莱斯非常重视欣赏风景的视野，因此他不仅喜欢走路，而且也热衷于爬上顶峰。1870年，当布莱斯第一次来到美国时，他来到位于新罕布什尔州的怀特山，计划徒步爬上5 000英尺高的拉法耶特山，这样可以从山顶欣赏日落余晖

---

① A. L. Mumm, *The Alpine Club Register 1877－1890* (London, 1928), 45.
② Bryce, Diary, 1889: Bryce papers, MS 335.
③ 出处同上。8月16日、17日、19日日记记录。
④ 未标日期：Bryce papers, MS 411。

洒满新英格兰的风景。能够有这样的视野观赏景色，他非常愉悦，正因为有这样的景色，尽管回程的路上披星戴月，路途艰险，他仍乐此不疲。[1] 相比之下，五年之后，当布莱斯来到比怀特山高很多的亚拉腊山时，他对那里的景色感到十分失望。尽管那里视野开阔，并且“宏伟壮观”，但海拔太高，“风景就略显逊色”，下面的景观略显模糊，因此显得十分“严肃、乏味且单调”。[2]

布莱斯对亚拉腊山的评价不高，说明他欣赏自然美景的时候，是从审美的角度来做出判断：并非所有的自然景观都具有同样的美感，甚至高山景观也是如此。在这方面，布莱斯的审美模式十分鲜明，一直沿袭着维多利亚时期盛行的视觉感受力的主流审美观。这种审美观不断巩固，并继续影响着 18 世纪末崭露头角的独特风格。与这种视觉感受力的审美观相一致，布莱斯珍视形式和色彩具备的多样性和不规则性，并在线条的单调和平坦中寻求这种特质。他十分迷恋岩石山顶峰及其毗邻山谷所呈现出的对比，他认为欧洲的山脉，如阿尔卑斯山脉和多洛米蒂山脉就有这样的特点，这些山脉中“高高的白云岩墙壁……以及树木与草地”相互并列着。在他 1889 年蜜月旅行中，他为这些景观而感到震撼。[3] 他发现，并不是每处山峰都能看到这种强烈的对比。1911 年，当他访问南美洲时，他发现，尽管安第斯山脉的规模“令人敬畏”，然而至少在近处的营地，从登山者的角度来看——安第斯山脉似乎“堆满 301
了碎石，石块或灰烬，杂乱丑陋”。只有远远地眺望山脉时，才能看

① Edmund Ions, *James Bryce and American Democracy 1870 - 1922* (London, 1968), 54 - 5.

② James Bryce, “On Armenia and Mount Ararat”, *Proceedings of the Royal Geographical Society*, 22 (3) (1877 - 8), 169 - 86, at 183; James Bryce, *Transcaucasia and Ararat*, 2nd edn (London, 1877), 279 - 84, at 279, 284.

③ Bryce, Diary, 1889, Bryce papers, MS 335 (7, 10 August 1889). 有关瑞士提供的阿尔卑斯风景早期观察对比图，参见 1868 年 8 月 29 日、1871 年 9 月 8 日布莱斯写给母亲的信(出处同上，MSS 412,413)。

到山上“各种各样的位置和形式之间形成的对比”。[①] 他对南非的山峰也有着相似的看法,1895 年他访问南非之后,指出:

> 人们想要登上欧洲那一座座风景如画的山峰,然而人们却并没有登上南非的山上看一看,因为人们知道,在那里,山间十分灼热,没有一丝青翠,岩石峭壁之下,也没有泉水喷涌出来。尽管南非的山峰非常美丽,却桀骜不驯;它们冷漠严肃;处处展示着大自然的冷酷、严峻和高傲。[②]

对于布莱斯来说,只有高山柔美的景色能够抵消掉那严酷冷峻的外表时,高山才变得引人入胜,这时山区的风景才是“巧妙地结合了多种美感或壮丽的景象,这才能够形成完美的风景”。[③] 1893 年,布莱斯告诉凯恩戈姆俱乐部的成员:“当置身于起风的山顶之上,看到眼前的严峻和贫瘠之地与远处山下的平原之间形成了鲜明的对比。身在其中,千头万绪,除此之外,眼中再无其他景色。”[④]这些描述反映了布莱斯对行走的热情。斯林斯贝乐于探索未知的事物,而布莱斯则不同(晚年时,由于他的地位和公众形象突出而成为皇家地理学会的一员,直到这时他才为探索未知的事物所吸引)。[⑤] 即使在一些人迹罕至的山间荒地上度过几个月、几个星期,甚至几个夜晚,他对这些地方也不感兴趣。但有时他会被一天内就完成的短途旅行所吸引,旅行中会住在在舒适的酒店或

---

① James Bryce, *South America* (London, 1912), 273, 276.

② James Bryce, *Impressions of South Africa* (London, 1897), 314.

③ James Bryce, “Mountaineering in Far-Away Countries”, in Dent (ed.), *Mountaineering*, 325.

④ Bryce, “Stray Thoughts”, 4.

⑤ 1917 年,布莱斯被任命为皇家地理学会的荣誉会员。Mumm, *Alpine Club Register*, 40。

牧人小木屋中。在一次短途旅游中，要想拥有这样的经历，同时能够欣赏到壮丽景观和青翠的山谷的话，只有在山峰规模不大，不需要长途跋涉去攀登顶峰时，才能够实现——比如攀登阿尔卑斯山或苏格兰高地。事实上，尽管布莱斯在全球各地旅行，但他仍然坚信欧洲的山景是最美丽的。他承认，喜马拉雅山可能更 302
为雄伟，但在阿尔卑斯山散步和攀登，更能拥有一种审美的享受：阿尔卑斯山“规模适中，能够在山中的每片草地和树木中发现美景”，它并不是以“规模”取胜，而是拥有着“多样的形式和色彩，造就了山之美景”。①

布莱斯能够非常敏锐地感受到美景，这并不是因为他曾接触过许多艺术和文学形式，他所有的审美的敏感度主要是受到了主流文化品位的影响。和他有着相同背景的同一代人都熟悉拉斯金、华兹华斯等鉴赏能力较高的作家和艺术家的作品。但布莱斯并不具备艺术气质。与其他一些登山运动员不同的是——当然也包括斯林斯贝——布莱斯不会画画，而且他似乎对富有想象力的文学创作也不太感兴趣(冰岛传奇故事和古希腊神话除外)。② 在智识上，布莱斯是一个经验主义者，他倾向于收集事实，并且谨慎地使用菲舍尔所谓的“有智慧的观察”能力。③ 也许，正是这种敏锐的感观知觉最为重要，决定了布莱斯观察景观和大自然的视角。这一点最充分的体现就是 1878 年，布莱斯与斯蒂芬一起到中欧的森林中旅行时的反应。英国多数地方都是沉闷而单调的针叶林景观，而此次旅行中，他们来到了塔特拉山。布莱斯在山上散步时，为山上的林地所着迷，只有在此处漫步，并且近看，才

---

① James Bryce, “Types of Mountain Scenery”, *Cairngorm Club Journal*, 3 (July 1900), 134, 137.

② Fisher, *Bryce*, I, 18, 145, 189.

③ 出处同上，119 ff。

能够发现其魅力：

> 从远处看，毫无疑问，针叶林并不美丽。虽然也许在这黑暗的单调中，针叶林会比色彩更为多变的落叶林更为朴素，但当人们在这些松树和冷杉木林中漫步时，就再也想象不出更可爱的事物了……漫步其中，丝毫不会感到厌倦，因为每走一步都会遇见全新的景色。尽管美好的事物都有相似，但是美景的表现形式太多，而这些美景组合在一起又绘制出千变万化的景象。①

303　因此，通过行走，布莱斯能够亲近大自然，仔细观察大自然。通过这种方式，他也能够欣赏他所珍视的各种美景，无论是大范围的景观，还是小的动植物，他都能够发现其中的美景。他沉浸于塔特拉山中茂密的森林里，他惊喜地发现石头缝中和倒下的树干里"密密麻麻地布满了闪亮的苔藓和地衣"，他还发现了如龙胆石的花朵，还有大量的野草莓和越橘。②

布莱斯能够被大自然中这些细节吸引，也反映出父亲老詹姆斯·布莱斯和他的叔叔威廉·布莱斯对他的培养和教育。两人都是热情洋溢的业余科学家，他们曾经在苏格兰和爱尔兰山间长距离漫步，在这个过程中，小布莱斯对地质学和植物学产生了浓厚的兴趣，同时也养成了细致观察的习惯。③ 他的父亲对他产生了尤其重要的影响。他的父亲是一位有成就的地质学家，和许多18世纪、19世纪的苏格兰自然科学家一样，他把对登山的热爱与学术

---

① James Bryce, "The Tátra, 2, The Mountains of Hungary", in Bryce, *Memories of Travel* (London, 1923), 109 - 14, at 112, 114.

② 出处同上，112 - 113。

③ 出处同上，E. M. Bryce 所作序言，vii。

研究结合起来(毕竟,地质学研究需要徒步完成许多实地考察)。[1] 1859 年,老詹姆斯曾写过一部有关阿伦岛和克莱德斯代尔地区的地质学书籍。在这本书中,小布莱斯完成了其中与植物学有关的一章,这也是他第一部出版的作品,在这一章里也能够体现出他对登山运动的热爱与学术研究的结合。[2] 在描述步行游览方式的过程中,小布莱斯巧妙地将科学考察的目的和欣赏山地景观的乐趣融为一体,书中一方面介绍了学术中的地质学评论,另一方面也热情地赞美了岛上的风景(如登上阿伦岛的最高峰戈特山山顶,那里景色壮丽,布莱斯特别赞美了这座山峰)。[3]

由于布莱斯一直受到他的父亲和叔叔的栽培,他一生都对地质学和植物学十分感兴趣,而这种兴趣与他的散步活动密不可分。他的朋友、阿尔卑斯登山俱乐部的伙伴道格拉斯·弗雷什菲尔德(Douglas Freshfield)回忆道:“当他在位于萨塞克斯郡的家附近散步时,他经常会突然停下来去观察一些不起眼的花朵,这些花朵似乎离开了它们北方的生长环境(萨塞克斯郡位于英国南部)。”[4]在他进行的一些更加大胆的旅行中,他经常会注意到所到之处的地质学和植物学特点。1875 年,布莱斯来到西班牙和葡萄牙考察,详细地记录了考察期间进行的地质观测。[5] 事实上,即使在非常 304
严肃的登山冒险中,布莱斯也会抽时间进行科学观察。在靠近亚拉腊山顶峰的时候,他闻到一股“强烈的硫磺气味”并发现“地上有

① D. B. Horn, “Natural Philosophy and Mountaineering in Scotland, 1750 - 1850”, *Scottish Studies*, 7 (1963), 1 - 17.

② James Bryce, “The Flora of Arran”, in J. Bryce [the elder], *The Geology of Arran* [1859], 4th edn (Glasgow, 1872), 228 - 51.

③ 出处同上,尤指 50 页,58—59 页,84—92 页。

④ D. W. Freshfield, “Obituary: Viscount Bryce, O. M., F. R. S., etc., etc., etc.”, *Geographical Journal*, 59(4) (April 1922), 317.

⑤ Bryce, Diary, 1875: Bryce papers, MS 340.

一团白色和红黄色的风化物”。他回忆说，尽管感到十分疲倦，而且孤身一人，还有可能会陷入非常危险的模糊状态，但是他还是停下来调查个究竟：“真令人开心，这些物质属于火山岩，”他回忆当时的情景，“于是我开始寻找一些火山喷发的痕迹。”然而他并没找到火山喷发的迹象，但是他能够得出结论——因为他曾在冰岛的赫克拉山上也观察到类似的现象——这种气味和物质的颜色是富铁岩石的自然衰变造成的。[①]

二

对于布莱斯来说，行走也具有教育意义。通过行走，能够近距离观察大自然，而且也丰富了人们的知识和理解。这种观点也说明他非常重视观察的教育意义。布莱斯一生都在参与教育改革，服务于英国学校体系的调查委员会，并积极主张改进。[②]在他的著作和演讲中，他强调了通过观察学习的重要性。例如，1892 年 12 月，他告诉伦敦公立小学校长协会：“无论地理老师、历史老师还是基础政治老师都应该铭记关于视觉和听觉的古老的准则。个人所做的哪怕一丁点儿的观察都抵得过从书中获得的大量事实。”[③]尤其是，通过地理学，布莱斯在观察艺术中找到了一种“有用的培训方法”——只要将这一学科作为一种实用的、基于实地考察工作的学科来教授。正如布莱斯 1902 年指出的：

---

① Bryce, *Transcaucasia*, 274 - 5.

② 参见 Gary McCulloch, "Sensing the Realities of English Middle-Class Education: James Bryce and the Schools Inquiry Commission, 1865 - 1868", *History of Education*, 40(5) (2011), 599 - 613.

③ James Bryce, "The Teaching of Civic Duty", *Contemporary Review*, 64 (1893), 19 - 20.

> 所有有能力的地理教师都已经开始意识到，他们应该首先教授学生直接的个人知识和经验，而不仅仅是书本中对地理学术语的解释或者是自然地理学的一些基本数据。他们应该把学生带到自己居住的地方四处转转；如果足够幸运 305
> 的话，他们生活的地方周围有山，那应该把他们带到山区去看一看，让他们观察一下岩石的组成成分；应该教他们观察河流和溪流的流向；应该引导他们研究山脉的走向、地势起伏的区域结构和特征，或者是高原或河滩平原的结构和特征；应该教导他们观察特定种类土壤相关的树木和植物，或裸露在外的地表；并且要保证这位学者精力充沛，记忆清晰，以观察大风和降雨，并获得他所居住地区的气候知识。①

布莱斯非常重视通过徒步观察来进行学习，并且确实对政策产生了影响。在 19 世纪 80 年代中期布莱斯当选议会议员时，他深信，对普通人来说，想要从自然界获得“直接个人经验”的机会越来越少了。当时大多数英国人都在城镇和城市中生活；他认为，由于自私的地主封锁了社区，阻断了人行小径，以保护野生动物为借口而禁止公众进入山区和荒野地区，因此人们更难直接地享受自然的美景。布莱斯发现了这些罪恶的行径，因此他参与到“公众保护协会”之中，之后又参加了“国民托管组织”。更具体地说，他的观察发现激发他采取行动，推动行人进入苏格兰高地的山地景观运动。为了将公共权利合法化，1884 年，布莱斯提出了《通往山区(苏格兰)法案》。直到 20 世纪，布

① James Bryce, “The Importance of Geography in Education. I”, *Journal of Geography*, 1 (1902), 145, 148.

莱斯一直通过这样的方式反复（虽然没有成功）敦促议会采取行动，这反映出他强调将行走作为享受和了解自然的一种手段。立法提案的措辞中已经表明了这一点，其中强调法案的目的是保证人们可以免费进入“苏格兰未开垦的荒山或沼泽”进行“娱乐活动和科学研究”。[①]

306 这种对自我提升与享乐相结合的强调，与布莱斯个人的出发点一致，恰巧也与他的政治思想一致。鼓励开展“理性的休闲娱乐活动”与维多利亚自由主义的主流密切相关。在这一活动中，首先引入银行假日，同时支持改善公众进入博物馆、图书馆和艺术画廊的渠道，当然还有保留开放空间和人行道的运动。[②]但是在布莱斯开展的运动中，也能明显地体现出自由主义，也许最明显的就是他强调在开放高地上漫步而获得的个人自由感。正如1892年布莱斯在下议院推动通过进入山区的决议时所说：

> 我们绝不满足于局限在山中心的一条特定的小路上。例如，如果我想去山顶，看到远处的峭壁悬出海湾。要到达海湾需要途经一片森林，而这片森林不在小路的范围内，但是不能凭这样的理由就阻止我去到海湾。要是不能去海湾的话，那欣赏美景过程中欢乐和自由的感觉就要大打折扣了。[③]

他的支持者同意这种观点。自由党的发声平台《每日新闻》指

---

① Access to Mountains (Scotland) Bill, 47 Vict. 122.

② 参见 M. J. D. Roberts, “Gladstonian Liberalism and Environment Protection, 1865 - 76”, *English Historical Review*, 128(531) (2013), 292 - 322。

③ *Hansard's Parliamentary Debates*, 4th ser. 2 (4 March 1892), col. 101.

出:“山这个字本身就充满着自由的气息”;然而布莱斯收到大量关于这个问题的投诉信,指责高地地区是“专制的铁腕”和“自由的欲望”。[①] 例如,当詹姆斯·哈特(James Hart)给布莱斯写信介绍他在阿盖尔郡的达农度假的经历时,他指出,在山区行走的时候,不用走太远,就能看到警示人们禁止进入的公告。“当我走得比较远,想要享受前方的美景时,我就不得不往回走了。即使没有被禁止向前,也会感觉到很不愉快,因为我无法自由由地享受山间空气,也无法从视野较好的高处欣赏我们亲爱的祖国。”[②]另一封信的作者,在信中讲述了一名牛津大学学生的例子,这位年轻 307
人由于受到了傲慢的对待,十分愤怒,因此“拒绝再向更远的地方攀登”。[③]

限制人们进入高地地区也是最近才出现的;在 19 世纪初,在高地地区进行捕鹿才逐渐在上层社会兴起。而问题越来越严重:正如 1892 年布莱斯向议会指出的那样,1884 年,已经有 200 万英亩的土地被划归为鹿场,而自从那以后,又逐渐增加了 386 000 多英亩。[④] 对于像布莱斯这样的自由主义者来说,他们根本无法忍受将大片的乡野土地划归为猎场的决定,因为这不仅冒犯了英国人与生俱来的自由权利,也是对自由主义信奉的爱国主义思想的一种侮辱。这种行为暗示着向封建奴役的倒退,而不是在进步。[⑤] 在这样一个时代里,人们普遍认为社会是向着更具代表性甚至是民主的政府(根据 1884 年的《第三改革法》,大约三分之二的成年

① William Fisher to Bryce, 29 1884; James Hart to Bryce, 29 February 1884. Bryce papers, MS 169.

② James Hart to Bryce, 29 February 1884. Bryce papers, MS 169.

③ James Martineau to Bryce, 16 February 1884, Bryce papers, MS 169.

④ *Hansard's Parliamentary Debates*, 4th ser. 2 (4 March 1892), cols. 93 - 4.

⑤ James Bryce, "National Parks — The Need of the Future", in Bryce, *University and Historical Addresses* (London, 1913), 394 - 5.

男子获得议会表决权）推进，而这样的行为似乎是一种有害的历史倒置。更具体地说，在民主越来越普及的背景下，人们越来越认识到国家的土地不应被用于满足一己私利，上述做法与这种越来越具有影响力的认识背道而驰。

这种观点促进了各种形式的土地改革项目，①但也更广泛地影响了土地利用方面的观点，而且显然在很大程度上影响到进入山区的辩论。从法律公理的角度来看，不动产与其他财产形式不同，因为不动产是以有利于公共利益的方式（例如通过开垦土地）使用的，布莱斯和他的支持者认为把现在居住在城市中的居民排斥在高地之外损害了公众利益。布莱斯告诉议会："我们不能无限制和不合理地使用土地这种不动产，土地是我们赖以生存所必需的资源。有了土地，我们才能够生存，并且可以以各种方式享用土地。"在 19 世纪后工业现代化的背景下，使用土地的方式包括"不知疲倦地"从大自然获取无尽的"享受和快乐"，这些做法大大弥补了拥挤的城镇和城市里"单调乏味的日常生活"。布莱斯认为"时
308 机到了"。"我们必须要坚持我们认为的国家最高权利的时机到了"，我们要"宣布人民享有权利，而且也应该拥有自由地穿越祖国的山岭和峡谷的权力"。②

英国人民进入山区的权利应被视为"国家最宝贵的遗产之一"。而布莱斯认为应该从更广泛的角度上获得美景，这也表明他支持保护人行小径的运动，因此这两者不谋而合。同时参加公众保护协会和国民托管组织，也能体现他的这种观点，这两个组织都饱含着爱国主义热情，尽管两个组织以不同的方式维护了国家自

---

① Paul Readman, *Land and Nation in England: Patriotism, National Identity and the Politics of Land, 1880 - 1914* (Woodbridge, 2008), esp. ch. 5.

② *Hansard's Parliamentary Debates*, 4th ser. 2 (4 March 1892), cols. 99, 103.

然和历史景观中的民众利益。[1] 在这些活动中,布莱斯受到了他个人经验的影响。特别是他有登山的经历,因此他特别注意保护大自然的山地风景区。正如他对阿尔卑斯登山俱乐部所说的那样,他从攀登中获得的乐趣在很大程度上是“与自然亲近,来到受人类入侵破坏最少的地区”。“对于我们中的许多人来说,”他继续说道,“这种被荒凉和孤独包围的感觉,以及在人类还未大规模地侵入并抹去原始的特质之前,那种原始朴素的土地的感觉,是高山中最极致的欢乐和最令人神往的魅力。”[2]因此,当山地的景观遭受破坏威胁时,他感到非常惋惜。

与其他保护主义者一样,布莱斯也十分关注铁路。布莱斯喜欢乘坐火车旅行,也并不反对修建铁路,他承认铁路“并不总是在破坏风景”,在有些地方甚至还有助于提升景区的美感,这也是一个益处。[3] 但是他反对在一些自然美景很好但却没有迫切需要的地方修建铁路。“除了一些必须对自然做出的改变外,让我们不要再破坏大自然了!”[4]因此,当听说有人建议在威尔士 309
最高峰斯诺登峰山顶建造铁路时,布莱斯感到非常震惊。[5] 然而,最终这里还是修建了一条铁路。随着工程不断地推进,布莱

① Melanie Hall, “The Politics of Collecting: The Early Aspirations of the National Trust, 1883 - 1913”, Transactions of the Royal Historical Society, 6th ser., vol. 13 (2003), 345 - 58, at 350 - 2. 同样参见 Bryce, “National Parks”, 389 - 406; James Bryce, “The Tercentenary of the Discovery of Lake Champlain”, in Bryce, University and Historical Addresses, 276 - 7.一般来说,保守主义者的爱国主义,可参见 Paul Readman, “Preserving the English Landscape *c*. 1870 - 1914”, *Cultural and Social History*, 5(2) (2008), 197 - 218; Paul Readman, “Landscape Preservation, ‘Advertising Disfigurement’, and English National Identity, *c*. 1890 - 1914”, *Rural History*, 12(1) (2001), 61 - 83。

② Bryce, “Address to the Alpine Club”, 8 - 9.

③ James Bryce, “The Preservation of Natural Scenery”, *Cairngorm Club Journal*, 2 (July 1897), 131 - 4.

④ Bryce, “Address to the Alpine Club”, 9.

⑤ Bryce, “Preservation of Natural Scenery”, 130 - 1.

斯和他的保守主义盟友在其他的地方取得了更大的进展。例如，19 世纪 80 年代，有关在湖区修建铁路的提议并没有通过，其中，布莱斯积极参与到反对 1887 年《安布尔塞尔铁路法案》的议会会议中。①

布莱斯当然知道，坐在火车上可以看到美丽的山景。但是他曾徒步欣赏这些美景，因此他也坚信，坐火车来欣赏美景似乎不太合适，因为速度过快不利于仔细观察。布莱斯认为，支持修建铁路的人们通常都没有考虑到这一点，因为他们中大多数人没有在大自然中漫步的经历。1897 年，布莱斯反对在斯特拉森山谷顶部修建路线的提议，他与一位提议修建铁路的人进行了一次谈话，而后者并没有理会他的反对意见。他告诉布莱斯，在高地景点奇里克朗基山口修建的新铁路并没有破坏山间的风景。② 然而，布莱斯在凯恩戈姆俱乐部谈到这次对话时，他解释，在铁路修建之前，与他谈话的人并没有徒步走访过奇里克朗基山：

> 自铁路建成以来，他（布莱斯）两次徒步穿越了奇里克朗基山，这里再也不是从前的样子了。他知道高原铁路公司为了让乘客有机会看到风景，甚至在列车两端都设计了双层玻璃的车厢。但是，那些坐在车厢里的乘客能够快速地瞥见加里地区的秋天，但是却没有真正地看清楚奇里克朗基山口，仍

---

① *Hansard's Parliamentary Debates*, 3rd ser. 310 (17 February 1892), cols. 1728－36. 布莱斯也强烈反对铁路对低纬度地区构成的威胁。1883 年，他成功地移除了一项对《大东部地区铁路法案》（高海滩延长线）的修正案，该修正案将要在伦敦东北边缘修建一条铁路，穿过埃平森林。而这条线路正是伦敦穷人在周日和假日最喜欢游览的地区。植物学家和其他业余的自然主义者也非常喜欢这条路线。拟定修建的铁路不会大幅度地修改路线：正如布莱斯所指出的那样，火车站离森林非常近，距离森林不超过两英里：出处同上，3rd ser. (12 March 1883), cols. 162－6。

② James Bryce, "The Protection of Beautiful Places", *Speaker*, 22 May 1897, 568－9.

> 然不清楚这儿原来的景色是怎样的。[①]

正如布莱斯在另外一个场合所说的那样:“在行走中才能看到 310
最好的风景,人们随时可以停下来观赏某个特别的景致。”[②]火车以及随后到来的汽车不允许“充分享受浪漫的景致……尤其是像欧洲山峰一样精致小巧的美景。”[③]

对于布莱斯来说,行走益处多多,因为在行走中,可以充分观察没有受到破坏的大自然;而至少在观察自然风光方面,乘坐火车就大打折扣了,因为通过乘坐火车会限制观赏,同时修建铁路也破坏了自然风光。通过这点,我们又回来探讨布莱斯的知识构成对观察的重要性。认识他的人都非常清楚,布莱斯的知识构成非常重要。哈佛大学校长查尔斯·艾略特(Charles Eliot)回忆说,布莱斯

> 拥有极强的观察力,并且自然而然地运用这种观察力,能够从观察中获得极大的喜悦……我记得我们第一次一起在沙漠山岛上散步的情形。他来到我家,我们开始在林道中漫步。布莱斯仔细观察路上的每一样东西,各种树木、灌木和蕨类植物。突然间,他看到一片茂盛的名为林奈花或双生花的芳香植物,这种植物有着美丽的树叶,开着钟形的花朵,令人愉快喜悦。现在花儿正在盛开。林奈花深深地吸引着布莱斯,他停下了脚步;他感到无比喜悦,他虽然听说过这种低矮的亚北极植物,但却很少能亲眼看到。[④]

---

① Bryce, “Preservation of Natural Scenery”, 134 - 5.

② Bryce, “National Parks”, 399.

③ 出处同上,400。

④ “February Meeting”, *Proceedings of the Massachusetts Historical Society*, 3rd ser. 55 (1921 - 2), 201 - 23, at 202.

正如艾略特所指出的，从更广泛的意义上来说，布莱斯强大的观察力是他认知过程的一个特征。他能够精准地描述事物，这在他的作品中表现得尤其突出。他的观察力一方面来自书本的学习，另一方面，他的父亲和叔叔对他的言传身教以及他之后经常在大自然中漫步都有助于提升他这种能力。[①]

布莱斯的观察才能在他的著作《美利坚共和国》中发挥得淋漓尽致，这本书中对美国宪政结构和政治实践进行了详细的描述，涵盖了美国的每一个州。[②] 在写这本书的过程中，布莱斯多次提到
311 他在北美旅行的个人经历，可以说他自己的记录对于他的研究来说，比书中的其他部分都更重要。事实上，根据他的一位美国朋友的说法："几年前，布莱斯告诉我说，他写的《美利坚共和国》一书中，有六分之五的材料都来自他的观察、印象和谈话；只有剩下的六分之一来自印刷材料。"[③]而他的另一位美国朋友，著名的历史学家劳伦斯·洛厄尔（A. Lawrence Lowell）记得，虽然布莱斯从阅读中获得了许多材料，"但是他也从个人的观察和直觉中获取了许多信息，他总是密切地关注周围的一切"。[④]

当然，《美利坚共和国》这本书也包括对当时情况的阐述。但是布莱斯也是一位历史学家，他对历史的态度也同样受到观察的影响。在一个层面上，这是一个认知视角的问题。布莱斯认为，"历史学家的真正的资质"是"能够像审视历史一样看待当下，并且能够把当下的一切看作历史"。那么好的历史学家就有能力公正且清晰地洞察一切，这也是在一段较长时间内对人类经验进行研

---

① "February Meeting", *Proceedings of the Massachusetts Historical Society*, 3rd ser. 55 (1921 - 2), 201 - 23, at 201。

② James Bryce, *The American Commonwealth*, 3 vols. (London, 1888).

③ "February Meeting", 212.

④ 出处同上，209。

究,就像是"通过漫长的远景观察,从近处清楚地看到树木,并看到在远景的尽头,树木渐渐变小,慢慢地只能看到轮廓,看不到小树枝"。[①] 布莱斯认为,伟大的历史学家阿克顿勋爵就拥有这种精神品质,布莱斯回忆道,"在阿克顿位于戛纳的图书馆中",

> 阿克顿向我阐述他认为应该如何撰写自由主义的历史……他只讲了六七分钟,但是他所讲的一切就像神来之笔,高屋建瓴,他仿佛站在山顶,看到山下人类进步的蜿蜒曲折的小路,一端连接着史前朦胧昏暗的海滨,另一端则通向现代更充实而又断断续续的光芒。他的口才极佳,但是比口才更精彩的是他深邃的洞察力……就好像所有历史的景观突然间被一阵阳光照亮了。[②]

布莱斯这里的描述发人深省,将这位大师级历史学家描述成 312
一名登山者,用他深邃的目光观察山顶的风景。这样的比喻既有智慧,又有意义。但是,他认为最好的历史所具有的观察的敏锐性不仅仅是一种智力的方法,还包括采用一种将过去"视觉化"的模式或者用"精神上的"时间观念来回顾历史。布莱斯还认为在某种意义上,历史也包括他从行走经验中直接获得的经验。不应该简单地坐在图书馆里生产历史(布莱斯的主要历史著作都不是依赖详细的档案研究);[③]从自然环境中可以学到很多东西。简而言之,历史学家也需要成为一名地理学家。[④] 布莱斯相信地理学"对

---

① *Address by the Right Hon. James Bryce on the Teaching of History in Schools* (Historical Association leaflet no. 4, 1907), 4, 7.

② Fisher, *Bryce*, I, 336 - 7.

③ Keith Robbins, "History and Politics: The Career of James Bryce", *Journal of Contemporary History*, 7(3) (1972), 37 - 52, at 40.

④ "我们现在都同意,地理学是历史学的基础,而且历史学家必须了解地理学。" James Bryce, "The Importance of Geography in Education. II", *Journal of Geography*, 1 (1902), 207。

历史学起着重要的作用”，通过学习地理学，学生能够凭感性的印象从周围的物质世界获得“直观的个人的知识”，而不仅仅是获得“书本知识”。通过“观察”这门技艺，地理学能够训练和培养学生的这种能力。[①]

由于布莱斯有着丰富的旅行经历，因此他能够认识到地理学对历史学的重要性。他喜欢徒步探索战场旧址，他认为这样做能够帮助他理解军事历史和整个历史的发展。在这一点上，他也受到了另一位步行的朋友爱德华·鲍恩的影响，在他的陪同下，1871年，布莱斯参观了法国的战场。[②]（鲍恩十分热衷于探索战场，他的热情还影响了年轻的 G. M. 特里维廉[G. M. Trevelyan]，他是鲍恩在哈罗公学的一名学生，也是布莱斯的朋友 G. O. 特里维廉[G. O. Trevelyan]爵士的儿子。[③]）之后几年，他们又几次进行过此类旅行，比较出名的是 1884 年的阿尔卑斯山之行，布莱斯和鲍恩重走了俄罗斯苏沃洛夫将军 1799 年反对法国的运动时走过的道路。这次旅途涉及很多艰难的路段，还需要穿过险峻的山口（如潘尼克斯山隘），针对这次探险，布莱斯感慨道：“在这一时期，普
313 通史学家几乎没有记载这些精彩的行军事件。”[④]这种遗忘在现代历史中比较常见。布莱斯也建议其他时期的历史学家到山上看看，1886 年，他在《当代评论》中的一篇文章中写道：

> 对于地理学会或阿尔卑斯登山俱乐部的成员来说，没什

---

① Bryce, “Importance of Geography, I”, 145, 148.

② Fisher, *Bryce*, I, 138.

③ Bryce, *Studies*, 355. 对于乔治·M. 特里维森来说，行走在战场上能够教会历史学家意外事件的重要性。“很偶然的机遇，这片场地在众多场地中脱颖而出，被选为战场，这里低矮的墙壁，坡度较缓的草地，风车，农场或零散分布的树篱，这里曾改变战争的大潮，决定了国家和信仰的命运。”Trevelyan, *Clio*, *A Muse*, 27。

④ James Bryce, “Suvaroff's [Suvorov's] Alpine Campaign” (1884), in Bryce, *Memories of Travel*, 141 - 65, at 161.

么比探索阿尔卑斯山的历史更有趣了，可以探索在黑暗的中世纪用什么样的方法能够穿过这座大山的障碍，也可以了解德国或法国进军意大利最常走的路线。①

此外，布莱斯认为地形观察甚至可以协助古代文明的历史学家进行研究。在同一篇文章中，他论证了帕纳塞斯山和阿波罗崇拜对古典希腊文化的重要性，他认为只有通过徒步观察才能真正了解这一重要性。布莱斯指出，从个人经验来看，从希腊东部和中部的所有高地都可以看到帕纳塞斯山，从视觉上看，这座山无处不在，这种特征——只有在布莱斯切实地行走考察之后才发现了这一特征——这一发现与从图书馆里搜寻出来的资料一样地重要：

阿波罗的存在多大程度上是可见的必然会影响对他的崇拜，以及爱奥尼亚种族与阿波罗所有的联系。当你真的能够走出家门，亲自来到雅典卫城的顶端，或者驶向邻近的港口，看到这座帕纳塞斯山时，你就一定会发现，两座山峰之下的裂缝处正是神谕之地和光明之主的神圣之家。然后你就会意识到阿波罗和他所在之处在多大程度上成为希腊历史中的一个鲜活的因素，但是如果不知道帕纳塞斯山几乎能够看到希腊所有的地方的话，你是不可能了解到上述这一切的。②

布莱斯从这样的角度理解历史学和地理学，因此他在研究历史学时借鉴了一种“自然科学”的方法。在 19 世纪和 20 世纪之交，他热情洋溢地为 H. F. 赫尔墨特(H. F. Helmolt)的多卷《通 314

① James Bryce, "The Relations of History and Geography", *Contemporary Review*, 49 (1886), 430.

② 出处同上，434－436。

史》英文版作了导言，试图通过“人与自然环境的关系”来描绘史前时代的人类历史。[①] 与赫尔墨特（以及预料中的布罗代尔）一样，布莱斯深信“作为一个历史因素，环境具有的极端重要性”。[②] 由于这一点，他更坚信，历史学家应该关注地理学，并且历史学家应该敏锐地观察大自然——这是布莱斯通过行走和登山的方式才得出的结论。布莱斯认为，如果说现代人和他们的祖辈有什么区别的话，那就是现代人需要比先人更深入地了解自然，因为现在人们从自然中索取得更多——比如推动工业化需要煤炭。“对现代人来说，研究大自然至关重要，而且比以往任何时候都更为重要”，布莱斯在介绍赫尔墨特的书时指出，“现代人类的生活和国家都受到大自然的限制。人类从事工业和商业的地点也都由大自然引领。”[③]

布莱斯支持在历史研究中运用环境主义，这也反映了更广泛的环境观点，而这种观点与他的其他思想，尤其是他的种族观念相冲突。当然，毫无疑问，布莱斯也有种族主义的倾向。在他年轻的时候，他在导师——牛津大学历史学家弗里曼的影响下，被当时英国学界影响比较大的盎格鲁-撒克逊种族主义吸引。毫无疑问，他的这种倾向也影响了他对美国的看法，他认为美国能够不断地发展，在各国之间占有一席之地，是因为盎格鲁-撒克逊种族具有较大的能量和较强的进取心（他总是对美国的独立感到遗憾，并且觉得美国与跨大西洋种族和文化相对立）。对于一些历史学家来说，这意味着一种生物种族主义，即认为不可避免的种族特征通过历史而不是通过先后发生的顺序来决定文明的命运。正如休·塔洛

① James Bryce, “Introductory Essay”, in H. F. Helmolt (ed.), *The World's History: A Survey of Man's Record* (London, 1901), I, xvii-lx, at xxv, xl.

② Bryce, “Importance of Geography, II”, 207.

③ Bryce, “Introductory Essay”, xxvi-xxvii.

克(Hugh Tulloch)所写的，布莱斯的《美利坚共和国》一书中“一再声称人类优于环境因素，种族优于地理因素，例如，同样是在新英格兰一块普通的土地上，英国人存储的物品就没有陷入阿尔冈琴印第安人的困境”。①

然而，尽管布莱斯的著作充满了他那个时代的种族主义的刻 315
板观念，随着时间的推移，正如卡斯帕·西尔维斯特(Casper Sylvest)最近所表明的：“在环保主义方向上，他确实改变了他的种族观念。”②这与本文的目的有关，因为布莱斯进行旅行、步行并且登山运动似乎有可能促成了这种转变。他年轻时候从弗里曼那获取的抽象的思想也随着人生经历、观察和印象的影响慢慢削弱并发生改变。事实上，甚至在《美利坚共和国》出版之前，布莱斯就已经正式宣称：“在历史上，人类是环境中的生物，而却并不完全受环境影响，同时也在寻找作为理性和道德存在所拥有的内在力量。但无论如何，在任何情况下，在很大程度上，自然环境都能决定并影响人类。”③布莱斯在其他地方也重申了这一结论，④这也是在世界各地行走观察积累证据才得出的结论。例如，早在 1872 年访问冰岛时，布莱斯发现当地的生活条件十分脏乱，他感到十分震惊，认为现代冰岛人十分懒惰；但是他并没有从种族的角度来看待这些问题，他认为这种情形的原因是北极地区具有特殊的严酷的自然环境，这样的自然环境不断地消磨着当地居民的意志。⑤ 同样，

---

① Hugh Tulloch, *James Bryce's American Commonwealth* (Woodbridge, 1988), 44-8, at 46.

② C. Sylvest, “James Bryce and the Two Faces of Nationalism”, in Ian Hall and Lisa Hill (eds), *British International Thinkers from Hobbes to Namier* (New York, 2009), 168.

③ Bryce, “Relations of History and Geography”, 426.

④ 例如 Bryce, “Introductory Essay”, xxix-xxxiii。

⑤ James Bryce, “Impressions of Iceland [1872]”, in Bryce, *Memories of Travel*, 1-43, esp. 24-7.

多年后，1909 年 7 月 8 日，当布莱斯在佛蒙特州的伯灵顿举行的纪念“发现尚普兰湖三百周年”的活动时发言时，他认为环境对当地居民有影响——不过在这种情况下，是好的影响。这里的山地景观非常具有挑战性，但并不是无法克服，因此在一定程度上磨砺了而不是消磨了当地人的性格：

> 佛蒙特州北部、新罕布什尔州和缅因州北部的人们，你们居住在阿巴拉契亚山脉的岩石和山区之间，这一地区可称为美洲的瑞士——你们的心中充满了自由之爱，你们仿佛熊熊燃烧着最明亮的火把，你们拥有着不屈不挠的意志和顽强的精神，我们通常把这种意志和精神与瑞士、苏格兰一样的湖山相连的区域联系起来。[①]

316

三

与大多数人相比，布莱斯行走的需求更为强烈。当回顾他们位于苏塞克斯郡家中的生活时，玛丽安·布莱斯回忆说，她的丈夫

> 总是……在早餐开始前几分钟出门，享受早晨新鲜的空气，还会记录下天气状况。早饭后，他会首先查看一下他的信件，然后点燃烟斗，再一次出门散步。他从不会在饭后立即坐下工作。在适当的时候，他会安心地做会儿研究，坐在炉火边的椅子上思考一些事情，或者写下他已经想到的东西。如果他要思考一些特别的事物，或者是要通过沉思来澄清一些事物，他

---

① Bryce, “Tercentenary of the Discovery”, 275.

> 通常会到林间散步一个多小时，他们循序渐进地思考某个主题，并做下记录，之后会写成文章。他总是说在露天中他的思路最清晰。他总在胸前的口袋里随身携带一包非常窄的长方形纸片，用松紧带固定好，他就在这些纸片上做记录。[1]

散步和登山对布莱斯来说很重要。他不仅仅是为了身体健康而散步或者登山，也并不是为寻求简单的娱乐。在步行和登山运动中，布莱斯结识了很多朋友，当然也能够开展社交活动：行走对布莱斯的智力发展、精神健康和身份认同都非常必要。年轻的时候，他就开始散步，这一过程中，燃起了他对大自然的热爱，同时也培育了一种观察的思维方式，这种思维方式深深地影响了他的一生，尤其是对他作为历史学家的写作产生影响。晚年时期，通过散步和爬山活动，布莱斯更加敏锐地观察大自然，他对大自然的鉴赏能力进一步提升。对于布莱斯来说，登山运动——更不用说行走了——与任何帝国主义的“征服”或超自然主义的欲望都没有瓜葛，布莱斯只是希望近距离观察大自然的美景和多样性。他认为行走和登山具有的巨大教育价值，无论是男性还是女性都能够在这两种活动中获得智力上的提升。从这个角度看，可以理解为什么布莱斯大力推动公众进入农村地区并保护美丽风景不受破坏：他十分赞赏的一点是，所有社会阶层的男性和女性都能够从自然中获得益处，这也与他政治上主张的自由主义相吻合。此外，布莱斯强调的人类直接与自然界进行互动反映了历史研究中的环保主 317
义，而且越来越多地反映了种族差异在环境中的表现。他认为，“先进”和“落后”的民族的发展是相对的，即使是文明的兴衰，在很大程度上都是由地理和环境而不是生物因素决定的。他并不是从

① Fisher, *Bryce*, II, 263.

书籍或私人的研究中得出这样的结论，而是到世界各地进行观察，他步行的经历，实质上深深地影响了他的思想和写作。

因此，要想了解作为政治家、作家和公众人物的布莱斯，乃至了解他的性格，就不能否认他对于行走的热情。还有一些和他相似的人。他们都也都将智力的严谨性和身体能量相结合，并且有着相似的兴趣，包括散步、登山和景观保护。西奥多·罗斯福总统就是其中之一。在英国，或许没有其他像布莱斯一样资深的步行者或攀登者了，但许多其他知识分子和公众人物也对这些活动感兴趣。[①] 莱斯利·斯蒂芬也许是其中最著名的一个了，其他的还包括古典学者亚瑟·西季维克(Arthur Sidgwick)，他是一名步行爱好者，著有《散步随笔》(*Walking Essays*)；杰出的法学家弗雷德里克·波洛克(Frederick Pollock)爵士，他是"星期天徒步旅行协会"俱乐部的共同创始人；实证主义者弗雷德里克·哈里森(Frederic Harrison)，他在《我的高山纪念日》(*My Alpine Jubilee*)一书中纪念了他的登山活动；以及科学家约翰·廷德尔(John Tyndall)，他参与的登山活动以及登山得到的情感援助深深地影响了他的科学哲学。[②]

然而对行走最有热情的是一些历史学家，最著名的人物包括F. W. 梅特兰(F. W. Maitland)、G. M. 特里维廉和曼德尔·克雷顿(Mandell Creighton)以及布莱斯本人。例如，克莱顿喜欢长时

---

① 然而，重要政客也都非常喜欢散步：他们1905年12月上台执政时，据说自由党政府是"全步行者"部门(Whyte, "Sunday Tramps")。

② Arthur. H. Sidgwick, *Walking Essays* (London, 1912), esp. 54-5 (on footpaths); Frederic Harrison, *My Alpine Jubilee* (London, 1908); Francis O'Gorman, "'The Mightiest Evangel of the Alpine Club': Masculinity and Agnosticism in the Alpine Writings of John Tyndall", in Andrew Bradstock, Sean Gill, Anne Hogan and Sue Morgan (eds), *Masculinity and Spirituality in Victorian Culture* (Basingstoke, 2000), 134-48; Ursula DeYoung, *A Vision of Modern Science: John Tyndall and the Role of the Scientist in Victorian Culture* (New York, 2011), 69-78.

间行走，他年轻的时候就已经有这种爱好了，而且他从这种爱好中获得了极大的幸福感，他的妻子记得："在户外的时候，他总是最开心的，而且状态最好。"[①]他对行走感兴趣，也是因为他喜欢探索地 318
形和大自然，并且这一兴趣也促进了他的学术和写作才能。例如，他发表的系列散文《英国几个郡的故事》(*The Story of Some English Shives*)就是根据他"在英格兰各地散步时留下的印象"而创作的。[②] 与布莱斯一样，行走磨练了克雷顿的观察力，并且鼓励他从个人行走的经验来锻炼思考历史的想象力。对克雷顿来说，他曾在意大利(以及欧洲其他地方)的乡镇漫步，这些经历为他后续进行的文艺复兴和教皇历史的研究提供了许多信息，他也能够更好地将人物和事件置于当时的环境中。[③]

许多 19 世纪的作家和思想家似乎都被行走和登山深深吸引，他们完成行走和登山的过程与他们形成智识结构和自我意识的过程密切相关。然而在历史学术研究中还没有充分认识到这一现象的意义。就布莱斯而言，关于他的生活和工作的研究当然要注意到他对行走的热情，尤其要关注他的登山生涯。但是这些研究中，历史学家只是按照常规指出布莱斯前往山区的道路，却没有意识到布莱斯的行走和攀登对他整体思想构成产生的重要意义。[④] 实际上，对布莱斯和其他公众人物来说，行走激起了他们深刻的共

---

① Louise Creighton, *Life and Letters of Mandell Creighton*, 2 vols. (London, 1904), I, 5, 7-8, 30-1, 304 (at 304).

② Mandell Creighton, *The Story of Some English Shires* (London, 1897), 5.

③ 在这样的旅行中，克莱顿和他的妻子每天可以步行二十英里(出处同上，211)。1879 年，克莱顿在准备撰写他的著作《教皇史》(*The History of the Papacy*)的前两卷时，曾写下自己的旅行经历，他的妻子回忆他似乎当时是"在现场吸收历史的"，他当时也避免了从书中做研究，而是采取现场观察的方式(出处同上，198—199)。

④ 例如，参见 Ions, *James Bryce and American Democracy*; Tulloch, *James Bryce's American Commonwealth*; John T. Seaman, *A Citizen of the World: The Life of James Bryce* (London, 2006)。

鸣，对他们个人都产生了重要的影响。历史学研究中忽略了这些部分，也许反映出研究者只是把行走看作他们生活中的娱乐活动。从这点来看，他们就很难发现与这些人物相关的更重要的故事、主题、动机和关切。从这样的角度思考问题是不正确的。对于布莱斯等人而言，散步是一种存在主义意义的活动，影响着他们的思想观念、社会经验、政治和身份认同感。早就应该对这些意义进行进一步的研究。

索　　引

A

B

C

D

E

F

G

H

I

J

K

L

M

N

O

P

R

S

U

V

W

Y

Z

图书在版编目(CIP)数据

行走的历史 ：1800—1914 / (美) 查德·布莱恩特，(英) 亚瑟·伯恩斯，(英) 保罗·里德曼编 ；张源译 .— 上海 ：上海社会科学院出版社，2019
书名原文 ：Walking Histories，1800 - 1914
ISBN 978 - 7 - 5520 - 2809 - 6

Ⅰ. ①行… Ⅱ. ①查… ②亚… ③保… ④张… Ⅲ. ①世界史—研究— 1800 — 1914 Ⅳ. ①K14

中国版本图书馆 CIP 数据核字(2020)第 036603 号

上海市版权局著作权合同登记号 图字:09 - 2017 - 440
Walking Histories，1800 - 1914
Edited by Chad Bryant，Arthur Burns，Paul Readman

行走的历史，1800—1914

编　　者：(美) 查德·布莱恩特(Chad Bryant)
　　　　　(英) 亚瑟·伯恩斯(Arthur Burns)
　　　　　(英) 保罗·里德曼(Paul Readman)
译　　者：张　源
责任编辑：张　晶
特约编辑：孙　洁
封面设计：史彩鲆
出版发行：上海社会科学院出版社
　　　　　上海顺昌路 622 号　邮编 200025
　　　　　电话总机 021 - 63315947　销售热线 021 - 53063735
　　　　　http://www.sassp.cn　E-mail:sassp@sassp.cn
排　　版：南京展望文化发展有限公司
印　　刷：上海颛辉印刷厂
开　　本：890 毫米×1240 毫米　1/32
印　　张：12.75
字　　数：302 千字
版　　次：2020 年 5 月第 1 版　　2020 年 5 月第 1 次印刷

ISBN 978 - 7 - 5520 - 2809 - 6/K·548　　定价：68.00 元

党建·实务

用心 用情 用智

我是这样做党建工作的

邱浩庆/著

上海社会科学院出版社
SHANGHAI ACADEMY OF SOCIAL SCIENCES PRESS

代　序

难能可贵的是要将党建工作当事业来做

我以为人生的幸福莫过于将热爱变成事业，在执着探索和追求中找寻到一定的规律，并分享给大家。邱浩庆是一个有故事且会讲故事的人，他将自己40多年来做党建和思想政治工作的经历与收获汇集成书，将自己在工作中的理念和智慧、责任和担当，将心得体会、实操技巧、得失感悟奉献给大家。他就是在将党建和思想政治工作当作事业做，也是通过在做党建和思想政治工作的过程中给大家播撒希望。相信这本书会对读者在运用党建和思想政治工作促进组织发展和员工成长方面有所启发、帮助和共鸣。

组织在发展壮大过程中的常态是各种管理问题和挑战交织，组织和员工的关系也会随之变得更加紧密和复杂，关键是我们的党建和思想政治工作能不能真正走进人的内心，并转化为促进组织发展的不竭动力，其中党务工作者有着不可或缺的职责。做人的工作是非常重要的一项管理举措，没有"人"这个要素，任何技术手段、设备更新、流程再造都不会取得成功，而最大限度地唤醒其潜能、激发其活力，是需要被持续引领和不断激励的。

党建和思想政治工作是我们中国特有的智慧、方式和力量。对于要不要做党建和思想政治工作，大家已有一致的共识，但关键是如何有效果、有效率、有感知地做好党建和思想政治工作，其方法和路径、渠道和内容确实需要经历持续探索和努力践行。换言之，党建和思想政治工作没有固定的模版、不变的程式、永恒的流程，而是需要结合组织和员工队伍的实际情况，在创新实践中强化，在实施落实中推进，在不断升华中显效。

邱浩庆的新书《用心　用情　用智——我是这样做党建工作的》是党建和思想政治工作的一种方法和路径指引。对专（兼）职党务工作者来说，我相信这是一本不可多得的工具书。在我读来，这本书的价值至少有以下三点：

第一，作者将积累多年、丰富且独特的实操经验与管理实践相结合，形成了一套系统且完整的党建和思想政治工作方法与工作理念，并将这些经验精华编辑成书，对相关工作者解决实际问题会有所启发。

第二，作者的探索和总结，不仅涉及实践层面的技巧，还从思想层面对党建和思想政治工作进行了解读和探讨，对相关工作者提升思想深度和理论素养会有所帮助。

第三，作者通过组织与员工之间、员工与员工之间关系的复杂性和多元化实例，强调了人的价值和意愿的重要性，对相关工作者关注员工的幸福感和获得感所包含的人文情结和人性关怀的责任意识会产生共鸣。

是为序，并有幸与大家分享。

2023 年初夏于上海

序

曾经有一位哲人说过这样一句话:如果你拿一个苹果,我也拿一个苹果,大家彼此交换一下,那你得到的还仅仅是一个苹果。但是如果你用一种思想,我也用一种思想,彼此进行交流碰撞,形成共识,产生火花,那每个人就都可以丰富自己的思想,得到很多的启迪。我们现在正处在一个需要进行思想碰撞的时代,处在需要通过思想碰撞产生共识和智慧火花的时代,处在需要通过不断地思想交流增强应对、解决各种复杂问题和能力的时代。

大家有没有过这样的体验——如果你对60后、70后的员工说:“好好地干啊,如果不好好地干,明天可能就会没饭吃了。”这些员工听了以后往往会深有感触:“领导,你讲得对。”然后就会默默无闻地拼命认真地去做好自己的工作,力求做出成效。但如果你对80后、90后,甚至00后的年轻员工同样说这番话,他们一定会很不屑一顾地说:“我们本来就不吃饭呀,无所谓。”然后依然如故,我行我素。

这种比较普遍存在的现象,是不是对当今原有的管理方法和管理效益都产生了新的挑战和冲击?是不是现在不太好按老样子、老办法来进行管理说教了?是不是现在的年轻员工真的就是一代与一代截然不同了？事实上确实是的。我们应该冷静地想一想，审视一下我们的管理方法和引领方式是不是还没有与时俱进，是不是年轻人思想的变化和我们管理的程式化之间产生的矛盾和冲突，从而引发了“更年期”与“青春期”的碰撞。

时代在变，人的观念在变，看待事物的理念也在变，甚至人的价值观都在变，由此必须肯定的是，我们的工作方式、管理模式、引领样式也必须随之而变，否则我们不是被排斥，就是被边缘化，进而我们就会慢慢被淘汰，可能在年轻人中就再也没有任何话语权了。

这里就引出了一个很现实、很严峻、很需要值得思考的问题：我们应该如何强化有成效的党建引领、文化塑造、思想趋同、行为导向，应该如何优化新状态下的管理模式，应该如何通过有充分说服力的思想工作，真正走进年轻员工的内心，通过对员工的行为规范和行为提升进行有针对性的引导和重塑，从而形成必要的合力去推进企业在不断变革的过程中持续前行，促进员工在不断转型的过程中持续成长。这是每一个专兼职党务工作者，乃至每个企业管理者必须要正确面对的现实状况，并且是一个需要努力探索和实践的重要课题。

那种包打天下、体内循环、我说你听、绝对服从、一成不变的传统管理模式被日益变化的市场环境、业务发展、社会转型、文化重塑、思想多元等因素所冲击而“硬”改变。可以说现在已经没有任何一个企业能够稳坐钓鱼台，享受长期的发展红利。如果没有以变应变的自觉，没有自我重塑的自觉，没有勇于奋进的自觉，到头来基本上都会尝遍苦果，最终无所适从。谁都无法保证现在还有哪家企业会永远是一个成功的企业，因为成功只是暂时的、短暂的过程，如果不主动求变、求新，即便是成功也会转变成衰败，现实中有太多这样的事例可以佐证。因此只有做到始终具有时代特点，跟着时代的节奏不断前行，企业的成功才是真正的成功。在这个前提下必须要勇于否定自我、敢于挑战自我、善于重塑自我，这才是最佳的选择和出路。

这个过程是不可回避的，甚至是有点痛苦的，关键是我们专兼职党务干部能不能把握住这个特点和节奏，善于在变的过程中去动员更多的力量主动应对、主动适应、主动突破、主动作为，将企业的发展诠释得更加精准、到位和清晰。可以这样说，现在的时代正是我们党务干部可以大有作为、大显身手、大展宏图的黄金时代。

作者感悟 我们现在正处在一个思想碰撞的时代，处在需要通过思想碰撞产生共识和智慧火花的时代，对党务工作和管理工作同样提出了更多新要求。现在确确实实是每个党务干部和企业管理者可以大有作为、大显身手、大展宏图的新时代。

目　录

党建和思想政治工作具有的独特魅力

党建和思想政治工作在一个企业的发展和员工的成长中起着非常重要的伴随和促进作用。企业中最宝贵的财富其实是拥有一支激情昂扬、充满活力、智慧迸发、乐于付出、团结凝聚、同甘共苦、攻坚克难的员工队伍。因为技术的演进是要靠人去探索的，设备的更新是要靠人去完成的，业务的开发是要靠人去推进的，客户的凝聚是要靠人去实现的，产品的销售是要靠人去落实的，人是一个企业中最不可或缺的资源，也是最需要进行塑形的产品，更是最不可多得的财富。如果党建引领到位，文化塑造有形，价值趋向认同，团队合力凝成，那么员工队伍所挥发出来的能量和潜力绝对是无穷的。每个员工身上都存在着无尽的潜能，关键是我们能不能艺术地将员工的这些潜能充分激发出来，形成一股宏大的前行推力。做好了，1+1 就有可能是大于 10；做不好，1+1 就可能会是负于 2。党建和思想政治工作在企业中绝对不是一项额外的任务，不是一个可有可无的摆设，而是企业管理工作的重要组成部分，是持续渗透在生产经营各个环节中起着不可替代作用的重要力量。

记得我还是在一个区电信局担任党委书记时，有一天一位员工(负责商务楼宇通信配套服务和销售的楼宇经理)见到我焦急地说:“书记,我负责的一栋商务楼将被政府部门全部征用改造成养老院,在这栋商务楼里面的 57 家中小企业将要撤出搬空,就这一项,我们每一年将会流失 60 多万元的业务销售收入。”我听了当然也非常着急,心想:这是明摆着的客观事实呀,这位员工告诉我,就是因为想说明不是由于他的不努力导致业务销售收入下降,所以不仅不能责怪他,而且还应该给这位员工的区域市场收入份额的考核中减去一定的定额,才是合理的。但对我们整个单位来说,即便一个员工丢失 60 多万元的销售收入,那也是要命的事情啊。正在我思索的时候,这位员工紧接着说:“不过,领导你放心,我一定会想尽一切办法的。”话音未落,我还没有缓过神来,他就匆匆地离开了。

我想要给这位员工留点时间,不能太操之过急,于是我就在自己的工作日记本上记了一笔:过两个月后再去了解他能想什么办法来解决这个难题。两个月很快过去了,我专门找到了这位员工。我问:“你曾给我讲过的那件事,现在是什么状况?”这位员工惊讶地说:“啊?领导,你还惦记着这件事啊!”接着他告诉我:“哦,是这样的。两个月时间里,我将这栋楼里 57 家中小企业的情况、信息摸了个遍,每个企业是生产什么产品的?每年的产值大约是多少?一个企业共有多少员工?员工的家庭大致分布在什么方位,他们平时上下班基本是乘坐什么交通工具的?每个企业租借了多少面积商务用房,每个租赁平方的租金是多少?所在的开发商和物业公司平时能提供什么样的服务?等等。然后我就在所负责区域的其他商务楼里进行信息对接,寻找有没有合适的商务用房可供出租。一旦发现有合适的办公或商务用房,我马上就返回找到 57 家中小企业中的某一家,穿针引线并陪同该企业的 CEO 去现场进行详细的了解和实地的谈判。”他很自豪地说:“我这样做的效果非常好!”

就这样,两个月的时间里有不少企业在他的热心相助下成功找到了合适的办公和商务用房,解了燃眉之急。每个受到帮助的企业领导基本上都会异口同声地说:今后我们企业的一切通信业务全都很放心交给你了。结果两个月后,57 家中小企业在这位员工所在区域的其他商务楼里成功地留下了 43 家,预计这 43 家企业一年能给我们带来的通信销售收入将超过 80 多万元。我惊诧了,57 家企业才给我们带来 60 多万元的收入,为什么 43 家企业反而能创造出 80 多万元的收入呢?这位员工很自豪地说:“是这样的,原本一个企业可能也就需要一根裸光纤,或是购买一个企业宽带,现在所有的通信需求和信息服务都是由我们提供,比如室内电缆布线、路由器和适配器的安装维护、无线覆盖的工程、部分增值业务的申请开通,等等。”

我恍然大悟,他看似做了一件份外事,但赢得了客户们的心,获得了客户们的高度信任,他是用执着和用心创造了一个销售奇迹。就这个案例,我在一次中层干部会议上情绪很激动地讲过:“如果我们区局 437 名员工都能像他这样工作,用心去感动客户,用情去争取客户,用智去挽留客户,那么我们还有什么奇迹不能够创造,还有什么困难不能够克服?什么是真正让员工智慧迸发,什么是真正让员工超值工作,什么是真正让员工激发活力,这就是最好的例证。”

当我们的党建和思想政治工作真正可以做进员工可感受的内心,经常性的教育引领做到员工的行为深处,当员工真正认识到今天的工作确实是为自己创造明天的辉煌而辛勤付出,今天的努力是为企业和个人拥有永恒的美好而奋斗,那这种发自内心的执着和勤奋就不仅显得非常珍贵，更能有许多意想不到的收获。我遇到的真实事例就充分说明了这一切，党建引领和到位的思想政治工作是多么重要和必要啊！

充满正能量的环境营造好了，没有人会选择当座上客，没有人会甘心做旁观者，更没有人只说不干成为甩手掌柜。关键是我们要把激发员工活力和潜力作为至关重要的一项职责布局、落实好，而且应让它成为企业的一个战略，而不是一种权宜之计。我认为至少有这样四个理由可以支撑：

一是企业不能寻求短期行为求突变，追求持续健康的发展就需要激发员工的活力和潜力。企业在稳步发展的过程中一定会遇到许多问题和考验，而员工又是直接面对市场和客户，最了解真实的情况，他们的应对能力直接影响到企业能否稳健发展。企业在不断发展的每个关键环节都离不开员工的倾心付出，没有同心同德、齐心协力，企业要成功是不可能的。只有员工把潜力和活力激发出来，企业才能对各种局面应对自如、得心应手。

二是转型变革发展强烈呼唤员工活力和潜力的有效挖掘。在竞争激烈、技术快速迭代和客户需求多样化的大背景下，企业唯有选择自我转型才是有效的出路，而这个过程不是几个决策者就可以轻松实现的，必须要全体员工的努力参与，甚至是在经历痛苦的转变后才能完成。而员工如果真正被激发出应有的活力和潜力，那么这样的过程就会顺畅得多，也更有成效。

三是业务发展、员工成长是两个轮子，缺一就只能原地打转。我们有时会步入误区，认为企业发展了，员工能不能成长不是企业和管理者考虑的事。但事实证明，如果企业发展了，员工没有成长，那么企业的发展是难以为继的。同样的道理，员工都成长了，企业不发展，那么员工的成长是没有后劲的。只有两个轮子并驾齐驱,企业这辆大车才会迅捷到达理想的彼岸。可见激发员工的能量是多么重要的一个环节。

四是人力资源开发是企业最宝贵的资源和财富。以前我们崇尚的是人力资源的调配,而不是人力资源的开发,其实着力开发人力资源,将会带来无穷的财富。因为人力资源中蕴藏着比黄金都要珍贵的价值,黄金的价值是可估的,而人力资源一旦被激发,价值是无穷的。谁轻视人力资源的潜在价值,就是在白白浪费眼皮底下无尽的财富,是自掘坟墓的事,是非常愚蠢的事。所以有作为的管理者一定会将充分激发员工的活力和潜力当作一项重要的工作内容。

目前激发员工活力和潜力的难点所在:一是观念上的误区——不少管理者往往认为激发员工的活力似乎是HR和相关部门的事,与其本人没有太大的关系。这种误区是极其有害的,人为将激发员工活力、潜力的工作割裂开来,似乎是权责清楚,其实是目无大志、不成大事的表现。二是体制上的痛点——原有的存量员工似乎很难触碰,一定时期内确保员工队伍稳定是重要的工作,因而存量员工往往会受到体制和机制上某种程度的保护,用工制度的改革也肯定要照顾到这部分员工,造成体制内员工存在一定程度的“贵族化”倾向。这种不顾实际变化的僵硬做法并不是真正保护员工,而是在根本上损害员工的切实利益。三是机制上的难点——确保事业和职业辉煌的双重实现,有时会顾此失彼,既要落实企业发展的事业保障,也要让员工有获得感的职业保障,两者之间就肯定会产生矛盾,形成一定的偏差。四是做法上的弱点——有些管理者工作忙时抓指标而无暇顾及其他,一旦生产任务紧张了,竞争态势加大了,会选择简单工作,就不会去着力强化员工活力和潜力的激发了,毕竟激发员工活力和潜力是需要比较长的时间磨练和检验的，短时间内往往看不到什么成效。所以我们要攻克难点，跳出误区，转变观念，下大力气在有效激发员工活力和潜力的探索上倾力有为。

激发员工活力和潜力的具体方法有很多，其中不少是可以进行实践和尝试的，比如真正需要建立员工与企业利益的共同体，提高员工的参与度；真正建立员工可感知的部门文化，增强员工的引领度；真正建立员工全方位的沟通渠道，消除员工的疑虑度；真正建立员工具体实在的能力提升通道；真正建立激发员工活力和潜力的制度性规定；真正建立激发员工活力和潜力的激励体系；真正建立员工关爱的快捷通道，等等。可以这样说，员工活力和潜力激发之日，就是企业腾飞奋进之时。

党建和思想政治工作是一门必须要潜心研究的科学体系，是一个企业或一个团队攻坚克难、持续发展的强大推力，是与时俱进管理体系中的重要组成部分，是具有不可替代的凝聚人心、催人奋进的重要力量。

新时代下的企业党建和思想政治工作一定要真正实现四个保障：一是保障企业拥有健康发展的动力。员工没有从内而外地凝聚起攻坚克难的强大动力，企业还能保持永久的健康和顺畅的发展吗？这种动力不是与生俱来的，恰恰是需要强有力的引导和组织，并通过一定的形式加以体现和固化的。二是保障文化渗透形成团队的合力。没有团队上下结合构筑起协调有致的强大合力，我们还能始终站在企业发展的潮头勇作时代的弄潮儿吗？这种合力不是天然合成的，恰恰是需要强有力的文化认同和思想的高度趋同才能实现的。三是保障队伍激发不断奋进的活力。没有员工队伍始终高昂的活力激发，哪会有奇迹的产生，有辉煌的成就？这种活力不是召之即来的，恰恰是需要持续下大力去打磨和凝成的。

四是保障员工、企业、客户三赢的魅力。这种让人无比回味和羡慕的魅力是可以真正体现的，客户赢是关键的大前提，企业赢是真正的赢，才可能换取员工的赢。只有做到三者之间的和谐共赢，才是我们乐见的赢。

这是促进企业长久稳定健康发展的重要源动力，是必不可少的重要一环。综上所述，可以得出这样的结论：我们一定要用心、用情、用智去认真做好党务工作，尽力当好党务干部，充分彰显党建魅力。这是时代赋予我们的神圣使命和责任，也是真正体现企业发展和员工成长的价值所在。

作者感悟 我们一定要用心、用情、用智去认真做好党务工作，并尽力当好党务干部。这是时代赋予我们的神圣使命和责任，也是真正体现企业发展和员工成长的价值所在。党建和思想政治工作在企业中绝对不是一项额外的任务，更不是一个可有可无的摆设。

真情实感是做好党建工作的基础

德国著名哲学家尼采曾说过：每一个不曾起舞的日子，都是对生命的辜负！作为一个新时代的党务工作者，没有任何理由可以懈怠，因为我们如果不是每天都“翩翩起舞”、兢兢业业、踏踏实实，那么浪费的不仅仅是一点时间和精力，而是对生命的一种辜负。所以我们必须立足当前，着眼未来，富有高度的责任感去忠实体现党建的成效，让“党领导一切”化为更加具体实在的效果。

曾记得有句话说得非常好：鸡蛋从外打破的是食物，但从内打破的就是生命。我们将鸡蛋打破炒着吃，就是品尝到了一种美味的食品，但如果鸡蛋是被小鸡仔拱破，就是诞生了一个小生命。对于每个处于企业转型发展期的员工来说，从外打破的就是压力，而从内打破的才是成长。如果一味等待别人从外来打破我们，那么我们注定是别人的一种食物，而如果我们自己能够善于从内打破，那么我们就会发现自己的成长，相当于是一种重生。现在确实是需要正视的重生时代，剧烈的变化、激烈的竞争、惨烈的存亡，没有任何一种力量可以用呼风唤雨、神来之笔拯救自我，我们也没有理由坐享其成、顺理成章享受一切。“市场经济是不相信眼泪的”，残酷的现实只有认怂了才会成为现实，而唯有自己不断奋斗进取，才有可能创造企业的未来，才能有我们美好的前程。

在企业转型发展的变革中，管理不再仅仅是一个刚性的制度和结果，而是渗透在每个发展过程中的细致入微的行为艺术和科学。经常出差、旅游的人是否都有过这样的体验：多少年前如果你入住宾馆的时候，只要走到房间楼层的走廊，一定会有楼层服务员的眼光紧紧地跟随着你。同样，只要你出房门，服务员的眼神也一定是牢牢地看着你，你的一举一动尽在服务员的眼皮底下。是不是很不舒服？后来宾馆的服务方式改变了，走廊里再也不会设置服务员了，但奇怪的是只要你有需求的时候，服务员就会“神出鬼没”般地出现在你面前，帮你解决问题。后来有朋友告诉我，这就是高级宾馆最有感知的服务：当你不需要服务的时候，连鬼都不见，但当你有需要的时候，服务员就要像幽灵般出现，这就是最佳的、最具有人性化的服务模式。后来引申到我们企业中，我强调：作为党务干部或管理者能不能做到，当员工不需要你的时候，你要保持必要的人际交往距离，但当员工有需要的时候，你就要像幽灵般迅速出现，帮助员工去解决问题。这是管理者的最高境界，是最有感知度的管理艺术，是我们一定要追求的理想目标。

我曾听过一个寓言：动物界开运动会，一个小乌龟雄赳赳气昂昂地走到众动物面前，一口气连着轻松做了几百个俯卧撑，然后非常满足地挥着小手，环视了全场。这时一个小白兔说了：“小样，做了几百个俯卧撑有什么了不起，你做两个仰卧起坐给我看看？”小乌龟当然无言以对，它的身体构造决定了只适合做俯卧撑，因为这是它无与伦比的优势，而背上的壳意味着它是不可能做仰卧起坐的。这个寓言故事告诉我们一个道理：人要掌握全面的本领，才会健康成长，不能有一点特长就骄傲自满，自以为是了。因此，我认为要做好一个称职，乃至优秀的党务工作者，务必做到：

对待员工合理的需求也要认真去落实；

对待员工不合理要求需要耐心去引导；

对待员工复杂的诉求更要想法去解决。

我将上述三句话一直记在我工作笔记本的扉页，每天上班开始工作时就会去看上一眼，它能够时时给我增添许多动力和激情。

怎么会有这三句话的呢？这是1998年我在基层电信局担任工会主席时发生的一件事引发的。有一天，一位中年女同志拿着一只杀好并洗干净的鸡专程到我的办公室里要送给我，我非常纳闷："我又不认识你，你为什么要送一只鸡给我呢？"这位中年女同志说了："我父亲昨天去世了，但他在临终时反复叮嘱要我送一只自家养的鸡给工会邱主席，说多年前他为我办了一件事情，我始终没有忘记，但一直没能如愿去感谢一下，现在我已经不可能去做了，你一定要替我去表示感谢。"我问这个老同志叫什么名字，然后就反复想，我做了一件什么样的事让这位老同志直到临终的时候还一直没有忘记呢。要知道一个人到了临终时都牢记在心的事一定是他一生中最重要的事，对吧？

后来我终于想起来了。原来这个老同志居住在农村的私房，面积很大，自然就享受不到当时的福利分房待遇，但那时我们还有个规定，享受不到福利分房的员工，在农村私房翻修时是可以享受到一定的房修补贴的。有一天他找到我讲了这件事，我根据规定批给了他2000元的补贴，他吞吞吐吐很不好意思地说："我家里孩子多，经济比较困难，能不能再酌情多增加一点补贴。"我当时也是刚当领导不久，确实是想做点事情，立马就说可以，我会去向上级领导申请的。后来经过向上级领导反复争取又拿到了1000元，总共给了这位老同志3000元，这在当时也算是一笔不少的补贴。

过后，这件事我早就忘却了，因为作为基层领导，这样的事必定是做了很多的。但没想到的是，过了这么多年，就因为这样的一件小事，让一个老同志到了临终的时候也没能忘记，我很是震撼。于是立马在我自己的工作手册扉页上写下了这三句话。每年换笔记本，我一定会认真抄一遍，整整写了20多年，它时时激励着我一定要多为员工办好事、做实事、解难事。我知道，能把自己说服了，这是人生的理智，但能把自己征服了，才是人生的成熟。

只有拥有真情实感才能去真正做好自己的管理工作。曾经听说有这样一个故事，一对母子的对话感动到了我。妈妈的眼睛有毛病，担心治不好，就试着问孩子："孩子，如果妈妈的眼睛瞎了怎么办？"孩子听了非常焦急地回答："不会的，妈妈不会的！"妈妈说："万一，我的眼睛真瞎了，怎么办？"孩子说："那我一定会把全上海最好的医生找来给您医治。""万一医治不好怎么办？""那我就找全中国最好的医生给您治疗。""万一也治不好怎么办？""那我就去找全世界最好的医生。""万一也无法治好呢？""妈妈，您放心，我就是您的眼睛，我会伺候您一辈子的。"妈妈听了当然非常高兴。这时，孩子突然问妈妈："妈妈，万一我的眼睛瞎了怎么办？"没有那么多的假如，甚至没有一丁点的犹豫，妈妈就一句话斩钉截铁："把我的眼球给你！"

这个故事真的令我动容，这就是真情实感展现了伟大的母爱、体现了伟大的情怀。如果我们每个党务工作者都能用这样的真情实感来开展工作，那么还有什么难题不可以破解，还有什么成效不可以取得，还有什么合力不可以凝成？

我一直这样想，作为一名党务干部，一定要以心换心，只有我们时刻把心放在员工身上，员工才会把心随时交给企业，才会用心去感动客户。如果我们都不屑把心用在员工身上，员工何以把心交给企业，更何以会用心去感动客户呢？同样的市场环境、竞争态势、产品体系，以及同样的客户群体、员工队伍，如果用不同的思想引领，不同的文化塑造，不同的管理举措，产生的结果就一定是截然不同的。因此有良好的党建引领作保证，有先进的文化氛围作铺垫，正能量就一定会是满满的，员工中积聚起来的活力和动力就一定会是足足的。

我专职从事党建和思想政治工作已经整整 40 个年头了，在中央企业——中国电信上海公司担任过专职基层党委书记、纪委书记、工会主席和团委书记，缺的就是没有做过任何行政管理工作。我曾说过，我把自己的一生全献给了党的事业，献给了企业党建和思想政治工作，但没有一丁点儿的后悔，因为我从岗位的实践历练中深切感受到了这样三个感悟和体会：一是党的领导在国资国企中把方向、谋大事，顾全局、强执行，起着引航掌舵和扬帆远航的不可替代的作用；二是党建引领是企业能持续健康有序发展的强劲动力源，是凝聚人心、激发潜能、攻坚克难、创造辉煌不可估量的力量；三是党建工作是不断深化的企业管理科学的重要组成部分，是与时俱进、适应转变、探索求进、力求实效的不可多得的重要法宝。

因此，我把党建和思想政治工作当成自己一生的事业和追求，这是无比荣光的事，也是值得庆幸的事，更是必须追求的事。当然在整个职业生涯中我也知道可能会失去不少东西，但相比较我直到今天还能够时时回味的那些难以忘怀的一个个瞬间，失去的东西就根本不在话下了。看到更多的先进典型涌现，看到自以为难以完成的任务指标被一个个突破，看到更多的员工在岗位上持续奋斗，看到更多的文化场景挥发出的正能量，看到企业在大家团结凝聚中形成蒸蒸日上的良好局面，所有的委屈和酸楚就都化为乌有了。

作者感悟 我们必须要拥有真情实感才能去真正做好自己的工作。作为一名党务干部，只有时刻把心放在员工身上，员工才会把心随时交给企业，才会用心去感动客户。有良好的党建引领作保证，先进的文化氛围作铺垫，员工中积聚起来的活力和动力才一定会足够强大。

用心、用情、用智做好党建和思想政治工作

新时期、新任务对党务干部也有着新要求和新期盼，而真正把党建工作和思想政治工作做好，我认为必须要真真切切做到用心、用情、用智。

所谓用心，就是要把党建工作当作一项事业来做，而不能仅仅当作一件事情来做；所谓用情，就是要在工作时充分体现人格魅力，而不能仅仅靠个人的职务影响；所谓用智，就是要切实提升综合技能素质去开展工作，而不能仅仅凭以往的经验习惯或惯性思维。

如果把党建工作当作一件事情来做，那肯定有充分的理由可以说自己已经做得挺好的了。但是如果把党建工作当作一项事业来看，你就会发现还有许多地方做得不够完善，需要不断努力。

如果是一名党务干部，基本上都会有一定的职务影响，但职务影响只能是影响他人一阵子，要形成一辈子的影响就需要靠自己的人格魅力。

如果说我的前任就是这样做的，我现在也理所当然可以这么做，当然无可厚非，但就这样凭着惯性思维那是不可能有很大成效的，必须要时刻加强学习，锤炼自我，提升自己工作的综合素质和

知识能力。这也就是为什么一定要用心、用情、用智才能真正将党建和思想政治工作做好的道理。

有一个单位的建制存在,就必须要成立相应的党组织,有了党的组织,就必须配备党务干部,有了党务干部,就必须要具体去开展工作,这个过程仅仅只是形似影在的过程。而要真正发挥一个党务干部的作用,真正使党组织有存在感,让党员有获得感,就必须追求神似魂在的过程。

我们要真正做到促使形似影在向神似魂在的转变。何谓神似魂在?就是要让党建和思想政治工作无缝隙、无痕迹地渗透到企业发展和员工成长的整个过程中,就是要真正发挥出党建的引领作用,发挥出文化的导向作用,从内而外地催生员工不断前行的不可阻挡的正能量。通过党建引领促进企业在转型变革中始终保持持续发展的张力,这是中国智慧、中国优势、中国方案、中国价值和中国实践的集中表现。

要当好一名卓有成效的党务干部,要将党建工作认真做好就必须时时拥有"五颗心":一是要有敬畏之心。对责任和使命的敬畏,对制度规范的敬畏,对工作对象的敬畏。二是要有感恩之心。感恩支持你工作的人,感恩给你帮助的人,感恩体谅容忍你失误的人。三是要有宽容之心。不学会宽容别人反过来就是对自己的惩罚,严于律己、宽以待人是一种很好的修养和应有的品行。四是平常之心。要能够虚怀若谷,大气、谦和,真正有素养的人一定是一个很谦虚谨慎的人,一定是能正确认识自己的人。五是欢喜之心。闻过则喜,善于从好的方面去理解别人的批评、指责等。拥有这"五颗心"说到底其实还是一个党务干部的基本素质体现,是能不能成为一个受人欢迎的人的重要试金石。

作者感悟 我们要让党建和思想政治工作无缝隙、无痕迹地渗透到企业发展和员工成长的整个过程中，真正发挥出党建的引领作用，发挥出文化的导向作用，从内而外地催生员工不断前行的不可抗拒的正能量。我们要追求从形似影在向神似魂在的深刻转变。

将党建工作当事业做，不能仅当事情做

如果要真正把党建和思想政治工作当作一项事业来做，那就意味着：必须用心谋划，精益求精；必须勇于担当，追求实效；必须抓住重点，持续创新；必须尽心尽责，关注细节。当然就更必须要牢牢把握住四个方面的工作内容，努力去显现实效。

学会静下心来，系统思考

党务干部平时可能面临着千头万绪、十分繁杂的工作，但我们要明白这样一个道理，越是繁忙的时刻，越是需要我们学会理性思考，真正从追求工作的系统性出发，把握体系化工作的规律、方法和节奏，这样才能使我们的工作产生事半功倍的成效。

我们应该具有党建工作体系化建设的强烈意识。能不能从体系化上来推进日常的党建工作，绝对可以引出这样的问题：党建工作会不会真正产生成效？麦肯锡公司有个解决问题的著名七步成诗法，也即每解决一个问题，必须要从七个步骤上去谋篇布局和实施落实，很规范，也很管用。这七个步骤环环相扣、前后相接、逐步

递进、形成闭环。我们在推进党建工作的过程中也应该有这样的自觉，从体系化上来进行思考、布局、落实和推进。

体系化就是不能就事论事地思考问题，而是要把每一项工作都放在整个大局上进行评估和落实。心中有大局，手中才会有格局，如果我们只是从小团体利益出发，从自己的立场去考虑问题，那么工作的结果就一定不会十分理想。体系化就是要站在全局的角度去做好局部，其中要有很强的逻辑关系处理能力，抓好一件事，推动一个面。

曾记得有一年我被公司老总紧急调动到一个单位去担任党委书记，原因是一个员工跳楼自杀，家属迁怒单位，然后把花圈和死者的骨灰盒放在单位门口，弄得人心非常不稳，企业形象大受影响。加上员工思想波动、多元化带来的许多负面影响，造成这个单位的工作一直比较被动。我到了这个单位上任后，第一时间当然首先要解决跳楼员工家属迁怒单位的问题，怎么解决，容我后面慢慢说道。除此之外，我认为当务之急根本解决问题的途径就是要从整体上来进行思考，找到工作的着力点。

我发现员工的人心散了，其他的问题就随之接踵而来，员工没有上进心了，任何管理举措就都没有效果。管理心理学的理论告诉我，人天生都有被组织的习惯，所以我们只有尽快把员工组织起来，才可以比较迅速地扭转这个被动局面。于是我就立即开始着手策划组建了 5 支队伍。

第一支队伍是社区博士帽队伍。我将近 2 年来新进的 24 名大学生员工召集起来，交给他们一个调研课题：到社区和员工中去详细了解大家最关心或谈论最多的话题是什么，这些青年员工领受任务之后迅速分头行动。两个月后结果反馈过来了，社区群众议论最多的是“电信诈骗”非常害人，员工中谈论最多的是如何玩转智能手机。当把反馈信息集中以后，我交给这些新进大学生员工的任务是，如何把这两个谈论和议论的热点做个系统解答的课件，进行多层次、多渠道的讲授，然后尽可能解决这两个疑难问题。同时命名这24个新进大学生员工为“社区博士帽”团队成员。

这些青年员工领受任务后，充分发挥了他们的特长，积极准备讲稿，做了详尽的授课用的PPT，对这两个话题从浅而深地进行了全面解读。课件做出来后我就专门听他们试讲，一开始结果不甚满意，我告诉他们讲给不熟悉情况或知识不够的人听，应该要把握的重点和注意点是什么，然后请他们再去准备和细化。前后一共专门听他们试讲了4次。基本满意了之后，我就给他们搭建平台，让他们去社区、去各个部门给社区居民和员工进行讲课。一方面发挥了他们的专业和知识特长，另一方面让他们传播了知识，解答了居民和员工的问题。这些青年员工非常满意，也很开心。这是从管理学上得到的一个启示，当这些青年员工将精力都用在了准备、授课、传播上后，其他的不良情绪就会慢慢消除，角色转换的不良过程就会逐步化解，因为人的精力毕竟是有限的。

第二支队伍是组织26个小CEO，创建了小CEO俱乐部。我们在深化企业改革转型时通过划小承包来激发员工的工作热情，将区域管理进行网格化区隔，然后将原有的建制进行划小单元，让能干的员工带领其他的同事通过承包的方式进行创新性的改革。划小承包一下子产生了26个小CEO，也确实激发了他们极大的能量。但问题是这些小CEO原本都是班组长或骨干员工，基本上没有掌握过多少“实权”，现在划小承包以后有了员工奖惩考核权、员工工资晋升建议权、业务招待费使用权、用户部分资费减免权、业务发展专项经费使用权等，不少小CEO不适应了，要么不善于用好这些资源，要么没有章法乱用这些权利。我感到急需对这些小 CEO 进行诸多方面的能力提升和行为规范，于是专门组建了小 CEO 俱乐部，定期或不定期有针对性地进行管理、业务发展经验的交流，对存在的问题进行探讨，对增加的管理权限进行科学的把握，对廉洁管理的意识进行有目的性的警示教育等，有较强对应性的措施起到了很好的效果。同时根据新的变化，我们及时组织小 CEO 进行企业和业务发展趋势的专业培训，增强大家的前瞻性思考和实际工作的能力提升。根据现实需要我们还及时进行了人员管理、业务拓展的实操性辅导，增强大家理性和有效拼抢市场、培育客户的方法及能力。能把这些小 CEO 的工作状态调整到最佳的程度，这个群体所挥发出来的能量就必然是非常巨大的，进而对我们整个企业的转型发展和拓展起着决定性的作用。

第三支队伍是组织 47 个班组长，成立了班组长沙龙。班组是企业中最小的细胞核，班组长又是站在第一线的兵头将尾。如何将班组长的工作积极性充分调动起来，形成有效益的突破，是非常重要的管理一环。于是我们在调节和舒缓班组长压力的同时，搭建了多用途的平台，可以进行有效的交流沟通，切实了解他们的实际工作状况，进行有的放矢的帮助或改进，面对面地进行班组管理的理论研究。

班组长沙龙活动中，我们经常组织经验丰富的班组长进行工作交流、经验分享；对实践中遇到的新问题进行集体讨论，形成共识，探寻解决的方法；对企业面临的未来趋势进行有针对性的辅导讲解，让大家掌握前瞻性的形势变化，对班组员工进行必要的下沉式帮助和辅导。与此同时我们还为这些班组长进行情绪舒缓、心理辅导，切实减轻大家的工作压力。经常性开展一些让大家喜闻乐见的活动，在活动中增进班组长之间彼此的了解和沟通，增进必要的友谊和互助，利于在今后的工作中形成团队间良好的合作模式。班组长参加了沙龙活动后，都有一种感觉，对工作更有信心和方法了，对管理更有章法和套路了，对团队凝聚更有体会和路数了，从而干劲充沛，信心满满，精神抖擞。

第四支队伍是组织 23 个内训师，组建了内训师工作坊。我们将有一定内秀，也有一定表达能力和理论基础的员工及时组织起来，交给他们一些员工急需增加知识点的课题或让这些内训师将通过排摸收集到的员工急需增加知识点的课题，进行先期的学习研究探讨，形成课件，然后由这些内训师深入员工中，进行面对面的授课。这样，一方面使得这些内训师有了积极提升自身能力的紧迫感和需求感，另一方面又为这些内训师提供了知识传播的舞台，起到了相互促进、共同提高的作用。

不少员工反映，内训师的讲课更贴近实际、贴近员工需求，入耳、入心、入脑，更加管用。而这些内训师也反映，通过授课不仅体现了自身价值，也提升了自身的学习和系统思考能力。当然我们也通过这样的一种方式强化了骨干员工的培养，增强了这些员工的使命感和价值感。形成这样一支骨干队伍，可以在企业面临许多难题需要破解或业务需要创新时，由他们挑头，带领更多的员工一起知难而进，不断突破。

第五支队伍是组织 27 名员工成立部门民主管理监督小组。我们在 9 个部门分别成立了每个部门由 3 人组成的民主管理监督小组，具体负责实施对本部门的民主管理工作和领导班子成员的民主监督工作。每一年当部门领导班子召开民主生活会前，民主管理监督小组成员就要深入员工中去广泛收集意见、建议，并原汁原味地反馈给部门领导班子成员和上级部门，作为部门领导班子成员改进工作的一个重要依据。平时经常召开员工座谈会，架设部门领导与员工之间联系的桥梁和纽带。当企业有重大事项需要员工了解或统一思想形成共识时，民主管理监督小组成员又是组织者和参与者。

将一部分有意愿、有能力的员工组织起来，共同参与企业的管理，既可以广纳民意、收集真实的信息，又可以形成良好的企业内部的民主氛围，梳理员工的情绪，解决员工的关切，避免造成不必要的失误。我们经常会根据民主管理监督小组成员的意见，有针对性地加强各级领导干部的教育和管理，既强化廉洁自律的意识，更优化勤政为民的自觉，努力打造一支忠诚、干净、担当、奉献的领导干部队伍。

通过 5 支队伍的组建，将员工迅速组织起来，围绕着企业发展，发挥员工的各自所长和积极正向的作用，这将是行之有效的一个管理方法。美国哈佛大学有句很著名的商学理论：管理好的企业，人人都在解决问题；而管理不好的企业，人人都在产生问题。如果我们不能将员工的精力引导到为企业发展、员工成长上来，那么员工给你呈现的问题和难处将会是无数的，到那时，任何管理举措都可能会显得苍白无力，任何发展趋势都可能会显得举步维艰，任何良好的环境都可能会显得混乱无序。

事实证明，我们组建的这样 5 支队伍，至少将近 150 名员工凝聚在党组织和企业周围，再将 106 名党员和中层领导干部的作用发挥出来，然后提出以一带一的方式，基本上我们单位的所有员工都能在正向的轨道上前行。在较短的时间里员工的情绪稳定了，生产积极性激发了，产品销售状况日渐好转，客户关系维系逐步强化，一直难以完成的生产指标开始向上提升，企业呈现出发展的勃勃生机。

用全局性思维思考，用得当的方式推进，效果会充分显现，被动的局面也是可以扭转的。

我们应该要有把握全局的操控能力。我曾听到过这样一个故事:在第二次世界大战期间,盟军与德国法西斯空战后,科学家们对所有返航的战机进行很多次仔细观察后,发现机翼都还比较完好,但机腹却往往弹痕累累,于是科学家们都同意用人力、财力、物力和技术等去加固机腹,这样就可以确保战机保持战斗力。大家说干就干,就在准备实施时,有个科学家却提出了不同的观点和意见,认为机腹弹痕累累,机翼完好还能飞回来,但机翼被打中了基本就坠毁了,所以当务之急并不是应该用主要的人力、财力、物力来加固机腹,而应该是加固机翼才对。经过很多次的精心观察,反复论证,最后证实这个科学家的观点虽然支持的人少,但是绝对正确。后来理论界就将这个论证的过程和结果归结为"幸存者偏差理论"。

现实生活中"幸存者偏差理论"延伸的类似例子太多了,说某人从来没有获得过大学学历,但是能成为世界巨富,所以学历与赚钱是没有关系的,那肯定是胡说八道;说某人面容长得如此难看,但还是能成为网络红人和名人,所以容貌与网红与否没有直接关系,也纯粹是胡说八道。在现实生活中这样的说辞也不少,比如我原所在单位员工的平均年龄偏大,所以有人就正儿八经地提出,企业要适应高科技、快节奏的发展和转型,唯一的办法就是把年龄偏大的员工全部换掉,用新招进大学生替换的方式,使现有的员工队伍结构更加合理、更加优化。

在管理上这当然是一个最便捷和高效的办法,但绝对是最不负责任的办法。试想一下,当每个在岗的员工时时有强烈不安定的情绪,面对未来充满不确定的因素时,他们还会有多少动力和精力将自己的所能用在当下?大量的案例说明,一个人一定会把相当多的精力和能力用在万一自己产生生存危机时的应急应对,而这显然就会导致员工不会全力以赴去做好当下的工作。所以这是最不完善,也是最不妥当的管理办法。实践充分证明,没有一个员工是无用的,只有我们把合适的员工放在合适的岗位,让他们发挥合适的作用,才能说我们的管理是有成效的,是可取的。

每年新进大学生到大学报到开学季,就是我们在大学校园里全方位开展秋季学生业务促销的时候,真的,这时每每都会被这批老员工所感动。不用号召,每天当业务促销时天还没有亮透,他们就主动到了高校现场去做学生业务发展的准备工作。当大学生陆续前来报到后,这些老员工就会主动对报到的大学生进行业务宣传,推介我们的产品。当友商看到我们的员工这么主动,也采取了主动出击后,我们的这些老员工就赶紧跑到校门口,凡看到有车上下来的学生,就主动上前,把学生的行李等背在自己肩上,送到学生寝室安顿好并取得学生信任后,再宣传我们的产品和业务,成功率就得到了大大提升。

每天天刚蒙蒙亮,这些员工就已经在自己的岗位上开始忙碌工作了,而这时友商的摊位还往往是空无一人,每一年校园业务发展我们都会比友商好很多。

每年专项的校园发展任务完成后,我们会组织召开一次隆重的总结表彰大会,让领导讲员工,让员工讲员工,让家属讲员工,台上讲到激动处泪流满面,台下听到感动时满面泪流。许多参会的家属说:“原来不知道我老公(老婆)最近两个月在忙什么,人晒得黑黑的,每天早出晚归不着家,回家就累得趴下了,现在才知道他们是这样的拼!我们挺感动的,以后一定全力支持他们的工作。”所以,谁说老员工不行了?谁说老员工没有能力呀?只要我们把每个员工的长处发挥到极致,员工个个都是好样的。在党建引领时我们要真正做到不让一个员工掉队,不让一个员工轻易被淘汰,这才能真正发挥出党建工作的魅力。所以说没有系统思考，怎么可能将党建工作真正做好？做到人的内心深处？

我们应该具有做好与企业发展有机融合的推进步骤，凸显成效和成果。在实际工作中，我感到党建和思想政治工作选准着力点非常重要，一定要看是不是切实找到了企业发展的需求点，是不是切实找到了党员作用的挥发点，是不是切实找到了党组织优势的显现点。如果确实是找准了，那就要下大力气认真去做，否则就必须要做必要的调整。

我们通过组织党员攻坚团队来着力解决生产和业务发展中的难题，收到了很好的效果。每一年我们都会根据单位面临的实际困难、急需突破的课题或热点焦点问题，进行梳理，列出若干个党员可为、党组织能为、企业急需为的课题，组织对应的党员成立攻坚团队，通过承包突破的方式，下达限时解决的任务表，予以落实。

比如，智能手机占有率不高，急需突破，这要求切实改善业务结构，我们就组织了前端部门的党员组成党员攻坚团队。拟订解决突破的路径、方法和行动计划，利用虚拟组合的方式，主动出击，跑市场、找客户、谈业务、谋发展。对智能手机的应用层面进行演示式的辅导，吸引更多的客户了解智能手机的良好功能，逐步引导客户进行智能手机的调换。党员尽己所能，全面进行业务拓展，取得了非常好的成效。

比如，当移动业务产生很多信号覆盖不灵，用户反响很大的现状后，我们就及时组织党员攻坚团队，主动承揽信号盲区的实地走访调查，做基站优化和信号改善的具体工作。针对用户对基站辐射现象的不正确认识，主动进行科学的知识普及，与用户面对面进行理论和实践的演示、辅导，消除用户的疑惑，取得积极的支持，最终优化了基站覆盖的范围，改进了信号状态，得到了用户的充分肯定;每当有用户由于不明真相,到处投诉要拆除基站时,我们的党员就主动与用户取得联系,面对面地进行知识普及和现场演示,动之以情、晓之以理,据理力争、不畏艰难,同时把拆除基站可能给他们带来的对他们自身信号覆盖的影响作了解释。多少次的耐心劝说化解了可能产生不良后果的险情,保证了整个移动通信网络的完整和安全;在信号盲区,我们的党员又主动担责,走访客户进行广泛而又合情理的说服工作,消除用户的疑虑,并进行优化选址,提出影响客户程度最小的建立基站的方案,求得客户的理解和支持,最终顺利增设了必需的基站,完美消除了信号盲区。

将企业急需、用户急盼的事尽心做好,既体现了党员的责任担当,更为企业的信誉和业务发展提供了强有力的支撑。党员的作用得到了充分显现,一个党员一面旗真正落到了实处,体现了实效。

我们须切记,做好一名党务干部千万不能做选择性的工作,否则误事误己。有些人,特别是一些新提拔的青年领导干部,往往会表现出急功近利的行为,这也不能说很过分,有时想想人之常情也蛮正常,但如果这些人仅仅是为了追求自己所谓的前途,不讲究科学和方法,一味地急功近利,那就一定是会出现偏差的,是有害的。

有一些人经常会将自己顶头上司的关注点作为自己工作的发力点,以直线领导的好恶来作为自己工作的着重点,那就非常不应该了。因为领导思考的问题往往具有更高的站位,立场、角度也都是不一样的,而如果我们不分青红皂白,只是简单跟随,没有充分体现自身单位的实际,不讲究结合特点来有的放矢做工作,那不出现一些偏差才奇怪呢!这里有工作方法的问题,也有思想方法的问题,更有个人品行的问题。所以如果我们没有整体性考虑,一味做有选择性的工作，那就会失去工作的节奏，舍弃应有的原则，造成支离破碎，最终当然不会有理想的成果。

最好的方法应该是认真贯彻上级领导的工作要求，进行具体分析，紧密结合本单位的实际，进行有机贯通，将上级的精神与实际工作的成效实现统一。比如上级领导从整体考虑，要想办法推倒“部门墙”，打破部门的区隔实施整体工作的推进。那么你就不可能照搬照抄，一味硬推。反正为了落实上级领导的要求，不顾一切，甚至不讲究本部门的利益，全是为了配合而配合，为了支撑而支撑，到头来，你的本部门效益没有体现，生产任务没有完成，结果你的部门被处罚和扣奖，下属就一定非常不满意。你的业绩可能出来了，但团队的业绩没有了，还能维持吗？推倒“部门墙”是密切合作的大趋势，但也不能不考虑部门的利益呀！这里就有个平衡的问题。

对企业整体利益有帮助的事一定要不折不扣地做好，全力配合支撑好，但在具体利益的获取上也要有一定的讲究。比如说做完一个项目，是不是可以实施双计双考或是实账记在主导部门，虚账可以记在配合支撑部门上，到了年底考核时这个就是你怎么配合支撑部门的业绩评估指标。这就解决了既推倒了“部门墙”，又维护了部门和员工的利益，实现了必要的平衡。

作者感悟 我们一定要想办法将员工迅速组织起来，让员工的有效精力全花在企业发展和自身成长上。把合适的员工放在合适的岗位，让他们发挥合适的作用，围绕着企业发展，发挥员工的各自所长和积极正向的作用，这将是一个行之有效的管理方法。

能够精准施策，追求实效

党务干部在工作中应切实做到全面精准施策，这不仅是一种重要的方法，更是一种积极的举措。能不能精准，取决于党务干部是不是真正沉下心了，进行科学研究，理性分析，谋篇布局。

要做到精准施策，下大力气，就要善于找到最佳的工作落实点。找到发力点需要在实际工作中认真摸索。如果找不到准确的发力点，即便下再大的力气也可能会使工作有误差，不会产生好的效果。比如我到了一个新单位工作后，发现员工的人心不齐，于是我就不贸然行动，而是专门设计了一个调研题，请每个员工都来评判一下在整个公司系统层面，我们的单位目前可以排行第几，结果有 75.5%的员工认为我们单位只能排名末位，理由是多年来我们一直没有完成生产任务，被扣发了人工成本和相关资源，员工队伍中也出现了一些违纪违法案例被追究，人心指向不一，做好做坏一个样等。针对这种现状，如果放任自流，问题可能会越积越多，最后就可能积重难返，不可收场。这时我想，只有加强有针对性的教育引领才是解决的良方，最大限度激发员工内在的动力万分重要。

于是我就策划组织开展了"移动互联网时期称职员工标准"的大讨论，目的是让每一个员工都能参与其中，形成共识，什么样的员工才是称职的、是受欢迎的，什么样的员工是不够格，需要改变的。称职员工的标准其实在我们企业员工奖惩条例里都有，但不少员工不认可，说这是领导制订后强加给他们的。

针对这种情况，我就策划用了 3 个月的时间，发动每个员工人人提、个个议，到底移动互联网时期什么是称职员工的标准。头脑风暴了 3 个月，900 多名员工提出来的各种各样标准有七八百条之多。收拢后，我专门召集了几个有文字写作能力的、善于归纳总结的、有一定独特见解的骨干员工，将大家提出来的这么多称职的标准尽可能聚拢成一听就明白，一读就记住，琅琅上口、便于执行的员工行为标准。

整整一天时间，大家认真思考，畅所欲言，精心归纳，最后形成了我们单位在移动互联网时期称职员工的标准是“四能四会”，即能执行、能协同、能创新、能诚信，会学习、会自律、会担当、会感恩，并对每一条标准的具体内容都进行了详尽的解释和分解。然后请广告公司专门制作了70多块宣传牌子，将“四能四会”的称职员工标准张贴到了每个班组的墙上，让每个员工都能够时时加以对照，不断警醒自己。

光提出标准是不够的，第二个季度，我们专门发出通知，要求每个员工都来进行对照检查，看看自己与“四能四会”的标准还存在着哪些差距，并让每个人都写下来张贴到班组学习园地上，发动员工进行监督。果然，有员工反映，某个人明明只有“三会”“二能”，怎么自我对照变成了“三会”“三能”，要求他改过来。每个人都必须对照，并真正寻找到存在的实际差距。

第三个季度，我们又专门要求每个员工根据各自对照出来的差距，制订详细的改进措施并上墙接受同事监督，每个人都朝着称职的标准去改进、去努力。这样就变思想灌输为自我教育，变思想教育为行为引领，变行为引领为行为规范，取得了很好的效果。

到了年底，我们特别表彰了一批“四能四会”的好员工。同时宣布这项主题教育活动在大家的共同努力下取得良好成效的基础上结束了，等来年开展新的主题教育活动。在防止视觉疲劳的过程中着力显现员工的自我教育，并通过这样层层推进的员工自我教育方式，让员工以可以接受的形式，在慢慢起着教育引领的作用中产生了变化。

我们要精心策划好党建工作的全面落实。党建工作其实也是内容繁多,环节复杂。如何精心谋划好,就一定要看党务干部的使命担当和努力程度。我认为要将基层党务工作事无巨细地认真做出成效来,至少必须要突出“八个抓”,即抓改革、抓班子、抓队伍、抓廉政、抓文化、抓创新、抓作风、抓基础,并且在落实这“八个抓”的过程中做到有机结合、循序渐进、个别突破与整体推进的相辅相成,相得益彰。

我们的企业在转型、变革时曾提出每个人都要做“一去二化新三者”,这是引领企业发展一个很重要的方面,同样的,党建和思想政治工作者也要成为“一去二化新三者”,即去模式化;建立差异化和互联网化(也就是着力于把大数据思维引入做员工工作、保持与员工的交互上);做改革转型执行者、促进经营发展服务者、员工职业生涯引导者。这就把新时期的党建和思想政治工作内容进行了拓展和创新,并有具体的目标要求和考核机制配套,让每个党务干部都能跟上时代的节拍和员工的脚步,有针对性地强化党建和思想政治工作,切实提升工作的实效性。

党建工作遍及企业改革发展、员工成长成才的全过程,这是使命所在,也是责任所在。能不能使党建和思想政治工作无缝隙、无痕迹地渗透到方方面面,既考验党务干部的能力和职责,也是检验党建工作成效的重要试金石。就说抓班子吧,如何切实提高二级领导班子成员勤政廉政的意识、勤勉进取的精神、扎实工作的态度,这些都是要认真思考并解决的问题。作为党委书记的我来说,就要比任何人更加关注这项工作。我经常会事先将我们单位领导干部中存在的比较明显的问题与市、区检察院和法院的相关领导,以及上级纪委部门领导,进行沟通传递,然后定期邀请他们来进行比较有针对性的警示教育，用他们的口讲出我们想讲也应该讲出的话。我观察过，在警示教育的过程中，几个平时比较不太注意小节的领导干部的脸部表情是有变化的，看来他们是有一点触动的。

平时我非常注意对二级领导班子成员在工作实施中、业务交往中存在的问题毫不迟疑地进行必要的诫勉谈话，有些可能是道听途说的，有的可能是捕风捉影的，还有一些可能是被误解、歪曲的，但只要我有线索或接到反映，就一定会在第一时间与个别人进行严肃的（当然也会注意场合）诫勉谈话，有的还会作一些记录。没有问题就权作提醒，有一点问题就形成必要的威慑力，促其改进。这样做说到底有利于领导干部的形象提升，有利于工作的健康开展，有利于保护干部的积极性。实践下来，我感到效果非常好，而且对当事人来说，也是能够善意接受的。合理利用各种措施加强对领导干部的从严要求，并不是苛求，而是对领导干部真正意义上的关爱。

再说抓文化吧，这也是要持续渗透到日常工作中去的。通过文化培育，干部和员工就能养成比较好的习惯。我清楚地知道，文化是可以传播的，当然好的文化传播正能量，不好的文化形成负能量。曾经听说过这样一个实验：将 3 只猴子关进笼子里，然后在笼子顶部放几根香蕉，猴子看到后肯定会去争抢香蕉，这时实验者就朝着 3 个猴子喷射高压水，把猴子喷得哇哇直叫。随后放出 1 只猴子，再换只猴子进去，再在笼子顶部放几根香蕉。结果原先在笼子里的猴子不会去抢香蕉了，因为它们知道抢香蕉是要付出代价的，但新进的猴子一定会去抢，还想你们太傻了，你们不抢我去抢。这时高压水又喷射了，而且不仅朝抢香蕉的猴子喷，不抢香蕉的猴子也同样喷，喷得它们哇哇直叫。再换 1 只猴子进去，再在顶部放几根香蕉，结果怎么样了呢？原先在笼子里的猴子不仅不会抢，还对新进笼子的猴子去抢香蕉的行为进行阻拦，撕咬它坚决不让它抢，这时实验者就不需要喷射高压水了，因为猴子间已经形成了一种规范的行为方式，没有外力它们也能彼此遵守规矩。

这个实验充分说明了猴子间的行为是可以传导的，其实这就是一种文化传导的现象。因此我们一定要充分认识到，营造好的文化对于员工队伍的成长和发展是至关重要的。如果我们不能形成一种良好的文化氛围和文化理念，任何管理的举措都会显得苍白无力，共鸣和和谐难以形成。

我们倡导的员工互帮互助能力提升计划、打破“部门墙”形成更好的合作氛围、一人有难大家共同形成家人般的关爱、不让一个员工掉队拉一把的活动，等等，逐步就演化成了“一家门”文化，给员工带来实实在在的感受和愉悦。当我们把环境建设好，把平台搭建好，把气氛调节好，把关系协调好之后，呈现在我们面前的就是和谐大家庭的温馨。只要任务下达，再大的困难没人叫屈，再重的任务没人躲避，再难啃的骨头没人丢弃，再不易的指标没人放弃。大家奔着一个目标尽心尽力，结果就可以想象了，一定是非常圆满的。

由于诸多原因，我曾经所在的一个单位很多年生产任务和业务发展指标完不成，造成了恶性循环，员工的士气也越来越低落，然后就更完不成任务了，没信心，缺动力。自从进行系统的文化建设，把员工的内心梳理顺畅，把人的脉络打通，结果同样的员工队伍，同样的市场环境，同样的客户群体，同样的产品体系，并没有发生很大的改变，但呈现的是工作任务落实了，发展指标完成了，违纪违规绝迹了，大家的心情舒畅了，精神振奋了，收入增加了，扬眉吐气了。

我们要事无巨细地将工作做到极致。我们没有理由轻易地原谅自己，如果不将工作做到极致是体现不出好的效果的。记得我曾到日本东京去旅游，从宾馆出门欲去长途汽车站，在宾馆门口随口问了门口的门童，长途汽车站在哪里？怎么走？结果这个小伙子非常热情，立马拿出了一张自己手绘的地图，在地图上详细标注了到长途汽车站的路线和方位，然后很仔细地指点着怎么走，同时反复告诫我们找到这栋楼后一定要上五楼才是长途汽车站，其他的楼层分别是公交车站、地铁站之类，千万不要走错了。

顺着这个小伙子指点的方向和路线，我们很顺利地就找到了长途汽车站，将预先订购的汽车票确认后就便捷地登上了大巴。当时我就想，他本来用手指个方向便可以了，也不能说算是没尽到职责，但他能将这么一件小事也做得这样完美，作为一个人生地不熟的游客除了感激、敬佩之外，还能说什么呢？同时这件事也告诉我们，如果我们的员工也都能够像他那样做得完美，尽心尽责地将工作做到极致，我们还有什么理由不相信我们的企业能够长久不衰，能够真正被客户所认可？事情没有大小，用心做才是王道！

将工作做到极致，除了员工自身要不断努力外，我们是不是能够真正营造起催人奋进的环境和氛围，能不能让每个员工在强烈的意愿下挖掘出工作中更多的增值空间？我曾经跟随过一个员工的工作全过程，他因为经常会收到用户的表扬信，我就想要去找到答案，是什么原因让他能这样受到用户的欢迎和好评？于是我就贴身跟了他一天的班。

到了第一家，是用户的电话打不通，报了故障，这位员工上门后很快就找到了故障点，但需要搬动大衣柜，他在征得用户同意后，小心翼翼地把柜子挪开了一点，就钻进柜子后面排除故障，修复后又帮助用户复原了柜子的位置，并用自带的抹布娴熟地顺手将地面擦得一干二净后才告别。客户对我说："他一直是这样的，从来不麻烦我们，每次都会收拾得很干净才离开。这样的员工你们一定要好好表扬奖励哦。”

到了第二家，用户的宽带不通了，他马上很灵巧地摆弄了一番，宽带修通了，用户很满意。理应他也可以离开了，但这位员工并没有马上一走了之，而是将留在地上的多余电线线头等废弃物全部打包带走，并擦好地板，看看都弄干净了，留下了自己的联系方式后才告别离开。用户赞不绝口。

我彻底明白了，为什么这位员工能被用户认可、称赞，原因就是他将每一件小事都能做得如此完美。不久后我们就将他及其他员工中将工作做到极致的具体事例或案例收集整理汇编成册，发给每一个员工，让大家学着干，模仿做。当我们每一个员工都能自觉将工作做到极致的时候，就是员工能量充分积聚激发的时刻。我们太需要这样的时刻和瞬间了！

作者感悟 党务干部在工作中应切实做到全面精准施策，这不仅是一种重要的方法，更是一种积极的举措。我们应该事无巨细地将工作做到极致。当每一个员工都能自觉地将工作做到极致的时候，就是员工能量充分积聚激发的时刻。我们太需要这样的时刻和瞬间了！

营造团队合力，持续创新

创新是需要用心去践行的，是需要用智去推进的。要体现党建和思想政治工作的魅力，就要在党建工作持续创新、在形成团队合力上狠下功夫，就要让员工在相互帮助、共同提高的意境中体现出更高的效率。没有人心的凝聚，党建和思想政治工作就不会有强有力的感召力，当然也就很难体现其独特的魅力。

我们要在创新党建工作中增强党建工作的魅力。党建工作的魅力主要体现在能够最大限度地积聚力量、凝聚人心，鼓舞员工、发奋图强，激发智慧、勤勉工作，攻坚克难、创造辉煌。将党建工作做到位了，员工就能够始终团聚在党组织的周围，发挥出无限的正能量。

我平时的一个重要工作内容就是做婆婆嘴，充分利用各种场合跟员工面对面进行思想沟通和工作交流，比如每年一定会进行全员的形势任务宣贯和组织开展能够入心入耳入脑的主题教育活动，以及每季度一定会召开一次员工大会进行工作点评、每两个月一定会组织召开员工的小诸葛研讨会、每个月一定会有针对性地与不少于 10 个员工进行个别交谈和思想沟通，等等，健全这样的工作路径，经常这样深入员工中去，就可以充分搭准员工的思想脉搏，了解员工的所思所想、所需所求，力求充分体现党建工作的有效性。

由于真正做到走进员工的内心，做员工的知心朋友，员工返还的也是你意想不到的惊喜和感动。2016 年的某一天，我所在单位的一位员工上班途中骑着电动车不小心突然摔倒，后脑重重地着地，当即七窍流血不省人事。被紧急送到医院抢救时，基本被判断活不过当天。在我们几位主要领导闻讯赶到医院后，当即与院方作了反复沟通，请求医院一定要尽快动手术进行最佳方案的抢救，经过我们再三要求，等这位员工的病情稍有一定平稳时，医院立即组织医生实施了手术。8 个多小时的抢救后，他被送入了 ICU 病房一直深度昏迷。

期间，我们每天专门安排 1 名员工除了到病房协助家属照料病人外,还坚持不断跟他说话,放他平时喜欢听的音乐。结果整整昏迷了 28 天,到了第 29 天时他突然有了苏醒的迹象。他妻子迅速通知了我后,我当然非常高兴。压抑着内心的激动,没想到的是,当等到 ICU 病房探视的时间一到,我走进病房时,他朝我发出了微笑。我说:"如果你真认识我,就点点头,如果不认识我,就摇摇头。"结果他使劲点了点头。他妻子在边上可不开心了,说:"我们照料他这么多天,我和女儿他还不认识,但只认识你,太奇怪了。"我走出病房的时候,心情确实难以平静,我何德何能让一个刚有苏醒迹象的员工首先认出了我,而不是他最亲近的家人,是不是可能平时我们叨叨叨,叨叨叨,讲得太多了,留给他的刺激比他的家人还要强烈。

大概又过了 18 天,那天我正好在外面跑步锻炼,突然接到他妻子给我发的信息,说是今天她老公彻底苏醒过来了,抢救用的呼吸器也被拔掉了,但是结果他突然变成了一个话痨,然而讲什么听不懂,尽是什么销售流量呀、客户维系呀、用户套餐呀、新装工单呀、资料登录呀,等等。我站在马路边上看到这条信息后泪流满面。要知道,一个刚刚苏醒过来的员工,不会也没有必要有刻意表现给你领导看的动机和愿望,而这种下意识的言语完全是本能的自然流露,是一个员工把企业的职责深深镌刻在灵魂、渗透在血液中的结果。这时我感到作为一名党务工作者拥有非常神圣的职业价值、尊严和荣耀。

谁说党建工作是一项额外的工作,谁能说党建工作可有可无?这位员工真实反馈的结果告诉我,我们的工作没有白做。只要我们把党建和思想政治工作切实做到位,发挥出来的能量将是无比巨大的。事后我还接到好几个员工的电话,他们说:"领导,从他的遭遇以及企业和团队无比投入的付出,让我们心服口服了,以后我们一定会加倍努力工作，因为一旦遇到重大变故，企业就是我们最坚强的后盾和最温暖的家。”一个员工的曲折经历中确实浸透着我们的心血，但换来的是更多的员工聚拢在我们身边的感动，这是无穷魅力的党建和思想政治工作在起着巨大的作用。

我们要在强化党建工作中发挥党建工作的作用。党建工作的作用不是可以预知的，确实是需要在不断实践的过程中坚持的。我们曾经遇到了一个很大的困惑，由于大量的业务外包，造成用工上的多种身份并存，很多基础性、需要出劳力的活基本上是由外包员工或劳务工承担着，我们的员工中程度不同地出现了个别的“贵族化”倾向。这是非常不利于员工队伍建设和成长的。

于是我们在党建引领下，组织对员工进行了全员的“危机感”系列教育。也就是将 1 000 多名员工分成 20 批进行脱产住宿的轮训。我们故意将住宿安排在比较简陋的学校教室里，男员工就用白天上课的课桌椅晚上搭建成床睡觉，女员工稍微优待一点，租借了上下铺双人床就寝。饮食方面进行了有针对性的控制，以简单素食便餐为主。每天早晨还邀请驻地部队战士对轮训员工进行队列操练，不让其睡懒觉。晚上还特意安排一次紧急集合，每次预先设置了若干个通信方面的故障，将 10 个人分为一组，只有寻找到故障并排除后方能睡觉。同时每天由我们自己的小教员安排强化危机感方面的授课。

每一批轮训一个星期，产生了很不错的效果。很多员工说：“原来以为像我们这样的央企，有着强大的独特优势，生存和发展应该是不成问题的。现在经过几天的学习和一系列的活动，了解到通信技术和通信产品的变化非常大，如果我们还处于温水煮青蛙那样的状态，说不定哪一天就该轮到我们要下岗去找工作了。”

危机感教育通过一年20期的轮训产生了效果，但同时也发现不少员工由此产生了很多焦虑情绪，甚至有的员工说："现在我是白天吃不下饭，晚上睡不好觉，生怕哪一天我们企业不行了，我们的出路何在？"我强烈感觉到，员工有压力是好事，但有太大的不可承受的压力就会适得其反。于是第二年我们又组织策划开展了全员的"转机感"系列教育，也就是分批组织员工让大家感受到市场竞争带来压力的同时，引导员工看到我们企业业已存在的十大优势，具有哪些美好的发展前景，将会遇到哪些变化需要大家提前了解把握，等等，从而激发员工的企业自豪感，倡导奉献精神。其后设置让每个人都有通过竞聘上升职阶的通道，使大家在企业中都有良好的职业发展机会，真正形成企业凝聚力。

与此同时还鼓励每个员工对企业发展提出自己的合理化建议，设计在新形势下如何加快业务发展，深化客户维系的方法、路径和渠道，并对好的建议、设想及时进行奖励。这样做，让所有的员工在感受到企业面临着无限变化的同时，也能创新形式，共同努力去取得新的业绩，创造新的奇迹，从而促使员工产生与企业同命运、共奋斗的自觉性和紧迫性。

能不能及时对员工有针对性的教育，能不能让党建和思想政治工作做到位，进入员工的内心，是能不能实现党建引领的关键所在。党建和思想政治工作不是一句口号、一个方案、一个活动就可以的，而应该渗透在企业发展、员工成长的整个过程中，是有形的有感知的客观存在的事实。

现在我们可以这样说，并不是员工一味地排斥教育，而是我们的教育是不是真正能够被员工接受、认可，并形成自觉的行动。当员工能够听进去、听得懂、听到位的时候，一定会用很多无声的行动反馈给领导、企业。因此，教育是一种有效的管理方法，是对员工行为规范和激励的有效组成部分，问题是我们要确实研究到位，开展什么样的教育，产生什么样的氛围，呈现什么样的结果，都要个性化地稳步推进。

我们要能够着力生产出党建工作的产品。深化党建工作往实里走，往深里走，要在遵循一定规律的基础上将党建工作常态化、制度化。我始终认为，党建工作同样可以形成产品并持续固化，可以在更大的范围内进行复制、优化和实施。我们策划开展的党支部"一部一品"建设，就是要将党建工作用产品的形式呈现出来，能够具有很强的生命力，而且可以成为可复制、可持续的体系和机制。

党支部"一部一品"的主题活动，就是让每个党支部在实际的工作中形成具有自身特点的活动样式、工作机制、行动方案，并有具体的路径和实施过程。在党员参与的有形性上可以固化。每个党支部策划和落实的内容都是很实在的，具有很强的操作性，并且能够让党员和群众一目了然，乐于参与。每个具有个性化的活动经过打磨以后在党支部间进行交流，相互补充，形成更为合理的样式，然后进行实践性推进和优化。

如有的党支部以打造"班组精神"为强化党建引领的载体，着力推进，在员工中形成了巨大的正能量，被认为卓有成效。每个班组都根据自身的特点，经过所有成员集思广益，提出具有激励性、约束性、可行性的行为目标或行为方式，作为时时可以对照的改善措施。比如有的提出"在岗一分钟，奉献60秒"的班组精神；有的提出"企业兴我也兴，企业衰我也衰"的班组精神；有的提出"学习——我的法宝，奉献——我的追求，卓越——我的目标"的班组精神，等等，利用这样的理念、观念、准则不断优化党员和员工的行为方式，形象化地促进员工向上向善前行，使抽象的表述化为具象的行动。

如有的党支部为了能真正在部门内形成正能量，使员工队伍在奋进的环境中不断知难而进，勇往直前，尝试开展了员工积分奖励活动，即员工只要有体现正能量的行为，均会给予一定的奖励积分，并实施个性化的兑现形式，形成人人挣积分体现正能量、个个兑有感知的奖品体现自身价值的新局面，使思想政治工作变得更加有形，员工行为更加可控。这项活动实施后，员工队伍产生了很大的变化，比如员工中讲困难的少了，愿意奉献的多了；讨价还价的少了，关注企业发展的多了；单打独斗的少了，团队协作的多了；被动做事的少了，主动找活的多了。就这一项活动给员工带来了很大的思想变化、行为变化、观念变化。

增强党建工作的产品意识使党务干部可以更好地提升责任意识和使命意识，不再单纯按照上级要求按部就班落实工作，不是简单发现问题就事论事解决，而是能主动进取，主动求变，对工作的成效有固化的习惯和长久产生作用的能力，这样的党建和思想政治工作效果才是看得见，能感受得到的。

作者感悟 没有人心的凝聚，党建和思想政治工作就不会有强有力的感召力，当然也就很难体现出其独特的魅力。将党建工作做到位了，发挥出党建工作的产品意识，就能使党建工作真正成为一个科学的体系，员工就能够始终团聚在党组织的周围，发挥出无限的正能量。

突出细节精致，逻辑思维

很多人一直以为，做党建工作不必太讲究细节，因为党建工作有着自身的一套固有程序，只要你按部就班做好工作准不会错。其实党建工作同样是有着自身客观规律的，在把握规律的同时，再关注好细节，才能真正将工作做到尽善尽美的程度。

我们要追求党建工作在不经意中求突破，在不间断中求实效。党建工作要坚持和风细雨，持之以恒，千万不能有随意性，精致的工作才能换回精准的结果。我就碰到了一件事，整个处理过程就是一种讲艺术、有作为、不懈怠的过程。

有一次两个老员工找到我的办公室，当时我正好在开会，无法接待，便请人力资源处处长和党群办主任去接待了解一下有什么事需要我们解决。结果就听到门外又是拍桌子又是摔凳子，大喊大叫："领导出来，给我们讲清楚，为什么我们俩不可以加工资?"嘈杂的声音、愤怒的情绪、激烈的话语让会议无法继续开下去了，我就说会议暂停一下吧。我走出会议室来问这两个老同志，你们到底有什么事？结果他们马上就冲着我大喊大叫："你说，我们俩为什么不可以加工资，今天不要跟我们讲大道理，就要讨个说法。"

我学过管理心理学，知道这个时候正是他们情绪最亢奋、最不稳定的阶段，不会有平心静气地交谈和沟通的可能性。于是我就说："到我办公室里坐下来慢慢聊吧。"将他们引到我的办公室坐下后，我跟前台小姑娘说："你去帮我倒两杯上好的好茶拿来。"她马上领会了，磨蹭了一段时间端了两杯茶进来说："领导，上好的好茶来了，"其实也就是平时用的茶叶。我说："现在有上好的好茶，不要浪费，喝了再聊。"约摸过了 15 分钟，我估计他们的"斗志"该被消磨得差不多了。我就耐心地发问："今天你们俩来找我到底有什么事?"话音未落，不得了，他们俩的情绪又大爆发了，指着我的鼻子大喊："领导，你今天不要给我们讲大道理，就回答一句话，我们俩为什么不可以加工资？”

望着他们，我心里想，确实很难直接回答他们的问题，如果我说是你们的表现不好，所以没有加到工资，他们肯定不服气，要跳起来。因为我们现在的考核机制和考核办法，还没有真正完善到他们确实就是排名最末位，是最不称职的员工。也有可能比他们表现不好的人反而加到了工资，因为加工资这项工作是很复杂的，有历史过程考量因素、有部门比例匹配因素、有整体面上的平衡因素等，用一两句话确实是很难讲清楚的。

半个小时过去了，这样僵持着不是办法，于是我说：“我们换个话题谈谈，你们看怎么样？你们就给我说说你们为什么可以加工资。”我想他们提主张当然应该由他们来举证，这样就比较容易沟通。结果他们就立马说：“我们年纪这么大了，还有两年就退休了，就应该要优先加工资。”我当着他们的面，认真地将加工资的文件仔细看了一遍后说：“对不起，文件里没有规定，年纪大的一定可以优先加工资，这个理由不成立，还有吗？”“还有，我们工资这么低，就应该可以优先加工资。”我再认真翻看了文件说：“文件也没有规定，工资低就一定可以优先加工资。”他们问：“那文件上是怎么规定的呢？”我说：“只有在岗位上的工作做出成绩了才可以加工资。”话音未落，他们就跳起来了，指着我说：“这是你们领导的说辞，为你们开后门留后路，我们不认可。”双方说不通，不在一个频道，只能僵持着。

又过了半个多小时，老这样僵持下去也不是个解决问题的办法呀，于是我站起来，拍了拍胸脯说：“今年算了，因为加工资的名额已经全部分配完了，可以加工资的人员也在网上公示了。这样吧，明年我承诺给你们加工资，你们看怎么样？”听我这么一说，他们马上站起来：“我们也知道今年不可能加了，明年加当然是可以的，领导你如果早点承诺，事情不就解决了吗?”说完就准备动身离开了。

我连忙拦住他们，说:“现在是我对你们的承诺，对不起，你们也必须要对我承诺，否则就不公平了。”他们一愣，我们承诺什么?我说:“咱们就约法三章吧！第一条，从今天开始，你们每天上下班不许再迟到早退了，行不行?”他们一听，马上表示同意。“那约法第二章，从今天开始，你们的工作要赢得你们周围同事们翘大拇指。”他们当即表示不认可，这个毕竟是有点难度的，要做到确实不太容易。然后我说:“既然你们不愿意承诺，那我的承诺也没有办法兑现。”他们一听急了，毕竟我说明年给他们加工资是很诱惑人的。他们想了半天，说:“我们不敢承诺，但可以试试看行不行?”我认为这个要做到的确是有很大挑战性的，应该允许他们进行尝试。“那约法第三章，从今天开始每个月你们如果学会一个知识点就告诉我，比如今天学会手机上网了，下个月学会手机订餐了，再下个月学会手机下单购物了，等等，只要学会任何一个技能或知识点就可以了。”他们一听又跳了起来:“这个绝对不行，我们年纪大了，肯定是学不会的。”我也强硬了:“不行吗? 那就你们走你们的，我走我的，谁也没有承诺过什么。”我承诺明年给他们加工资实在是太有诱惑了，他们沉思了半天，答应一定先试试看，力争去努力做到。至此双方的情绪都缓解了，我起身拍了拍他们的肩膀:“以后做事不能这么冲动哦！人还是要讲道理的。”他们也起身拍了拍我的肩膀:“领导，你说的话可是要算数哦!”

其实上述这些的确是我的工作，但根本不是我全部的工作，因为我的工作是他们俩走了以后才刚刚开始。第一个星期，我一个电话打给他们:“我跟你们的约法三章做得怎么样?”他们一愣:“领导你还来真的啊!”我说:“当然是真的，这个不是小孩子玩家家闹着玩的。”他们回答我：“哦，这个星期我们俩都请了公休假，没到单位上班。”我说：“那好吧。”就把电话挂了。

第二个星期，我一个电话打过去：“我跟你们的约法三章做得怎么样？”他们回答：“上下班迟到早退的现象没有了，其他两个还来不及做。”我说：“行，一定要努力哦”，把电话挂断。第三个星期我正好去这两个老同志所在的部门办事，等事办完后我特意走到他们的工位面前：“我跟你们的约法三章做得怎么样？”

就这样，整整一年 52 个星期我从没有间断过联系和追问。即便有时我出差或外出开会实在不便联系，我也会委托他们的部门领导进行询问、督促。一年坚持下来我们都能感受到这两个老同志渐渐的变化，从那以后就没有再迟到早退过，工作开始积极主动了，对交办的任务能认真完成好，可以帮助同事做好协调工作了，等等。

当然其中也是有过曲折经历的，记得是第七还是第八个星期，我一个电话打过去，还没开口，他们就抱怨了：“领导你烦不烦啊，每个礼拜问我们约法三章做得怎么样？”我赶紧说：“哦，可以，那我们就换个话题聊聊吧。你们的孩子，最近怎么样？”因为我基本了解他们的家庭情况，就随口错开话题。没想到，说到孩子，他们的语气就不一样了，说：“我们的孩子虽然在外资企业工作，但是很争气的，工作表现一直很好的，最近还被领导加了工资了。”于是我趁机就说：“对呀，现在这个社会就是这样的，谁为企业做出成绩，谁才可以享受企业发展的红利，那么你们的约法三章做得怎么样呢？”他们哈哈一笑：“领导你又绕过来了。”

就这样，一年的时间里他们俩的变化和进步很多同事有目共睹。在第二年领导班子讨论员工加工资时我据理力争，要求给这两个老员工加工资。班子其他几个领导也比较尊重我的意见，表示同意。结果在网上公示了,没想到公示后我接到了好几个员工的来电,他们说:"原本我们都在观望,这两个是在单位里的'刺头',如果通过吵闹就可以加到工资,那我们准备也来吵闹了。但没想到他们真的是有变化,看到领导经常督促,他们的工作变得越来越主动、不违纪违规了。我们服了,今后谁要想享受企业发展的红利,唯有自己不断努力付出,别无他法。"

这个是我没有料到的连锁效应。我要说,这个漫长的看似很平常的沟通和督促过程,难道不是党建和思想政治工作非常重要的一部分吗?我们有时往往会把党建工作当作是很高大上的一件事,形式、内容等好像都要有一定程式化的样子,其实党建和思想政治工作就是在平时点点滴滴的润物细无声的过程中实施显效的,就是在平时关注和把握每一个小节或细节中去潜移默化产生作用的。党建和思想政治工作就是通过教育了几个人,改变了部分人,影响了一批人,引领了一群人来开展的,这也就是党建和思想政治工作的强大魅力之所在。

我们要关注细节,将细节落到工作布局、实施过程、结果评估全方位中。有时候我们会不太关注细节,但不注意细节又往往会酿成大错。曾记得有个小故事——幼儿园老师给小朋友做算术题目,老师问一个小朋友:"今天老师给你一个苹果,再给你一个苹果,再给你一个苹果,你今天可以拿到几个苹果呀。"结果这个小朋友爽快地回答:"四个。"老师一听不对,再问:"你听听清楚哦,我给你一个苹果,再给你一个苹果,再给你一个苹果,你今天能拿到几个苹果呀。"这个小朋友还是回答:"四个。"老师愣住了,想了想说:"那我们换个水果吧,今天老师给你一个草莓,再给你一个草莓,再给你一个草莓,你今天可以拿到几个草莓呀。"回答:"三个。"老师一听对呀,赶紧说:"那老师再问你,我给你一个苹果,再给你一个

苹果,再给你一个苹果,你今天可以拿到几个苹果呀?”小朋友斩钉截铁地回答:“四个。”老师很不高兴了:“为什么说草莓就对,说苹果就错了呢?”小朋友很委屈地从口袋里拿出一个苹果说:“今天上幼儿园前,妈妈在我口袋里放了一个苹果,你给我一个,再给我一个,再给我一个,当然是四个喽。”老师哭笑不得。

我们有没有仔细回忆过,我们在平时的工作和管理过程中有没有对员工有过类似的误解?有没有因此而责备过员工,因而造成员工的不满?当我们没有掌握全面信息的时候,就下了指令,提了要求,甚至还拍了板,然后员工感到无所适从时,我们还理直气壮地批评员工,这样的事我们还真做得不少呢!不把细节关注到位的管理,会有成效吗?

将细节关注到位,不仅是一种主张,是一种精神,更是一个具体的行动,是一个永远的追求。我们经常说,一句话使人笑,一句话使人跳。在党建引领和日常管理中,我们如果不是非常注意细节,效果就可能完全不一样。有一天,我在大街上骑着自行车,在左向大转弯时,只看到前方有一个绿灯指示标志,没有左转向的指示灯,那就证明我是可以骑行的,但在同向机动车的间隙我穿过去后,就在准备穿越逆向机动车流间隙时,我后面一个骑电动车的大哥叫住我了:“别过去了,左边就是两个警察,你这样过去就会被警察罚款的。”我当时正在思考并犹豫着要不要过去,我为什么不可以过去时?这位大哥口气很严厉地又喊了:“叫你别过去,你有病啊?为什么不听劝,有病啊!”我停下车后回头望了望他,不知道是应该感谢他呢,还是冲他生气?他叫我停下来,绝对是为了帮我,是对我好,而且还是做了份外事,一点没错。但顺口连骂了我两句“有病”,那绝对就是不友好地冒犯了我,弄得我心情非常不愉快。其实也就是一句话没有说好,将好事办成了不愉快的事,造成了我没有一丁点要感激他的意思了,效果当然就不会是理想的。这样的例子我想在我们现实的管理中不会没有。没有对细节的充分关注,造成好的动机没有好的结果,这是多么令人懊恼啊!

我们要精准了解党员和员工的需求,有的放矢地做好工作。有没有用真情实感走进员工的内心,真正把握员工的实际需求,这是我们能不能体现思想政治工作和党建魅力的重要着力点。员工都不能愉悦自己,那他们怎么可能会去愉悦客户?当员工都做不到愉悦客户,又如何能够去创造性地维系和发展客户,去拿到更大、更多的订单,如何在满足客户需求中强化对客户需求的引领?不是仅靠教育或说教,而是我们教育和引领本身应建立在真情的基础上。

如果我们能搭准员工的脉搏,那每一个管理举措、每一个发展指标、每一个流程重组就都可能成为员工自觉奋斗的新起点。因此,作为一个称职的党务干部一定要舍得花时间去与员工和党员进行交流,去精准把握大家的关注点和兴趣点,面对面了解大家真实的所思所想、所需所求,并力所能及地帮助解决好实际存在的问题。如果不能发现问题,可能是一种能力不强的表现,但发现了问题,不努力去解决,那就是工作态度的问题了,是作为一个管理者的个人品行问题了。

员工每天奔波在社区、企事业单位、客户家庭、施工现场等,难免会有一些需要切实解决的问题,比如酷暑天不要说干活,就是走一圈都会汗流浃背,但回到单位后没有一个地方可以让员工洗个澡,员工的感知度就可想而知了;天很热或很冷对员工的消耗很大,中午确实需要有个休息的地方,以保持体力,但如果辛苦一天了而回到单位却没有一个地方可以好好休息,设想一下,员工怎么可能会调节好情绪;外出不能吃客户的东西,已经成了一条铁律,但一旦回到单位,没有热菜热饭、好菜好饭,员工怎么可能还有工作积极性;员工的工作间、更衣室和工作用车都没有像样的保证,回到单位要么得忍受难闻的味道,要么就是杂乱无序,弄得心情非常不爽,等等。这样的事看上去都是小事,甚至也都不一定是要企业全部做好的,但员工如果没有应有的感知,他们的工作压力怎么会减轻?他们的工作潜力怎么会被激发?他们的工作智慧怎么会体现?所以,事并不大,但影响很大,结果就很不一般。这些都是要在现实交流和沟通中努力去精准地把握,然后在有条件的情况下,逐步进行有效的解决。

真正让每一个员工把企业的关怀看作是持续前行的动力,看作是激发活力的源泉。在这方面我们一定要舍得投入,舍得为员工付出,至少要让员工拥有一种强烈的企业归属感和向心力。

我平时有个习惯,一旦到了基层单位部门,甚至到了其他单位去办事,我一定会到这个部门或单位的洗手间去看一看,如果是打扫得干干净净、清清爽爽、有条有理,那这个部门或单位基本上是管理有善、井井有条的,拥有足足的正向力量。反之,如果连个洗手间都肮脏凌乱、无从下脚,那么估计这个部门或企业的管理肯定就是不怎么合格的,员工的聚合力和积极性肯定也不会太强。事实证明,我的这些判断基本是准确的,得到了很多次的验证。如果企业的管理工作存在很明显的缺失,比较直观的就一定会首先直接反映在类似洗手间、工作场所、员工休息室等的表象上面。所以我们需要用大力气、花大工夫、舍得下大成本去解决员工的实际需求和困难,让员工不仅有解决的期盼,更有解决后的自豪。

作者感悟 党务工作同样是有着自身的客观规律的,在把握规律的同时,非常需要关注到每一个细节,才能真正将工作做到尽善尽美的程度。我们要追求党建工作在不经意中求突破,在不间断中求实效,在持续不断努力探索、实践、纠偏的过程中强化党建和思想政治工作。

充分体现人格魅力,不能仅靠职务影响

实践证明,如果要真正体现一个党务干部的人格魅力,那就意味着:我们必须要放弃职务影响,增强感召力;必须要追求身清气正,增强引领力;必须要杜绝官样习气,增强亲和力;必须要学会沉下身子,增强聚合力。当然也就必须要牢牢把握住四个环节。

具有全局意识,把握大局

没有大局意识、全局观念和整体思维绝对做不到自觉而又有效地将党建工作真正融入企业的生产经营工作和员工的成长过程中。我们不能站在自身工作的角度而一味地机械从事,盲目工作,只关注鼻子底下的一点局部利益,而应该要心怀全局,找准定位,把握时机,有效出击。能够把握大势的人才有可能取得事半功倍的效果,才有可能真正把握住先机,取得有成效的突破。

要能够做到主动增强大局意识,不争地位求作为,不争利益求效益。尽管我是一个专职党务工作者,平时并不分管具体的生产经营工作,但在工作实践中我不断自我加压,始终怀有一种神圣的

使命感和强烈的责任意识，对自己提出了更多更新的要求，也就是一定要在实际工作中切实做到：

在谋划发展任务时要努力成为行家；

在破解经营难题时要努力成为专家；

在文化引领行为时要努力成为禅家；

在总结培育典型时要努力成为作家。

这四句话的自我要求，我认为同样是一个党务工作者的应尽职责，也是能够将党建和思想政治工作不断融入企业生产经营的根本之道，还是真正意义上防止产生“两张皮”的有效途径。党务工作者不需要去莫名地争地位，因为所有的地位是靠自己可见的作为换来的，而这种作为就一定要靠不能懈怠的结果，必须时时透析出不断进取的精气神。有了比较高的自我要求，努力的方向也就清晰了，出力的路径也就明确了，那展现出的结果当然也就更加显而易见了。人天生有惰性，但能够不断克服惰性就是人的意志的集中体现，使命职责的集中体现，也是敬畏之心的集中体现。

有一段名言讲得很好：人，才是地球上唯一能仰望浩瀚星空并发出由衷赞叹的生灵，因此只有人才能产生思想、产生灵感并有所追求。人可站立，可行走，可飞腾，不为时间、空间以及物质世界所束缚。昂首是天，天似画廊，让人无尽地创造；昂首是天，天似疆场，让人无边地驰骋。我认为，作为一名党务干部就应该要拥有这样宽广的胸怀和孜孜的追求，充满感性的激情和充满理性的坚实，以及坚定的信念和百折不回的精神境界，将工作当作人生最大而且最重要的一部分，从工作中找乐趣，用欣赏的心情去工作，使工作变得更愉快。

员工在生产第一线奋斗，我就必须要与员工一起担当。如当员工到居民小区或深入企事业单位进行现场客户维系、产品销售、业务推介时，我就是一个志愿保障者；当员工有事需要我帮忙出力时，我就一定当作是自己的事情来认真办好；当员工有难以克服的困难时，我就立即在员工急需要帮助的时候出现；当员工做出了成绩时，我就第一个为员工喝彩。我们不可能创造惊天动地的伟业，甚至也不可能有什么骄人的业绩，所有的都是很平凡、很普通的一件件、一桩桩微不足道的小事，但将这些小事都能尽心尽责做好，完成全局性的大事才会变得可能和顺畅。

能否站在高处看问题，能否站在全局想问题，能否站在时代找问题，这不仅是一种态度，更是一种行为的必然。党务干部要尽可能多地去了解各种信息，掌握各种动态，因为是不是具有一定的前瞻性思维，能不能给员工一些指引，在生产经营过程中能不能有一些拓展性的建议，这才真正体现出一个党务干部是不是具有价值之所在。

我深深地知道，一个富有生命力的企业，并不在于它有多大的实体规模、多大的经济实力，而在于是否具有掌控和引领员工心灵的思想观念，是否具有一种精神存在于员工的头脑和心灵之中。因此我们必须要善于尽一切可能，去点燃员工更多的劳动热情，去创造企业更多的发展业绩，去描绘未来更多的宏伟蓝图。没有党员和员工的主动参与，党建工作的效率是达不到最大化的。党建工作的一项重要内容就是要着力培养党员和员工的精神驱动力——当人的职业一旦与使命联系起来，其内在的意义就会陡然庄严起来。

多年来，我养成了一个自以为还是有效的习惯性的做法，就是对所参加的每一个会议都认真做好笔记，然后将会议内容进行整理消化，从中分析出所从事的党建和思想政治工作如何有效快速跟进的办法和路径；对所参加的每一次高层次的培训都会如饥似渴地去听讲，汲取养料，然后从中琢磨出未来变化的趋向或技术演变带来的影响，整理后与员工进行交流，传输一些有价值的信息给员工，往往能得到员工的认可；对所阅读的每一份重要文件都会进行仔细品读，然后梳理出所落实工作的重要方面和实施方法，在实际工作中做到有机的结合，在做好日常工作的同时，着力寻求对重点工作的突破；对上级领导的重要讲话一定会认真品味，然后比对讲话间的异同或新的思路、新的要求，等等，在以后的工作中会自觉地加以落实和贯彻，并从中引发出自己在管理中的某些启示或感悟。认真做好这些功课，可以非常好地增强自己对企业未来发展趋势的了解，对员工队伍建设的把握，对重大方向性问题的掌控，对做好自己本职工作的信心，就非常有利于在强化党建和思想政治工作中加以有效利用或有针对性的拓展。

每年上级对我们的年度生产经营考核指标都会有新的要求，有时候确实会遇到难以逾越的高度和难度。我曾经有好多年对员工说，让我们大家拼一下，完成了全年的任务后我们就可以有机会放松一下了，照顾照顾家人，外出旅游观光，静心休息调节，做自己喜欢做的事……结果每年的考核指标下达后，就没有任何放松的可能了，而且一定是从年初拼到年底，年底还经常需要“打老虎”。我也只能多次对自己的承诺食言了。

有时候甚至还会因为多种原因完不成上级领导下达的指标任务，这时自己也肯定会产生埋怨情绪，如果一不小心传递到中层干部或员工当中，就很有可能激起许多负面的影响，既不利于凝聚员工队伍，也不利于凝成攻坚克难的团队氛围，更容易与上级领导产生一定程度的对立。

有一次我还专门带有情绪地与上级领导进行了一次“失败”的

沟通,其实目的也就是想让上级领导把年度考核的指标往下降一点。结果领导就说了一句话:如果做任何事都没有难度的话,还有必要把我们这么多的领导干部放在领导岗位上吗?如果每个单位都强调自己的困难,那么全局性的事情谁来完成?这时我才恍然大悟,确实我们往往会站在小团体的利益出发去强调客观因素,又往往会缺失足够的大局意识而选择一些所谓的捷径,显然这是不可能做好工作的。

由此多少次我主动检讨自己,我们为什么就没有一定的思想高度来认识我们的作为?是我们的视野不开阔,心胸太狭窄,还是我们的眼界层次低?我强烈地意识到,我们一定要跳出自己的小圈圈,善于站在全局的角度去思考和处理问题,这样才会有更好的准确度、精准性和判断力,我们才会拥有充足的动力源泉,我们的工作才会真正是可以取得成效的。如果我们都不能把自己的一亩三分地管好、耕好,整个大田怎么可能会显现勃勃生机、春意盎然呢?所以自我加压,说起来可能很容易,但真正要做好,还真是不太容易,但这就是最考验使命和责任的关键之处。

作为党务干部一定要有开阔的心胸、开放的心态、开拓的思路。人一定要具备比较冷静的性格和理性的执着,才能将应付忙乱事而造成的烦躁心情自觉地放平静下来,对全局性的发展作一个全面的分析,然后找准可以发力的地方一锤子钉钉子。

我曾听过这样一个故事,说是有一人发现放在家里的一块名贵手表找不到了,夫妻两人翻箱倒柜找了好半天就是没有收获,这时他们的小孩说了:"爸爸妈妈,我来找找看,好不好?""我们已经找了这么久都没有找到,你一个小孩能找到?""我来试试看嘛!不过请你们都出去,我一个人来找。"大人们将信将疑地退出了房间,大约过了15分钟,这个孩子拿着这块名贵的手表交到了父亲手里。夫妻两人觉得很奇怪，我们找了这么长时间都没有找到，你怎么一会儿就能找到了呢？小孩说："我请你们都出去，然后把会发出声响的东西都关掉了声音，随即我就把自己的耳朵贴着地面，静静地听，滴答滴答是从哪里发出来的，然后顺着声音就找到了手表。"这个小孩确实很聪明，值得称赞，但更应该效仿的是，我们是不是也能够把心静下来，换一种方式去对待、看待和处理各种事情。

浮躁的社会容易使人产生浮躁的心理，而在浮躁心情的驱动下，大多数时候人就会显得不冷静，久而久之就一定会产生许多偏差，在不良情绪驱动下，往往就不能从容理性地做好事情。在平时工作中，在日常生活中，在待人接物中，在人际交往中，在权衡利弊中，我们如果做到时时将自己的心放空，放空心绪，放慢心境，放松心情，学会独处一段时间，然后静静地理智地看待和处理各种问题，难道不也是一件很重要的快乐事吗？一时兴起可能会快刀斩乱麻，但留存很多后遗症，那是得不偿失的。我曾经到黑龙江去游览，在镜泊湖边，整整 3 个小时，望着平静如镜的湖面，什么也不想，什么都不做，什么也不说，纯粹就是静静地望着近远处，没想到等起身后，感到浑身的轻松。这是不是心境清空后的万事解脱呢？有兴趣的同行不妨可以试试看！

要拥有一定的胸襟，就必须要锻造主动积极的心态。我曾听到过这样一个故事，说是有个少年追随着众人一起到美国的西部去淘金。就当他做好准备，刚开始要动手大干的时候，几个恶汉蛮横地赶走了他。面对挫折，这个少年没有就此沮丧，而是自我激励地大喊一声："太棒了，这不正是磨炼我意志的机会吗？"虽无奈他选择放弃了淘金，但经过冷静仔细观察，发现很多淘金人天热口渴难熬，于是他就另辟蹊径去"卖水"赚钱。谁料到这时又有人欺负这位少年身单力薄，无人相助，趁机抢占了他的水摊。这个少年仍旧大喊了一声:“太棒了！这点小事难不倒我，我绝不会退缩的。”他放弃了卖水，而收集起遍地被人舍弃的旧帐篷，为淘金工人做起了“牛仔裤”，同样赚得满满的一桶桶金。这位少年就是后来举世闻名的牛仔大王李维斯。

拥有主动积极的心态，才能更快、更宽容地接受新理念、新事物、新变化，在面对逆境、挫折时才不会消极逃避、自我安慰、颓废堕落，而是会将自己的注意力集中到积极寻找改变现状的方法上，并力争做得更好，还能将这种心态传递给周围的人。

作为一名党务干部就要有一定的胸襟和情怀，没有必要去争很多本就不需要的东西，让自己在一个好的心境中去想问题、干事业、谋成功，在各个环节上去主动作为、体现担当、承担责任，你就不会感到无谓的疲惫和劳累。如果带着个人的私利去争权夺利、暗度陈仓，甚至踩着别人的肩膀往上爬，你可能也会得到一时半点儿的好处和利益，但最后你的形象就会大打折扣，你的话语就没有权威性，你的人品就会受到影响，你的感召力就会丧失殆尽。所以该放手时就要放手，但该出手时一定要出手，在关键的时候该我们作为时，就必须挺身而出，义无反顾。

每个党务干部自我反省一下，我们可不可以真正做到:当发生危机时我们就是消防员，当遇到难题时我们就是急救员，当破解障碍时我们就是教练员，当队伍前行时我们就是宣传员，当心理舒缓时我们就是咨询员，当登台亮相时我们就是搭梯员，当庆功表彰时我们就是拉幕员。我们不是不需要拥有尊严，不需要体现价值，不需要被充分认可，而是要有足够的魅力和实力，去维护更多人的尊严，显现整个团队的价值，拥有更多美好的可能。最好的结果是，大家爽朗的笑声里融入我们满足的笑声。

作者感悟 党务干部要能够做到主动增强大局意识，不争地位求作为，不争利益求效益。我们要能善于站在高处看问题，站在全局想问题，站在时代找问题，要拥有开阔的心胸，开放的心态，开拓的思路，时时能够将心放空，冷静地、理智地去看待和处理问题。

具有进取精神，攻坚克难

很多时候我们一定不会一帆风顺地轻松从事好各项工作，有难题才更需要我们去不断努力，不断突破，否则人一直没有得到锤炼的机会，在温室里成长，是成不了大材的。只有勇于在逆境中奋进，才能更好体验到付出后的欣慰，才能更好享受到奋斗后的乐趣。

知难而进就是要以良好的心态去面对各种困难。美国著名的小说家海明威曾说过：人可以被撕碎，但不可以被打倒。这就意味着面对困难或难过的坎，只有去征服它，而没有任何理由可以选择退缩。拥有坚韧的性格、不屈的意志、纯粹的品行是一个人战胜困难的首要条件，因此要有知难而进的坚定意志，知难不言难，知难不畏难；要有破解难题的智慧情怀，用智破难处，用情聚合力；要有甘为人梯的精神情怀，真诚帮下属，真心为员工。只有这样，人们才会有奋斗的自觉，才会有前行的力量，才会有挑战的勇气，才会有克服一切困难的方法，才会有笑到最后的美好。

在人生漫长的道路上，无论我们走得多么顺畅，但有时只要稍微碰到一点儿挫折、困难和不顺的事，往往就会习惯性地抱怨“老天”亏待了我们，进而祈求“老天”能够赐给我们更多的力量，帮助我们渡过难关。但实际上，“老天”是最公平的，就像它对狮子和大象一样，每个困境其实都有其存在的正面价值，只要不回避，勇敢面对，攻坚克难，就能有所收获和提高。没有坚定的追求，任何问题也解决不了，任何目标也实现不了。即使生活有一千个理由让你哭，你也要找到一个理由尽可能让自己笑，因为这就是人生，我们能做的只是让自己变得更加坚强！这就是生活给我们每一个人带来的最大启示。

调节好自己的心态有时比什么灵丹妙药都要灵。听到过这样一个故事，说是有一位搏击高手参加比赛，一直自以为自己能够成为赢家，结果最后竟然输掉了比赛，很想不通，闷闷不乐。他师父看到后，就在地上画了一条线，要这位搏击高手不做擦掉线的动作，便可让这条线变短。他无论怎么想办法都做不到。于是他师父在线的旁边又画了一条更长的线，才发现原来的那条线就变短了。他的师父语重心长地说："只有你自己变得更加坚强，对方就如同原先的那条线一样，在相比之下就会显得短了。如何使自己变得更加强大，才是彻底解决问题的根本。"这位搏击高手顿时明白了师父的话和良苦用心，从此以后就拼命刻苦地训练，最终成了真正的冠军。站在领奖台上，他大喊了一声："我才是最长的一根线！谢谢师父。"

这个故事告诉我们一个很浅显的道理，其实我们每个人也是如此，可能并没有什么先天的优越性，只有把握好每一天，认真踏实工作，才能创造值得自己荣耀的成绩。知难而进必须是要时刻牢记并践行的行动方式！

勇于破解难题是党务干部不断前行的精神力量。我们在基层工作中每时每刻都可能会遇到许多难题和挑战，这个时候就只有一条路可供选择，那就是迎难而上，正面应对，没有绕道走的可能。因为事实证明，任何困难和坎坷要躲是躲不过去的，只有主动应战，花大力去破解，才有可能化难为易。现在我就来说说前面提到过的我亲身遇到并解决的一个员工跳楼引发的那件事情，从中是不是可以给大家一点启发。

我被上级领导紧急调到一个新单位去任职，非常棘手地要处理这样一件事：一个员工由于各种原因跳楼自杀了，家属迁怒于单位，将死者的骨灰盒和悼念的花圈摆放在单位门口，造成了很不好的影响，结果公司老总非常信任我，调我到这个单位去担任党委书记，当然是要我首先尽快解决好这件事情。这是一件很棘手的事，尽管当时我并没有能妥善处理好的把握，然而我没有退路，只能去面对并尽量圆满解决，否则以后的工作就没法开展了。

当时我立马想办法找到了死者的妻子，我说："你老公已经去世了，你到底还有什么诉求？如果人还在抢救，那你的诉求肯定会很多，比如不惜一切代价抢救啦，找最好的医生啦，送条件更好的医院啦，选最好的抢救方案啦，用最好的药啦，等等。但现在人已经没了，你的诉求是不是就是钱的问题呢？"他的妻子倒也蛮爽快，她说："对，我现在就是要钱，如果你们不解决的话，我就每天待在这里不罢休。"我回答她："你这样做是解决不了问题的，不信我们硬到底，试试看。不过这个不是解决问题的办法。你听我的，把这些东西都收走，我保证有 30 万元的补助款给到你，你看行不行？"她听了这个话，当然就非常高兴，快速将花圈和骨灰盒都收走了，就在等我履行给钱的诺言了。

当我冷静下来后，突然发现我到哪里去筹措这 30 万元啊！当时我怎么会这么有底气说这个话的呢，因为我们单位给每个员工投保了一个人身意外伤害保险，也就是凡是被保的员工意外去世后，可以从保险公司获得赔付 30 万元，所以我就脱口而出表态了。但他妻子离开后，我突然想到，这个人是跳楼自杀的，自杀者保险公司是拒绝理赔的。我的心不由得一阵抽紧，怎么办？但真到了这个时候也只能迎难而上了，因为已经没有退路了，否则这些东西又会放回来，而且我们的信誉全无了。

于是我们托人找到了当地曾处理此事的派出所，请当事民警调出当时这个员工的死亡结论。只见上面写着：跳楼自杀。我着急了，我说："他还有没有一种可能，是自己不小心从楼上失足掉下来的呢？因为他没有留遗书，所以失足或跳楼两种可能性都存在。能不能将结论改为是'高楼坠下'，就如实写嘛。"派出所民警笑了，说："这个是可以的，因为他确实是高楼坠下，至于是跳下来的，还是摔下来的，我们不轻易作结论。"

我顺利拿到这个最新的结论后喜出望外，立马与保险公司取得了联系，正式要求立案走赔付程序。过了一段时间，保险公司业务员打来电话，正式通知我，说是保险公司已经正式立案了，但要求来我单位进行现场调查。我接受了保险公司的请求，但同时设法请求上级公司领导的帮助，先约请了保险公司的主管进行个别交谈，运用我们良好的合作关系，以及以后进一步可能合作的意向，并出示了派出所的结论报告。然后又将这个员工的特殊情况告诉了保险公司来现场调查的人员，他的家族遗传史，告知了他行动诡异的现象，告知了他意外发生的可能性，以及由于他的怪异行为导致高楼坠下的可能性分析，等等，结果就比较顺利地拿到了保险公司赔付的钱款。

拿到钱款后，我知道不能轻易就给付了，因为这样简单行事一定会有后遗症的，只要他妻子心里一不舒服一定会再来闹事的。我就要求将这些钱尽可能取出来，把这些捆扎的钱抖抖松，看上去就很有视觉冲击，钱整齐堆放在乒乓桌上，然后旁边放一台点钞机。准备工作全部做好后，将他的妻子从外面请了进来。看到这么一大堆钱,从心理上就能使他的家属得到安慰。然后就可以顺利签了协议。我们请他妻子点一下钱。一开始她还不愿意点,我说一定要点,因为从心理学的角度看,这个时候是非常重要的心理按摩,可以让她比较容易接受这个结果,避免不良情绪的外溢,为顺利了结这件事情打好基础。

其实事前,我还通过熟人悄悄去了解了一下,他们可能还会有什么诉求会提出来?不打无准备之仗是非常重要的解决问题的方法。了解下来,她的孩子当时没有工作,到时估计肯定会提出希望解决她孩子的工作问题。我也在这之前专门找了我们的业务协作单位,请求他们帮忙解决一个人的就业问题,约定不管她孩子的表现和能力怎么样,一定要使用满 6 个月,期间不可以辞退。至于 6 个月以后能不能继续聘用我就不管了。安排妥帖后,等她点完钱,我特意问她:“你还有什么需要我们帮助的吗?”她看到我们这么诚恳,也有点儿不好意思了,想了想提出:“我的孩子目前还没有工作,他父亲去世了,是不是请求单位能帮助解决一下。”我一听,马上就很爽快地答应了,我说:“现在谁都知道没有大学学历要进我们的企业是有困难的,我专门联系了我们的协作单位,他们可以帮助解决你孩子的就业问题,你看行不行?不过你要告诫你的孩子,一定要好好工作,否则不续签合同了就不能再来找我了。”讲到这个份上,她当然也就很乐意接受了。6 个月相安无事,6 个月以后,由于她的孩子确实不太靠谱,协作单位没有续签合同。她又赶紧跑来找到我了,要求给个说法。我很严肃地指出:“当初我们就说好的,只能帮你一次,现在我们做到了,但你的孩子不努力,这不能再埋怨我们了。”她听听当然有道理,就走了。从此再也没有来单位里闹过。但这个人绝不是省油的灯,至今还在和政府的相关部门闹,据说也算是个很有名的上访户。前几年,有几个警官找到我，要求我们配合做做这个人的工作，叫她不要再闹了。我当然无法帮助，因为我们的员工已经去世多年了，家属的工作是很难做的。

至此一件比较棘手难做的事就这样圆满解决了。所以我有时也在想，遇到困难的事如果不想尽办法去解决，就永远是困难的问题。只有用智慧、诚意和耐心去努力解决，才可能使问题化难为易。妥善将难题化解处理好，这是对我们作为一个基层领导和管理者应有的重要考验。

破解难题不仅需要勇气，更需要智慧。在工作的过程中，挑战时时都在检验我们，能不能遇难而进，勇往直前，关键是一定要积聚员工的聪明才智，群策群力。

记得30多年前，当时我们是从模拟通信向数字通信技术转变发展的初创时期，我们确实遇到了很大的坎儿。上级部门下达了要我们全年完成900个ISDN(窄带上网)的发展、安装任务。今天来看，这真是个非常简单的任务，但在当时，发展、安装普通电话是我们得心应手的活，多少年来的成熟业务，员工也非常娴熟了。而发展和安装ISDN可就不太容易了，要有直通的不能复接的线路，要能开通网关，要能在用户的电脑上设置网络连接，当所有的步骤走完后，才算安装成功一个ISDN。那时我们的员工基本上都不会使用电脑，很多人甚至还没有摸过电脑。要发展、安装900个ISDN的任务简直比登天还难。

当时我们班子中也有一些领导提出，算了，跟上级部门领导讲明我们的困难，宣布举白旗投降吧！然而我们班子在经过充分讨论、反复论证后，决定不选择轻易放弃，而是豪迈地喊出：不到最后不认输，只要你不认输，输就不是定局。然后带领员工说干就干。我们专门从线务员团队中抽调了10多人，每天晚上下班后进行突击的电脑培训。打开电脑,按键、打勾、回车找界面,多次重复,反复练习,经过几天的突击培训后,员工终于能够在电脑上设置网络连接了。

满怀信心带着电脑到了用户家里,谁知打开用户的电脑一看,傻眼了,这个界面从来没有见到过,因为培训的电脑和用户的电脑还不太一样,我们的员工慌了,不知道怎么操作了,赶紧打电话求助。我们专门从大学生机务员中抽调了 4 个人进行具体的 7×24 小时不见面的电话指导,告诉线务员,你不要慌,现在看到的是什么界面,然后怎么一步一步去操作,直至最后连接成功,帮用户连上了 ISDN,用户可以上网浏览了。就这样当年在摸索的过程中,边培训练习,边在安装、维护实践中不断完善。我们终于在当年顺利完成了 1 000 户 ISDN 用户的发展和安装任务。

还没有来得及喘一口气,第二年上级部门又给我们下达了当年要完成 9 000 户 ISDN 用户的发展、安装任务。要命了,一年来辛辛苦苦只完成了 1 000 户,现在突然要增加到 9 000 户,无论如何是一个不可能完成的任务。又有人提出,算了,还是投降吧!跟上级去诉苦反映。这时我们领导班子冷静分析后,认为今后用户上网浏览是主流,如果抱着陈旧的东西不放,不愿意接受新事物,那我们就不会有发展,就不可能拥有未来。思想统一后,还是喊出这句话:不到最后不认输,只要你不认输,输就不是定局。干吧!我们又抽调了 10 名线务员,再进行电脑上网连接的培训,再到实地去试着干。遇到问题认真请教,遇到知识点想法去化解,遇到障碍千方百计破解。结果拼了命终于在当年年底完成了 1 万户发展安装 ISDN 的任务。

喜悦之情油然而生,我们终于实现了从模拟通信到数字通信的历史性跨越,员工也从纯模拟电话安装到窄带上网连接安装的重大突破。即便到了今天再回望，往事仍然历历在目，我们仍然会心潮激荡，久久不能平静。

ISDN 早已退出了历史舞台，ADSL 等宽带上网浏览的单一功能也已经被移动互联网和高度信息化的现代技术更新了。我们所有的线务员现在都已经变身为网络工程师，不仅能够安装宽带，还能解决网络和信息化方面的所有问题，员工队伍得到了一次极大的变化和飞跃。在这一过程中，我们没有简单地运用进一批出一批的方法去淘汰、更新员工，而是用潜心培养、实践磨炼、不断提升、技能更新的方法造就了一批又一批员工的新突破、新提高、新超越，使员工在业务发展、技术演进、产品更新的过程中顽强挺了过来。员工的生存和发展能力得到了极大的提高，与企业共命运同发展的积极性得到了极大的增强。即使到了今天，每当回忆起历历在目的往事，还是会让人产生无限的感慨。这是一段永不磨灭的记忆，值得珍藏。

作者感悟 党务干部要有知难而进的坚韧品格，知难不言难，知难不畏难；要有破解难题的智慧火花，用智破难处，用情聚合力；要有甘为人梯的精神情怀，真诚帮下属，真心为员工。每个人都要切记：不到最后不认输，只要你不认输，输就不是定局。破解难题不仅需要勇气，还需要行动，更需要智慧。

做到律己自觉，榜样示范

我们每个党务工作者做到用平时的责任担当和认真细致的工作态度去影响下属，做到身清气顺，影正气爽，这是非常重要的一个环节。党务干部没有任何理由可以放纵自己，尤其是在充满诱惑的时代，真正把握好自己也是一种坚定的意志和信念。

我们应该时时提醒自己，尽量使自己做得更加完美。每个党务干部乃至企业的管理者是不是都应该真正做到：要求别人做到的，自己首先要做到；要求别人不能做的，自己首先要不做；要求别人处理好个人利益的，自己首先要带头处理好个人利益并有所舍取；要求别人多做贡献的，自己首先要带头甘愿付出。一个党务干部用自己的言行去影响和规范下属，往往比多少次的教诲、要求更加有效和管用。如果我们说的是一套，做的是另外一套，那我们的引领力、感召力、说服力还会有吗？

记得因为我们领导班子成员经常要开会讨论事情，午餐时间一般都会比较晚，食堂就给我们预留了吃饭的座位，久而久之，大家也就习惯了，平时这些座位员工都是不会去坐的，留给领导班子成员用餐使用。在上级到我们单位进行巡察工作时，有员工特别提出像类似的问题其实是领导班子成员思想上的特殊化在作祟，是严重脱离群众的表现，是领导干部没有做出表率的样子。如此上纲上线，这时我们才感到问题的严重性，虽然平时吃的饭菜是一样的，就是座位在一起便于领导谈事，没想到被员工认为是很不可接受的事实，这是我们万万没有想到的。于是我们就立即进行整改，撤换了“专座”，改为领导班子成员与员工一起就餐，还可以有机会与员工进行交谈。员工感受到了班子领导的诚意，也看到了领导干部真正与员工打成了一片，反而关心起领导来了：今天的饭怎么吃得这么少呀！你们今天吃饭太晚了，要注意身体哦！在员工的声声关怀中，我们也感受到了像家一样的温馨，更坚定了一定要追求风清气正的自觉。

党务干部的律己是首先要做到尽善尽美的，否则不可能起到引领的作用。这种律己的自觉有时候也是一种习惯，是一种默契。记得我小时候在上海的饭馆吃饭，一定会有三个规矩，没有明文规定，但又是人人都会遵守的，久而久之就变成了一种约定俗成的律己。一是以前在上海饭馆吃饭时坐的都是八仙桌、长条板凳，如果你吃好饭要站起来，一定要和同条板凳边上的人打招呼，因为万一你站起来了，边上的人不小心坐的凳子会翘起来，弄不好会摔伤的。如果哪一天由于年纪小不太仔细，要站起来的时候没打招呼，父母一定会马上提醒的。二是从筷笼里取筷子时，一定是用手拿筷子中间的部位，绝对不允许拿头部，也不允许拿尾部。有时会忘了，刚要从两头去取筷子，父母马上就会呵斥，让你改过来。三是那时候每个桌上都会放有几张小红纸条，如果哪位食客有传染病或发热感冒身体不佳的，就要拿一张小红纸条放在自己吃完饭菜的碗里，才能离开。饭店工作人员看到碗里有小红纸条的就会多加一些消毒时间。这三个规矩没有考核，没有奖罚，甚至没有预警，人人都很自觉，人人都遵守这三个规矩，现在想想还真是很值得称道的。

那么作为一名党务干部，始终做到律己的自觉就更重要了。因为我们的一言一行都会成为员工的关注点，稍有不慎就会被员工误解，甚至造成不好的影响，所以，对我们各级领导干部来说，勿以恶小而为之，勿以善小而不为。

有一次，我收到了一个员工的投诉反映，他说我在单位门房间蹲守了 3 天，发现有 3 位领导干部上班迟到了，希望班子领导要实施处罚。我们班子成员很矛盾，这 3 位领导干部都是由于昨晚加班、割接、升版等干到很晚了，而且没有休息，就是早晨上班晚了一点，应该是情有可原的，如果要处罚了就不合适了，很有可能会影响到这些领导干部的工作积极性。但同时又认为，尽管你是有理由的，但给员工看到的就是迟到了，这个是没有什么可原谅的。在制度规矩面前只能奖罚分明，否则要讲太多的话才能化解员工的不满，而且领导的形象也同样会受到影响。于是我们就扣发了这3个人的部分月度奖金，同时对他们的加班工作进行了奖励。还对这位反映情况的员工进行了表扬，肯定了对领导干部的监督和关心。从这件事中可以感受到，我们只有做到完美无缺才能取信于员工，才能真正树立起领导和管理干部的良好形象。

曾听到过这样一个故事：说是在第二次世界大战期间，美国有个19岁的士兵罗兰·塔奥里在菲律宾作战，被日本兵俘虏关进了战俘营。在战俘营里每天干着很重的苦役，不仅吃不好还吃不饱饭。但战俘营规定每天会选派两个战俘去伙房打饭打菜，然后给其他战俘分食。每天这两个战俘代表不是为了给他分多，给你分少打架，就是为了给他分少，给你分多斗殴，所以没有人愿意去当这个分食者。由于大家都不想干，就提出让最年轻的塔奥里去做。小伙子没有办法："你们都不愿意干，我最年轻，那只好我来做咯。"

他到伙房里打饭打菜后，分食前在自己的饭盒里装上一份饭一份菜，放在边上，然后给所有的战俘分食。"哎，你为什么给我这么少？"一个战俘吼道。"不要吵，你认为少，把我的这份拿去，你认为少的那份放下来，可以吗？"那个战俘当然没有二话，换了塔奥里的饭菜就走了。又一个战俘吼叫："为什么给我这么少？""不要吵，你认为少了，把我的这份换给你，可以吗？"这个战俘当然也无话可说走了。就这样，别人干一天都干不好的事，罗兰·塔奥里一直干到第二次世界大战结束。当他走出战俘营的时候，他非常感慨地说了这么一句话："我就做了这样一件小事，但赢得了战友们的高度信任，我突然发现中国的孔老夫子讲得非常有道理：己所不欲，勿施于人。"

确实，我们作为一名党务干部手中多少会有一些资源可以支配，会有一些权利可以运用，但我们有没有想过，如果做不到“己所不欲，勿施于人”，我们何以能让员工信服？因此党务干部和各级管理者务必要身体力行，从我做起，严于律己、宽于待人。

我们曾有过一个不成文的规定，就是每半年组织班子成员一定要参观一个红色遗迹，或走访一个革命纪念地，或瞻仰一个烈士纪念馆等，然后趁热打铁进行座谈，谈理想、谈人生、表决心、表态度，每个人对照革命先烈找差距、寻短板，订措施、拟设想。随后班子成员间不讲情面地指出各自存在的问题，提出改进的建议。据大家反映，这样的红红脸、出出汗，非常有好处，因为都没有个人私利掺杂，可以让人更理性、更清晰，使自己变得更加优秀。几年下来，我们的班子成员更加团结了，更加懂得珍惜良好的氛围，更加注意自己平时的言行了。

榜样的示范作用是非常重要的管理内容。有好的榜样，带出的队伍才会正能量满满，而如果有着不好的榜样，则带出的队伍一定是负能量足足。罗马的凯撒大帝威震欧亚非三大洲，然而就是这么一个一代枭雄，他在临死的时候还专门跟手下的人嘱咐：“请把我的双手放在棺材外面，让世人看看，伟大如我凯撒者，死后也是两手空空。”这是多么铿锵的话语，具有多么强的榜样力量。别看我们领导干部似乎一句话、一个动作都是平常小事，不足为奇，但在下属和员工的眼里，就是一种示范和一个规范。你可以为所欲为，那么你的下属和员工当然就更可以为所欲为了，这叫上行下效。同样道理，你严守规矩，那么你的下属和员工也就遵规守纪了，这也叫上行下效。所有榜样示范其实是管理工作中一个非常重要的内容。

各级领导干部身体力行，起模范带头作用，以言传身教来影响员工，这样的作用最大，效果也最明显。如果能真正关心员工的疾苦，真心实意为员工解除后顾之忧，那么员工也就真心实意为企业努力拼搏，心往一处想，劲往一处使，企业的各项工作才能够走上良性循环的轨道，企业的发展也才有强大的后劲。一个好的领导，应该是员工贴心的家人，是引领员工的专家，是联系群众的能手，是深入实际的模范。如果说，浮在表面，隔靴搔痒，脱离实际，发号施令，那么即便有良好的工作积极性，也不可能达到事半功倍的效果，所做的工作也不可能得到大家的首肯。同样，要提高员工队伍的整体素质，培养一支"四有"的员工队伍也变得只能是一个奢望了。

曾记得有一年的大年三十，一个退休老员工去世要召开追悼会，家属专门通知单位退管部门。按惯例单位是要派人去主持追悼会并致悼词的。但大年三十去火葬场，大家其实都是比较忌讳的，不派人去参加肯定不妥，如果我也不愿意去而让下属去，似乎以后我就很难有说服力、感召力了，也显然不太妥当。于是我决定自己去参加，并人性化地叫办公室的其他同事都不要去了。没想到那天我在火葬场附近的公路上绕了半天，愣是没找到。记得应该就在附近，但来来回回好多次了就是找不到，很想问路人但唯恐不吉利，绝对不敢，怕会被人咒骂。近一个小时过去了，距开追悼会的时间已经所剩无几了，我正急得手足无措时，突然看到一条小路上有纸花的踪迹，顺着纸花的导向才终于找到了追悼会会场。

参加完这位老同志追悼会在返回的路上，当看到家家户户都在忙碌着筹办年夜饭时，内心确实百感交集，委屈的泪水忍不住流了下来。我当时离开家的时候还不敢跟太太讲，就说是有事出去一趟，谁知道那天我的上级领导来家慰问，专门等我，结果看到我匆匆返回，问我去哪里了，我只得讲老实话，说去参加追悼会了，结果引得太太不高兴了好一阵。

还记得单位里一员工被车祸夺走了年轻的生命，我和局长亲手将他送入太平间的柜中，望着我们百般的努力还是无果，内心的悲痛无法抑制。我平时很少流泪，但为了员工还真流了不少泪。把自己的真情实感融入员工当中，以良好的示范作用凝聚起员工的合力，才会长久产生不散的影响。我们平时不会有什么豪言壮语，甚至也没有一些比较严厉的话，但只要我们发号召，员工都一定会积极响应，义无反顾。我们知道，这就是我们平时良好的言行，员工所给予的一种认可和回馈。

作者感悟 党务工作者应做到用平时的责任担当和认真细致的工作态度去影响下属，做到身清气顺，影正气爽。律己的自觉有时候也是一种习惯，是一种默契。一个好的领导，应该是员工贴心的家人，是引领员工的专家，是联系群众的能手，是深入实际的模范。

养成良好习惯，引领下属

养成几个有利于自己成长和进步的习惯，并一以贯之、坚持不懈，是一件十分有意义的事。在习惯的养成中可以不断汲取能量，不断修正行为，不断反思自身，这是一个非常管用的自我修炼方法。我不可能要大家都养成我的习惯，因为这真的是要因人而宜的，所以只能意会，不能言传了。但养成几个适合自己成长和进步的习惯是非常重要的。

要在自己的成长过程中养成几个良好的习惯，影响他人。良好的习惯是要在实践中养成的，认准了就要一以贯之；良好的习惯是要在实施中显现效果的，要不断加以完善；良好的习惯是要在个人品行的修炼中铸就的，要坚定自信，坚持到底。多少年来我在实际工作的锤炼中逐步养成了三个习惯，使自己可以受用一辈子。

一是每天下班以后，我一定会花半个小时左右的时间对自己一天来的言行作一个反思。为什么一定要是下班以后呢？这是因为这个时候基本上没有人会来打扰，没有电话声响起，没有文件需要阅读签发，甚至没有除了紧急需要处理外的事可做，万籁俱寂时可以使人比较理性和从容。我认为，一个人不可能不犯错误，但我告诫自己，一个人不可以犯重复的错误，一个人不可以犯低级的错误。而要不犯重复的错误和低级的错误，唯一的办法就是要学会每天反思和反省自己的言行。如果说，今天我有件事应该可以办好的，结果好像办得效果不好；今天我在讲话、讨论或聊天时，有一句话好像说得不妥，容易引起别人的反感或误解。那我就马上在一个专用本子上记下来，并注明以后不可以再为。我的实践操作是大约一个季度，把这本本子悄悄地销毁掉，再重新开始记事。凡记载的事总会花些时间进行复盘、重温、反省，然后默默告诉自己，不可以重复犯错哦！

二是我有每天记工作笔记的习惯。工作 40 年来，我可以自豪地把自己 40 年中的任何一天在做什么事都能够一一道来。我也很清楚，我不可能写回忆录，甚至不可能整理结集出版，但养成这个习惯对于我自己的成长和进步来说好处非常多。比如可以经常看看在某一时间段里我工作的疏密程度、工作完成的质量情况、工作之间有没有内在的逻辑关系、一段时间里工作是不是会有忙乱、对问题的思考和判断有没有提高，甚至自己的文字书写能力是不是有改变，等等。从中可以及时调整自己的工作节奏，化解一些不必要的忙乱，增加工作内在的逻辑性，加大工作完成的力度，甚至可以及时发现最近是不是有懈怠的迹象,等等。这个习惯要养成,难度不大,关键是要能够始终坚持下去,这是要考验人的意志的。这是对个人成长经历磨练和重塑的重要手段。

三是对自己灵感一闪并可能可行的事赶紧记下来,对领导突然布置的任务马上写下来,对突发需要解决和处理的事立刻记下来,有求助的重要事情迅速记下来,等等。每做完一件事,就轻轻地画个划痕,没有做完的就留存。然后一般情况下是每个月进行一次盘点,我的实操经历是这个本子里基本上每个月都会有 60—70 件事。仔细看看是划掉的多,还是留存的多。人也会有惰性的时候,一段时间里工作节奏和效率会比较低,然后就可以发现是留存的多。那就要及时分析,留存下来的工作对整个工作体系有没有影响,是不是适合补做。如果对整个工作体系没有影响,而且不补做也无大碍,那就没有大问题。如果对整个工作体系有影响,那就判断一下,适合补做就赶紧去完成,如果不能补做了,就要在旁边标注"此类事以后要注意",如此等等。这样做对自己的工作质量和效率效益的提升有着很大的好处,这是其一。其二,在众多的工作中可以及时进行判断,它们有没有内在的逻辑关系,如果发现其中很多工作没有内在的关联度,那就需要增加一些有逻辑意义、有工作递进关系的事进行补做,使工作在不至于忙乱的情况下,形成很好的条理性。其三,每年我们个人都要对工作进行总结,写述职报告时就可以大派用场了。我每年的述职报告宣读后,员工往往会评价说,书记的述职报告听了以后,发现是真的在做事,很实在。原因是我的述职报告里基本都是用量化的数据,比如走访了多少大客户,是 27 家就是 27 家,不要统计为近 30 次;与多少干部员工沟通、谈心、交流,是 52 次就是 52 次,不要 50 余次。满篇述职报告里全是数据就能够充分说明问题,就可以让人信服,而这些数据就是对记下来完成的事进行合并同类项的统计结果。只要把这些事统计归类以后,基本上一年的述职报告也就成型了。

当然这是我在自己的工作实践中养成的几个习惯,不是要求大家也都要养成这样的习惯。这里没有强加给大家的意思。但有一条很重要,就是每个人如果立志要在党建工作和管理工作中真正出成效、出实绩,那就必须要养成有利于自己成长,有利于做好工作,有利于铸造品行的若干个习惯,而且是坚持数年必有好处,千万不能虎头蛇尾,更不可半途而废。

要持之以恒严格要求自己,力求行为规范。如果一个人对自己放纵,那是很危险的。我在企业工作了 40 年,深深地知道企业中肯定会存在着太多太多的漏洞,面对存在的漏洞一定是两种态度:一是利用漏洞,满足一己私利;二是堵塞漏洞,维护企业利益。如果自我放纵,那就一定会在利用漏洞的道路上越走越远,最后不可自拔,大量的例子可以充分证明这一点。

我记得,刚换到另一个单位担任领导,就面临着三个可能被刑事处罚的员工要处理,我当时跟检察院领导商量,因为这三个员工都是销售能手,如果由企业处理的话,既给他们机会,也给企业提供了方便。谁料,检察院领导分析利弊得失后,肯定了必须接受刑事处罚的结果,没有商量余地,我才明白,好像是不大的事,但触犯刑法就是没有挽回的余地。结果一个被判实刑,一个被判缓刑,一个有罪认定被开除公职。虽然他们都是些很能干的员工,但一刹那的邪念引来的教训是极其深刻的。

我以这个事例警醒自己,警醒班子,警醒员工,我们任何时候都不能凭一时之快,铤而走险,否则害己、害家人、害企业。制度确实有很大的制约性,然而总是有百密而一疏之处。我们也确实应该要不断健全制度,从根本上杜绝违纪违规违法的事情发生,但个人的品行修养不好，即使有制度他也会去找漏洞，利用制度漏洞做坏事。所以强调自我增强廉洁从业的意识，真正在不敢为、不能为的基础上，做到不想为才是最佳的结局。

有一次，一位员工非常急切地找到我（那时我还兼任纪委书记）说："最近我们从客户投诉中发现，用户的退款流程里漏洞很大，希望领导高度重视。"我经过仔细了解，情况属实。一位客户如果对资费产生疑问，便选择投诉，查实后可以进行退款或免除下一个月的账单费用。这本是为了让处理投诉的员工有快速解决客户问题的现场处置权，但一些比较"聪明"的员工就利用了漏洞，用虚假的投诉来减免实际的客户资费，而且被减免的客户还不知道，已经付清了费用，这样费用之间的差价就落进了这些不良员工的口袋。久而久之，数额还是比较大的。于是，我们马上组织专人，对每一张投诉处理单与客户进行电话联系，逐一找出存在的虚假退款或减免方面的问题。取得证据后与当事人进行接触，敦促当事人交代问题，并在退赔的基础上进行行政处罚。后来我们马上再举一反三，对有漏洞和风险点的流程进行梳理，进一步加强管控措施，落实必要的人员定期轮换制度。所以针对存在的漏洞一定不能姑息，坚决将堵塞漏洞解决在萌芽状态，这样既是对纪律的严明，更是对员工的关爱。

要充满自信，尽力锻造个人的修养和品行。作为一个党务干部，没有良好的个人修养和品行是不可能正向影响人、激励人、引领人、带领人的。我曾看到一个发生在国外某个肉类加工厂的故事，很受启发。说是一个工人在肉类加工厂的冷库里干活，突然一阵大风狂吹过来，将冷库的门硬生生地关上了。因为冷库的门是很密闭的，他在里面拼命叫喊就是没人听见。几个小时过去了，就在他将被冻僵的关键时刻，一个保安把门打开了，把他从冷库里救了出来。事后，人们充满好奇地问这位保安，你是怎么知道他被关在冷库里的呢？这位保安说："我在这个工厂里做了 27 年的保安，每天在我面前走过的人无数，只有他每天早晨进厂的时候会微笑着跟我道早安，每天下班一定会跟我道了晚安后才离开。今天我只看到他跟我微笑着说早上好，进厂了，迟迟没有看到他跟我道晚安，所以我就知道他一定还在厂里面。结果我找了 3 个多小时，把他从冷库里找了出来。"这个故事的题目叫《问候的美好》。一个小小的问候居然能够挽救一个人的生命，可见一声美好的问候是多么有意义、多么重要、多么有价值啊！

从这个故事中我明白了一个道理，做人首先要从尊重他人、热情待人开始。由于我每天都会比较早到单位，凡是见到门口的保安、打扫卫生的阿姨、食堂的工作人员，凡是为我们辛勤工作、辛苦服务的人，我都会微笑着道一声"谢谢"。尽管只是一个小小的问候，但很有可能会在这些人的心中增添做好工作的动力，得到了一定程度人格尊重的满足。每次吃完饭，把碗筷送到洗碗工那里时，我都会说声"谢谢"，刚开始这个老师傅还一愣，似乎很惊奇，忙说"不要谢"。后来，每当我出差或是外出开会，几天没到食堂吃饭，但凡见到我时，这个老师傅都会亲切地追问一句："你又出差啦？几天没有见你了。"每当这个时候我就感到特别温暖，因为你的一个小小的举动换回了有人始终关心着你，双方之间传递着的都是可贵的家人情怀、心灵互通。

锻造良好的个人品行和修养还必须要有一定的理想信念作有力的支撑。人如果没有政治头脑那是非常容易迷失方向的，没有理想信念也就非常容易迷失自我。矢志不渝忠诚于党的信仰，这是对信念的塑造。有了对党的忠诚，才会有崇高的精神力量、百折不回的勇气，以及不断锤炼自己的自觉。信念是一个持续学习、实践的漫长积累过程，而绝对不是灵感一闪的动机。人不可能一帆风顺，在各自的成长道路上有起起伏伏是很正常的，关键是你如何应对，有没有审视自己的理性，有没有抖擞精神的情怀。企业在转型发展中，更需要我们设定目标，并朝着这个目标持续奋进，到达理想的彼岸。每个在职场奋斗的人，一定要找到能取胜的关键要素。

作者感悟　一个人养成几个有利于自己成长和进步的习惯，并一以贯之、坚持不懈，在习惯中可以不断汲取能量，不断修正行为，不断反思自身，这是一个非常管用的自我修炼的方法。要充满自信，尽力锻造个人的修养和品行，勿以恶小而为之，勿以善小而不为。

切实提升综合素质，不能仅凭经验习惯

党务干部的综合素质提升是确保党建工作取得成效的重要前提，这就意味着：必须时刻锤炼自己，被点赞；必须注重博采众长，被认可；必须事事自我加压，被推崇；必须具有正直品质，被信任。在这四个方面，其实我最看重的是被信任，这是人格魅力最主要的体现。荀子曰："口能言之，身能行之，国宝也；口不能言，身能行之，国器也；口能言之，身不能行，国用也；口言善，身行恶，国妖也。"可见一个人要成就一番事业，要被人认可推崇，就需要不断修炼自身的素养，这是非常要紧的，当然也就必须要牢牢把握四个基本能力。

增强学习能力

在当今信息爆炸的时代，每天都会产生无数新的东西需要去学习，如果不是有意识地强化自身的学习，就一定当不好有作为的党务干部。现在不仅仅是退步危险，也不仅仅是原地踏步可怕，哪怕就是慢慢前行也可能危机四伏。

在当今多变的时代，没有很好的学习能力和学习意愿，要做好工作肯定是难上加难的。在农业经济时代，一个人学几年就可以管用一辈子。一个老农只要几年时间，掌握了什么季节种什么，什么时候收什么，基本上就可以从容过一辈子了。在工业经济时代，一个人学十几年就可以管用一辈子。要做一个出色的车工、钳工、钣金工，成为一个工匠，十几年的打磨就可以受用一辈子了。但是，在知识经济时代，信息爆炸的变革，一个人学一辈子才仅仅够用几年。这就意味着我们必须终身学习，不能有丝毫懈怠。

古人云："非学无以广才，非学无以明识，非学无以立德。"意思就是不学习就不会有广泛的才能，不学习就不会有聪明的智慧，不学习就不会有高尚的品德。可见学习是非常重要的一件事。什么时候开始学习都不会晚，什么时候都不应该放松。学习已经成为我们日常生活、工作、人际交往、解决问题的重要手段和组成部分。持续的学习可以使人从容应对繁杂的世界、多变的社会、层出不穷的创新。善于学习的人才可能成为有智慧的人，成为跟得上社会发展节奏的人，成为能充分享受新生活的人，成为受人欢迎和尊敬的人。我们要知道，做从未做过的事，才叫成长；做不愿做过的事，才叫改变；做不敢做过的事，才叫突破。我们要善于在学习中成长，在正向里改变，在尝试时突破，给自己有限的人生留一次充分展现的机会。

过去我们经常讲企业的竞争是人才的竞争，这话说对也对，说不对也不对，因为如果没有了学习力，人才也会蜕变为庸才、蠢才，所以正确和全面的说法应该是，企业的竞争说到底是学习力的竞争。我们现在强调要每个员工自觉地增强学习能力，变学习为自己生存的第一需要，就是试图让员工都能变得有才力、有能力、有干力。学习的过程是思想改变的过程、精神升华的过程、技能提高的过程，也是成效倍增的过程。

要当好一个优秀或称职的党务干部，就必须要从书本上学，从实践中学，从同行中学。有自我加压的意识，努力在知识的海洋里畅游，是非常有必要的。

有一段话说得真的非常好，我也时时用来激励和鞭策自己：如果半夜醒来，发现自己已经好久没有读书了，而且没有任何负罪感的时候，你就必须要知道，你已经堕落了。并不是说书本本身有什么了不起，而是你读书的行为意味着你是否还认同这个世界和现实，是否还有追求、奋斗、不满、向往，你是否还在寻找另一种可能性，还在寻找另一种生活方式。没有人能只依靠天分获得成功。上帝给予了你天分，但是只有勤奋才能将天分变为天才。在当今快速发展的新时代，没有人可以坐享其成，只有不断敢于和勇于超越自己，才有可能使自己成为受社会欢迎的人，成为受时代青睐的人，成为受人们肯定的人。

如果在猴子面前放一根香蕉和一根金条，猴子当然只会拿香蕉，因为猴子没有学习过，它不知道一根金条可以换来千百根香蕉。同样的道理，如果今天在我们的面前同时放一根金条和一个平台，我相信大部分人都会选择金条，因为金条的价值是非常清晰可估的，是触手可及的。然而一般人却不知道拥有一个平台是可以换来千千万万根金条的。平台的价值绝对不是用简单的金钱可以衡量的。阿里巴巴就是最好的例子，他们一直说：我们就是搭建了一个平台，让成千上万的人在这个平台上交易，让成千上万的人在这个平台上赚钱，结果一不小心，阿里巴巴的平台赚得满满当当。所以当你的才华还撑不起你的野心时，那你就应该静下心来好好地学习。学习是个很枯燥的事情，但真的沉下心来，认认真真地读几本书，掌握别人总结出来的成熟经验和观点，你只要稍微接收下来，化为自己的感悟，就可以顺利地促进你自己的成长，这么快乐的事，何乐而不为呢！

一个好的党务干部就应该是一个很好的教育者、引领者。而教育者之所以能成为一个成功的教育者，是由于有一定的位差。以前可以通过行政的手段给自己产生一些位差，比如你知道的信息量就比员工多，你得到的知识更新的可能性就比员工多，你能够掌握前瞻性的方案、计划比员工多，你能看到、听到的东西都会比员工多，所以在教育者的位置上你有独特的位差优势。但是，现在互联网这么发达，几乎所有的信息和知识点能同时直达每一个人，天然的位差和行政手段赋予的位差优势就不复存在了。

如果没有位差你何以能成为一个受人欢迎的教育者。好多年前，有一次我在给员工讲形势任务时，讲到海湾战争，正当我滔滔不绝，讲得兴起时，一个员工突然举手问我："领导，你知道吗，为什么伊拉克的飞毛腿导弹几乎都没有很大的杀伤力，甚至都没有打出去？"我一愣，这个问题我倒还真是答不上来。这个员工嘴一撇，这个也不知道，你竟敢还来给我们讲形势任务？后来这个员工作了解释，看着他洋洋自得的样子，我突然发现，要做好一个教育者，自己如果没有一缸子水，何以给人一瓢水，我们不能满足于装半瓶子水晃荡。于是我就痛下决心，持续不断努力学习。

我规定自己每一年必须至少要读完 20 本书，不是一般的阅读，而是要随手写下一些读后感、读书心得，一年下来也有近 1 万字。我当然不会谋求去报刊上发表，但读完书写点感悟和体会，对于自己的知识积累和分析判断能力的提升是有非常大的好处的。我每天必须要阅看订阅的报纸，每一年报纸订阅量都在十五六份。有时事情多也很忙，没有时间每天都把这些报纸全部看完，那就堆积起来，利用空余、休假或碎片时间阅看，看到有用的信息还会剪报留存、摘录誊抄。养成良好的学习习惯对于自己的知识积累和更新，对于自己的成长和进步是有着很大帮助的。

每个月我都会去书城或书店报到，逛逛看看，有什么新的书出版可以阅读，有什么新的信息可以了解，有什么新的动态可以掌握。其实现在的书城或书店的经营工作做得非常好，他们一定会把当今最畅销的书籍放在最醒目的地方，我们只要在畅销书籍专位上仔细浏览并购买几本，完全可以节省很多的时间，而且还可以买到最实用的书籍。

买到好书阅读是一件非常快乐的事！要知道，作者要出一本书那是多么的不容易啊！首先要有自己独特的想法和观点，还要有自己经过总结的成熟经验和体会，要有比较系统的对问题或观点进行全面的阐述，然后每个字都要经过仔细推敲才能成文，还要经过编辑、修改、排版等辛勤劳动化为书籍，而我们只是花点时间阅读、浏览一下，高兴和感悟之余，写下一点体会心得，就可以学到好多东西，这是多么惬意和愉悦的事啊！一个人的阅历再怎么丰富，毕竟是不够的，如果我们善于从书本中汲取大量的养料，丰富自己的思想，这是多么有效果的一件事啊！

我们大学同学毕业后每年都会组织一次聚会，而每一年聚会我的任务就是给同学们分享当前中国的宏观经济形势，因为不少人是民营企业家，十分关注我们国家的宏观经济形势走向。这对于他们增强投资的信心，对于扩大再生产，对于他们企业的发展和未来，是非常重要的，所以有着迫切想了解信息的愿望。其实我并不是经济专业的出身，也不是研究宏观经济的专业人士，但既然同学们看得起我，我就愉快地接下了这个任务。我用了很多时间阅读大量的材料，收集并积累了很多有关的资料，然后进行分析判断，理顺思路，形成自己有一定独特见解的观点，并抓住重点进行诠释。结果每一年我的分析和讲授都能得到同学们的高度评价，他们说我的分享对他们有着很大的启发，非常管用。这个时候是我最满足和得意的。因此，学习要主动，如饥似渴；学习要用心，学到真谛；学习要广泛，游刃有余，就成为我努力追求的目标和作为。

如今的时代变化确实是太快了，真可以用“山中方一日，世上已千年”来形容。大家有没有过这个感受？如果多少天不出去逛逛大街，不到处转悠转悠，不出个远门，再出去一次，你就会突然之间发现又有新的变化了，什么时候又矗立起了个高楼，什么时候马路的走向又变化了？什么时候又有了一个大商场？什么时候又多了一片花团锦簇的花园绿地？光这些外在的变化就非常大，更何况内在变化呢？我们还在留恋 3G 时代的时候，4G 就成了不可或缺的网络连接。当我们对 4G 应用还比较得心应手时，5G 开始要占领我们的生活了。5G 还没有全面普及，还在不断发展时，实验室里 6G 的雏形又产生了，简直是让人快步走也跟不上这个节奏的感觉。知识的更新、技术的演变、产品的丰富，更是让我们应接不暇，现在很难有人可以说能全面掌握所有的新知识点。

在这个突飞猛进的时代，我们如果不注重学习，怎么能够跟得上时代发展的节拍，怎么可能尽情享受信息新生活带来的便捷和高效，又怎么可能潇洒地做一个具有时代印记的人？学习是一个人永无止境的追求，永远没有可以懈怠和原谅自己的时候和地方。曾有人说过：这个世界上只有三样东西是旁人偷不走、取不到的，一是吃进肚子里的食物，二是装进心灵里的思想，三是学到脑子里的知识。这些无一不透出知识对于人的价值显现的重要性，时刻告诉我们学习的效用有多高。

作者感悟　追求学习的过程是思想改变的过程，是精神升华的过程，是技能提高的过程，也是成效倍增的过程。我们要把学习当作生活、工作、交往、思考的重要手段和组成部分。学习要主动，如饥似渴；学习要用心，学到真谛；学习要广泛，游刃有余。

增强思考、处事能力

学会对问题的深层次考虑，在处理各种复杂问题，面对各种复杂情况时就能从容应对，不会出现忙乱，当然也就不容易出错。新时代的党务干部应该具有这样三个能力：一是切实增强冷静观察问题的能力；二是切实增强理性思考问题的能力；三是切实增强感性解决问题的能力。这是认真做事、真出成效、干成大事的重要基础。

作为一个党务干部，必须学会每天认真去想问题。毋容置疑，现在我们每天要做的事非常多，同时也有不少难度，但切实提高做事能力，真正做到事半功倍是非常有必要的。我的做法是，将所有要做的工作全部罗列出来，然后按照第一象限重要又紧急，第二象限重要不紧急，第三象限紧急不重要，第四象限不紧急不重要，分别进行归类集中，有序排列。

第一象限的事自己一定要事必躬亲，认真做好，不容有半点出错。第二和第三象限的事可以进行部分授权处理，但同时时刻关注进展的情况、完成的质量，及时进行必要的干预和纠偏。第四象限的事坚决做到授权，一定分解到下属进行有质量、有效率地完成，但自己要时时注重完成的时效和关注完成的质量。这样就可以既不拖延和疏忽工作，提高工作效率、效益和质量，又能腾出一定的时间来思考更多具有前瞻性的工作，同时还能够调动更多人的积极性，积聚大家的智慧将工作做好。这是非常行之有效的一种工作方法。

人有时很难有选择的机会，关键是我们对自身的把控能力要强。曾记得有个故事：一个农民在突如其来的洪水中抢救了自己的妻子，而自己的孩子不幸被洪水冲走淹死了。人们事后议论纷纷，有的说，应该先救孩子啊，孩子小不可自救，而妻子是可以自救的。有的说确实是应该先救妻子，孩子可以再生呀，等等。到底应该先救谁？为何先救妻子？有人采访了这位农民，结果他说："我其实当时什么选择也没有，因为妻子就在我的身边，一下子就可以拉住了，等我再去想救孩子的时候，他已经被冲走了。"这位农民其实根本就没有选择的机会，也不可能有选择的时间。这个故事的启示在于：有很多时候我们可能是没法从容去选择的，但最合理和最科学的选择才是最有效率和最大效益的，所谓的人生选择不少也是这样。我们如果舍近求远，不切实际，好像是在作选择，其实是一种盲目和灾难。

世界上有两种人：第一种人总是把最好的葡萄先吃完，还有一种人总是先吃最差的葡萄。按理说前者是应该最乐观的，因为他吃的每个葡萄都是最好的。后者应该是最悲观的，因为他吃的每个葡萄都是最差的。但实验的结果却恰恰相反：后者往往很乐观，因为始终还有无限的希望，而前者往往很无奈，因为他剩下的只有回忆了。所以，我们要学会选择，认真思考，找到最合适的方式，让自己变得更加强大。学会对人生的思考，学会对问题的理解，学会对未来的把握，学会对成功的渴望，学会对顺利的崇尚，学会对他人的宽容，学会对自己的严苛，你才会获取更多的果实，你才会拥有更多的财富，你才会实现更多的价值。

遇到棘手的事情不要轻易放弃或推脱，要勇于面对并积极解决。我们肯定会遇到许多难以处理的困难事，面对困难就不能有丝毫的畏难情绪，而是要积极面对，理性处理。

比如有一天，几个人突然把一个老人扔在我的办公室后扬长而去，我一下懵住了，再仔细一看是一位我们单位的退休老员工，被家庭矛盾所累。推开不管显然不行，万一老人有个三长两短还真的是不好交代，但要去管的话，他们的家庭矛盾我怎么可能去插手解决呢？而且老人在我的办公室里万一有什么闪失，我也担当不起呀。慢慢地我冷静下来以后，翻到一本老年人权益保护法，查阅了相关法律条款后，我义正词严地打电话给老人的儿子，严肃指出：你现在是有遗弃罪的嫌疑，如果再不赶来把你的老父亲接回家，我就可以告你是犯了遗弃罪；同时明确告诉他，如果坚持不接老人回家，我们单位完全可以接手管，但前提是我们分给老人的福利房屋收回，作为老人赡养的费用。请他考虑怎么选择。结果他儿子一听要收回房子，着急了，匆匆赶来把老人接回家了。这时我就利用这个机会对他讲解了一番法律知识及如何处理家庭矛盾的方法，告诉他遇事千万要冷静和理智，用好的方法去解决，而不能一时冲动不计后果，就这样圆满解决了看似很难处理的一件突发事。所以当我们遇到难以一下子解决的事，千万不要慌张，而是迅速冷静下来，用最佳的方法、最有效的措施去应对，这样就可以避免产生更大的矛盾和不良后果。

做任何事都必须要强化执行力，没有执行力有再好的想法也等于零。从前，一座山上有两座庙，分别住着东庙和尚与西庙和尚。两位和尚都决心要走出封闭的庙门，去南方取真经。半年后，两个和尚相遇，东庙和尚问西庙和尚："这半年来你总在忙些什么呢?"西庙和尚说："为了去南方取到真经，我每天都要筹措盘缠、设计路线、探寻方法，做各种准备工作，都快要累死了。你最近在忙些什么呀?"东庙和尚笑道："哈哈，我一个水囊、一个饭钵，已经从南方取经回来了呀!"西庙和尚听了，汗颜不已。光说不做假把式，不管你多么辛苦，但都是无用功。执行力在今天已经变得越来越重要，而围绕目标强势执行就更为重要。思想的巨人，行动的矮子，往往坐而论道，议而不决，是不会有好结果的。

工作中我们时常会感到，别人的成功是因为"事情过于简单"，以至于我们不屑一顾，而自己的失败，则又是因为"存在着不可抗拒的因素"。所以我们面对困难的工作不要轻易说不行，而要说说怎么行，如何做。真正下苦功去实施，即便有困难、有阻力，但只要我们不退缩，到达胜利的彼岸才是有可能的，否则永远就没有取胜的机会。

要学会对时间的管理，让时间发挥出最大的效益。我的体会是合理利用时间对于工作效率的提高非常重要。方法就是每天将自己所做的事都记下来进行分析，哪些是有效的时间利用，哪些形成了无效的时间，还有哪些是浪费了时间，然后看看有没有更好提升效率和效益的空间。对于碎片时间怎么合理利用，做哪些可行的事，对于整块的时间怎么利用，做一些什么更有意义的事情，这些都是需要有很好的判断和安排的。

用效率手册来管理自己的时间比较有用，我每天把时间切割成上午上下半段，下午上下半段和晚上的时间段，然后根据自己的工作安排，进行填空布局。有些是上级部门指定的会议、检查、工作等，要预留好应有的时间。有些是本单位固有的会议、谈话、走访、检查、活动等，也要有时间作保证。有些是自己个性化的写作、思考、学习、联络、沟通等，也需要给足一定的时间。然后看看还有多少可以利用的时间，安排什么样的事情，能不能对整体工作和自身提高有很好的帮助。这样一来，时间效率就得到了很大的提升。很多人总是说：时间不够用啊！好像整天忙得不可开交似的。其实用合理的方法用好时间，你就会发现还真是不会有这种忙乱的感觉，因为任何时间都在自己的掌控下，有的是套用，有的是专用，有的是合用，就会发现效率能成倍提高。

鲁迅曾说过：时间就像海绵里的水，只要愿挤，总还是有的。我平时经常会翻出一天中每个时间段的工作情况列表，然后进行必要的分析取舍，从中可以非常清楚对时间利用的状况，恰当安排，就会使时间用得更合理、更有效。忙乱不是一种好状态。比如我需要与人谈话，事先一定会想好要谈几个问题，哪几个环节和话题，力争达到什么状态，然后基本的谈话程序是什么，这样谈起来就不会乱开无轨电车，既有针对性，又有实效性，而且时间会利用得很好。别人可能只约谈一个人，我可能就谈了两三个人。而且谈话时段基本集中，就不会出现时间无谓的消耗，谈话氛围的沉浸性也会好，当然谈话的效率就高。如果你今天谈一个，开会、接待，明天再谈一个，走访、看文件，你的精神状态就一定是集中性比较差，聚焦性不够，因为要有一定时间来转换思路和角色，时间利用率就会大打折扣。将工作进行必要的预先安排，事先做好顺序排列和准备，上手后解决问题的时间就会少很多。我有时去走访政府部门或重要客户，在返回的路上，我就会通知要谈话的对象到什么地方，然后等我一回单位，就立即可以进行谈话，路上还可以思考今天谈话的内容、目的和结果。

开会也是这样，如果是可以套开的，就想办法套开，参加会议的人也可以少来回折腾，会议室的利用率也高，所花时间不多，问题解决反而不少。聪明地利用时间，可以更好地提高工作效率和效益，因为时间就是这么一点，你不珍惜，稍纵即逝，不可挽回。

学会对时间的管理，形成人人都要求的高效率，以这样一段话作为共勉：聪明者——利用时间；愚蠢者——等待时间；劳动者——创造时间；懒惰者——丧失时间；有志者——赢得时间；无为者——放弃时间；求知者——抓紧时间；闲聊者——消磨时间；勤奋者——珍惜时间；自满者——糟蹋时间。时间对每个人来说机会都是均等的，但不同的人对时间的把握不同，结果就肯定不一样。我们应当学会充分利用时间，因为时间是非常珍贵的，失去了不会再来。

能够自觉做到谋篇布局是事半功倍的一种有效方法。我们每天会遇到许多需要去做的工作，处理各种简单或困难的事情，接触形形色色的各类人群，如果能够掌握主动，真正做到将谋篇布局安排得当，效果才会真正的好。我认为一个能做好谋篇布局的人，就一定能真正做到择善人而交，择善书而读，择善言而听，择善行而从。

根据平时对工作的判断，你要得出自己需要在哪个方面加力了，你就要在整体工作布局的基础上，就这项工作进行精心谋划。比如我们的客户群出现了新变化，公众客户的发展和维系任务变得重了，友商对公众客户的竞争力度加大了，而且我们的员工在传统的基础上做工作产生了问题，效果不佳。这时候就要迅速进行谋篇布局：如何有效提高公众客户经理们的工作能力，采取哪些工作举措，等等。我在员工中组织开展了“移动互联网时期怎样当好一名公众客户经理”的大讨论，将一个成功的公众客户经理的做法通过视频的方式，将他工作的全过程进行行为解析，作为大家学习的样板。引导所有的公众客户经理对照差距找方法，寻找异同拟措施。这位成功的公众客户经理因为剃了个光头，后来大家就非常简洁地自问，光头老张的做法我们行不行、能不能、做不做？我们可不可以都成为光头老张这样的人？一下子就把大家的工作热情煽动了起来，工作方法也多了起来，智慧迸发引出了更多更好的举措和路径。然后我们把大家提出的可行措施按照可以实际操作的方法进行固化，形成大家必须去执行的行为规范和操作流程，一下子就打开了公众客户的销售渠道，取得了非常好的业绩。

能否针对生产经营工作的空白点，及时进行补位、作为，反映了我们党建和思想政治工作是不是能够及时掌握主动，形成有成效的影响力。任何地位不是靠行政手段获取的，而是靠自身的作为来体现的。充分落实谋篇布局的能力是我们党务干部必须要持续探索和实践的重要一环。

作者感悟 在新状态下的党务干部应该具有这样三个能力：切实增强冷静观察问题的能力；切实增强理性思考问题的能力；切实增强感性解决问题的能力。能够自觉做到谋篇布局是事半功倍的一种有效方法，做好时间管理是对工作产生成倍效益的一种必要追求。

增强协调借力能力

每个人都有许多可以利用的资源，关键是要通过不断的努力，让这些资源得到最大程度的运用,促进自身的工作能够不断向前出成效,这才是最为关键的一环。

在面临错综复杂的情况时,要善于借势借力,顺势而为。我们不可能解决所有的问题,我们甚至没有能力顾及所有的方面,那就必须要借势借力,协调推进。社区党建联建可以很好地拓展我们的工作渠道,产生许多新的机遇。有一次在与我们单位所在街道主要领导交流时得知,现在每个社区都有一个睦邻中心,设施还挺全的,有教育课堂、居民食堂、书报阅览、便民服务,等等,居民参访的人数也比较多,人气很旺。说者无意,听者有心。我立即敏锐地感受到,这是一个很好的合作契机。我们能不能将一些新的信息化产品在每个睦邻中心进行直观的展示?让更多的人知晓信息新产品、享受信息新生活。我们能不能利用这么一个让众人欢迎的场地同时作为我们一个业务宣传的阵地?方便居民就近办理业务,成为便民的一个服务点。

当我们将这个想法与街道领导沟通后,得到了积极的响应。街道领导认为这是个多赢的格局,既可以增加睦邻中心的功能定位,又可以为居民提供便捷的服务,还可以让居民接触最新的信息化产品,这是大好事,所以完全赞成。于是我们立即在睦邻中心进行了必要的布置和环境改造,将其从外在和内在均打造成为一个让居民能有感知、有帮助、有趣味的场景。没想到,建成后居民们反响热烈,大家争相前往进行体验,表现出对拥抱信息时代的强烈意愿,还进一步吸引了睦邻中心的人气。市、区领导都先后进行了视察并充分肯定了这个做法。我们用了很少的投入,就获取了很大的收获,这是借势借力的经典案例。

要增强自身各方面的协调能力,拥有充分的资源调度能力。要做好工作,各种资源的匹配很重要,但不是每一个资源我们都是能够获取的，这就需要我们有智慧、有方法、有追求，利用多种途径去争取。在人与人之间的交往过程中，要充分学会取长补短，善于做到理清情真，因为以金相交，金耗则忘；以利相交，利尽则散；以势相交，势去则倾；以权相交，权失则弃；以情相交，情逝人伤；唯心相交，静行致远。人与人的交往必须用心与心的沟通，才是最有效的，也是最成功的。能够有很好的协调、统筹能力是一个人很重要的素养。

作为一名管理者似乎是具有智慧的，对于处理问题不说得心应手么，也是十拿九稳，所以有时候会有点自负。其实有没有很好的统筹、协调、管理能力并不是看你的职位高低，而是看你有没有充分的实践和应变能力。记得我们当时有一个“一把手在线”的主题活动，也就是每个月单位的主要领导要去一个基层部门当一天员工，既帮助解决问题，又可以深入了解一线的实际状况。那次我专门选择了去客户服务中心当一天员工，理由是客户服务中心的员工平时经常会受气，替企业受委屈是家常便饭，工作压力很大，难度不小。当时当一天员工有三个“一”的要求，就是回访一个用户，与一个员工深入交谈，解决一个存在的问题。我事先通知了客户服务中心后，一个员工专门在前一天与一位客户进行了沟通，由于这个客户单位的宽带断了 7 天，修复后表示非常满意，这位员工就与这位客户联系好，说是明天我们的领导会来进行回访，希望帮忙做好必要的配合工作。

第二天我到了客户服务中心，第一件事就是回访一个客户，这位员工就让我拨打事先准备好的电话号码，我刚开口，对这位客户宽带断了 7 天后才修复表示了歉意，希望他能对我们的维修工作提出意见建议。谁知这位客户在电话里突然大为恼火，语气很激烈地说：“你知道吗？我们单位宽带断了 7 天，所有的员工都窝工了，流失了很多订单，造成了很大的损失。”然后非常愤怒地要求赔偿100万元。我一下愣住了，我们这位员工也愣住了，说：“本来事先都说得好好的，怎么会变了？”她非常焦急，非常难受。我跟客户说：“你如果要求我们赔偿100元，我可以答应你，但要求赔偿100万元，那有什么依据吗？”结果在电话里一来一回地讲，花了不少时间，当然也不可能彼此都轻易被说服。这时我的这位员工说：“领导，你就说我们商量商量以后给他回音，现在就不要再说了。”我想想也是个办法，就回答这位客户等我们商量结果出来后再给他反馈。挂断电话后，这位员工非常不安，频频跟我打招呼。我当然不会责怪她，反而对我们的客户服务的员工产生了敬意，说明他们平时经常会被冤屈，被责骂，被埋怨。

这一天很快就过去了，第二天我不放心，特意赶到客户服务中心，找到昨天的那位员工，她很轻松地说“领导，这件事搞定了，赔偿了100元，达成了协商结果，你放心吧！”看着她的神情，我突然之间感觉到，我们的员工太聪明了，太有才了。我们一直以为领导肯定比员工聪明，结果领导搞不定的事，被员工轻而易举地就解决了。我还能说什么呢？领导并不一定比员工聪明，但我们作为领导的聪明就是要把员工的聪明才智充分激发出来，这才是我们领导的真正聪明之处。

人脉资源同样很重要，每年从我们群体当中被提拔、被任命的领导干部不少，凡是提升、上调的领导人员，离开赴任时我都会送上两句话，与大家彼此共勉，一句是“如果你要批评人或想骂人的时候，话一定要在嘴里滚三滚才能出口”，一句是“当你要拍板决策时，不是火烧眉毛十分紧急的，一定要过一个晚上再拍板定当”。这两句话据说使我的同事受益良多。很多年轻干部在实际工作中按照我的共勉，消除了很多矛盾，化解了很多风险，获取了很多成功。他们经常愿意和我交朋友，聊思想，谈感受，求方法，当然我也非常乐意与大家交流，并在交流的过程中使双方都受益。有一次一位年轻后备干部与我在电话里讲了一个半小时，把手机都讲得发烫了，手机电量也用完了，但彼此的心情是非常愉悦的，至少解脱了不少思想上的疑惑，得到了许多解决问题的办法。一个人在工作中善于用好各种资源，并通过自身的努力也丰富了资源库，这就是人生最大的快乐和幸福！

要有很好的全面统筹自我的能力。统筹是一种能力，更是一种智慧。有时我们会产生一定莫名的优越感，心气很高，自以为是，然后常常满足或陶醉在一种自我欣赏的状态之中。这样的思考和处事方式就非常容易产生偏差。事实上的结果是什么样的呢？有一次我装作自己是一个已经下岗的管理者，带着我所有的学历学位证书、获得的各种荣誉证明、自以为是的能写能讲的能力和自以为很光鲜的工作经历，到人才市场去走了一圈，结果发现没有一个单位聘请录用我。倍受打击的同时，真的还很庆幸自己还在岗位上工作，还担任着一定的领导职务。我也顿时明白了一个道理，只有让自己变得更加优秀、变得更加出彩、变得更加强大，才有可能变得更加让人喜欢。所以从人才市场返回后我就暗下决心，决不再好高骛远了，还是脚踏实地吧，唯有埋头苦干，扎实工作才是。

我把我的这个经历说给同事听，得到了大家的认可。我们只有努力将我们企业的各项工作做好，我们才能说我们是个有用的人。没有企业这块金字招牌作为坚强的后盾，我们可能在这个社会上根本就没有立足之地。海尔有句很著名的话，非常有道理：今天我以企业为荣，明天争取让企业以我为荣。

带着这样的思考方式，一是心情完全可以释然放平了，再也不会去为争抢一点蝇头小利而拼命表现自己，更不会为了要获取更多的利益而不顾道德标准和遵纪守规。二是更加努力开始筹划做好自己的本职工作了。我主动加强与政府的联系，求得政府的资源来促进我们的工作加快发展；我作为首席客户代表，与销售经理们不间断地跑市场、访客户、抓商机、谋发展，遇到困难也不会再轻易埋怨了，更体谅到了员工的不易和辛苦，也不会轻易去批评人了，而是与员工一起换位思考，商量如何用更好的方法去开拓市场、发展用户、拼抢业务。对自己的统筹，是需要在充分认清自身实际状况下的一种清醒，是对未来有充分掌控下的一种自觉，是自身不断追求卓越的一种奋进。

作者感悟 在面临错综复杂的情况时，党务干部要善于借势借力，顺势而为。要增强自身各方面的协调能力，拥有充分的资源调度能力，要有很好的全面统筹能力。要学会释然放平自己的心境，用更积极的心态去攻坚克难，完成自己所应承担的职责。

增强管理感召能力

管理其实就是对管理对象进行有目的、有层次的引领，运用一定的手段让每个人都能在被管理的过程中积聚智慧、勤奋出力、高效工作。管理，管理，一定是管者为先，理者为要，光有管的成分，没有理的跟进，管理是不会有大的成效的，甚至还会产生许多无谓的冲突和矛盾。在现实生活中老是有人质疑，为什么现在的员工不服管教了，要采取更加严厉的措施才行啊。这恰恰是对管理的一种曲解，是一个管理者对权力的莫名崇拜而形成的盲目自尊。

管者要能走进被管理者的内心，通过对制度、规矩的敬畏和遵循，通过对不良行为的校正，产生顺畅的生产和工作环境。而理者是要能疏导被管理者的行为，疏理被管理者的情绪，疏解被管理者的压力，最好达成高度的一致，才有可能真正产生管理的最大效应。

要学会适时运用党建的新举措，形成党建工作的有效性。党建和思想政治工作如同企业的管理工作一样，其最高境界就是要让平凡的人都能够做出不平凡的业绩。而要让每个员工发挥出强烈的主人翁意识，积极为企业发展、为个人成长不断努力，才是我们更要营造团队合力、塑造人文环境的目标。

曾经有个老太太问她的孙子："人身体上什么部位最重要？"孩子回答："当然是眼睛喽。""瞎子就一定不幸福了吗？""那嘴巴最重要。""哑巴就一定不快乐吗？""那是手和脚。""没有手脚的人就一定非常不幸的吗？"小孩最后问："奶奶，那么你说人身体上什么部位最重要呢？"老太太意味深长地说："其实人的身上肩膀最重要。当有人遇到困难、感到悲伤、需要帮助时，你能不能、愿不愿把肩膀拿出来，让别人靠一靠？"是的，你能将自己的肩膀及时拿出来，让别人靠一靠，人间的温暖才会环绕在身边，否则怎么可能会有团队的活力，怎么可能会有积极的心态，怎么可能会有和谐的氛围。如果这些东西都缺失了，我们的管理工作还有什么可以推崇和留恋的呢？

管理的举措得当，管理的效能才会成倍增加。曾听到过这样一个故事：在第二次世界大战期间，某国的军方委托地方工厂生产降落伞，然而不管这个降落伞生产厂家怎么样抓质量管理，他们的产品合格率就是99%。按道理来说，一个产品的合格率在99%应该是很不错的了。但对军方来说，那是很要命的事，因为每一批降落伞出厂被使用，就一定会有一定比例的士兵是会摔死的。于是军方就想出了一招：凡是每一批降落伞出厂，就随机抽三顶，一顶降落伞由厂长跳，一顶由质量检验员代表跳，一顶由缝纫女工代表跳。就这么一个非常简单的管理举措出台，情况随即发生了很大的变化。每个缝纫女工在缝纫降落伞时说不要是让我跳哦，必须认真细致缝好才对，不得有半点马虎；质量检验员更是每天严格进行产品检验，不要是我跳哦，不合格的坚决退回去重做，决不能有丝毫的含糊；而厂长则更像是热锅上的蚂蚁，每天在车间里盯着降落伞的质量，抓着关键，不放过任何一个细小的环节。就这样，短短几天，他们的产品合格率就达到了100%。真的没有什么高深的理论和举措，也没有什么高超的管理措施和技巧，就是一个小小的招数就让原本认为的不可能变成了可能，而且是真正做到位了，展现出来的结果就是绝对不一样的。

要充分挖掘党员和员工中蕴藏的潜能和积极性，将员工的能量发挥到极致。管理的一项重要内容，就是将员工队伍中蕴藏的潜能和积极性充分激发出来，形成不可阻挡的滚滚洪流，荡涤着前行道路上的各种艰难险阻。没有员工齐心协力的共同奋斗，光靠几个领导冥思苦想也未必能解决问题，取得实效。没有员工的倾心付出，聚集着攻坚克难的智慧火花，我们要想轻松取胜、长久发展就一定会是空中楼阁般的泡影。

我们在工作实践中感受到定期组织召开员工的“小诸葛”研讨会是凝聚和激发员工智慧的一个重要平台。“小诸葛”研讨会就是让每个员工都可以将在工作中形成的聪明才智奉献出来，这既提升了员工的自身价值，又为企业发展做出了贡献。

每次的“小诸葛”研讨会我们都会精心准备，从议题的选择到重点的发言交流，从提出的问题到解决的措施，从因果的分析到协作的推进，都进行具体细致的布置。做好充分准备后，说是让员工当主角，其实是我们在背后作引领和启发。当一个员工提出了自己的分析和建议后，我们马上进行点评，帮助这个员工完善他的想法，同时要求所有的相关部门领导和技术专家当面聆听，与员工一起针对问题提出解决的方案、落实实施的举措、达成一定的成果。实践的结果是每一次研讨会都能碰撞出许多思想火花，形成共识，然后群策群力拟订、落实具体的实施举措，切实解决存在的难题。这样做的话，行政领导很高兴，员工很满足，企业很得益，真正实现了多赢的格局。而且通过“小诸葛”研讨会，让员工有个平台可以将工作中遇到的难题讲出来，可能优化的措施提出来，持续深化的方法谈出来。员工在一线，最能了解市场和客户的变化或需求，最能搭准市场和客户的脉搏，也最能提出基本切合实际的解决方法，而且往往他们提出来的意见、建议更加具体、实在、有效。如果被企业管理者采纳，那么员工的价值就得到了肯定，延伸的效应就得到了体现，这正是一个我们要追求的多赢格局。

为充分挖掘员工中的智慧能量，我们在员工中开展了“比谁的贡献最大，比谁的付出最多，比谁的实绩最高，比谁的点子最灵”，让员工在一个个比学赶帮超的良好氛围中形成强烈的向上引力、前进推力、快步动力，更好地鼓励员工在岗位上积极投入工作，从而形成群策群力、个个争先的良好局面。某些员工的突出成就成为大家的追求目标，往往更有启发和引领。因为员工的所有付出既有高度的可信度，又有很强的可模仿性，同时让员工自我教育，更能贴近大家的实际，具有强烈的推广性。我们总结的员工实践成果，比如“英子受理法”“小邱服务法”“小刘电话营销拨打法”“小尤攻楼六步法”“小马投诉处理服务法”“小陈网优实践操作法”“小杨公客销售‘五步三环法’”等，就是将员工中创造出来的好的做法、行之有效的作业方式，形成简单明了的规范，让员工可以简单模仿、深度学习、突破延伸，从而形成了非常可贵的比学赶帮超的团队和企业文化样式。

作为员工行为的引领者，我们只有潜心研究怎么样高效快速激发员工的能量，并使这些能量得以传播，进而激发更大的能量，这种良性的循环往复，就一定会成为企业发展、员工成长最主要的精神财富和行为准则。

要让员工切实感受到是我要干，而不是要我干，将 1+1>2 的效应得到充分发挥。如何让一个员工从内而外地增强自主管理能力，打通员工的思想脉络是十分重要的。我经常会给员工摆一个基本公式：那就是要能够做到“三力”换“一力”，也就是你要增强在企业中的生存或发展力，是必须要用持续的学习力、持续的竞争力、持续的奉献力来换取的，否则的话，在这个快速发展的时代，你凭什么就一定有不可动摇的生存能力或发展能力？我这样定期地给员工讲，反复讲，员工在内心和行动上也就给出了回音。这是一位员工的原话：“以前是要我做，不多做，现在是忙不怕，怕不忙。”一个员工如果一旦没事情可做，不忙了，他说那就很有危机感了，因为岗位的淘汰说不定就什么时候轮到你了。只有每天忙忙碌碌的，才会非常充实，从而你在企业中才会有价值，才不会被淘汰。所以不少员工说，其实淘汰是一种自我淘汰，你做得很出色、很优秀，怎么可能会轮到你被淘汰呢？

经常性的员工自我教育形式的深化、优化，我们都能感受到，现在的企业员工队伍中谈论困难的少了，愿意奉献付出的多了；讨价还价的少了，注重企业发展的多了；单打独斗的少了，讲究团队协作的多了；被动做事的少了，主动找活做好的多了；关心眼前利益的少了，关注企业未来走向的多了。

我们倡导或督促员工利用双休日多到居民小区去设摊宣传和

发展业务。为什么一定要强调是在双休日？这是因为我们经过仔细观察，发现由于双休日往往是年轻人在家的多，对我们的业务和产品需求比较迫切，而平时年纪大的人往往不太关心新的业务和新的产品，更不会有更多的需求。所以我们的员工经常是一个星期连着一个星期的双休日不能得到很好休息，长时间加班加点确实也给他们带来了很多不便和烦恼。

记得有一次，一个员工对我说："领导，告诉你一件好笑的事。因为每个星期基本上都要加班，到小区里设摊进行业务宣传、产品销售和对用户的业务辅导，我已经有五六个星期的双休日没有时间陪伴孩子了，感觉到好像有点对不起自己的孩子。于是有一个星期六，我专门向领导请假不加班，被批准了。结果那个星期六的早上，我对孩子说，走，今天老爸带你去玩。没想到我的孩子怯生生地说，老爸，你是不是下岗了？"他是很轻松地当作一个笑话讲给我听，但我的眼泪一下子止不住流了下来。

我们的员工真的是太辛苦、太劳累又太可爱、太可亲了。但作为一个带队伍的党务工作者来说，这也正说明了我们对员工积极性的保护还存在着一些需要改进的方面，对员工的关爱还没有真正做到位，存在着一些急需解决的问题。于是我在干部大会上立即提出了一个动议：今后每个管理者，如果你的下属合理的公休没有安排妥当，你本人的公休、休假我就基本上不会批准。如果到了年底，你的下属合理的公休或休假还是没有安排好，那么你的年度绩效奖金就要被扣除一部分，没有为什么。如果我们不能很好地保护好员工的生产积极性，又怎么可能去激发更多员工的生产热情，怎么可能让员工长久保持奉献的激情？所以管理其实又是一个非常重要的人文关怀，时时要落实平衡的技巧，同时也是激发热情与保护热情的高度有机统一。没有情感的管理是很难走进人的内心的。

作者感悟 管理,一定是管者为先,理者为要,光有管的成分,没有理的跟进,管理是不会有大的成效的。管者要能走进被管理者的内心,理者要能疏导被管理者的情绪,最好达成高度一致,形成管理的最大效应。管理的最高境界就是要让平凡的人能够做出不平凡的业绩。

党建工作实操分享

转型时期强烈要求深刻激发提升党建工作的紧迫感。在目前的大背景下，关于党建工作重不重要已经不是一个讨论的重点了，关键的是要解决如何来加以落实，真正能卓有成效持续深化的问题。党组织或党员要成为员工群众无助时最有力的臂膀，彷徨时最到位的帮助者，困难时最信赖的依靠者，攻坚时最及时的支撑者，只有这样，党组织和党员的作用才算是真正得到了最有效的发挥。在工作的实践中我认为当前必须要从六个方面去切实加强党建和思想政治工作。

强化党员队伍建设，精心策划党建工作出成效

新的时代要求我们着力加强党员队伍的建设。党的先进性和使命感要求我们必须加强党员队伍的深度打造。党务干部在开展党建和思想政治工作的过程中要有成为职业政治工作者的自觉意识和行为能力，在党组织和党员队伍的建设中起到主心骨的作用。

我们党在长期的革命斗争中积累起来的一个非常重要的经验就是,广泛发动和组织群众,由一批职业的政治家时刻引领、组织、动员革命力量,进行艰苦卓绝的斗争。这既为革命胜利奠定了基础,更为社会主义建设积蓄了重要的领导力量。我们现在虽然处在和平年代的建设、改革、发展过程中,但同样迫切需要有这样一批职业的政治工作者发挥骨干作用,用青春和热血带领更多的人,为谱写中国特色社会主义现代化建设的新篇章而不懈付出。

发挥党员先进性作用

事实证明,充分发挥党员的模范作用、体现党员的先进性可以起到许多意想不到的效果。所谓党员的先进性应该体现在:党员具有坚定的理想,是具有与信仰结合的先进力量;能够也愿意充分发挥模范带头引领作用;在团队群体中不甘落后;注重提升自身素质与时俱进的满满正能量的积聚者。

在 20 世纪 80 年代末 90 年代初,上海一个中外合资的公司就发生了这样一件事。那时候党委书记在中外合资企业中还不是一个公开的身份,人事关系是挂在工会的,但从事着党建工作,党组织也没有公开亮相,是心照不宣的存在。由于党委书记经常会找人谈工作、聊思想、作沟通,在车间里或工作场所时常会看到他忙碌的身影。外方总经理不了解情况,发现有这么一个人老是在到处转悠,找人聊天,似乎并不好好地工作。于是他要求人力资源部门辞退他。后来人力资源部门的人就告诉外方总经理,这个人是党委书记,并反复解释在中国有特殊情况,是不可以辞退的。外方总经理很不理解,说他们在国外也有党派活动,但与企业的生产经营是没有关系的,党派活动只能是在业余时间里组织开展。

虽然最终没有辞退这位党委书记，但外方总经理总是在观察这个人平时在干些什么。有一个周末，外方总经理突然看到很多人在工作场地大扫除、搞卫生，非常奇怪又高兴，后来被告知这些人都是共产党员，是不取报酬的义务劳动。他若有所思地走了。有一段时间公司里订单太多实在来不及生产，外方总经理正在一筹莫展之时，看到车间里每天都有人在加班加点赶进度，硬是将原来绝对不可能完成的订单任务做完了，外方总经理惊讶之余多方打听才了解到，其实这些加班加点的人大都是共产党员。外方总经理十分感动，才开始意识到，共产党员其实都是企业里最好的人，最有奋斗精神的人，最可信任的人，最乐于奉献的人，于是他主动提出要给党委书记加薪，并允许在公司里挂牌设立党委办公室。虽然他每次都会刻意躲避，从不轻易走进党委办公室的门，但从内心里认可了共产党组织的存在。据我所知，这大概也是当时全中国第一个允许在中外合资企业里光明正大建立党组织并公开开展活动的企业。

我当时就想，党组织的存在完全是一种正能量的展现，是一种凝聚力的体现，是一种感召力的显现。在事实面前将党组织和党员的作用充分发挥出来，形成不可阻挡的力量，那就是我们独特的政治优势和政治力量，从而能够带领群众勇往直前，创造新的辉煌。这是多么难得的一种先进的体制和机制啊！

我们能不能做到充分发挥党组织不可替代的作用，让党员的光辉形象真正植入人心，这是我们要践行“党领导一切”的理念和要求，能否真正落到最基层单元、落到最基础岗位的关键所在，而党支部的建设就历史性地承担了这样的任务。通过党支部的日常有创造性的运作，使党的工作充分显示出独特的作用，使党员的形象充分展示出应有的品质，因此我们要在实际工作中努力探索党支部的“四个平台”建设：

持续打造共同学习和交流互助的平台；

持续打造工作改进和能力提升的平台；

持续打造党业融合和促进发展的平台；

持续打造党建引领和团队凝聚的平台。

这四个平台是相辅相成的统一体，是有机联系的整合体，是需要我们不断奋斗、自我超越、创造业绩的重要目标，也是我们努力践行的行动方向。如果这四个平台的作用得到淋漓尽致的发挥，我相信，党组织的作用就将是非常巨大、稳固和重要的。党的形象会有新的提高、党领导一切的理念将得到普遍认可、党的执政基础就会牢不可破。

加强党建的规范化运作

强化党建的规范化运作，形成党组织和党员坚定的政治合力，不仅要求我们把党支部建在部门上，还要让党支部的作用真正能够发挥出来，体现在岗位上，这是绝对不能含糊，必须要追求的事。

我们班子成员有个规定，就是每年的大年初一一定要到各个加班不间断生产的部门去进行节日慰问，这也已成为我们班子成员的惯例和自觉行动。记得曾经有一年的大年初一早上，当慰问到第二个基层部门的时候，我们刚下车就看到一个骨干班组长正匆匆要离开。我纳闷了，一般情况下员工看到领导来了总是要迎接一下，寒暄几句的，他怎么看到我们来了就要匆匆离开。悄悄一问，说是时间来不及了，他要去教堂做礼拜了。这天早上一大早他就到了单位，是把任务和工作全部安排妥当好才准备离开的。

看着他远去的背影我当时就想了三个问题：像他这样去教堂

做礼拜，教会会不会发活动通知？估计肯定是不会的；他这样虔诚地去做礼拜，教会会不会报销来回的车费？显然也是不会的；如果今天他不去做礼拜，教会会不会因此通过考核惩处他？同样绝对也是不会的。那么他为什么这样执着地义无反顾就断然离开单位了呢？而且还冒着不顾领导来现场不愿见面的风险？说白了，那就是一种信仰，是一种满足，是一种需要。我当时就在想，如果我们的党员也能像他这样如饥似渴地断然决然地认真参加党的每一次活动、组织生活，是不是就更能说明我们的党组织更具备这样的凝聚力和战斗力，更能让党员发挥好作用，更能让党员起到引领作用呢？

这里就引出了一个很严肃的话题，我们的党员如果没有认真参加党的活动，没有自觉参加组织生活，把板子全敲打在党员身上合理不合理？我们的党务干部有没有精心组织策划安排好每一次党的活动和组织生活，让党组织有真正的存在感？有没有让每个党员参加了一次党的活动和组织生活后，都能有一定程度的获得感，并且强烈期待着参加下一次活动呢？

当然，认真、自觉地参加党的组织生活和党的活动是一个党员本来就应该要尽的义务，也是职责所在。但试想一下，如果一个党员满腔热情参加了党组织的活动或党的组织生活，突然发现自己平白无故浪费了好几个小时，没有一丁点的获得感，而手头正好又有一大堆工作要做，他还会有动力来参加下一次党组织的活动吗？只有做到每参加一次活动，每个党员多少都会有一定程度的收获，都会是一次压力的释放和精神的愉悦，都是一次心灵的洗涤和灵魂的震撼，那么他才会有非常强烈的欲望憧憬着每一次党的活动或党的组织生活。这无疑就对每个党务干部提出了更高的要求。我们不仅要按照规定，认真按时组织好活动，落实好组织生活，更要认真听取党员的意见和建议，精心谋划、认真实施，谋篇布局、落实内容，创新形式、有趣味性，才能将党员紧紧团结在周围，发挥出党员的作用，而党组织的号召力、凝聚力才会更强。

精心谋划好党建各项活动

新格局下的党建工作要求我们对党建各项活动进行精心谋划。我曾看到过这样一句话，很有启发：一个人要做成一件事，需要三个要素——一是意愿，有强烈意愿的人才会百折不挠做成事情；二是能力，能力包括知识、眼光、经验、人品、个性等，有能力的人一般判断力都很不错；三是资源，能否调动人脉关系，是否有财力上的支持等。但最重要的是意愿和能力，有了意愿和能力，早晚能够逢山开路、遇水搭桥。所以要精心策划好党的各项活动，就一定要有强烈的意愿，齐心协力将党建工作切实做好。

精心策划好党的活动，就是要结合本单位党员的实际，选择切入口小、能立马起作用、对党员有所触动的事入手，循序渐进，讲究实效。比如我们就曾拟订并实施了“党员登高计划”主题活动，就是党组织与每一个党员通过协商，形成党员本人提升和党组织落实帮助的共同提高计划。具有个性化的党员登高计划契合党员的实际和工作特点，让每一个党员都能有自身工作、成长、发展的目标，并按照自画像般地拟订个性化的能力或技能提升的路径和方法，有的还专门配备了党员职业辅导师、业务互帮员。针对某个党员存在的业务、技能、销售能力等方面的短板，党组织进行具体的个别帮助和辅导，拟订切合实际的帮扶计划，带领他在实际工作中从简单模仿开始，逐步运用多种形式，加快他个人成长的速度。对于有进取心的党员来说，可以在岗位上得到一定程度的提升，有的是在管理岗位上的能力得到提升，有的是在工作范围的拓展上得到发展，有的是在职级上得到了一定的上升空间。不少党员参与“党员登高计划”活动后，很激动，纷纷表示：加入党组织后，没想到还有这么大的好处，得到了比他人更多的帮助和成长机会。这难道不是非常有效的党的主要活动样式和路径之一吗？

再比如，我们曾开展的“新业务党员领先拓展”计划，就是每年带领党员业务骨干制订“一个发展目标”，攻关“一个工作重点”，拓展“一项新兴业务”，组织党员攻坚团队加班加点做方案、争分夺秒盯客户，克服重重困难形成了全新的业务流程。任务最重的时候，党员攻坚队一次同时需要协调多支施工队和几十家客户。为做好后台支撑，党支部组建了党员项目组上下联动、内外联合、左右联络，构建起专业高效的方案支撑、应急处置的核心平台、一点接应的客服响应、7×24 的协调保障等实施保障机制，在客户面前充分展示了企业雄厚的技术实力和团队优质服务的良好形象。

党员的作用在企业发展过程中得到了淋漓尽致的发挥，彰显了党员在企业发展和员工成长中非常重要的表率形象。因此，党员教育需要探索一条适合不断推进的新路，能够让党员有收获、有启迪、有作为，这样党的活动才会有生机，党员的教育才会有实效，企业良好的团结协作氛围才会被充分激发出来。

党员议事和“小诸葛”研讨有成效

积极组织党员议事和党员“小诸葛”研讨活动收到了清晰可见的效果。我们努力让每个党员在业务发展和岗位工作中充分发挥作用，就是要切实把每个党员都能组织起来，在党员智慧迸发的过程中，更增添一定的自豪感和责任感。

我们定期组织开展的党员议事活动，就是让每个党员在充分调查研究和掌握第一手资料的基础上，提出在哪些方面需要改进和提高，提出自己对企业加快发展的意见和建议。为此我们还专门设计了统计数据、完善信息的表格，让每个党员在议事后可以进行相互之间的交流，形成企业的事情人人都关心，企业的困难人人都解题，企业的发展人人都出力的氛围。让党员真正在生产岗位上体现出应有的先进性。事实上，党员本来就是希望有作为的，但往往缺乏组织，这种愿望就没有长久保存下去的渴望。现在有了组织，加上党员自身本来就有的自觉和愿望，效果就一定是完全可见的。当然后续要及时将党员议事的内容进行分类列档，分发到业务或相关部门督促去落实和实施，并要将落实或实施的过程和情况反馈给党员，解决的结果告知党员，形成一个有形的闭环。这样党员议事就真正能够发挥出实际的功效和可见的价值。

我们还定期组织党员的“小诸葛”研讨会，专门集中企业中某一个急需要解决、党员可以充分发力的问题，群策群力进行破解。我们事先会把要研讨的问题和产生的背景等情况告诉党员，在大家事先准备相对比较充分的基础上，运用集体探讨、深入研讨，提出破解的方案、落实长久的机制等形式，归纳出一定的行动计划交给行政业务部门进行推进和实施。讨论的过程中，每个党员都可以头脑风暴，大胆设想，但在讨论后形成了决议和共识，那么就必须不折不扣根据决议落实，因为没有统一的意志，要形成强大的前行动力是非常困难的。经过多年的实践，我们尝到了甜头，首先是党员的凝聚力更强了，其次是破解难题的信心更足了，再次是有这么多的热心人久久为功，我们就没有过不去的坎，没有迈不过去的难事。“小诸葛”研讨活动的精心组织，使党员在这个过程中既奉献了智慧，更有众多思想火花的积聚，还是提升了自身素养，丰富头脑的交流、沟通的机会。

应该要落实党员与群众互帮互助、协调沟通的纽带连接机制。我们通过落实党员的责任区，让每个党员作为责任区的领头人，团结带领更多的员工共同进步和成长。每个责任区的党员都有明确的任务，那就是要定期深入员工中去，贴近了解员工的思想状况，耐心做好必要的思想疏导工作；积极宣传企业的发展目标和前景规划，动员更多的员工做好本职工作；形成团队合力积极发展业务，动员更多的员工拓展发展潜力；等等。党员要经常性与所在团队的成员谈心交流，这既能够及时掌握员工的思想动态，更是为了有针对性地做好必要的思想稳定工作，尤其是当遇到变革转型，甚至触及员工切身利益时，要积极引导员工转变观念，拥抱变革，参与转型，打造适应改革发展的良好员工队伍。

员工队伍中总体上充满着向上的力量，但有时由于利益的驱动，部分员工会产生一定程度的情绪波动，弄不好就会造成负面的影响。这时党员勇于站出来，利用自身的形象去动员带领大家心往一处想，劲往一处使，眼界放宽、心胸放平，往往就能将负面的影响消除，进而形成积极向上的正能量。在人积聚的地方不正确引导，一定是邪气占上风，反之，积极正面引导，一定是正气足足，企业就会呈现无限生机。

注重入党积极分子的培养

必须要切实加强入党积极分子的培养教育，形成党的有生力量。我们要把对入党积极分子的培养当作一件重要的工作认真抓好，真正做到人没进党的门，心要存党的情，行要有党的影。

对入党积极分子培养很重要的一个切入点是切实让每个入党

积极分子端正入党动机，自觉增强党的信念和理想。教育的形式和方法也很重要，一定要能够真正触及入党积极分子的内心深处和灵魂。

我曾经发现由于多种原因，不少打了入党报告后的积极分子，意志消退了，行为方式也没有那么积极上进了。于是有一年我们就组织了 59 名入党积极分子专门赶到南京，参观了南京大屠杀纪念馆和雨花台革命烈士陵园，然后在住地酒店借了会议室，让每个人谈参观后的感受。因为是参观过后座谈，时间不允许让每个人都谈，能有几个人谈谈，启发大家就可以了。谁料想，第一个发言的情绪就非常激动，说："我参观了南京大屠杀纪念馆后真的是感到灵魂得到了洗涤，心灵受到了震撼，什么是落后就要挨打，它说明得清清楚楚，明明白白。"接着一个挨着一个抢着发言，有的说："我本来打了入党报告后想想也没有什么机会了，也不再想入党这件事了，没想到，参观了雨花台革命烈士陵园后看到这么年轻的共产党员面对敌人的枪口视死如归，没有半点畏惧，真正被一个共产党员的气节震撼了，我现在要重新燃起积极进取的激情，更好地以自己的行动践行一个共产党员的模范行为。"有的说："没有这么多前赴后继的共产党员用生命和鲜血换来我们今天的安宁和和平，我们怎么可能有这样美好的生活，所以我也要用自己的担当和作为去真正体现一个党员的精神和品行。"

夜幕降临了，大家还在谈论着感受，述说着体会，表示着决心。餐厅服务员催了好多次，结果摆放的饭菜冷了热，冷了再热，一直到了晚上 8 点多，59 人个个都酣畅淋漓地谈好体会、感受后才入座吃饭，饭桌上大家还在交流。

这次入党积极分子的一个也算是平常的活动，带来的震撼是我原先没有预料到的，事实证明，并不是大家排斥教育，而是教育的形式、内容、载体等是不是能真正被接受、被打动。运用红色遗迹具有现场感的教育带来的影响，可能会对这些入党积极分子形成终生的影响，这是我们必须要思考和坚持的。

探索党支部的标准化建设

我们应该要积极探索打造标准化的党支部建设。要把党支部建设成为所有党员和员工可依靠的平台、可成长的平台、共享知识的平台、加油鼓劲的平台，使“支部建在连上”挥发出和平时期的新光彩。

党支部日常工作和基本任务应该是：宣传贯彻党的路线方针政策，执行党的决议，讨论本单位的重要事项，充分发挥党员的模范作用，带领群众完成本单位本部门担负的生产任务；组织党员学习理论，学习科学、文化、法律和业务知识。切实做好思想政治工作和意识形态工作；对党员进行教育、管理、监督和服务，提高党员的素质，坚定党员的理想信念，监督党员履行好自己的义务，保障党员的权利；密切联系群众，了解群众的批评、意见和诉求，维护群众的正当权利和利益，凝聚广大群众的智慧和力量；对要求入党的积极分子进行教育和培养，做好发展工作；监督党员干部和其他人员严格遵守国家法律法规；实事求是提出意见和建议，及时向上级党组织报告重要情况；按照规定，向党员、群众通报党的工作，公开党内有关事务。

在国企中的党支部还有个特殊任务：保证监督党和国家方针政策的贯彻执行，围绕企业生产经营开展工作，按规定参与企业重大问题的决策，服务改革发展、凝聚职工群众、建设企业文化，创造一流业绩。同时我们还要建立健全党支部紧密围绕经营生产进行有效的绩效评估体系，建立有文字考证、条款具体、可以实施、能够评估的围绕经营生产的绩效体系。标准化的实施路径可以有效避免“两张皮”现象，同时也可以克服说起来重要，做起来次要，忙起来不要的状况。

除了对标准化党支部建设要有规定动作外，还有个很重要的内容就是鼓励每个党支部强化自选动作，也就是要提倡结合自身的实际、符合党员的期盼，落实各项行之有效的工作，使党支部建设真正发挥有凝聚力、有感召力、有引领力、有战斗力的坚强堡垒作用。对自选动作也可以配置一些考核的激励分值，只要在形式上、内容上、方法上有创新特色，有感知成效的就可以进行加分奖励，并作为评优争先的基本依据。当然对没有创新意愿和动作的，即便在规定动作上不走样、不马虎的，也不能得高分，更不能作为评选先进的奖励。这样就从机制上确保了每个党务工作者在出色完成规定动作后，还要努力进行探索和创新，将新时期的党建工作和思想政治工作紧密结合实际，做出应有的效果，体现应有的效益。

党支部的标准化建设得越规范，其发挥的作用就越大，影响力和号召力就越强。我们曾在党支部中开展了“四联四促”联动机制，在标准化党支部建设中起到了很好的效果。

党支部的“四联四促”就是：一要“联通信息促进沟通”，也就是要通过定期开展党支部活动、建立即时沟通信息平台等方式，加强与党员的沟通交流，消除地域或层级带来的信息壁垒，畅通信息沟通渠道，促进信息沟通不畅而带来的问题的解决；二要“联合攻坚促进克难”，也就是党支部谋划动议、党员带头行动，针对部门和自身存在的重点、难点问题，开展协同攻关、联合攻坚，共同探寻一条更适合解决问题的路径；三要“联动筹谋促进提质”，也就是党支部与行政生产部门加强协同合力，共同进行顶层设计、统筹谋划，来有效促进党建工作的质量提升、促进生产业务的创新突破、促进专项任务的高效完成；四要“联结众心促进凝聚”，也就是要通过党建联建、党员携手、党群连心等方式，对内促进人员的团结协作、凝成合力，对外促进业务产品的销售和拓展，使党建引领企业发展成为一个统一思想、增进共识、促进发展、凝聚人心的过程。在实际工作中党支部的战斗堡垒作用的发挥取决于党支部能不能真正找到切入口，下大力，求突破，绝对不是一个理念的赋予，更不是行政手段给予的。

引导党员在党内要坚持做到畅所欲言，进行充分的思想碰撞、思想交流，可以对不同的观点进行辩论或讨论。但是在党外要保持与党组织的高度一致，以党的利益为重，千万不能随心所欲又没有原则地表达意见。这是党支部标准化建设一个很重要的内容。

我们不可能要求每个党员都没有瑕疵，但党内要有自净功能。党员的个人行为应该要受到一定制约，否则党员怎么可能成为很好的带头人，怎么可能带领群众去实现和完成党提出的目标任务。党组织的自净功能是党组织必备的基本要求，也是我们党的先进性之所在。具有自净功能就是要及时指出党员存在的不当言行，可以是面对面指出，也可以是由党组织出面指出，情节严重的甚至要责令限时整改并做出必要的组织处理。影响恶劣的，还需要在一定的场合进行必要的澄清和通报。如果有可能的话，我们还应该及时当面进行必要的干预，不能让个别党员的不良言行影响到整个党组织或党员队伍的形象。同时党组织需要定期进行党员队伍状况的分析，对个别有不良情绪的党员要预先做好有针对性的疏导工作，有的还需要进行有针对性的帮教。对个别党员有思想问题，那就更需要在党支部的组织生活中进行思想交锋和思想沟通，让思想疑虑解决在党组织内部，而不在党外进行不正常的传播。

作者感悟 党组织或党员要成为员工无助时最有力的臂膀，彷徨时最及时的依靠，困难时最到位的帮助者。党务干部要有成为职业政治工作者的自觉意识，在党组织和党员队伍建设中、在企业发展和员工成长中时刻起到主心骨的作用。

强化自我行为要求，坚持一把钥匙开一把锁

要充分体现党务干部的行为魅力，突出党建和思想政治工作的真实成效，就必须要从党务干部自身的行为出发，将工作细致入微地落到每个环节上，进行有针对性的个别着力、个别突破、个别作用。

坚持有针对性开展党建和思想政治工作

有针对性地做好党建和思想政治工作是非常重要的行为艺术和必须的行为追求。对不同的人、不同的事要运用不同的工作方法和不同的落实手段，甚至落到具体的细节上都应该是要有所区别的，这样的工作才能真正体现出成效，真可谓是一把钥匙开一把锁，每把锁都有自己的独特性，了解了独特性才能有针对性，动机和结果才能高度一致。如果不讲究个别对待，眉毛胡子一把抓，结

果当事人可能给你面子，不发生当面冲突，但内心是绝对不会服气的，效果就可想而知了。一把钥匙开一把锁不仅是一种要求，更是一种技巧和有效的手段。作为党务干部没有任何理由不对此作深入研究和实践。

个性化落实谈话、慰问、走访的重要意义

我认为平时开展的谈话，沟通地点选择也很重要，比如与领导人员的谈话沟通就要尽可能选择在办公室里，显示出一定的严肃性和震慑力。尤其是比较正式的谈话，这样就更显得很正规、被重视，谈话的内容也容易被记住和采纳；与一般员工的谈话沟通最好选择在其生产岗位，既具有一定的针对性和目的性，更具有一定的亲和力和说服力，被谈话者不会产生紧张感，在放松心情的情况下进行沟通才能产生实际效果；而与有特殊困难员工的沟通，最好选择在清空后的休息室里，这样既显得比较随和、亲切，又能比较容易走进困难员工的内心，更可以保持住这部分员工应有的隐私和尊严，因为不少困难员工并不乐意在大庭广众之下被关心，希望留住一点应有的尊重和尊严，所以选择在避开人的休息室里就是绝佳的地方。

我们经常进行的慰问走访也是很有讲究的，比如对领导干部的慰问走访最好要进到他们的家庭里，一方面是附加对干部家属的一并感谢，还有一个好处是，可以观察有没有表面上的不合适，诸如太豪华的装修啊，物件摆设是否得当啊，有没有夸张的铺张啊，等等，如果发现有什么不合适的地方，作为当事人可能不一定警觉，作为有一定辨识能力的领导来说，就可以及时指出，进行必要的改进，避免不必要的麻烦。比如我曾到一位领导干部家里去

慰问,发现客厅里的酒柜内摆满了名酒、洋酒、好酒。我就善意地提醒,做人没有必要这么张扬,还是收敛点好,结果这位领导表示认可,当即就把这些酒收藏起来了;对一线员工的走访慰问最好到岗位现场,因为很多员工并不一定希望领导轻易到家里去,避免不必要的猜忌,而且部分员工的家庭条件未必很好,也想保持一点隐私和自尊。选择在岗位工位上慰问,就照顾到了员工的感受,又让员工有获得感;对生病员工的走访慰问最好是去医院病房,因为很多时候病人在住院治疗中是很寂寞、很忐忑的,非常渴望能有人来探视,至少心理得到些许的安慰,同时也有可能会被病友羡慕,引发的话题绝对是员工值得骄傲和自豪的资本;而困难员工的慰问最好选择在本人的岗位上,因为这部分员工往往并不想让人知道自己更多的窘境,在岗位上适当避开众人,及时进行慰问就可以避免不必要的尴尬,既解除员工的困难,又保全了员工的脸面和尊严。

凡此种种,可能也就是微不足道的小事,但把这些小事也仔细做到位,极有针对性地个别处理,效果就可能会比较好。

用个别问题个别处理的方式追求实效

作为领导或管理者如果要批评人的话,最好的办法是不要当众训斥,一定要选择好场合,注意语气,体现诚恳,这样批评的效果才能达到最佳的状态,也体现出批评者的本意,更能让被批评者接受。如果要对员工进行表扬,那就要选择一定的时机和一定的场所当众赞美,让员工真诚感受到表扬的魅力和内心的愉悦。这两种情况千万不能倒过来,否则不会有丝毫的效果和好处。很多管理者不讲究这些,以为我领导的方式和个人性格就是这样的,结果往往闹得不可收场，还满心委屈，以为员工不服管教，不尊重你的领导权威。

我在工作的实践中倡导给员工以一定的仪式感，也就是做几件小事，没想到效果还真的非常好。比如我要求各个下属单位的领导，主要是部门工会组织来具体操办，每一个月在员工大会的过程中增加为所有当月生日的员工过一次集体生日庆贺活动，买个大蛋糕，所有的员工集体围着给过生日的员工唱生日歌，分享蛋糕。我本以为这就是一件小事，没想到几次我都看到了不少员工眼里噙着泪花，纷纷说这是一个非常难忘的生日。

再后来我认为要加以延伸，在为员工过完集体生日后，由单位部门领导出面对本月内所有成绩优秀的员工，报一个名字大家鼓一次掌。例如谁拿到了一个大的订单，鼓掌；谁收到了一封客户表扬信，鼓掌；谁获得了一个荣誉称号，鼓掌；谁取得了一个学历证书，鼓掌，等等。每每看到大家朝着某一个人鼓掌，这个人的情绪便会不由自主地激动起来。就是这么一个简单的仪式，却给了很多员工极大的激励。有些员工说："以前很郁闷，做好了没有人分享喝彩，做不好也没有人指出帮助。现在虽然只是一个小动作，但我们内心非常高兴，这才是一个有活力和魅力的团队。"所以倡导每个管理者要非常用心地对待每一项工作，真正做到要么不做，要做就一定要做到位，党建的引领力才会是始终十分强劲的。

员工中会产生很多意想不到的难题，这往往不是员工无事生非，因为只要有过不去的坎，他当然会找领导解决。换个角度想一想，其实也是员工对你的高度信任。如果员工有事都不愿意找领导倾诉，不愿意领导帮助他解困，说到底这是作为领导和管理者的最大悲哀。所以这时你就要非常耐心，理智地去帮助解决他们实际存在的问题，坚持用一把钥匙开一把锁。

记得有一个员工与其妻子发生了矛盾，吵到甚至一怒之下要立即离婚的地步。但他非常喜欢他的妻子，等气头过后，也很后悔，便找各种方式要求重归于好，然而他的妻子却不依不饶，坚持离婚没得商量。眼看这么一个本来挺美满的小家庭就要破裂了，无奈之下，这个员工找到了我，满怀希望让我去劝说他的妻子，要求和好。我当时也十分犹豫，虽然员工是信任我，但如果他妻子不给我面子，我反而自找没趣，再说我作为这个员工的领导，这样做到底合适不合适？

看着这位员工那么期待的眼神，我心动了，于是就接受了这个劝和的硬任务。任务是接到了，难度还是不小的。于是我就做了大量的准备，通过员工详细了解他妻子的爱好、特长、软弱处、洒泪点、他们家庭的日常情况等。作好准备后就专门约请了他的妻子，选择了一个合适的地方（茶馆），作了一次长谈、深谈，从人生的价值和意义，从家庭来之不易的经营，从人不可能没有过错的道理，从如何化解矛盾避免彼此不可挽回的痛苦等很多方面去以情动人、以理服人的劝说。然后约定，我们不要轻易作一次选择，是否应该保持理性冷静，作多次最优的选择。

看到我这么诚恳和耐心的交谈，也看到我真诚的表情，这位妻子被打动了，若有所思地答应不冲动行事。过后我专门教授了这位员工怎么去经营家庭生活，怎么去营造温馨的环境，如何在近期组织一次家庭旅游去创造和好的条件，以后如何善待妻子等招数，要求他去努力尝试作一次自身的改变。经过这么几次的往复，据说这位员工成功地挽救了将近崩溃的婚姻，从此这位员工就成了我非常真诚的朋友，无话不谈。我也从中收获了强烈的价值感和存在感。

有时候一个领导的威信是要在员工遇到难以克服的困难，你伸出及时的帮助之手，切实解决了他的关键问题后增强的。如果我们以各种理由将员工的期盼当成份外事，不理不睬，漠不关心，可能你也不一定算是做错了什么，但一定是没有被员工认可的感知度的，员工当然也不会反馈给你无私付出、尽心尽力做奉献的强烈意愿。这样的环境怎么可能把人高度凝聚在一起呢？你的管理举措和管理行为会被善意执行并努力体现吗？显然这会有不一样的待遇。管理的过程说直白一点，其实就是在与员工相互之间达成体谅、关切、重视和和谐的高度一致情况下形成的聚合力，是要让员工从内心对你的管理认可情况下的一种服从。

记得有一个双休日，楼上办公区域突然不知何故发生了渗漏水现象，水一直淌到楼下的机房，如果不及时抢修将会造成重大人为通信事故，而要维修的话，就必须要到楼上几个办公室进行逐一检查。但由于是双休日，办公室的人员都休息了，维修人员又没有可以开门的钥匙，只能打电话给有钥匙的人，希望他到单位里配合维修。可能是平时在工作过程中受到过冒犯，还是其他什么原因，被他一口回绝："我没空，不出来的。"结果弄得维修无法进行，要么破门而入，要么等上班的时候再检查。但机房渗漏水是很严重的事，万万拖不得。没办法，后来维修人员特地打电话给我，要我去说服那个当事人到单位协助检查。我因为平时与大家建立了比较好的关系，在关键时刻也乐意去帮助人，所以当我一个电话打过去后，立即得到了积极的回应："领导，是你打电话来，我肯定会出来的，如果不是你请我的话，我理都不会理。"

事情是圆满解决了，我在高兴之余，也深深地反思，如果我们平时的管理是有温度的，而且是能被充分感知的，那在你需要大家帮助的时候也一定会得到无偿的、无私的回馈，否则凭什么你能得到员工的帮助和厚爱呢？用心是彼此双方的，你用心在他身上，他也会用心反馈给你，这样人和人之间就存有很温暖的情谊，就可以超越一般的工作关系，使纯粹的工作关系变得更有亲和度。

作者感悟 有针对性地做好党建和思想政治工作是非常重要的行为艺术和必须的行为追求，对不同的人、不同的事要运用不同的工作方法和不同的落实手段，甚至落到具体的细节上都应该是要有所区别的，这样的工作才能真正体现出成效。

强化全方位的沟通，做深入细致的工作

落实全方位的沟通不仅是工作上的需要，更是情感交流上的需要。我们如果没有情感的工作就创造不出有温度的团队，进而形成不了有实际效果的进取精神和团队意识。沟通是我们全部工作中的重要组成部分。

沟通是党务干部的重要法宝

大量的实践数据可以证明，一个优秀的党务工作者或者是一个称职的管理者应该有 70%的精力用于团队的沟通。管理其实就是在不断地多方位沟通中形成的共识；一个部门中大约有 70%存在的矛盾和问题是由于沟通不畅形成的。沟通是解决矛盾和问题的最有效方法；70%的优秀管理者有很强的沟通能力。如果一个管理者不会沟通那是注定不会有什么成果的，也是得不到充分

认可的。所以全方位的沟通技巧对于党务工作者来说是一个很重要的工作能力。

有效沟通应遵循的重要原则

要使沟通成为有益于工作的顺畅、有益于思想的交流、有益于情感的交融,就必须要遵循必要的原则:有效的沟通是需要沟通双方真正建立起良好的相互信任的基础,然后有一个很重要的契机和主题,而不是纯粹为了联络感情;有效的沟通是沟通双方都要有意愿,做到必要的坦诚相见,充满信任,而不是彼此之间相互猜忌、揭短,你来我往的顶牛中实现的;有效的沟通是能够真正走进对方的内心,用彼此的感同身受去为对方考虑,不能换位思考的沟通是很难取得成效的;有效的沟通是相互交流、思想碰撞的重要形式,而不是一种可有可无的摆设或做做样子;有效的沟通是沟通主导者对沟通对象的一种真诚帮助,需要在完全了解真实情况后的精神宽慰、思想疏导、方法指导和行动激励等。党建工作的精髓其实就是在全面沟通中寻找到共同点,然后激发各自内心充满激情的部分,不断扩展延伸,这是最有可靠性和作用力的管理和引领方式。

顺畅沟通要落实的主要做法

我始终有一个想法:班子要尽责,干部要尽心,员工才会尽力。企业要取得长足的发展,领导班子成员形成有效沟通后的合力是必不可少的。我们提出班子内有不同意见可以争得面红耳赤,但形成决议后必须执行有力,不能含糊、不能网开一面。因此我们通过制订制度来切实规范领导班子成员的沟通流程，形成了四个比较行之有效的做法：

一是每周党政班子成员必定要召开一次碰头会，及时沟通信息，集体决策重大事项，统一意志，形成共识。每周的碰头会已经雷打不动地开了很多年，从没间断过，而且凡遇到重要事项还可以随时开会，有话则长，无话则短。集体决策可以有效避免失误，避免差错，避免不规范的行为发生，而且让权力摆放在阳光下运作，也可以保护领导干部。同时经常互通情况，让每个领导都知晓各自分管领域内的工作状况，可以充分集中大家的智慧，将工作做到极致。

二是每月召开机关各处室领导的沟通会。大家不评功摆好，不谈成绩，主要谈发现存在的问题、需要解决的问题、应该配合的问题，然后各负其责，落实解决这些问题的具体实施措施、设想和办法，从而有效地发挥了机关处室的龙头作用。很多时候处室间产生的分歧和矛盾，都是因为信息不通，传递走样造成的结果。如果适时进行面对面的沟通就可以将问题和矛盾解决在萌芽状态，不至于造成严重的后果而影响工作和相互间的配合，而且当面将原因讲清楚也可以避免猜忌。

三是每季度举行一次与基层单位或部门的领导班子成员开展的面对面对话沟通，主要也是谈存在的困难，需要班子协调解决的问题。然后规定，凡在职责范围内应解决的问题必须在两周内帮助解决，否则基层单位或部门就可以自行其是，并在网上公布，由大家来监督。凡不是我们职责范围内可以解决的问题必须在三天内上报，并将情况说明。现在基层在工作上同样会遇到许多困难，但大家不抱怨，因为所有的难题都会有人帮助解决。

四是对有困惑的个性问题，及时采取一对一的沟通方式，力求思想问题不过夜，疑惑问题不留痕。班子规定对在发展、改革、服务、竞争等方面遇到暂时想不通的问题，要耐心细致地做好工作，尤其是对有思想情绪的人一定要有针对性地进行帮助，不能任其自然。这几年，仅触及员工切身利益或比较大的改革试点项目就有十几项，但由于我们领导班子和管理人员的思想高度统一，行动迅速坚决，疏导工作到位，至今没有发生过大的风波，员工队伍总体上比较平稳。此外，根据工作中的热点和难点我们还每年集中开展深入细致的调研，直接面向一线，确定课题，组织人员，寻找对策，形成报告，指导实践。

良好的沟通还必须要有顺畅的平台，要有详实的内容，要有积极的心态。我们在实践中把握了这么五个形式，力求沟通取得有益的成效：

一是定期召开情况通报会，切实尊重员工的知情权。我们坚持将企业中的重大事项、企业发展的重大情况、企业未来发展的变化，甚至遇到的主要困难，通过召开情况通报会、员工知情议政会、员工季度大会、职工代表列席局务会等形式，让更多的员工从正规渠道及时了解并关注所有的热点问题，了解企业的发展方向，从而激发员工为企业发展献计出力、奉献力量的作用。你把员工当成家人，员工也就会像家人一样默默无私付出而毫无怨言。

二是定期组织恳谈对话会，真诚扩大沟通的渠道。恳谈会作为管理者与员工面对面双向沟通的重要渠道，我们已经坚持了很多年，通过企业负责人和相关职能处室的负责人对员工所关注的企业发展、组织架构、产品营销、员工收入、人力资源配置和企业效益等问题进行面对面深层次沟通，形成思想上的高度共识、决策上的不断完善、行动上的步调一致。员工说，让我们了解企业，关心企业，当然我们也就会为企业的发展尽心尽力。

三是网络平台公示专栏，拓展民主管理信息。充分利用网络资源和文化资源，将民主管理与企业文化有机贯通。将基层民主管理的内容、事项、程序予以告知；设置企业党委书记、行政主要负责人、工会主席的信箱；岗位招聘等信息通过企业办公自动化系统告知等，尽可能地扩大员工获取信息、掌握信息的渠道。我们一直认为没有什么需要对员工有所保留的，让大家充分了解自己的权益，了解自己的定位，了解自己的未来，才能将员工的潜力和活力真正激发出来。今天你把员工当主人，员工也就会有主人的样子，尽情付出。

四是职工代表专项巡视，督促工作持续改进。我们每年组织职工代表分别就安全生产及防暑降温工作执行情况、年度实事项目履行状况、企业发展现状和员工能级提升岗位晋级等进行检查巡视，对检查情况进行打分评议，提出整改意见和可行性建议，并督促限期整改。让员工全方位参与企业的管理，这既考验企业管理者的肚量，更考验企业管理者的智慧，还考验着企业管理者的能力。让更多人来完善我们的管理，何乐而不为呢？

五是设置“周末论坛”讲堂，全方位提升员工素质。我们创建的员工“周末论坛”，作为双向沟通平台月月开班，通过邀请相关领导和专家面对面与员工沟通，不仅创新团队学习的新形式，而且也创新了厂务公开的新形式。通过“双向通道”，让员工第一时间了解企业的动态变化、了解最新技术的发展、了解行业变革的趋势，而员工也通过学习心得、论文撰写等途径反馈了他们的想法，促进了各级领导和专家对员工思想状况和学习情况的全面了解。

良好的沟通和沟通平台的搭建，是作为党务干部的一项基本功能和职责所在，不是可有可无的动作，而是必须坚持的行为。

作者感悟　全方位的沟通技巧对于党务工作者来说是一个很重要的工作能力。良好的沟通必须要有顺畅的平台，要有详实的内容，要有积极的心态。全方位的沟通平台对于党务工作者和企业管理者来说是一个很重要的工作渠道和载体。

强化员工的行为辅导，营造正能量的环境

作为一名党务干部有一项非常重要的任务，就是不断强化对员工的行为辅导和充分肯定。有时候我们的一个举动、一句忠言可能对这个员工产生非常大的影响，甚至有的还可能会影响到他的整个人生。

不要吝惜对员工的行为辅导

党务干部的一个重要工作内容，就是用自己的人格魅力去引领员工的正能量，而对员工的一个关爱、一个规劝、一个激励会给员工无穷的动力。因此我们不要放弃对员工的行为辅导。

我记得有这样的例子，发自内心的一句话会影响一个人的一辈子。比如一个小男孩有口吃毛病，自卑极了，但他的妈妈坚持对他说："孩子，你的脑袋是聪明的，可能就是你的嘴巴暂时无法跟上你聪明的脑袋之缘故。"这个小男孩长大以后就是美国通用电气公司的前首席执行官杰克·韦尔奇先生。设想一下，如果他的妈妈不耐烦地说："孩子，以后讲不清楚就不要多讲了。"那么我可以肯定，这个世界上从此就不会产生杰克·韦尔奇先生这样一个伟大

的管理者了。又比如当一个父亲无奈地将自己非常调皮捣蛋的小男孩介绍给新婚妻子的时候，这位继母却说："你错了，他不是全社区最坏的男孩，而是一个很聪明，但一时还没有找到地方发泄自己热忱的孩子。"这个小男孩长大以后，就是创造了成功的28项黄金法则，帮助千千万万的普通人走上光明和致富大道的卡内基先生。试想一下，如果这位继母不是一个善良的后妈，整天痛骂，没有好听的话语，不屑一顾这个小男孩，那么我也可以肯定卡内基先生的人生就不一样了。所以有时给人一个忠告、一个指点、一个鼓励，就可能会造就一个有用的人才。我们作为党务干部不要吝惜对员工的正向行为进行必要的赞美。

善于担当"教练＋督导，家长＋保姆"的角色

我们要努力打造团队的合力，形成积聚智慧的力量破解前进道路上的障碍。每一个领导干部就要善于担当"教练＋督导，家长＋保姆"的角色，给员工强有力的指引和帮助。这是现实的要求，是时代的呼唤。

何谓"教练＋督导"？就是一个好的管理者，除了及时布置任务给下属外，很重要的一件事就是指导他如何完成，有什么途径，用什么方法，取什么资源，等等。千万不能把工作一布置便了结。因为领导者往往占有的信息量大，前瞻性的消息多，知道为什么要这样做的道理，而员工往往并不清楚，你布置了任务，他没有真正领会意图，那是做不出成效的。这时，你就要不厌其烦地进行辅导、帮助，就是要当一个好的教练。然而光当好的教练还不够，必须要对下属在工作的过程中进行有效控制，有没有产生偏差，有没有质量问题，有没有偷工减料，有没有用最佳的方法，等等，那时你

就应该是一个好的督导，及时进行工作的点评或纠偏，不能让问题成堆了再采取措施，这样成本大，而且损失多。

何谓“家长+保姆”？就是一个好的管理者，首先是应该事无巨细将工作或问题考虑得很周全的人。可以想象一下，一个家庭里考虑最多也是最辛苦、最操劳的，往往是家长。让子女进行管理的也有，但大多是比较特殊的家庭或用民主的形式走走过场。在企业中领导者就应该像一个家长般操心和努力，必须全面谋划，认真布局，精心组织，这是职责所在，也是使命使然。当然光当好家长还不够，你还必须是一个好的保姆，也就是员工在市场上奔走奋斗的过程中，你要扮演好一个好的保姆的角色，主动关爱员工，比较好地解除员工的后顾之忧，解决员工在工作过程中需要协调解决的问题，为员工开展工作积聚必要的资源等，让员工顺畅地推进工作就是我们最佳的追求，也是最好的结果。

我们在实际工作中用合理的方式鼓励更多的员工迈好前进道路上的每一步，就显得非常有必要、有价值、有意义，同时可见，党建和管理就是做人的工作。把人的工作做好了，其内在的力量就会大爆发。我们开展的各类主题教育活动，就是将企业的目标与每个员工的利益有机结合起来，在教育的过程中强调人人参与，每个人既是被教育者，又是教育者，在集思广益，取得认识一致的基础上，拟定切实可行，又易于操作的具体措施、途径，作为每个人的行为规范和奋斗目标。员工普遍反映，这样的教育比较形象生动，不强加于人，不生搬硬套，员工容易进入角色，容易接受，效果也就更好。

比如我们经常给员工一些观念转变的指导，不停地进行一些理念的灌输，最后对员工产生了影响。这是员工的一句原话——以前是要我做，不多做，现在是忙不怕，怕不忙；以前是要我学，不想学，现在是我要学，学不够。当员工的思想观念发生质的转变时，我们还有什么困难不可以克服，还有什么奇迹不可以创造的呢？

尝试对骨干或核心员工进行职业生涯的设计

尝试对骨干或核心员工进行职业生涯的设计并不是多余的事。让更多的员工为之奋斗，让更多的员工感觉到有奔头，那员工内心积聚的能量全部释放出来，就会汇聚成不可阻挡的滚滚洪流。

记得有一次一位员工跳槽离开了我们的企业，我当时给自己定了一个规矩：凡有员工跳槽，一定要当面交流一次，听听心声，谈谈想法。于是我就专门找她作了一次长谈，诚心诚意地进行了一次沟通。没想到，她跳槽的原因就是因为新的公司给了她一次可以去国外培训的机会，其他的条件未必比我们的企业更优越。我愕然了，难道一次国外的培训就这么吸引人，这么重要吗？

交流下来，确实是这样的，就是一次能去国外的培训，就把这个员工拉过去了。我知道，其实一个好的员工，有一定核心竞争力的员工，他一定是有期盼的，如果我们能及时了解并在可能的情况下帮助他实现这个期盼，他就有可能成为企业忠诚的员工。我很后悔，我们的企业也有国外培训的机会，为什么我们就不能主动给员工一个预期的告知，给他们一个充满希望的可能的机会，使他们经过不断努力也有明确的发展方向，工作更有干劲呢？

这件事使我恍然大悟，给一个骨干员工或核心员工作个人职业生涯设计对凝聚员工队伍是多么重要的一件事情啊！不多久我们就策划了分两期组织几十个骨干和核心员工出国、出境进行了短期高层次的培训。虽然也就十来天时间，但给这些员工莫大的激励，精神状态和工作态度明显有了积极的变化。于是我们就开始在力所能及的范围里对骨干和核心员工尝试进行了个性化的职业生涯规划,极大调动了员工的生产积极性和干事创新的强大动力。

用员工身边的典型引领员工

加强对员工的行为辅导可以更加有效地发挥员工的能量。典型选树是一个很好的范例。员工中自发产生的模范行为都应该成为褒奖和弘扬的典型,并时时注意用员工身边的人和事来反哺与教育员工,就显得非常贴近现实、富有实效,员工容易接受。

随着管理理念的不断优化,更多要倡导员工的自我教育,通过教育的精神提炼,最终形成统一的意志,规范员工的行为。而自我教育的最好形式就是不断树立各方面的岗位典型,用典型引路来强化教育的效果。

现在有不少员工想做好自己的本职工作,但他不知道如何去做,他也想在本职岗位上有所建树,但往往无从入手。如果我们在各个工种都能有一些标杆形象,让员工很直观地先期简单模仿,那么员工队伍的提升就有了可靠的依据。反过来对树立起来的先进典型,又是很大的促进和推动作用,能让他们更上一层楼,这样就形成了比学赶帮超的良好氛围,有利于提高整体队伍的素质。

培育了员工典型,就要用多种形式进行宣传,形成正能量的影响。我在一个单位担任党委书记时,一年内培育了 31 人次的典型,就是力图用这些典型的闪光点集中成一个完美、可以学习的形象,不让这些典型有过多的压力。同时在电梯里、走廊上、饭堂内张贴他们的事迹。有一次还专门组织员工家属前来参观,当一些家属看到自己亲人的照片和事迹上了墙,非常高兴和自豪,纷纷表示回家后要更加积极支持他们的工作,做好出色的后勤保障工作。

用员工典型来引领员工有四个好处：一是教育素材是员工自己的，很有亲切感，能让人信服。事实证明，员工对教育并不是一概排斥，而是对那些空洞无物、言而无味的说教不感兴趣。二是教育的立足点比较真切、实在，每个员工都可以做到，能够产生催促的奋进作用。员工身边的先进典型往往来自员工，植根于员工，体现于员工，对大多数人来说是可望而可即的，具有很强的鞭策性，有利于形成你追我赶的氛围。三是可以有效地弘扬员工队伍中的良好风气，促进好人好事不断涌现。员工中蕴藏着极大的正能量，如果我们积极加以引导，发扬光大，那么潜移默化的变化就会时时发生，还能有效激发单位良好的文化氛围。四是抓住典型教育，可以促使员工自我反省，自我感悟。真正的教育效果并不是让人感动一时，过而忘却，而是应该调动员工内在的自觉性，通过切身的感受来规范每个员工的行为、举止、言论。

弘扬员工中的典型可以有多种方法，比如可以在单位的醒目位置张贴他们的事迹，可以在一定的场合宣传他们的故事，可以在员工教育时引用他们的做法，等等，使得他们的成绩能够成为大家学习的榜样和楷模。同时非常需要注意典型宣传的时代性、可信性和示范性。树立典型、学习先进、弘扬正气、榜样引路，应该作为一种引领员工的有效方法，努力做好，赋予其崭新的内容，让员工发挥出青春的活力，体现其应有的价值。

大力挖掘和培育优秀员工典型

要培养优秀的岗位典型，我们就必须要坚持这样的五步曲：

一是要努力挖掘具有时代特点和岗位特点的典型，像我们前期树立的那些典型，就是在平凡岗位上兢兢业业、一丝不苟做出一定成绩的。典型是要为现实服务的，所以在培育和选拔典型时一定要有岗位成功的特点，要能有可推广的可能性。及时发现典型是很重要的，善于从员工平凡的工作中总结出典型事例，就是管理者的能力所在。

二是要聚合岗位典型的成功经验，形成可复制的样板，让员工有直观的学习兴趣和可能。树立典型并不是仅仅弘扬典型本人的事迹就可以了，关键是要让岗位典型的经验和做法成为员工共享的成果，成为每个员工在各自岗位上的操作模板，成为可借鉴且有效的工作方法。所以对典型事例的归纳和总结就一定要通俗易懂，贴近员工实际，不要一味拔高。

三是要关注岗位典型的发展趋势，补充和完善引领的内容，使之成为能被一定时间检验的鲜活教材。对典型的培育不仅仅是一个结果，更是一个重要的过程，要时刻关心岗位典型的后续发展。一方面要经常提要求，促使岗位典型时时紧跟时代的节奏，不断有新的创新和贡献；另一方面要对岗位典型的成功经验进行完善和丰富，能够时时反映时代的特点，能够成为员工持续学习的样板。

四是要建立对岗位典型的评估办法，及时疏导和拓展岗位典型的推广路径。能不能成为岗位典型，标准就是要具有可推广性，而是不是具有推广价值就需要有一套完整的评估方法，经常对岗位典型的情况进行分析，从典型的个性中找出具有可推广的共性，能够引起员工的反响，进而能对所有的员工起促进作用，这就是成功的典型。对可推广的典型要不断在员工中拓展学习的渠道，让每个员工学其某一点，从而提高某一片，触类旁通，学用结合。

五是要通过岗位典型的辐射效应，在员工中形成比学赶帮超的良好氛围。树立岗位典型是手段，目的是要在员工中形成争先求进者为优，不求进取者为劣的氛围和环境，促使员工所在的班组能够营造谁不持续进步谁就会被淘汰的格局，这样企业的正气就会始终抬头，各种不规范或有损企业形象的人就没有市场、没有生路。这样的话，我们的企业还怕在市场竞争中不能抢得先机？还怕员工队伍中的人才不会辈出？还怕我们的企业发展不会持久健康？

因此我们要经常性地将培育岗位典型的工作当作管理的重要内容，将学习岗位典型的工作当作管理的重要方法，将鼓励员工追赶岗位典型的工作当作管理的重要形式，从而以培育岗位典型来强化和深化企业转型期的各项工作。

我在实践中感受到，作为一名党务干部在典型选树和培育中所花的精力并不比这个典型本身付出的少。比如我们单位是以公众客户为主的服务性企业，当然就需要在公客经理当中去树立一个典型。于是我就在公客经理中物色一名工作有激情、有能力、有成效、有意愿，而且还可以复制、值得推广的典型。有一天我找到了小杨，将我们的意图讲清楚，并征询他本人有没有这个意愿，结果小杨很爽快答应了："既然领导看得起我，我也愿意不断努力！"这就一拍即合，让我们也信心满满。

于是我就专门找了几个骨干，一起先听他本人的工作体会、工作思路、工作方法的情况以及不断前行的计划，然后根据新的要求，结合怎样做好一名新时代公客经理的标准，为他量身总结了《公客经理八字诀工作法》。随后请他本人对这个总结出来的工作法进行自我消化，将他人总结变为他自己的个人做法和感悟。

刚开始，毕竟是我们帮忙总结的，他叙说起来并不太顺，就好像是在讲别人的事，我们让他再去熟悉，反复练习。我也当面聆听他的讲解，指出了要改进的方面，请他回去操练。结果前后反复听讲了 4 次，才有了点感觉，便去参加上级公司的员工优秀操作法的评比，结果当年就获得了十佳操作法的称号。他也很感激，并按照“八字诀”的工作法从比较随意、零散的做法聚焦到比较系统、有条理的实施推进。小杨本人也感觉到，这样做好像更顺手，更有效果。

第二年开初，我专门找到他，询问一年来工作的情况，他很有感触说：“按照总结出来的系统要求去做，更加有信心和有成效，成功的案例也越来越多。”我说：“那么新的一年你有什么打算呢？”他诧异了：“领导，还要有什么打算？”我说：“你不能总是‘八字诀’吧，新的一年总是要有新的变化和发展的。”

然后我又找了几个骨干，再次听他讲一年来的工作情况、体会和新的一年的初步打算，结合新的要求和变化，帮助他总结出了《公客经理的“五步三环法”》。让他再进行“消化”，将我们帮助总结的内容化为他自己的成果和做法，然后请他再次讲述。经过前后 3 次的改进，再次去参加新一年的员工十佳操作法的评选，结果又被评上为最佳操作法。在新的一年里他按照新的要求认真开展工作，做得风生水起。在一定层面也有了知名度和影响力，反过来更促进了他将工作做好的信心。

又一年到了，我再次当面询问：“新的一年，你有什么打算呢？”他这次非常干脆：“听领导的！”于是我们也再次聚集帮助他分析如何在工作上更好体现成效，如何更有引领力，最后将他的工作方法归纳为《公客经理的销售模版和工作流程》，成为每个公客经理学习的样板和操作的工具。每个公客经理怎么样工作，简单模仿就可以了，遇到问题学习他的工作方法就 OK 了。

最近他还获评了上海市级的劳动模范称号，成为员工中涌现出来的成功典型。难能可贵的是他这个典型墙内开花墙内也香，不少同事口服心服地评价说：他确实是工作出色，乐于助人，执着敬业。我们也很自豪，我们的心血没有白花，培育了一个典型，成就了一大批员工，造就了一大批优秀人才。

因此我们一定不能放松对典型的选树和培养，一定要花大力气进行细致的工作，一定要能够通过一个典型带无数的方式优化员工的教育，一定要真正沉下心来采取切实管用的方法努力践行。当然我们还要注意，在选拔典型的时候不能有人为拔高的现象，否则典型是选树了，但没有可信度，怎么可能让人心服口服地学习、模仿？

作者感悟 有时给人一个忠告、一个指点、一个鼓励会造就一个有用的人才。我们作为党务干部不要吝惜对员工的赞美和必要的行为辅导。每一个领导干部都要善于担当“教练＋督导，家长＋保姆”的角色，给员工强有力的指引和帮助。

强化在工作中的创新，不断提高工作水平

简单的事重复做，你就是专家，重复的事用心做，你就是赢家。创新是一个永恒的主题，我们要做的就是努力营造创新的环境，健全创新的机制，培育创新的人才，涌现创新的成果。在创新创意的氛围中，激发员工更多的能量，聚集员工更多的智慧，呈现员工更多的产品，沿着正轨让员工得到发展。这是具有无穷魅力的工作举措。

党建工作的创新是一个重要着力点

党建工作的创新是党组织在新形势下一个重要的工作内容。

没有党建工作的创新，就没有党建工作的未来和发展，当然就更谈不上能使党建工作真正起到引领的作用。党建工作创新的精髓就是要紧跟时代的节拍，踏准时代的鼓点，从实际出发，去探索和设计一定形式的、切实管用的党建工作新模式、新载体、新路径或新内容。

比如党支部规范化建设，就是将党支部应该做些什么规定动作进行固化，列出条目，让任何人在从事党支部建设时都有章可循，都不会走样，不会懈怠。同时强化对党支部创新性工作的具体辅导，根据各个党支部的实际状况，确定哪些是可以做出创新性成效的事项，进行年初预定，年底评估，巩固成效，持续突破；哪些是需要花大力气进行艰难突破的，要组织力量和探寻方法，进行有针对性的探索；哪些是要在原有基础上巩固同时加以深化的，就要进行有意识的引导，在不断推进中力求实效。党支部规范化建设的真谛，就是要让党支部在工作推进中有质量的统一性，避免人为因素的松紧、详略不定。

再比如设立党建指导员的创新。就是在个别党员人数少或有党员空白的班组、工作难开展存在着一定的问题或工作很有成效迫切需要进行总结形成指导性规范等团队，派驻党建指导员，通过个别辅导、具体指导、有效帮导等强化党的建设。形式上有的可以是人事关系下沉进行较长时间的指导；有的可以是课题、项目制，课题完成或项目完毕就撤并复原的有期限的短期专项辅导；有的可以是上级党组织根据需要进行指定派驻的方式进行辅导，等等。党建指导员的创新是将“党的一切工作到支部”的鲜明导向，是形成规模合理、覆盖全面的基层治理服务的新格局，是筑牢党建可持续发展的重要根基。

将创新引导作为党建工作的重要内容

我们这个时代呼唤着创新，但创新环境和创新成果是不可能自发形成的，必须要有组织、有体系、有步骤、有层次地推进。

党组织不仅要鼓励创新，更要有创新的容错机制。在鼓励员工立足岗位不断创新时，要有比较清晰的，让员工都知晓的容错措施。凡是出现在创新过程中非人为因素的点滴偏差，领导要勇于承担责任，让员工放下包袱，继续前行；不仅要有意识加强创新的激励，更要有创新的固化制度。凡是在创新过程中出力、用谋的员工都应该得到褒奖，至于褒奖的形式最好是员工有感知度的。可以是给一定的自由支配时间的奖励，可以是有高层次的培训机会，可以是到心仪的单位或地区去走访，也可以是必要的物质和实物奖励，等等，对褒奖要有具体的规定进行规范，不是一时兴起，而是长久的举措；不仅要关注创新成果，更要管控创新的过程。成果当然是要追求的，但往往过程中的成长才是最重要的。能够通过创新活动激发员工的主人翁责任感，能够使员工自觉养成全身心投入工作的状态，能够时时处处将创新作为自己辛勤付出的重要部分，那么过程就可能比产生成果更为可贵。在一个团队中有着创新活力，这个团队其他方面的工作也一定会名列前茅。

让创新成为企业发展、员工成长的主旋律

要通过实实在在的举措让每个员工都可以创新，让每个人都能在创新的过程中得到提高、体现价值。我自己曾经尝试过将员工的创新分层级全面铺开，取得了非常大的效益、效率和效果。

在全体员工中倡导开展群众性的合理化建议活动。就是让每个员工都根据企业和业务发展、队伍和素质提升、管理和服务到位等方面，提出至少一条合理化建议，人人参与，个个得奖，力争采纳，力求解决。每年员工的提出率始终保持在85%以上。这一活动不求高大上，而是引导每个员工关心企业、关心集体、关心自身，从实际出发去解决一个问题，触摸一个流程，提出一个想法，然后通过一定形式表达出来。有时还不能有太高的要求和规定，着眼实际工作的改进、企业资源的利用、队伍提升的方法、流程优化的内容等。要真诚让员工感觉到，只要是认真提出经过思考和详实的可行想法，只要是对企业发展和工作推进有成效的，企业都会予以充分肯定。点子和建议没有大小之分，只有是否具有强烈意愿之别。

每年从所有的群众性合理化建议中选取8—10个进行组团式的深化解决。我们仔细研判了员工中提出的那些切实可行的可孵化的创新课题，然后从中挑选重点进行扶持，鼓励员工在原有的基础上进行详细描述，并结合生产实际进行探索性的拓展，力争将点子转化成创新的课题，进而促进业务的发展。这时就可以在经过深化和打磨的基础上命名若干个金点子和银点子，进行细化和实操性的推进。最终形成可实施、可评估、可推广、可出成效时，要进行大张旗鼓的宣传和奖励，让员工辛勤付出得到应有的回报。

每年从有孵化可能和企业发展必需的课题中再确定3—4个，以提出建议的员工名字命名为创新工作室进行组团式的系统创新。我们用组织的力量为员工搭建创新工作室的班子，命名一名负责人具体协调推进。这里有个很重要的原则，千万不能谁提出创新课题，就让谁来完成。因为提出创新的课题相对比较简便，但真要具体推进和形成可实施的方案，牵涉到太多的环节，难度会很大。如果谁提出建议就让谁来完成，那以后就一定没有人会再提出创新的点子、建议或创新的课题了。所以组建虚拟班子，让一个与此建议相关的职能部门落实一名有一定协调和决策权的人担任负责人，然后配备这个创新课题可能涉及的相关部门人员，当然吸收提出建议的员工，让其在其中发挥很大的作用。

组建班子以后，尽可能配置一些建议或创新点子落实的资源，比如必要的经费、场所、工具设备等。党组织的作用就是及时了解每个季度这些创新工作室的进展情况，掌控具体的进度，创新工作室可能遇到什么困难需要支撑和帮助解决等，并让这几个创新工作室成员利用这个平台相互交流各自的工作和推进情况。到了年底，我们用组织的力量召开一个有一定规模和一定层次的创新成果发布会，让创新工作室将创新的成果进行发布、亮相，并进行必要的褒奖。

最关键的是，我们一定要利用组织的力量督促相关职能部门将这些创新课题在实际工作中加以应用，持续推进应用的落实状况，并及时通报给相关的创新工作室成员。有位员工曾很真诚地对我讲："其实我们经过这么辛苦的努力，将创新成果培育好，得到一定的奖励固然是很开心，但最最期待的还是我们的成果能不能应用，如果能被应用，那就是最高的奖赏，也是最令人向往和难忘的。"

作者感悟　党建工作的创新是党组织在新形势下一个重要的工作内容。没有党建工作的创新，就没有党建工作的未来和发展，当然就更谈不上使党建工作真正起到引领的作用。创新是一个必须要持续探索和实践的过程，更要追求创新的成果。

强化团队的文化塑造，形成互助协作氛围

一个有发展前途的企业一定是有可感知、可复制、可评估的文化作前导的，让文化因素深植于员工的内心，用文化因子规范员工的每时每刻。没有文化的导向只能是昙花一现的短暂，要延绵不断在变革中进取，只能由文化来推进。外在的文化塑造是明确文化的品牌，让员工认知；内在的文化塑造是通过文化的渗透逐步规范为员工的自觉行动。

营造团结协作、共同发展的团队精神

努力在员工中营造团结协作、共同发展的团队精神，使企业的竞争力和发展力更加强劲，使企业有更加良好的生存环境。其主要方法可以有如下三方面：

一是健全员工日常学习的教育引领机制，从思想上提高“企业兴衰我兴衰，我的努力为企业”的自觉性。落实必要的思想教育形式，经常性地进行灌输，同样有利于提高员工的进取心。同时坚持每个季度进行一次职业道德方面的教育，每个星期对全体员工进行一次广播或其他形式的宣传，每月组织一次员工的班组学习，每个季度召开一次员工大会，集中进行必要的形势宣讲和重要事项的通报等。这些措施的落实，使员工始终能有正确的舆论导向，正确的思想引导，先进的事迹启迪，企业的氛围促使员工有较为积极

的向上力。

二是适时开展劳动竞赛，从形式上提高“企业的困难就是我的困难，企业的发展就是我的发展”的自觉性。我们从来不把企业遇到的困难掩掩藏藏，而是如实告诉员工，目的就是让每个员工为企业凝聚团结拼搏、攻坚克难的精神，动员大家群策群力，“不到最后不认输”，最终使所有难题都迎刃而解。我们在每年顺利完成各项生产任务的同时，更营造了团结向上的员工队伍。

三是开展新技术新业务的培训，从根本上提高“企业的发展需要我潜心付出”的认同感。各种新业务、新技术层出不穷，不少员工感到压力沉重，难以为继。针对员工面对新技术新业务的压力，我们积极利用各种形式展开培训，有专门送出去进行较高层次的系统培训，有请老师进来进行全面的培训，有发掘员工中的小教员进行自我培训，有在工作实践中的互帮互学，等等。形式众多的培训方式，多方位满足了员工对技术变化的了解和掌握，克服了员工在技术业务上的畏惧感，提高了员工的动手能力，增强了员工的信心，促进了员工为企业多做贡献的自觉性。

我们曾经在大家集思广益的基础上形成了“快速响应，用心执行”的工作作风，就是倡导能够将企业文化迅速转化为每个员工的自觉行动。要让每个管理者和员工都非常明白，快速响应市场的变化、快速响应前后端的支撑、快速响应一线的需求、快速响应客户的深层期盼，应该是人人必须不折不扣重视的重要环节。除了快速响应，更要用心执行，任何事不去执行永远也不可能成功，执行得不到位同样也会半途而废，得不偿失。现在的问题是我们不仅要迅速执行，而且要非常用心，非常扎实。对每一件事都要十分认真，尽心尽职完成好。尤其是对有困难的事更要用心，要有知难而进的勇气和信心，更要有克服困难的胆识和谋略。

又比如我们曾经策划开展的“班组精神”主题活动，发动全体员工以班组为单位挖掘、梳理工作特色，反映班组和员工亮点，从中提炼出86个具有班组特色的“班组精神”，形成了员工共同认知的企业转型精神，并成为员工能感知的行动目标。“不到最后不认输”“知难不言难、知难不畏难”“永不言败”“8小时工作制、24小时责任制”“在岗一分钟，奉献六十秒”“学习——我的法宝，奉献——我的追求，卓越——我的目标”等得到了实践和升华。

我们开展了“我为转型作贡献”的主题教育活动。面对业务指标特别高、发展压力特别重、试点项目特别多的新情况，员工承受着困难和压力，但我们的员工不畏艰难，始终以特有的执着和毅力，以饱满的精神，拼抢在市场、发展的战场上，从中创造了许多“变不可能为可能”的佳话，也凸显良好的企业精神。我们开展的“两速文化”（快速响应、迅速执行）建设，强调的是要充分依靠员工的责任心、管理者的上进心和领导人员的事业心“三心相映”来确保执行力。在细节上更快速响应、更用心执行，真正体现出管理精干、业务精通、工作精细、服务精良的特色。有的基层班组还形成了“质量无缺陷，上门无违约，服务无申告，时限无延误”的工作特色。在这些文化的熏陶下，员工从内而外地凝聚起了强有力的向上的积极性和主动性。

组织有感知、有成效的活动打造团队合力

曾听到过这样一个故事：有一个小女孩，天真烂漫，她的人生目标就是摆地摊，逢人便说：“我的理想就是能摆地摊。”讲得多了，她妈妈不高兴了，说：“我们家是有名望的，你怎么可以长大了去摆地摊呢？你应该要去读好的大学才对。”小女孩似懂非懂地答应

了。以后有人又问小女孩，你长大以后要干什么呀？小女孩说："我长大以后要去读好的大学！""那大学毕业以后呢？"小女孩非常干脆地说："去摆地摊！"虽然这只是个笑话，但充满了道理。人其实都一样，如果心中没有目标那是走不远的，只有心中始终怀揣着一个目标，你才会走得坚实、稳健、久远。

受这个故事的启发，我就策划设计了在员工中开展一个贯穿一年的"心语新愿"主题活动。这个活动就是让437位员工，每个人都提一个当年内经过努力可以实现的目标和提一个3—5年内可能会实现的目标。用了整整一个季度，每个人都必须自拟提出，包括我们领导班子的6位成员。各人的目标提出来后专门在班组的学习园地里张贴，每个人都来晒自己的目标。有一次我专门去看了班组中张贴出来的大家提出的目标，看到有一个员工提出的近期目标是"要有钱"，中远期目标是"要有闲"。我认为只要是不反动、不黄色、不负向，具有一定正能量的都可以。

到了第二个季度，我要求不仅每个人要晒目标，更要提出实现这个目标的具体举措。其他的我没有专门多花时间去关注，就特地关注"要有钱""要有闲"的那位员工。只见她对"要有钱"的举措是：我要争取拿到客户的大单，有了大单后，销售提成了就有钱了；不仅我个人的销售业绩要好，我的团队销售业绩也要好，才会有钱，否则团队不好，也是要被牵连的；我要跟客户具有良好沟通的技巧，沟通好了，才会有忠实的客户，有了忠实的客户才会有好的销售业绩；要争取积聚更多的客户购买我们的产品，而且要有感知度，客户才会乐意掏钱，等等。对"要有闲"的举措是：我要学会聪明地销售，力争用最少的时间，获取最好的成效；我要学会授权，让周边更多的同事能够各负其责，每个人都尽心了我才会有闲；要有与客户非常良好的关系，争取做到一个电话或一个邮件，立马可以续签合同；要有与客户非常有效的沟通并能迅速取得客户的信任，将流程走得很顺，等等。这些举措是不是非常有道理，并真能发人深思？这些举措提出后我也要求大家张贴出来每个人晒举措，让大家有相互学习、取长补短的机会。

到了第三季度，我没有松懈，又提出了每个人必须要根据制订的举措，拟订落实举措的实施路径、渠道和方法。很多员工开玩笑地说："完了，被领导套住了，还以为提个目标就完了，没想到一套一套的。"尽管内心有点埋怨，但还是实实在在去做了。到了年底，我们专门对"最激励人的目标、最不易完成的目标、最奇葩的目标、最有正能量的目标、最完美的目标、最励志的目标"等进行了表彰。虽然这个活动一年就结束了，但给员工目标指引形成的不断改变一直在延续。

作者感悟 没有文化的导向只能是昙花一现的短暂，要延绵不断地在变革中进取，只能通过文化来推进。外在的文化塑造是明确文化的品牌，让员工认知；内在的文化塑造是通过文化的渗透逐步成为员工的自觉行动。让文化因素深植于员工的内心，用文化因子规范员工的日常工作实践。

追求成功的关键要素

能立志成为具有坚强有力的感召力、影响力和引领力的党务干部，就一定要强化自我锤炼和修养，只有自身足够强大了，才能真正树立起党务干部在人们心目中的榜样力量。我们每个党务干部都在追求成功，也时时羡慕成功的人，但成功不会自己跑来，一定要不断努力，才能迎接成功的喜悦。党务干部的成功没有什么秘诀，唯有努力将每一件小事尽心做好，将每一个细节关注到位，将每一人的个性把握透彻，将每一单任务显现成效，党务干部的形象才会高大，党务干部的成功才有可能。

成功源于持续奋斗

没有一个成功是自然而然，虽然我们无时不刻都在渴望成功。成功对每一个人都是一种愉悦和幸福，但获取成功的秘诀就是必须辛勤付出，没有付出的成功要么是偶然的，要么是短暂的。真正成功的喜悦存在于持续的奋斗过程中。

持续奋斗就是将每一件事都做到极致

持续的奋斗并不是表面上的轰轰烈烈，而是追求把每一件事都能做到极致。世界上很多人成功了，但也有很多人失败了，我认为，成败的关键并不只在于他们知道该如何去做，而在于他们做了没有。网上有个笑话，说是马克思问众人什么是成功。大家各抒己见，有的说拥有家财万贯才是成功，有的说小孩出人头地才是成功，有的说自己升官晋级才是成功，有的说家庭和睦美满才是成功，有的说实现伟大梦想才是成功，有的说有个健康体魄才是成功，等等。马克思笑了：哪来那么多事啊？晚点到我这里来报到，就是成功！虽然是一个笑话，但发人深省。其实很简单，真正的成功是由持续奋斗所孕育的，没有艰苦努力，没有坚忍不拔，没有百折不回，没有历经苦涩，没有流泪流汗，甚至流血，哪会有成功的喜悦和享受。

深刻领会习近平总书记对领导干部的五个要求

习近平总书记曾经要求所有的高级领导干部一定要有五个“必须做到”：一是必须做到信念过硬——带头做共产主义远大理想和中国特色社会主义共同理想的坚定信仰者和忠实实践者；二是必须做到政治过硬——牢固树立“四个意识”，在思想政治上讲政治立场、方向、原则、道路等；三是必须做到责任过硬——树立正确政绩观，发扬求真务实、真抓实干的作风，担当尽责，做到对历史和人民负责；四是必须做到能力过硬——不断掌握新知识、熟悉新领域、开拓新视野，全面提高领导能力和水平；五是必须做到作风过硬——把群众放在心中，广泛开展调查研究，虚心接受监督，自我反省、自我批评、自我教育，不断完善自己。虽然这是习近平总书记对高级领导干部说的，但仔细对照这些标准，正是我们每个党务干部都必须践行和落实的行动指南。

没有人是时代的幸运儿，只不过他在奋斗的过程中你没有发现和觉察，其实要成为一个成功者，付出的艰辛是非常巨大的。没有人可以无缘无故的成功，我一直用自己写的三句话激励自己：

对待易做的事要用心去做好；

对待难做的事要用力去做好；

对待复杂的事要用智去做好。

在困难面前唯有不断奋斗，去创造神话和奇迹，这样你得到的东西才会是最珍贵、最可遐想、最值得回忆的。其实每个人走过来，都会遇到难过的坎，最多是程度不同而已。但对待坎坷，每个人的选择就不一样了，有的是迎难而上，有的是避而远之，有的是躺倒不起，有的是畏畏缩缩。不同的选择当然会得到不同的结果，有的成了成功者，有的成了平庸者，有的更可能成了失败者。

持续奋斗是一种自我要求，更是一种时代呼唤

我们说持续奋斗是对自己的一种自我要求，其实更是时代的一种强烈呼唤。如果今天不持续奋斗，怎么可能换来明天对自己的感激和自豪。

我在浦东工作的时候，正经历通信大发展的时期，这段时间基本上每天都要创造一些让自己都感到值得回忆的瞬间。曾记得，农村地区的电话程控自动化改建，每个月都要进行深夜的割接或升版，每到这个时候精细的部署、精致的操作、精益的动作，不能有丝毫的放松，而且为了不影响人们的通话需求，割接和升版往往都

选择在夜深人静的时候进行。

每到子夜，机房里灯火通明，人头攒动。一声令下，拔木塞的拔木塞，掐横面的掐横面，几乎瞬间，旧机架的通信使命完成，新机架立马跟进启用，不能有点滴失误。完成后就是各个路由方向的拨测，要做到万无一失才收工，宣告割接或升版成功，而这时候往往天就大亮了。拖着疲惫的身躯顾不上休息，又投入了第二天的工作。午夜在机房外的空地上，盛着大锅煮好的菜饭，桌椅不够，就蹲在地上匆匆扒上几口再接着继续干。

条件很艰苦，工作很辛苦，但看到为了浦东改革开放做出应有的贡献，这点苦就算不了什么了。辛勤的付出才会有回报，今天回望浦东新区日新月异的发展、一日千里的变化、灯火璀璨的景象，内心还是抑制不住的激动。多少个日日夜夜里有我们的辛勤汗水，有我们的智慧结晶，有我们的倾情付出，所有的一切就都值了！

作者感悟 对待易做的事要用心去做好；对待难做的事要用力去做好；对待复杂的事要用智去做好。持续的奋斗并不是轰轰烈烈，而是追求把每一件事都能做到极致，在平凡的岗位上做得不平凡。世上很多人成功了，但也有很多人失败了，成败的关键并不只在于他们知道该如何去做，而在于他们做了没有。

成功源于追求卓越

一个人总是希望能够被认可，被推崇，被肯定。但所有这些都没有现成的捷径可走。每一个成功人士的背后都有一段难忘的、刻骨铭心的经历。这是常态!

追求卓越是不断自我加压的过程

当一只羚羊早上醒来的时候,就知道必须要比狮子跑得还要快,否则就会被吃掉;一只狮子早上醒来的时候,就知道必须要比跑得最慢的羚羊还要快,否则它就会被饿死;无论是谁,当太阳升起来的时候就得开始跑了!竞争的环境中,需要不断提升自己,否则不被对手吃掉就会被饿死!奔跑是当今的常态,如果慢腾腾地走,那就没有你的位置,甚至在半途就会被踢出局。不是不进则退,而是慢进也便是退。

在面临转型战略和技术革命的挑战过程中,我们必须持续做到资源显现事实上的掌控、业务体现压倒性的优势、产品呈现差异化的突破。否则在大浪淘沙的发展中,我们企业的寿命就不会长。所以追求卓越就是要自我加压,瞄准盯得住的目标,奋勇向前,决不彷徨和退缩。

曾看到一句话非常有道理,我赶紧摘录在自己的记事本上,作为时时提醒和激励自己的座右铭:

做工作——跨前一步,时时创造感动。

做事业——调整心态,时时愉悦心情。

做人生——平常之心,时时杜绝浮躁。

一个人真正的贫困并不仅仅是经济层面的,不仅仅是缺衣少食,因为这是通过努力和辛勤付出可以有所改变的,而且这种贫困不是一成不变的。但能力贫困是一种更深层次的贫困,是一种难以摆脱的贫困。能力并不一定有多大的技术含量,其实将工作做到能有感知度就是成功的。

有一次我乘坐从长沙飞往上海的航班，按照老规矩，上了飞机后我就问空姐，有没有《环球时报》，因为每次乘坐飞机时我都会要一份这样的报纸，已经成了自己的习惯。没想到这趟航班没有配送《环球时报》，看到我失望的表情，这位空姐连声抱歉的同时说："我再找找看，如果有的话就给您送过来。"我想既然这趟航班没有配送报纸，那肯定就是敷衍我的。谁料，过了一会儿，这位钱姓空姐专门走到我的座位跟前，说："我刚发现头等舱有位乘客在看一张《环球时报》，如果等会头等舱那位乘客看好了，我就给您送过来。"我听过很感激，想想也就是说说而已，没真当回事。但没想到的是，过后基本上每过一刻钟左右，这位空姐经过我面前时，都会打招呼：那位乘客还没有看好，如果看好我就拿过来。时间过了一个小时左右，这位钱姓空姐拿着一张《环球时报》送到了我的手里。惊讶之余，我立马决定要给这位空姐点赞，并专门写了一封表扬信。因为这件事并不大，而且也不一定在这位空姐应有的工作职责范围之内，但她时时关注着这件事，非常上心，用心将她的服务工作做到极致，这种被关注的感觉特别幸福。这是能走进人的内心的服务感知，这是非常值得提倡的用心服务的典型案例。

追求卓越是不断自我修炼的过程

追求卓越可以让自己变得更加成熟，这是人生的一个历练，更是一个标志。在不断追求卓越的过程中要始终牢记如何让自己学会妥协、学会释怀、学会宽容、学会隐忍、学会简单、学会换位思考。追求卓越就是要时刻注意对自己品行的修炼，力争做一个始终受人欢迎的人。

曾记得有个故事：一位父亲老听到自己的孩子在讲粗话，举止也不文明，他想一定要让他的孩子改变不文明的行为。于是这位父亲就拿出了一块木板，与他的孩子约定：如果再讲一句粗话或有一个不文明的举止，自己就立马在木板上钉一根钉子。开始执行的时候，他父亲还随时督促，发现小孩讲粗话就立即要他自己钉一根钉子，后来小孩也自觉了，一旦不小心讲了粗话，就自己马上钉上一根钉子。

慢慢地木板上钉满了钉子。有一天这位父亲找到他的孩子，耐心地谈了一次话，严肃地指出这么多钉子是不是意味着有太多的缺陷。他孩子也发现了问题，下决心要从这一天开始改正。这位父亲很高兴，表示完全可以，就从今天开始，我们约定，如果孩子一天都没有说过粗话，没有不文明举止，就可以把木板上的钉子拔掉一根。他孩子很有兴趣，表示一定要争取把钉子都拔完。果然以后每一天孩子都很自觉，还真把钉子都拔掉了。孩子非常高兴，报告给自己的父亲，结果他的父亲语重心长地说："虽然你把钉子都拔掉了，这是应该为你高兴的。但你有没有发现，木板上已经留下了无数的小点子。所以我们决不能做错事，不能讲粗话，否则即使改进了，也一定会留下永远都无法抹去的痕迹。"小孩若有所思地表示认可。这位父亲用一个小小的动作就给孩子上了非常生动的一课。那么我们作为主要是做人的工作的党务干部，是不是更应该耐心细致地做好人的工作，让自己和员工都能拥有非常好的品行和修养呢？

"两弹一星"功臣邓稼先等一批科学家用自己的一生坚守着理想信念，他们隐姓埋名、不图回报、不计名利、默默奉献，以伟大的人格塑造了一座座丰碑，虽然他们中很多人已经离开了人世间，但他们的精神和形象永远都激励着人们。人们也永远不会忘记他们！这是多么崇高而又具体实在的人格魅力啊！每每想起他们都会让人有热泪盈眶的感动。当然我们不可能像“两弹一星”功臣们那样伟大，但如果我们始终追求卓越，就要从锻造自己的品行开始，没有为国为民的牺牲精神，没有模范行为的引领作用，没有能够将平凡的工作做得不平凡的自信，我们何以能成为一个优秀的领路人，何以能成为一个员工心目中值得尊敬的人？

追求卓越是不断自我超越的过程

形成追求卓越的良好氛围就是要加大力度鼓励员工自我超越。挖掘员工的潜能，确定发展的目标，鼓励员工自我超越，这是新时期摆在各级党务干部和企业管理者面前的新课题，而且是现实性的课题。解答得好，企业有大好的发展前途，解答得不好，企业真的就难以为继。因此必须在推动、鼓励员工自我超越上狠下功夫，提高新的认识。

首先，企业要有新的发展，必须努力使每个员工都能实现自我超越。自我超越就是指突破极限的自我实现，是永不满足的不断进取。尤其是在面临着激烈的市场竞争，面临着企业生存环境的考验，面临着参与全球经济的大循环，我们的员工队伍是不是具有很强的自我超越能力就显得非常关键。企业的活力来源于人，企业的竞争说到底也是对人才的竞争，所以激励员工勇于和善于自我超越，就成了企业发展战略的重要组成部分。

其次，实现自我超越的前提是必须拥有永远的学习力。良好的学习力是形成强大创造性张力的基础。实现自我超越同样会遇到许多障碍，现实生活中也经常可以感受到，许多员工认为潜力已经发掘完了,自我超越很难;也有许多员工感到在企业中自己能够胜任,工作做得蛮好,危机意识不强;更有许多员工认为只要企业存在,就有自己的饭吃,怕啥。其实真是这种难以割舍的“情结”迷糊了员工进取的积极性和主动性,后患无穷。所以现在有这个必要,重新唤起员工的忧患意识、创造意识、进取意识、生存意识等,鼓励员工更多地实现自我超越。实现自我超越的关键是每个员工是否具有持久的学习力,而且善于将学习与推进工作相结合,学以致用,用中提高。让每个员工始终拥有学习的动力,有学习的压力、张力和引力。

再次,自我超越是要在和谐的共同愿景整合下才能实现。自我超越也不是一个人的个人奋斗,而是在良好的共同愿景下的努力方向。人没有前行的目标不行,而且这个目标一定是要切实可行的,是能够实现的。只有这样,每个人才会为实现这个目标脚踏实地地努力。党务干部有责任帮助员工确立理想的目标,然后引导员工一步一步去实践。在此基础上形成整个团队的共同愿景,企业发展的脉络就会十分清晰,员工力量的整合就会有效。让更多的人在追求卓越的道路上前行,矢志不渝,坚忍不拔,这是我们在企业发展中积累的最可宝贵的财富。

作者感悟 追求卓越可以让自己变得更加成熟,这是人生过程中的一个历练,更是一个标志。持续追求卓越就是要不断鼓励员工实现自我超越。追求卓越就是要时刻注意对自己品行的修炼,力争做一个始终受人欢迎的人。

成功源于注重细节

成功一定青睐在细节处能细致入微的人，能把细节做好并做出成绩，本身就是一种对成功追求的态度。成功没有什么诀窍，老老实实将每一个细节都做到位，成功就一定离你不远了。

关注细节的精致才能干成大事

追求细节的精致不是吹毛求疵，而是要从细节入手将工作尽善尽美地做好。平时能将细节关注到位的人，才是能干成大事的人。只有将细节都做到细致入微，才可以说是具有高度事业心和责任感的人。

我对下属有个独特的要求，每个人必须将自己的办公桌，甚至办公桌的抽屉都要整理得干干净净、井井有条。我认为，如果连自己的办公桌和抽屉都管理不好的人，怎么可能干得成大事。有一次我在班子民主生活会上对一位班子副职提出了严厉批评："给了你传阅的中央文件，你都会找不到，发现你的整个办公桌上乱七八糟，这样你对工作怎么可能做到位？做事怎么可能有章法和条理？一个不关注细节的人，一个不把每一项工作都认真细致做好的人，能指望他成就重大的事，那倒是奇了怪了！"我虽然口头上很严厉，但内心是真希望他能在各方面都变得更加优秀，于是我专门与他进行了详细长谈，从如何管理桌面到如何管理事务，从如何把握大局到如何做好实际工作，从如何做事到如何做人，将我的感悟和实践体会都毫无保留地作了分享，据说对他有不小的触动。

我们有时候会想，做事粗糙一点，但大事不忘，就可以了。其实不然，平时的习惯一定是你行为的延伸，你不能将细节都关注到位的话，到头来即使有大事也肯定是做不好的。是否关注细节与事业的成功存在非常密切的关联性。

关注细节是有高度责任心的体现

只有将细节都做到尽善尽美，才可以说是有高度责任心的人，因为除了有强烈的责任心，是养不成关注细节的习惯的。

有一次我到日本去旅游，在日本的超市购物排队等待付款时，我前面是超市女售货员在为一位老人结账收款，只见女售货员先把老人购物筐里的物品全部拿出来，然后扫一下码再装进筐，只看到她按照怕挤压、不怕压、生熟物品分层分开仔细叠放在购物筐里。我当时想，这不是多此一举吗？老人出超市门还得把东西从筐里装进自己的袋子，有必要这么认真一丝不苟吗？后来看着她始终那么专注、那么认真、那么小心，我顿悟了，这好像是多此一举的动作，但正说明了她对细节的关注做到位，说明了她对工作认真负责的态度，说明了她是可以让客户放心的，让人不得不肃然起敬。这是一个售货员高度的事业心和责任心的最生动体现。我们的企业不正是需要这样的对细节高度关注的员工吗？

部队对细节的严苛管理是我们应效仿的

我去参观南京路上好八连，看到部队的内务管理，那简直是到了苛刻的程度。只见战士床上叠放的被子有棱有角，方方正正，昂首挺拔；桌上的杯子排得整整齐齐，口杯的把手朝着一个方向，放在杯子里的牙刷也是整齐地朝着一个方向，总之是非常整齐划一、一尘不染、赏心悦目。我曾经问过指导员，让战士花这么多时间做这些有没有必要。指导员回答："如果我们的战士连这些都做不好，在战场上怎么可能做到服从命令听指挥，怎么可能会有勇往直前的战斗力，怎么可能会步调一致不折不扣执行战斗任务。要知道战场上不是你死就是我亡，我们不做到尽善尽美，倒是对战士的最不尊重。"这番话掷地有声、铿锵有力，非常有哲理。指导员说："为什么我们的新兵第一堂课就是十分枯燥的立正稍息，队列操练，很多人不理解。其实这是从老百姓到军人的一个重要转变，这是必不可少的过程。"我恍然大悟，为什么一个平时看上去并不怎么样的小青年，经过部队历炼后都会有一种脱胎换骨的感觉，现在知道答案了。

部队对细节的管理是我们永远要学习、模仿的样式。不关注细节能成就一个好的人才吗？部队给了我们最好的解答！所以我们将从部队得到的管理启示运用到企业的日常管理中，我们投入了一些资源，将每个员工的工作桌椅、更衣箱、工具包、电动车、工作服进行了 VI 的规范识别，统一样式，统一颜色，就是让员工有职业的自豪感，进而让员工有职业的敬重感，由细节衍生出来的卓越感。

作者感悟 追求细节的精致不是吹毛求疵，而是要从细节之处入手将工作能尽善尽美地做好。平时能将细节都关注到位的人，才是真正能干成大事的人。只有将细节都做到细致入微的地步，我们才可以说他是个具有高度事业心和责任感的人。

成功源于勇于妥协

做到善于妥协也是一种基本的技能，是做好工作必不可少的高招。得理让人可以解决很多的矛盾，可以破解很多的障碍。我们的目的是用比较简便的方式获取更多的成效，妥协不失为一种智慧。

妥协不是软弱，而是一种大智慧

难得糊涂说说容易，但真要做起来其实挺难的。古话说得好：事无三思总有败，人能百忍自无忧。我们在现实生活和工作中经常会遇到冲突发生，如果每个人都从自己的立场出发，去争个明白，那么冲突就会演变成难以调和的矛盾。反之，如果能有一定的艺术性的妥协，冲突可能也就终止了，并成为解决矛盾的开始。

如果跟美国人说历史，那是最不堪的，因为他们没有悠久的历史可以炫耀，所以就用只注重未来进行自我解嘲。但美国的精神是自由自治、开拓创新、信用协作加妥协。用善于妥协的态度造就了美国一定程度的民主进程。据说原来美国每个州派出 2 个代表进行议事，后来发现这个不太合理，因为面积小、人口少的州派 2 个代表，面积大、人口多的州也派 2 个代表，显然大州就吃亏了，于是就开始争吵。结果妥协吧，每个州出 2 个代表议事规则就不变了，然后每 50 万人出 1 个代表，这样大的州就公平了。当时美国 2 亿人，每 50 万人出一个代表就有 400 人。美国 50 个州，每个州出 2 个代表就有 100 人。400 人议事就形成了美国的众议院，100 人议事就形成了美国的参议院。这样分层次讨论决定就显得相对合理一些。过去美国社会是一个善于妥协的社会,形成了比较稳定的社会现象。我们在实际工作中能不能善于妥协,并将妥协作为一种新的关系协调理顺的基础就显得相当重要。

善于妥协是很好的理智表现

妥协是一种很好的理智表现,因为一个好的妥协其实是留有余地,可以更好扩展你的主张,是为了让更多的人接受你的意见建议,是一种大智慧。

我们领导班子成员在讨论工作时也经常会发生碰撞,这时候就是考验人的关键时刻了。不讲艺术一味强调自己的主张当然需要,但如果对方就是不接受,那么这样的争执就变得毫无意义,最后也可能会影响班子的整体决策,更不利于今后的工作。这时作适当的妥协未必就是软弱,而待一段时间后再进行个别沟通,经过冷静后的沟通往往会更有效果,反过来你的妥协得到了尊重,你的主张就更能被人采纳,就能产生完美的结局。

有一次班子的一位同事在我不在场的情况下对我的直接下属讲了一些不太妥当的话,给我的管理工作带来一定的负面影响。我首先找到了班子主要领导,汇报了这一情况,并希望有可能进行协调沟通解决。当我发现班子主要领导有一些顾虑,为了班子的团结,我先作了妥协,但事后我坚决与当事的班子同事进行了一次很严肃的谈话,明确指出作为班子领导在员工面前讲话如果不注意分寸,不讲究语术,就容易被人钻空子,进而影响班子的团结和领导力。同时指出有问题我们可以预先沟通,形成共识才能在员工层面进行展现,如果让员工感到我们班子成员之间的不协调,容易政出多门,不利于工作的有效推进。动之以情、晓之以理,我们的谈话取得了很好的效果,我们两人决定以后如果还有什么不同意见的话,就一定要事先进行协调,形成一致意见后再在员工层面讲,这样就在一定程度上化解了矛盾,也避免了尴尬。

妥协不是无原则的谦让

妥协不是无原则的谦让,而是据理力争过后的原则把握。当然要追求最好的结果和最大的效益才是根本。如果在意见很难得到一致的情况下,不妨就暂时冷处理一下,不一定马上就要得出什么结论。等到大家都回归理性了,或者经过一段时间的磨合,再次进行讨论可能效果反而会更好。但有一点很重要,这事只是暂时挂起来,而不是就此算了。学会有智慧的妥协是工作中的重要课题。

作者感悟 妥协不是软弱,更不是逃避,而是一种大智慧,是一种有效的工作方法。妥协还是一种很好的理智表现,如果能有一定艺术性的妥协,冲突可能也就终止了,并成为解决矛盾的开始。学会有智慧的妥协是工作中的重要课题。

成功源于善解人意

成熟的人是不会纠缠过去的,聪明的人是不会满足现状的,而豁达的人更不会去奢求未来的。每一个受欢迎的人,一定是善解人意的人。

善解人意是我们的一个追求方向

对党务干部而言，善解人意十分必要。俗话说：行政干部要多当红脸，党务干部要多当白脸。此话不一定准确，但有一定道理。管理过程中没有严厉的管控显然是不行的，但只有严厉，没有情感的交融同样也是不够的，这时党政干部作一些合理的分工未必不可。问题是唱好白脸不是无原则的迁就，而是善解人意的具体体现。用能走进员工内心的方式去优化、完善管理，让每个员工能在意见达成高度一致的情况下，形成共识，这样的管理才是有效和贴心的，真正能起正向的长久作用。

有一次，我们单位一位中层干部由于管理严格，不讲人情，比较刚硬，以至于造成个别员工的情绪高度对立，甚至放出狠话："你等着，我要叫你白刀子进红刀子出。"在听闻了这种情况后，我当然不能旁观，赶紧赶到现场。首先与这位行政干部进行了一次深入交心，指出他严格管理、不讲情面一点没错，确实是管理所必需的，也是为了员工好，但如果不讲究方法，没有一定的艺术性，最后效果就会大打折扣，反而不利于日常管理。同时进行了如何强化管理，并注重管理的技巧和方法的探讨，初步形成了共识。

然后我就与那个情绪比较激烈的员工当面交锋，严厉指出这样的话语非常不妥，如果胆敢挑战法律，那是绝对要受到法律惩罚的。同时与这位员工深入探讨了在企业的转型期我们转变观念、主动进取的重要性和必要性，并详细解答了为什么要这么严厉管理，到底是不是为了员工能够有更好的发展机会，是不是为了员工能够把握先机避免在挑战中被无情淘汰，是不是在无情之中是一种更加有情的做法等。动之以情、晓之以理，让这位员工有所醒悟，结果他愿意当面向这位领导道歉。

随后我要求在合适的时候召开一次员工大会，我专程赶去，作了一次在企业面临变化的过程中员工如何不断挑战自我的讲话，一个多小时里我没有讲大道理，而是从温水煮青蛙的故事开始讲起，把我们未来可能面临的变化，包括技术演进、产品创新、客户需求、员工结构调整等原因讲了个透。同时强调指出现在管理上的严厉是为了大家在今后发展中能真正站稳脚跟，适应变化的预先举措，是真正意义上对员工权益最大本质上的维护。如果没有这样的严厉，以后当企业发生变化了，员工队伍结构调整了，岗位换新了，可能很多人就会流泪。与其现在轻松以后流泪，还不如现在多吃苦以后可以多甜蜜。员工听了频频点头。

几年后，当我们的企业真的面对突变的时候，这个单位的员工都顺利实现了转岗、重新上岗、担当重任，没有一个员工由于各种原因被淘汰、被边缘化。当这位基层领导调离这个单位时，很多员工流着泪表示不舍、留恋，纷纷说："我们以前对你有怨恨和抱怨，现在才知道你是真的为了我们好。"望着这一幕，我释然了，没有对员工真心付出，管理怎么可能会有成效？

善解人意需要换位思考

善解人意还是一个需要时刻换位思考的过程，我们不能奉行对人马列主义，对己却自由主义，不能老是拿手电筒照人，还需要时刻用镜子照照自己。这样你的管理才会更加有人情味，才会更加服人，才会更有效果。

曾有一位中层干部，不能说他管理无章法，也不能说他不认真。但他的管理方法让人无法容忍，员工负面反响很大。他经常会到生产现场去查员工的出勤情况，这本是好事，但他把查岗当作一种狂热，那就过了。比如，他到了下属部门，会把自己开的车停在很远的地方，说是员工看到他的车就知道来查岗了，所以就不会迟到了。他也不是正大光明查岗，而是躲在单位大门附近不让人发现的地方，暗中观察。一旦发现有迟到的人，就比什么都兴奋，一定要从重处罚。他把对员工的纪律管理当作一个捉贼的游戏，当作是“钓鱼式”的查岗，那就显然是不可取的，效果当然也是可想而知的。

有段时间，由于有些特殊情况，上级要求这段时间能相对保持员工队伍的稳定，不要有过激的管理举措出台。我们发现他又出发去查岗了，就立即电话把他召回，结果他还不领情，硬说今天还没有查到有人迟到，不想回来，结果被我们严厉斥责后才悻悻而归。长期这样，员工也不买账了，专门守候在他的办公室门口，有一次上班时间他去理发染发，被员工逮了个正着，员工强烈要求对他也进行严厉处罚，否则决不答应。后来我们专门与他进行了沟通，指出：你强化管理，从抓住一件小事，进而整顿劳动纪律开始是对的，但如果不是从规范员工行为出发，不注重培育员工的主人翁意识，单纯为处罚而处罚，效果就不会持久，这样的管理不是我们提倡的。

事实证明，管理如果没有情感的交流，没有人性的沟通，你以为是到位的，其实是缺位的。员工不认可的管理，走不进内心的管理，你即便下了很大的功夫，到头来也很有可能是竹篮打水一场空。善解人意的管理是需要用换位思考的方式去理解，去探索，去丰富的。管理永远是一个需要时时破解的课题。

作者感悟 管理过程中没有严厉的管控显然是不行的，但只有严厉，没有情感的交融同样也是不够的。用能走进员工内心的方式去优化、完善管理，让每个员工能在形成意见高度一致的情况下，达成共识，这样的管理才是有效和贴心的，能起长久的正向作用。

成功源于守望相助

能够真正做到守望相助，心有所系，其实并不是很容易的事，需要开阔自己的心胸，放大自己的眼界，从自我放纵变为自我约束，从要求别人改为要求自己，锻造自己的品行，从我做起，守望相助才是有舒适度的，可感知的。

团队的守望相助是凝成合力的关键

一个好的团队没有相互之间的守望相助，是不可能形成团队合力的。有句话说得真好：先学会从众，再学会与众不同；先学会复杂，再学会简单；先学会爱自己，再学会爱别人；先学会爱亲人，再学会爱朋友；先学会要求自己，再学会要求别人；先学会适应，再学会独立。也就是说真正在一个单位、一个团队中形成相互协作、相互帮助、相互促进的良好局面，必须从自己做起，从当下做起。

美国著名心理学家罗伯特·迪奥西尼有一次在纽约匆匆赶地铁上班，赶路时经过一个地方似乎发现有个老人倒在了路边，但没有人停下脚步。他恍惚间似乎有，也似乎没有，最后罗伯特·迪奥西尼决定返回去看看，到底有没有一个老人倒在路边，结果发现确实是有的，而且路过的每个人都是步履匆匆而过，没人停下脚步去问候或照顾这个老人。罗伯特停下脚步，俯下身子正要询问老人怎么了？这时候其他的路人也纷纷停下脚步，有的拿出食物给老人吃，有的倒水给老人喝，有的打电话叫救护车赶来，有的翻遍自己的包找药，有的在现场进行简单的救护等。过了一会儿，救护车把老人送到医院去了。回到办公室，罗伯特思绪万千，将这种倒在路边的老人无人理会的现象称为“都市恍惚症”，也就是久居繁华都市的人往往会生成这种毛病，每个人在匆匆的过程中产生了两眼望不见别的动静的恍惚现象。

罗伯特感到要治疗这种“都市恍惚症”最好的办法就是：一个人的改变，去带动几个人的改变，几个人的改变，进而带动一群人的改变。当人群为了更和谐的社会和生活而改变的时候，美好就会出现在人们的中间。守望相助就是要在几个人的改变中带来更多人的改变。如果能够守望相助我们的团队就一定是有温度的、是有凝聚力的、是有依靠能成大事的。

团队的守望相助是激发活力的关键

有没有很好的守望相助氛围，也决定了能不能营造让每个员工有极大的创造力的环境。我们有时会有信息不对称的瞬间，如果不及时掌握相关信息就有可能会产生偏差。

记得有一年我们请法国一家咨询公司来作咨询，在设计调查问卷时，我对两个问题产生了想法：一是你在企业中有没有随时随地可以信赖的朋友？单项选择。二是当你在工作中遇到困难时首先想请谁帮助，多项选择：领导、同事、朋友、同学、家人、社会咨询机构等。我当时提出，像我们这样有着良好人文环境氛围的企业，员工怎么可能没有随时随地可以信赖的朋友呢？当我们的员工遇到困难时肯定首先是找领导帮助，不会有其他选项的，所以这两个题目放在问卷调查里是没有意义的。

后来咨询公司追问，如果放进去有没有什么不妥？我说，那倒是没有什么不妥，但是不会有歧义的。结果统计以后让人大跌眼镜。第一个问题，你在企业中有没有随时随地可以信赖的朋友，87.5%的员工选择是没有；第二个问题，你在企业中遇到困难首先想到找谁帮助，结果97.7%的员工选择是找同学、朋友、家人、社会咨询机构等，只有2.3%的员工选择是找领导解决。

我拉住一个员工，我说你不要告诉我你填什么选项，我就问你，你在企业中怎么可能没有随时随地可以信赖的朋友。这位员工回答我，我是有朋友，但不是一个随时随地可以信赖的呀。

就这两个问题，在一次中层干部会议上我情绪很激动地说："如果我们的员工在企业中没有随时随地可以信赖的朋友！如果我们的员工在工作中遇到困难首先不是找领导解决、帮助，那就是我们在管理中的严重缺失，对我们每一个领导干部来说是一种耻辱！"从此以后，我就着力在将企业营造得像家一样的温馨上兢兢业业，不敢有丝毫懈怠。

我认为，如果员工在企业中没有感受到温馨和谐，没有感受到轻松愉悦，就不可能会有激情，不可能会有创造，也不可能会有潜力激发。守望相助不是一个简单的理念，而是一种实实在在的举动。

有一次，我们单位一位退休老同志家中不慎被大火全部吞噬，老人就一身短打逃了出来。我得知情况后并没有因为他是一个退休的老同志而不管，而是立即赶到老人家里，并布置落实了三件事：一是选调一个能说会道的员工赶紧到现场来，协助家属与楼下的邻居进行合理交涉，将老人因火灾赔偿的数额压到最低；二是从多方筹措补助钱款1万多元及时送到了老人手中；三是立即与当地的居委和物业公司当面作了沟通，请求他们资助帮忙对老人房屋进行整修。

老人虽然还处于惊慌失措的状态，但看到我们做的一切，心里踏实了很多，焦躁的心开始放平。当房屋装修完老人重新入住后，我与党群办和工会的同志带着贺喜蛋糕、棉被、碗筷等日常生活用品专程赶去，祝贺乔迁之喜，并进一步了解老人还有什么困难需要帮助。老人感动了，单位里很多在职的同事知晓后也觉得非常温暖。他们说，这件事使我们看到了企业的关怀，一个退休老同志，领导都这么上心，我们还有什么后顾之忧呢！这件事切切实实增强了大家的凝聚力。

我一直跟员工说的一句话是，当你改变不了别人的时候，就应该试图改变自己嘛！当你用心改变自己的时候，作为参照物别人也就改变了。我们不可能要求每个人都能在相互协调中做到尽善尽美，守望相助也不可能是天然形成的一种自觉，而是在相互帮助、相互扶持中慢慢打造而成的，是我们一个很重要的精神财富。

作者感悟 一个好的团队没有相互之间的守望相助，是不可能形成团队合力的。守望相助就是要在几个人的改变中带来更多人的改变，这样的团队就一定是有温度的、是有凝聚力的、是有依靠能成大事的。守望相助不是一个简单的理念,而是一种实实在在的举动。

成功源于平平淡淡

对梁实秋先生的一段话,我颇有同感,也很有感触:"我不愿送人,亦不愿人送我。对于自己真正舍不得离开的人,离别的一刹那就像开刀,凡是开刀的场合照例是应先用麻醉剂,使病人在迷蒙中度过那场痛苦,所以离别的苦痛最好避免。一个朋友说,'你走,我不送你;你来,无论多大风多大雨,我要去接你。'我最赏识那种心情。"梁实秋先生的这段话入木三分,看上去好像是追求平平淡淡,但内心的波澜起伏不断,很有热泪喷涌之感。

党务干部淡泊名利是重要的人格魅力

党务干部一个很重要的人格魅力,就是要淡泊名利。人天生喜欢被人赞美、被人肯定、被人推崇,问题是作为党务干部可能更多的时候是幕后英雄,要舍得把前台让出来,扎实做好自身的工作,让团队更有活力。

我给自己定了一个规定:有荣誉尽可能谦让,有好处尽可能轻放,有困难尽可能勇上,有责任尽可能担当,有问题尽可能肩扛,关键的时候自己不能掉链子。党务干部要做到表面上看起来平平淡淡,但内心却非常强大。我感到真正有魅力的党务干部应该要有教师的范儿,要有演员的功力,要有作家的笔端,要有处事的理智,要有做人的成熟，要有做事的精致。

我知道评选先进的文字材料非常重要，它是选拔评比重要的基础，所以每一次我都尽心尽力写好上报材料。为了让我们的局长获评上海市十佳好厂长好经理，办公室准备了文字材料，我一看不甚满意，因为评委不认识当事人，确实也感受不到当事人的优秀，只能凭文字进行分析，如果按照这个材料我估计就悬了。于是我就从局长的事业心、责任心和工作激情、工作实绩等方面进行了重新组合，从打动人心的事例开始，层层推进，既将完美的形象展现出来，更把内在的精神概括出来，据说听者都被深深打动了，最后我们的局长光荣当选为当年的上海市十佳好厂长好经理，这是一个很高的荣誉，也是非常难得的一个荣誉。

追求平淡不是随波逐流，而是坦然面对

人需要不断努力加机遇，才能造就成功。我一直喜欢说一句不一定上得了台面的话：仔细想想，人并没有什么了不起，当领导的和不当领导的，死后去火化，烧的时间是一样多的，并不会因为官当得大，要多花时间。如果去浴场泡大池子，脱了衣服每个人都是一样的，并分不出谁高谁低。所以如果真正要成为一个受人欢迎、被人牢记、逢人亲近、待人真诚的党务干部就一定要真正学会放下自己的架子，以一颗平常心去做并不平常的事。我曾经被人表扬过一次，内心是接受的，也是蛮有意思的：他是一个最不像领导的领导。

追求平平淡淡并不是没有争先的意识、没有进取的精神、没有追求的意愿，而是在及时付出的同时，坦然面对所获。有时候等价交换并不一定是最好的结果。我真的是不太乐意去争个人荣誉，

我在浦东工作时，所想所做的就是希望我们班子的班长——局长能够获得更多的荣誉，因为这可以提升我们的士气，打出我们的品牌。我非常甘于当个不缺位的主要助手，能做到这一点我就非常心满意足了。但谁料到，在以后的工作日子里，我也获得了国资委表彰的中央企业优秀党务工作者标兵。表彰的优秀党务工作者有150多人，但评为优秀党务工作者标兵只有10人，在整个国资委系统有多少个党务工作者啊，我能够被评上，那是非常大的荣誉，我确实也很自豪。但回来后我将1万元奖励费用放在边上，但凡是员工有需求我就从中开支使用。因为这个钱是我代表着大家去领的，理应给大家使用。额外得到的东西不要太在意，可能你就会得到更多的东西，这也是一个辩证的道理。

作者感悟 党务干部一个很重要的人格魅力，就是要淡泊名利，应当做到：有荣誉尽可能谦让，有好处尽可能轻放，有困难尽可能勇上，有责任尽可能担当，有问题尽可能肩扛，关键的时候自己不能有丝毫松懈，真正做到看上去平平淡淡，但内心却非常强大。

强化企业文化建设实操分享

通过党员先锋模范作用的发挥，通过党的领导力量坚强有力的引领，真正促进文化建设与业务发展的同频共振、同步推进、同样出彩，这是形成党建和思想政治工作长久效应的根本。企业文化建设是党务干部必须要下很大精力去推进的一项很重要的工作。文化创新和文化建设随着企业管理向纵深发展，已经越来越为人们所重视和关注。因为现在的企业已经摆脱了纯生产型的模式，向生产经营和市场拓展等多方面转变，企业的形象和员工的素质直接关系到企业在市场上是否能具有更大的拓展功能，关系到企业是否能持续健康稳定的发展，关系到企业是否具有很强的竞争实力，关系到企业的品牌和产品是否能更好地得到客户的认可，等等。所以实施文化创新和企业文化建设已经与企业的管理紧密地融合在一起，与企业的生存发展紧密地联系在一起。

对新格局下企业文化建设的再思考

企业文化是企业的一种管理现象，是一个企业独特的价值标准、传统、观点、道德、规范，是企业里被员工普遍遵循的信念和习惯作风，是渗透在企业一切活动中的理念体系，是企业的灵魂所在。同时还是企业和团队锻造员工良好行为方式，营造员工积极进取的环境，形成员工持续奋进氛围的一种管理模式。

企业文化的核心和价值显现

企业文化的核心是企业精神、道德价值观，它能渗透到企业经营管理的所有领域。它是从内而外起作用的，是高度凝聚的核心价值体系在每一个员工内心起作用的，是在正能量推进下自觉形成的行为规范。企业文化建设在提高员工素质、凝聚员工队伍方面有着不可替代的作用；企业文化建设在企业管理中更具针对性、客观性、实在性；企业文化应能打动人心、激发活力、催人奋进。我认为，企业文化建设的精髓就是促进企业发展，促进员工成长。

企业文化是企业生存发展很重要的管理方式和管理理论。我们曾经历过从“人治”到“法治”，再到“文治”三个阶段的转变过程。当工业生产产生一定规模并崭露头角时，确实需要“人治”来实现高度的统一，通过强制性的行为约束和约定俗成的规矩来产生高度的一致性。如果那个时候谁都可以自由行事，势必就会乱套无序，不利于大生产的推行。但“人治”毕竟是有局限性的，“人”的随意性和情绪变化都可能使管理行为产生偏差，应对管理复杂局面的能力就会大大下降，而当“人治”无法无天时就会造成不可挽回的损失和绝境，于是“法治”便应运而生了。“法治”可以避免“人治”的随意性和武断性，形成较为合理的管控局面，但“法治”的刚性又形成了交往过程中的硬触碰，人与人之间没有了情感交流，没有了人的潜能激发，使得管理变成了机械般的刻板，效果就可想而知了。而“文治”才是企业以人为本管理模式的最高境界，就是通过文化的塑造和熏陶，让每个员工产生情感交融，认可共同价值，行为方式就从内而外产生了激荡的动能，使得管理变得越来越顺畅而有效。

如果能从刚性的制度管理向柔性的行为管理过渡和发展，更加着力倡导提醒服务、说理教育、情感沟通等，就可以进一步向人本的精神管理推进，使我们的企业管理能逐步发展到无为而治的境界。经济和文化的日益紧密结合，是世界经济全球化催生的结果，也为企业文化理论的产生和传播提供了肥沃的土壤。激发人的无穷创造力和积极性是推动企业更深层发展的重要方法，更是企业文化建设的重要发力点。

要充分认识到企业文化建设是一个系统和渐进的工程，我们绝不可能一蹴而就，但要非常认真地找到切入点和突破口，有效地加以推进，这是非常重要的。我认为一个很重要的切入点和突破口就是全面创建学习型组织，在管理上尝试探索精神管理的新路子。

企业文化是以企业精神为核心理念的系统理论体系。企业员工核心价值观的形成和聚合，企业精神的凝聚和提炼是企业文化营造的关键。企业的核心价值观是企业文化的内核，将企业价值观内化为员工的自觉行为就能在企业中演绎出一个主旋律，这不仅是企业生存、发展的客观需要，更是员工不断持续成长的客观环境。我们的企业除了要努力提高经济和社会效益外，更要努力提高员工队伍的整体素质，为社会打造有用人才。这是我们必须始终坚持的一个目标。如果说企业是一条大河，制度是两岸的长堤，那文化就是大河的河床，而水流的丰沛与长久取决于河床与长堤。企业文化是价值观，是竞争力量，也是思维模式、行为模式。制度是管看得见的地方，文化是管看不见的地方；制度是管双手的，文化是管心灵的；法律判断是制度，道德判断就是文化。

企业文化的以人为本功能

企业文化强调以人为中心，倡导团队合力和协作共进，将个人目标与团队目标相结合。每个团队，乃至每个人都迫切希望体现自身的价值，在体现价值的同时肯定自我。但如果没有整体价值的体现，何来团队的价值和个人的价值呢？我们要让每个员工都能充分地意识到，每个人的作用都是有限的，而只有将自己的一分子融入团队，形成有效的团队凝聚力，其作用才会有成倍的发挥。所以要倡导相互的默契、配合、互助。一个企业如果没有很好的默契和配合，形不成很好的团队凝聚力，那么我们要在激烈的市场竞争中形成优势，要在深化服务的过程中站稳脚跟，要在繁重的改革任务面前保持持续的发展，要在完成艰巨的生产任务时做到“不到最后不认输”就绝对是不可能的。所以，在实施文化创新时，浓墨重彩的一笔就必须是着力营造良好的团队默契和相互配合，形成优势互补、取长补短、团结协作、主动补台的崭新局面。

企业文化主要的功能有：凝聚功能、导向功能、激励功能、约束功能、协调功能、引领功能。文化的塑造就是要使每一个人都能有着清晰的认识、明确的目标、聪颖的思维、卓越的行为。我们每个人在自己的一生中一定要珍惜五个人：一辈子不离不弃、默默守候在你身边的人——父母；总喜欢和你争嘴抢东西，却时刻守护着你，同喜同悲同乐同难的人——兄弟姐妹；他是你最甜蜜的负荷，是有难同当、有福同享的人——爱人；无处不在关心你并时时给你帮助的人——朋友；在人生道路上渐渐学会了释然、坚强、成熟的人——自己。

在实践中我认为，企业文化建设成功与否的主要标志：一是要看员工队伍是否具有强烈的学习愿望，具有主动的学习力；二是要看企业内部是否具有浓厚的民主氛围，具有很强的参与度；三是要看单位环境是否具有凝聚的人文气息，具有持续的进取心。

企业文化创新是一项没有现成模式、没有现成经验、没有现成路径的探索工程，是对企业管理的再认识和再升华，是对两个文明有机结合的有力实践。要推进文化创新，创建企业文化，提高企业文化的经济说服力，才是必须要追求的方向。

作者感悟　真正促进文化建设与业务发展同频共振、同步推进、同样出彩，是形成党建和思想政治工作起长久效应的根本。企业文化建设的精髓就是促进企业发展，促进员工成长，并在潜移默化的过程中不断显现文化建设独特的魅力和效力。

积极营造良好的服务文化

服务是企业发展的核心竞争力之一。服务是经济发展到一定阶段的产物。尤其是与群众生活息息相关的企业，更是要在不断锻造可行的、可复制的、可让人感受的服务体系上下更大的功夫。

引导员工真正打造良好的服务文化，使我们的企业和产品能在持续发展的过程中始终立于发展的潮头，是极其重要的事！我曾经看到这样一组有关服务的数据，据说是经过大量调查以后得出的：在不满意的客户中大概有91%的人不再回头，若能及时进行弥补，有80%的人会继续关注和使用你的产品，95%的人可能会成为回头客；在不满意的客户中有96%的人不会选择去投诉；50%不满意的客户会将不满告诉另外的10—20人，被告诉者中大概有13%会将这个坏消息告诉另外10—20人；对服务满意的客户只会将好评告诉另外2—5人；而如果服务体验差，90%的客户将不会再青睐和使用你的产品。这些数据虽然没有经过证实，但可以说明服务对于一个企业和产品的推广是多么重要，营造良好的服务文化对于企业未来的发展和核心竞争力的形成是多么重要！

服务需要被充分感知

我们的通信企业每时每刻都在为客户提供服务，产品的特性其实就是客户在使用通信产品的过程中实现了价值，然后他才会给我们的企业带来效益。那么我们的员工就要养成时刻为客户感知和提升价值的习惯及行为模式，通过每一个细小的动作让客户能够感知，从而产生信任感。

有一次，一个用户的家庭宽带连接不上，因为要与国外即时联系，因而非常焦急，报修后我们的员工及时上门进行故障修复。谁想到，当这个员工回到单位还没有坐稳，电话又跟过来，他家的宽带又断了。再次上门修复,坐等了半个小时后才返回单位。谁料想,用户的报修电话再次响起,宽带又断了。员工再上门。几次往返,虽然用户对这个员工的服务态度是绝对认可的,他说:“你看,他多辛苦,每次报修就立即上门,连我家的狗都认识他了,但宽带的故障始终都没有排除。”后来我听说了这件事,便约请了几个员工一起集体会诊,经过仔细检查以后才发现,原来是老鼠咬了光纤,但没有完全咬断,所以时好时坏。我们更换了一段光纤,才彻底将故障排除。

从这件事上,我们进行了反思,虽然表面上我们的服务态度没有任何瑕疵,但最根本的问题没有解决,用户当然还是不满意。我们讲服务最根本的是要让客户有感知,这才是最佳的服务样式。事后我们专门发动员工将自己在工作过程中形成的宽带故障修复案例奉献出来,进行整理归纳,编印了一本《宽带故障修复大全》,供员工提高维修的成功率和技能之用,力争让用户真正享受到信息便捷带来的快乐。

服务需要持续探索

对客户的服务要从走进客户的内心开始。虽然不同的客户有不同的需求,但我们的每个服务瞬间就看是不是能在掌握客户心理状态的前提下,真正发挥服务带给客户的愉悦感受。以客户感知为根本,不断探索和健全服务的规范,尽可能满足各个层次的客户对服务的感知,是我们必须要追求的目标。比如可以重点推行“大服务”概念,强化从“用户需求端来”到“用户满意端去”的售前、售中、售后一体化管控,围绕销售、订单、体验、维修和投诉五大环节加以改进,真正从源头上将服务感知提高到新的阶段。

我们成立了客户服务心理协会，定期进行客户心理分析，换位思考，站在客户的立场，让不同的客户得到不同的业务体验，让不同的客户得到不同需求的满足，将服务从技术向艺术拓展。比如跨界服务体验，让客户在办理业务等候的时间里，进行新业务、新产品的模拟试用；在营业厅里开设咖啡吧，让客户在享受咖啡美味的同时，避免等候的焦虑和不爽；摆放一些小朋友玩耍的玩具，让带小孩来办理业务的客户解决小孩哭闹的尴尬，等等。让营业厅变成客户乐意留恋的地方，使客户办理业务变成了一件很快乐的事。

我们还着力新建服务质量中心，在各下属单位部门均设立服务督导的专门岗位，使大服务的格局真正形成并有效运作。我们还与街道、镇等地方政府共建"企业服务联络站"，尝试构筑企业社会联动的服务机制。这种尝试让企业与客户之间的距离缩短了，心心相通了，反过来也可以得到许多客户对我们产品优化的意见建议，对改进产品的服务有了更直观的路向。

服务需要永续提升

要做到服务被感知就需要不断去研究如何把握客户的心理，始终能让服务成为客户的向往，让服务永续得到应有的提升。我们在营业厅进行了积极尝试探索，让服务有超值的感觉。一般来讲，客户进营业厅肯定是需要办理业务的，如果让没有办理业务需求的客户也能进营业厅，从而让客户能够时刻享受到超前的预期和便捷的信息，那是多么有意义的一件事，因为只有让客户能够进来，才会有需求激发，才会有对我们产品的感知，才会有企业与客户之间的连通。否则客户服务需求点永远得不到满足，沉醉于自娱自乐当中，我们就永远不可能使服务得到令人愉悦的提高。

我们在营业厅设置了“易物 BOX”，也就是让任何一个客户暂时不需要使用的通信设备或通信工具有一个交换、易物的平台。他们只要将自己的物品寄放在我们的“易物 BOX”里，自己标个出售价就完事了。如果有哪个人看中某个物品，只要愿意购买，我们的员工就协助办好手续，通知物品的主人前来取款。这样的话，就真正实现了不是我们服务的客户也会进营业厅，没有办理业务需求的客户也会进营业厅。

我们再努力把营业厅打造成更多通信新业务的体验场所，当客户踏进营业厅后就会发现有很多新业务和新产品是他所需要的，是可以去了解的，于是就有业务碰撞的机会，当然更让客户有产生购买新产品、使用新业务的欲望了。我们也就实现了从仅仅满足客户的需求向引领客户的需求转变方面迈出了实质性的一步。

对服务文化的探索不仅使产品能得到客户认可，更能体现出企业的社会价值，而好的服务文化还可以探索和延伸出更多的新样式。

体验式服务

体验式服务的功效就是让服务成为产品的重要部分打动客户，通过服务的切入体现产品的价值。

我曾看到过一个功能齐全、非常新颖的炒菜锅，虽然很吸引人，很实用，然而价格昂贵，根本就不会动心去购买。但有一次我被隆重邀请去体验这个炒菜锅的实际使用过程，看到满满一桌菜就是用这个锅子烹饪的，尤其是听到很多女同志不抽烟但肺部出毛病的比男同志还多，是因为厨房油烟对人的伤害很大的说辞，这一下子就打动了我，为了家人的健康，我赶紧掏钱买下了这个价格比较惊人的炒菜锅。后来我问了工作人员，说是他们这个锅从来不在店堂里出样销售，因为一看价格就把人吓跑了，只有通过体验式的销售才会有比较好的销量。

服务的体验同样可以产生巨大的经济效益，关键是我们能不能将服务体验后的感知化为销售的动力。服务体验是要站在客户的角度去唤起客户对产品的向往和期待，而不是从我们产品的角度去推介。当然有时候要一点饥饿销售法的小把戏，可能也会起到点作用，但不可久用、常用。

感知式服务

虽然有些服务很细微，但用心了就会被感知，进而感动。我到日本旅游住酒店，一开始没注意，后来连着住的几家酒店，突然发现都有一个共同的特点，那就是每个酒店配置的四小件，如洗发露、护发素、沐浴露、润肤露都是按这么个顺序摆放的，让人使用时非常便捷，你根本就不用辨别，随手拿起来使用都不会出错。老实说，瓶上的字太小了，如果是随意摆放要看清会很困难，一不小心就会用错。这样的事真不算大，人人都可以很顺利地做好，但真正做好了，你的感受就绝对是不一样了。注重细节的服务会给人带来一种愉悦，使人有着认准了消费的欲望和冲动，这就是有感知的服务带来的无限魅力。

有一次我从日本的函馆乘新干线到札幌。列车员在车上也卖商品，估计全世界的列车上都这样。关键是我们国内的列车员往往比较粗鲁，漫不经心，连走带跑地快速穿过车厢，虽然叫喊卖东西，但乘客一般不会乐意去看看，更别说价高不想买了。但日本的列车员在车厢里一路走来很轻巧，叫卖声很温柔好听，不会让人厌烦。当列车员推着小车经过我旁边时，我忍不住伸头张望了一下，谁料，这个日本列车员立马就停下了脚步，单膝跪地，把她的视线与你坐着的视线保持平行，然后把物品捧在手里，让你挑选和欣赏。当我表示不想购买时，她仍保持着微笑，站起身缓慢走了。最让我惊奇和感动的是，当她即将走出车厢，穿过自动门到另一节车厢时，她回转身体，对着车厢里所有的乘客深深鞠了一躬，然后倒退着走出了这节车厢，等自动门关闭后她才转过身往前走了。这一连串的动作让我不得不叹服，这个服务（虽然买卖没有成交）给人的感知度非常高，这种服务简直就是一种给人的享受，让你绝对会有购买的冲动。

服务的好与不好，简单直观的就是服务者的态度，其实除了态度之外，能不能让服务对象对服务有感知是非常重要的。而这个感知很大成分是服务的细节有没有到位，是不是让服务对象从内而外地叹服。服务是一个非常神奇和需要用心的过程。

沉浸式服务

令人愉悦的服务能让你身临其境，感受到温馨和关爱。我曾乘坐日本国内航空，从大阪到函馆，发现飞机上每位空姐的笑容都很灿烂和真诚，而且发现她们对乘客的任何要求都会非常亲切地做出回应，这种职业的微笑给人有一种很舒适的、难以忘却的感觉，瞬间就会拉近彼此之间的距离。如果说乘客有一些不满意，比如飞机误点、餐食不合胃口、座位间隙不够大，等等，乘客都会非常愿意去谅解和不计较。乘坐他们的飞机，乘客不会感到恐惧和寂寞。可见微笑服务散发出来的魅力足够使乘客深深地沉浸其中，在这种愉快的服务氛围中乘客可以忘却所有不愉快的瞬间，去享受超乎感觉的温馨。这当然便是平时我们一直期待的超值的服务感知！

有一次我和家人去了上海一家知名的连锁餐馆吃饭，接待我们的小伙子从头到尾一直非常热情周到，有求必应，有问必答，每上一道菜都会清晰而又幽默地介绍菜品，甚至肢体语言和表述都不得不让你感受到他的服务给你带来的快感和快乐。我尝试着刁难一下这个服务员，结果被他非常巧妙地化解了。我真的对这样的服务员心存敬意。一个普通的服务员能将这个很平凡的工作做到让人心旷神怡，着实是非常了不起的。

服务在不同地方能够演绎出这么多姿多彩的精彩时刻，难道不值得我们去认真思考和理性筹划吗？服务是一个企业赖以生存、发展、壮大不可多得的重要法宝和重要手段，应是一种永无止境的实践和探索过程。

超值式服务

对服务对象而言，好的服务会让你有一种物有所值的感觉，如果超出你的预期，那就只剩下感动了。我到日本去旅行，住进了一家不算便宜的酒店，但经过入住的体验感觉到太值了。

当我到了酒店大堂，马上有服务员迎上来，让你在沙发上坐好，说你们旅途辛苦了，只要把护照拿出来，其他事情他们会帮助你办的。片刻，入住手续就办好了，服务员拿出自己手绘的地图，告诉你，现在你们在这个位置，入住的房间在那个位置，乘电梯到了二楼往前走到底再看到一部电梯乘到三楼，走到尽头才是你们住的客房哦。客房里的食品和冰箱里的饮料尽情免费享用，用完了告诉服务员会立刻添加。然后告诉你,如果要洗温泉的话,温泉在哪个位置、怎么走、洗温泉时要注意什么。洗好温泉,门口有个冰箱,里面是乳酸菌饮料免费喝。到了晚上 10 点以后,一定要 10 点以后哦,餐厅免费供应博多拉面。明天早晨你们享用早餐的地点在这个地方,怎么怎么走,我们酒店的早餐是很丰盛的,请多多享用。一口气非常娴熟又清晰连贯地交待得一清二楚,然后非常热情、笑容可掬地询问,都清楚了吗?我们回答清楚了,然后他把我们送到了电梯口,目送我们上楼。虽然这家酒店客房的价格不菲,但我决定如果以后再去日本,一定也要住这家酒店。

好的服务哪是一个简单的面对面的交待,绝对是一种亲人般的关怀和温馨,服务延伸的感动会融化你,让你降低了性价比的计较,放弃了到处寻价的繁琐,下次还会冲进这个熟悉的环境。令人愉悦的服务绝对会带来超值的价值。

因此,如果党建引领在服务文化塑造上迈出坚实的步伐,那就非常有利于企业的形象重造,有利于客户对你产品的接受程度,有利于业务的流程顺畅。同时使每个员工更清晰地认识到,如何在强化服务中获取企业发展的钥匙,获取个人成长的诀窍。好的服务是一个不能用固有模式衡量的物件,而是员工在价值认同的前提下的一种行为自觉。每一个服务感动都需要用心去创造,都需要有强烈的意愿去培育,这就一定要通过党建引领,让每一个员工真正发自内心地做好服务工作。

作者感悟 服务是企业发展的核心竞争力之一,服务是经济发展到一定阶段的产物。服务是需要被充分感知的、是需要持续探索的,也是需要永续提升的。我们要在不断锻造可形的、可复制的、可让人感受的服务体系上下更大的功夫，让服务成为具有生命力企业的重要象征。

积极营造良好的创新文化

创新是一个永恒的话题。没有创新就没有未来。尤其是现在将迎接的是颠覆性的技术创新阶段，变化简直让人眼花缭乱，目不暇接。如何在创新中突围，在创新中成长，在创新中发展，已经成为我们必须要面对并思考的重大课题。在这种不进则退，慢进也退的新格局下，如果不是营造全员创新探索、创新奋斗的良好环境，就很有可能面临被淘汰、被边缘，甚至被“清场”的结局。

我在给员工宣讲时就问了一个问题，原来我们企业的产品基本上每个员工都了如指掌、倒背如流，现在谁还能把我们目前的产品品种报得全？对电信行业来说，颠覆性技术创新的意义就更不一般。一是电信行业从来就是在不断自我否定的过程中发展的。宽带否定了窄带，移动替代了固话，新兴业务颠覆了个别传统业务，等等。由于勇于自我否定，电信领域的变革和创新就风起云涌，对传统的作业模式和员工的要求都发生了翻天覆地的变化。二是革命性的技术变革始终引领着电信行业的每一个发展阶段。从语音发展到数据，从电缆发展到光缆，从电子交换发展到光交换，从 2G 发展到 5G，从 PC 机发展到 PAD、手机，从话音发展到流量，甚至发展到智能手机，现在已经是无所不能，须臾不可或缺。所有这一切其实都是在颠覆性的技术创新中实现的。三是电信行业的业务和产品发展更是在颠覆性技术创新的助推下日益完善的。可以说，原有的传统产品正在日益没落，并被喷涌的新产品所替代，砖块式的手机不见了，BB机进入了博物馆，街头电话变为摆设，而人手一部手机和低头族成了一道道新的风景线。电信行业的业务统计也从通话时长变为了数据流量，通话次数变为了上网活跃数，等等。

对电信行业来说，颠覆性的技术创新是刻骨铭心的。因此在这个无限变化的世界里，我们能不能持续进取，用创新去迎接新的挑战，决定了我们在未来的发展中是否能永立潮头。一个企业的成功，不仅是看这个企业今天的效益如何，更要看这个企业有没有发展的动力和源泉。而具有凝聚力和进取心的员工队伍才决定了这个企业未来的趋向，员工岗位创新能力的提升更是不可或缺的根本。所以说创新突破就应该也必须成为各级党组织引领团队前行的一个重要内容。

创新要着眼于自下而上开展，引领更多的员工参与

电信行业的传统业务规模在压缩，传统产品的收入在下降，传统的业务和产品必须要向以移动互联网为特征的转型业务和产品转变。如何突出重围，以颠覆性技术创新举措，进一步占领业务发展的制高点，就显得越来越重要。与之相配套的是对员工的技能和素质要求越来越高，企业必须提升员工的素质能力，调动员工的积极性和创造性，才能适应企业的转型发展。

引导员工岗位创新，就必须要培育很好的群众基础。创新点主要由员工去发现，积聚员工的创新活力，创新探索是能够实现的，创新要能真正体现效益且必须是可以持久的。

员工岗位创新的内容可以是产品和业务创新，可以是组织和

文化创新，可以是模式和流程创新，也可以是管理和制度创新，广泛的创新内容就可以吸引更多的员工参与，也可以形成更多的创新成果。每年我们都会开展一次有主题的大规模的群众性合理化建议活动，就是搭建让每个员工能发现创新点、有突破需求点的平台。然后通过收集员工的点点滴滴创新想法、建议，进行分类分层培育和孵化，真正形成创新的滚滚洪流，激荡在企业和员工当中。

创新要突出岗位特点，鼓励更多员工小改小革

产品的创新与客户需求形成新引擎。一味死守单一产品很难赢得客户认可，唯有将产品创新与客户需求有机融合，引领客户的需求，才是企业发展的新空间和新市场。为此，企业只有打造一支勇于担当、开拓进取、持续创新、团结协作的高素质新型员工队伍，才能及时捕捉、牵引、谋划、推动、孕育颠覆性技术创新，把更多的不可能变为可能。

引导员工开展岗位创新，就必须要聚焦细微的创新点。它们可以是业务持续拓展的兴奋点，可以是提升客户感知的触发点，可以是前后端间支撑的连接点，可以是管理促进效益的关键点，可以是员工能量显现的挥发点，也可以是文化引领行为的探索点，等等。

引导员工在岗位上开展创新可以激发员工更好地进行拓展性工作，可以更好地显现员工的主人翁责任感，可以更好地挖掘员工潜在的能力，让更多的员工将工作做到极致。当然我们要通过一定的方式和渠道对员工的岗位创新加以组织引导。我在担任工会主席时，每年在年初时鼓励每个员工都进行发散性地提一个创新点子或一个合理化建议，然后在这些创新点子或合理化建议中进

行分析比对，寻找 3—4 个具有一定前瞻性和推广性的点子，进行有意识、有组织的孵化。对每个可以孵化的点子，组建以这个提出点子的员工名字命名的创新工作室，并指定一个有一定协调能力和条件的管理者担任这个创新工作室的负责人，加上提出点子的员工和创新需要涉及的相关部门技术人员和业务人员，进行有序的孵化。

工会组建了这些创新工作室后基本上每个季度要进行情况汇总和各个工作室间的进展情况交流，了解有没有遇到什么困难，需不需要进行帮助解决，同时根据孵化的实际，配备必要的创新实施经费。到了年底，创新工作室的成果初步形成后，非常需要工会组织搭建一个盛大的成果发布平台，让经过一年孵化后的结果进行展示，并进行适时的表彰奖励。

最重要的是要运用党组织和工会的组织力量，联合行政部门在这个员工创新成果发布的同时，对创新工作室的创新成果进行实际应用，责成相关职能部门定时定点定人进行创新成果的应用转化，并落实应用过程的推进。曾经在听取员工对创新工作的认识时，员工的一句话给了我很大的鼓舞，员工说："我的创新成果得到认可，获得奖励当然高兴，但其实我们倒真不在乎一个创新成果能得到多少钱和实物的奖励，而是非常希望我们的创新成果能够被实际应用，这是比任何形式的奖励都更加重要的，也是对我最大、最有价值、最有意义的奖励。"很多员工非常认可这样的观点。持续将创新成果实施应用转化，使得员工的创新积极性得到了极大的激发。

我把这一整个过程称为创新文化的再造和创新工作的闭环，只有真正将员工的创新作为一个很重要而且是闭环的工作来稳步推进，员工的创新热情才有可能得到最大程度的调动，创新的氛围才有可能得到最大程度的形成，也才有可能让创新成为一种新时尚被员工认可和追捧，创新的成果才可能真正得到涌现。

搭建各种创新平台，让员工有创新意愿，更有创新可能

引导员工开展岗位创新，就必须要为员工搭建好各种培育创新的平台。它们可以是培育创新课题聚焦的平台，可以是培育创新能力提升的平台，可以是培育创新思维交融的平台，可以是培育创新过程纠偏的平台，可以是培育创新信息沟通的平台，可以是培育创新成果共享的平台，等等。

如何做到让每个员工的头发竖起来都能成为天线，不断去捕捉各种信息，成为创新的源头，这就是我们在营造创新文化过程中必须要牢牢把握的关键点。我所居住的小区，有段时间群租现象很普遍，造成很多负面影响，最后政府动用了很多力量才使群租现象有所缓和。我不作道德判断，简单就事论事地仔细分析，不得不佩服那些二房东，他们的创新意识和创新思维绝对是及时并超级的。你看，他一个人在我们小区的大房东那里租赁到 31 套房子，进行简易的阻隔，每套房就变成了 8、9 或 11、12 个小单间，然后进行二次出租，每套房给大房东的租金是 6 000—7 000 元，而分隔后每个小房间租赁给临时租客 1 000 元左右，基本上每套房的盈利在 6 000 元左右，31 套房他每个月就可以稳赚近 20 万元，是不是平白无故创造了一个赚钱的奇迹？对有能力的人来说，低头看到的是满地黄金，而对没有能力的人来说，低头仅仅看到的是石砖。不同的思维方式给你的结果是截然不同的。

由于临时租客众多，吃饭问题又成了一个新的创新产业——每到晚上一些小摊主推着小车，就地炒菜炒饭进行现炒现卖。我

曾经专门仔细观察了一下，一个晚上，一个小摊主大约可以卖出500份炒饭炒菜，估计盈利每个晚上在1 000多元。这些小摊虽然因为扰民、卫生状况不佳和环境污染等被取缔了，但我不得不佩服的是，这些小摊主对市场信息的捕捉和先机把握就是高人一筹，用最低的成本和风险获取了高额回报。

回过头来看，如果我们能够在日常工作中鼓励更多的员工也能这样无中生有，将销售的信息化为销售的实绩，我们的创新将会带来难以估量的业绩。不是吗？如果我们不能使每个员工都在企业发展的过程中积极参与和贡献，企业前行的动力还会足吗？要站在企业发展的潮头不是随口讲讲就可以的，必须要形成一种共识、产生一种动力、健全一种制度、落实一种结果。

创新要坚持正向激励，对员工创新成果进行个性化褒奖

引导员工岗位创新，就必须要有相匹配的正向激励。创新的精髓是聚焦员工的注意力，创新的目的是发掘员工的潜在力，创新的要求是激发员工的源动力，创新的方法是褒奖员工的想象力，创新的途径是体现员工的参与力，创新的根本是促进多赢的持久力。

对员工创新成果的激励一定要让员工有感知度，这样的奖励才会带来后续更为积极的创新行为和创新动力。我们有一个很重要的奖励，那就是运用党组织和工会的力量，联合行政促成员工创新成果的个性化奖励。所谓个性化奖励，就是根据员工的实际需要，进行有感知度的奖励，比如送一次高层次的面授培训、给员工放一天假缓冲休息、让员工到高校进行实地参观加深对科技创新的再认识、给员工一次外出学习考察的机会、购买急需的工具或书籍、组织一次员工自发参与的论坛，等等。有时候不要顾忌需要多

少钱才会给员工带来满足感，能够被员工认可，不是用简单的金钱可以衡量的。让个性化的奖励方式真正成为员工不断迸发创新激情的源动力。员工认可这样的机制和尝试，反过来又极大地促进了其对创新的投入，企业得到了成果，员工得到了实惠，用户得到了便捷。

当然我在实践过程中也吸取了一个深刻的教训，那就是千万不要实施负面的考核扣罚。有时候为了急功近利，追求创新的成果，出发点不坏，但如果用扣奖的方法去逼迫员工参与，甚至对员工个人下达创新成果的指标，那就更加荒唐了，结果也一定会适得其反。在倡导员工岗位创新时最好是正向激励，而不要轻易选择负面扣罚。如果没有真正的感悟，没有真正的意愿，即便有了一定的参与度，也是不会持久的。我们要真诚地告诉员工，创新对企业、对个人具有什么意义，创新在未来发展中具有什么潜在的价值，创新能给我们带来什么样的崭新变化。我坚信，思想疏通了，方法才会有，思路理顺了，成果才会多。

员工岗位创新的正向激励要切实落实到位就一定要遵循四个原则：一是要有针对性的分类实施原则。所谓分类实施就是要根据不同的对象和员工队伍的整体情况，有针对性地采取不同的激励方法和举措，有些是需要岗位晋升的激励，有些是需要物质和奖金的激励，有的是需要知识拓展方面的激励，也有的是需要业绩被肯定的精神激励，更有的是需要团队激励，并体现自身在团队中的价值和作用，等等。探寻不同层次的激励，似乎更能将激励的作用发挥到极致，也可以使激励的效果充分体现。

二是要将人才持续培养与激励相结合实施的原则。我们在对员工激励的过程中，其实最需要探讨的就是如何将员工的激励体现在员工能力的持续提升上。我们经常与员工交流，大家普遍的感觉是，企业认可我的工作和业绩，奖励一些钱，固然开心，但往往过后并没有更多的兴奋。倒是企业如果将这样的激励转化为对员工进行专业知识或技能的投入，在拓展员工未来素质上能有一定的引领和帮助，可能更受欢迎，感知度也更高。所以对员工的专项培养，对员工未来发展的指引，也应该成为一种很好的激励方法。

三是要基于员工职业行为导向的激励原则。我们现在一讲到员工激励，往往停留在对业绩突出或成就显著的员工上，采用的方法也大多是增加收入等。其实我们还应该探索激励能否体现在对员工的引领上，也就是我们所激励的员工能否成为员工队伍的引领者，是否成为我们倡导的员工模范。如果答案是肯定的，那么激励的范围就应该更广泛，对企业发展提出良策的员工、技术革新有成效的员工、工作难点有某个突破的员工、增强了企业信誉的员工、化解了企业危机的员工，等等，就都应该是激励的对象。激励的最大目的是要让每个员工去效仿，是希望能让被激励的员工成为大家学习的榜样。这样的激励才会形成多米诺骨牌效应，产生更大的效果。

四是激励方法多样性的原则。其实员工的激励一定要探索多样性，因为不同的员工群体，对激励的回应和需求是不同的，产生的效应当然也就不同，所以除了物质激励之外，更要采取精神激励、岗位激励、职业激励等。除了有形的激励，也可以采取虚拟的激励，或者是类似期股一样的激励。员工激励方式的多样性可以满足不同层次员工的需求，可以真正起到激励的最终目的。

有效提升员工岗位创新能力必须要形成四个共识

一是持续更新观念，呼唤员工不安于现状是推进创新的根本。

员工普遍认为创新对于企业的发展很重要，但员工整体的创新积极性不高。表面上看，外部原因很多，如专业知识不够、工作压力过大等，但是问题的根源还是在于员工的创新意识淡薄，大多数员工秉承不出错的理念，认为只要做好本职工作就可以了。在发展日新月异、变革扑面而来的时代，员工如满足于现状，就如“逆水行舟，不进则退”。我们必须加强员工的忧患意识、创新意识的培育，营造推崇创新、追求创新，以创新为荣的良好氛围，帮助员工摆脱安于现状、不求进取的惰性，这才能有效推进员工的岗位创新工作。

二是倡导价值导向，激发员工内生需求是推进创新的重点。事实上，很多员工参与过创新活动，但仔细分析，这些员工的参与动机基本上还是因为领导，或是公司层面各个条线的工作要求，员工大多是以为了完成任务为目的而开展的创新，所以往往是追求数量大于质量，形式大于内容。创新不是一项简单的任务，更不能只为完成任务而创新，因此要倡导员工与企业共同发展的价值观，使员工明白创新对于企业发展与自身职业发展的意义，加大激励力度，变“要我创新”为“我要创新”，让员工通过创造企业价值来实现自身价值，从而实现与企业的共成长。

三是降低创新门槛，催生员工全方位参与是推进创新的基础。在我们的企业中有不少创新平台，诸如“创 e 赢家”“创新奖、贡献奖评选”和创新孵化基地等，但对于多数一线员工来说是可望而不可即的。创新成果多半被研究院所、公司总部、专业技术部门等重要机构部门或骨干所拥有，生产一线的员工常常因为创新成果的微小而没有得到重视，要展示更是凤毛麟角。所以要提升员工创新能力，就要以“全覆盖、低门槛”方式，为员工搭建各种创新平台，拓宽各种创新渠道，发动员工广泛参与创新活动，让创新成为员工日常工作中发散性思考和实践的内容。

四是健全长效机制，积聚员工聪明才智是推进创新的关键。从我们电信企业现有的创新机制看，员工创新活动还没有对企业发展形成很大的推动作用。许多员工煞费苦心地在自己的工作岗位上钻研出的一点创意和想法，通过合理化建议的平台后，通常没有即时的反馈，最多是在年终评选表彰一下就结束了。企业没有一个持续的创新体制、机制对员工的创新成果进行有效的转化，或加以应用推广。长此以往，一线员工岗位创新的积极性将会受到严重挫伤。因此建立健全必要的鼓励员工创新的体制和机制就显得非常重要和迫切。

作者感悟 在这个无限变化的世界里，我们能不能把握持续的进取，用创新去迎接新的挑战，决定了我们在未来的发展中是否能永立潮头。一个企业的成功，不仅要看这个企业今天的效益如何，更要看这个企业有没有创新发展的动力和源泉。

积极营造良好的营销文化

苹果的创始人乔布斯曾说过：苹果从来不做市场调查，因为客户都不知道要什么？这是多么牛气的一句话啊！为什么乔布斯能有这样的底气和口气，还是因为苹果确确实实是浑身的细胞和血液里都渗透着创新的基因和创新的成分，通过不断的创新引领，能够将客户的价值得到最大程度的提升，因而能让每个客户都成为苹果的忠实粉丝。这里就引出了一个很严肃的话题：我们一直以为满足客户的需求是我们努力追求的目标，我们也一直以能全方位满足客户的需求而引以为自豪。但是在新状态、新格局下，尤其是在信息化浪潮的不断冲击下，这已经是远远不够了。我们应该尽快从满足客户的需求向引领客户的需求转变，这才是我们要潜心研究的重大课题。仅仅满足客户的需求其实是低层次的，是被动的应付，而形成引领客户的需求则是高层次的，是主动的应对。虽然只有一词之差，但内在的含义是不一样的，一个是站在企业的角度去揣摩客户，一个是站在客户的层面去改造企业。得到的结果也是截然不同的，一个是将产品销售出去，一个是实现对客户的价值引领，这其中的差异透析出的是我们以前是卖产品给客户，现在是要帮助客户买产品。这个转变是革命性的，是刻骨铭心的。

提升客户价值才能提升企业自身价值

没有客户价值的提升，他们怎么可能会成为我们的忠实客户。我们不是将产品销售出去就完事了，非常需要了解客户在使用我们的产品后有没有切实的价值提升，有没有给客户带来不可或缺的体验，有没有给客户拥有更便捷的动能。不了解这些信息，凭什么要求人家成为你的忠诚客户、成为你的拥趸。这里有个很重要的关键点，那就是要时刻关注客户对我们产品的熟练应用，是不是有故障点，是不是有未知的问题，等等，主动做好超前的服务、个性化的提醒和有温度的关怀，这些都会在客户印象中得高分。

某一天我与所在街道的领导交流工作的时候，突然他们跟我说，现在街道的工作不太好做，比如现在是老龄化社会，社区里独居和准独居老人数量比较多。所谓独居老人，就是仅老人独自居住，或无子女，或子女在外地或国外，没有其他人陪伴；所谓准独居老人，就是基本上是老人独自居住，子女在本地但离得比较远，平时不能经常陪伴。但由于很多老人存在交流的困难，老人的独居生活很难干预，独居信息又不太好掌握。有一次一位老人在家里去世十多天了，但一直没有被觉察，邻居闻到异味了破门而入，才发现老人已经不在了。这是很不应该的事，街道领导自责的同时，采取了一项措施，招募了一批志愿者作为上门敲门员定时定点到老人家里敲门，及时了解、关心老人的情况。然而又遇到了新难题，敲门志愿者上门敲门时往往会被老人骂："敲什么敲，人还没死呢！"弄得街道领导和志愿者哭笑不得，敲也不好，不敲也不好，左右为难。

得知这个信息后，我得到了灵感，敏感地感到街道有特殊需求，我们能不能主动应对，积极响应，用科技的手段、信息化的方式来帮忙解决这个难题呢！于是我召集了几个员工进行头脑风暴，大家你一句我一句，然后聚焦到能不能在老人家里通过安装红外探头仪来精准了解老人的实际状况，对老人进行安全防护。因为人是一个发热体，老人在家时厨房、卫生间、卧室是一定会去的，设置一定时间内，如果这三个地方的红外探头仪长时间没有感应到有人的活动迹象，就可以在他们子女或社区志愿者的手机上报警，这时如果再上门敲门，精准性可能就会更强一点，更有针对性了。而简单安装摄像头就会涉及老人的隐私，而让老人有顾忌。这个方案就可以把街道领导和志愿者遇到的难题破解了。对于我们来说也可以拓展产品种类，发展有针对性的业务，保存用户的基本业务，真可谓是一举多得的方案。这样的从客户需求端出发，去解决客户的实际难题，就一定是会多赢的。

要站在客户的角度提高产品的感知度

以前我们是专注于卖产品给客户，现在要转变成帮助客户买产品。这不仅是理念的转变、方法的改变，更是我们的销售体系和保障体系的革命。我曾经专门去班组请教过几个有成功销售经验的员工，他们是用什么做法能吸引到客户围着这些员工团团转的。发现他们成功的基本诀窍是：他们往往不是单纯去盲目推销产品，而是深入了解这个客户对通信和信息的需求，客户在未来发展或延伸工作的设想，客户在提升自身价值过程中需要的配置，从而为了客户更便捷获取销售市场的动态而进行产品组合和系统设计，完全是从客户的需求为出发点，进行产品的引领，这样效果就大不一样了。客户感受到你是真正在帮助我，而不是仅仅为了推销你的产品，心境就会完全不同，对你的好感和信任度也就油然而升了，这时你的任何销售动机就不会受到怀疑，销售的结果当然就不言而喻了。

大家都会有这样的体验，到餐馆去吃饭，你肯定首先开口会问，你们这里有什么特色的菜肴可以推荐呀？然后服务员就会很坦然地将他们的特色和拿手菜推荐给你，品尝以后感到物有所值，你就慢慢成为了这家餐馆的忠实客户。反之，推荐的菜品都是价高质次，那么以后你肯定就不会再光顾这家餐馆了。这里存有一个很大的问题，就是这个服务员是站在客户的立场去提高感知度，还是站在餐馆的角度单纯为了实现更多的盈利，结果是大不一样的。同样的道理，我们如果不是站在客户的立场帮助他们切实提升价值，他们怎么可能会成为我们的忠实客户呢？

我们在设计产品时也要从客户高层次需求出发，尤其是信息产品，能不能让客户体验到从未有过的快捷和便利，能不能让客户体会到从未有过的高效和感知，能不能让客户体味到从未有过的新鲜和惊奇就十分重要了。比如我曾经与一家外贸公司的老总作过一次关于如何提高信息捕捉和信息价值的讨论。这位老总坦言非常苦恼，经常会由于信息不灵敏而对他们的产品出口节奏造成很多负面影响，客户的订单也经常会莫名的变更。后来我提议是不是可以运用高速网络对他们公司的内部进行信息化改造，让他们每个员工都能无时差、无延时地收集到国外最新经济和商品信息；内部加强信息化改造，让每个员工无论在国内还是国外都能实现无障碍的沟通；公司高层利用快捷的信息网络实时掌控员工的工作动向，并进行业务的拓展和及时应对；通过便捷的网络形成员工间的信息共享和知识分享的机制，形成同事相互间的支撑和互助机制，防止造成信息闭塞、短路而丢失订单，等等。

我的建议引起了这家公司老总的高度重视，他深入了解了新的电信产品和产品整合体系，我又不失时机地邀请了这方面的专家从专业和技术层面上进行了详细介绍，提出了组合一整套适合他们这个企业的信息化改造方案。结果得到了积极回应，他们立马决定进行实施。事后这家公司的老总告诉我，给到的产品组合和信息系统确实提升了他们的销售和信息捕捉，能及时洞悉国外的新变化和新需求，利于他们的及时应对，提高了他们的产品销量和质量。他们的满意给了我们很大的鼓励，也是我们的价值所在。

销售产品的同时是在展示企业文化

客户其实不是单纯购买你的产品，而是在感受你的团队在以客户为中心的过程中的热情、智慧和主动。比如说，到饭馆吃好饭需要打包，有的饭馆就是一个很简单的包装，而有的饭馆则设计了很精致的包装，让你打包的过程变得很愉悦、很有品味。看上去是一个打包包装，其实透析出这个饭馆对餐饮文化的一种理解和认同。

同样的道理，我们的产品属性就是一直伴随着客户须臾不可分离的过程，不像实体产品，卖出去除了要维修基本与生产企业没有关系，而我们的通信产品是与客户密不可分的。那么每一天的服务过程就是客户感受我们企业文化意味的过程。良好的文化才能让客户对你的产品有更高的可信度。

我曾经在宜家商场看到一张很大的广告，上面就写着：我们的设计师对碗杯倒扣会积水的细节都关注到了，我们的产品还会有质量问题吗？我仔细一了解，原来国外大多的家庭都是使用洗碗机的，洗完要烘干，而清洗的时候往往碗杯都是倒扣着，因为碗杯底部有凹槽，会积水，这样就不太容易烘干。宜家的设计师就在碗杯的底部凹槽处开了两个小口子，碗杯倒扣时水就会顺着小口子流掉，烘干就使碗杯真正干燥。我当时看到这则广告时被折服了，确实，如果他们的设计师连这么细小的地方都能关注到，并采取措施，那么宜家产品在大的其他方面还会有什么缺陷呢？显然他们的产品是值得信赖的。

这个广告其实是在展示着他们的文化，而不单单是一个广告语。有前瞻性的企业一定是会用文化深度包装他们的产品，用文化展现产品，让产品体现文化，这样的客户连接就会更加顺畅，更加可信，更有诱惑力和购买欲望。当产品的每一个细节都能体现这个产品制造商的文化精髓，产品就肯定显得活龙活现了，走进客户的中间是不是就只差了一个取走的环节！

作者感悟 只有不断提升客户的价值才能最终提升我们企业实际的价值。要善于站在客户的角度努力提高他们对所提供产品的感知度，增强聚合力。我们在销售产品的同时，其实更是在充分展示我们企业的文化，因此更要用心用智才更加完美。

积极营造良好的沟通文化

追求有效的沟通才是良策。如果仅仅将沟通当作一项工作，可能也就这样按部就班做了，但如果没有深入研究沟通的理论和实操，沟通是不可能取得实际效果的。泛泛而谈的沟通可能只是走过场，图个形式而已。

有效沟通的原则

要追求有效的沟通，就一定要把握好这样六个原则：一是沟通应是理性的，而不是情感性的。不是今天心情好，就认为可以进行沟通，如果心情不好，谈都不要谈。沟通是人际交往真正需要的，必须当作一个很重要的环节做好。二是沟通要用心和用脑进行坦率交流，而不仅仅是用语言。沟通当然是要用嘴，但没有情感的交流，没有理性的判断，没有真诚的态度，沟通不可能会有成效。三是沟通要善于切入主题，而不是漫谈式的。沟通的重点要预先策划好，要有比较明确的目的，而不是随便拉拉扯扯、说东道西一番，然后了事，否则久而久之沟通就没有可能了。四是沟通的双方要坦诚相见，充满信任，而不是相互猜忌揭短。沟通不是自己图一时之快，尤其不能以挑刺为宗旨，坦诚帮人是有效沟通的精髓。五是沟通使双方都能够得益，而不是单方受益。沟通主导方当然是主要的操控者、引导者、帮助者，但信息获取，尤其是有用的信息对于两者都是一种启发和受益，因此良好的沟通绝对不可能只有一方得益。六是沟通应成为工作的一部分，而不是额外的负担。好的沟通是一种愉悦心灵的过程、情感交流的过程、思想触碰的过程，当然也是受益的过程，那么它就不应该成为一种负担，而是一种期盼和持续不断的向往。

我每年都会规定自己与员工要进行多长时长、多少次数或多种方式的沟通。比如一旦有重大的改革举措出台时，我就会想办法理解产生这个重大改革的背景和重要意义，并用员工的语言，用员工听得懂的方式，讲给员工听。一旦员工思想上高度认同，情感上高度理解，行动上就会迅捷高效；反之别说去推进工作，就是对你的任何改革举措员工都会抵制，改革的成效就一定大打折扣。如果员工有为难情绪或工作遇到难以克服的困难时，沟通就是在帮助理顺的基础上的方法传授、精神激励等。

我在实践过程中摸索出与员工沟通的最佳时机：一是本人的职位提升或比较满意的工作或职位调动，这时是最能听得进意见、建议的时候，这时的沟通就要多谈存在的问题，希望改进的地方，需要注意的方面等；二是个人的某些愿望得到了实现或某些要求得到了满足，这时是最能接受规劝的，就要直言如何把握好个人利益与集体利益的关系，要正确处理好个人得失的均衡等；三是你确实花了很大的功夫帮他解决了一个迫切希望解决的问题，这时他最能乐意去聆听你对做好工作指导的，这时就要耐心指出今后如何行事处事，待人接物，如何回报他人，争取将眼下的工作做好等；四是本应受到一定的处罚而最终取得了一个令人满意的结果，这时他最能诚恳愿意接受你的任何指责和批评，这时就要不讲情面地严厉指出其所犯错误存在的原因、根源，如何避免重复犯错的注意点，等等。

我认为有一个关键点一定要把握住，那就是每一年对员工的绩效考核结果出来后，一定要用各种方式，在相对集中的时间段里，对你的直接下属进行一次业绩辅导和结果反馈，而且是要量身定做，具有个性化的指点帮助，而不是泛泛而谈。这个程序必不可少，因为每个人在对自己进行年度绩效考核后，确实是非常急切想知道结果，还存在着什么问题，哪些是需要坚持的，未来的路如何去走好。一旦过了这个时间节点，再去沟通的效果就会大打折扣。作为一个称职的党务干部，千万不能忽视了这一点。

有效沟通的方法

有效沟通的方法有很多，根据自己的实际状况可以进行必要的取舍，我在实际工作过程中注重并积累着这么四个关节点：

一是必须要克服沟通的障碍。如果有着明显的隔阂，沟通是进行不下去的，更别谈什么成效。所以沟通前要创造一些必要的条件，诸如进行“安民告示”，防止“突然袭击”，要找一个双方都认可的时间点，在彼此有了一定心理准备后才可以顺畅进行；力争将沟通对象急切要解决的问题作一梳理，最好是有了一定眉目后再进行，当然解决问题有难度也可以在解决问题的过程中，但千万不能平时麻木不仁，熟视无睹，结果造成沟通双方情绪对立，信任度不高是无法进行沟通的；要为沟通对象创造一些工作便利开展的条件，等有了初步感知后进行，往往沟通效果就会更好；对沟通对象存在的问题，不要不作充分的调查就一味的指责，甚至责任还没有分清就说东道西，要善于站在对方的立场，主动承担一部分责任，利用自我的人格魅力说服对方，启发对方认清自身存在的问题，并真心诚意落实整改，等等。

二是必须要提高传递信息的功力。沟通其实也就是各种信息传递的过程，首先你不能任性地传递出错误的信息，造成对方对你产生不必要的误解，否则沟通是没有结果的；其次你不能轻易地错误接受对方的信息，造成你的误判，沟通就变成了“对牛弹琴”；再次是信息要基本对称，不能彼此不在一个频道上，表面上看起来谈得很热闹，但结果都是废话、空话、套话，既浪费了时间，又造成了沟通的无效。同时你要根据沟通的需要寻找到一种能让对方接受的方式，增强沟通彼此的接受度。既不能是单向的说教方式，也不能是纯粹的听众模式，要在双向的交流、谈论中都能有一定的顿悟、感触、启发、受益等。总之，沟通后双方都应该是精神愉悦的，心情舒畅的，干劲充沛的，对未来是充满希望和信心的。

三是必须要提高处理信息的技能。一次良好的沟通，其实不亚于上一堂课，要上好课除了要备好课外，非常关键的是要掌控课堂上的反馈。没有反馈你是唱“独脚戏”，仅仅当个知识的传声筒，而要形成反馈你才能将知识点扩散到需要的人身上。因此在沟通的过程中你需要时时对反馈的信息及时进行处理，然后根据沟通事先确认的目标进行调整，按照既定的方向将沟通引向最终的成效。这里就需要掌握一定的技能，那就是在沟通中对对方的任何反应都要做出必要的引导，动之以情，晓之以理，既不放任自流，也不生搬硬套，妥贴地进行牵引；对能说会道、跑“无轨电车”的，要适时打“休止符”。对沉默寡言、不苟言笑的，要让其“跟我学”，启发“开金口”；敞开心扉，从点滴小事、细枝末节中引出大道理、大格局，从家长里短中梳理出使命感、责任心；最好能够多准备一点人生的格言和精彩的故事，在沟通交流处理信息的过程中加以点缀，使比较呆板或枯燥的谈论变得有趣，进而沁人心脾。

四是必须要切实确定沟通的定位。沟通的定位非常重要，那就是通过沟通明晰责任，解决问题、统一思想，形成共识、寻找短板，增强信心、消除疑虑，提振精气神。沟通不是拉家常，不是无事找事，不是空了闲聊，不是制造矛盾，更不是形成对立。沟通是一种有效的工作方法，是一个解决问题的良策，是一股凝心聚力的力量。把握住这样的定位，我们就可以动用更多的方法，比如正规场合的正式沟通，也就是在办公室或会议室里进行，具有一定的严肃性和规范性；工作现场的实时沟通，也就是利用工作间隙，针对某个问题进行交流沟通，力争形成共识，消除分歧；年度整体的反馈沟通，也就是每年必须要进行的考核结果反馈沟通，要求是有理有据，准备到位，触及实际，不回避问题，达成一致，等等。

同时还非常需要注意的是要把握好这样四个方面：沟通形式上的多样性——团队成员要有多渠道的沟通方式；内容上的具体性——要有沟通的话题和沟通的需求；组织上的专业性——要讲究沟通的技巧和注重实际有效的沟通；效果上的实效性——有效的团队沟通作为日常管理不可或缺的一个重要组成部分。

为了加强对员工队伍整体能力和素质的提升，我们在实践中建立了六个与员工保持沟通的渠道：

一是设立局长电子信箱，员工可把自己不便于表达的疑惑、想法及时告诉领导。局领导每天上班第一件事就是打开信箱，发现有信件，立即解答。有一个刚进局的大学生，由于种种原因想跳槽，但看到我们单位的小环境比较好，感到很不忍，矛盾之下他就写了一封信。想不到局长下午就约请他谈心，动之以情，晓之以理，帮他分析跳槽的利弊得失，并真诚地表示，留走自便，但如果认为在企业还可以有发挥作用的话，随时欢迎回来，企业永远是他的娘家。一番话让这位年轻员工满含泪水。

二是在网上开辟员工论坛，大家可有感而发，领导随时解惑释疑。有一段时间论坛上各种牢骚怪话连篇，还有不少不太健康的言论。我们曾激烈争论过，到底要不要把论坛关掉，结果大家形成共识，关掉论坛但关不掉员工的情绪，与其想法去堵，还不如想法去疏。于是局领导和机关处室领导主动在论坛上亮身份，进行正面引导，抵制不健康的声音，让正气抬头。以后我们的论坛上仍然非常热闹，但为企业发展献计献策的多了，提建议的多了，主动出主意的多了，而发牢骚的少了，讲怪话的少了。

三是领导班子和处室领导每季度下基层现场办公时都要召开一线员工座谈会，当面倾听大家的意见和建议，而且参加座谈会的员工是按工号抽取的，不再是原来的指定人员参加，这样就能够保证听到比较真实的情况和意见，便于班子领导在决策时能更了解第一手资料。一般是一年内召开 6—8 个座谈会，有近百名员工参加，收集的意见和建议近 150 条，我们都在网上公布解决或解答的结果，接受员工的监督。坦率地说，原来听意见，至少 80%是生产生活方面需要改善的意见，我们就从为员工办好实事入手，做了大量改进的工作，员工休息室全部安装了空调，配置了冰箱、洗衣机、净水器、躺椅等，高温季节为员工烧好绿豆汤，下雨天烧好姜茶，午餐更是动足脑筋加以改进。所以现在员工 80%以上的意见、建议都是加快企业发展、提高效益、改善服务、强化管理方面，员工对企业的关爱之情溢于言表。

四是每半年由局党群工作办公室组织到一线收集员工的意见和建议，原汁原味地提供给班子成员。有时确实有一些是指名道姓地对班子成员提出意见的，到底要不要公布，会不会造成班子成员的反感。我们经过反复讨论后认为，应该要公布，虽然员工的意见不一定是对的，有些可能还有误解，但本着有则改之，无则加勉的原则，而且相信班子成员也有这样的肚量和素质，能够虚心接受员工的批评。公布了反而可以使领导干部更加审慎，更加勤勉。反过来说，如果员工都不屑提意见了，那才是真的可怕了。于是我们将每次汇总后的意见、建议都在局党委会上逐条予以讨论解决，限定时限将结果反馈给员工。员工感到我们的话有人听，所以每次收集意见都十分踊跃。

五是要求工会根据生产工作的难点、热点，适时召开员工"小诸葛"研讨会，为企业发展群策群力、献计献策。"小诸葛"研讨会的主题往往是企业中急需解决的难题，通过征集员工的思想火花，为破解难题提供良方。这既充分激发了员工热爱企业、奉献企业的能动性，更可以积聚员工的聪明才智，破解企业在转型发展中的问题、难题。当把员工都组织起来时，企业前行的活力就会迸发，企业发展的后劲就会充足。

六是在企业专项改革中，开辟员工访问热线和接待点，员工可与领导人员一对一地交流思想、梳理情绪。我们的每一次改革都会在过程中安排班子成员利用业余时间轮流值班，等待员工前来咨询、提问或质疑，同时也是为了有针对性地做好工作。改革不可避免会涉及员工的切身利益，不改革肯定是不行的，但改革侵犯到员工的利益也是不妥的，所以要权衡好这个天平，就一定要强化与员工的沟通，拉近班子成员与员工的距离，增强班子成员的务实观念和员工的主人翁意识。我们承担了不少改革的试点任务，刚开始时我们也有顾虑，先改革者往往会吃点亏，因为改革在后续总会有一些调整，起先总是比较严格的。但在推进的过程中我们畅通渠道，让员工全方位参与进来，并时刻注意保护员工必要的利益，同时将工作做到细之又细，优中选优。结果事实证明，我们将改革试点的任务完成了，员工的利益也得到了保障，而且我们承担改革试点后还获得了很多企业发展和改革推进带来的红利，可以与员工一起分享，形成了改革受益、个人得益、企业获益的良好格局。

有效沟通的技巧

要追求沟通的有效性，当然是需要有一定的技巧的，归纳起来主要有：一是有效沟通的主导方要学会倾听，这也就是玫琳凯女士倡导的倾听艺术，她说人为什么拥有一张嘴巴、两个耳朵的原因，意味着就是要多听少说，而且要言之有物、言之有理。多听少说不是不说，而是要说到点子上，给人以启发和感悟。二是有效沟通一定要关注倾诉者的感受，善于学会换位思考，体察员工才能帮助员工。如果没有情感的成分，你的沟通一定是没有血没有肉的，得不到良好的反馈，你的沟通还有意义吗？善于换个思维方式、换个角色体会，你的沟通才真正能帮助到员工，这个沟通就会留下爱的痕迹、改的动力。三是有效沟通必须要讲明白道理，让沟通双方都能明事理、添干劲、求共识、有收获。倾听需要进行必要的训练，一般人往往对不感兴趣的话题会走神，如果你真要进行有效沟通的话，走神是犯大忌的。那么进行这方面的训练就一定是非常必要的。也就是你不管是有没有兴趣的话题，都要有耐心倾听，让对方感觉到你的诚意，后续的沟通就会顺畅得多。倾听还包括在对方叙述时眼神要交流，不要游离，并进行一定的神态反馈，到情深处要有一定的共鸣反应。有好的倾听才会有后续的情感互动，才会有真心话的流露，才会有动之以情、晓之以理的道理接受。

创建知己解彼的沟通十分重要。有个故事，曾经有个职工获得了一项市级奖励的荣誉，非常高兴，着急着想让他的夫人也能够分享他的快乐。回家时，他故意把获奖证书放在自己的胸前，谁料到来开门的夫人并没有注意到他的证书。于是他又跟着太太来到了餐厅，故意将证书放在了餐桌上，没想到他的夫人仍然是一声不响，并随手将荣誉证书放到了书橱上。他不死心，又一次将证书特意拿来放到餐桌上。他的夫人端菜出来，看了证书一眼，说："你的东西不要乱放。"然后把证书又放到了一边。这时他忍无可忍了，就问："老婆，难道你就没有看到我的获奖证书吗?!"他的太太很生气地说："难道你瞎了眼，我花了 200 元，用了一天时间做的头发，你怎么也没有看见?"

这个证书与发型的故事耐人寻味，因为它似乎常常也会以不同的方式发生在我们的工作和生活中。人是最具有智慧和情感的动物，关心是相互的，沟通是双方的。与人合作，与人相处，我们不仅要注重自己的事情，还要注意关心他人的事情，不仅要善于了解别人，更要充分认清自己。这样的理解和沟通才不会产生偏差和不妥。

作者感悟 有效沟通的主导方要充分学会倾听，一定要关注倾诉者的感受，善于学会换位思考，让沟通双方都能明事理、添干劲、求共识、有收获。强化有效沟通是一个党务干部和管理者的重要职责，是工作的一个重要组成部分，不是一个额外的负担。

积极营造良好的管理文化

管理文化的重要内涵就是最大限度地调动人的积极性，发挥人的主观能动性，激发人的进取心。管理不是你管我理，以上对下的行为，而是你中有我，我中有你，不断完善，循序渐进的过程。管理是一门艺术，不用心研究和实践，管理是不会真正到位的，更别谈管理出成效。从基层管理的实践来看，管理至少应该可以从六个方面去研究和强化。

加强思想管理

即用核心价值观统一员工的思想，用正确的舆论导向形成共识，激发员工无穷的创造力和积极性。

对员工的日常教育是非常重要的一环，现在似乎有一种倾向，只要经济杠杆到位，人们一定会自觉行事。其实不然，如果不是从内心认可，统一的行为就会大打折扣。一个富有生命力的企业，不在于它有多大的实体规模、多大的经济实力，而在于是否具有引领员工心灵的思想观念，是否具有一种精神存在于员工的头脑和心灵之中。我们必须善于点燃员工的劳动热情，没有员工的主动参与，管理的效率是达不到最大化的。管理的一项重要内容就是培养员工的精神驱动力——人的职业一旦与使命联系起来，其内在的意义就会陡然庄严起来。

玫琳凯的管理理念就是：如果你要别人怎么做，你自己就要先怎么做。玫琳凯女士曾经作为一个销售很有成效的员工参与公司全球销售员年度大会，会上看到了集团老总，大家都排着队欲与老总握一次手。也可能是老总临时有事，也可能是握了太多人的手感觉累了，也可能是老总感到能够握了一批员工的手就够了，反正结果包括玫琳凯女士在内排在后面的人没有能够与老总握上手。玫琳凯女士失望至极，同时发誓，如果她能够当上老总，一定与每一位员工都握上手。玫琳凯女士做到了，她在自己公司的销售员年度大会上与每一位员工都握了手，尽管花了很多时间，站得脚肿了，握得手也肿了，但玫琳凯女士非常高兴，她说：你们希望别人怎样对待你们，你们也要怎样对待别人，这是黄金法则。思想管理其实说到底就是能够以同理心，走进员工内心，获得同感，形成共识的一个过程。

思想管理的很大成分是要让员工在各种环境中打通思想脉络、梳理思维方式、自主担当作为，从而实现成功。而通过各种各样有意义的活动或载体，使员工的思想真正凝聚到一起，成功才会真正到来。我们曾紧紧抓住三个重点进行了有意义的践行。

一是在企业面临转型时，让员工的思想形成共识后，多渠道地积聚大家的智慧。我们在全体员工中开展了“企业转型大家谈”的征集活动，动员员工人人谈转型，个个议大局，得到了普遍的响应，两个多月里就有 42 位员工提出了很有质量的见解。我们在网上登载，并将这些成果汇编成册供大家分享。之后我们马上引导员工投身到“我为企业转型献一计”的活动中，鼓励每个员工为转型提一个小建议，集众人智慧，汇转型良策。在此基础上，我们又专门召集了 32 位各工种的员工代表召开了四个头脑风暴和“小诸葛”研讨会，让大家提建议、找难题、寻对策，征集到了许多良方和良策，结果引起了企业党政领导班子成员的高度重视，专门召开党政联席会议认真听取大家的意见、建议汇总，并在此基础上研讨了下一步企业转型的方案。

二是认真总结推广员工的操作法。我们为了让员工都明白，转型对每位员工来说既是一个挑战，同时也是促进自身提高的一次机会，鼓励每位员工都能在本职岗位上做出成绩。我们专门总结和推广了 5 个员工在平时工作中总结出来的操作法，并以员工的名字进行命名，还在专门设立的员工创新成果展示室中进行永久展示，如112受理中心员工的“英子受理法”、营业室员工的“小邱服务法”、服务质量中心员工的“投诉处理技巧法”、政企服务中心员工的“楼宇攻坚六步法”、陆家嘴分局员工的“电话营销拨打法”等。这些成果以小见大，真实管用，人人可为，对员工的触动非常大。员工中有不少人也都在跃跃欲试，力争在接下来的提计谋、提建议或成果创新等方面进行尝试。员工中迸发出无穷的创造力和智慧力，对企业转型的顺利推进起到了极大的促进作用。

三是积极为转型业务的拓展适时组织劳动竞赛。为配合转型，大力推广以数字电视为载体的数字家庭建设，将数字电视的发展作为实施转型的具体步骤，于是我们就及时组织开展了“我为转型作贡献——拼抢数字电视一万户”的专题劳动竞赛。为了完成业务收入实现增长7.45%的目标，我们又组织开展了“拼四万客户，赢千万收入”的专题劳动竞赛，动员全体员工进行业务宣传和全面营销。我们挖掘员工的营销经验，撰写了各类营销法，并组织员工进行针对性的营销活动。

企业经营好产品固然很重要，但能够经营好员工的思想就更重要。注意，这里我是用了“经营”二字。如果我们把员工的思想也能经营好，那么员工内在的爆发力、作用力就一定会得到极大程度的激发，这是任何一种技术、设备、工具、流程等都无法替代的。不断让员工在明理解惑中更加清晰自己的职责和定位，让每个员工在思想上得到充分疏通的基础上，发挥出极大的积极性，那么员工创造的业绩就将是不可估量的，所以能够做好思想管理是一个很重要且有效的管理方法。

加强事务管理

即对生产过程中的具体工作进行合理的安排、组合，力求使员工在关注细节的过程中将各自的岗位工作做到极致。

我们是不是经常有这样的体验：当你佩戴一块手表时可以非常迅速和准确地判断时间，而如果你的手上同时佩戴了两块手表，结果是不是就反而无法确定时间了。手表定律给我们的启示是：对个人、对组织的管理也同样不能采用两种方法、两个标准，不能同时设置两个目标，甚至一个人最好不能由两个人来直接领导，否则将会使被管理者无所适从，管理就不会有成效。

在管理中持续激发员工的事务管理，将工作安排得井井有条，这是我们必须要关注的事。有一天我到下属部门去调研，来到一个仓库，只见物品管理得非常有序，整整齐齐，井井有条。我就好奇地问仓库保管员："你为什么把这个物品放在这么高的位置。"这位员工说："这个物品领用的频次不多，但怕受潮，所以我就把它放在最高的位置。""那为什么这个物品要放在地上呢？""哦，这个物品领用的频次也不多，但不怕受潮，我就把它放在地上。"这几句话引起了我的兴趣，接着这位员工说："领导，你只要问我，任何仓库里的物品放在什么位置，我闭着眼睛都可以指出来。"说完，他转过身去，我就问一个物品，他指一个在什么位置，我说一个，他就指一个，丝毫不差。像这样的员工就具有很强的核心竞争力，是真的在用心做好自己看似很平凡的工作。如果我们的事务管理能让这样的员工层出不穷，才是事务管理的最大成效。

在诸多事务面前，我们引导员工如何根据轻重缓急进行必要的分类，然后配置不同的时间、精力、物力、财力有针对性地去做好，这是一个很重要的环节。实际工作中，可能经常会遇见这样的现象，某个部门的人员每天都忙得不可开交，也可谓不是不努力，但总是效果不佳，要么员工怨声载道，要么领导不满意，要么用户反复投诉、抱怨频频。而且由于5+2，白加黑，员工的家属也抱有不满，但部门的任务总是完成不好，加上由于考核结果不佳导致的员工收入也受到影响，员工的士气就更低落。整个就是在恶性循环。

因此事务管理得当有致，就可以迅速扭转这样的被动局面，大家都能高效率满负荷地工作；每个人都各司其职，高质量地运转着；分工明确且责任到位，没有脱节推诿的现象；没有一个人拖沓疲软，个个精神抖擞，干劲充足；任务分解得体，大家的目标一致，心齐没有内耗，等等。然后呈现出来的就一定是每个人都充满活力，每个人都没有疲惫感，效率效益效果满满，无内耗成员团结得像家人。

加强制度管理

即将没有弹性的制度演化成员工乐于遵守的规则。

没有规矩就不成方圆，没有制度的约束就肯定将一事无成；要形成遵守制度的环境和氛围，让制度真正成为管用的工具。然而制度并不是越多越好，关键是如何将制度转化为员工的自觉行动。据说德国企业的制度是最少的，但效率是最高的。比如，如果他们的管理机构在某处设立一块牌子：此处禁止吸烟。基本上就没有必要再制订制度了，确实也不会发生有人在此处吸烟的现象。这时候规矩就是刚性的，成为自觉遵守的行为规范，没有必要用制度来配套，简洁有效。但如果在我们的企业里，可能就会有很多的规章制度：如果吸一支烟怎么处罚？如果吸两支烟怎么处罚？如果屡教不改该怎么处理？这时你就会发现并不是制度越多越好，而是真正让制度、规矩形成强有力的约束力和必要的威慑力，才是最重要的。

我们在制度管理创新上也曾经历了三个阶段：第一阶段是强调制度的刚性管理，用一整套具体的规定来强制约束员工的行为。就是具体规定每个员工必须怎么做，不准怎么做，如果违反了就处罚。有一次，几个线务员按惯例在下雨天因登高作业比较危险就不出工了，但在员工休息室里下棋，结果被查到，当事人和相关领导均被扣发了奖金。开始不少人认为处罚太严，不认可，这是多少年的习惯呀，怎么可以这么不讲情面处罚呢？后来经过再三教育，大家才认识到下雨天即便不出工也可以组织学习技术、学习业务，但绝对不可以在岗位上下棋，这既是企业的制度，也是一个基本的规矩，任何人不能违反。否则的话，企业还像个样子吗？这种刚性的管理模式在企业大发展的初期起到了很好的效果，然而发现它有弊端，它管住了行为，但没有疏通思想，效果当然就不能持久。

于是我们就开始尝试第二阶段的新模式，推行制度的人性化管理。也就是在管理上我们不仅告诉员工不准做什么，更要告诉员工为什么不能这样做，强调落实制度，更强化与员工的心灵沟通，强调每个优秀的管理者首先是个优秀的倾听者、优秀的灵魂工程师。同时由于业务创新和服务创新的不断推进，相应流程、规范的建立和完善往往比较滞后，因此就十分需要调动人的主观能动性，在工作中提倡提醒服务，主动开辟绿色通道，以适应快速多变的市场。人性化的管理更多是疏导式的，是让员工突出强化自我管理，逐步产生无为而治的状态，让每个人都从内心感受到个人与企业是共命运共荣辱的整体，是我要卓越，而不是要我卓越。这样，制度的规约就真正成为员工的自觉行为，大家会从实际工作中主动去健全制度，弥补制度的漏洞，使制度真正成为企业发展、员工成长的重要基石。

但是这样的管理模式还是有缺陷的，我们感到为了更好地适应工作量剧增人员反而减少的现状，员工自身价值体现和管理者更应像导师的要求，于是我们又开始进行第三阶段的探索：尝试进行柔性的精神管理，也就是提倡充分尊重员工，激发潜能，营造愉快的工作环境，创造一个彼此默契、为企业有效工作的氛围。比如我们提出“不让一个员工掉队”的工作方针，有针对性地进行技术帮教、思想教育、行为辅导，在提高其企业生存能力的同时，也为一部分年纪偏大、技能欠缺的员工开辟新的岗位。我们提出“不让员工将情绪带到工作中，管理领域要扩大到8小时以外”的工作要求，管理者就要将工作范围拓展到员工的家庭，对骨干，要经常上门慰问家属，求得家属的理解支持。我们提出的“追求完美沟通，奉献全新生活”这一共同愿景正日益成为员工的自觉行动。

制度管理是不讲情面的，但执行过程应该是认识的高度统一，制度不仅要管住人的手脚，更要管住人的内心，这样的制度管理才是值得提倡的，也才是可以长久的。

加强情绪管理

即要关注员工的情绪变化，及时进行正面的疏导，将有利的情绪渗透到每个员工内心，将不利的情绪消除在萌芽状态。

要正确理解员工的情绪发泄，然后用合理的方法将员工的情绪引导到尽力破解难题、实现目标和完成任务上，产生前行的动力，这是要考验党务干部和管理者的智慧和耐心的。

在实际工作的过程中，员工难免会有许多情绪的波动，有时是因为任务重、压力大，造成内心的恐慌；有时是因为工作难度大，效益、效果、效能出不来，形成急躁的情绪；有时是因为被领导或同事误解又难以争辩，心里的窝火无法正常发泄；有时是看不到未来的发展和自身的定位，工作又不顺利，焦急不堪；有时是部门间或上下环节的配合默契不到位，无谓造成很多工作的难度又无法破解，压抑的愤懑，等等。如果我们不能很好理解员工的负面情绪，更不能有好的办法让员工很有效地控制自己，而且还不去重视，没有有效的举措而任其发展的话，那么我们任何的党建引领和管理成效就一定是很难显现的。

记得有一次我处理一个员工的申诉，就是因为原来他是以工代干的身份，到了退休时以工人身份而没有按照干部身份办理退休手续，他非常不满意，强烈要求组织上进行改正。这个问题政策性很强，当时也有专门的规定，现在是不可能解决这个问题的。结果我将处理意见反馈给他时，话音未落，一杯滚烫的开水泼到了我的身上，他站起来还一把把我推倒在地，当时的场面真是非常难堪。怎么办？我当然不能以牙还牙，只能忍辱负重地站起身来，以平静的口吻告诉他：你这样做是不可以的，希望你能理解政策的规定，理解企业经过认真研究后的反馈和决定。事后，我不计前嫌约请他作了一次长谈，再次宣传了有关的政策和流程，并根据他的实际情况，进行了一些人性化的变通处理，结果他非常满意，还连连道歉，表示自己太不理智，请求原谅。我用一个党务干部应有的胸怀赢得了这个员工的认可。

只要是生活在这个世界上，就不可能没有情绪，这本来就很正常。问题是我们能不能引导员工梳理好自己的情绪，然后用可以掌控的职业微笑去应对任何问题呢？这是需要时刻锻炼的。我在日本工作访问的时候，入住在宾馆，发现只要是与你正面遇见的任何宾馆员工立马就会给你一个很亲切的职业微笑，轻轻地打声招呼，不管他是不是在为你服务。每每这个时候，你就会有一种真正回家的感觉。我也仔细观察了，日本宾馆的服务员也并不是一直挂着笑脸的，但只要面对宾客，他们就立即奉献给你一个微笑，让你不得不佩服，并产生舒适的感觉。我们在机场发现航班延误了，在登机口的几个日本航空公司的员工，那可真是笑容可掬，耐心解释延误的原因，不厌其烦地鞠躬道歉，让你有火也不忍发出来。设想一下，这些日本的员工他们会没有情绪吗？可能不一定，但是在工作面前，这个就是没得商量，必须调节好自己的情绪，将自己最好的一面呈现给客户，这就叫作敬业。当员工的情绪得到疏解，那反馈出来的就一定是阳光的温暖，可能就是成倍增加的工作效率、效益，形成企业良好的形象而为客户所认可和追捧。

众所周知，在银行里开个户头，就可以储蓄以备不时之需的钱款。那么有没有这种可能性，我们也设立这么一个情感银行，它所开出的每一个情感账户，储存的是“信赖、文明、诚实、友爱、协作、信用”等。如果我们的团队或部门就是这么一个银行，它存储的数量多少，就预示着我们工作的环境、氛围的和谐程度。在工作压力越来越大的今天，如何为员工营造一个和谐的家园，让他们能在其中快乐工作已显得愈来愈重要。我们要积极倡导每个员工都努力往情感账户内多进行存储，这样情绪管理就会越来越有意义、有价值、有成效。

加强行为管理

即用员工中涌现出来的典型示范、模范引领的方法，规范和优化员工的行为，平时要加强员工的行为辅导。

行为模式的改变可以产生巨大的能量，没有固定的格式，一切都要靠我们去积极探索和实践。我曾遇到过这样一件事：我们单位搬迁到新办公地址后，相关职能部门将领导班子成员的私家车全部安排停在了地下车库，因为地下车库停车位有限，有部分员工的私家车就只能停在地面了，结果员工的意见非常大。这些信息反馈过来后，我们没有责怪员工多事，而是及时进行商量研究，认为员工的反映是有道理的，如果我们不能以身作则，如何要求员工严格行为规范呢？于是我们就立即进行了调整，把班子每个领导与某一个员工进行结对搭配，这个月班子领导的车停地下车库，配对员工的车就停地面，反之，班子领导的车停地面，配对员工的车就停地下车库。这样一整改，矛盾就迎刃而解了，员工纷纷表示满意。事后我想，换位思考一下，员工的不满其实是感觉到没有被尊重和被重视，原先的停车方案人为制造了矛盾，说到底只要是人都会有意见的，如果在这样的小事上领导们也斤斤计较，换来的肯定是员工多方面的意见，从而领导的行为引领性也就会大打折扣。

行为管理的一个重要内容就是要引导员工切实转变观念，我们在企业从电信运行商向综合信息服务提供商转型的过程中，曾努力倡导和引领员工在转型的渐变中切实转变四个观念，从而从根本上促进企业的转型向更高层次的目标推进。

一是要从以产品为中心向以客户为中心转变。就是要时刻了解客户的关注点、兴奋点，掌握客户的需求点、价值点，真正使客户的价值链延伸，使综合信息服务提供商的转型真正取得重要突破。

二是要从让客户满意向让客户感知转变。就是要经常研究客户的心理，创造让客户感动的细节，明白服务是可以产生效益的，是塑造企业品牌的重要方面，认识到能感知的服务是企业永久持续发展的源动力。

三是从传统的思维向转型的思维转变。就是要鼓励员工创造性思维。员工的创新思维是确保企业转型成功的保证和推力，观念的转变会产生无穷的创造力，这是促进转型十分重要的力量。

四是从文化作为外化的载体向文化作为内化的因素转变。就是要在综合信息服务提供商转型的过程中，我们不仅要卖产品，更主要的是能够卖我们的服务和文化，将文化融合进产品，产生更大的附加值，占据更大的市场份额，促进品牌效应的积聚和形成，这是综合转型要探索的一个崭新课题。

通过观念转变起始，逐渐向思维的转变、行为的转变、业绩的转变迈进，从内而外地来一场自我革命，真正实现重塑自我的崭新目标。

员工的行为方式转变，首要的是需要形成良好的环境和氛围，让每个人都能凝聚一种强烈的意识和追求——我只有努力付出才能享受企业发展的红利。行为管理看似从外而内的要求，其实是从内而外的推进。人天生有偷懒的习性，这可能也是人性的一个弱点，但为什么有很多人能在工作中兢兢业业、勤勤恳恳、脚踏实地，那是一种从外而内的着力推动和一种从内而外的自我觉醒，这绝不是天然形成的，是需要不断潜移默化去影响、起作用的一个过程。我们现在非常需要强化这个过程的演绎，并在演绎的过程中有的放矢地进行落实和推动。

加强危机管理

即遇到单位部门内的突发矛盾和问题进行有效化解，将影响企业工作的因素降低到最小程度。

企业内遇到冲突是正常的，关键是我们能否将危机转化为契机，将冲突控制在可控范围内，这是需要我们去努力探索和实践的，是需要我们运用智慧去实现的。

我们为了改革人力资源管理，比较彻底地解决人浮于事的问题，曾实施了员工内部退养的政策，这本来是一个改革举措和过程，设计的时候也算是经过了精心准备和筹划，结果由于预计不够，后续配套跟进不及时，产生了群体性的事件。不少退养员工认为当时自己被骗了，情绪非常激动，甚至有的还出现了过激的行为。针对这场危机，我们没有慌乱，首先是对这一政策进行了深入研究，感到并没有违反国家的法律法规，整个工作的安排也行使了民主程序，出台流程清晰可控，但问题是在推行的过程中方法比较简单，工作不够细致，导致了一定的不良反响；其次我们拟订了后续怎么改进的举措，切实做好骨干人员的思想沟通，倾听意见，健全措施。再次是加强对退养人员的日常关怀，不能离岗离心，人走茶凉，将这部分人应该享受的政策宣贯到位，将现在岗位上人员的工作状况宣传到位，增强相互之间的理解，等等。最后让一部分有意愿也有能力的退养员工帮助企业做一些力所能及的工作，使这部分人员感受到自身的价值，比如服务窗口的质量检查、客户对企业的服务反馈意见收集、新业务的技术指导等。通过一系列的举措落实，这个群体不仅稳定了下来，还更加积极关心企业的发展，经常给我们提出改进的意见和建议，以一个老员工的情怀体现了拳拳之心。

事实证明，没有一个企业是绝对不发生危机的，但面对各种复杂的问题，面对突如其来的危机，我们要从容应对，理性分析，既不放弃原则，又不放任自流，更不惊慌失措。将危机转化为机遇，将难题化为动力，这就是我们管理的取胜之道。

作者感悟 管理文化的重要内涵就是最大限度调动人的积极性，发挥人的主观能动性，激发人的进取心。管理不是你管我理，以上对下的行为，而是你中有我，我中有你，不断完善，循序渐进的过程。管理是一门艺术，不用心研究和实践，管理是不会真正到位的，更别谈管理要出成效。

积极营造良好的关爱文化

管理工作能不能做到位，管理文化的技巧是很关键的因素。积极营造关爱文化对于队伍建设、企业发展、业务突破具有十分重要和必要的意义。

对员工的关爱要务必做到"四心"

所谓的"四心"，即诚心、细心、专心、耐心。对员工的关爱没有落到"四心"，绝对是不够的，即便想关爱也是徒有虚名。

一是诚心。就是要有对员工关爱的一颗赤诚之心，有与员工交知心朋友的坦诚之心，有架设与员工心灵沟通的真诚之心。坦率地说，关爱工作没有刚性的任务、指标，紧一紧，可以多做一点，反过来，松一松，也可以少做一点。有时候，多与少都控制在我们自己手里。这就迫切需要有一种激情和责任心，真心诚意地将关爱员工的工作做到位。

二是细心。就是事无巨细，都要把工作认真做好，不能马虎。我们经常会思考，我们的关爱到位了吗？员工有感知吗？是不是员工真正需要的？等等。别小看似乎就是一项对员工的关爱活动，事情不大，风险不高，随便做做无妨。其实任何懈怠和疏漏，不仅会影响党务干部的形象，更会损害党组织的声誉，是万万马虎不得的。真正做到细心，就可以减少矛盾，避免冲突，就可以事半功倍，充分感知，就可以富有实效，被员工认可。

三是专心。就是要专心致志，一丝不苟，努力去了解和掌握员工的实际需求、所想所盼和困难事，努力将小事做到位，努力将难事解到位。这种专心还充分体现在是否富有创造性地工作，是否体现与时俱进，是否有自己奉献的结晶。我们的任何不专心都有可能给员工带来伤害，因为可能我们认为是一件小事，但对员工来说就是天大的事，这种反差，说到底还是我们是不是真正了解员工的真实需求，是不是将员工的事当成自己的事来办。

四是耐心。也就是在顺利的时候，不能骄傲自满，自以为是，而遇到困难的时候，更不能做甩手掌柜，事不关己。对员工的关爱有时并不能有立竿见影、掷地有声的效果，大量的是和风细雨、潜移默化的过程，这就需要我们有持之以恒的耐心。这也是党务干部的基本素养。这样做，人是累了许多，时间也费了不少，但可以赢得员工的信赖，得到员工的认可，这种快乐是令人回味的。我们的一份耐心可以换来员工的真心，这种交换的意义就显得弥足珍贵。

真诚不是智慧，但是它常常放射出比智慧更诱人的光泽。有许多凭着智慧千方百计也可能得不到的东西，凭着我们的真诚，就能轻而易举得到了。作为党务干部，饱含着这“四心”走遍天下都不怕，这是非常重要的人文情怀。

真心实意关爱员工是重要的管理内容

员工可能面临着许多实际困难真切地需要各级领导去关心、解决，因为每个领导的手中多少会有一定的权利和资源，如果能尽心尽责去为员工着想，切实解决员工的后顾之忧，消除员工队伍的消极、不满情绪，使得心平气顺，那么员工的生产积极性势必会充分体现出来，汇集成巨大的能量，促进企业的发展。反之，心有不平、牢骚满腹、消极怠工，受损的只能是企业，当然也包括领导和员工本人。所以经常深入一线，为员工解决实际问题，不仅是领导的一种姿态，也是一种得体的工作和领导方法，更是使企业走上文化引领、促进员工不断进取的有效途径。

虽然我们的资源也有限，并不可能解决员工的所有问题，但我们应该尽心为员工做好力所能及的事。让员工感受到我们的努力，感受到我们的不易，感受到我们的真诚，这同样可以打动员工，形成有效的关爱氛围。记得在我们企业基础设施还不够完善时，机房经常会发生断电现象。每到这时候就需要机务员去油机房启动柴油发动机，那可真是个力气活，对于娇小的女员工来说是非常困难的一件事。好多次这些女员工边摇动着手柄，边眼泪流淌。信息反馈到领导班子，我们去现场反复商讨，这个问题短时间内还真是无法解决，只能跟员工沟通，希望再坚持一段时间，后续我们再从技术层面进行改进，但需要资金和时间的支持。员工看到我们的真诚，也非常理解，纷纷表示没关系，只要领导努力了，大家也认可了。

员工的这些表态反而促进了我们要将问题迅速解决的决心。在技术部门和上级领导的支持下，我们探索进行技术改进，将断电需要人工启动发电机改造成自动切换方式，并创建电钮启动的模式，这就一下子解决了员工的这个困扰。在资金逐步到位的情况下，我们分期分批进行了全部机房的油机改造。虽然拖了一段较长的时间才解决，但结果员工仍然非常感动，在网上局长信箱里纷纷留言，表达感谢之余，表示一定要认真将本职工作做好，回报领导的关心，字里行间涌现出浓浓的暖意。

真心实意地关爱员工，其实并不一定要投入多大的资源，员工才会有感知，将每一件关爱员工的小事用心做好，同样会得到员工充分的认可。比如，我竭力推崇的“三碗汤”就让员工有满满的暖意。我要求每个基层单位的领导一定要在夏天高温期间为员工烧好“绿豆汤”，放进冰箱备好，每当员工回单位后能喝上清凉的绿豆汤，去除暑气的同时，心情肯定是愉悦的；在下雨天，一定要及时熬好“红糖姜汤”，让被淋湿的员工喝上一碗，内心肯定是非常温暖的；平时食堂一定要经常根据季节的变化，烧好“菜汤”，让员工餐后喝上，肯定能增添无穷的力量。我将“三碗汤”作为一项纳入考核的工作要求，定期检查落实的情况、员工的反映，并及时提供必要的原材料，让这“三碗汤”能长久喝下去。后来我们的员工逢人便说：“三碗汤”给了我们难以忘怀的一个个记忆，我感觉到单位就像家一样温馨。

用心落实“六必访六必贺”工作方法

根据上级领导的要求，并结合本单位的实际，我给自己确定了关爱员工“六必访六必贺”的具体规定，即员工生病住院必访、员工义务献血必访、员工家庭发生特殊困难必访、员工家人发生丧事必访、员工家庭发生重大纠纷必访、员工之间发生矛盾必访；员工本人生日必贺、员工退休必贺、员工应征入伍必贺、员工结婚必贺、员工生育必贺、员工子女考上大学必贺。

对员工的关爱同样要非常用心去做。对员工的关爱有很多种方法，关键是要真正做到雪中送炭，关键的时刻送上一份真诚的关爱，而不是锦上添花，不是徒有形式的表示而已。我们单位曾经有一个员工 26 岁不幸生病去世。当其去世后的第一个春节来临时，我们就想到，这个时候应该是白发人送黑发人最难受的时候，也是这个家庭最凄凉的时候。所以我跟局长代表领导班子专程赶到她们家里，向其父母表示慰问。我们几个领导凑了一些钱，就说是他们的孩子在世时为企业做的贡献，企业对她的奖励（其实人去世以后基本上是没有这方面费用的）。当我们绕了很大的圈子终于找到他们家的时候，眼前确实一片凄凉。他们看到我们来了，非常惊讶，露出了难得的感激笑容，这个初见面的情景到今天还一直在我眼前打转，难以忘怀。我们的到访给了这个家庭些许的温暖和阳光，也在她父母的心里留下了深深的感动。

我一直在想，我们也就是做了一件平常的小事，说起来还不足挂齿，但对这对父母来说，可能是一辈子难以忘却的记忆，也可能给他们今后更好的生活作了一个美好的铺垫；我们送去的一丝温暖，更可能是在他们最绝望时一缕难得的阳光和希望，这是多么有价值和意义的事啊！

必要和适时的关爱，是人心交流和感悟的重要手段。每当员工遇到高兴的事，需要我们去祝贺并分享，在团队中就能形成良好的气氛。反之，每当员工遇到难受的事，需要我们及时挺身而出去帮助和解决，在员工中就会存有号召和引领的力量。

关爱也应讲究技巧和艺术

不是说必访必贺就一定会得到认可，要有艺术和技巧才能做好必访和必贺工作。基础是平时要学会与员工交朋友，形成良好的人际氛围；要针对不同对象采取不同的方法；要关心到员工真正需要的地方，千万不能牵强；要通过一定的形式做到入心，形成共鸣；要把事情做在个体，效果显在集体。

有一次听说一个员工的女儿考上了大学，按规定我就上门祝贺，谁知刚开口就被这个员工呛了一头雾水，他不爽，我也不爽。后来一打听，原来，他的女儿平时成绩一直非常好，考进一本的大学是三个指头捏田螺，非常稳的。谁知高考没有考好，被录取到一个二本大学。这个员工正在激烈的思想斗争，要不要去复读。正当他最难受的时候，我的祝贺就显得非常不合时宜。

我接受了教训，懂得即使去贺喜也要有针对性。又听说一个员工的子女考上了大学，按理一定是要去祝贺的。这次我学乖了，先悄悄地问，听说你孩子考上了大学，考上了什么大学。他回答是理工大学。我一愣，如果是上海的华东理工大学那还可以祝贺一下，如果是上海理工大学那就要考虑该怎么祝贺了。于是我又追问了一下，你孩子考上了什么理工大学，回答是麻省理工学院。我一下子警觉了，考上了美国的麻省理工学院还需要我祝贺吗？如果我也傻乎乎祝贺一下就显得我太浅薄了。这时我马上意识到，考上麻省理工学院其实是他们面临着一个新的挑战的开始，于是我就说，今天我不仅仅是来祝贺你，而是来告诉你，其实从今天开始你们不应该再沉浸在喜悦之中，应该为将来的各种困难预先做好应对的准备。他一愣。我就把如果到了美国去读世界顶尖大学可能会遇到的困难，包括语言上的障碍、中外文化的冲突、饮食上的不习惯、水土不服、人际交流的问题，甚至课程教学的差异等详细描述了一下，指出这些其实都是会遇到的挑战。从现在开始你们就应该要有充分的思想、心理、物质准备，否则以后可能会遇到很多困难，甚至会寸步难行，那就后患无穷了。我的描述和提醒一下子把他拉回了理性，想想非常有道理。从此以后，他就成了我无话不谈的好朋友。所以即便是落实关爱工作也是有讲究的，这才是真正的关爱到位，让员工有感知才行。

对员工的关爱没有规定的模式和既成的规矩，就要看当时的情形，这需要我们用心去谋划和做好。对我们来说，可能也就是多花了点时间和精力，做了一点份外的事情，但对员工来讲，可能就是一种定海神针般的关心和安慰，是一种很重要的人文关怀。当员工得到了企业和领导的关心，回报给你的就是为企业拼命的付出。这正是我们孜孜以求需要的管理效应。

作者感悟 对员工的关爱也是十分需要讲究技巧和艺术的，最基础的是平时要形成良好的人际关系；针对不同对象采取不同的方法；关心到员工真正需要的地方；通过一定的形式做到入心，形成共鸣；要把事情做在个体，效果显在集体。

积极营造良好的休闲文化

营造良好的休闲文化，表面上看起来好像是组织几场活动而已，但反映的是这个单位的环境氛围和员工的精神状态，通过有影响力和感召力的休闲文化活动不断温暖人心、调节情绪、增强团队的合力和凝聚力，是企业一个非常重要的管理内容和管理环节。

休闲文化的载体是各类有意义的活动，而活动的组织开展要做到如下几个方面：

活动的设计安排要用心

休闲文化活动不是一个可有可无的安排，而是真正凝聚人心、激发活力、增进了解、促进沟通的一种重要形式，因此要用心来谋划和组织相关的活动，并在活动中有意识地加以引导，使活动成为一个载体，形成一种生动的沟通形式、有趣的放松样式。

有一次，一位中层干部在交谈中无意间谈到，现在青年人对新生活有着强烈的追求欲望，如果我们管理者不能及时跟进、主动介入，那么以后我们与员工就会产生隔阂和不应有的距离，当然我们的管理就会被冷落。比如现在青年人都在崇尚喝咖啡，但喝咖啡有很多规矩和礼仪，如果我们不能了解一二，就会被人旁路并失去谈资。我一听，有道理，就专门带着一些中层管理者到了专业的咖啡店进行基础的 ABC 教学。没想到喝咖啡还是一门很大的学问，从咖啡豆的起源到主要产地的特点，到咖啡豆的烘培碾磨，到咖啡的煮泡过程以及喝咖啡的礼仪，等等，每一个方面都有很多的艺术和讲究。经过这样一次比较“另类”的休闲活动，颠覆了中层管理者的培训样式，但收到的效果是出奇的好，很多中层管理者说：“以后我们在员工中可以从谈咖啡到谈思想、谈工作，进一步拉近与员工的距离，增强员工对管理的理解和支持，我们的企业就一定会无往而不胜。”

一个活动的设计需要讲究从主题、内容到形式、渠道等方方面面的整体考虑,有时文化活动确实会起到意想不到的效果。我们能不能真正做到搞一个活动,起一阵子的波动,留一辈子的印象?当然员工层面的活动可以有更多好的构想、创意、安排和举措。不仅让员工参加了活动后很高兴、很愉悦,更能让员工深深体会到组织者的用心和不易,这样的活动结果就一定会有强大的动力存在于员工中,在关键的时候它们就是无穷无尽的力量,推动员工形成合力,战胜困难,产生积极的效应。

活动要有个性化的特色

认真策划并具体落实具有强烈个性特点的活动,以吸引更多的员工自觉参与,在参与的过程中起着潜移默化的凝聚作用。

所谓个性化,就是要从本单位和员工的实际出发,力求在活动中增进员工之间的交流和友谊,力求在活动中增加知识性、趣味性的成分,力求在活动中激发员工的参与积极性和参与度。最佳的做法是:每次活动后都能让员工有回味和憧憬,强烈期待和盼望着参加下一次的活动。

我们企业每四年会组织一次员工运动会和员工艺术节,每年组织员工健身日活动和员工读书节。随着企业改革的不断深入,对企业是不是需要承受更多的社会责任产生过讨论,结果大多数的意见是,非常需要,因为这是一种凝聚人心的重要载体和渠道,而不仅仅是无谓地承担更多的社会责任。如果这些活动都被砍掉了,员工就真成了干活的机器人了,不可能会有激情和动力,更不会有强烈的创造力和奉献力。这样的企业是不可能长久发展的。

在员工艺术节中，有个员工和领导代表参加的时装秀，我们就策划成从企业发展的脉络，看服装变化的样式，既讲述了企业变化的过程，又通过服装演变来加深对企业变化的了解，与其他单纯进行时装秀的单位形成了强烈的对比，赢得了一片称赞，更取得了评比第一名的好成绩，赢得了荣誉。在员工运动会上，我们就把员工在岗位上的锻炼编排成一个健美操的形式，既能参加比赛，更能在实际工作中成为员工劳逸结合的锻炼方式，深受员工的欢迎和喜爱。

多组织让员工有获得感的活动

要多组织一些能让员工有强烈获得感的活动，让员工增强期待参加下一次活动的欲望。第一是要让员工有愉悦感。参加活动后身心得到了放松，情感得到了交融，眼界得到了开阔，思维更加敏捷。第二是要让员工有收获。收获实用的物质奖励、同事的倾情赞美、团队的合作快乐、丰厚的亲情关爱等。第三是要让员工消除疲劳。繁忙的工作给员工带来了很大的压力，重压之下难免会产生一些抱怨和消极情绪，如果不能有效去除这种负面影响，是不利于做好工作的。因此通过各种寓教于乐、情景交融的活动，让员工在身临其境的过程中慢慢消化不利因素，增长积极因子，从而不断自觉增强抵御困难的信心和能力。第四是要让员工调节情绪。一个人不良情绪的积聚就会严重影响这个人的行为方式，表现在对客户的不耐心、不细心，表现在工作上的不主动、不积极，表现在待人接物上的不耐烦、不融洽。如果这种不良情绪有一定市场的话，就会造成团队人心涣散，利己盛行，危害极大。

所以调节好员工的情绪不是一件小事，同样是必须高度重视的一个管理行为。那么组织好各类活动,让员工在参与中慢慢沉浸其中,化解埋怨情绪,化解厌烦情绪,化解放弃情绪,将员工的注意点聚焦到很有人情化的影响上,使大家把正能量的潜能激发出来,聚合到生产业务发展的过程中,体现出满满的正能量。

活动开展要遵循的原则

每个活动要精心策划,能让大家有感知度。

不是最近有空了,我们可以组织开展活动了,或者是最近有必要活跃一下员工的身心了,因为感觉员工有点疲劳了。当然这样的理由并不是问题,关键是我们能不能有比较全面的考虑,组织活动是为了什么?解决什么?这就需要从整个大局出发去精心谋划,认真落实,使活动切实有效,还要因地制宜,因陋就简组织开展各类活动。

我们不能好高骛远,不切实际,一味去为活动而组织活动,没有考虑自身的能力和必要。活动的目的是能让员工有真正的感知,让员工感受到活动的价值;参加的范围要广,力求全员参加。要多组织参与面宽、入门容易、人人能参与的活动,不要追求奇、偏、冷的活动项目,少一点阳春白雪,多一点下里巴人;每次活动最好有后续的跟进措施。不要简单地组织活动了事,而应该持续跟进活动过程中员工的感知,是不是受到员工欢迎、好评,是不是受到员工认可并积极参与。如果员工都不乐意参加,那首先就要考虑我们在设置活动时产生了偏差,需要及时做出调整。活动过后员工反响平平,甚至不佳,就要非常认真地吸取教训,在今后的活动安排上多听意见、建议,多从员工的层面去落实,而不能为了组织的方便。

活动开展的主要做法

活动组织前要广泛听取各方意见，尽可能集思广益，形式多样，具有一定的新鲜感。组织者千万不要拍脑袋，而是要广纳善言，倾听呼声。策划的活动样式要能一定程度上吸引员工，增强员工参与的积极性；要充分利用资源使活动的形式更加有趣、有感染力。我们开展的活动要有一定的教育意义，更要有一定的趣味性，让大家在潜移默化的过程中增进友谊，增进了解，增进感情；活动过程中要及时跟进调整，尽量满足大多数员工的愿望；掌握好频次和时机，组织事半功倍的活动样式。

作者感悟 通过有影响力和感召力的休闲文化活动不断凝聚人心、调节情绪、增强团队的合力和凝聚力，是企业一个非常重要的管理内容和管理环节。休闲文化活动的精髓是能让员工有感知度、新鲜感、趣味性，并在活动中形成更好的凝聚力和向心力。

结尾的话

如果拥有一种勇敢和智慧就很可能会赢得一场竞争；如果拥有一股百折不挠的勇气和毅力就很可能会成就一个人的成功；如果拥有一个好的团队并形成合力就很可能会造就一家永续发展的企业；如果拥有一番行之有效的谋略和心计就很可能会反败为胜，化险为夷。从古到今，无论达官显贵，还是凡夫俗子，无论领袖人物，抑或芸芸众生，无不倚重智谋，用心、运智，出奇、斗巧，去达到预期的目的。世界上的路有千万条，但只要我们勇于突破自我的禁锢，敢于挑战面对的难题，善于选择正确的道路，勇往直前，不达目的绝不罢休，那么每一条道路都是光明大道！留给我们的就是无限的美好回忆和遐想！

“好风凭借力，送我上青云”，但愿我对如何做好党务工作、当好一名党务干部归纳总结的一番个人之见能换来各位朋友的一点感悟和认同。愿我们大家共同努力，为了企业的发展，乃至整个员工队伍有一个可以骄傲的未来而快马加鞭，奉献才智，创造美好！

后　记

说实话，我这辈子还从来不敢奢望能自己一个人写一本书，尽管我对能写书的人心怀敬意，也很有冲动想自己写一本书，但始终没有这个勇气和毅力。一个偶然的机会，我将自己 40 年党建和思想政治工作的经历作过一次分享，从此以后一发而不可收，每年受邀外出讲授和交流如何做好党建和思想政治工作、如何建设企业文化、如何激发员工的潜能和动力等讲座基本都在 20 多场次，不少学员和同仁听了我的讲课后，纷纷表示这么有效的理念和做法如果能写下来，该有多好啊！传播给更多的人，可以真正促进党建和思想政治工作出成效，这是一件功德无量的事啊！我有点心动了。在此，我要特别感谢复旦大学管理学院 MBA 课程班的同学陈湘舟总经理，有一次在闲聊时，我们谈到现在的企业非常需要用党建和思想政治工作引领，才能有效促进企业发展和员工成长，他听了我的一番话后，非常坚定地要我把这些写下来，并承诺给我资助，让我传播党建和思想政治工作的一些理念。

我思想斗争了好长一段时间，一直不敢动笔，2022 年 4—5 月，因疫情在家得闲，除做好志愿者的一些事情外，突然发现有大块的时间可以自由支配，白白浪费掉有点可惜，于是整整两个月成就了我写书的梦想。看着每天码字码到深夜 12 点还意犹未尽的自己,我都感到不可思议。沉浸在码字的过程中,我可以忘却一切,往事却历历在目,情景一一浮现,这给我带来了无穷的快乐和愉悦!此时,我丝毫没有感觉到写书的不易,而是在回忆和叙述中时时激情涌动、被场景感染。所以这本书应该献给所有听过我课的同学和同仁,献给我的好同学陈湘舟总经理,献给所有立志成就党建和思想政治工作的同事们。我别无所求,只要对专(兼)职党务干部在工作和事业上有一定的帮助,那我的这本书就算是出对了。我还要感激我的领导、上海市十四届政协常委马益民总经理,他在繁忙的工作之余专门为我的书作序,让我的书有了一定意义的升华。我的好朋友陆铁军先生得知我的书稿成型后,立马帮我联系出版社,使我的出书梦想得以实现。当然,我也要感谢我的好朋友、上海佳微农业科技有限公司董事长卢伟先生,得益于他爽快而又慷慨的帮助,我的著作才顺利面世。

我所有的党建经历和体验都是在央企、国企,可能对央企和国企的党务干部来说会有一些启发和帮助作用,但民企和非国有企业能不能适用,我还没有把握。在此,我要感谢上海市普陀区委组织部、老干部局和网信办,最近他们聘请我担任普陀区互联网民营企业的党建指导员,我对口碧虎网络科技有限公司。我非常希望将我在央企、国企中的党建和思想政治工作经验在民营企业也得以复制和发展,将有成效的党建工作在民营企业中规范、有序地推进,从而更好地促进民营企业和非国有企业持续健康有效地发展,这可能会是我的又一个使命和责任。我坚持认为,在企业的发展过程中,党建和思想政治工作绝不是一项额外的工作,而是伴随着企业发展和员工成长的一个十分重要的组成部分和管理科学,我们真正将党建和思想政治工作做到位了,真正把企业文化建设好了，员工的积极性就会大大提高、潜能就会有效激发，企业也才能真正站在发展的潮头，形成持续发展的良好态势。

我真诚地欢迎有志于从事党建和思想政治工作的同仁多多交流，思想碰撞从而产生更多的智慧火花，方法探讨从而形成更多的实践路径，在促进企业发展和党建同行中让我们一起努力吧！我的微信号：qhq1101。真诚地欢迎交流。

邱浩庆

2023 年 5 月 18 日

图书在版编目(CIP)数据

用心　用情　用智　：我是这样做党建工作的　/　邱浩庆著 .— 上海　：上海社会科学院出版社，2023
ISBN 978－7－5520－4109－5

Ⅰ．①用…　Ⅱ．①邱…　Ⅲ．①中国共产党—党的建设—文集　Ⅳ．①D26－53

中国国家版本馆 CIP 数据核字(2023)第 059661 号

用心　用情　用智
——我是这样做党建工作的

著　　者：邱浩庆
责任编辑：董汉玲
封面设计：周清华
出版发行：上海社会科学院出版社
　　　　　上海顺昌路 622 号　邮编 200025
　　　　　电话总机 021－63315947　销售热线 021－53063735
　　　　　https://cbs.sass.org.cn　E-mail: sassp@sassp.cn
照　　排：南京前锦排版服务有限公司
印　　刷：上海龙腾印务有限公司
开　　本：890 毫米×1240 毫米　1/32
印　　张：7.625
插　　页：2
字　　数：185 千
版　　次：2023 年 6 月第 1 版　　2024 年 11 月第 3 次印刷

ISBN 978－7－5520－4109－5/D・681　　定价：55.00 元